4차 산업혁명 시대를 위한

e-비즈니스 개론 4판

한빛아카데미
Hanbit Academy, Inc.

지은이 **이동훈** hunii@bc.ac.kr

한국과학기술원(KAIST)에서 공학석사(MIS)와 경영공학박사(e-비즈니스) 학위를 취득했다. 현재 부천대학교 경영학과 교수로 재직 중이며, 2000년부터 경영정보시스템, e-비즈니스 개론, 경영전략 등의 교과목을 강의하고 있다. 또한 삼일회계법인에서 경영정보 컨설턴트로 활동했으며, 2004년 총괄 PM 자격으로 e-비즈니스 국가직무능력 표준시안(한국직업능력개발원)을 개발했다. 저서로는 『마이크로 파이프라인』(빈티지하우스, 2021), 『경영정보시스템』(한빛아카데미, 2017), 『지금 당장 재테크 공부하라』(한빛비즈, 2013) 등이 있다.

4차 산업혁명 시대를 위한 **e-비즈니스 개론 4판**

초판발행 2021년 3월 7일
3쇄발행 2025년 7월 23일

지은이 이동훈 / **펴낸이** 전태호
펴낸곳 한빛아카데미(주) / **주소** 서울시 서대문구 연희로2길 62 한빛아카데미(주) 2층
전화 02-336-7112 / **팩스** 02-336-7199
등록 2013년 1월 14일 제2017-000063호 / **ISBN** 979-11-5664-532-0 93000

총괄·책임편집 김은정 / **기획** 김성무 / **편집** 이수희 / **진행** 김민송
디자인 표지 박정화 내지 이아란 / **전산편집** 이소연 / **제작** 박성우, 김정우
영업 김호철, 김태진, 김성삼, 이정훈, 임현기, 이성훈, 김주성, 심지연

이 책에 대한 의견이나 오탈자 및 잘못된 내용은 출판사 홈페이지나 아래 이메일로 알려주십시오.
파본은 구매처에서 교환하실 수 있습니다. 책값은 뒤표지에 표시되어 있습니다.
홈페이지 www.hanbit.co.kr / 이메일 question@hanbit.co.kr

Published by HANBIT Academy, Inc. Printed in Korea

지금 하지 않으면 할 수 없는 일이 있습니다.
책으로 펴내고 싶은 아이디어나 원고를 메일(writer@hanbit.co.kr)로 보내주세요.
한빛아카데미(주)는 여러분의 소중한 경험과 지식을 기다리고 있습니다.

Introduction to e-Business

4th Ed.

4차 산업혁명 시대를 위한

e-비즈니스 개론 4판

이동훈 지음

한빛아카데미
Hanbit Academy, Inc.

지은이 머리말

e-비즈니스를 명쾌하게 설명한 입문서

인터넷은 이미 인류 사회의 필수 요소가 되었으며, 기업경영에서도 중요한 환경적·기술적인 요소가 되어 기업의 경쟁우위를 위한 필수 도구로 활용되고 있습니다. 미래학자인 앨빈 토플러가 예견한 '제3의 물결', 즉 '정보혁명'은 인터넷이 촉매가 되어 과거 산업사회에서 새로운 패러다임이 지배하는 정보사회로 발전시켰으며, 이 과정에서 경제·산업 분야에 e-비즈니스가 적극 활용되고 있습니다.

최근에는 4차 산업혁명이 화두가 되어 미래를 대비해야 한다는 강연이나 뉴스가 유행하는 듯싶더니, 2019년에 발생한 코로나19로 인해 곧바로 4차 산업혁명의 시대가 되어 버렸습니다. 저자는 4차 산업혁명 시대에 e-비즈니스를 주도할 새로운 용어들인 공유경제, 소셜미디어, 소셜커머스, 핀테크, 블록체인, 클라우드 컴퓨팅, 사물인터넷, 인공지능, 빅데이터, 전자정부 등에 지면을 많이 할애하여 새롭게 『e-비즈니스 개론(4판)』을 출간하였습니다. 4차 산업혁명 시대에 경쟁력 있는 기업이 되기 위해서는 각 구성원이 인터넷과 함께 e-비즈니스의 최신 동향과 정보기술을 이해하고 있어야만하며, 그래야 진정으로 정보사회의 주역이 될 수 있을 것입니다.

저자는 2004년 한국직업능력개발원에서 책임자로서 e-비즈니스 국가직무능력표준(시안)을 개발한 경험이 있습니다. 이후 대학에서 e-비즈니스 관련된 교과목을 강의하며 현재까지 e-비즈니스 관련 정보기술의 발전을 예의주시해 왔으며, 새롭게 탄생하는 수익성 있는 비즈니스 모델에 대한 관심을 지속적으로 견지해 왔습니다. 본 교재는 e-비즈니스 개론서로서 일반기업이 전자상거래 기업으로 전환할 때 필요한 기본적인 e-비즈니스 시스템에 대한 이해와 함께 성공적인 e-비즈니스 모델을 수립할 수 있도록 관련 내용을 충분히 기술하였습니다. 또한, 4차 산업혁명 시대에 걸맞는 e-비즈니스의 최신 동향 및 정보기술 내용을 포함시켰습니다.

이 책은 총 3부로 나누어 구성되어 있습니다.

1부 e-비즈니스의 개요에서는 e-비즈니스의 이론적인 체계를 습득하기 위해 정보사회의 개념, e-비즈니스의 발전 과정, 4차 산업혁명 시대의 특징과 함께 사물인터넷, 빅데이터 등 e-비즈니스의 최신 동향을 살펴봅니다.

2부 e-비즈니스 기획 및 운영관리에서는 인터넷상에서 사업을 기획 및 운영할 수 있는 이론을 습득하기 위해 e-비즈니스 사업 기획, e-비즈니스 창업, e-비즈니스 전략, e-비즈니스 경영관리 및 e-비즈니스 마케팅 관련 이론과 실무 내용을 학습합니다.

3부 e-비즈니스 정보기술에서는 e-비즈니스 시스템의 구성 요소를 살펴보고, 정보보호 및 전자지불기술, 통신 네트워크 등에 대한 기본적인 내용을 다룹니다.

또한, 효과적인 수업 진행을 위해 각 장마다 관련 기사들을 통한 토론 및 과제를 할 수 있도록 준비하여 자칫 지루하기 쉬운 이론 교재의 단점을 보완하였으며, 연습문제를 통해 배운 내용들을 복습할 수 있도록 준비하였습니다. 책을 집필하면서 가장 걱정했던 점은 e-비즈니스가 아직 학문적으로 정형화되어 있지 않고, 매일 변화하는 e-비즈니스 환경이 이 책과 많은 시차를 가지게 되리라는 점이었습니다. 그나마 다행인 것은 출판사의 도움으로 매 4년 정도의 기간을 두고 꾸준히 내용을 개정할 수 있었다는 것입니다. 그 결과, 올해 4판을 집필할 수 있게 되었습니다.

수많은 책 중에서 이 책을 접하게 된 독자 여러분과의 인연에 감사드리며 항상 부족한 저자의 졸필에 부끄러움을 느낍니다. 이 책을 집필할 수 있도록 항상 함께하여 주신 하나님께 모든 영광과 감사를 드리며, 빠듯한 일정에 꼼꼼히 원고를 살펴주시고 애써주신 한빛아카데미(주)의 김성무 님께 감사의 인사를 전합니다.

저자 이동훈

강의 보조 자료

한빛아카데미 홈페이지에서 '교수회원'으로 가입하신 분은 인증 후 교수용 강의 보조 자료를 제공받을 수 있습니다. 한빛아카데미 홈페이지 상단의 〈교수전용공간〉 메뉴를 클릭하세요.

http://www.hanbit.co.kr/academy

이 책의 구성 요소

단계별 학습을 통해 학습 능력의 향상을 돕고자 '학습목표 → PREVIEW → 이론 → 토론 및 과제 → 요약 → 연습문제'로 구성하였습니다. 그 외에 추가로 학습할 필요가 있거나 알아두면 좋은 내용은 '하나 더 알기'와 'Tip' 요소에 담았습니다.

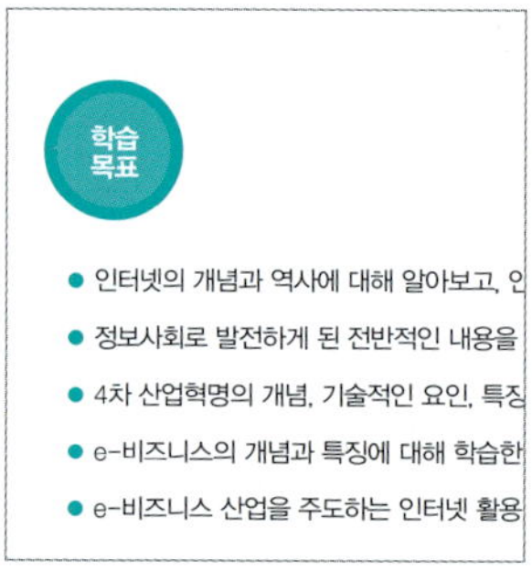
학습목표
● 인터넷의 개념과 역사에 대해 알아보고, 인
● 정보사회로 발전하게 된 전반적인 내용을
● 4차 산업혁명의 개념, 기술적인 요인, 특징
● e-비즈니스의 개념과 특징에 대해 학습한
● e-비즈니스 산업을 주도하는 인터넷 활용

| 학습목표 |
해당 장에서 중점적으로 이해해야 하는 내용을 제시합니다.

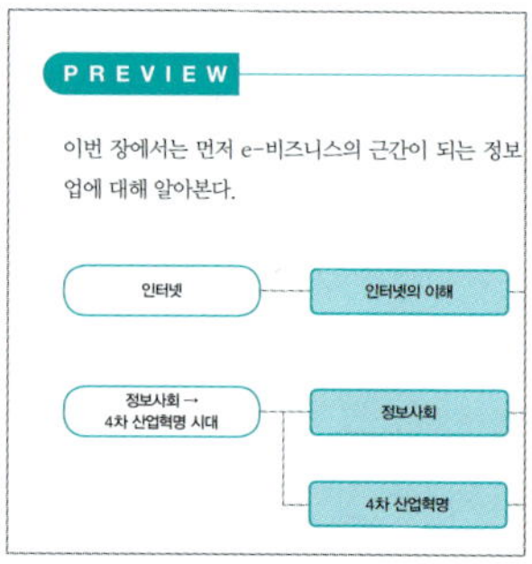
PREVIEW
이번 장에서는 먼저 e-비즈니스의 근간이 되는 정보
업에 대해 알아본다.

| PREVIEW |
각 장의 내용을 큰 맥락에서 살펴볼 수 있도록 로드맵과 함께 정리합니다.

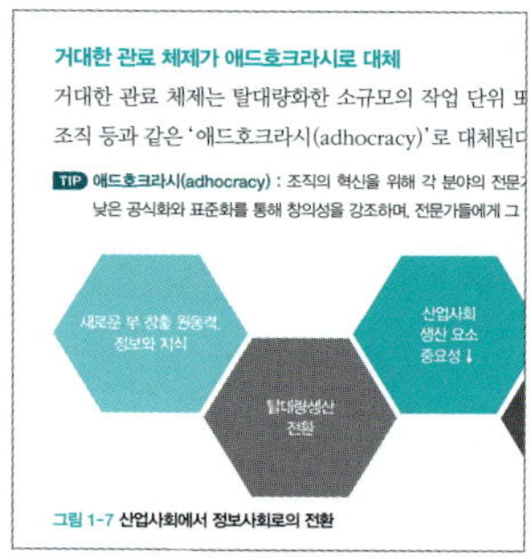
거대한 관료 체제가 애드호크라시로 대체
거대한 관료 체제는 탈대량화한 소규모의 작업 단위 또
조직 등과 같은 '애드호크라시(adhocracy)'로 대체된다
TIP 애드호크라시(adhocracy) : 조직의 혁신을 위해 각 분야의 전문
낮은 공식화와 표준화를 통해 창의성을 강조하며, 전문가들에게 그

그림 1-7 산업사회에서 정보사회로의 전환

| 이론 |
e-비즈니스의 이론을 다양한 도식, 도표, 이미지와 함께 설명합니다.

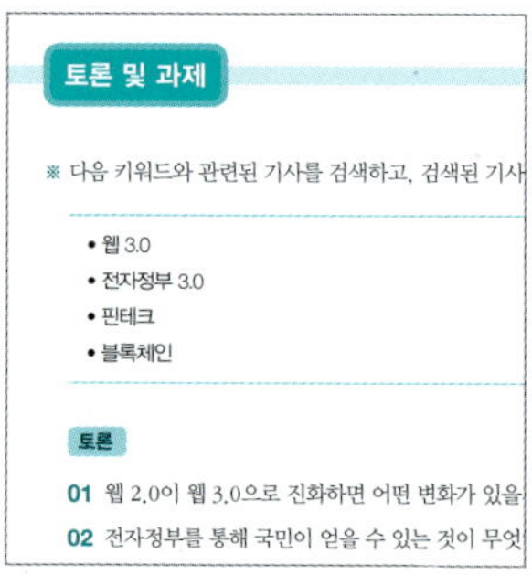
토론 및 과제
※ 다음 키워드와 관련된 기사를 검색하고, 검색된 기사
• 웹 3.0
• 전자정부 3.0
• 핀테크
• 블록체인
토론
01 웹 2.0이 웹 3.0으로 진화하면 어떤 변화가 있을
02 전자정부를 통해 국민이 얻을 수 있는 것이 무엇

| 토론 및 과제 |
핵심 키워드나 기사를 통해 토론과 과제를 수행할 수 있도록 하였습니다.

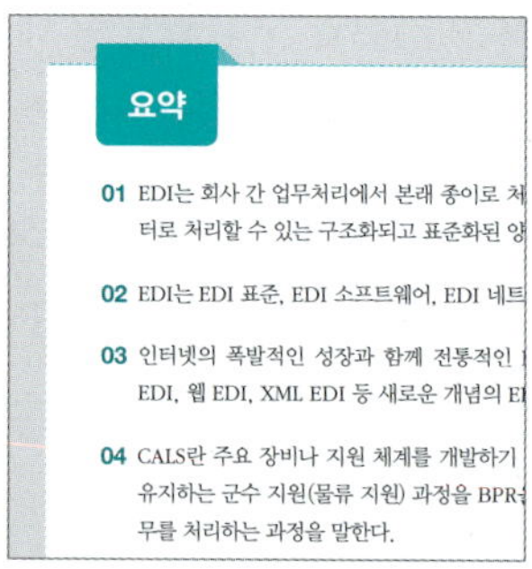
요약
01 EDI는 회사 간 업무처리에서 본래 종이로 처
터로 처리할 수 있는 구조화되고 표준화된 양
02 EDI는 EDI 표준, EDI 소프트웨어, EDI 네트
03 인터넷의 폭발적인 성장과 함께 전통적인
EDI, 웹 EDI, XML EDI 등 새로운 개념의 EI
04 CALS란 주요 장비나 지원 체제를 개발하기
유지하는 군수 지원(물류 지원) 과정을 BPR
무를 처리하는 과정을 말한다.

| 요약 |
본문에서 배운 핵심 내용을 요약 및 정리하였습니다.

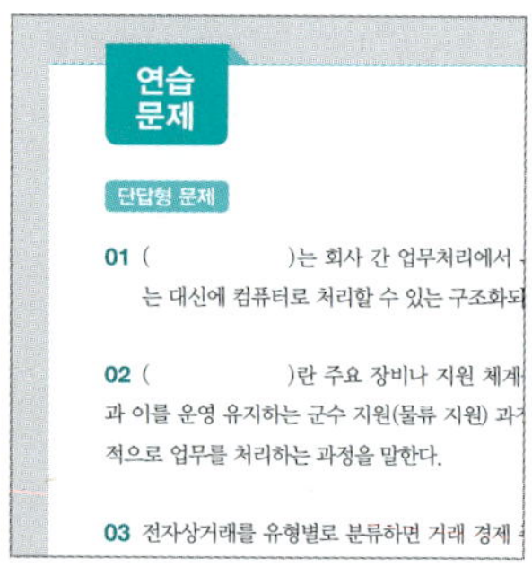
연습문제
단답형 문제
01 (　　　　)는 회사 간 업무처리에서
는 대신에 컴퓨터로 처리할 수 있는 구조화되
02 (　　　　)란 주요 장비나 지원 체계
과 이를 운영 유지하는 군수 지원(물류 지원) 과
적으로 업무를 처리하는 과정을 말한다.
03 전자상거래를 유형별로 분류하면 거래 경제

| 연습문제 |
본문에서 익힌 내용을 문제로 풀면서 자신의 실력을 테스트해볼 수 있습니다.

학습 로드맵

이 책은 e-비즈니스의 이론 학습을 위해 총 3부로 나누어져 있습니다. 강의는 중간고사 및 기말고사를 포함한 16주 차 수업을 진행하는 데 적절하도록 구성하였습니다.

Part 01 e-비즈니스의 개요

01	4차 산업혁명과 e-비즈니스	인터넷, 정보사회, 4차 산업혁명 시대, e-비즈니스, e-비즈니스 산업
02	e-비즈니스의 발전 과정	EDI, CALS, B2C·B2B·C2C·C2B, e-마켓플레이스, M-커머스, U-커머스, 소셜커머스
03	e-비즈니스 환경 I : 전자정부와 핀테크	웹 2.0, 웹 3.0, 전자정부, 유시티, 스마트시티, 핀테크, 인터넷 뱅킹, 블록체인
04	e-비즈니스 환경 II : 소셜미디어와 공유경제	소셜미디어, 소셜커머스, 공유경제
05	e-비즈니스 환경 III : 빅데이터와 사물인터넷	빅데이터, 사물인터넷

Part 02 e-비즈니스의 기획 및 운영관리

06	e-비즈니스 사업 기획	기업 형태 분류, 기업창업·기업성장·기업도산, e-비즈니스 산업 영역, e-비즈니스 모델, 비즈니스 모델 캔버스, 사업계획서
07	e-비즈니스 전략 수립	경영전략, 전략기획 프로세스, e-비즈니스 전략 분석(BCG 매트릭스, GE 매트릭스, SWOT 분석, 산업구조 분석, 가치사슬 분석, 본원적 경쟁 전략)
08	e-비즈니스 경영관리	기업경영, 경영조직, 시스템과 경영, 경영분석
09	e-비즈니스 마케팅	e-비즈니스 마케팅, 마케팅 패러다임 변화, e-비즈니스 소비자, e-비즈니스 4P 전략(제품전략, 가격전략, 유통전략, 홍보전략)

Part 03 e-비즈니스 정보기술

10	e-비즈니스 시스템	e-비즈니스 시스템, PDM, ERP, SCM, CRM, 데이터마이닝
11	정보보호 및 전자지불기술	정보보호, 암호기술, 시스템 보안, 네트워크 보안, 방화벽, 컴퓨터 바이러스, 전자결제, 전자화폐, 가상화폐
12	네트워크 정보통신기술	정보통신, 데이터통신, 통신 프로토콜, LAN

목차

PART 01 e-비즈니스의 개요

PART 03 e-비즈니스 정보기술

PART

01

e-비즈니스의 개요

CONTENTS

CHAPTER 01

4차 산업혁명과 e-비즈니스

학습목표

- 인터넷의 개념과 역사에 대해 알아보고, 인터넷 주소 체계를 이해한다.
- 정보사회에 관한 전반적인 내용을 살펴본다.
- 4차 산업혁명의 개념, 기술적인 요인, 특징에 대해 알아본다.
- e-비즈니스의 개념과 특징에 대해 학습한다.
- e-비즈니스 산업을 주도하는 인터넷 활용 업체와 정보통신 서비스 제공업체에 대해 알아본다.

PREVIEW

이번 장에서는 먼저 e-비즈니스의 근간이 되는 정보환경의 변화와 e-비즈니스 산업에 대해 알아본다.

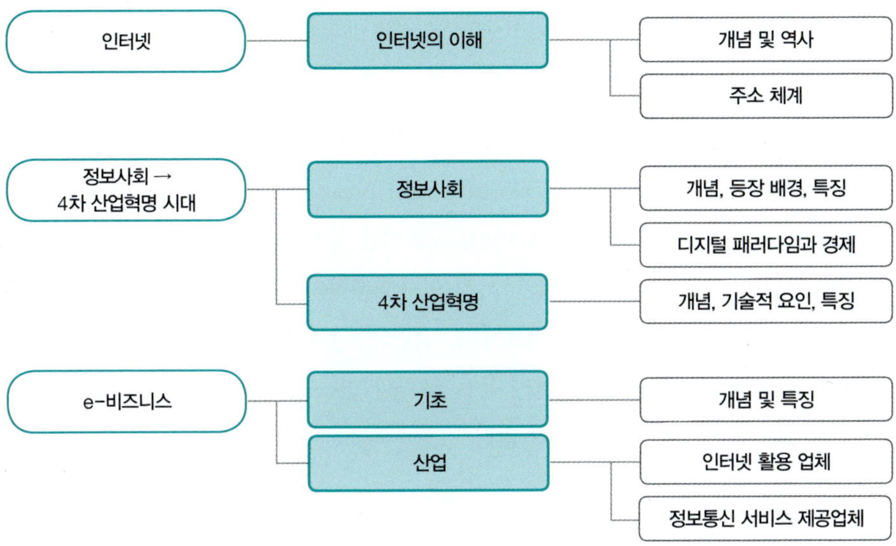

SECTION 01

인터넷의 이해

1 인터넷의 개념

인터넷(Internet)은 인터네트워크(Inter-Network)의 약자로, **전 세계에 연결된 수많은 컴퓨터와 서로 다른 네트워크 사용자들이 접속된 컴퓨터 통신망**을 의미한다. 간단히 말해 네트워크의 네트워크라고 할 수 있다. 네트워크(Network)란 **컴퓨터 단말기들이 통신망으로 연결된 상태**를 의미하는 정보통신 용어이며, 지역을 묶는 네트워크인 LAN과 광역의 컴퓨터들이 연결되어 있는 WAN으로 구분된다. 특별히 인터넷은 글로벌 네트워크(Global Network)이기 때문에 일종의 WAN이라고 할 수 있다.

인터넷은 TCP/IP 프로토콜(TCP/IP Protocol)을 사용하는 글로벌 네트워크이며, 다시 말해 수많은 프로토콜 중 TCP(Transmission Control Protocol)와 IP(Internet Protocol) 프로토콜을 사용하는 네트워크이다. 프로토콜(Protocol)이란 통신 규약으로 번역되는데, **컴퓨터 통신 상호간 표준화된 약속을 의미하며 컴퓨터끼리 의사소통하기 위해 만든 언어**이다. 사람과 사람이 서로 의사소통하기 위해서는 언어가 필요하며, 사람의 언어가 다양하듯이 컴퓨터끼리 서로 의사소통하기 위한 약속도 다양하다. 이 약속들은 국가나 연구소마다 각기 다른 방향으로 개발되었기 때문에 지구상의 언어보다 그 종류가 많다.

2 인터넷의 역사

인터넷의 역사는 웹(Web)을 기준으로 웹 이전(Pre-Web) 시대, 웹(Web) 시대, 웹 이후(Post-Web) 시대로 구분할 수 있다.

웹 이전(Pre-Web) 시대

인터넷은 1969년 미국 국방성(DoD, Department of Defense)의 컴퓨터 통신망인 아르파넷(ARPANET, The Advanced Research Projects Agency Network)에서 탄생했다. 원래 아르파넷은 일정 지역의 폭탄 폭격과 같은 긴급 상황에도 장애를 받지 않고 정상적으로 제 기능을 발휘할 수 있는 통신망 구축 방법에 대한 연구로, 미국 국방성이 1963년부터 진행하던 프로젝트였다. 그러던 중 아르파넷 연구원들 간의 정보와 자원 공유를 위하여 1969년부터 아르파넷이라는 컴퓨터 통신망을 구축하여 운용하기 시작한 것이다.

아르파넷(ARPANET)은 **원격시스템접속(Telnet), 파일전송(FTP), 전자우편(e-mail), 정보 공유가 가능한 컴퓨터 통신망**이다. 아르파넷은 사용자 수가 증가하고 망이 확장되면서 미국의 중요한 컴퓨터 통신망으로 자리잡는다. 1982년 미국 국방성은 아르파넷에 접속하는 모든 호스트들에게 TCP/IP 프로토콜 사용을 의무화하였다. 1983년에 군사용은 밀넷(MILNET, Military Network), 민간용은 아르파넷으로 네트워크 기능을 분리하였으며, 이후 인터넷이라는 이름으로 운용되기 시작하였다.

웹(Web) 시대

본격적인 웹 시대에 들어서면서 다양한 웹브라우저와 새로운 인터넷 서점 및 포털사이트가 나타났다. 1992년에 세계 최초의 웹브라우저인 월드와이드웹(WWW, World Wide Web), 1993년에 그래픽 기반 웹브라우저인 모자이크(Mosaic), 1994년에 최초의 상용화 웹브라우저인 넷스케이프(Netscape), 1995년에 마이크로소프트의 인터넷 익스플로러(Internet Explorer)가 웹브라우저로 각각 등장하였다. 1994년에는 인터넷 서점인 아마존(Amazon)이 탄생했으며, 1998년에는 포털사이트인 구글(Google)이 서비스를 시작하였다.

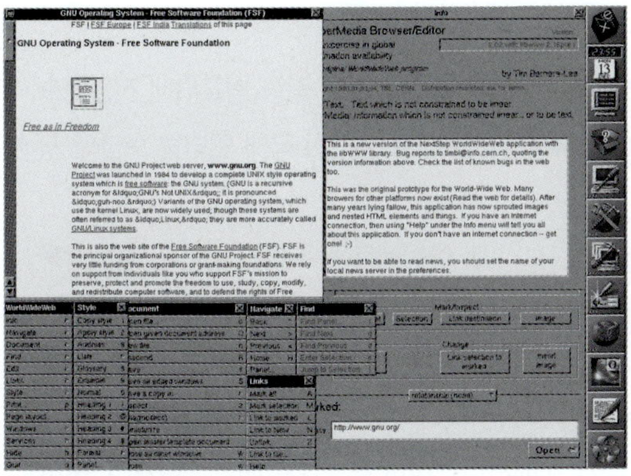

(a) 월드와이드웹

(b) 모자이크

(c) 넷스케이프

(d) 인터넷 익스플로러

그림 1-1 다양한 웹브라우저

웹 이후(Post-Web) 시대

웹 이후 시대는 흔히 모바일 및 소셜 인터넷의 시대라고도 부른다. 2004년에 등장한 페이스북(Facebook)은 미국의 인적 네트워크 중심의 웹을 기반으로 한 소셜 네트워크 서비스(SNS, Social Network Service)이다. 2006년에 등장한 트위터(Twitter)는 블로그의 인터페이스와 메신저 기능 등을 모아놓았으며, 짧은 문장을 주고받는 서비스이다. 2010년에 등장한 인스타그램(Instagram)은 스마트폰에 최적화된 소셜 네트워크 서비스로 사진이나 동영상을 공유할 수 있는 소셜미디어 플랫폼이다. 구글이 운영하는 세계 최대 규모의 비디오 플랫폼인 유튜브(Youtube)는 사용자가 동영상을 업로드하고 시청하며 공유할 수 있는 동영상 공유 서비스이다.

그림 1-2 웹 이후 시대에 등장한 소셜미디어 플랫폼 : 페이스북, 인스타그램, 링크드인, 유튜브, 트위터, 구글 플러스

하나 더 알기 **국내 인터넷의 역사**

1. **웹 이전 시대 :** 1982년에 구미전자기술연구소와 서울대학교 컴퓨터공학과의 중형 컴퓨터에 전용선으로 1,200bps 속도의 SDN(System Development Network)망을 연결한 것이 국내 인터넷 보급의 시초였다.
2. **웹 시대 :** 1994년에 한국통신(現 KT)은 코넷, 데이콤은 보라넷, 아이네트는 누리넷으로 인터넷 상용 서비스를 최초로 시작하면서 인터넷 대중화의 계기를 마련하였다. 1997년에 다음(Daum)에서 웹을 이용한 무료 웹 메일인 '한메일'을 서비스하면서 PC통신 이용자들이 웹을 이용해 이메일을 사용하기 시작하였고, 1999년에는 커뮤니티 서비스인 '다음 카페'를 선보이면서 국내 온라인 커뮤니티 문화가 시작되었다. 현재 국내 최대 포털사이트 네이버(Naver)도 이때부터 서비스를 시작하였다. 1999년 '아이러브스쿨'과 2001년 '싸이월드'가 인터넷의 중심으로 자리 잡았으며, 이후 국내 소셜 네트워크 서비스의 근간이 되었다.
3. **웹 이후 시대 :** 2006년에 세계 최초로 와이브로(Wibro) 서비스를 시작하여 언제 어디서나 이동하면서 인터넷을 할 수 있는 모바일 네트워크로 발전하였다. 2009년에는 아이폰(iPhone)용 앱이 출시되면서 스마트폰 앱 경쟁이 시작되었다. 2010년에는 현재 국내 점유율 90% 이상을 차지하는 스마트폰용 무료 통화 및 메신저 프로그램인 카카오톡(Kakao Talk)이 개발되었다. 2019년에는 5세대 이동통신인 5G가 세계 최초로 우리나라에서 상용화되었다.

하나 더 알기 **인터넷 관련 통계**

한국인터넷진흥원(KISA, Korea Internet & Security Agency)에서는 인터넷과 관련된 통계를 제공한다. 몇 년 전까지만 해도 인터넷 사용자 수에 대한 통계가 다양한 곳에서 발표되었지만, 인터넷 사용이 일반화되면서 현재는 학술적인 연구 목적 이외에 큰 의미는 사라졌다.

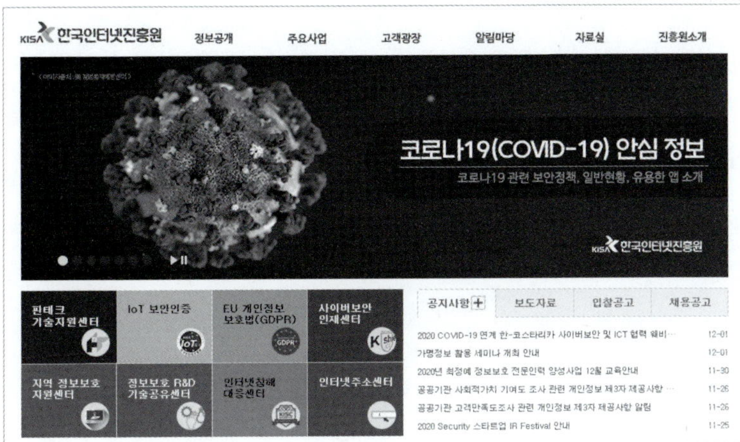

그림 1-3 한국인터넷진흥원(KISA)(www.kisa.or.kr)

3 인터넷 주소 체계

인터넷의 주소 체계를 이해하기 위해서는 IP 주소, 도메인 이름, IPv6, DNS에 대해 알아야 한다.

IP 주소

인터넷에 접속된 모든 컴퓨터에는 숫자로 표현되는 IP 주소가 있다. IP 주소(IP Address)는 **인터넷에 연결된 기기를 식별하는 유일한 번호**로, 32비트의 2진수 체계이지만 사람이 사용할 때에는 4개의 10진수(0~255)를 마침표(.)로 연결하여 사용한다(예 128.12.36.147). IP 주소는 이론적으로 256의 4승인 약 42억 개의 컴퓨터에서 사용할 수 있었다. 하지만 현재 세계 인구가 78억 명이 넘기 때문에 42억 개의 IP로는 부족해 기존의 IP 주소인 IPv4에서 새로운 IP 주소인 IPv6를 사용하고 있다.

방대한 네트워크에 연결된 컴퓨터의 특정 파일을 찾기 위해서는 해당 정보자원의 위치와 종류를 정확히 파악할 필요가 있는데, 이를 나타내는 일련의 규칙을 URL(Uniform Resource Locator)이라고 한다. URL 표기법은 다음과 같다.

• URL = 프로토콜명://사이트 주소/파일 디렉터리/파일명

TIP IP 주소는 국내 IP 주소 할당 상황에 따라 주기적으로 APNIC로부터 배정받고 있으며, IPv4 체계의 국내 보유 IP 주소는 현재 C 클래스 단위로 ISP에 배정되고 있다.

도메인 이름

IP 주소는 숫자로 되어 있어 사람들이 사용하기 어려운데, 이러한 어려움을 없애기 위해 인터넷에서는 주로 도메인 이름을 사용한다. 도메인 이름(Domain Name)이란 **DNS라는 시스템을 이용하여 숫자로 이루어진 IP 주소를 영문으로 표현한 것**을 말한다.

http://	www.	bc.	ac.	kr
❶	❷	❸	❹	❺

❶ **프로토콜의 이름 :** http는 Hyper Text Transfer Protocol의 약자로, HTML 문서나 XML 문서를 사용하고 있다는 의미이다.

❷ **컴퓨터의 이름 :** 'www'란 컴퓨터에 접속한다는 것을 의미한다.

❸ **조직의 명칭 :** 조직의 명칭은 회사의 이름이기 때문에 자유롭게 명명한다. 하지만 너무 길거나 사람들이 이해하기 어려운 명칭은 인터넷을 통해 접속하기 어렵게 만들기 때문에 명칭을 정할 때는 매우 신중해야 한다.

❹ **조직의 성격 :** 표준화된 국제적 지침이 있어 이를 따라야 한다. 대부분의 회사들은 'com'이나 'co'를 사용한다.

❺ **국가의 명칭 :** 국가의 명칭은 국제적으로 약속이 되어 있기 때문에 이를 따라야 한다. 대한민국은 'kr'을 사용한다.

IPv6

IPv6(Internet Protocol version 6)란 **IPv4에 이은 IP 주소 표현 방식의 차세대 버전**이다. 기존에 사용하던 IPv4의 주소 길이(32비트)를 4배 확장하여 국제인터넷표준화기구인 IETF가 1996년에 표준화한 128비트 차세대 인터넷 주소 체계이다. IPv6 주소는 128비트 체계로 구성되어 있으며, 128비트를 16비트씩 8부분으로 나누어 각 부분을 콜론(:)으로 구분하고, 16진수로 표현한다.

예 2001:230c:abcd:ffff:0000:0000:ffff:1111

128비트 주소 체계인 IPv6는 최대 1조 개 이상의 주소를 만들 수 있다는 점이 특징이다. IPv6를 사용하면 일상생활에 사용하는 모든 전자제품, 작게는 전자제품의 일부 회로까지 서로 다른 IP 주소를 갖게 된다. 서비스에 따라 각기 다른 대역폭을 확보할 수 있도록 지원하고, 일정한 수준의 서비스 품질(QoS, Quality of Service)을 요구하는 실시간 서비스를 더욱 쉽게 제공할 수 있으며, 인증 · 데이터 무결성 · 데이터 기밀성을 지원하도록 보안 기능도 강화됐다. 또한 인터넷 주소를 기존의 'A, B, C, D'와 같은 클래스별 할당이 아닌 유니캐스트, 애니캐스트, 멀티캐스트 형태의 유형으로 할당하기 때문에 할당된 주소의 낭비 요인이 사라져 더욱 간단하게 주소를 자동 설정할 수 있다.

DNS

DNS(Domain Name System)란 **도메인 이름을 IP 주소로 해석해주는 TCP/IP 네트워크 시스템**으로, 특정 네트워크에 속한 특정 호스트에 접속하기 위해 숫자로 된 IP 주소를 기억하지 않고 도메인 이름만으로 접속이 가능하도록 도와주는 시스템이다. IP 주소가 '128.156.210.196'과 같이 바이트마다 마침표로 구분된 4바이트 크기의 숫자 주소인데 비해, 도메인 이름은 'www.bc.ac.kr'과 같이 문자로 구성되어 있어 이해하거나 기억하기 쉽다.

하나 더 알기 **KR 도메인**

KR 도메인은 한국인터넷정보센터(KRNIC)가 등록 업무를 수행하고 있는 국가 도메인인 '.kr'로 끝나는 도메인이다. KR 도메인 통계는 KR 도메인 3단계까지의 도메인을 합하여 산출하고 있다. 3단계 도메인의 구성은 co.kr, ac.kr, re.kr, ne.kr, or.kr, go.kr, pe.kr로 되어 있다.

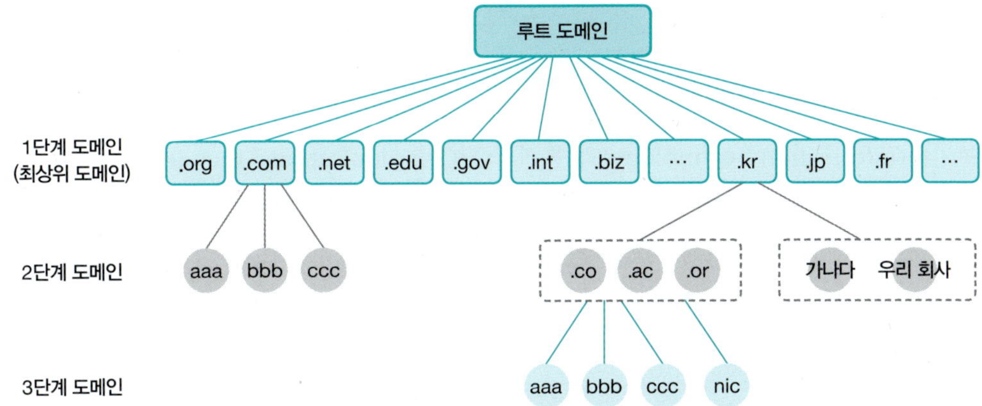

그림 1-4 **도메인 체계**

SECTION

02 정보사회의 발전

1 정보사회의 등장

인류 사회는 수렵사회, 농업사회, 산업사회를 거쳐 정보사회로 전환되었다. 정보사회(Information Society)란 **정보통신기술(ICT, Information Communication Technology)의 발달로 사용할 수 있는 정보의 양이 많아지고 정보의 활용이 모든 업무의 중심이 되면서 정보가 부(富) 창출의 원천이 되는 사회**를 말한다. 특히 1969년에 탄생한 인터넷의 기술적인 발전과 확산은 인류 사회를 산업사회와 전혀 다른 패러다임이 존재하는 정보사회로 진화시켰다. 이는 원시 수렵사회를 농업사회로 전환한 농업혁명, 농업사회를 산업사회로 변화시킨 산업혁명에 버금가는 새로운 혁명으로 자리매김하였다. 이 새로운 혁명은 '정보혁명', '인터넷 혁명', '디지털 혁명' 등으로 명명되고 있다.

표 1-1 인류 사회의 변천 과정

구분	수렵사회	농업사회	산업사회	정보사회
혁명	–	농업혁명	산업혁명	정보혁명
경제 기반	힘(근력)	토지, 노동	노동, 자본, 에너지	정보, 지식
도구	손 도구	농경 기구	기계	정보기술

2 정보사회의 등장 배경

정보기술(Information Technology)과 통신기술(Communications Technology)의 결합으로 비약적으로 발전하기 시작한 정보통신기술은 정치 · 경제 · 사회 · 문화 등 사회 각 부문의 급격한 변화를 가져왔다. 1980년대에 미국의 사회학자 다니엘 벨(Daniel Bell)은 이러한 변화를 '후기 산업사회'라고 정의하였다. '후기 산업사회'는 정보와 서비스가 생산의 중심이 되며 사회적 가치가 자본에서 정보로 이전되는 사회를 말한다.

미국의 미래학자 앨빈 토플러(Alvin Toffler)는 농업혁명을 '제1의 물결', 산업혁명을 '제2의 물결'로 각각 명명했으며, '제3의 물결'을 '정보혁명'이라고 정의하였다. '정보'에 '혁명'이란 용어를 사용한 것은 정보사회가 기존의 산업사회와 전혀 다른 패러다임이 존재하는 새로운 사회가 되었다는 의미이다.

정보사회가 등장한 배경은 다음과 같다.

과학기술의 발달

급격한 과학기술의 발달이 지식 및 정보의 중요성을 한층 부각시켰다.

정보의 가치 인정

정보의 가치를 인정하기 시작한 기업은 자본 · 인력 · 설비 · 원자재 등 기존의 핵심자원과 함께 정보를 기업운영을 위한 필수적인 자원으로 인식하고 BPR이라는 새로운 경영혁신기법을 통해 기업 경영에 다양한 정보기술을 적극적으로 도입하였다.

다품종소량생산

사회적 가치 변화에 따라 산업사회의 대량생산체제로는 고객 개개인의 다양한 욕구를 만족시킬 수 없어 다품종소량생산을 지향하게 되었다. 고객의 취향을 정확하게 파악하고 이를 제품 생산에 반영하는 것은 제품의 효율적인 생산과 더불어 매우 중요한 기업 활동이 되었다.

개인의 정보욕구 변화

TV, 라디오 등과 같은 대중매체의 획일적인 정보 제공으로는 정보 이용자들의 다양한 욕구를 충족시킬 수 없었다. 지금까지 정보 이용자에 대한 고려 없이 획일적으로 제공되었던 정보는 좀 더 개성화되어 개인이 선택할 수 있도록 개선될 필요가 있었다. 또한 정보통신기술의 발달로 인터넷과 컴퓨터 시스템은 인간의 정보처리능력으로는 불가능했던 많은 양의 자료 보존이나 계산 처리를 단시간에 해결했다. 이는 결과적으로 정보 활용의 폭을 더욱 확대시켰다.

정보전송능력의 향상

정보전달매체의 정보전송능력의 향상은 대용량 정보를 짧은 시간에 전달할 수 있도록 하였으며, 지형적 · 지리적 제약을 넘어 정보를 전달하는 영역을 넓혀 나가게 했다. 이는 정보 이용자의 관점에서 지역적 · 지식계층적 편차를 감소시키는 효과를 가져왔다. 이러한 변화는 개인의 욕구를 충족시키기 위해 점차 개성화된 제품을 요구하게 되었으며, 이는 산업사회의 특징인 획일화 · 대량화로부터 탈피해 다양화 · 개성화 · 분권화의 형태로 바뀌고 있다는 것을 보여주는 것이다.

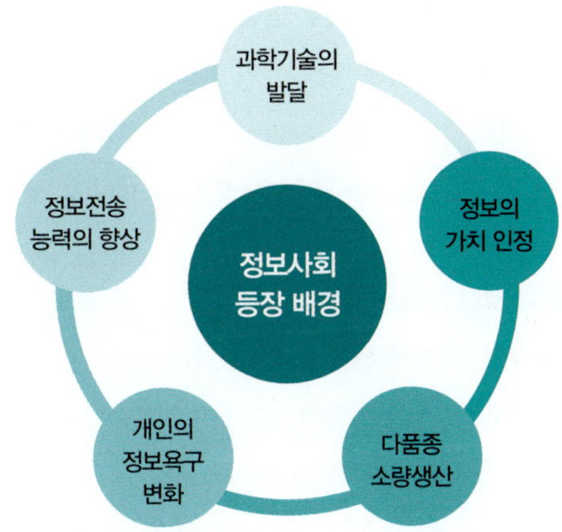

그림 1-5 정보사회의 등장 배경

3 정보사회의 특징

앨빈 토플러는 '제2의 물결'인 산업사회의 6가지 특징, 즉 규격화·전문화·동시화·집중화·극대화·집권화가 '제3의 물결'인 정보혁명에 의해 탈대량화 현상으로 바뀌어 다양화·탈전문화·탈동시화·탈집중화·탈극대화·분권화의 추세가 주를 이룰 것이라고 예견했다. 이런 변화는 경제, 사회, 문화 전반에 걸친 다양성 형성과 종래의 획일적 정보 수요 및 공급에서 개별적·선택적 성향을 가진 사회로의 전환을 의미한다.

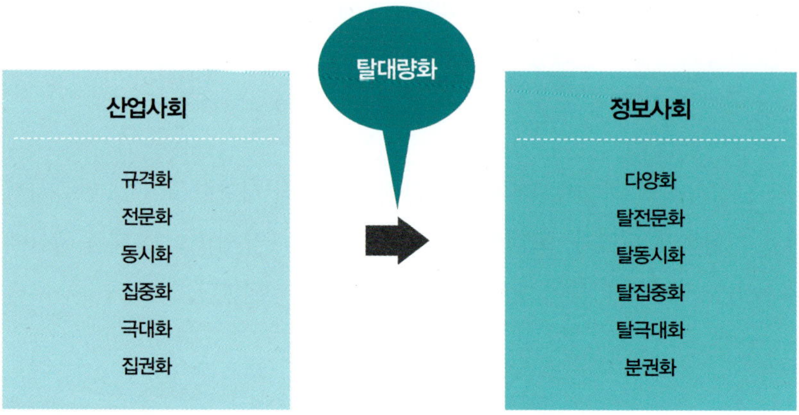

그림 1-6 **산업사회에서 정보사회로의 전환**

앨빈 토플러는 저서 『권력 이동(Powershift)』에서 "권력이 단순히 개인, 기업, 국가에서 다른 곳으로 이동하는 차원이 아닌 권력의 본질 자체가 변화하며, 그 궁극적 수단으로서 지식의 역할이 중요하다"고 말했다. 앨빈 토플러가 제시한 정보사회의 특징은 다음과 같다.

정보와 지식이 새로운 부 창출의 원동력

정보와 지식이 부와 연결되는지 알아보는 가장 현실적인 방법은 정보사회의 부가 어디에 있는지 살펴보는 것이다. 마이크로소프트의 빌 게이츠(Bill Gates), 구글의 래리 페이지(Larry Page)와 세르게이 브린(Sergey Brin), 아마존의 제프 베이조스(Jeff Bezos), 페이스북의 마크 저커버그(Mark Zuckerberg) 등은 정보와 지식의 시류에 누구보다 앞서 적응하여 부를 창출한 사람들이다.

탈대량생산으로 전환

과거의 대량생산(mass production)은 작업자를 엄격히 통제하며 반복적이고 표준화된 업무를 수행하는 것이었으며, 그에 맞게 조직 문화와 구조도 관료적이고 계층적으로 구성되었다. 정보사회에서는 새로운 정보기술을 적용하여 다양한 제품, 개별 주문 제품을 대량생산비용 원가로 단기간에 생산할 수 있는 매스커스터마이징(mass customizing)이 가능하게 되었다.

산업사회 생산 요소의 중요성 감소

산업사회의 생산 요소(토지, 노동, 원료, 자본)는 기호화된 지식이 이를 대체함에 따라 그 중요성이 감소했으며, 정보사회가 진전되면서 정치, 경제, 사회, 문화 등 각 부문의 급격한 변화를 가져왔다.

재화 및 서비스의 모듈화

재화 및 서비스가 모듈화되면서 표준이 요구되는 시스템 구성이 필요해졌다. 이로 인해 표준의 기초가 되는 정보를 장악하기 위한 경쟁이 시작되었으며, 최근 이러한 영향으로 '플랫폼의 표준'을 장악하기 위한 기술 전쟁이 일어나고 있다. 최근 4차 산업혁명 시대가 도래하면서 사물인터넷 등의 표준을 장악하려는 기술 전쟁이 이미 관련 업계에서 벌어지고 있다.

거대한 관료 체제가 애드호크라시로 대체

거대한 관료 체제는 탈대량화한 소규모의 작업 단위 또는 매트릭스 조직, 태스크포스(TF) 팀, 위원회 조직 등과 같은 '애드호크라시(Adhocracy)'로 대체된다.

TIP **애드호크라시(Adhocracy) :** 조직의 혁신을 위해 각 분야의 전문가들을 효율적으로 연결하고 유연성을 강조한 조직이다. 낮은 공식화와 표준화를 통해 창의성을 강조하며, 전문가들에게 그 권한을 위임하는 분권화가 이루어진다.

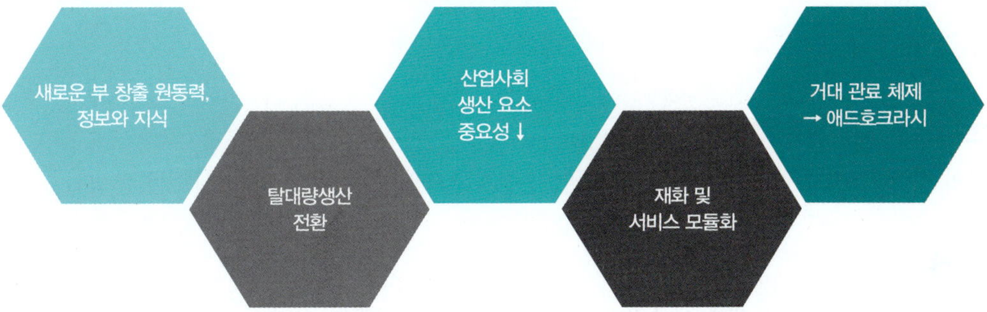

그림 1-7 **정보사회의 특징**

4 정보사회의 디지털 패러다임

정보혁명은 정보통신기술의 발달, 특히 인터넷의 발달에 기인한 것이다. 정보의 형태가 '0'과 '1'의 디지털신호 형태이므로 '정보혁명'을 '디지털 혁명'이라고도 부른다. 디지털(Digital)은 '손가락'이란 뜻의 라틴어 디지트(Digit)에서 유래되었다. 이는 모양으로 표시되는 아날로그에 비해 분명하게 숫자를 셀 수 있다는 의미로 만들어진 말이다. 디지털신호는 보통 '0'과 '1'로 표시되는데 디지털신호를 사용하면 수학적으로 계산할 수 있기 때문에 신호를 압축하거나 암호화하여 전송할 수 있다.

정보사회가 등장하면서 '디지털'과 '패러다임'을 융합한 '디지털 패러다임(Digital Paradigm)'이라는 용어가 생겼다. 정보사회가 도래하면서 이 시대를 사는 사람들의 사고를 지배하고 있는 이론적 틀이나 개념이 디지털 패러다임으로 변화된 것이다. 정보사회에서 디지털 패러다임으로의 전환으로 인해 다음과 같이 환경의 변화가 발생하였다.

시공을 초월한 상거래

산업사회에서는 소비자와 생산자가 같은 시간과 장소에 있을 때만 상거래가 가능했지만, 디지털 환경에서는 공간과 시간을 초월하며 생산자와 소비자가 서로 원하는 시간에 통신망을 통하여 접촉할 수 있다.

글로벌한 경쟁 환경

인터넷의 글로벌한 환경의 특성상 디지털 패러다임이 지배하는 새로운 사회에서는 모든 상행위가 글로벌한 경쟁을 벌여야 한다.

산업 간 장벽의 해체

디지털 컨버전스(Digital Convergence)란 컴퓨팅(Computing), 커뮤니케이션(Communication), 콘텐츠(Contents)가 하나로 합쳐진 복합 기기의 등장을 의미한다. 이러한 복합 기기의 등장으로 산업 간 장벽이 허물어지고 정보를 공유하는 형태로 발전되고 있다.

e-비즈니스 탄생의 원동력

인터넷의 성장은 인터넷과 관련된 새로운 산업인 전자상거래를 포함한 e-비즈니스를 탄생시켰다.

부의 재분배

인터넷의 발달은 부의 재분배를 이루었다. 2020년 포브스가 발표한 기업 브랜드 가치 순위를 보면 컴퓨터와 스마트폰으로 성공한 애플(Apple)이 1위, 인터넷 검색 포털로 성공한 구글(Google)이 2위, 디지털 산업의 대표적인 기업인 마이크로소프트(Mircrosoft)가 3위를 차지했다. 또한 4위는 아마존(Amazon), 5위는 페이스북(Facebook)으로, 이는 현재 사회가 디지털 패러다임이 지배하는 새로운 사회임을 증명하고 있는 것이다.

빈익빈 부익부

인터넷은 시간과 공간의 제약이 없기 때문에 동종 e-비즈니스 기업 간 차별성이 없으면 1위 기업이 그 산업의 독점적 지위를 누릴 수밖에 없다. 예를 들면 특정 유명 강사의 강의가 독보적으로 뛰어날 경우, 기존에는 강의실 환경의 이유로 선착순 몇 명만이 수강할 수 있었으나 인터넷으로 강의하면 전국에 있는 모든 학생이 강의를 신청하여 수강할 수 있게 된다.

5 정보사회의 경제

정보사회의 경제는 디지털 경제라고 할 수 있다. 디지털 경제(Digital Economy)란 **디지털 패러다임이 지배하는 사회의 경제**라고 할 수 있다. 디지털 경제가 인터넷의 발달에 기인하기 때문에 디지털 경제의 근간은 인터넷의 고유 특성에 많은 영향을 받고 있다.

다음으로 디지털 경제의 주요 법칙인 메트칼프의 법칙, 무어의 법칙, 길더의 법칙, 서프의 법칙, 코어스의 법칙에 대해 알아보자.

메트칼프의 법칙

경제학 용어 중 '망외부성'이란 용어가 있다. 망외부성(Network Externality)이란 **어느 한 경제 주체가 자신에게 맞는 최선의 선택을 할 때 다른 경제주체에게 경제적인 반대급부 없이 그 영향을 미치는 현상**이다. 손해를 가져오면 '부(−)의 망외부성'이라고 하고, 이익을 주면 '정(+)의 망외부성' 또는 '망외부성'이란 용어를 사용한다. 일반적으로 네트워크에서는 '정의 망외부성'이 존재한다.

어떤 기술이나 제품은 사용자의 수가 증가함에 따라 효용이 감소하는 것이 아니라 사용자에게 더욱더 많은 가치를 제공하는 네트워크 망외부성을 가지고 있다. 예를 들면, 소비자가 핸드폰을 구매했는데 주변 사람들 중 혼자만 핸드폰을 소유하고 있다면, 핸드폰은 쓸모없는 제품일 것이다. 반면 주변 사람들이 핸드폰을 구매하기 시작한다면, 핸드폰이 소비자에게 주는 효용은 점점 증가하게 될 것이다. 이러한 특성이 있는 제품들은 전화기, 팩스, 휴대폰, 온라인게임, 인터넷 등이다. 이러한 외부성을 측정하는 방법에는 쓰리콤(3Com)의 창업자 밥 메트칼프(Bob Metcalfe)가 제안한 '메트칼프의 법칙'이 있다. 메트칼프의 법칙(Metcalfe's Law)이란 **네트워크의 효용은 네트워크 내의 사람 수의 제곱비례로 증가한다는 법칙**이다.

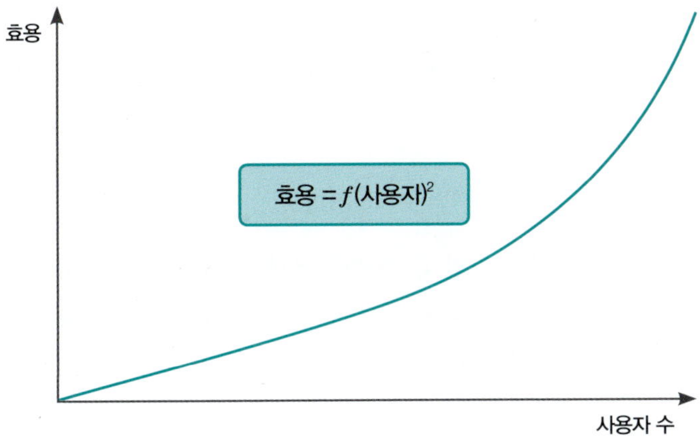

그림 1-8 메트칼프의 법칙

무어의 법칙

무어의 법칙은 인텔(Intel)의 창업자 중 한 사람인 고든 무어(Gordon Moore)가 제안하였다. 무어의 법칙(Moore's Law)은 **컴퓨터 반도체칩(마이크로칩)의 성능은 18개월마다 2배로 증가하고 가격은 반으로 줄어든다는 법칙**이다. 무어의 법칙은 컴퓨터 메모리와 저장 장치 등 디지털 부문에 대부분 적용되고 있다. 무어의 법칙이 시사하는 바는 대부분의 디지털 기기들에 무어의 법칙이 적용되어 점차 고성능화되고 저렴한 가격에 살 수 있어 대중화된다는 것이다.

표 1-2 무어의 법칙 적용 예시

연도	제품	가격
1980년	1GB 하드디스크	500,000,000원
2005년	80GB 하드디스크	150,000원
2020년	1TB 하드디스크	100,000원

길더의 법칙

조지 길더(George Guilder)는 1990년대부터 지식사회를 꿰뚫어 보는 혜안과 통찰력으로 전 세계에 '길더 효과'를 일으켰을 만큼 세계에서 손꼽히는 디지털 분야 석학 중 한 명이다. 특히 그는 『마이크로코즘(Microcosm)』, 『텔레코즘(Telecosm)』 등의 저술을 통해 인터넷의 연결성을 기업혁신과 사회 발전의 중요한 핵심 요인이라고 역설하였다. 조지 길더가 주창한 길더의 법칙(Guilder's Law)이란 **향후 통신 시스템의 대역폭이 12개월마다 3배씩 증가한다는 법칙**이다. 길더의 법칙이 시사하는 바는 인터넷을 통한 정보 전달의 대역폭이 매년 3배씩 증가하고 있기 때문에 인터넷 사용자의 증가와 DVD 등 많은 용량을 차지하는 정보재의 증가가 인터넷 속도를 저하시키지 않을 것이며 오히려 관련 산업을 발달시킬 수 있다는 것이다.

서프의 법칙

서프의 법칙(Cerf's Law)은 **데이터베이스가 인터넷에 연동되어 조회 및 입력이 가능할 때 데이터베이스의 가치가 급증한다는 법칙**이다.

코어스의 법칙

코어스의 법칙(Coase's Law)은 **디지털 시대에서는 기업 간 협력을 통해 거래 비용이 감소되면서 기업 내의 조직의 복잡성이 감소한다는 법칙**이다. 조직의 복잡성 감소로 인한 생산성 향상이 이루어지며, 기업 조직은 기업 내 기능 통합 및 축소, 기업의 인수합병 및 아웃소싱이 활발해지고 기업 간 윈윈(Win-Win) 되는 제휴 협력이 활성화된다.

하나 더 알기 **정보사회와 4차 산업혁명**

최근에는 스마트폰의 대중화와 사물인터넷·인공지능·증강현실 등 새로운 IT 신기술이 출현하면서 정보사회가 아닌 그 이후의 사회에 대한 고민을 시작해야 할 시점에 이르렀다. 21세기 들어 '로봇 사회가 된다.', '인공지능 시대가 온다.', 'IT 융합이 그 해답이다.' 등 여러 가지 논의가 있지만, 최근 그 해답이 '4차 산업혁명'이라는 용어로 귀결되는 추세이다. 4차 산업혁명이란 산업혁명을 1~4차로 구분했을 때 3차 산업혁명을 정보사회로 보고 그 이후의 혁명적인 변화에 대해 새롭게 이름을 붙인 것이다. 4차 산업혁명에 대한 자세한 내용은 'Section 03. 4차 산업혁명 시대의 도래'에서 설명하겠다.

SECTION

03 4차 산업혁명 시대의 도래

1 4차 산업혁명의 개념

4차 산업혁명(The Fourth Industrial Revolution)은 2016년 다보스포럼(Davos Forum)에서 클라우스 슈밥(Klaus Schwab)에 의해 처음으로 제시된 개념이다. 아직 그 의미가 명확히 정립된 것은 아니지만, 최근의 논의를 종합해보면 '**3차 산업혁명을 기반으로 하여 인공지능, 사물인터넷, 빅데이터, 모바일 등 첨단 ICT 기술이 경제·사회 전반에 융합되어 혁신적인 변화가 일어나는 차세대 산업혁명**'으로 정의할 수 있다.

TIP 4차 산업혁명은 '인터넷을 통해 모인 인간의 행위와 생각을 온라인상의 거대한 데이터 저장고에 넣어 활용하는 일련의 경제적 활동'이라고도 할 수 있다.

표 1-3 1~4차 산업혁명의 주요 내용

구분	내용
1차 산업혁명	• 18세기 영국에서 증기기관의 발명과 기계식 생산 방식이 도입되면서 시작 • 농업과 수공업 경제에서 기계를 사용하는 제조업 경제로 전환
2차 산업혁명	• 19세기 컨베이어 벨트가 도입되고, 분업과 자동화 생산이 확산되면서 시작 • 자동차 등 제조업 제품들이 공급자 중심으로 대량생산
3차 산업혁명	• 1970년대 자동화 대량생산체계가 도입되면서 시작되어 현재까지 지속 • 제조업의 디지털화와 자동화가 시작
4차 산업혁명	• 기계와 사람, 인터넷 서비스가 상호 연결되어 가볍고 유연한 생산체계를 구현 • 대량 맞춤 생산이 가능한 생산 패러다임으로의 진화

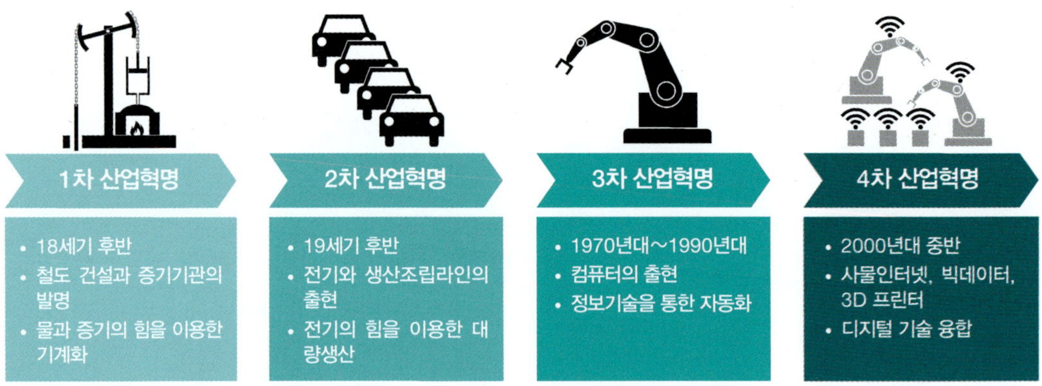

그림 1-9 1~4차 산업혁명 주기별 분류

4차 산업혁명은 증기기관 발명으로 가내수공업에서 공업화로 전환된 1차 산업혁명, 전기 에너지 발견으로 대량생산과 유통혁명을 가능하게 했던 2차 산업혁명, 트랜지스터에 의한 컴퓨터의 등장으로 인터넷 기반 네트워크화가 진행된 디지털 · 정보화 혁명인 3차 산업혁명을 거치면서 필연적으로 발생하게 되었다. 4차 산업혁명 시대에 들어서며, 우리는 이미 유무형의 사물과 사람이 사물인터넷 등으로 네트워크화된 초연결 세상에서 인공지능의 초지능 로봇과 생활하고 있으며, 가상현실에 기반하는 가상세계를 초현실적으로 경험하고 있다. 그리고 이들 기술들은 다양한 산업들과 융합되고 비즈니스 모델들로 표출되어 경제적, 사회적 그리고 윤리적으로 다중의 가치를 창출하는 초융합의 시대를 이끌고 있다.

TIP **사물인터넷(IoT, Internet of Things) :** 각종 사물에 센서와 통신 기능을 내장하여 인터넷에 연결하는 기술을 의미하며, 'Chapter 05. e-비즈니스 환경 III : 빅데이터와 사물인터넷'에서 더 자세히 다룬다.

4차 산업혁명이 지금까지의 산업혁명들과 구분되는 점은 배타적 경쟁에 기반했던 기존의 성공 모델과는 달리 협력과 경쟁이 공존하는 비즈니스 모델에 기반을 둔다는 것이다. 예를 들어, 기존의 물리적인 노동력을 공유하던 모델은 배타적 경쟁이 불가피했다. 그러나 4차 산업혁명 이후에는 서로의 정보를 공유하고, 거래를 성사시키며, 가치를 창출하는 협력과 경쟁이 가능한 모델로 패러다임이 변화하고 있다. 우리나라 전통사회에서 노동력의 공유는 두레나 품앗이에서 살펴볼 수 있다. 그러나 엄밀히 말하면 노동력은 교환이나 거래는 가능하지만, 동시에 다중에 의해 공유되기는 쉽지 않다. 이에 반해, 4차 산업혁명 시대에는 다양한 유무형의 재화나 서비스가 개발되고 있다. 유형의 제품은 완제품이 아닌 반제품의 형태로도 거래가 가능하여 유통비용이 제로에 가까워지거나, 무형의 제품은 재생산에 드는 비용이 거의 제로에 가까워지는 제2의 유통혁신이 이루어지고 있다. 또한 고객 맞춤화 등과 병행해 대량생산이 가능한 새로운 비즈니스 모델들이 등장하고 있다.

하나 더 알기 가치사슬의 붕괴

3차 산업혁명까지 유지되어 온 전형적인 가치사슬인 '설계 → 생산 → 유통 → 판매' 구조가 서서히 붕괴되고 있다. 예를 들어, 소비자는 설계도면을 배송받아 3D 프린터로 자신이 원하는 제품을 원하는 시간과 장소에서 제작할 수 있다. 또는 농산물 재배에 대한 경작 정보를 제공받아 소비자가 직접 농작물을 재배할 수도 있게 되었다. 4차 산업혁명에서 새롭게 형성된 가치사슬은 기존 가치사슬 과정과 달리 '설계 → 유통 → 생산' 구조인 것이다. 생산이 공급자의 전유물로 인식되던 3차 산업혁명과 다르게 제품의 도면이나 디자인 또는 경작 정보 등만 전송, 즉 무형의 제품의 유통이 가능해지면서 개인 소비자가 제품을 생산할 수 있는 환경이 구축되고 있다.

따라서 토지매입과 같은 고정비용 등이 필요하지 않아 초기 투자비용이 높지 않으므로 공급자의 진입장벽이 낮아지고 있다. 그러므로 이전 산업혁명까지의 공급자와 4차 산업혁명 이후 공급자의 개념은 구분되어야 한다. 4차 산업혁명 이후의 공급자는 설계 디자인·서비스·정보 등을 소비자에게 제공하고, 소비자는 디자인을 개인 맞춤화할 수 있다. 새롭게 디자인된 설계도면은 제품을 생산하면서 다시 재유통되어 다양한 가치를 창출할 수 있게 된다. 즉 소비자 각자가 필요로 하는 물품을, 필요로 하는 곳에서 직접 생산하는 시대가 가능해진 것이다.

또한 변경된 디자인이나 정보는 다른 소비자에게로 유통될 수 있으며, 이때 소비자는 다시 공급자로서 역할이 변환되게 된다. 이는 가치사슬에서 공급자와 소비자 간의 역할 경계가 모호해지고 있음을 보여준다. 또한 설계 디자인이나 정보의 유통은 디지털 형태를 가진 채 전자적으로 이루어지기 때문에 기존 시장에서 제품을 유통 및 운송하던 것과는 차별화된다. 즉 4차 산업혁명에서는 가치사슬에 참여하는 이해관계자들이 추구하는 가치에 따라 가치사슬 구조의 동적인 변화가 가능하다. 스티브 슈라프만(Steve Schlafman)은 이를 가치사슬의 붕괴(Collapsing the Value Chain) 과정으로 보고 있다.

2014년 노벨 경제학상을 수상한 미시경제학자인 장 티롤(Jean Tirole)이 주장한 양면시장(Two-sided Market)은 '서로 다른 두 타입의 이용자 집단이 플랫폼을 통해 상호작용하며, 이때 창출되는 가치는 간접적 네트워크 외부성의 영향을 받는 시장'으로 정의했다. 즉, 양면시장에서는 공급자와 소비자의 경계가 모호해지고, 발생하는 가치에 따라 소비자와 공급자 간의 역할이 쌍방 전이 가능한 플랫폼 경제로 패러다임이 변화되고 있다.

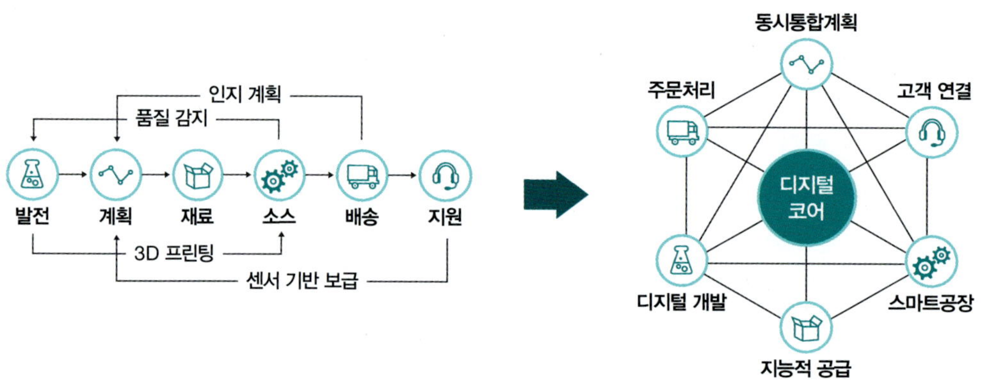

그림 1-10 가치사슬의 붕괴

2 4차 산업혁명의 기술적인 요인

4차 산업혁명이 발생한 기술적인 요인으로는 분산병렬 슈퍼컴퓨터, 클라우드 컴퓨팅, 빅데이터, 초고속 무선네트워크, 초소형 컴퓨터의 개발, 인공지능 기술의 확산 등이 있다.

분산병렬 슈퍼컴퓨터

슈퍼컴퓨터는 말 그대로 고속도·고용량의 컴퓨터를 말한다. 그런데 슈퍼컴퓨터는 분산병렬 컴퓨팅의 개념이 도입되면서 획기적인 전기를 마련한다. **분산병렬 슈퍼컴퓨터(Parallel Distributed**

Super Computer)는 **한 장소에 모여 있는 하나의 커다란 슈퍼컴퓨터가 아닌, 여러 장소에 분산된 수많은 컴퓨터를 연동하여 하나의 슈퍼컴퓨터처럼 사용하는 것**이다. 병렬로 연결한 컴퓨터들로 동시에 작업을 처리하여 컴퓨터 대수만큼 빠르게 병렬연산이 가능하다. 현재 CPU를 수백에서 수천 대까지 연결할 수 있으며, 이를 통해 연산속도를 획기적으로 높일 수 있다. 연산속도의 단위로는 1,000기가플롭스(Giga FLOPS), 즉 1초당 1조 번의 부동소수점 연산을 할 수 있는 속도인 1테라플롭스(TFLOPS)를 사용하는데, 현재 100테라플롭스 이상의 연산속도를 구현하고 있다. 구글의 서버팜(Server Farm)은 미국 전역에 분산병렬 슈퍼컴퓨터를 구축하고 있다.

그림 1-11 슈퍼컴퓨터 IBM Power System AC922

클라우드 컴퓨팅

슈퍼컴퓨터의 데이터 저장용량은 과거와 비교할 수 없을 정도로 획기적으로 늘어났다. 1980년대에는 1기가바이트(GB)를 저장하는 데 10억 원의 비용이 소요되었으나 2010년대 들어서는 그 비용이 단 100원에 불과하여 비용이 무려 천만분의 일로 줄어들었다. 이러한 분산병렬 슈퍼컴퓨터의 출현은 클라우드 컴퓨팅의 시대를 열게 하였다.

클라우드 컴퓨팅(Cloud Computing)은 **인터넷 서버를 통해 데이터 저장, 네트워크, 콘텐츠 사용 등 ICT 기술 관련 서비스를 동시에 사용 가능케 하는 컴퓨팅 환경**이다. 클라우드 컴퓨팅의 출현으로 인하여 사용자는 소프트웨어를 따로 소유하지 않아도 클라우드 서버 내에 있는 각종 소프트웨어와 데이터베이스 등을 이용할 수 있게 되었다. 또한 저장용량은 확대되면서 저장비용은 크게 감소하였다.

빅데이터

최근 사물인터넷과 함께 각종 센서 기술의 발달로 수많은 데이터가 시시각각 저장되고 있다. 과거에는 이러한 데이터들의 보관이 불가능하여 많은 부분 버려졌지만, 지금은 이들을 일정한 규칙을 갖는 정형 데이터로 전환할 수 있는 소프트웨어 기술이 발달해 사용되고 있다. 또한 데이터를 저장할 수 있는 충분한 가상공간을 갖게 되어 대량의 데이터를 활용할 수 있는 방법들이 연구되고 있다. 이렇게 무수히 많은 데이터를 의미하는 빅데이터(Big Data)는 **기존의 데이터베이스 관리 시스템으로는 처리하기 어려운 많은 양의 정형 데이터와 비정형 데이터들**을 의미한다. 이러한 요인을 기반으로 4차 산업혁명 시대의 또 하나의 키워드인 빅데이터의 시대가 도래하게 되었다.

초고속 무선네트워크

최근 5세대 이동통신(5G) 시대를 맞이하여 수많은 미디어에서 이에 대한 광고가 쏟아지고 있다. 5G의 시작과 함께 6G에 대한 기사들도 종종 보게 된다. 아무리 초고속 연산속도와 거대한 저장공간을 갖고 있다 할지라도 컴퓨터 또는 단말기 사이에 통신이 이루어지지 않는다면 장난감에 불과할 것이다. 다시 말해 단말기 사이에 정보통신이 빠르게 이루어지면 단말기 또는 사물 간에 초고속 데이터통신이 가능한 네트워킹의 환경 가운데서 상상을 초월하는 부가가치의 서비스 영역이 창출될 수 있다는 것이다.

초소형 컴퓨터

최근 각종 사물에 내장할 수 있는 초소형 컴퓨터가 속속 개발되고 있다. 사물인터넷의 데이터를 활용하기 위해서는 이를 장착할 수 있는 디바이스의 소형화가 매우 중요하다. 초소형 컴퓨터는 사물에 내장되어 인터넷 통신이 가능하며 프로그램에 따라 사물을 통제할 수 있는 오픈 하드웨어 플랫폼이라 할 수 있다.

인공지능

인공지능(AI, Artificial Intelligence)은 **컴퓨터에 지능을 부여하여 인간이 생각하고 판단하는 것과 같은 과정을 컴퓨터에 의하여 실현하려는 새로운 과학 분야**로, 인간의 지능 메커니즘을 규명하는 것을 목표로 하고 있다. 즉, 컴퓨터가 지능을 가질 수 있도록 컴퓨터 프로그램이나 하드웨어를 개발하는 것을 말한다. 최근 신경망을 통한 인공지능 기술이 발달함에 따라 음성인식부터 번역 · 통역 · 이미지 추출 · 창조 영역까지 인간의 능력을 훨씬 뛰어넘는 기술의 진보가 이뤄지고 있다. 인공지능은 4차 산업혁명 시대에서 가장 핵심적인 기술이 될 것이다.

3 4차 산업혁명의 특징

사물인터넷과 클라우드 컴퓨팅, 빅데이터 등은 4차 산업혁명을 상징하는 단어이다. 특히 4차 산업혁명은 속도, 범위, 영향력 등의 측면에서 3차 산업혁명과 차별화되고, 인류가 한 번도 경험해 보지 못한 새로운 시대를 접하게 될 것이라고 강조되고 있다. 즉 획기적인 기술 진보, 파괴적 기술에 의한 산업 재편, 전반적인 시스템의 변화 등이 4차 산업혁명의 주요 특징이라 할 수 있다. 이러한 4차 산업혁명은 기술융합으로 생산성을 높이고 생산 및 유통 비용을 낮춰 개인의 소득 증가와 삶의 질 향상이라는 긍정적 효과를 기대할 수 있다. 하지만 사회적 불평등, 빈부 격차뿐만 아니라 기계가 사람을 대체하면서 우려되는 노동시장의 붕괴와 같은 부정적인 요소도 무시할 수 없다. 특히 향후 노동시장은 '고기술 고임금'과 '저기술 저임금' 간의 격차가 크게 벌어지고 일자리 양분화로 중산층의 지위가 축소될 가능성이 크다.

TIP 지금까지 우리는 인터넷의 발전 과정과 정보사회에서 4차 산업혁명 시대로 넘어가는 과정을 살펴보았다. 이러한 배경을 바탕으로 다음 절에서부터는 본격적으로 e-비즈니스에 대해 살펴본다.

하나 더 알기 **3차 산업혁명과 4차 산업혁명의 차이**

3차 산업혁명에서 인간의 주요한 역할이 자동화를 위한 프로그래밍이었다면, 4차 산업혁명에서는 컴퓨터와 기계가 소통하는 생태계를 어떻게 활용하고 의미 있는 가치를 창출해 낼 것인지가 주요한 역할이 될 것이다. 또한, 3차 산업혁명에서 인간이 컴퓨터와 기계를 밀접하게 연계시켜 생산의 자동화를 이뤄냈다면, 4차 산업혁명에서는 컴퓨터와 기계가 인공지능에 의해 독자적으로 상호 소통하는 스마트화가 이루어질 전망이다.

그림 1-12 3차 산업혁명과 4차 산업혁명의 차이

SECTION

04 e-비즈니스의 기초

1 e-비즈니스의 개념

e-비즈니스(e-Business)는 **단순한 전자상거래가 아니라 인터넷을 매개 수단으로 하여 재화 및 서비스를 매매할 때 상거래를 쉽게 해주는 거래 행위**이다. e-비즈니스에서 'e'의 의미는 어원적으로 볼 때 '전자의'의 의미인 'electronic'이지만, e-비즈니스의 개념에서 살펴보면 '강화된'의 의미인 'enhanced'가 적합할 수도 있다. 『e-비즈니스 바이블(Seven Steps to Nirvana)』의 저자인 모한비르 쇼니(Mohanbir Sawhney)는 e-비즈니스란 '기존의 고객 또는 잠재 고객을 위해 보다 뛰어난 가치를 창출할 수 있는 업무처리 방식을 향상 · 개선 · 변화 · 창조해내기 위한 전자 네트워크 및 관련 기술'로 정의하고 있다. e-비즈니스 산업의 분야를 확장할 수 있는 정의이며, 이를 토대로 기존의 모든 기업이 인터넷과 관련된 정보기술을 이용하여 업무 혁신을 할 수 있었다.

1997년, IBM에서는 e-비즈니스라는 용어를 전자상거래보다 확장된 개념으로 사용하기 시작했다. 당시 인터넷의 급속한 확산에 따라 수많은 기업이 인터넷을 새로운 시장으로 파악했었으며, 전자상거래 활동을 시작한 후 기업의 홈페이지는 은행의 온라인 시스템과 같은 필수적인 생존 요소가 되었었다. 전자상거래는 인터넷의 발달에 따라 생겨난 새로운 개념이기 때문에 그 개념적 의미도 점차 확대되고 있는데, 인터넷을 통해 상품을 판매하는 전자상거래의 의미에서 상품 판매를 포함한 인터넷에서의 모든 비즈니스 형태를 포괄하는 e-비즈니스라는 개념으로까지 확장된 것이다.

전자상거래라는 용어가 e-비즈니스를 의미하는 경우가 많은데, 이는 전자상거래의 개념이 인터넷과 함께 급속히 그 내용을 확장시키고 있기 때문이다. 그러나 용어를 엄밀하게 정의하면 e-비즈니스가 전자상거래를 포함하는 개념이라는 것이 정설이다.

e-비즈니스에 대한 정의는 다음과 같이 정리할 수 있다.

- 기술, 프로세스, 경영 관행들을 포괄하는 것으로 전자적 정보의 전략적 사용을 통해 조직의 경쟁력을 향상시키고자 하는 것

- 가치를 창조하고 네트워크 경제의 새로운 규칙에 따라 발생하는 새로운 시장 기회를 활용하기 위해 기업 내적, 외적 관계들을 변형시키는 네트워크에 의한 기업 활동
- 인터넷기술을 기반으로 핵심적인 경영업무 수행과 시스템을 결합하여 다양한 비즈니스 가치를 광범위하고 편리하게 추구할 수 있는 안전하고 유연하며 통합된 비즈니스 방식
- 성과의 개선, 가치 창조, 비즈니스 파트너 및 고객과의 새로운 관계를 형성하기 위하여 정보기술을 사용하는 것
- 정보통신기술을 이용하여 표준화된 데이터와 거래 방식으로 기업의 업무 효율과 재화 및 서비스의 품질을 높여 소비자에 대해 보다 나은 서비스를 제공하는 접근 방식
- 고객과 공급자와의 전자상거래뿐만 아니라 기업 내부의 모든 업무를 지원하는 경영활동
- 전자 매체를 이용하여 업무 프로세스와 비즈니스 파트너, 종업원, 고객과의 관계 강화를 지원하는 비즈니스

위와 같은 여러 정의를 종합하여 볼 때, e-비즈니스는 기업의 업무 프로세스에 정보기술과 인터넷기술을 사용하는 것이라고 할 수 있다. 기업은 e-비즈니스 환경에서 정보의 교환과 활용, 업무 프로세스의 개선 등을 통해 기업의 내적 효율성을 달성하고, 기업 외적으로는 고객과의 관계를 강화하여 궁극적으로는 경쟁우위를 확보하고자 한다.

e-비즈니스에 대한 정의를 바탕으로 e-비즈니스는 최종적으로 다음과 같이 정리할 수 있다.

- 전통적 비즈니스 방식을 향상 및 발전시키거나 대체하기 위해 인터넷 또는 정보통신기술(ICT)을 적용하는 것
- 정보기술, 업무 프로세스, 경영 관행들을 포괄하는 것으로 정보의 전략적 사용을 통해 조직의 경쟁력을 향상시키고자 하는 것
- 기업 활동 자체에도 영향을 미쳐 기업 간, 기업과 소비자 간, 기업 내부의 모든 활동이 컴퓨터를 활용한 네트워크에서 실행되는 것

하나 더 알기 **전자상거래의 개념**

전자상거래(e-Commerce)는 온라인 네트워크를 통해 재화나 서비스를 사고파는 형태의 거래를 말한다. 전자상거래를 기존 상거래와 비교하면 [표 1-4]와 같은 차이점이 있다.

표 1-4 기존 상거래와 전자상거래의 비교

구분	기존 상거래	전자상거래
유통 채널	기업 ↔ 도매상 ↔ 소매상 ↔ 소비자	기업 ↔ 소비자
거래 지역	일부 지역	전 세계
거래 시간	제한된 영업시간	24시간
수요 파악	• 영업사원이 획득 • 정보 재입력 필요	• 온라인을 통해 수시로 획득 • 재입력이 필요 없는 디지털 데이터
마케팅 활동	구매 의사와 상관없는 일방적인 마케팅	쌍방향 통신의 일대일 마케팅
고객 대응	지연 대응	즉시 대응
판매 거점	판매 공간 필요	사이버 공간
소요 자본	도소매 영업점 운영에 많은 자금 필요	웹 서버 이용, 홈페이지 구축 비용

결국 e-비즈니스는 전자상거래의 현재적 개념이라고 정의할 수 있다. 학자 간에는 이 2가지 개념을 상당히 다른 것으로 주장하기도 하지만, 실제 생활에서 이 두 용어는 같은 의미로 사용되고 있다. 이 책에서는 e-비즈니스를 전자상거래의 현재적 의미(과거에는 전자상거래로 불렸지만, 현재는 대체로 통합하여 e-비즈니스라고 칭함)로 사용하고자 한다. 물론 두 용어는 확실히 이론적으로 나눌 수 있기 때문에 구분이 필요한 부분에서는 두 개념을 분리하여 설명하겠다.

2 e-비즈니스의 특징

인터넷 사용이 일반화되면서 e-비즈니스가 거대한 시장으로 급부상하자, 기존의 상거래를 넘어 기업이나 소비자에게 커다란 영향을 미치고 있다. 기존의 전통적인 상거래 방식과는 다른 e-비즈니스의 독특한 특징은 다음과 같다.

단순한 유통 채널

기존 상거래는 도매상과 소매상을 거쳐 제품이 소비자에게 전달되었지만, e-비즈니스는 인터넷을 통해 직접 소비자에게 전달되기 때문에 유통 채널이 단순하다. 이러한 이유로 소비자는 저렴한 가격으로 제품을 살 수 있다는 장점이 있다.

제한 없는 시간과 공간

인터넷은 24시간 접속할 수 있으며 전 세계 어디에서든 연결이 가능하다. 그렇기 때문에 제한된 영업시간 내에서만 거래할 수 있는 기존 상거래와는 달리 언제 어디서나 인터넷을 통하여 제품의 정보를 수집하고 전 세계의 제품을 거래할 수 있다는 특징이 있다.

편리한 정보 획득

기존 상거래는 시장조사 방식이나 영업사원이 파악한 정보를 재입력하는 방식으로 운영되었으나 e-비즈니스는 인터넷을 통해 수시로 정보를 획득할 수 있기 때문에 매우 편리하다.

일대일 마케팅 가능

기존 상거래 방식은 소비자의 의사와 관계없이 기업이 일방적으로 진행하는 마케팅 활동이었다. 하지만 e-비즈니스는 인터넷을 통해 소비자와 일대일 통신을 할 수 있기 때문에 소비자와의 상호작용적인 마케팅 활동이 가능하다.

불필요한 물리적 공간

기존 상거래는 시장이나 상점 등 물리적인 공간에서 전시에 의해 거래되거나 고객을 직접 방문하여 판매하는 방식을 취했지만, e-비즈니스는 네트워크를 통해 많은 정보를 제공하고 이러한 정보를 이용하여 제품을 판매한다.

고객 수요에 따른 즉각적 대응 가능

기존 상거래는 여러 단계의 유통 채널을 통해 판매하며 일방적인 마케팅 활동을 전개하지만, e-비즈니스는 쌍방향 네트워크를 통해 고객에게 직접 판매하기 때문에 고객의 수요에 신속하게 대처할 수 있다.

적은 투자 비용

기존 상거래 방식은 영업점 운영을 위한 토지, 건물 등의 구매나 임대에 많은 자본이 필요하지만, e-비즈니스는 인터넷 서버 구매 또는 임대, 홈페이지 구축 등의 비용만 필요하기 때문에 경제적으로 매우 효율적이다.

하나 더 알기 **e-비즈니스학**

e-비즈니스학은 경영학에서 학문의 분화와 통합을 통하여 나누어졌다. 컴퓨터로 업무를 처리하는 대다수 기업의 수요에 의해 경영학의 경영정보시스템, 즉 MIS(Management Information System) 과목이 MIS 학과로 독립되어 운영되기 시작했으며, 인터넷과 e-비즈니스의 발전으로 인하여 학과의 이름이 e-비즈니스학과, 전자상거래과, 인터넷상거래과, 인터넷응용과 등 사회의 요구에 부응하는 수요지향적인 이름으로 새롭게 단장되었다. 이후 관련 학문의 완성도가 높아짐에 따라 점차 e-비즈니스과로 통합되고 있다.

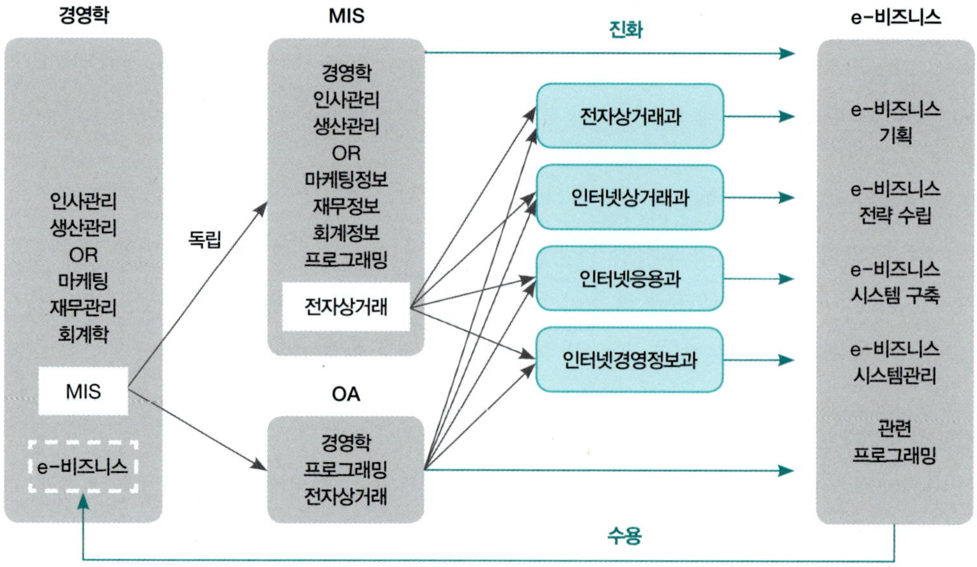

그림 1-13 e-비즈니스학의 진화 과정

SECTION 05 e-비즈니스 산업

e-비즈니스 산업을 주도하는 업체는 크게 인터넷을 활용하여 사업을 하는 '인터넷 활용 업체'와 정보통신 서비스를 제공하는 '정보통신 서비스 제공업체'로 구분할 수 있다.

1 인터넷 활용 업체

사업의 핵심 활동으로 인터넷을 광범위하게 이용하는 업체는 전자상거래 업체, 콘텐츠 종합 업체, 시장 조성 업체, 인터넷 서비스 제공업체로 구분하여 설명할 수 있다.

전자상거래 업체

전자상거래 업체(e-Commerce Company)는 **온라인 유통 경로를 통해 실제 제품과 실제 화폐를 교환하는 업체**이다. 전자상거래 업체에는 자신이 직접 제품을 생산 및 조립하거나 다른 기업이 생산한 제품을 재판매하는 업체가 있는데, 이 분야에 속하는 대규모 기업은 자신들이 생산한 제품을 인터넷을 통해 판매한다. 예를 들어, 시스코(Cisco)는 정보통신 장비(주로 라우터)를 직접 제조하여 인터넷을 통해 인터넷 접속 서비스 제공업체(ISP, Internet Service Providers)에 직접 판매한다. 또한, 어떤 전자상거래 업체는 인터넷을 통해서만 제품을 판매하거나 인터넷과 일반 제조업체의 유통 채널을 동시에 이용하여 판매한다. 예를 들어, 인텔(Intel)은 세계에서 가장 큰 하드웨어 부품 제조업체 가운데 하나이면서 수십억 달러 규모의 부품을 온라인을 통해 판매한다.

그림 1-14 전자상거래 업체인 시스코와 인텔

콘텐츠 종합 업체

미디어 기업과 콘텐츠 제공업체는 사용자 겸 공급업자이다. 그 이유는 대부분이 다른 사용자에게 정보를 제공하면서 동시에 인터넷 이용자이기 때문이다. 콘텐츠 종합 업체(Content Aggregator Company)는 이러한 **미디어 기업과 콘텐츠 제공업체를 합친 업체**를 말한다. 구글(Google)과 야후(Yahoo)와 같은 기업이 여기에 해당된다.

그림 1-15 **콘텐츠 종합 업체인 구글과 야후**

시장 조성 업체

인터넷 사업에서 많은 기업이 중간상(Intermediaries)의 성격을 가지고 있다. 시장 조성 업체(Market Maker Company)는 **인터넷에서 구매자와 판매자를 모아 그중 한쪽 또는 다른 쪽에 소액의 거래수수료를 부과하는 새로운 형태의 중간상**을 의미한다. 인터넷을 이용하는 많은 중개업자(증권 구매자와 판매자), 은행(차용자와 대출자), 여행사(여행 서비스의 구매자와 판매자) 등이 이에 속한다. 특히 재무 서비스 기업인 찰스 스웝(Charles Schwap)은 고객이 기업 사무실을 방문하거나 전화로 주문하는 굴뚝기업 방식의 주식 중개업에서 인터넷을 통한 주문으로 전면 전환하여 거대한 인터넷 시장 조성 기업으로 성장하였다. 또한 세계 최대 규모의 오픈마켓이며 인터넷 경매로 주문이 이루어지는 이베이(eBay)도 시장 조성 업체에 포함된다.

그림 1-16 **시장 조성 업체인 찰스 스웝과 이베이**

인터넷 서비스 제공업체

인터넷 서비스 제공업체(Internet Service Providers)는 **컨설팅, 아웃소싱, 웹사이트 설계, 방화벽, 데이터 저장 및 백업과 같은 서비스를 제공하는 업체**를 말하며, 통신 서비스를 제외한 모든 서비스는 이 범주에 속한다. 이들 기업은 제공 서비스를 기준으로 요금을 부과하여 자신들의 서비스나 전문적 기술을 판매하여 수입을 얻고 있다. 예를 들어 일렉트로닉 데이터 시스템스(EDS, Electronic Data Systems)의 경우 정보기술 서비스를 아웃소싱(Outsourcing)하여 명성을 얻은 기업이다.

TIP 아웃소싱(Outsourcing) : 발주 기업이 다른 기업을 고용하여 자사의 데이터 처리를 완전히 맡기고 경영층은 본래의 사업에 전념하는 것을 말한다.

2 정보통신 서비스 제공업체

정보통신 서비스 제공업체는 기간망 서비스 제공업체, 인터넷 접속 서비스 제공업체와 온라인 서비스 제공업체, 라스트 마일 제공업체, 콘텐츠 제공업체, 소프트웨어 제공업체, 하드웨어 제공업체 등으로 세분화할 수 있다.

기간망 서비스 제공업체

기간망 서비스 제공업체(Backbone Service Providers)는 **기간망 선로를 가진 기업**을 말한다. 인터넷 하부 구조를 형성하는 첫 번째 세분 시장이 기간망을 운영하는 기업인데, 이들 기업은 넓은 대역폭을 통제하고 많은 양의 디지털 트래픽을 처리한다. 미국 제2의 통신 회사였고 현재 버라이즌(Verizon)에 합병된 MCI는 과거 미국 내 20여 개 주요 도시에서 고속 광통신망으로 도시권 통신망(MAN) 서비스를 제공하였고, 이들 통신망을 연결하여 전국적인 광역 통신망(WAN) 서비스를 제공하였다.

인터넷 접속 서비스 제공업체와 온라인 서비스 제공업체

인터넷 접속 서비스 제공업체(ISP, Internet Service Provider)는 **소비자와 중소 규모의 조직에 인터넷 접속 권한을 제공하는 업체**이며, 온라인 서비스 제공업체(OSP, Online Service Providers)는 **접속 권한을 제공하면서 동시에 회원에게 콘텐츠도 제공하는 업체**를 말한다. 근거리 통신망(LAN)이 없는 개인 또는 소규모 조직에는 인터넷 접속 서비스 제공업체가 웹에 접속할 수 있는 하드웨어와 소프트웨어를 제공한다. 인터넷 접속 서비스 제공업체는 각 개인이 인터넷에 접속할 수 있도록 자체 서버, 스위치, 소프트웨어를 가지고 있다. 이 분야의 대표적인 업체로는 AT&T와 T-모바일(T-Mobile) 등이 있다.

그림 1-17 인터넷 접속 서비스 제공업체와 온라인 서비스 제공업체인 AT&T와 T-모바일

라스트 마일 제공업체

라스트 마일 제공업체(Last Mile Providers)는 **소비자와 중소 규모의 조직에 물리적인 통신설비 서비스(전화, 케이블, 무선 연결 등)를 제공하는 업체**를 말한다. 주변에서 흔히 볼 수 있는 사업으로, 소비자에게 통신을 직접 연결해주는 마지막 단계를 수행한다. 국내의 경우 인터넷 서비스 초기에 두루넷, 매가패스, 신비로 샤크 등의 라스트 마일 제공업체를 흔히 볼 수 있었지만, 최근에는 SK텔레콤, KT, LG U+ 등 대기업 위주의 통신사들이 스마트폰 등 무선 단말기의 영업점을 기반으로 사업을 수행하고 있다.

(a) SK텔레콤 (b) KT (c) LG U+

그림 1-18 국내 라스트 마일 제공업체

라스트 마일의 연결 방법으로는 일반 전화선, 광섬유, 케이블, 무선통신 등 여러 가지 형태가 있다. 라스트 마일 범주에 속한 기업의 규모는 상당히 큰 편이고 다른 세분 시장의 기업보다 평균 규모도 크다. 이들 대부분의 기업은 지역 전화 회사로 독점적 지위를 얻어 거대한 규모로 성장하였으며, ISDN(Integrated Services Digital Network)과 DSL(Digital Subscriber Lines)을 개발했다. 두 기술은 일반 전화선을 이용해 높은 대역폭의 전송이 가능하며, 사용자가 전화하면서 일반 모뎀보다 빠르게 디지털 데이터를 처리할 수 있다. 최근 ADSL의 다음 기술로 VDSL이 사용되다가 현재는 주로 ETTH(Ethernet To The Home) 또는 FTTH(Fiber To The Home)망을 사용한다. 최근에 KT에서는 FTTH를 사용하는데, 이로 인하여 광케이블의 초고속 인터넷이 가입자의 건물까지 들어가 가정에서 기가인터넷이 구현되는 세상이 되었다.

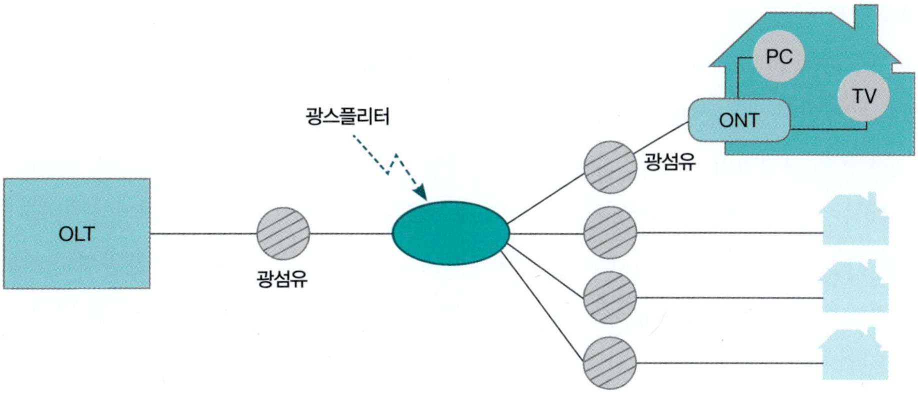

그림 1-19 **FTTH(가정 내 광가입자망)**

TIP **ETTH(Ethernet To The Home) :** 기존 광동축 혼합망(HFC)에서 사용하던 케이블 모뎀 제어 시스템(CMTS)을 이더넷 노드 모뎀(ENM) 장비로 대체하여 HFC에서도 광구내정보통신망과 같이 100Mbps 초고속 인터넷 서비스를 제공하는 기술이다.

TIP **FTTH(Fiber To The Home) :** 전화국까지만 사용되는 광케이블을 일반 가정까지 연장해 구축한 멀티미디어 통신 인프라스트럭처를 말한다.

콘텐츠 제공업체

콘텐츠 제공업체(Contents Providers)는 **음악, 게임, 그래픽, 비디오, 동영상, 텍스트와 같은 콘텐츠를 제공하는 업체**를 말한다. 이 분야에서 가장 규모가 큰 기업인 디즈니(Disney)는 콘텐츠 사업으로 완전히 통합하여 다양한 콘텐츠를 생산하고 있으며, 가입형 온라인 스트리밍 서비스인 디즈니플러스(Disney+)를 제공하고 있다. 또한 유튜브(Youtube)와 같은 인터넷을 기반으로 한 소셜미디어 업체들이 UCC(User Created Contents)를 활용하여 사용자들이 직접 제작하고 공유하는 형태의 콘텐츠 유통 문화를 창출하고 있다.

그림 1-20 **콘텐츠 제공업체인 디즈니와 유튜브**

TIP 대부분의 콘텐츠 제공업체는 사용자들이 자유롭게 콘텐츠를 올리고 공유하는 플랫폼을 만든다. 이를 활용해 '시청자의 수(Eyeballs)'를 늘려 광고를 통한 수익을 얻고 있다. 특히 아프리카TV의 '별풍선'처럼 새로운 비즈니스 모델을 창출하는 노력을 계속하고 있다.

소프트웨어 제공업체

소프트웨어 제공업체(Software Providers)는 **소프트웨어를 제공하는 업체**를 말한다. 이들 기업은 최종 사용자 또는 인터넷에 참여를 시작하거나 유지하는 데 관심이 있는 기업에 소프트웨어 제품의 판매를 원칙으로 사업한다. 이들은 수익을 얻기 위해 소프트웨어를 개발하여 제품의 마케팅 및 판매에 투자하는 생산업자와 비슷하다. 마이크로소프트(Microsoft)는 소프트웨어 산업에서 규모가 가장 큰 기업으로, 윈도우(Windows)로 대표되는 운영체제 소프트웨어를 제공한다. 데이터베이스 기업에서 인터넷 데이터베이스 기업으로 전환한 오라클(Oracle)은 규모가 두 번째로 큰 소프트웨어 기업이다.

그림 1-21 소프트웨어 제공업체인 마이크로소프트와 오라클

전자상거래 소프트웨어 기업은 전자상거래를 가능하게 하는 소프트웨어를 생산하며 각자 다른 형태의 소프트웨어를 생산한다. 웹사이트에서 제품을 판매하는 것과 관련된 여러 가지 전자상거래 응용 소프트웨어가 있다. 예를 들어 장바구니 기술, 주문/지불 처리 및 소액지불 등이 있다.

1999년에는 새로운 형태의 소프트웨어 사업인 응용 소프트웨어 서비스 제공업체(ASP, Application Service Providers)가 출현하였다. ASP 서비스는 소프트웨어 응용 프로그램을 중앙 집중적으로 저장하고, 개인 또는 기업 사용자에게 소프트웨어를 임대하는 사업을 수행한다. 이러한 최종 사용자 시스템을 소형 클라이언트(Thin Client)라고 부르는데, 그 이유는 응용 프로그램이 최종 사용자 시스템에 들어 있지 않기 때문이다. 응용 프로그램은 인터넷을 통한 주문에 의해 소형 클라이언트에 제공된다. 이러한 서비스 형태로 설계된 응용 프로그램은 데이터베이스 소프트웨어 패키지에서 워드프로세서 응용 프로그램 및 기업의 사업 프로세스 분석 프로그램까지 그 범위가 매우 넓다.

하드웨어 제공업체

하드웨어 제공업체(Hardware Providers)는 **하드웨어를 제공하는 업체**를 말하며, 여기에 속하는 기업은 통신 장비 생산업체, 컴퓨터 장비 생산업체, 하드웨어 부품 생산업체 등 세 분야로 나눌 수 있다.

- **통신 장비 생산업체 :** 다양한 종류의 라우터 및 기타 디지털 스위치를 생산한다. 삼성(Samsung)은 스마트폰과 반도체로 대부분의 수익을 얻고 있으며, 노키아(Nokia)는 B2B 사업인 통신 장비 제조업을 에릭슨(Ericsson)과 함께 이끌고 있다.
- **컴퓨터 장비 생산업체 :** 컴퓨터 하드웨어는 클라이언트와 서버 하드웨어를 포함한다. 즉 최종 사용자 컴퓨터 및 서버 디바이스 등이다. IBM은 대부분의 매출을 하드웨어를 판매하여 얻고 있다. 컴퓨터 하드웨어 생산업체인 HP(Hewlett-Packard)와 서버 생산업체인 오라클 아메리카(Oracle America)는 컴퓨터 하드웨어 기업과 통신 장비 기업에 컴퓨터칩과 디스크 드라이버와 같은 주변 장치를 판매하는 하드웨어 부품업체의 주요 고객이다.
- **하드웨어 부품 생산업체 :** 하드웨어 부품의 세분 시장에는 프로세서의 인텔(Intel), 메모리의 삼성(Samsung), 디스크 드라이브의 씨게이트(Seagate) 등의 기업이 있다.

하나 더 알기 **m-비즈니스**

m-비즈니스는 모바일 기기를 이용하여 무선 통신을 통해 기존 사업의 효율성을 높이거나 새로운 사업을 창출하는 것을 말한다. m-비즈니스는 모바일 비즈니스라고도 부르며, 스마트폰의 보급이 높아지면서 무선 네트워크와 단말기를 통해 이루어지는 전자상거래 및 기업의 부가가치를 창출할 수 있게 되었다. 모바일 기기와 무선 인터넷의 결합은 기존 유선 인터넷보다 사용이 편리하여 수요 확대 가능성이 높고, 다양한 차별적인 서비스를 창출할 수 있다. 그렇기 때문에 기업들은 e-비즈니스 모델에 m-비즈니스 영역을 추가하여 고객서비스의 차별성과 다양성을 더욱 강화하고 있다.

토론 및 과제

※ 다음은 국가통계포털 KOSIS(www.kosis.kr)의 e-비즈니스(전자상거래) 통계자료이다. 다음 두 개의 그래프를 보고 토론 및 과제를 수행하시오.

(1) 2019년 10월부터 2020년 7월까지의 전자상거래 규모 자료

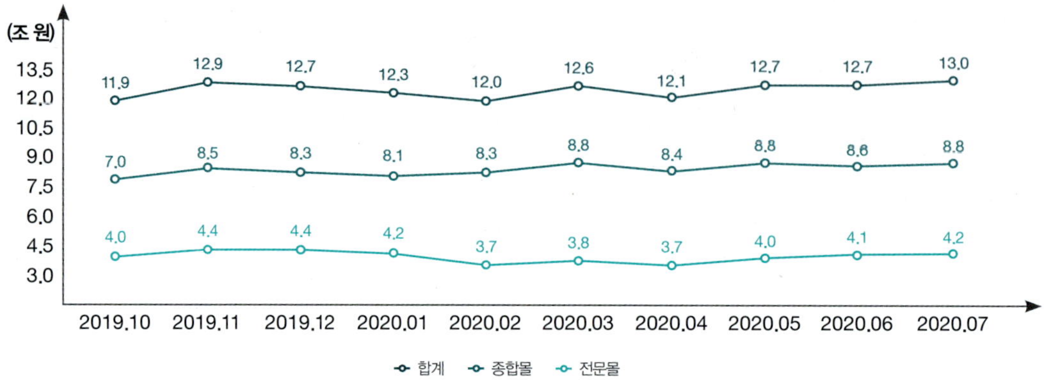

(2) 2017년 3월부터 2020년 6월까지의 전자상거래 규모

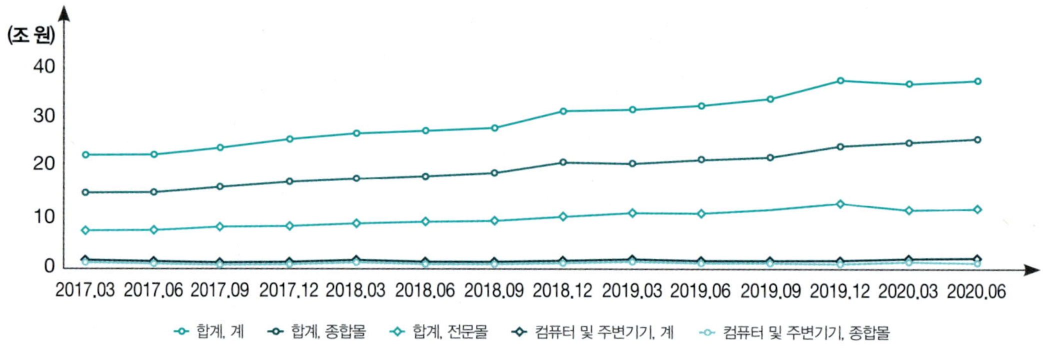

토론

01 e-비즈니스를 하나의 산업으로 볼 수 있는지 토론하시오.

02 위 그래프는 코로나19의 영향이 미친 시기의 통계 자료인데, 이를 통해 코로나19 이후 전자상거래의 규모는 어떻게 변화할지 예측하여 토론하시오.

과제

01 국가통계포털 KOSIS에 접속하여 현재 전자상거래 규모를 조사하고 보고서로 제출하시오.

요약

01 인터넷은 전 세계에 연결된 수많은 컴퓨터와 서로 다른 네트워크 사용자들이 접속된 컴퓨터 통신망을 의미한다. 간단히 말해 네트워크의 네트워크라고 할 수 있다.

02 인터넷의 역사는 웹을 기준으로 웹 이전 시대, 웹 시대, 웹 이후 시대로 구분할 수 있다.

- 웹 이전 시대 : 미국 국방성의 아르파넷(ARPANET)이 인터넷의 시초이다.
- 웹 시대 : 다양한 웹브라우저와 새로운 인터넷 서점 및 포털사이트가 나타났다.
- 웹 이후 시대 : 모바일 및 소셜 인터넷의 시대라고 부른다.

03 인터넷의 주소 체계를 이해하기 위해서는 다음을 알아야 한다.

- IP 주소 : 인터넷에 연결된 기기를 식별하는 유일한 번호이다.
- 도메인 이름 : DNS라는 시스템을 이용하여 숫자로 이루어진 IP 주소를 영문으로 표현한 것을 말한다.
- IPv6 : IPv4에 이은 IP 주소 표현 방식의 차세대 버전이다.
- DNS : 도메인 이름을 IP 주소로 해석해주는 TCP/IP 네트워크 시스템이다.

04 정보사회란 정보통신기술의 발달로 사용할 수 있는 정보의 양이 많아지고 정보의 활용이 모든 업무의 중심이 되면서 정보가 부(富) 창출의 원천이 되는 사회를 말한다.

05 정보사회의 등장 배경에는 과학기술의 발달, 정보의 가치 인정, 다품종소량생산, 개인의 정보욕구 변화, 정보전송능력의 향상 등이 있다.

06 정보사회의 특징에는 정보와 지식이 새로운 부 창출의 원동력, 탈대량생산으로 전환, 산업사회 생산 요소의 중요성 감소, 재화 및 서비스의 모듈화, 거대한 관료 체제가 애드호크라시로 대체 등이 있다.

07 정보사회에서 디지털 패러다임으로의 전환으로 인해 시공을 초월한 상거래, 글로벌한 경쟁 환경, 산업 간 장벽의 해체, e-비즈니스 탄생의 원동력, 부의 재분배, 빈익빈 부익부와 같은 환경의 변화가 발생하였다.

08 디지털 경제란 디지털 패러다임이 지배하는 사회의 경제라고 할 수 있다. 디지털 경제의 주요 법칙은 다음과 같다.

- 메트칼프의 법칙 : 네트워크의 효용은 네트워크 내의 사람 수의 제곱비례로 증가한다는 법칙이다.
- 무어의 법칙 : 컴퓨터 반도체칩(마이크로칩)의 성능은 18개월마다 2배로 증가하고 가격은 반으로 줄어든다는 법칙이다.
- 길더의 법칙 : 통신 시스템의 대역폭이 12개월마다 3배씩 증가한다는 법칙이다.
- 서프의 법칙 : 데이터베이스가 인터넷에 연동되어 조회 및 입력이 가능할 때 데이터베이스의 가치가 급증한다는 법칙이다.
- 코어스의 법칙 : 디지털 시대에서는 기업 간 협력을 통해 거래 비용이 감소되면서 기업 내의 조직의 복잡성이 감소한다는 법칙이다.

09 4차 산업혁명이란 3차 산업혁명을 기반으로 하여 인공지능, 사물인터넷, 빅데이터, 모바일 등 첨단 ICT 기술이 경제 · 사회 전반에 융합되어 혁신적인 변화가 일어나는 차세대 산업혁명으로 정의할 수 있다.

10 4차 산업혁명의 기술적인 요인은 분산병렬 슈퍼컴퓨터, 클라우드 컴퓨팅, 빅데이터, 초고속 무선네트워크, 초소형 컴퓨터, 인공지능 등이 있다.

11 e-비즈니스는 단순한 전자상거래가 아니라 인터넷을 매개 수단으로 하여 재화 및 서비스를 매매할 때 상거래를 쉽게 해주는 거래 행위이다.

12 e-비즈니스의 특징으로는 단순한 유통 채널, 제한 없는 시간과 공간, 편리한 정보 획득, 일대일 마케팅 가능, 불필요한 물리적 공간, 고객 수요에 즉각적 대응 가능, 적은 투자 비용 등이 있다.

13 e-비즈니스 산업을 주도하는 업체는 인터넷 활용 업체와 정보통신 서비스 제공업체로 구분할 수 있다.

- 인터넷 활용 업체 : 전자상거래 업체, 콘텐츠 종합 업체, 시장 조성 업체, 인터넷 서비스 제공업체
- 정보통신 서비스 제공업체 : 기간망 서비스 제공업체, 인터넷 접속 서비스 제공업체(ISP), 온라인 서비스 제공업체(OSP), 라스트 마일 제공업체, 콘텐츠 제공업체, 소프트웨어 제공업체, 하드웨어 제공업체

연습 문제

단답형 문제

01 (   )은 전 세계에 연결된 수많은 컴퓨터와 서로 다른 네트워크 사용자들이 접속된 컴퓨터 통신망을 의미한다.

02 인터넷은 1969년 미국 국방성의 컴퓨터 통신망인 (   )으로 탄생했다.

03 (   )는 인터넷에 연결된 기기를 식별하는 유일한 번호로, 32비트의 2진수 체계이지만 사람이 사용할 때에는 4개의 10진수를 마침표(.)로 연결하여 사용한다.

04 (   )란 정보통신기술의 발달로 사용할 수 있는 정보의 양이 많아지고 정보의 활용이 모든 업무의 중심이 되면서 정보가 부(富) 창출의 원천이 되는 사회를 말한다.

05 (   )란 디지털 패러다임이 지배하는 사회의 경제라고 할 수 있다.

06 (   )은 컴퓨터 반도체칩(마이크로칩)의 성능은 18개월마다 2배로 증가하고 가격은 반으로 줄어든다는 법칙이다.

07 (   )은 2016년 다보스포럼에서 클라우스 슈밥에 의해 처음으로 제시되었다.

08 (   ) 슈퍼컴퓨터는 한 장소에 모여 있는 하나의 커다란 슈퍼컴퓨터가 아닌, 여러 장소에 분산된 수많은 컴퓨터를 연동하여 하나의 슈퍼컴퓨터처럼 사용하는 것이다.

09 (   )는 단순한 전자상거래가 아니라 인터넷을 매개 수단으로 하여 재화 및 서비스를 매매할 때 상거래를 쉽게 해주는 거래 행위이다.

10 (   )는 온라인 유통 경로를 통해 실제 제품과 실제 화폐를 교환하는 업체이다.

11 (   )는 인터넷에서 구매자와 판매자를 모아 그중 한쪽 또는 다른 쪽에 소액의 거래수수료를 부과하는 새로운 형태의 중간상을 의미한다.

12 (   )는 소비자와 중소 규모의 조직에 물리적인 통신설비 서비스를 제공하는 업체를 말한다.

객관식 문제

13 다음 중 인터넷에 대한 설명이 아닌 것은?

① 글로벌 네트워크이기 때문에 일종의 WAN이라고 할 수 있다.
② 인터네트워크의 약자이다.
③ 수많은 프로토콜 중 TCP와 IP 프로토콜을 사용하는 네트워크이다.
④ 전 세계에 연결된 컴퓨터와 서로 다른 네트워크 사용자들이 접속된 컴퓨터 통신망이다.
⑤ 컴퓨터끼리 의사소통하기 위해 만든 언어이다.

14 다음 중 웹 시대에 등장한 것이 아닌 것은?

① 넷스케이프 ② 아마존 ③ 구글
④ 아르파넷 ⑤ 모자이크

15 다음 중 웹 이후 시대에 등장한 것이 아닌 것은?

① 인스타그램 ② 페이스북 ③ 트위터
④ 밀넷 ⑤ 유튜브

16 다음 중 도메인 이름에 대한 명칭이 <u>아닌</u> 것은?

http://	www.	bc.	ac.	kr
❶	❷	❸	❹	❺

① 프로토콜의 이름 ② 컴퓨터의 이름 ③ 조직의 명칭
④ 조직의 성격 ⑤ 인터넷의 명칭

17 도메인 이름을 IP 주소로 해석해주는 TCP/IP 네트워크 시스템을 무엇이라고 하는가?

① DNS ② IPv6 ③ IP 주소 ④ URL ⑤ IPv4

18 다음 중 정보사회에 대한 설명으로 알맞은 것은?

① 정보통신기술의 발달로 사용할 수 있는 정보의 양이 많아지고 정보의 활용이 모든 업무의 중심이 되면서 정보가 부(富) 창출의 원천이 되는 사회를 말한다.
② 원시 수렵사회를 농업사회로 전환한 사회이다.
③ 정보사회의 경제 기반은 노동, 자본, 에너지이다.
④ 정보사회의 주 도구는 농경기구이다.
⑤ 정보사회를 만든 혁명은 산업혁명이다.

19 정보사회를 이끈 혁명을 무엇이라고 하는가?

① 산업혁명 ② 명예혁명 ③ 디지털 혁명 ④ 사회혁명 ⑤ 농업혁명

20 다음 중 정보사회가 등장한 배경이 <u>아닌</u> 것은?

① 과학기술의 발달 ② 빈익빈 부익부 ③ 다품종소량생산
④ 정보의 가치 인정 ⑤ 정보전송능력의 향상

21 다음 중 정보사회의 특징으로 알맞은 것을 고르시오.

① 규격화 ② 극대화 ③ 다양화 ④ 집중화 ⑤ 전문화

22 다음 중 앨빈 토플러가 제시한 정보사회의 특징이 아닌 것은?

① 정보와 지식이 새로운 부 창출의 원동력
② 토지와 노동의 중요성 증대
③ 산업사회 생산 요소의 중요성 감소
④ 재화 및 서비스의 모듈화
⑤ 거대한 관료 체제가 애드호크라시로 대체

23 정보사회에서 디지털 패러다임으로의 전환으로 인해 발생한 환경의 변화가 아닌 것은?

① 산업 간 장벽의 해체 ② 평등사회 실현 ③ 글로벌한 경쟁 환경
④ 부의 재분배 ⑤ 시공을 초월한 상거래

24 다음 중 디지털 경제의 주요 법칙이 아닌 것은?

① 무어의 법칙 ② 베버의 법칙 ③ 메트칼프의 법칙
④ 코어스의 법칙 ⑤ 길더의 법칙

25 다음 설명을 읽고 이 법칙은 무엇인지 고르시오.

> 이 법칙은 컴퓨터 반도체칩의 성능은 18개월마다 2배로 증가하고 가격은 반으로 줄어든다는 법칙으로, 현재 컴퓨터 메모리와 저장 장치 등 디지털 부문에 대부분 적용되고 있다.

① 무어의 법칙 ② 베버의 법칙 ③ 메트칼프의 법칙
④ 코어스의 법칙 ⑤ 길더의 법칙

26 4차 산업혁명에 대한 설명으로 알맞은 것은?

① 농업과 수공업 경제에서 기계를 사용하는 제조업 경제로 전환
② 자동차 등 제조업 제품들이 공급자 중심으로 대량생산
③ 제조업의 디지털화와 자동화가 시작
④ 기계와 사람, 인터넷 서비스가 상호 연결되어 가볍고 유연한 생산체계를 구현
⑤ 컨베이어 벨트가 도입되고, 분업과 자동화 생산이 확산되면서 시작

27 다음 중 4차 산업혁명의 기술적인 요인이 아닌 것은?

① 개인용 컴퓨터　② 인공지능　③ 초고속 무선네트워크
④ 클라우드 컴퓨팅　⑤ 빅데이터

28 다음 중 4차 산업혁명의 특징이 아닌 것은?

① 에너지 발견으로 대량생산과 유통혁명이 가능해졌다.
② 기계가 사람을 대체하면서 노동시장의 붕괴와 같은 상황이 발생할 수 있다.
③ 기술 융합으로 생산성을 높이고 생산 및 유통 비용을 낮출 수 있다.
④ 획기적인 기술 진보, 파괴적 기술에 의한 산업 재편, 전반적인 시스템의 변화가 있다.
⑤ 속도, 범위, 영향력 등의 측면에서 3차 산업혁명과 차별화된다.

29 다음 중 e-비즈니스에 대한 설명이 아닌 것은?

① 인터넷을 매개 수단으로 한다.
② 전자상거래뿐만 아니라 기업 내부의 모든 업무를 지원하는 경영활동이다.
③ 전자 매체를 이용하여 업무 프로세스와 비즈니스 파트너, 종업원, 고객과의 관계 강화를 지원하는 비즈니스이다.
④ 전통적 비즈니스 방식을 향상 및 발전시키거나 대체하기 위해 인터넷 또는 정보통신기술을 적용하는 것이다.
⑤ 구매 의사와 상관없는 일방적인 마케팅이 가능하다.

30 다음 중 e-비즈니스의 특징이 아닌 것은?

① 단순한 유통 채널　② 물리적 공간 확보　③ 편리한 정보 획득
④ 일대일 마케팅 가능　⑤ 제한 없는 시간과 공간

31 다음 중 인터넷 활용 업체가 아닌 것은?

① 전자상거래 업체　② 시장 조성 업체　③ 라스트 마일 제공업체
④ 콘텐츠 종합 업체　⑤ 인터넷 서비스 제공업체

32 다음 중 기존 상거래와 비교했을 때 전자상거래의 특징이 아닌 것은?

① 유통 채널 : 기업 ↔ 소비자　　② 거래 지역 : 전 세계
③ 거래 시간 : 24시간　　④ 고객 대응 : 지연 대응
⑤ 소요 자본 : 웹 서버 이용, 홈페이지 구축 비용

33 다음 설명을 읽고 이 업체는 무엇인지 고르시오.

> 이 업체는 인터넷에서 구매자와 판매자를 모아 그중 한쪽 또는 다른 쪽에 소액의 거래수수료를 부과하는 새로운 형태의 중간상을 의미한다.

① 기간망 서비스 제공업체　　② 인터넷 서비스 제공업체
③ 전자상거래 업체　　④ 콘텐츠 제공업체
⑤ 시장 조성 업체

34 다음 중 정보통신 서비스 제공업체가 아닌 것은?

① 기간망 서비스 제공업체　　② 인터넷 서비스 제공업체
③ 온라인 서비스 제공업체　　④ 소프트웨어 제공업체
⑤ 전자상거래 업체

35 다음 중 라스트 마일 제공업체에 대한 설명이 아닌 것은?

① 소비자에게 통신을 직접 연결해주는 마지막 단계를 수행한다.
② 국내 인터넷 서비스 초기에는 두루넷, 매가패스, 신비로 샤크 등의 라스트 마일 제공업체를 흔히 볼 수 있었다.
③ 현재 SK텔레콤, KT, LG U+ 등 대기업 위주의 통신사들이 스마트폰 등 무선 단말기의 영업점을 기반으로 사업을 수행하고 있다.
④ 근거리 통신망(LAN)이 없는 개인 또는 소규모 조직에는 인터넷 접속 서비스 제공업체가 웹에 접속할 수 있는 하드웨어와 소프트웨어를 제공한다.
⑤ 소비자와 중소 규모의 조직에 물리적인 통신설비 서비스를 제공하는 업체를 말한다.

CHAPTER 02

e-비즈니스의 발전 과정

학습 목표

- EDI의 개념과 구성 요소를 알아보고, EDI 기술의 발전 과정을 살펴본다.
- CALS의 개념과 의미 변화에 대해 학습한다.
- B2C, B2B, C2C, C2B 전자상거래의 특징을 알아본다.
- e-마켓플레이스의 개념과 적용에 대해 살펴본다.
- M-커머스의 개념, 기술과 활용 사례, 현황에 대해 학습한다.
- U-커머스, 유비쿼터스, RFID에 대해 이해한다.
- 소셜커머스와 1인 미디어에 대해 살펴본다.

PREVIEW

이번 장에서는 e-비즈니스의 오래된 기술인 EDI와 CALS를 시작으로 e-비즈니스가 어떻게 변화하고 발전했는지 알아본다.

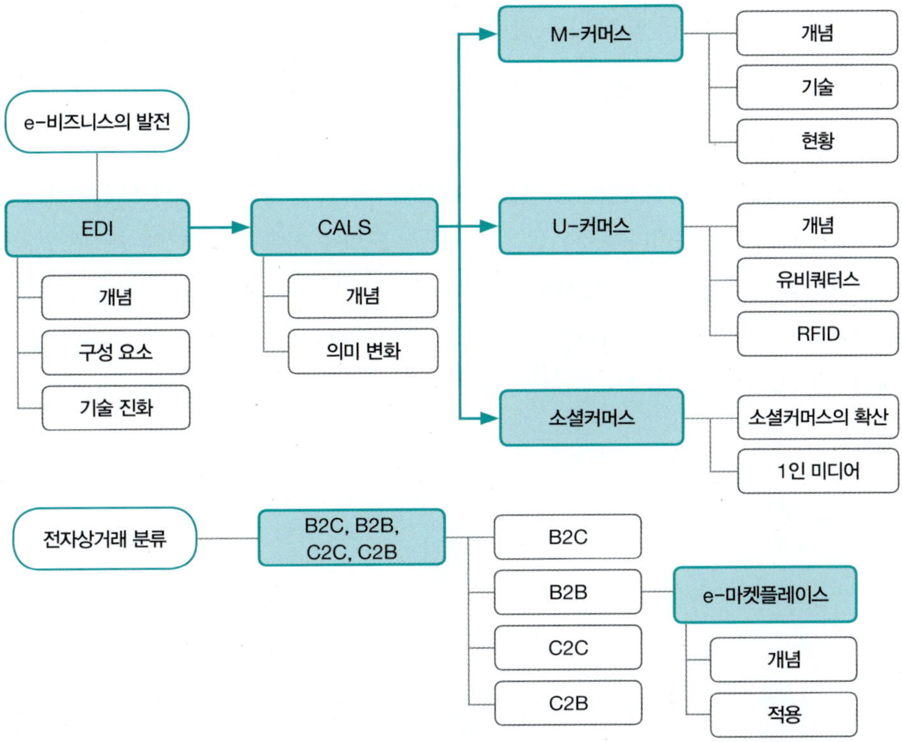

SECTION 01 EDI

1 EDI의 개념

전자 데이터 교환이라고도 부르는 EDI(Electronic Data Interchange)는 **회사 간 업무처리에서 본래 종이로 처리하던 문서 대신에 컴퓨터로 처리할 수 있게 한 구조화되고 표준화된 양식**으로, EDI 네트워크를 통해 상호 간의 데이터를 교환하는 방식을 말한다. EDI는 단순히 종이를 없애는 것을 넘어 데이터의 재입력과 처리 지연을 없애는 것이 목적이며, 즉 문서의 데이터 입력(수동 입력)을 전자적인 데이터 입력(자동 입력) 방식으로 교체한 것이다.

EDI는 새로운 비즈니스 방법으로, 거래 상대방 간의 비즈니스 관계를 증진하기 위해 정보기술을 활용하는 e-비즈니스 방법으로 발전하였다. 오늘날과 같은 무한 경쟁 시대에 기업이 거래 상대방과의 비즈니스에서 정보기술을 폭넓게 활용함으로써 본격적인 e-비즈니스 시대를 맞이하고 있다. 이는 정형화된 데이터를 주고받는 전자문서 교환을 비롯하여 전자우편, 팩스, 바코드, 전자자금 이체, 파일 전송, 전자정보서비스(디렉터리, 카탈로그, 시장 통계, 기술적인 문서 등 주로 데이터베이스서비스), 음성 사서함, 이미지 시스템, 비디오 메시징 등 그 종류와 형태가 매우 다양하다. EDI는 VAN EDI에서 인터넷 EDI, 웹 EDI가 탄생하였고, 현재는 XML EDI가 상용화되고 있다.

전통적인 데이터 교환

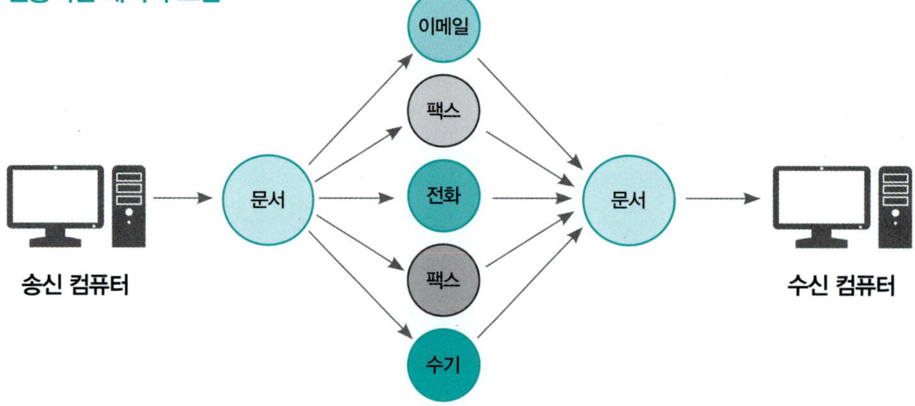

(a) 전통적인 데이터 교환 : 종이로 처리

EDI를 통한 데이터 교환

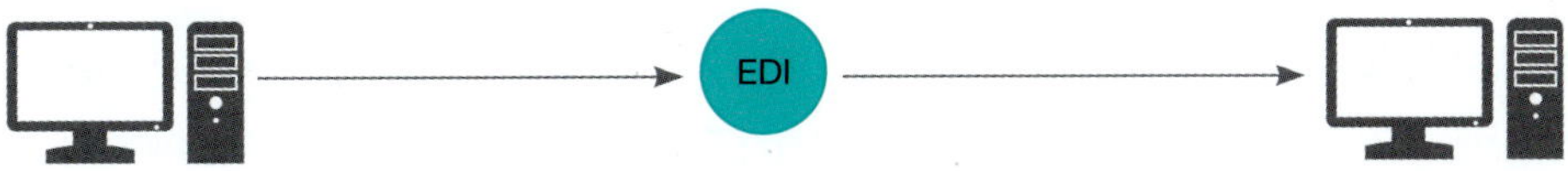

(b) EDI를 통한 데이터 교환 : 컴퓨터로 처리

그림 2-1 EDI의 개념

2 EDI의 구성 요소

EDI는 EDI 표준, EDI 소프트웨어, EDI 네트워크, EDI 하드웨어로 구성되어 있다.

EDI 표준

EDI 표준이란 EDI 사용자가 도입하고 따라야만 하는 EDI 통신에서의 표준이 되는 양식과 구문을 정한 규칙이다. 이와 같은 공용 표준이 있기 때문에 EDI 사용자는 상호 간에 업무 데이터를 정해진 양식과 절차에 따라 주고받을 수 있다. 이는 종이 문서(편지)가 수신자의 이름, 주소, 인사말, 본문, 발신자 등의 순서로 일반적인 양식과 구문을 따르는 것과 유사하다. EDI 표준은 크게 양식 표준과 통신 표준으로 나누어진다.

EDI 소프트웨어

EDI 소프트웨어는 회사마다 다른 양식으로 표현된 데이터를 EDI 표준에 맞는 양식으로 변환시켜 주며, 변환된 EDI 문서를 통신 표준에 맞는 전자 메시지로 변환하는 기능을 수행한다(그 역방향의 기능도 수행).

EDI 네트워크

EDI를 위한 네트워크는 직통과 VAN을 이용하는 방법이 있다. 직통 네트워크는 거래 당사자 간 일대일로 통신하는 방식으로 모뎀과 공중 전화망을 이용하여 컴퓨터를 연결한다. 상호 간 데이터 통신을 하려면 전송속도, 라인 프로토콜 등 통신 프로토콜이 서로 동일해야 한다.

EDI 하드웨어

EDI를 실행하기 위해서 갖추어야 할 특별한 하드웨어는 없다. 대부분 회사는 일반 업무처리를 위한 개인용 컴퓨터를 보유하고 있어 필요한 EDI 소프트웨어만 구매하여 운용하면 EDI를 실행할 수 있다. 부가적으로 컴퓨터의 EDI 데이터를 통신 네트워크로 전송하기 위해서는 통신용 모뎀에 접속하여야 한다.

하나 더 알기 **제3자 네트워크**

한편, 제3자 네트워크(VAN, 부가가치 통신망)는 사업자가 통신 사업자로부터 통신회선을 임차 또는 이용하거나 통신회선을 직접 보유하여 정보를 전송, 가공, 변환하기 위해 구축한 데이터통신 네트워크이다. 이 제3자 네트워크는 주로 VAD(부가가치데이터서비스) 목적으로 많이 구축되고 있어 VAN과 동의어로 사용되기도 한다. 엄밀히 얘기하면 제3자 네트워크는 정보의 단순 교환(비부가가치서비스)이나 정보 가공(부가가치서비스)의 목적을 모두 포함하는 데이터통신의 하드웨어적 범주의 용어이다. VAN은 이 제3자 네트워크를 이용한 부가가치데이터서비스, 즉 소프트웨어적 범주의 용어이다.

3 EDI 기술의 진화

전통적 EDI는 거래 상대방과의 비즈니스에서 업무처리 시간 절약, 비용절감, 오류 감소, 고객서비스 향상, 내부 업무처리 절차의 개선, 경쟁력 강화 등 많은 장점을 지니고 있지만, 단점 또한 많이 내포하고 있다.

전통적 EDI의 문제점을 구체적으로 살펴보면 다음과 같다.

- 사람의 의사결정이 필요한 수작업 프로세스에 EDI를 적용하기는 어렵다.
- 거래할 상대방 수가 많아지고 상대방의 규모가 다양한 경우 복잡성이 증가한다.
- EDI는 특성상 고정된 태그 집합으로 이루어지며, 태그 집합은 필요한 데이터 필드를 포함한다. 기존 EDI는 이러한 필드를 추가하거나 삭제할 수 있는 유연성이 없다.
- 이러한 경직성이 새로운 제품과 서비스를 도입하고 업무처리 과정을 개선하려는 회사의 노력을 어렵게 하고 있다.
- 태그 집합은 자료의 처리 과정을 엄격하게 구현해 가이드라인으로 정의하고, 태그 집합과 처리 과정의 결합으로 거래 회사 간에 동일한 솔루션이 제공되어야 하므로 EDI 솔루션과 연계된 회사 내부 시스템의 갱신도 어렵게 만들고 있다.

이런 전통적 EDI의 문제점을 개선하기 위해 등장한 VAN EDI는 메시지를 전달하는 부가통신 사업자가 일괄 처리 및 축적 전송(Store-and-Forward)하는 Batch EDI 방식을 사용한다. VAN EDI 사용자는 문서를 송수신할 때만 EDI 시스템에 접속한다. 실시간으로 내용이 저장된 후, 수신자의 요청이 있을 때만 문서가 전송된다. 그러나 인터넷 기술의 발전과 기업환경의 급격한 변화로 VAN EDI 방식 역시 다음과 같은 한계를 지니게 되었다.

- 기존의 VAN 중심의 EDI를 통한 문서 교환은 폐쇄적이고 다량의 문서 교환 방식에 활용되었기 때문에 급변하는 기업환경의 요구를 반영할 수 없다.
- Batch EDI는 네트워크 전송속도의 증가, 실시간 응답이 요구되는 업무의 증가 등으로 인해 발생하는 요구를 만족시킬 수 없는 한계가 있다.

인터넷의 폭발적인 성장과 함께 전통적인 EDI의 문제점을 해결하고자 인터넷 EDI, 웹 EDI, XML EDI 등 새로운 개념의 EDI가 등장했다.

인터넷 EDI

인터넷의 등장은 전 세계를 대상으로 공개된 단일 데이터망을 구성하면서 저렴하게 EDI 거래를 수행할 수 있도록 만들었으며, 인터넷을 중심으로 거래자 간에 직접적인 연결이 가능한 거래 파트너 모델로의 전환도 가능하게 했다. 이러한 인터넷 EDI는 VAN EDI보다 빠르게 거래 처리를 할 수 있으며 좀 더 실시간에 가까운 전송을 할 수 있을 뿐만 아니라 새로운 거래처를 더 쉽게 유인할 수 있다는 장점이 있다. 그러나 자료 교환 시, 대역폭과 보안에 대해 거래자 간의 확신이 필요하다. 이런 요구를 만족시키기 위해 VAN과 인터넷 접속 서비스 제공업체(ISP, Internet Service Provider)는 가상 사설망을 인터넷에 제공하고 있다.

공개키 암호화로 알려진 보안 메커니즘(Security Mechanism)을 사용하여 기밀성, 인증, 데이터 무결성, 송수신 부인봉쇄 등의 기능을 인터넷 EDI에 구현하고 있지만, 안전성에 대한 의문이 제기되고 있다. 또한 인터넷 전용 소프트웨어 패키지가 필요하여 전통적 EDI 네트워크 관련 문제는 해결되었지만, 하드웨어 · 소프트웨어적인 문제가 여전히 장애물로 작용하고 있다.

웹 EDI

인터넷이 존재하는 곳에서는 웹브라우저를 사용할 수 있으며, 이 웹브라우저를 사용하여 데이터를 교환하는 EDI 서비스가 가능하게 되었다. 교환 방식으로는 문서 파일을 교환하는 방식과 HTML 폼을 사용하는 방식이 있다.

문서 파일의 교환 시, 송신자는 회사 내부 시스템에서 작성된 표준 또는 비표준 EDI 문서 파일을 단순히 웹을 통해 제3자의 웹 서버로 전달하고 수신자는 이 웹사이트에서 자신에게 전달된 파일을 검색하여 수신한다. HTML 폼을 사용하는 방법은 필요한 문서 내용을 사용자에게 보여주고 데이터를 입력받거나 수정하여 서버로 보낸다. 사용자는 웹에서 데이터를 입력할 수 있으나 양이 많은 경우 사용자 측 내부 시스템과 연동이 필요하다.

그러나 이러한 시스템 유지에 필요한 비용, 공개된 인터넷의 정보보안, 신뢰성 있는 메시지 전달 등에 대한 부담을 줄이기 위해서는 제3의 업체가 제공하는 서비스를 이용하는 것도 고려해야 한다.

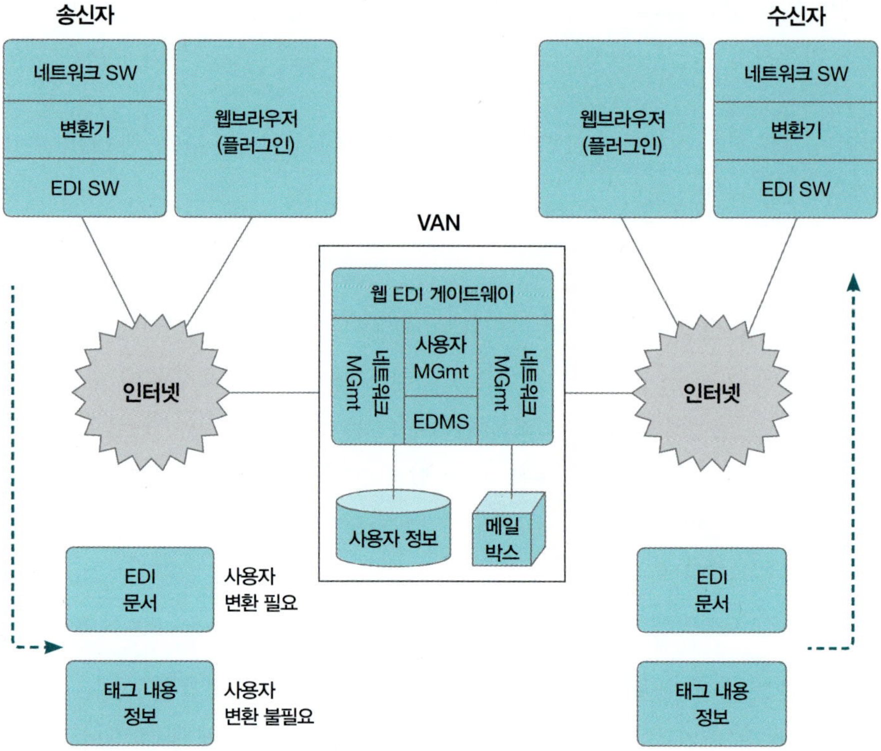

그림 2-2 웹 EDI의 구조도

XML EDI

XML은 데이터의 의미와 구조 표현을 위해 태그를 추가할 수 있으므로 XML 문서를 수신한 상대방 측 응용 프로그램은 데이터의 의미를 이해하고 어떻게 처리해야 할지 알 수 있다. XML 문서는 전통적인 EDI에 비해 전송량이 증가하였으며 사용자도 쉽게 이해할 수 있다. 또한 순서에 상관없이 데이터의 순서를 바꾸어 표현해도 의미를 전달할 수 있다.

XML의 EDI 적용은 단순히 XML 기술을 EDI에 적용하는 관점이 아니라 비즈니스 처리가 실시간으로 이루어지는 e-비즈니스의 관점에서 재검토해야 한다. 또한 e-비즈니스의 관점에서 새롭게 등장하는 자료교환 체계 등을 적절히 반영할 필요가 있는데 현재 이러한 e-비즈니스 관련 응용, 표준화가 XML에 기반을 두어 이루어지고 있다. 따라서 EDI는 앞으로도 기업 간 거래에서 중요한 위치를 차지할 것이며 웹 기술, 특히 XML을 활용해 새로운 형태로 제공될 가능성이 높다.

EDI는 형태별로 나름의 장단점을 가지고 있으며, 형태별 EDI를 비교하면 다음 [표 2-1]과 같다.

표 2-1 형태별 EDI 기술 비교

구분	VAN EDI	인터넷 EDI	웹 EDI	XML EDI
개념	VAN 망을 통한 표준 EDI 방식으로 문서 교환	EDI 통신 매체로 인터넷 이용	웹 서버와 브라우저 간 통신으로 EDI 구현	XML 문서를 전자적으로 전송 처리
네트워크 구조	VAN EDI (PSTN/PSDN)	인터넷	인터넷	인터넷
장점	• 거래 정보의 보안 및 안정성 보장 • VAN 서비스 업체에서 제공하는 부가 서비스 이용	• EDI 외 이메일, 파일 송수신 기능 통합 • 고속 접속 가능 • 가입자의 확장성 용이 • 표준화 용이	• 초기 구축 비용 저렴 • 교육 및 운영 비용 저렴 • 고객의 접근성, 사용자의 확장성 용이	• EDI 사용 비용절감 • 사용의 편이성 증대 • 확장성 증가 • 최근 시스템과의 통합성 • 개방성 표준 사용
단점	• 중소형 요양기관에 도입이 어려움 • VAN 사용료 및 유지 보수 비용 발생 • 문서 개발 및 관리 불편	• 안정성 및 보안이 어려움 • 접속점 이외에서의 가용성이 보장되지 않음 • 문서 추적 등이 어려움	• 안정성 및 보안이 어려움 • 데이터 재입력으로 문서량이 많을 경우 곤란 • 사용자의 정보 가공이 어려움	• 표준의 미비 • 레거시 시스템과의 인터페이스 필요

SECTION 02

CALS

1 CALS의 개념

CALS는 미국 국방성의 전자입찰 시스템을 포괄적으로 명명한 것이다. 미국 국방성의 조달 규모는 한 나라의 전체 예산과 비슷한 규모로, 미국 국방성이 전자입찰을 의무화하기 시작하면서 물자를 조달하고자 하는 전 세계의 기업들이 관심을 가지게 되었다. 이 전자입찰 시스템을 설치하고 운영하면서 관련된 정보통신기술이 함께 발달하는 계기가 되었다.

CALS(Commerce At Light Speed)란 **주요 장비나 지원 체계를 개발하기 위한 설계 및 제작 과정과 이를 운영 유지하는 군수 지원(물류 지원) 과정을 BPR(Business Process Reengineering)을 통해 조정하여 동시 공학적으로 업무를 처리하는 과정**을 말한다. 이러한 과정에서 작성되는 다양한 정보를 디지털화하여 통합 데이터베이스(Integrated Database)에 저장 및 활용하여 업무의 과학적이고 효율적인 수행과 신속한 정보 보유 및 전달 체계, 종합적 품질관리(TQA, Total Quality Assurance)를 통한 비용절감을 달성하고자 하는 공동의 전략이라고 할 수 있다. 이러한 CALS의 원천기술은 B2B 및 전자정부의 요소 기술이 되었다.

즉, CALS는 개인, 기업, 정부 등 경제 주체 간에 전자적인 매체, 특히 컴퓨터 네트워크를 활용하는 방식이다. 상품의 설계 및 생산에서부터 폐기까지 수명주기 전 과정에 걸쳐 필요한 자료를 관련된 모든 조직이 컴퓨터 네트워크를 이용하여 통합, 공유, 교환하는 활동으로, 우리말로는 '광속상거래'로 불린다. 따라서 CALS는 기존의 시스템 수명주기 전반에 걸친 문서 중심의 업무처리 방식에서 탈피하여 디지털 형식으로 상호 정보 공유 및 교환이 이뤄질 수 있도록 하는 통합 체계 및 자동화된 전략이라고 할 수 있다.

2 CALS의 의미 변화

CALS라는 용어의 의미는 급속도로 변하고 있다. 초기에는 다른 기종의 시스템 간 데이터 교환에 역점을 두었으나 현재는 시대적 변천에 적응하려는 경영전략적 의미로 사용되고 있다. CALS의 단계별 의미 변화에 대해 알아본다.

1단계 : 컴퓨터 기반 물류 시스템(Computer Aided Logistics Support System)

1982년에 미국 국방장관의 지시로 일반 문서의 비효율성 제거, 전자문서의 효율성 향상, 군수 지원 과정에서 걸리는 시간 절약 등 국방비 운영비용절감을 위해서 병참 지원 전산화 시스템이라는 이름으로 시작되었다. 무기 체계의 보급 조달과 정비 유지를 위한 군수 지원 분야에서의 통합과 공유를 통해 신속하게 자료를 처리할 수 있는 환경 구축이 목표였다.

2단계 : 컴퓨터 기반 구매/물류 지원(Computer Aided Acquisition and Logistics Support)

1987년에 병참 지원과 조달, 관리 정보 시스템(방위 산업)으로 그 개념이 확대되면서 무기 체계의 획득 과정이 추가로 강조되었다. 군수 지원에 관련된 정보처리 과정의 통합을 위한 데이터베이스 공유화 추진을 목표로 하였다.

3단계 : 지속적인 구매/라이프사이클 지원(Continuous Acquisition and Life-cycle Support)

1992년에 상무부로 주도권이 넘어가면서 제품의 전 라이프사이클을 관리 및 지원하며 모든 사업에 적용될 수 있도록 개념을 확장하였다. 즉, 정보와 프로세스의 지속적인 지원 시스템으로 민간 기업의 응용 시스템에 확대되어 경영 지원 통합 시스템으로 개념이 변화하였다.

4단계 : 광속상거래(Commerce At Light Speed)

1995년에 비로소 제조 과정의 기술적인 데이터 처리에서 인터넷이나 통신망을 통한 상업 거래로 개념이 확산되면서 현재까지 사용되고 있는 의미인 광속상거래로 확장되었다. 초고속 통신망을 기반으로 광속과 같은 초고속 전자상거래 환경 구축을 목표로 하여 추진되었다.

하나 더 알기 **SGML**

CALS에서는 문서 정보를 전자화하고 다른 기종의 컴퓨터 시스템 사이에서 전자문서를 상호 교환하기 위해 SGML(Standard Generalized Markup Language)을 사용해 표준화된 방법으로 문서를 구조화한다. SGML이란 표준화된 범용 표시 언어를 말하며 전자문서의 표준화를 위하여 국제표준화기구(ISO)에서 ISO 8897(International Standardization Organization 8897)이라는 명칭으로 정의된 범용 언어의 이름이다. 이후 SGML은 간소화되어 HTML의 기초가 된다.

TIP **국제표준화기구(ISO, International Organization for Standardization)** : 공업상품 또는 서비스 분야에 관련된 국제 표준을 제안하는 기구이다.

SECTION

03 B2C, B2B, C2C, C2B

경제 주체라고 하면 일반적으로 기업(Business), 소비자(Customer), 정부(Government)를 의미한다. 전자상거래를 유형별로 분류하면 거래 경제 주체에 따라 기업과 소비자 간의 전자상거래인 B2C, 기업과 기업 간의 전자상거래인 B2B로 나눌 수 있다. 또한 기업과 정부 간의 전자상거래인 B2G, 정부와 소비자 간의 전자상거래인 G2C와 함께 최근에는 소비자 간의 전자상거래를 의미하는 C2C의 형태도 눈에 띄게 늘고 있다.

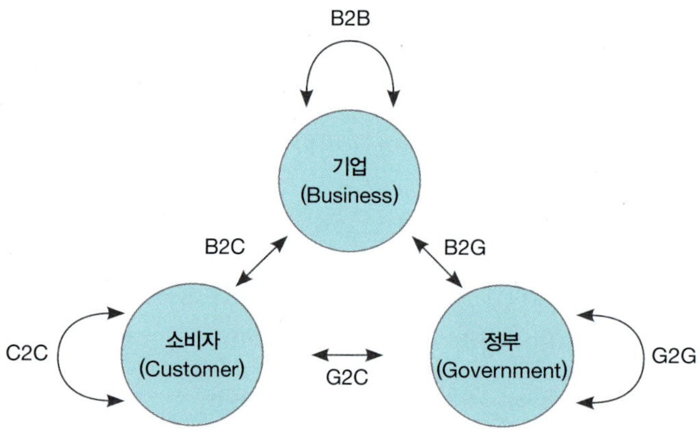

그림 2-3 경제 주체별 전자상거래 분류

1 B2C

B2C(Business to Customer)는 **공급자인 기업(Business)과 고객인 소비자(Customer) 간의 전자상거래**로, 온라인 쇼핑몰이 대표적인 유형이다. 온라인 쇼핑몰은 창업 자본이 적게 들고 비즈니스 모델이 단순하여 초기에는 많은 사람들이 창업을 시도하였으나 경쟁이 치열하고 수익성이 취약하여 일부 업체를 제외하고는 대부분 영세 수준에 머물고 있다. 그밖에 인터넷 뱅킹 사이트와 온라인 게임 사이트가 B2C 유형에 해당된다.

그림 2-4 B2C

인터넷이 대중화의 물결을 타면서 인터넷을 통해 상품을 판매하는 쇼핑몰 형태의 B2C 전자상거래 시대가 도래한다. 1996년 인터파크가 문을 열면서 시작된 국내 온라인 쇼핑몰을 통한 거래 규모는 2001년 3조 3470억 원에서 2019년 135조 2640억 원으로 급증하였다.

B2C의 대표적인 예는 컴퓨터 회사인 델(DELL)의 인터넷 비즈니스인 델 온라인을 들 수 있다. 델 온라인은 주로 고객의 주문에 따라 맞춤형 컴퓨터를 생산해 보급하고 있으며, 고객은 이를 통해 컴퓨터를 주문하여 조립 진행 정도 및 배송 상황도 검색할 수 있다. 델은 1996년 e-비즈니스를 시작한 이래 6개월마다 100%의 기록적인 성장률을 보이고 있다. 델은 100여 개 나라의 언어를 지원하며 대한민국 웹사이트도 따로 운영 중이다.

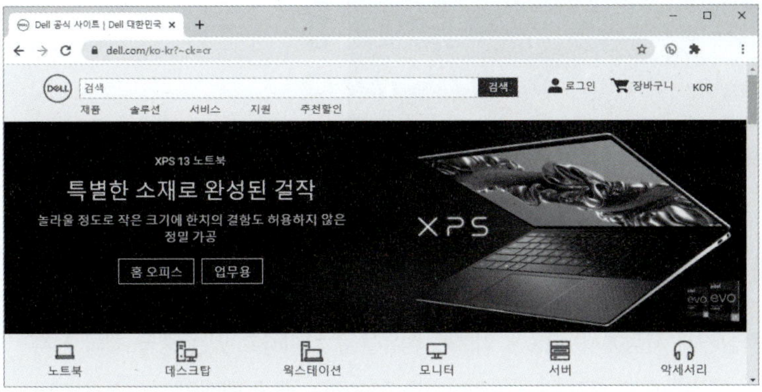

그림 2-5 델(www.dell.com)

2 B2B

B2B(Business to Business)란 **기업(Business)과 기업(Business) 간의 전자상거래**로, 기업 간 상거래에 따른 각종 전자문서 처리, 원자재의 판매, 공동 구매, 공동 판매, 협업에 의한 공동 기술개발 등을 수행한다. 기업의 사설망, 부가가치 통신망 등을 통해 주로 EDI를 사용하여 기업 간 거래가 이루어진다. B2B 전자상거래는 비교적 오랜 역사를 가지고 있는데, 이는 인터넷을 통한 거래 이전에도 EDI나 CALS 등을 통한 주문, 공급자관리, 재고관리 등이 가능했기 때문이다.

그림 2-6 B2B

B2B의 대표적인 예는 세계 최대 온라인 B2B 플랫폼인 알리바바(Alibaba)이다. 1999년에 설립되어 2020년에 시가총액 약 796조를 달성했다. 알리바바는 텐센트(Tencent)와 함께 중국의 민간 대기업 투톱으로, 현재 세계 최대 인터넷 무역 시장이라고 할 수 있다.

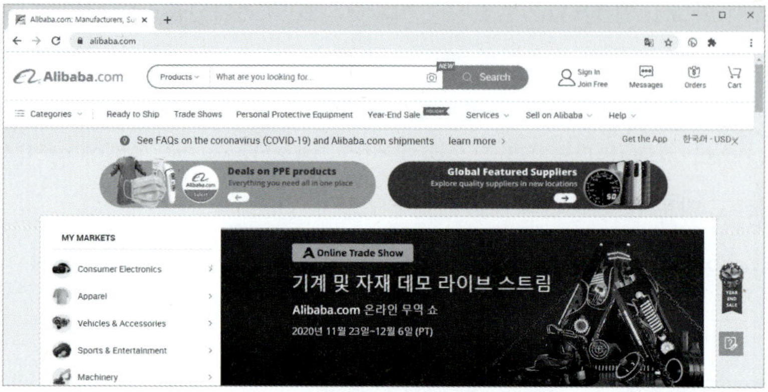

그림 2-7 알리바바(www.alibaba.com)

하나 더 알기 알리바바와 마윈

알리바바(Alibaba)는 중국 전자상거래 시장에서 80%에 이르는 점유율을 차지하고 있는 중국 최대 전자상거래 업체이다. 매일 1억 명이 물건을 구매하기 위해 알리바바를 접속하며, 중국 택배의 70%가 알리바바 관련 회사를 통해 거래될 정도다. 1999년 마윈이 중국 제조업체와 국외 구매자를 위한 B2B 사이트 '알리바바닷컴'을 개설한 것이 출발점이었다. 직원 18명으로 시작된 알리바바는 현재 10만 명이 넘는 직원을 보유한 알리바바 그룹으로 성장했다. 중국의 아마존을 내세우며 쇼핑과는 전혀 무관했던 11월 11일을 '중국판 블랙프라이데이'로 탈바꿈시켜 중국 전체 경제 판도를 좌지우지하고 있다. 현재 알리바바를 통해 이뤄지는 거래는 중국 GDP의 2%에 이른다. 중국 알리바바 그룹은 전자상거래, 온라인 결제, B2B 서비스, 클라우드 컴퓨팅, 모바일 운영체제 등 다양한 사업을 진행 중이다. 이 가운데 핵심 사업은 단연 전자상거래다. 관련 사업 계열사로는 타오바오 마켓플레이스, 티몰닷컴, 이타오(eTao), 알리바바닷컴 인터내셔널, 알리바바닷컴 차이나, 알리익스프레스 등이 있다.

그림 2-8 알리바바 그룹의 설립자 마윈

3 C2C

C2C(Customer to Customer)란 **소비자(Customer)와 소비자(Customer) 간의 전자상거래**이다. 만약 소비자가 어떤 물건을 싸게 사고 싶다는 의견을 웹사이트에 올리면 공급자나 생산자가 이를 보고 자신이 팔겠다는 연락을 하여 이루어지는 거래이며, 인터넷 경매가 이러한 형태이다.

그림 2-9 C2C

국내 최초의 인터넷 경매 사이트인 옥션(Auction)은 2000년에 정식 서비스를 개시한 후, 4년 만인 2004년에 연간 거래 규모 1조 원을 돌파했다. 백화점과 TV 홈쇼핑이 1조 원 돌파에 각각 15년과 6년이 걸린 것과 비교했을 때 상당히 빠른 기간에 이룬 기록이다. 현재는 오픈마켓이라는 사업 영역 안에서 운영 중이며, 2010년 이베이 소유인 G마켓과 합병되었다. 모바일 시장이 커지면서 소셜커머스 업체인 쿠팡, 티몬, 위메프도 급성장하고 있는 추세이다. 기존 B2C 방식의 종합 쇼핑몰이 비용과 다양한 상품 조달에 어려움이 있었다면, C2C 형태의 오픈마켓은 비용과 시간을 줄일 수 있다는 점에서 경쟁력을 갖춘 것으로 평가받고 있다.

그림 2-10 옥션(www.auction.co.kr)

4 C2B

C2B(Customer to Business)란 **소비자(Customer)와 기업(Business) 간의 전자상거래**이다. B2C의 변형 형태이며 '역경매'라는 말로 더 친숙한 용어이다. C2B는 인터넷으로 인하여 새롭게 만들어진 거래 관계로, 소비자가 개인 또는 단체를 구성해 상품의 공급자나 생산자에게 가격, 수량, 부대 서비스 조건을 제시하여 구매한다. 소비자가 직접 조건을 제시할 수 있다는 점에서 B2C와 다르다.

하나 더 알기 **B2G와 G2C**

- **B2G(Business to Government) :** 기업과 정부 간의 전자상거래를 의미한다. B2G는 1982년 미국 국방성의 전자입찰시스템인 CALS로부터 시작되었다. CALS는 미국 국방성이 민간으로부터 필요한 군수 물자를 조달받기 위해 만든 전자입찰 시스템으로, 입찰 규모가 매우 커서 전 세계의 기업이 미국 국방성에 물자를 조달하기 위해 전자입찰 시스템을 사용함에 따라 다양한 기능이 추가되어 지금도 계속 발전하고 있다.
- **G2C(Government to Customer) :** 전자정부(e-Government)로 알려진 유형이다. 전자정부를 통해 국민은 서류발급, 연말정산, 세금 등의 각종 민원 서비스를 받을 수 있다.

하나 더 알기 **거래 형태별 분류**

[그림 2-11]과 같이 전자상거래를 제품, 참여자, 프로세스, 세 축으로 구분할 수 있다. 전통적인 상거래는 실물 제품을 만질 수 있고 볼 수 있는 현실 기반으로, 사람에 의한 프로세스가 이루어져 거래가 성립되는 형태이다. 완전한 전자상거래의 형태는 디지털 제품이 통신망을 통하여 거래가 이루어지고 프로그램에 의해 처리되는 형태이다.

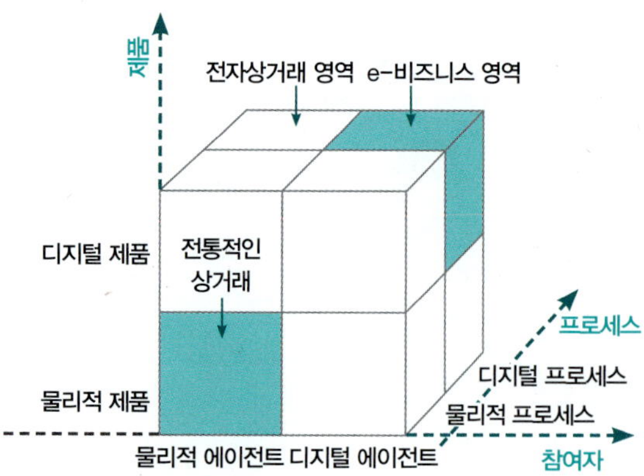

그림 2-11 거래 형태별 분류

SECTION 04 e-마켓플레이스

1 e-마켓플레이스의 개념

B2B는 초기 개별 기업 간의 전자상거래를 기반으로 동종 산업 간 또는 이종 산업을 포함한 컨소시엄(Consortium)을 형성하였는데, 이를 e-마켓플레이스라고 부른다. e-마켓플레이스(e-Marketplace)는 **전자 산업, 섬유 산업, 자동차 산업 등 동종 산업 간 온라인 시장**을 의미한다.

B2C 분야의 활성화는 민간 주도로 추진되는 반면 e-마켓플레이스는 국가 산업 발전에 큰 역할을 할 수 있는 분야로 인식이 되어 산업통상자원부 주관 B2B 시범 사업을 통해 투자가 이루어졌었는데, 2000년 9개 업종 선정으로 시작해서 5차에 걸쳐 45개 업종으로 늘어났다. 이후 G2B 사이트인 '나라장터(www.g2b.go.kr)'와 연계해 e-마켓플레이스의 거래가 활성화되도록 유도하고 있으며 2006년 B2B 네트워크 지원사업의 성과를 연구한 보고서를 끝으로 e-마켓플레이스는 전자상거래에서 일반적인 비즈니스 모델로 자리 잡았다.

그림 2-12 나라장터(www.g2b.go.kr)

2000년에는 삼성전자를 중심으로 삼성SDS, LG-EDS, 대우정보시스템, 현대정보기술의 핵심 인력들이 한국IT비즈니스진흥협회에 모여 의견들을 나눠, 공동구매를 통한 글로벌소싱(Global Sourcing)을 대표사업으로 선정하였다. 기업들의 원가절감을 하자는 취지 아래 e-마켓플레이스를 설계하면서 국가의 지원을 수년간 받으며 우리나라 e-비즈니스 기업들의 기술력을 세계 수준으로 도약하게 한 것이 현재의 우리나라 e-비즈니스 시장을 존재하게 하였다.

2 MRO e-마켓플레이스

2000년 초 아이마켓코리아, LG-MRO, 엔투비, MRO코리아 등 MRO(Maintenance, Repair, Operation) e-마켓플레이스는 매년 20% 이상의 고성장을 기록하였고, 거래액 3조 원을 돌파하기도 했다. MRO란 처음에는 제품 생산과 관련된 원자재 및 대형 설비를 제외한 기업에 필요한 모든 소모성 자재를 의미했지만, 최근에는 소액 설비와 서비스 등을 포함하는 개념으로 그 범위가 넓어지고 있다.

MRO e-마켓플레이스의 성장은 경기 침체의 여파로 비용절감을 꾀하는 기업 사이에 구매 아웃소싱 서비스 이용이 크게 확대되었기 때문이다. 시울지하철공사(現 서울메트로)가 2004년 3월부터 월 1억 원 이상의 사무, 가전, 가구, 전기용품 등을 MRO e-마켓플레이스로부터 공급받고 있는 것을 비롯하여 한국조폐공사, 중소기업진흥공단, 철도청 등이 MRO 서비스 이용 기업에 합류했다. 아울러 공급망관계관리(SRM) 구축 등 고객서비스 체제의 강화로 기존 고객의 구매 아웃소싱 규모가 대폭 확대된 것도 현재 MRO 시장 성장의 주된 요인으로 평가된다.

3 e-마켓플레이스의 적용

e-마켓플레이스는 전자, 자동차, 조선, 유통 등 다양한 업종에서 적용되고 있다.

- **전자 업종 :** B2B 한일 전자부품 통합 DB서비스를 개시했으며, 이는 중국과 대만으로 확대되었다. 2005년부터는 실거래 기반의 서비스로 전환하기 위해 전자금융서비스를 접목하였다.
- **자동차 업종 :** 기업 간 공유 네트워크인 KNX(Korea Network eXchange)를 기반으로 현재 서비스 중인 EDI 등을 확대한 ASP서비스를 추진 중이다. 2004년에 설계 정보 표준화(PDQ, Product Data Quality)를 구축하였다.
- **조선 업종 :** 조선 업종은 조선 업계가 공통으로 사용할 수 있는 CAD 데이터 공통 뷰어를 개발하였다. 각종 데이터를 호환하고 저장할 수 있는 공통 파일 포맷을 정립하여 참여 기업 간 정보교류를 중심으로 발달하였다.
- **유통 업종 :** 시범 사업 기간에 구축한 유통 업종 공유 네트워크 '코리안넷(Korean.net)'의 거래 확대에 초점을 맞추었다. 특히 지방 소재의 제조와 중소 유통 업체를 대상으로 이용 업체를 확장하였다. 이와 관련해 콘텐츠 검증과 승인서비스 개발, 상품 정보 등록 프로세스와 대행 체제 구축, 국제 스펙을 적용한 통합 버전 완성, 사용자 커뮤니티 구축 등이 추진되었다.

SECTION 05

M-커머스

1 M-커머스의 개념

M-커머스(M-Commerce)는 **모바일 기기와 통신 네트워크를 통해 무선인터넷으로 각종 정보와 서비스를 이용하고 상품을 구입할 수 있는 전자상거래 방식**을 말한다. 현재는 흔히 쓰이는 '모바일 근무자'라는 단어가 신조어로 신문에 등장하던 시기가 있었다. 이는 스마트폰이나 태블릿 PC를 이용하여 기업의 업무를 수행하는 사람을 지칭한다. 'VMware 2014 아태지역 업무환경에 대한 리서치'에 따르면, 현재 모바일 근무자는 전체 근무자의 약 90% 이상이며, 이 중 78%는 이동 중에 일하는 것으로 나타났다. 앞으로 M-커머스는 인터페이스나 적시성(Timeliness) 측면에서 환경이 크게 개선되어 그 영역을 급속히 확대해 갈 것으로 보인다.

2 M-커머스 기술과 활용 사례

M-커머스와 관련된 프로토콜에는 크게 WAP(Wireless Application Protocol), ME(Mobile Explorer), c-HTML이 있는데 각각의 특성을 살펴보면 [표 2-2]와 같다.

표 2-2 **M-커머스 관련 프로토콜**

구분	WAP	ME	c-HTML
주도 업체	노키아, 에릭슨, 모토로라, AT&T, IBM	마이크로소프트, 퀄컴	NTT DoCoMo
사용 언어	WML	m-HTML	c-HTML
특징	• 많은 업체가 참여 • 세계 표준이 될 가능성 • 저속에 적합	• HTML과 호환이 쉬움 • 초기 비용이 저렴 • 보안상 강점	• 태그 길이 짧음 • 모바일 기기에 불필요한 코드 제외

또한 M-커머스는 유통·물류, 의료·제약, 제조·건설, 공공 부문, 은행, 보험, 서비스, 교육·출판 분야 등에서 다양하게 활용되고 있으며, 그 사례는 [표 2-3]과 같다.

표 2-3 M-커머스의 활용 사례

분야	활용 사례
유통·물류	수발주 처리, 재고 조회, 견적서 작성, 영수증/계산서 발급, 고객 및 상품 정보 관리, 차량 운행 관리, 집하/배송 관리
의료·제약	긴급 재난 구조, 전자 차트, 컨설팅 영업 지원, 고객 관리, 수발주 처리, 재고 조회
제조·건설	수발주 처리, 자재 관리, 재고 조회, 고객 관리, 납품 관리, 준공 검사, 공사 관리
공공 부문	경찰차 차량 위치 추적, 지도 조회, 무선 검침 시스템, 민원 처리, 행정 업무
은행	금융 상품 정보 조회, 고객 정보 관리, 모바일 뱅킹
보험	보험 설계, 고객 관리, 견적, 수금 등록, 매출 등록, 보상 업무처리
서비스	일정 관리, 서비스 예약 고객 정보 관리, A/S 요원 관리
교육·출판	학사 행정 관리, 학원 관리, 방문교사 관리, 서점 관리, 서적 수발주 관리

3 M-커머스의 현황

e-비즈니스의 시장 규모는 해마다 성장하고 있으며, 특히 모바일 쇼핑의 비중이 가장 크게 증가하고 있다. 이미 e-비즈니스 업체들은 '모바일 퍼스트(Mobile First)'에서 '모바일 온리(Mobile Only)'로 쇼핑의 중심축이 이동한 것을 기정사실로 받아들이고 있다. [그림 2-13]은 모바일 쇼핑의 거래액과 인터넷 쇼핑의 거래액을 비교하고 있는데, 2019년에는 모바일을 통한 전자상거래의 비중이 인터넷 쇼핑의 3배를 넘어섰다.

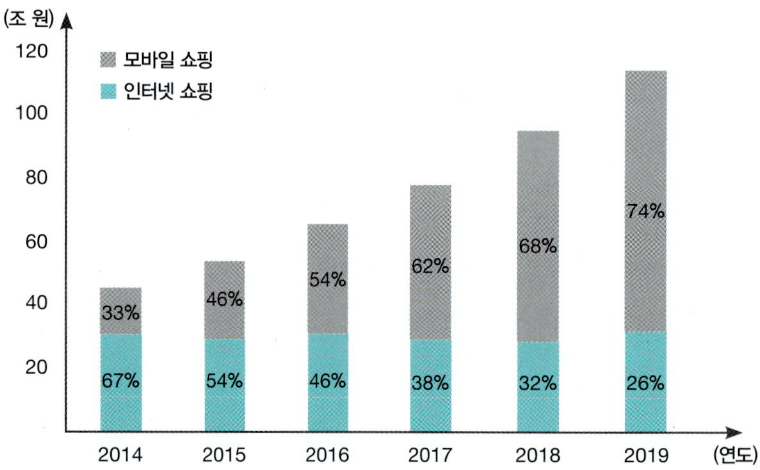

그림 2-13 모바일과 인터넷 쇼핑 거래액 비중

하나 더 알기 **M-비즈니스**

M-비즈니스(M-Business)란 모바일 기기를 활용해 인터넷에 접속하여 업무를 수행하는 것을 말한다. 모바일 기기는 휴대할 수 있으므로 적시성 측면에서는 유선 비즈니스보다 탁월하지만, 초기에는 핸드폰을 폴더폰 형태로 사용하였기 때문에 입력이 불편하고 화면이 작아 표현하는 데 한계가 있었다. 하지만 스마트폰의 개발과 보급으로 개인용 컴퓨터(PC)에 뒤지지 않는 인터페이스(Interface)로 발전하였고, 기업은 이를 활용하여 다양한 비즈니스를 수행할 수 있게 되었다.

SECTION
06 U-커머스

1 U-커머스의 개념

U-커머스(U-Commerce)란 **PC와 휴대폰 등 인터넷 접속이 가능한 각종 기기를 통해 이루어지는 전자상거래**로, 유비쿼터스 마케팅(Ubiquitous Marketing)이라고도 한다. U-커머스는 E-커머스와 M-커머스를 조합하고 포괄하는 새로운 형태의 전자상거래로, 온라인과 오프라인이 통합되는 특징이 있고 시간과 장소에 관계없이 실시간으로 마케팅이 전개된다. 모든 공간 내에 있는 모든 사물에 센서나 RFID 등이 인식되어 네트워크로 서로 연결되어 처리하는 새로운 비즈니스 형태이다.

2 유비쿼터스의 개념

유비쿼터스(Ubiquitous)란 **사용자가 컴퓨터나 네트워크를 의식하지 않고 장소에 상관없이 자유롭게 네트워크에 접속할 수 있는 환경**을 말한다. 1988년 미국의 사무용 복사기 제조 회사인 제록스(Xerox)의 마크 와이저(Mark Weiser)가 '유비쿼터스 컴퓨팅'이라는 용어를 사용하면서 처음으로 등장하였다. 유비쿼터스는 단독으로 사용되지 않고 유비쿼터스 통신, 유비쿼터스 네트워크 등과 같은 형태로 쓰인다. 즉, 컴퓨터에 어떠한 기능을 추가하는 것이 아니라 자동차, 냉장고, 안경, 시계 등과 같이 어떤 기기나 사물에 컴퓨터를 집어넣어 커뮤니케이션이 가능하도록 하는 정보기술 환경 또는 정보기술 패러다임을 의미한다.

유비쿼터스가 이루어지면 가정과 자동차는 물론이고 심지어 산꼭대기에서도 정보기술을 활용할 수 있다. 네트워크에 연결되는 컴퓨터 사용자의 수도 늘어나 정보기술 산업의 규모와 범위도 그만큼 커지게 된다. 그러나 유비쿼터스 네트워크가 이루어지기 위해서는 광대역 통신과 컨버전스 기술의 일반화, 정보기술 기기의 저가격화 등 정보기술의 고도화가 전제되어야 한다. 이러한 제약으로 인해 아직 일반화되지 않았지만, 휴대성과 편의성뿐만 아니라 시간과 장소에 구애받지 않고도 네트워크에 접속할 수 있는 장점 때문에 세계적인 개발 경쟁이 일어나고 있다.

3 유비쿼터스의 정보기술

유비쿼터스 컴퓨팅(Ubiquitous Computing)은 환경 속에 있는 컴퓨터가 사용자인 인간의 행동을 인지하고 이에 따른 필요한 솔루션을 제공하는 개념에서 기존의 컴퓨팅 환경과 많은 차이점을 보인다. 유비쿼터스 컴퓨팅은 컴퓨터의 내재성(Embedded)과 이동성(Mobility)을 강화함으로써 구현할 수 있다. 내재성은 초소형 컴퓨팅 기기를 사물이나 환경에 포함해 정보를 획득하고 이 정보를 활용하여 반응하는 것으로, 어느 곳이든 컴퓨팅 기기가 존재하는 환경이 구성되는 것을 말한다. 이동성은 컴퓨팅 기기의 소형화를 통해 어디서든지 컴퓨팅할 수 있도록 하는 것을 의미한다. 이러한 유비쿼터스 컴퓨팅을 가능하게 하는 핵심 기술은 센서, 프로세서, 커뮤니케이션, 인터페이스, 보안 등이 있다.

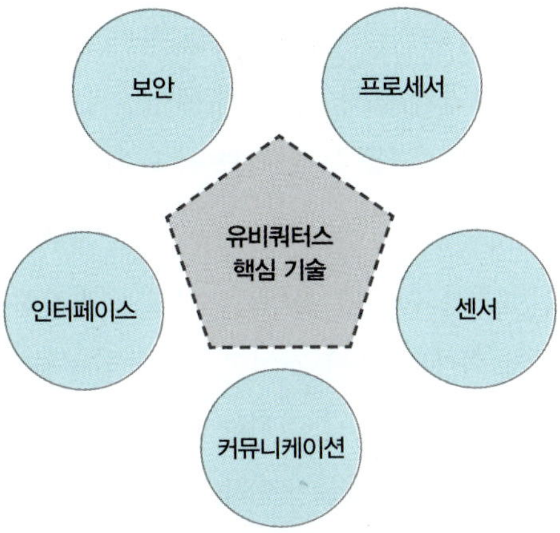

그림 2-14 **유비쿼터스 핵심 기술**

특히 센서, 프로세서, 인터페이스의 3가지 기술이 결합하여 환경을 스스로 인지하고 판단할 수 있게 하며 인터페이스와 보안 기술로 사람과 컴퓨터 간의 자연스러운 커뮤니케이션을 가능하게 한다. 센서, 프로세서, 인터페이스에 대하여 알아보자.

■ 센서

센서(Sensor)는 외부의 변화를 감지하는 유비쿼터스의 입력 장치로, 인간이 느끼는 시청각 정보는 물론 빛, 온도, 냄새 등 물리적이고 화학적인 에너지를 전기 신호로 변환하여 처리할 수 있도록 해준다. 최근 무선으로 정보를 주고받을 수 있는 초소형 태그로서, 바코드를 대체할 RFID가 급부상하고 있다.

■ 프로세서

프로세서(Processor)는 센서를 통해 얻은 데이터를 분석하고 판단하는 장치로, 유비쿼터스 컴퓨팅에서 사용되는 운영체제의 이동성 확보를 위해 간단한 구조와 신속성을 갖춘 실시간 처리 능력이 필요하다. 사물 간 또는 사물과 인간 간의 커뮤니케이션 기능을 위해 무선으로 정보를 주고받을 수 있는 WPAN 기술과 시시각각 위치가 변하는 사물을 동적으로 연결하기 위한 애드혹(Ad-hoc) 네트워크 기술이 요구되며, 모든 사물에 주소를 할당하기 위하여 1조 개 이상의 IP 주소 확보가 가능한 IPv6도 필수적이다.

■ 인터페이스

인터페이스(Interface)는 좁게는 컴퓨터 및 소프트웨어 조작 방식을 말하며 넓게는 서로 다른 두 물체 간 대화하는 방법을 의미한다. 인터페이스는 인간 중심으로 가기 위해 인간 친화적이고 지능적이어야 할 것이다. 현재의 키보드, 마우스, 화면 중심에서 모든 종류의 음성, 인간의 표정이나 행동, 동작 등을 입력할 수 있는 인터페이스가 중요할 것이다. 디스플레이 역시 사용자가 움직이면 화면의 정보가 주변의 디스플레이에 나타나는 유비쿼터스 디스플레이 네트워크화가 될 것이다. 이렇게 다양한 정보가 제약 없이 공간에 존재함으로써 보안과 프라이버시에 대한 이슈도 주목받을 것이다. 따라서 보안의 한계를 극복하기 위한 생체 정보, 행동 특징 정보 등도 활용될 것이다.

유비쿼터스 컴퓨팅은 기술과 용도의 상호작용에 의해 진화되고 적용될 것이다. 기기의 소형화, 저가격화, 지능화를 통해 전자기기에서 일상용품으로 점차 확대 적용될 것이고, 시장의 성장을 통해 현재 모바일 기기 단계에서 나아가 일상용품 내재화 단계로 진행될 것이다. 이러한 유비쿼터스 컴퓨팅이 지속적으로 확대, 발전하기 위해서는 기술의 표준화, 핵심기기 및 부품의 저가화, 안전한 소프트웨어의 보급, 정보의 복잡성 해소를 위한 기술개발 등의 기술적 문제를 해결해야 한다. 이와 함께 다양한 비즈니스 모델의 개발, 킬러 애플리케이션의 개발 등 경제적인 과제 및 프라이버시 문제에 대한 지속적인 대응과 같은 사회적 과제를 합리적이고 현실적으로 해결해야 할 것이다.

하나 더 알기 **IT 융합**

1. IT 융합의 정의

IT 융합(IT Convergence)이란 정보통신기술인 IT가 사회 전반으로 그 영역을 확대하여 기존의 전통 산업들과 결합되는 것을 말한다. 이로 인하여 경제적·사회적으로 다양한 수요를 충족시켜줄 수 있다. 예를 들어, IT와 의료 분야의 융합은 유비쿼터스 헬스케어(U-Healthcare) 서비스가 대표적이다. 이 시스템은 심근경색, 뇌경색, 혈당 관리 등과 같이 우리 삶에 치명적인 질병 요인들을 상시 모니터링할 수 있게 해준다. 새로운 미래 성장 동력으로 사용될 IT 융합기술은 미래 사회의 인프라 기술인 IT기술을 기반으로 하여, 각각의 산업에서 요구하는 기술들이 추가로 융합되어지는 형태를 취한다.

2. IT 융합기술의 유형

IT 융합기술은 유형별로 원천기술 창조형, 신산업 창출형, 산업고도화형으로 분류할 수 있다.

- **원천기술 창조형 :** 원천기술 창조형은 이종 신기술 또는 신기술과 학문이 결합하여 새로운 기술을 창조하거나 융합기술을 촉진하는 형태의 기술이다.
- **신산업 창출형 :** 신산업 창출형은 경제·사회·문화적 수요에 따라 신산업과 신서비스 구현을 위해 이종 신기술과 제품이나 서비스가 결합되는 형태로, 휴머노이드 로봇이나 U-실버산업, 차세대 융합 콘텐츠 등이 그 예이다. 일본의 휴머노이드 로봇 '아시모'는 전기모터 제조기술, 센서기술 및 고도로 발달된 소프트웨어기술이 융합된 것이다.

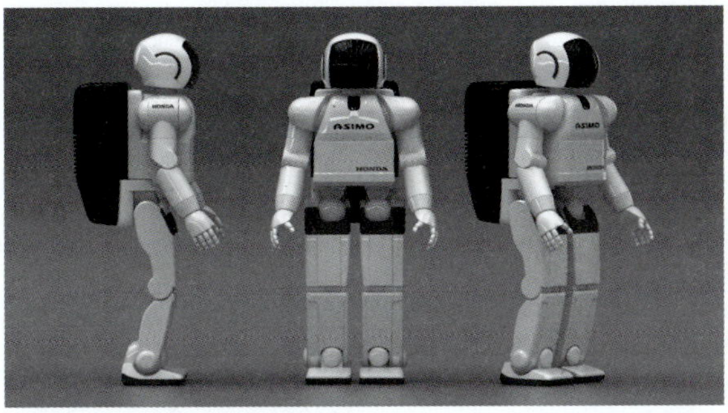

그림 2-15 **휴머노이드 로봇 '아시모'**

- **산업고도화형 :** 산업고도화형은 신기술과 전통적인 기존 산업이 결합하여 현재의 시장 수요를 충족시킬 수 있는 산업을 고도화하는 데 도움을 주는 기술로, 미래형 자동차, 유비쿼터스 시티(U-City), 원격 의료 기술 등이 그 예이다.

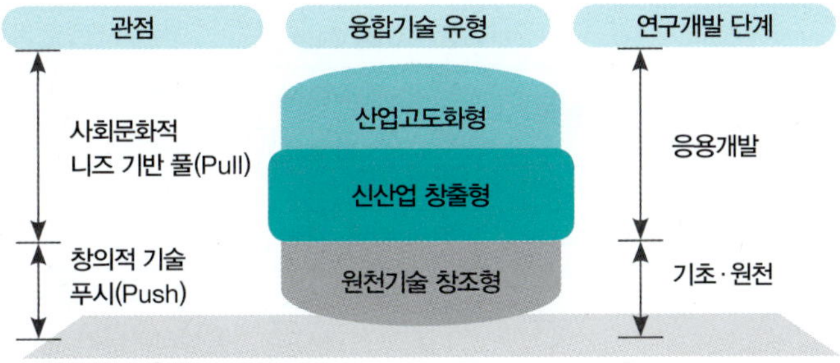

그림 2-16 **IT 융합기술의 유형**

4 RFID의 개념

RFID(Radio Frequency Identification)는 **사물에 부착된 기기를 통해 사물의 실시간 정보를 확인하고 주변 상황 정보를 감지할 수 있는 센서의 명칭**이다. 센서는 능동형과 수동형으로 구분된다. 소리 센서가 사람의 음성을 분석하여 누구인지를 파악하는 것처럼 센서 자체가 환경 인식을 통해 얻어진

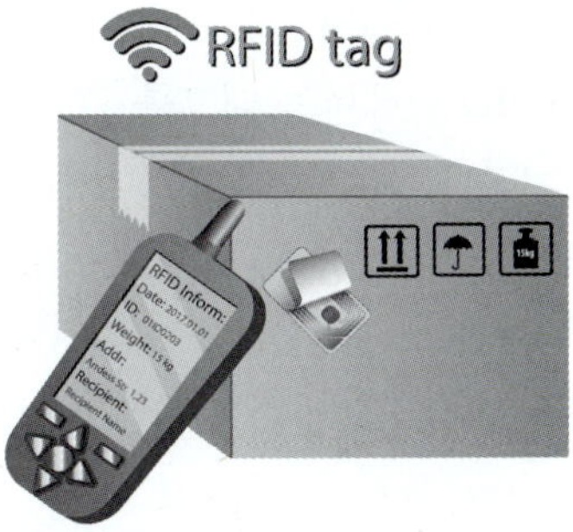

그림 2-17 **RFID**

데이터를 가공하여 정보를 획득하는 것이 능동형 센서이고, 단순히 리더기를 통해 식별자 칩의 정보를 수집하는 것이 수동형 센서이다.

5 RFID의 기본 구성

RFID는 RFID 태그, RFID 안테나, RFID 리더기로 구성된다.

RFID 태그

RFID 태그는 자체적으로 아이디와 데이터를 저장하고 있다. 자체 전원을 내장하여 최대 100m 이내까지 판독할 수 있는 능동형 태그와, 내장 전원이 없어 가독 거리가 상대적으로 짧지만 반영구적이고 비용이 저렴한 수동형 태그로 나눌 수 있다. 또는 읽기만 가능한 태그, 읽기와 쓰기가 모두 가능한 태그로 구분하기도 한다. RFID 태그는 여러 분야에서 다양한 모양과 크기가 사용되고 있다. 주파수 대역으로 구분하면, 비용이 저렴하고 짧은 거리를 지원하여 보안, 자산관리, 동물 식별 등에 사용하는 저주파 시스템과 철도 추적, 자동통행료징수시스템 등에 사용할 수 있는 고주파 시스템이 있다.

표 2-4 기존 바코드 시스템과 RFID 태그의 차이점

구분	바코드	RFID 태그
저장 능력	2^7	2^{128} 이상 가능
저장 정보	국가(한국 880), 제조업체(4), 상품 품목(5)에 대한 정보만 입력	국가, 제조업체, 상품 품목 외 생산 일자, 유통기간, 상미 기간, 가격 정보, 조리 방법 등 입력 가능
상품 인식	동일 상품 동일 ID	동일 상품 개별 ID
예	농협에서 납품받은 시금치	산지에서 8월 31일 오후 6시에 출하 → 9월 1일 오전 7시에 가공센터로부터 출고, 오후 10시에 매장에 입고 → A33번 곤돌라에 진열된 10개 중 7번째 시금치

RFID 안테나

RFID 안테나는 태그를 읽기 위한 신호 발신, 태그 활성화, 태그에 데이터 입력 등을 담당한다. 저주파(30~500KHz) 시스템은 인식 거리가 짧고(10cm 이내) 비용이 적게 들며, 교통카드 등에 많이 사용되고 국제 표준도 어느 정도 정착이 되었다. 고주파(850~950KHz, 2.4~2.5GHz) 시스템은 인식 거리가 길고 비용이 비싸지만, 다양한 형태의 개발이 가능하고 국제 표준 제정을 위한 논의가 활발히 진행 중이다.

RFID 리더기

RFID 리더기는 태그의 정보를 해독하여 네트워크를 통해 호스트 컴퓨터와 교신하며, 호스트 컴퓨터의 지시를 받아 태그에 정보를 기록하는 역할을 수행한다.

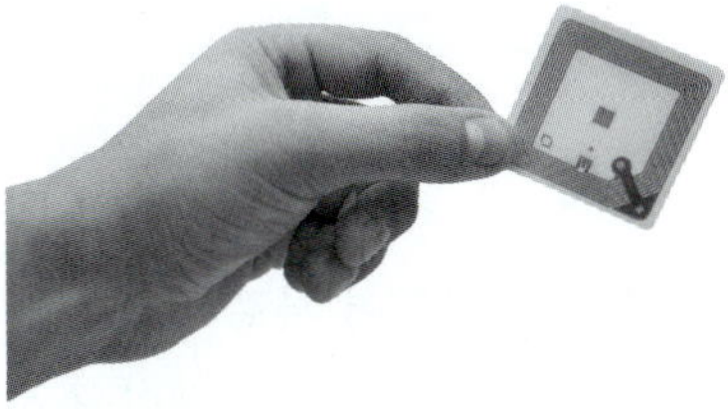
(a) RFID 태그

(b) RFID 안테나

(c) RFID 리더기

그림 2-18 RFID

하나 더 알기 **M2M**

인터넷에 연결된 사물들이 사람의 개입 없이 사물과 사물을 연결해 데이터를 주고받는 M2M(Machine to Machine)이 RFID 기술의 발전에 따라 인터넷, 모바일에 이어 차세대 인터넷 패러다임으로 부상하였고, 500억 개의 기기를 연결하는 사물인터넷으로 확대되고 있다. 사물인터넷은 결국 복합적인 기술의 결합을 통해 데이터에 융합하는 것이라고 할 수 있다.

SECTION

07 소셜커머스

1 소셜미디어와 소셜커머스의 확산

소셜미디어(Social Media)는 **소셜 네트워크 서비스(SNS)에 가입한 이용자들이 서로 정보와 의견을 공유하는 플랫폼**을 말한다. 소셜커머스(Social Commerce)는 **기존의 전자상거래와 소셜 네트워크 서비스(SNS)가 결합된 형태**로, 서비스 및 상품을 대폭 할인하여 트위터와 페이스북 같은 SNS를 활용해 정보를 제공하고 광고 및 판매하는 전자상거래 서비스를 말한다. 사회학자인 피터 마스든(Peter Marsden)은 소셜커머스가 소셜미디어를 활용하는 새로운 형태의 전자상거래이며, 트위터나 페이스북 등 소셜미디어를 활용하여 할인된 제품 또는 서비스에 대하여 웹사이트에 등록한 후 일정한 인원이 구매하면 거래가 성사되는 형태의 거래 방식이라고 정의하였다.

최근에는 스마트폰을 이용한 SNS 사용이 늘어나면서 통신사들도 관련 애플리케이션을 공급하는 등 적극적으로 대응하고 있으며 스마트폰 디바이스 제조사들도 단말기에 SNS 기능을 탑재해 출시하고 있다. 세계적으로 사용되는 SNS로는 페이스북, 인스타그램, 트위터, 유튜브 등이 있다. 그 외에 중국의 웨이보, 한국의 네이버 라인, 카카오스토리 등 나라마다 특화된 SNS가 존재한다.

하나 더 알기 **최근 5년간 스마트폰의 보유율**

방송통신위원회는 방송매체에 대한 이용자의 인식과 이용행태 변화 등을 담은 '2019 방송매체 이용행태조사' 결과를 발표했다. 그중 매체 이용의 '개인화'를 대변하는 스마트폰 보유율은 2018년 89.4%에서 2019년 91.1%로 증가했다. 고령층 스마트폰 보유율도 증가했다. 구체적으로 60대는 80.3%(2018년)에서 85.4%(2019년)로, 70대는 37.8%(2018년)에서 39.7%(2019년)로 증가했다. 스마트폰의 중요도 또한 2018년(57.2%)보다 증가해 63.0%의 수치를 기록하며 TV와 격차가 더욱 커졌다. 10대(87.0%)~40대(71.9%)는 스마트폰을 필수매체로 선택한 비율이 가장 높았다.

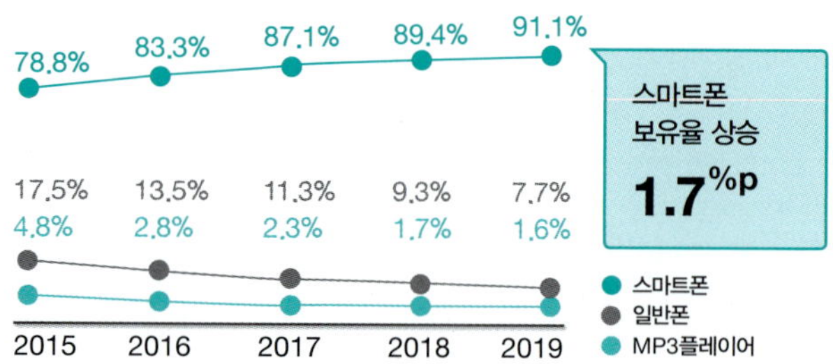

그림 2-19 최근 5년간 개인 매체 보유율

2 1인 미디어의 개념

1인 미디어란 **1인 크리에이터가 다양한 주제의 콘텐츠를 생산하고 이것을 온라인 플랫폼을 통해 다수의 이용자와 공유하는 것**을 일컫는다. 1인 미디어는 단방향 방송을 하는 TV와 달리 인터넷의 보급화로 인해 양방향 소통이 가능하다. 특히 실시간 상호작용을 할 수 있어서 정보의 공유와 확산속도가 빠르기 때문에 국내뿐만 아니라 세계적인 현상으로 떠오르고 있다.

2000년대 초반, 텍스트 중심으로 이루어진 싸이월드 미니홈피와 각종 블로그 등이 인기를 끌면서 1인 미디어는 점차 대중화되기 시작하였다. 페이스북, 트위터, 인스타그램 등을 통해 사람들은 콘텐츠를 지속적으로 생산해내고 있다. 최근에는 텍스트 중심에서 벗어나 동영상 형태 중심으로 변화하는 추세이다. 이러한 추세에 따라 최근 인스타그램도 실시간 방송인 '라이브방송' 메뉴를 추가하였다.

그림 2-20 1인 미디어 시대

3 1인 미디어 확산의 배경

1인 미디어의 시작은 블로깅(Blogging)이라 할 수 있다. 애당초 1인 미디어는 블로그나 싸이월드 미니홈피처럼 '온라인 개인 일기장' 성격이 짙은 개인 커뮤니티에서 출발했다. 최근 들어 유튜브를 중심으로 한 동영상 콘텐츠가 1인 미디어의 주요 수단이 되었는데, 동영상 콘텐츠 제작이 가장 큰 진입장벽이었다. 하지만 기술개발 및 정보화 사회로의 진전은 공급 측면에서 개인들이 동영상을 쉽게 제작 및 편집, 공유할 수 있게 했다. 스마트폰의 고해상도 카메라를 이용해 적은 비용으로도 품질이 좋은 영상을 제작할 수 있게 된 것이다. 또한, 무료 편집 프로그램이나 관련 애플리케이션 등이 보급되면서 기술적인 진입장벽도 낮아졌다. 특히 유튜브, 아프리카TV 등과 같은 플랫폼들이 생겨나면서 편리하게 방송을 제작하고 송출할 수 있는 환경이 마련되었다. 수요 측면에서는 시간과 공간의 제약 없이 1인 미디어를 시청할 수 있는 환경이 조성되어 언제, 어디서나 정보 및 의견을 교류할 수 있게 되었다. 이러한 환경 변화는 방송영상 콘텐츠 소비성향에도 영향을 주어 이를 통해 상거래를 할 수 있는 기반이 마련되었다.

4 1인 미디어 커머스

동영상 콘텐츠 소비는 완연히 이용자 스스로의 선택에 따른 형태로 바뀌어 나가고 있다. 유튜브를 비롯한 온라인 동영상 플랫폼들은 여기에 포커스를 맞춰 콘텐츠를 제공하고 있으며, 자연스레 동영상 플랫폼의 콘텐츠들은 1인 미디어를 중심으로 형성되고 있다. TV, 라디오 등 매스미디어에서는 찾아볼 수 없었던 먹방(먹는 방송), 쿡방(요리하는 방송), 공방(공부하는 방송), 겜방(게임 방송) 등이 인기를 끌기 시작했고, 이런 콘텐츠들이 역으로 매스미디어로 유입되는 진풍경을 연출했다.

중국에서는 유명 1인 미디어 제작자들을 '왕홍'이라고 부르는데, 2019년을 기준으로 중국의 왕홍 산업의 부가가치는 약 580억 위안, 한화 약 9조 5천억 원으로 집계되고 있다. 왕홍을 위시한 마케팅을 '왕홍마케팅'이라고 부르는 등 왕홍의 영향력은 갈수록 커지고 있으며, 이들이 소개하는 아이템들은 빠르게 퍼져나가 실물경제 전반에 큰 영향을 끼치고 있다. 이들이 특히나 큰 영향력을 발휘하는 시장은 뷰티, 패션 분야로 알려져 있다. [그림 2-21]에서 보이듯이, 중국 1인 미디어의 산업 규모는 2017년에는 811억 위안, 2018년에는 1016억 위안에 이른 것으로 추정된다.

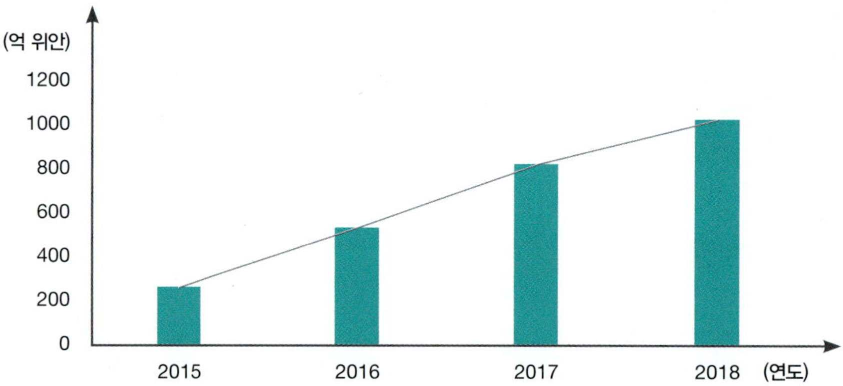

그림 2-21 중국의 1인 미디어 산업 규모(1위안=170원, 1,016억 위안=약 17조 원)

우리나라에서도 최근 유튜브를 통해 부동산을 팔거나 화장품을 파는 등 1인 미디어를 활용한 전자상거래가 활발해지고 있다. 또한 동영상을 통해 개인의 경험을 소개하거나, 도서의 소개 등을 통해 광고와 상품판매 매출을 극대화하고 있다. 1인 미디어를 중심으로 한 시장은 우리나라에서는 이제 막 조성되기 시작한 것으로 봐야 할 것이다. 유명 크리에이터와의 제휴를 통해 광고 콘텐츠를 제작해 배포하는 시도가 활발히 이뤄지고 있으며, 1인 미디어 콘텐츠를 이용해 제품을 홍보하고 직접 판매까지 연결하는 이들도 늘어나고 있다. 빠른 속도로 성장하고 또 바뀌어 가고 있는 1인 미디어 시장은 머지않아 중국처럼 실물경제 전반에도 큰 영향을 끼칠 것으로 전망된다.

1인 미디어가 전자상거래, 관광, 교육 등 다른 산업 분야와 융합될 경우, 다양한 분야에서 새로운 경제적·문화적 부가가치 창출이 가능해지는 등 혁신성장의 잠재력이 높은 신산업이 될 가능성이 크다. 미디어미래연구소에 따르면, 국내 1인 미디어 시장은 2018년 3조 8700억 원 정도이며, 2023년까지 8조 원 규모로 성장할 것으로 전망하고 있다.

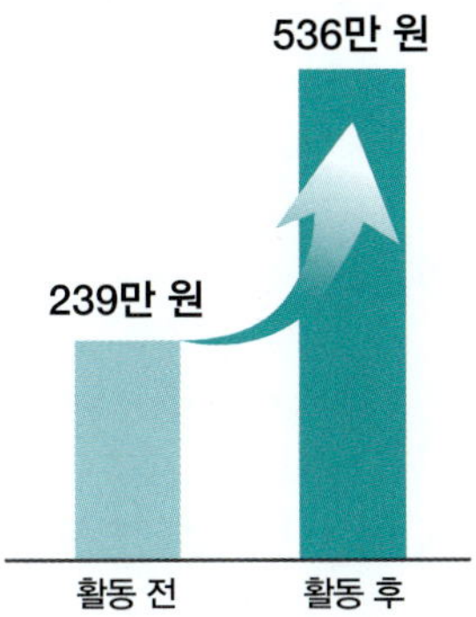

(a) 평균 월 소득

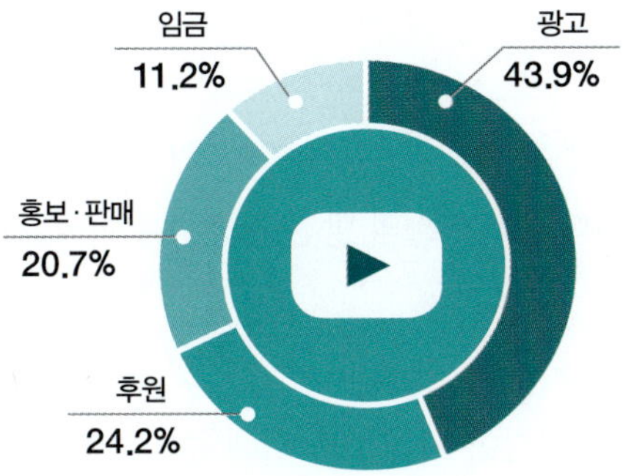

(b) 소득 구성

그림 2-22 1인 미디어 콘텐츠 크리에이터 평균 월 소득 및 소득 구성 © 한국노동연구원

토론 및 과제

※ 다음 키워드와 관련된 기사를 검색하고, 검색된 기사를 참조하여 토론 및 과제를 수행하시오.

- 미디어 커머스
- 1인 미디어 커머스

토론

01 향후 전자상거래가 지속적으로 발전할 것으로 예상하는지 토론하시오.

02 스마트폰의 확산과 1인 미디어 커머스의 발전 가능성은 어떠할지 토론하시오.

과제

01 다음 기사를 참고하여 1인 미디어 커머스를 위해 준비해야 할 지식, 기술, 장비에 대해 조사하고 보고서로 작성하여 제출하시오.

롯데홈쇼핑 새 브랜드 슬로건 발표…"미디어 커머스 기업 도약"

롯데홈쇼핑은 '새로움을 창조하다'라는 뜻의 '크리에이트 더 뉴'(CREATE THE NEW)를 새 브랜드 슬로건으로 정하고 미디어 커머스 기업으로 도약하겠다고 30일 밝혔다. 롯데홈쇼핑은 "새 슬로건은 TV홈쇼핑을 넘어 모바일을 기반으로 한 미디어 콘텐츠 제공으로 새로운 가치를 창출하겠다는 의지의 표현"이라면서 "미디어 커머스 기업으로 도약 중인 회사의 비전을 효과적으로 알리기 위한 것"이라고 설명했다.

롯데홈쇼핑은 롯데의 영어 첫 알파벳인 '엘'(L)을 기본 디자인 요소로 활용한 새 브랜드 아이덴티티(BI)도 만들어 방송 화면과 애플리케이션(앱) 아이콘, 배송 상자 · 차량 등에 적용할 계획이다. 모바일 앱도 TV와 모바일 생방송 등을 전면에 내세우며 영상 중심으로 개편했다. 롯데홈쇼핑은 "새 브랜드 슬로건 제작은 TV홈쇼핑을 벗어나 미디어 커머스 기업으로 도약 중인 회사의 비전을 효과적으로 알리기 위한 것"이라고 설명했다. 김종영 롯데홈쇼핑 마케팅부문장은 "새 슬로건과 BI는 미디어와 쇼핑의 경계가 없는 치열한 경쟁 환경에서 혁신적인 서비스로 기존에 경험하지 못한 새로움을 전달한다는 의미를 담았다"고 말했다.

© **황희경, 연합뉴스**, 2020. 06. 30

요약

01 EDI는 회사 간 업무처리에서 본래 종이로 처리하던 문서 대신에 컴퓨터로 처리할 수 있게 한 구조화되고 표준화된 양식이다.

02 EDI는 EDI 표준, EDI 소프트웨어, EDI 네트워크, EDI 하드웨어로 구성되어 있다.

03 인터넷의 폭발적인 성장과 함께 전통적인 EDI의 문제점을 해결하고자 인터넷 EDI, 웹 EDI, XML EDI 등 새로운 개념의 EDI가 등장했다.

04 CALS란 주요 장비나 지원 체계를 개발하기 위한 설계 및 제작 과정과 이를 운영 유지하는 군수 지원(물류 지원) 과정을 BPR을 통해 조정하여 동시 공학적으로 업무를 처리하는 과정을 말한다.

05 전자상거래를 유형별로 분류하면 다음과 같다.

- B2C : 공급자인 기업과 고객인 소비자 간의 전자상거래
- B2B : 기업과 기업 간의 전자상거래
- C2C : 소비자와 소비자 간의 전자상거래
- C2B : 소비자와 기업 간의 전자상거래

06 e-마켓플레이스란 동종 산업 간 온라인 시장을 의미한다.

07 M-커머스란 모바일 기기와 통신 네트워크를 통해 무선인터넷으로 각종 정보와 서비스를 이용하고 상품을 구입할 수 있는 전자상거래 방식을 말한다.

08 M-커머스와 관련된 프로토콜에는 크게 WAP, ME, c-HTML이 있다.

09 U-커머스란 PC와 휴대폰 등 인터넷 접속이 가능한 각종 기기를 통해 이루어지는 전자상거래로, 유비쿼터스 마케팅이라고도 한다.

10 유비쿼터스란 사용자가 컴퓨터나 네트워크를 의식하지 않고 장소에 상관없이 자유롭게 네트워크에 접속할 수 있는 환경을 말한다.

11 유비쿼터스 컴퓨팅을 가능하게 하는 핵심 기술은 센서, 프로세서, 커뮤니케이션, 인터페이스, 보안 등이 있다.

12 RFID는 사물에 부착된 기기를 통해 사물의 실시간 정보를 확인하고 주변 상황 정보를 감지할 수 있는 센서의 명칭이다.

13 RFID는 RFID 태그, RFID 안테나, RFID 리더기로 구성된다.

14 소셜미디어는 소셜 네트워크 서비스(SNS)에 가입한 이용자들이 서로 정보와 의견을 공유하는 플랫폼을 말한다.

15 소셜커머스는 기존의 전자상거래와 소셜 네트워크 서비스(SNS)가 결합된 형태를 말한다.

16 1인 미디어란 1인 크리에이터가 다양한 주제의 콘텐츠를 생산하고 이것을 온라인 플랫폼을 통해 다수의 이용자와 공유하는 것을 말한다.

연습문제

단답형 문제

01 (   )는 회사 간 업무처리에서 본래 종이로 처리하던 문서 대신에 컴퓨터로 처리할 수 있게 한 구조화되고 표준화된 양식이다.

02 (   )란 주요 장비나 지원 체계를 개발하기 위한 설계 및 제작 과정과 이를 운영 유지하는 군수 지원(물류 지원) 과정을 BPR을 통해 조정하여 동시공학적으로 업무를 처리하는 과정을 말한다.

03 전자상거래를 유형별로 분류하면 거래 경제 주체에 따라 기업과 소비자 간의 전자상거래인 (   ), 기업과 기업 간의 전자상거래인 (   )로 나눌 수 있다. 또한 기업과 정부 간의 전자상거래인 (   ), 정부와 소비자 간의 전자상거래인 (   )와 함께 최근에는 소비자 간의 전자상거래를 의미하는 (   )의 형태도 눈에 띄게 늘고 있다.

04 (   )는 전자 산업, 섬유 산업, 자동차 산업 등 동종 산업 간 온라인 시장을 의미한다.

05 (   )란 처음에는 제품 생산과 관련된 원자재 및 대형 설비를 제외한 기업에 필요한 모든 소모성 자재를 의미했지만, 최근에는 소액 설비와 서비스 등을 포함하는 개념으로 그 범위가 넓어지고 있다.

06 (   )는 모바일 기기와 통신 네트워크를 통해 무선인터넷으로 각종 정보와 서비스를 이용하고 상품을 구입할 수 있는 전자상거래 방식을 말한다.

07 (   )란 PC와 휴대폰 등 인터넷 접속이 가능한 각종 기기를 통해 이루어지는 전자상거래로, 유비쿼터스 마케팅이라고도 한다.

08 (　　　　　　　)란 사용자가 컴퓨터나 네트워크를 의식하지 않고 장소에 상관 없이 자유롭게 네트워크에 접속할 수 있는 환경을 말한다.

09 (　　　　　　　)는 사물에 부착된 기기를 통해 사물의 실시간 정보를 확인하고 주변 상황 정보를 감지할 수 있는 센서의 명칭이다.

10 (　　　　　　　)는 소셜 네트워크 서비스(SNS)에 가입한 이용자들이 서로 정보와 의견을 공유하는 플랫폼을 말한다.

11 (　　　　　　　)는 기존의 전자상거래와 소셜 네트워크 서비스(SNS)가 결합된 형태를 말한다.

12 (　　　　　　　)란 1인 크리에이터가 다양한 주제의 콘텐츠를 생산하고 이것을 온라인 플랫폼을 통해 다수의 이용자와 공유하는 것을 말한다.

객관식 문제

13 다음 중 EDI에 대한 설명이 아닌 것은?

① EDI 네트워크를 통해 상호 간의 데이터를 교환하는 방식을 말한다.
② Electronic Data Interchange의 약자이다.
③ 단순히 종이를 없애는 것을 넘어 데이터의 재입력과 처리 지연을 없애는 것이 목적이다.
④ 전자 데이터 교환이라고 부른다.
⑤ 미국 국방성의 전자입찰 시스템을 포괄적으로 명명한 것이다.

14 다음 중 EDI 표준에 대한 설명으로 알맞은 것은?

① 직통과 VAN을 이용하는 방법이 있다.

② EDI 사용자가 도입하고 따라야만 하는 EDI 통신에서의 표준이 되는 양식과 구문을 정한 규칙이다.

③ 필요한 EDI 소프트웨어만 구매하여 운용하면 EDI를 실행할 수 있다.

④ 회사마다 다른 양식으로 표현된 데이터를 EDI 표준에 맞는 양식으로 변환시켜준다.

⑤ 컴퓨터의 EDI 데이터를 통신 네트워크로 전송하기 위해서는 통신용 모뎀에 접속하여야 한다.

15 다음 중 EDI의 문제점이 아닌 것은?

① 사람의 의사결정이 필요한 수작업 프로세스에 EDI를 적용하기는 어렵다.

② 거래할 상대방 수가 많아지고 상대방의 규모가 다양한 경우 복잡성이 증가한다.

③ 새로운 제품과 서비스를 도입하고 업무처리 과정을 개선하려는 회사의 노력을 어렵게 하고 있다.

④ EDI를 실행하기 위해서 갖추어야 할 특별한 하드웨어는 없다.

⑤ 기존 EDI는 데이터 필드를 추가하거나 삭제할 수 있는 유연성이 없다.

16 다음 설명을 읽고 빈 칸에 공통으로 들어갈 적절한 용어를 고르시오.

> (　　　)은 데이터의 의미와 구조 표현을 위해 태그를 추가할 수 있으므로 (　　　) 문서를 수신한 상대방 측 응용 프로그램은 데이터의 의미를 이해하고 어떻게 처리해야 할지 알 수 있다. (　　　) 문서는 전통적인 EDI에 비해 전송량이 증가하였으며 사용자도 쉽게 이해할 수 있다.

① XML　　② VAN　　③ PSTN

④ HTML　　⑤ ISP

17 다음 중 CALS에 대한 설명이 아닌 것은?

① 개인, 기업, 정부 등 경제 주체 간에 컴퓨터 네트워크를 활용하는 방식이다.
② 표준화된 범용 표시 언어를 말한다.
③ 우리말로는 '광속상거래'로 불린다.
④ 상품의 수명주기 전 과정에 걸쳐 필요한 자료를 관련된 모든 조직이 컴퓨터 네트워크를 이용하여 통합, 공유, 교환하는 활동이다.
⑤ 디지털 형식으로 상호 정보 공유 및 교환이 이뤄질 수 있도록 하는 통합 체계 및 자동화된 전략이라고 할 수 있다.

18 소비자와 소비자 간의 전자상거래를 무엇이라고 하는가?

① C2C ② B2G ③ G2C
④ B2B ⑤ B2C

19 다음의 설명을 읽고 '알리바바'에 해당하는 전자상거래 유형은 무엇인지 고르시오.

> 알리바바(Alibaba)는 중국 전자상거래 시장에서 80%에 이르는 점유율을 차지하고 있는 중국 최대 전자상거래 업체이다. 매일 1억 명이 물건을 구매하기 위해 알리바바를 접속하며, 중국 택배의 70%가 알리바바 관련 회사를 통해 거래될 정도다.

① C2C ② B2G ③ G2C
④ B2B ⑤ B2C

20 다음 중 e-마켓플레이스에 대한 설명으로 알맞은 것은?

① 모바일 기기를 활용해 인터넷에 접속하여 업무를 수행하는 것을 말한다.
② IT가 사회 전반으로 그 영역을 확대하여 기존의 전통 산업들과 결합되는 것을 말한다.
③ 인터넷에 연결된 사물들이 데이터를 주고받는 것을 말한다.
④ 소비자(Customer)와 기업(Business) 간의 전자상거래이다.
⑤ 전자 산업, 섬유 산업, 자동차 산업 등 동종 산업 간 온라인 시장을 의미한다.

21 모바일 기기와 통신 네트워크를 통해 무선인터넷으로 각종 정보와 서비스를 이용하고 상품을 구입할 수 있는 전자상거래 방식을 무엇이라고 하는가?

① M-커머스 ② U-커머스 ③ 소셜커머스
④ C-커머스 ⑤ E-커머스

22 다음 중 U-커머스에 대한 설명이 아닌 것은?

① PC와 휴대폰 등 인터넷 접속이 가능한 각종 기기를 통해 이루어지는 전자상거래이다.
② 최근에는 소액 설비와 서비스 등을 포함하는 개념으로 그 범위가 넓어지고 있다.
③ 유비쿼터스 마케팅이라고도 한다.
④ E-커머스와 M-커머스를 조합하고 포괄하는 새로운 형태의 전자상거래이다.
⑤ 온라인과 오프라인이 통합되는 특징이 있고 시간과 장소에 관계없이 실시간으로 마케팅이 전개된다.

23 다음 중 유비쿼터스에 대한 설명이 아닌 것은?

① 컴퓨터에 어떠한 기능을 추가하는 것이 아니라 어떤 기기나 사물에 컴퓨터를 집어넣어 커뮤니케이션이 가능하도록 하는 정보기술 환경 또는 정보기술 패러다임을 의미한다.
② 단독으로 사용되지 않고 유비쿼터스 통신, 유비쿼터스 네트워크 등과 같은 형태로 쓰인다.
③ 초기 비용이 저렴하다는 장점이 있다.
④ 제록스의 마크 와이저가 '유비쿼터스 컴퓨팅'이라는 용어를 사용하면서 처음으로 등장하였다.
⑤ 사용자가 컴퓨터나 네트워크를 의식하지 않고 장소에 상관없이 자유롭게 네트워크에 접속할 수 있는 환경을 말한다.

24 다음 중 유비쿼터스 컴퓨팅을 가능하게 하는 핵심 기술이 아닌 것은?

① 센서 ② 프로세서 ③ 커뮤니케이션
④ XML ⑤ 인터페이스

25 사물에 부착된 기기를 통해 사물의 실시간 정보를 확인하고 주변 상황 정보를 감지할 수 있는 센서를 무엇이라고 하는가?

① HTML ② IT 융합 ③ RFID
④ B2G ⑤ CALS

26 다음 중 RFID 안테나에 대한 설명이 아닌 것은?

① 고주파(850~950KHz, 2.4~2.5GHz) 시스템은 인식 거리가 길고 비용이 비싸다.
② 태그의 정보를 해독하여 네트워크를 통해 호스트 컴퓨터와 교신하며, 호스트 컴퓨터의 지시를 받아 태그에 정보를 기록하는 역할을 수행한다.
③ 교통카드 등에 많이 사용된다.
④ 저주파(30~500KHz) 시스템은 인식 거리가 짧고(10cm 이내) 비용이 적게 든다.
⑤ 태그를 읽기 위한 신호 발신, 태그 활성화, 태그에 데이터 입력 등을 담당한다.

27 다음 중 소셜커머스에 대한 설명이 아닌 것은?

① 기존의 전자상거래와 소셜 네트워크 서비스(SNS)가 결합된 형태이다.
② IT가 사회 전반으로 그 영역을 확대하여 기존의 전통 산업들과 결합되는 것을 말한다.
③ SNS를 활용해 정보를 제공하고 광고하여 판매하는 전자상거래 서비스를 말한다.
④ 소셜미디어를 활용하는 새로운 형태의 전자상거래이다.
⑤ 소셜미디어를 활용하여 할인된 제품 또는 서비스에 대하여 웹사이트에 등록한 후 일정한 인원이 구매하면 거래가 성사되는 형태의 거래 방식으로 정의된다.

28 소셜 네트워크 서비스(SNS)에 가입한 이용자들이 서로 정보와 의견을 공유하는 플랫폼을 무엇이라고 하는가?

① e-마켓플레이스 ② 소셜미디어 ③ U-커머스
④ 소셜커머스 ⑤ M-커머스

29 다음 중 1인 미디어에 대한 설명이 아닌 것은?

① 1인 크리에이터가 다양한 주제의 콘텐츠를 생산하고 이것을 온라인 플랫폼을 통해 다수의 이용자와 공유하는 것을 말한다.
② 인터넷의 보급화로 인해 양방향 소통이 가능하다.
③ 최근에는 동영상 형태를 중심으로 제공되는 1인 미디어로 변화하고 있다.
④ 실시간 상호작용을 할 수 있어서 정보의 공유와 확산속도가 빠르기 때문에 국내뿐만 아니라 세계적인 현상으로 떠오르고 있다.
⑤ 최근에는 텍스트 중심으로 대중화되고 있다.

30 다음 중 1인 미디어 확산의 배경이 아닌 것은?

① 기술개발 및 정보화 사회로의 진전은 공급 측면에서 개인들이 동영상을 쉽게 제작 및 편집, 공유할 수 있게 했다.
② 스마트폰의 고해상도 카메라를 이용해 적은 비용으로도 품질이 좋은 영상을 제작할 수 있게 되었다.
③ 무료 편집 프로그램이나 관련 애플리케이션 등이 보급되면서 기술적인 진입장벽이 낮아졌다.
④ 유튜브, 아프리카TV 등과 같은 플랫폼들이 생겨나면서 편리하게 방송을 제작하고 송출할 수 있는 환경이 마련되었다.
⑤ 현재 '온라인 개인 일기장' 성격이 짙은 개인 커뮤니티 형태를 띠고 있다.

CHAPTER 03

e-비즈니스 환경 I : 전자정부와 핀테크

학습 목표

- 웹 2.0과 웹 3.0의 개념과 특징을 살펴본다.
- 전자정부를 이해하고, 전자정부 2.0과 전자정부 3.0을 학습한다.
- 유시티, 스마트시티, 소셜시티를 이해한다.
- 핀테크와 인터넷 뱅킹을 학습한다.
- 핀테크의 핵심 기술인 블록체인에 대해 알아본다.

PREVIEW

3장에서부터 5장까지는 e-비즈니스를 둘러싸고 있는 환경에 대해 살펴본다. 먼저 이번 장에서는 웹 3.0, 전자정부 3.0, 유시티와 스마트시티, 핀테크와 블록체인 기술 환경의 개념과 특징을 알아본다.

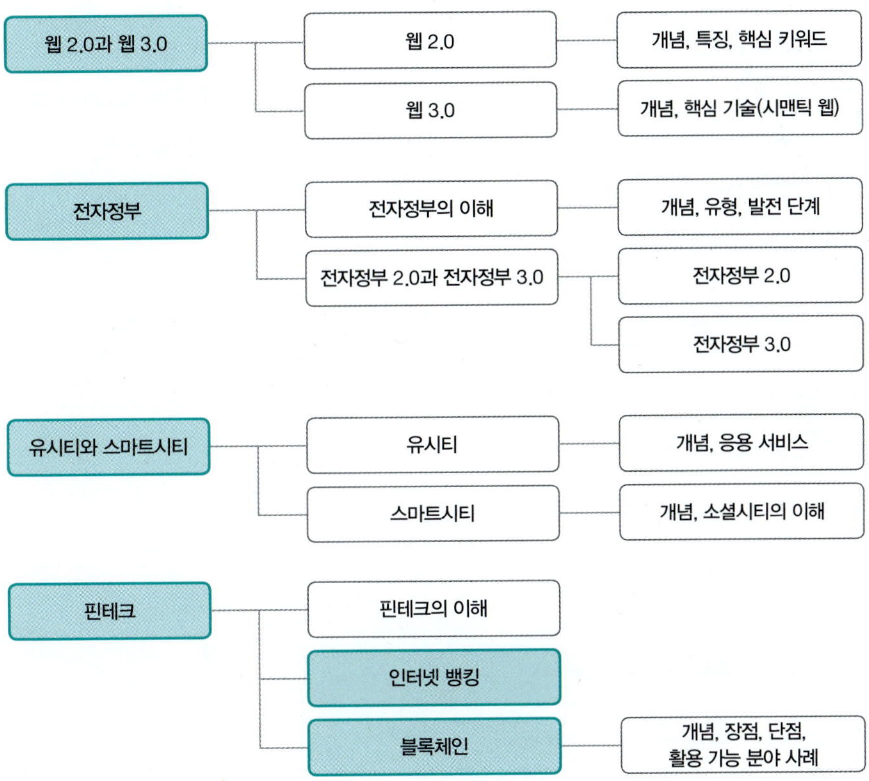

SECTION 01 웹 2.0과 웹 3.0

1 웹 2.0의 개념

2000년대 들어 인터넷의 사용이 확산되면서 누구나 인터넷을 사용할 수 있게 되었고 이로 인하여 웹 2.0이라는 새로운 패러다임이 도래했다. 웹 2.0(Web 2.0)이란 **개방, 참여, 공유의 정신을 바탕으로 사용자가 직접 정보를 생산하여 쌍방향으로 소통하는 웹 기술**을 말한다. 이 시기를 웹 2.0 시대라고 규정할 수 있었던 이유는 웹상의 텍스트와 문서가 기존의 공급자 전달 방식이 아닌 문서·사진·동영상 등 멀티미디어를 이용한 사용자 간 개방, 공유, 참여로 이루어졌기 때문이다.

블로그(Blog)를 통해 누구나 쉽게 인터넷상에 자신만의 공간을 형성하고 공유할 수 있게 되었으며, 모두의 백과사전 위키피디아(Wikipedia)가 등장하자 소수 엘리트 집단으로부터 정의되어 대중에게 전해지던 지식과 지성은 형성 과정과 관점이 완전히 바뀌게 되었다. 또한 동영상 공유 서비스인 유튜브(Youtube)는 자유로운 동영상 촬영 및 편집의 사용으로 웹이 범세계적 집단 미디어가 되는 데 기여했다.

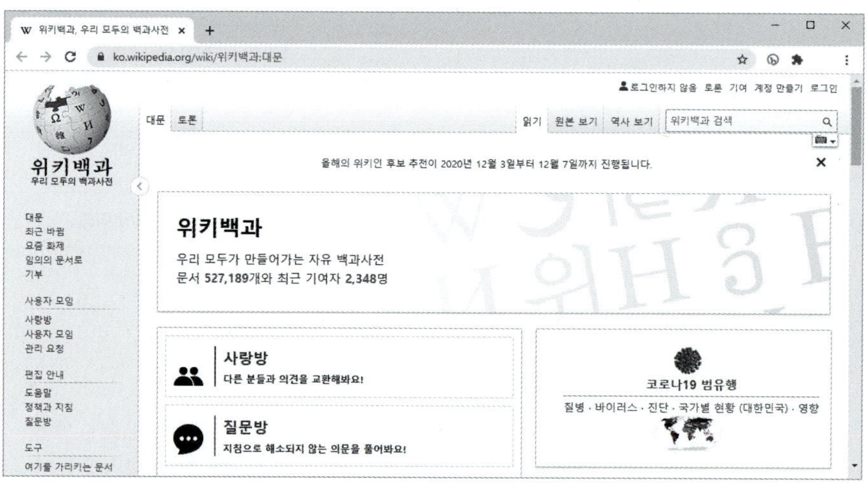

그림 3-1 위키피디아(ko.wikipedia.org)

웹 2.0은 플랫폼으로서의 웹(The Web as Platform)을 의미한다. 윈도우 PC 기반의 넷스케이프(Netscape)가 웹 1.0이라고 한다면, 구글(Google)처럼 판매나 패키지화되지 않은 순수한 웹 애플리케이션으로 서비스하는 것이 웹 2.0이다. 예를 들어 구글의 지도 서비스인 구글맵(Google Map)은 기존 데스크톱 애플리케이션의 외관과 비슷해 보이지만, 웹에서 모든 것을 할 수 있는 플랫폼 형태의 웹을 보여주었다. 구글맵과 같은 서비스 플랫폼이 가지고 있는 단순성과 유연성이 구글의 성공 비결이라고 할 수 있다. 즉, 다양한 서비스를 사용자가 선택하여 새롭게 만들 수 있는 플랫폼을 제공하는 것이 웹 2.0인 것이다.

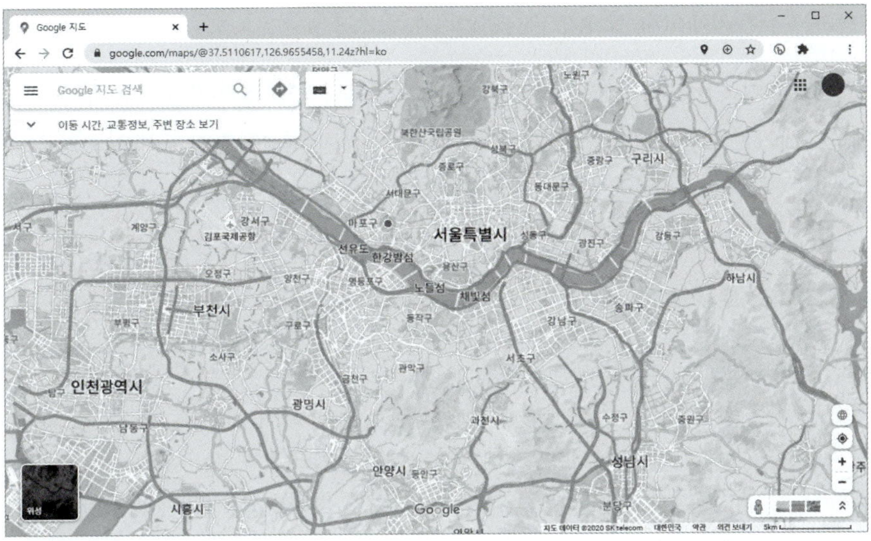

그림 3-2 구글맵

2 웹 2.0의 특징

웹 2.0은 기존 웹과는 달리 다음과 같은 특징이 있다.

- **웹을 플랫폼으로 활용 :** 구글이나 아마존 같은 기업은 패키지 소프트웨어와 같은 오래된 방식을 버리고 웹을 플랫폼으로 활용하면서 웹 서비스를 통해 소프트웨어를 제공하는 방식을 채택하고 있다.
- **집단 지성 활용 :** 웹 2.0은 사용자가 서비스에 참여하여 보다 많은 가치를 창출하는 것을 중요하게 생각한다. 웹 2.0은 집단 지성(Collective Intelligence)과 함께 롱테일(Long Tail)에 의한 개인화를 지원한다.
- **차별화된 데이터 :** 한 기업이 현재 어떤 데이터를 가지고 있고 그것을 어떻게 관리하는지는 비즈니스 영역에서 주도권을 확보하고 영속성을 유지하는 기준이 된다. 웹 2.0에서의 데이터를 데이터 2.0이라고 명명하는데, 데이터 1.0이 데이터의 종류를 늘리는 것에 집중했다면 데이터 2.0은 데이터의 개념을 확장하는 방식으로 웹 서비스를 발전시켰다.

- **사라진 소프트웨어 배포 주기 :** 소프트웨어가 물건이 아닌 서비스로 제공된다는 점이 인터넷 시대에 소프트웨어가 가지는 가장 큰 특징 중 하나다.
- **가볍고 단순한 프로그래밍 :** 웹 2.0은 안정성이나 견고함보다는 가벼움을 지향하며, 복잡함보다는 단순함을 추구하는 것이 특징이다.
- **다중 디바이스 지원 :** 웹 2.0은 단일 디바이스를 넘어 PC나 휴대용 기기, 인터넷 서버 등 다양한 디바이스를 포괄하는 애플리케이션 설계가 필요하다.
- **풍부한 사용자 경험 제공 :** 웹 2.0은 기존 웹과는 달리 단순히 정보나 콘텐츠를 제공하는 것뿐만 아니라 다양한 애플리케이션을 서비스로 제공한다. 그리고 이 서비스는 다양한 디바이스를 통하여 사용자 경험을 제공한다.

하나 더 알기 **웹 서비스로서의 웹 2.0**

웹 2.0은 웹 서비스(Web Service) 트렌드의 하나이다. 웹 서비스란 SOAP(Simple Object Access Protocol)나 WSDL(Web Service Description Language), UDDI(Universal Description, Discovery, and Integration) 등의 표준 기술을 사용하여 네트워크에 연결된 다른 컴퓨터 간의 분산 컴퓨팅을 지원하는 소프트웨어와 기술이다. 웹 서비스는 하이퍼텍스트 전송 규약(HTTP), 확장성 생성 언어(XML), 단순 객체 접근 프로토콜(SOAP)과 같은 표준화된 웹 프로토콜과 데이터 형식을 사용하여 운영체제 등의 특정 플랫폼과 상관없이 모든 컴퓨터 사이의 원활한 데이터의 흐름을 보장해 주는 웹 관련 기술이다. 또한 네트워크에서 서로 다른 컴퓨터 간에 상호작용을 하려는 소프트웨어 시스템이며, 일종의 분산 컴퓨팅 기술이기도 하다. 웹 서비스는 '웹'과 '서비스'라는 두 단어가 결합해 생겨난 용어인 만큼 단순하게 해석하면 웹을 통해 서비스를 주고받는 것이다. 현재 웹 서비스는 서로 다른 정보기술을 이어주는 접착제의 역할을 충분히 하고 있다.

3 웹 2.0의 핵심 키워드

소셜화

소셜화(Socialization)는 **웹이 사용자와 관계를 맺고 콘텐츠를 공유하는 것**을 의미한다. 마이크로 블로깅의 표준이라고 할 수 있는 트위터(Twitter)는 소셜화의 대표적인 예라고 할 수 있다. 트위터의 특징은 140자 이내로 표현하는 단순성, 간결성, 확장성에 있는데, 이러한 특징을 통해 소셜 웹을 구현하고 있는 것이다. 소셜 애플리케이션(Social Application)의 기본 프로세스는 관계, 공유, 발견이다. 인터넷을 통한 서비스의 대상이 데이터에서 사람으로 확장되면서 서비스는 사람 간의 교류가 중심이 되는 소셜 네트워크의 성격을 가지게 되었다. 데이터가 아닌 사람이 서비스의 대상이 될 때, 서비스의 특징은 사람을 만나고 교류하는 재미와 그 사람을 통하여 유용한 정보를 받는 재미라고 할 수 있으며, 웹 서비스는 이러한 재미를 증진하는 방향으로 진화하고 있다.

표 3-1 소셜화의 도구

도구	내용
보관	북마크, 스크랩, 링크
알림	이메일, 모바일, 메신저 등을 통한 알림
구독	뉴스레터 신청, 콘텐츠 구독
동기화	각종 디바이스 간 동기화
정보 추가	태깅, 코멘트, 평가, 별점, 메모
공유	공유하기, 이메일 보내기, RSS 구독 링크 공유
추천	지인에게 추천하기, 콘텐츠 퍼뜨리기(펌)

크라우드소싱

크라우드소싱(Crowdsourcing)이란 **기업 활동의 전 과정에 소비자 또는 대중이 참여할 수 있도록 일부를 개방하고 참여자의 기여로 기업 활동 능력이 향상되면 그 수익을 참여자와 공유하는 방법**으로, 아웃소싱(Outsourcing)과 대중을 의미하는 크라우드(Crowd)의 합성어이다. 크라우드소싱은 기업이 큰 비용을 지급하고 획득해야만 하는 수많은 콘텐츠를 대중이 대신해 준다는 개념인 프로슈머(Prosumer)와 같은 맥락에서 이해하면 된다. 크라우드소싱에 의해 기업은 콘텐츠를 직접 제작하지 않고 웹 사용자가 업로드하는 자료 교류의 커뮤니티를 제공하여 이익을 창출하고 웹 사용자는 다른 사람의 콘텐츠를 공유하여 만족을 느끼게 된다.

어텐션

웹 사용자는 시시각각 생성되는 수많은 콘텐츠 정보의 홍수 속에 살고 있다. 이로 인해 수많은 콘텐츠 중에서 꼭 봐야 할 것만 필터링하는 기능이 필수적이다. 대부분의 포털사이트는 검색 엔진을 통해 콘텐츠의 분야별 순위를 표시하고 각 콘텐츠의 평점을 제시한다. 이러한 형태의 정보를 어텐션이라고 한다. 어텐션(Attention)은 **웹에 흩어진 관심사를 모아서 모든 사용자에게 필요한 정보를 얻게 해주는 역할**을 한다.

어텐션에는 다음 3가지 차원이 존재한다.

- **개인 어텐션 차원 :** 데이터 필터링의 기준은 개인이다. 필터링의 기준이 되는 어텐션 데이터는 사용자마다 개별적이기 때문에 사용자가 원하는 다른 데이터셋을 필터링하게 된다.

- **집단 어텐션 차원 :** 개인 어텐션을 모두 모아 집단의 관점에서 통계적으로 필터링한다. 집단에서 가장 인기 있는 데이터, 많이 사용된 데이터, 좋은 점수를 받은 데이터 등을 필터링하여 순위화한다. 하나의 사이트에서 사용자는 모두 같은 유형의 어텐션 셋을 얻을 수 있다.
- **소셜 어텐션 차원 :** 개인 어텐션의 소셜화라는 개념으로, 네트워크에서 개인이 관계를 통해 형성한 어텐션을 의미한다. 인간의 어텐션은 서로에게 영향을 주어 데이터 필터링에 영향을 미치거나 특정 집단의 어텐션을 형성하게 한다.

표 3-2 어텐션 데이터 도구

도구	내용
클릭 수	콘텐츠의 인기도를 나타낸다.
링크	콘텐츠에 대한 구체적인 사용자의 관심을 나타낸다.
북마크	콘텐츠의 필요성을 나타낸다.
평가	콘텐츠의 품질에 대해 코멘트나 별점, 점수 등을 표현한다.
태그	메타데이터를 통해 콘텐츠를 표현한다.

태깅

웹에서는 인간이 분류해야 하는 형태의 콘텐츠가 매일 셀 수 없을 만큼 새롭게 창조되고 있다. 이러한 콘텐츠의 정보를 활용하기 위해서는 각 콘텐츠에 생명을 불어넣는 작업이 필요한데, 이러한 작업을 태깅이라고 부른다. 태깅(Tagging)은 **콘텐츠를 등록하는 사용자가 콘텐츠에 대한 설명을 등록하는 것**을 말하며, 이렇게 함으로써 텍스트 기반인 현재 검색엔진이 쉽게 콘텐츠를 검색하고 공유하며 활용할 수 있다.

태깅은 정보를 찾거나 표시하고 분류하기 위해 사용하는 방식으로, 기존에 사용하던 디렉터리 구조와는 다른 형태의 정보 처리 방식이다. 즉, 꼬리표(태그)를 추가할 수 있는 웹페이지 등을 하나의 노드(데이터 노드)로 간주하고, 각 태그 자체를 다른 종류의 노드로 본다. 이 두 종류의 노드에 특정 관계를 맺어 정보를 분류한다. 사용자가 직접 입력한 태그 정보를 토대로 콘텐츠가 분류되고 재정리된다. 태그가 있으면 이미지나 동영상 등 컴퓨터가 프로그래밍에 의하여 분류할 수 없는 정보를 사용자의 필요에 따라 자유롭게 검색 및 분류할 수 있으며 웹에서 과거에 누적된 자료를 재활용하는 것이 쉬워진다. 태그는 웹 2.0이 모든 서비스를 제공할 수 있는 근본적인 구조라고 할 수 있다. 디렉터리 구조는 누군가가 지식을 가지고 트리 형식으로 구분해야 하지만, 태그 구조는 사용자 각자가 콘텐츠를 함축적으로 표현하는 키워드를 부여하면 된다.

RSS

RSS(Really Simple Syndication)는 **정보 일부분을 간편하게 전달하기 위해 사용하는 XML 기반의 데이터 표준 포맷**이다. RSS로 포맷된 정보는 RSS 표준 문법에 맞게 정보의 의미를 가지게 된다. 표준 포맷이기 때문에 RSS로 만든 모든 정보는 같은 방법으로 구조화되며, 이러한 구조를 이해하는 모든 컴퓨터에서 공유할 수 있다. RSS에 맞추어 주기적으로 갱신되는 XML 문서를 RSS 피드라고 한다. 정보를 피딩한다는 말은 어떤 정보를 RSS로 내보내는 것을 의미한다. RSS는 콘텐츠의 출처인 채널 정보(사이트 이름, 사이트 URL, 설명, 운영자, 이미지 등)와 개별 아이템 정보(포스트 제목, 링크, 설명, 작성 날짜, 포스트와 관련된 미디어 파일 등)를 가지고 있다. 또한 RSS 목록을 관리하기 위한 포맷이 필요한데, OPML(Online Processor Markup Language)이 바로 그것이다. OPML 파일만 있으면 다른 RSS 리더에서도 내가 구독하는 RSS 목록을 쉽게 등록하여 사용할 수 있다. [표 3-3]은 최근에 주로 사용되는 RSS 관련 서비스의 내용 및 사례이다.

표 3-3 RSS 서비스

서비스	내용
RSS 리더	• 소비자로 하여금 RSS 피드를 구독할 수 있도록 해주는 서비스
RSS 피드관리	• RSS 피드관리 • 피드 추적 및 홍보 마케팅 • RSS 광고
RSS 검색	• RSS로 제공되는 데이터 검색 • 데이터 간 링크 관계 검색
RSS 파일 변환	• RSS 피드를 다른 형태의 포맷으로 변환

매시업

매시업(Mashup)은 **여러 가지 서비스와 데이터를 혼합해서 새로운 서비스를 만들어내는 것**을 의미한다. 위키피디아(Wikipedia)에서는 매시업을 하나 이상의 소스에서 나온 콘텐츠를 결합하여 통합된 경험을 제공하는 웹 애플리케이션이라고 정의한다. 단순히 정의하면 '하나 이상의 데이터 소스(more than one source of data)'라고 표현할 수 있다.

AJAX

AJAX(Asynchronous Javascript and XML)는 **상호작용이 가능한 웹 애플리케이션을 개발하기 위해 사용하는 자바스크립트(JavaScript) 개발 환경 기반의 웹 개발 기술**이다. AJAX를 사용한 다이내믹한 UI(User Interface) 설계로 웹페이지에 생동감을 불어넣을 수 있다. AJAX는 웹브라우저에 기본으로 탑재된 자바스크립트를 기반으로 하는 기술 체제를 말한다. AJAX는 실무자가 쉽게 웹 클라이언트 애플리케이션을 구축할 수 있도록 통합된 환경을 제공한다.

AJAX의 특징은 다음과 같다.

- XHTML과 CSS를 이용한 웹 표준 기반 구현
- 문서 객체 모델(DOM, Document Object Model)을 사용한 동적인 화면과 상호작용
- XML과 XSLT를 이용한 데이터 교환과 처리
- XMLHttpRequest를 사용한 비동기 데이터 검색
- 이들 기술을 하나로 엮어줄 자바스크립트

롱테일

웹 2.0의 큰 특징 가운데 또 다른 하나는 롱테일 법칙이다. 롱테일(Long Tail)이란 **긴 꼬리(큰 시장)의 끝부분을 뜻하는데, 작은 규모와 다수의 요구로 이루어진 시장**을 의미한다. 웹 2.0에서의 롱테일 법칙은 인터넷 유통 혁명으로 사소한 다수가 시장의 중심에 서게 됐다는 것을 의미한다. 예를 들어, 리포트 과제를 인터넷에 등록하는 사람과 이를 다운로드하는 사람 사이에서 발생하는 거래는 결코 대형 시장이라고 할 수 없지만, 이런 식의 소소한 구매가 모여 큰 규모의 시장을 형성하고 있다. 웹 2.0은 이렇게 작은 구매자와 시장에 주목함으로써 독특한 수익 모델을 창조하여 경제적 이익을 달성하고 있다.

[그림 3-3]은 롱테일을 그래프로 표현한 것으로, 가로축은 구성원을 나타낸다. 원래는 좌측 20%가 전체 시장(매출과 수익)의 80%를 구성하고 있었는데, 인터넷의 발달로 그동안 수익성이 없어 소외됐던 우측 80%를 기업의 고객으로 만들 수 있게 된 것이다.

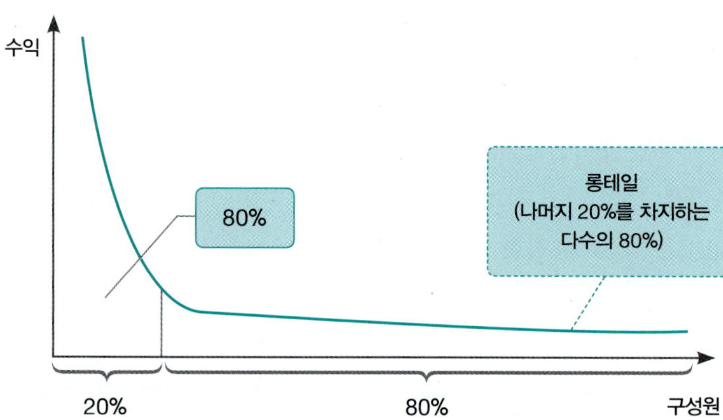

그림 3-3 롱테일

4 웹 3.0의 등장

웹 3.0(Web 3.0)이란 **컴퓨터가 시맨틱 웹(Semantic Web) 기술을 이용하여 웹페이지에 담긴 내용을 이해하고 개인 맞춤형 정보를 제공할 수 있는 지능형 웹 기술**을 말한다. 개인화, 지능화, 상황인식 등이 웹 3.0의 대표 키워드이다. 웹 3.0은 인터넷으로부터 엄청난 양의 정보를 추출하여 그중에 지금 사용자가 필요한 정보와 지식만 보여주는 맞춤형 웹이다. 바로 사물인터넷 기술이나 클라우드 컴퓨팅 기술 등이 웹 3.0으로 가능하게 된 것이다. 또한 웹 3.0은 개인에 맞는 정보를 알아서 찾아주는 인공지능형 웹으로 지칭되는데, 이는 웹이 시맨틱 기술을 이용하여 상황인식을 통해 이용자에게 맞춤형 콘텐츠 및 서비스를 제공하기 때문이다. 즉 웹 3.0 시대에는 지능형 웹이 사용자가 원하는 정보와 직관적인 경험을 제공하게 된다.

소셜 소프트웨어로 대표되는 웹 2.0은 참여, 공유, 개방으로 사람들을 연결하여 사회적 연결성(Social Connectivity)은 높지만, 공유된 정보를 연결하는 정보적 연결성(Informational Connectivity)은 낮다. 반면 시맨틱 웹이 주를 이루는 웹 3.0 시대는 시맨틱 웹으로 최적화된 정보를 연결하기 때문에 사회적 연결성은 낮지만 정보적 연결성은 높다. 궁극적으로는 정보와 사람을 모두 긴밀하게 연결하는 메타 웹(Metaweb) 또는 유비쿼터스 웹의 구현이 가능한 시대가 도래한 것이다. 따라서 가장 바람직한 웹의 진화 방향은 정보적 연결성이나 사회적 연결성이 어느 한쪽으로 편중되어 있는 것이 아니라 시맨틱 웹과 소셜 소프트웨어가 동시에 구현되는 환경이라고 하겠다. [표 3-4]는 웹 2.0 시대와 웹 3.0 시대를 비교한 표이다.

표 3-4 웹 2.0과 웹 3.0 비교

구분	웹 2.0	웹 3.0
시기	2000~2010년	2010~2020년
상호작용	읽기, 쓰기	읽기, 쓰기, 실행하기
키워드	참여, 공유, 개방	상황 인식(context)
정보 이용자	인간	인간, 기계
정보 권력	대형화, 집중화	분산(필요한 정보만 선별)
콘텐츠 이용 행태	사용자가 생산·유통·소비를 모두 담당	지능화된 웹이 개인별 맞춤으로 콘텐츠 제공
검색	여러 사이트에 있는 자료 개방	이용자 맞춤형 검색
기반 기술	브로드밴드, 서버관리	시맨틱 웹 기술, 상황인식, 클라우드 컴퓨팅
대응 단말	PC와 모바일 기기 일부	PC, 스마트폰, 태블릿PC, 스마트워치 등 매우 다양함

5 웹 3.0의 핵심 기술

웹 3.0의 가장 핵심적인 기술인 시맨틱 웹(Semantic Web)은 **인터넷과 같은 분산환경에서 리소스에 대한 정보와 자원 사이의 관계-의미 정보(Semanteme)를 컴퓨터가 처리할 수 있는 온톨로지(Ontology) 형태로 표현하고, 이를 자동화된 컴퓨터가 처리하도록 하는 프레임워크이자 기술**이다. 시맨틱 웹은 클라우드의 방대한 정보를 서로 연결하여 웹 2.0에 지능을 부여한다. 즉, 시맨틱 웹은 컴퓨터가 단어와 문장의 뜻을 이해하고 논리적인 추론까지 하는 차세대 웹 기술이라 할 수 있다.

시맨틱 웹의 원리는 사람이 이해할 수 있도록 자연어 위주로 되어 있는 현재의 웹 문서와 달리, 정보자원들 사이에 연결되어 있는 의미를 컴퓨터가 이해할 수 있는 형태의 언어로 바꾸는 것이다. 이를 통해 컴퓨터가 정보자원의 뜻을 해석하고 기계들끼리 서로 정보를 주고받으면서 자체적으로 필요한 일을 처리하는 것이 가능해진다. 시맨틱 웹의 주요 역할은 검색 메커니즘의 개선이지만 웹의 정보들을 서로 연결시켜 이용할 수 있게 해준다는 것에 더 큰 장점이 있으며, 컴퓨터가 사람의 지능을 빌리지 않고 자동으로 정보를 처리할 수 있다.

시맨틱 웹의 구현을 이해하기 위해서는 기반 기술인 온톨로지(Ontology)와 메타데이터(Metadata)가 필요하다. 온톨로지(Ontology)는 단어와 관계들로 구성된 일종의 사전으로 생각할 수 있으며, 그 속에는 특정 도메인에 관련된 단어들이 계층적으로 표현되어 있고, 추가적으로 이를 확장할 수 있는 추론 규칙이 포함되어 있어 웹 기반의 지식 처리나 응용 프로그램 사이의 지식 공유, 재사용 등이 가능하도록 되어 있다. 온톨로지는 시맨틱 웹 응용의 가장 중심적 개념으로서, 이를 표현하기 위해 스키마와 구문 구조 등을 정의한 언어가 온톨로지 언어(Ontology Language)이다. 이 온톨로지가 구조화되어 있는 데이터가 '데이터를 위한 데이터', 즉 '메타데이터'이다. 메타데이터(Metadata)란 구조화된 정보를 분석, 분류하고 부가적 정보를 추가하기 위해 함께 따라가는 정보라고 할 수 있다.

SECTION

02 전자정부

1 전자정부의 개념

전자정부(e-Government)란 **정보기술을 국가행정에 포괄적으로 도입하는 것을 말하며, 학술적인 정의로는 공공 부문의 e-비즈니스**를 의미하기도 한다. 전자정부에서는 국민을 고객으로 이해하고 국민에게 봉사하는 것이 기본 존재 이유이다. 기술적 관점에서 전자정부의 개념은 인터넷 정보기술이 발달한 21세기 정부가 인터넷을 통하여 국가행정 기능을 수행하는 것을 의미하기도 한다.

전자정부의 개념은 시대적, 기술적 상황에 따라 크게 '누구를 위한 정부인가?'와 '무엇을 위한 정부인가?'에 근거하여 여러 가지로 정의할 수 있다. 현재 국내 전자정부법 제2조(정의)에서는 다음과 같이 정의하고 있다.

> "전자정부"란 정보기술을 활용하여 행정기관 및 공공기관(이하 "행정기관등"이라 한다)의 업무를 전자화하여 행정기관 등의 상호 간의 행정업무 및 국민에 대한 행정업무를 효율적으로 수행하는 정부를 말한다.

미국은 전자정부법안에서 전자정부의 개념을 다음과 같이 정의하고 있다.

> 시민이 정부 정보와 서비스에 접근하는 것을 고양하고, 정부의 효율성을 높여 정부 운영 비용을 줄인다. 시민의 정부 참여 기회를 증대시키기 위해 인터넷 기반의 정보기술 사용을 요구하는 광범위한 조치를 규정하여 전자적 정부 서비스 및 운영을 관리하고 촉진한다.

2 전자정부의 유형

전자정부는 '누구를 위한 정부인가?'와 '무엇을 위한 정부인가?'의 차원에 근거하여 [표 3-5]와 같이 6가지의 전자정부로 유형화할 수 있다.

표 3-5 전자정부의 유형

무엇을 위한 정부인가? \ 누구를 위한 정부인가?	국가	일반 시민
효율성 및 생산성 제고	제1유형 : 기술 관료적 전자정부	제2유형 : 효율적 대민 서비스 전자정부
투명성 제고	제3유형 : 감시형 전자정부	제4유형 : 일반 시민에게 투명한 전자정부
권력의 강화	제5유형 : 전제적 전자정부	제6유형 : 민주적 전자정부

제1유형 : 기술 관료적 전자정부

제1유형 전자정부의 구현 목적인 효율성 제고와 전자정부 구현 사업을 통해 국가가 이익을 보기 위한 유형이다. 이 유형은 정보기술을 활용한 효율성 및 생산성 제고를 위하여 정보통신기술을 적극적으로 활용한다. IT 전문가 그룹의 적극적인 컨설팅 또는 자문을 통해 행정책임자의 의지를 세워 기존의 정부를 전자정부로 변모시킨다. 비용 효율적 차원에서 전자정부 서비스를 통해 국민으로부터 세금을 잘 거둘 수 있고, 행정 비용을 절감할 수 있다는 인식에서 시작된 것이다.

제2유형 : 효율적 대민 서비스 전자정부

제2유형 전자정부는 정보통신기술을 활용하여 일반 시민의 입장에서 효율성을 증진하는 정부의 시각이다. 특히 이 유형은 국내를 포함한 세계의 여러 나라 정부와 학자들 사이에서 가장 광범위하게 공유되고 있다. 제2유형 전자정부의 특징은 다음과 같다.

- 일반 시민이 더욱 적은 비용과 노력을 들여 정부 서비스를 편리하게 받을 수 있는 정부
- 일반 시민이 정부기관을 방문하지 않고 가정이나 직장에서 정부 서비스를 요청하고 받을 수 있는 정부
- 연중무휴, 매일 24시간 동안 시간적 단절 없이 운영되므로, 국민으로 하여금 언제든지 정부 서비스를 받을 수 있는 정부
- 정부기관 사이의 업무 장벽이 사라지게 되어 국민이 어떤 기관을 통해서든지 자신이 원하는 정부 서비스를 받을 수 있는 정부
- 국민이 원하는 서비스를 매우 신속하게 제공해 주는 정부로, 온라인 실시간(Real Time) 서비스를 제공하는 정부
- 기존의 정부보다 국민의 돈을 적게 쓰며 운영되는 정부
- 기존의 정부보다 적은 예산, 인력으로 운영되는 정부
- 공간적 제약이 없어 정부청사 등의 부동산 비용을 최소화할 수 있는 정부

제3유형 : 감시형 전자정부

제3유형 전자정부의 구현 목적은 투명성 제고로, 전자정부의 이익 수혜 객체는 국민이 아닌 국가이다. 국민 개개인의 활동을 기록 및 보관하는 것에 관심이 많고 범죄 가능성이 있는 개인에 대한 감시 체계, 대국민 도청 감청 기술 및 정보의 백업 능력을 우선시하는 정부로 전자정부가 악용되었을 때의 유형이라고 할 수 있다.

제4유형 : 일반 시민에게 투명한 전자정부

제4유형 전자정부는 일반 시민에게 알 권리를 충족시켜주는 민주정부이며 일반 시민에게 투명한 정부로, 민주화의 수준이 높고 선진화된 국가에서 나타나는 전자정부 형태이다. 스웨덴, 미국 등에서 20세기 말부터 추진하고 있는 전자정부이다. 제4유형 전자정부의 특징은 다음과 같다.

- 정부가 생산하는 정보와 지식 중 일반 시민이 원하는 보다 많은 정보와 지식을 매우 편리한 방법으로 제공하는 정부
- 정부기관 종사자가 일반 시민들 몰래 일을 처리하기가 매우 어려운 정부
- 정부기관 종사자가 부정부패한 행동을 하는 경우, 사후에 발각될 확률이 매우 높아 부패의 가능성이 현저히 낮은 정부
- 허위 정보로 일반 시민을 속이기가 매우 어려운 정부
- 일반 시민의 대정부 감시활동이 쉬운 정부
- 정부와 일반 시민 사이에 정보 격차가 거의 없는 정부

제5유형 : 전제적 전자정부

제5유형 전자정부는 정부를 통해 국가 권력을 강화하고, 국민을 통제하여 효율성 있는 국가를 건설하는 것을 목적으로 운영되며, 시간이 흐름에 따라 민주화가 진전되는 상황에서 이루어지기 어려운 형태의 전자정부이다.

제6유형 : 민주적 전자정부

제6유형 전자정부는 국민이 자신의 주권을 보다 강력하게 행사할 수 있으며, 국민에 의해 정부가 통제된다. 정보통신기술을 정치 분야에 도입하여 현대 간접민주주의를 시공간적 제약 때문에 구현할 수 없었던 직접민주주의로 대체하는 형태의 전자정부이다. 지식정보화 사회가 더욱 가속화되고 민주주의에 대한 국민적 인식이 합의에 도달한다면 새롭게 창조될 수 있는 이상적인 민주주의라고 할 수 있다.

3 전자정부의 발전 단계

호주 국립감사원의 4단계론

호주 국립감사원은 호주 공공기관이 어느 수준의 전자정부에 도달했는지를 평가하기 위해 가로축에는 IT 수준, 세로축에는 서비스 및 기능의 제공 범위를 기준으로 4단계로 나눈 전자정부 발전 모델을 만들었다. 이 모델을 활용하여 세계 각국에서는 전자정부 사업을 평가하고 관리하고 있다.

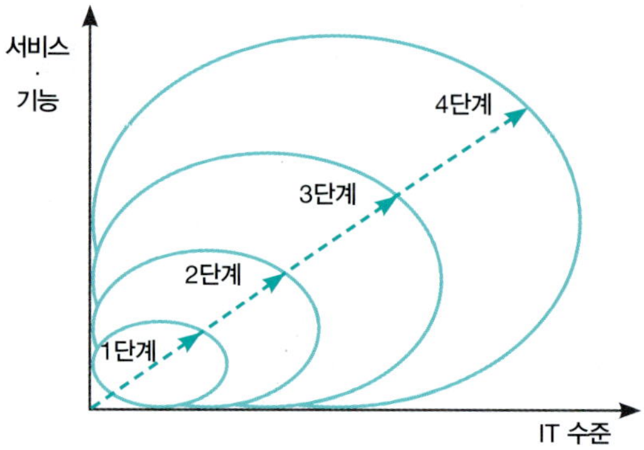

그림 3-4 호주의 전자정부 발전 모델

표 3-6 호주의 전자정부 수준별 특징

단계	내용
1단계	자체적인 웹사이트를 구축하여 공공서비스를 제공하는 수준
2단계	인터넷 사용자가 공공기관의 데이터베이스를 검색할 수 있는 수준
3단계	개인정보보호가 강화되고, 공공기관의 거래에 참여할 수 있는 수준
4단계	개인 사용자가 다른 공공기관이 공유한 정보를 검색할 수 있는 수준

한국전산원의 4단계 모형

국내 정보화 성숙도를 평가하고 있는 한국전산원에서는 전자정부의 발전 단계를 호주의 4단계 모형을 응용하여 웹 구축, 상호작용, 거래, 변환 및 통합 단계로 정의하고 있다.

표 3-7 한국전산원의 전자정부 4단계 모형

단계	내용
1단계	일방적인 의사소통으로, 정부 각 부처가 홈페이지를 구축하고 홈페이지를 통하여 대민 홍보 기능을 수행하는 단계
2단계	구축한 홈페이지를 통하여 일반 사용자와 상호작용을 하는 단계
3단계	웹을 기반으로 국민과 관련 기관 간 거래를 온라인으로 처리하는 단계
4단계	e-비즈니스를 통하여 기존 업무를 혁신하는 단계

조덕호 교수의 3단계론

전자정부와 관련된 다수의 논문을 발표한 조덕호 교수는 전자정부를 행정 정보의 제공 주체, 정보 교류와 상호작용, 정보 수혜자를 중심으로 정부와 시민의 관계를 설정하였다. 웹사이트를 통한 정보의 제공 방향, 교류 정도, 정보 요구 및 제공 주체를 기준으로 3단계론을 제시하였다. 제1단계는 정부 중심형 전자정부, 제2단계는 상호 대등형 전자정부, 제3단계는 시민 중심형 전자정부이다.

4 전자정부 2.0

웹 2.0의 흐름이 사회 전 부문으로 확산 및 적용됨에 따라 변화된 양상들을 '엔터프라이즈 2.0', '도서관 2.0', '오피스 2.0', '교육 2.0'과 같이 2.0이라는 용어를 덧붙여 명명하였다. 이러한 새로운 현상을 반영하듯 웹 2.0이 정부와 공공 부문에는 어떠한 영향을 미치며, 웹 2.0을 활용하여 정부 서비스를 개선하는 방안은 무엇인가에 대한 관심이 증가하고 있는데 이런 상황에서 등장한 것이 '전자정부 2.0'이다.

전자정부 2.0의 정의

전자정부 2.0(e-Government 2.0)은 **정부 서비스와 웹 2.0을 결합한 용어로, 정부 및 공공 부문에 웹 2.0 문화와 기술을 적용하여 구현하는 새로운 정부의 서비스**를 지칭하는 개념이다. 이 개념은 윌리엄 에거(William Egger)가 자신의 저서『정부 2.0(Government 2.0)』에서 정보통신기술로 변화된 미래 정부의 모습을 논의하면서 처음 사용한 것으로, 웹 2.0과 디지털화의 진전으로 미래 정부는 국민 중심의 정부 서비스와 국민의 참여 기회가 증대됨에 따라 보다 투명하고 민주주의적이며 효율적인 정부가 될 것으로 보고 있다.

또한, 전자정부 2.0은 내부적으로는 정보 공유와 커뮤니케이션의 활성화 때문에 부처 간 협업이 증대되고 더 효율적인 행정 업무 수행이 가능해질 것이다. 대국민 서비스 차원에서는 웹 2.0 기술을 활용한 공공 정보 서비스의 고도화와 새로운 전자정부 서비스 제공이 쉬워질 것으로 예상된다.

하나 더 알기 **국민의 정보보호**

전자정부 2.0 서비스는 다양한 방식으로 공공 정보를 이용하는 국민에게 개인정보가 보호된다는 확신을 주어야만 사용할 수 있다. 정부는 개인정보보호나 국가 안보를 이유로 공공 부문에 이러한 최신 기술을 이용하지 못하도록 강제하는 것이 아니라 이를 감시하고 조정하는 체계를 구축하여 국민이 공공 정보에 대한 접근과 재이용을 활성화할 수 있는 기반을 구축해야 한다.

공공 정보의 매시업

국가 주도의 전자정부 정책 추진으로 국내 전자정부 서비스는 국민의 행정 서비스와 공공 정보에 대한 접근성을 향상시키기 위해 단일 창구를 구축하거나 행정 정보공개를 위한 다양한 정책에 맞추어 추진되었다. 하지만 차세대 전자정부 서비스에서는 이보다 발전된 전자정부 서비스를 위해 국민이 원하는 정보에 더욱 많은 접근성을 보장하고 참여할 수 있도록 하는 서비스 개발이 필요하다. 그리고 행정 업무와 관련된 공공 정보를 활용하여 국민의 생활을 편리하게 하거나 새로운 부가가치를 창출할 수 있어야만 이미 구축된 공공 정보의 재활용이 가능할 것이다.

웹 2.0 시대에는 매시업과 같은 새로운 기술의 등장으로 정부의 공공 정보가 새로운 방식으로 제공되었다. 전자정부는 매시업과 같은 웹 2.0 기술을 적용하여 공공 부문이 보유하고 있는 많은 정보를 국민의 관심이나 필요에 맞게 통합할 수 있도록 하여 새로운 서비스를 제공하였다. 즉, 국민이 더욱 쉽고 저렴하게 공공 정보에 접근할 수 있고, 정부가 보유하고 있는 데이터를 통해 의료서비스에서부터 자동차 휘발유까지 가격과 품질을 비교할 수 있도록 하여 국민에게 더 많은 선택권을 주는 것이다.

5 전자정부 3.0

정부 1.0은 정부 중심의 효율성을 추구하였으므로 정보공개방식이 홍보 위주였다면, 정부 2.0은 국민 중심으로 민주성을 추구하고 정보공개방식이 청구중심 공개로 양방향 제공이었다. 나아가 정부 3.0은 국민 개개인이 중심이 되고 확장된 민주성이 핵심가치로 떠오르며 정보공개 면에서 획기적인 변화를 가져왔다. 정보 원문공개 시스템 구축과 양방향, 맞춤형 서비스 체제를 통해 국민이 청구하지 않아도 전자기록물 중 공개로 등록된 문서는 언제, 어디서나 열람 및 복사, 다운이 가능한 선제적, 능동적 공개로 대폭 확대한 것이다.

전자정부 3.0(e-Government 3.0)은 **'스마트 정부', '디지털 정부', '열린정부', '플랫폼정부'를 포괄하는 개념**으로, '투명하고 유능한 서비스 정부'로 표현할 수 있다. 투명한 정부란 공공 정보의 적극적 공개와 공유를 통해 정책과정의 투명성 확보 및 국민과의 소통을 강화하여 대정부 신뢰를 제고하는 것이 목적이다. 유능한 정부는 소통과 협업의 효과를 통해 정책을 형성하고, 문제를 사전에 감지하고 해결하는 정부이며, 서비스 정부는 정부 내 모든 정책과 서비스를 수요자인 국민의 특성과 유형별 요구에 맞춤형으로 설계 및 통합 제공함으로써 국민생활에 편의를 증진시키는 정부이다. 국내에서는 '정부24' 웹사이트를 통해 전자정부 3.0의 방향에 맞도록 국민들에게 서비스를 제공하고 있다.

그림 3-5 정부24(www.gov.kr)

하나 더 알기 **정부 3.0**

정부 3.0(Government 3.0)은 전자정부 3.0과 같은 의미로 사용되며, 웹 3.0 기반의 전자정부라고 할 수 있다. 정부 3.0에서는 시맨틱 웹을 활용해 모든 공공서비스를 개인의 환경과 선호도에 따라 개인화하고, 지능화된 형태로 제공하게 된다. 이제 정부는 일방향 서비스 제공의 '정부 1.0'이나 단순 양방향 제공의 '정부 2.0' 운영 방식을 지양하고, 국민 개개인의 편익을 위한 양방향 맞춤형 서비스를 제공하는 '정부 3.0'으로 진화·발전하고 있다.

SECTION

03 유시티와 스마트시티

1 유시티의 개념

국가 주도의 신도시 개발로 인하여 기업 도시, 혁신 도시, 세종 도시 등과 함께 지방자치단체 주도의 도심 개발 및 신도시 개발지인 광교, 동탄, 파주 등에 유시티 건설 붐이 나타났었다. 유비쿼터스 시티(Ubiquitous City)라 부르는 유시티(U-City)는 첨단 정보통신 인프라와 유비쿼터스 정보 서비스를 도시 공간에 융합하여 도시 생활의 편의 증대와 삶의 질 향상, 체계적 도시 관리에 의한 안전보장과 시민 복지 향상, 신산업 창출 등 도시의 제반 기능을 혁신시킬 수 있는 차세대 정보화 도시를 목표로 등장하였다.

유시티(U-City)는 **유비쿼터스 기술과 도시 인프라가 상호 융합된 지능형 인프라로 구성되며 유비쿼터스 네트워크, RFID, 센싱, 상황 인지, 자율 대처 등 U-IT를 활용해 노동, 교육, 교통, 환경 등 다양한 도시 서비스가 지능화된 형태로 도시민에게 제공되는 도시**를 말한다. 이를 통해 도시민에게는 쾌적한 도시 생활을 제공하고, 도시 관리자에게는 효율적인 도시 운영을 통한 편리성을 준다.

하나 더 알기 **정보화 도시**

유시티란 용어가 사용되기 전에는 정보화 도시라는 용어가 사용되었다. 정보화 도시란 정보기술 발전 및 수요패턴 변화에 맞게 도로·공원·녹지 등의 기반 시설이 잘 갖춰진 '기존 택지개발' 방식에 보다 균일화된 초고속 인프라망을 구축하여, 도시 내의 주거, 상업, 업무 단지 사이의 도시 정보 시스템을 통해 도시 하부 및 주요 시설물에 대한 상황을 종합 관리한다. 또한 도시 내 각종 정보통신 서비스 구현을 통해 언제 어디서나 실시간으로 정보가 교류될 수 있는 정보 환경을 지향하여 효율적이고 체계적인 도시 운영과 거주민에 대한 삶의 질 향상에 기여하는 미래형 도시이다.

2 유시티의 응용 서비스

유시티는 다양한 서비스를 제공한다.

- **도시 시설관리 서비스 :** 도시 주요 기반 시설에 센서를 부착하고 시설물 모니터링 정보 시스템을 구축하여 기반 시설의 유지관리를 수행한다.
- **지하 매설물관리 서비스 :** 도시 내 지하 매설물의 종류, 위치, 깊이 등의 정보를 제공하는 서비스로, 지하 매설물을 관리한다. 지하 매설물의 종류, 매설 시기, 깊이, 시공자, 위치, 온도, 누설 상황, 진동 등의 정보를 모바일로 제공한다.
- **교량 감시 서비스 :** 교량에 감시 시스템을 도입하여 교량 상태를 감시하고, 중량 초과 차량을 관리한다. 교량의 상태 판정이나 구조물 설계 안정성 검증 등을 위해 교량의 주요 부위에 계측 시스템을 설치하고, 무선통신을 이용하여 정보를 축적하여 활용한다.
- **인공지능 가로등 서비스 :** 가로등을 거리의 밝기에 따라 자동으로 조절하며 통신의 수·발신 기지로 활용한다. 즉, 무선 랜의 액세스 포인트와 가로등의 복합 용도로 사용한다.
- **수도·전기·가스 원격 검침 서비스 :** 각종 계량기에 센서를 부착하여 사용량을 자동으로 검침하며, 가스 누출 등의 경우에는 이용자와 관리 기관에 알려주는 서비스이다.
- **환경 정보 서비스 :** 도시에서 발생하는 각종 환경 정보를 종합적으로 모니터링하고 분석하여 환경 관련 사고를 미연에 예방 및 대응하고, 복구가 가능한 통합 환경 정보 관리 시스템을 구축하여 시민의 삶의 질 향상을 도모한다. 주요 환경 정보로는 미세먼지 모니터링, 폐기물 추적, 쓰레기 수거 차량 이동 경로, 소음 모니터링, 수질 모니터링 등이 있다.
- **하천 수질관리 서비스 :** 센서를 이용하여 하천의 오염도를 측정하고 이를 관리한다. 오염도 측정 센서를 오염 사고 취약 지점에 설치하여 수질 상태를 자동으로 측정하고 무선 네트워크를 통해 주기적으로 모니터링한 뒤 오염도 초과 시 해당 담당자에게 알려준다.
- **수목관리 서비스 :** 특정 관리가 필요한 수목을 체계적으로 관리하기 위해 대상 수목에 RFID 태그를 부착시키고 RFID 휴대용 리더기를 통해 수목 상태를 점검한다.
- **원격 진료 서비스 :** 휴대용 단말기, 컴퓨터를 통하여 개인별 건강 수치와 관련된 정보를 제공한다. 이를 위해서는 혈당, 체지방, 맥박 등의 측정을 위한 센서가 필수적이다.
- **독거노인 보호 서비스 :** 독거노인의 건강 상태를 확인하기 위해 생활 상황을 파악할 수 있는 장소 및 기구에 센서를 부착하여 일정 기간 동안 움직임이 포착되지 않을 경우 가족이나 의료 기관 및 응급 구조 기관에 자동으로 연락이 가게 하는 서비스이다.
- **장애인용 거리 안내 서비스 :** 장애인에게 RFID 태그가 부착된 장애인증을 발급하고 장애인이 자주 이용하는 시설의 주요 지점에 RFID 인프라를 구축하여 장애인들이 안전하게 산책하거나 주요 시설을 찾아갈 수 있도록 해주는 서비스이다.

- **버스 정보 서비스 :** GPS, 유무선 장비가 내장된 자기 ID 발생기 및 정류장 단말기를 정류장에 설치하여 버스 위치, 배차 간격, 도착 시간 예보 등의 정보를 제공하는 서비스이다.
- **주차관리 서비스 :** 휴대용 단말기 등을 이용하여 주차 시 주차 가능한 장소을 통보받고, 출차 시 자동 주차 요금을 정산하는 서비스이다.
- **고속도로 요금 자동 지불 서비스 :** RFID 태그 및 리더기를 이용하여 고속도로 요금을 지불하는 서비스이며, 요금은 태그와 연계된 신용카드 등으로 지불한다.
- **지능화 도로 서비스 :** 도로변에 설치된 관측 장비와 온도·습도 센서로 통행 및 도로 상태 등의 정보를 주행 예정인 운진자에게 알려주는 서비스이다.
- **관광 안내 서비스 :** 휴대용 단말기를 통하여 주요 관광지에서의 관광 안내를 제공해주는 서비스로, 사용자의 위치에 따른 관련 정보를 실시간으로 제공한다.
- **모바일 민원 행정 서비스 :** 휴대용 단말기를 통해 민원 행정 서비스를 제공한다. 휴대용 단말기에서 직접 발급받은 문서는 일반 행정 문서로서 작용한다.
- **교도소관리 서비스 :** RFID를 이용하여 교도소에서 발생할 수 있는 수감자의 탈출 및 폭력 발생률을 감소시킨다.

3 스마트시티의 등장

스마트시티(Smart City)는 **4차 산업혁명의 등장과 함께 기존의 유시티보다 진화된 형태로 생겨난 도시**의 개념이다. 스마트시티는 4차 산업혁명의 신기술이 구현되고, 교통, 에너지, 안전, 복지 등 다양한 분야의 스마트 솔루션이 집적된 도시 플랫폼이라 할 수 있다. 스마트시티는 유시티가 기술 발달에 의해 좀 더 첨단화된 것을 의미하기도 한다. [그림 3-6]은 기술 발전에 따른 스마트시티의 진화 모습을 보여준다.

스마트시티는 4차 산업혁명의 정보통신기술을 이용하여 만든 서비스가 구현된 공간이며, 4차 산업혁명을 선도하며 혁신이 이루어지는 통합 플랫폼이다. 스마트시티가 보는 도시의 본질은 인구가 집적한 곳이라기보다는 거대한 정보통신 네트워크의 중심지이다. 미래의 도시 외관은 크게 바뀌지 않겠지만, 그 안에 사는 시민들과 도시를 구성하는 사물이 수천억 개의 정보를 실시간으로 주고받는 거대한 정보통신 네트워크라고 할 수 있다.

미국에서는 현재 스마트시티가 어느 정도 구현되고 있다. 전기차 테슬라(Tesla)는 입력된 주소를 따라 스스로 시내를 달려 목적지에 승객을 데려다준다. 샌디에이고에 있는 LED 스마트가로등은 행인이나 차량이 올 때만 켜져 연간 25만 달러의 전기세를 절약하고 있다.

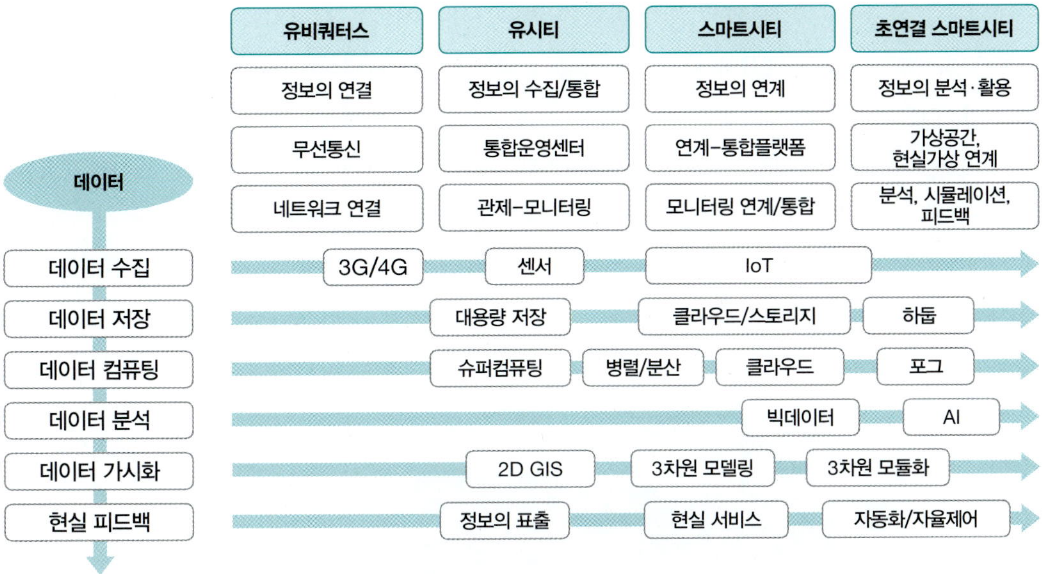

그림 3-6 **기술 발전에 따른 스마트시티의 진화** © 임시영, 2018, 스마트시티와 디지털트윈-역할

필라델피아에 있는 개당 4천 달러짜리 태양열 쓰레기통은 통이 차면 쓰레기를 압착함과 동시에 수거차량에 자동으로 연락을 취해, 일주일에 17번이었던 쓰레기 수거 횟수를 3번으로 줄여 연간 백만 달러 이상의 예산 절감을 이룰 수 있게 해주었다. 미국에서 보급되고 있는 공중전화 박스처럼 생긴 헬스 스팟(Health Spot)이라는 원격의료기기는 환자들이 1차 진료를 받기 위해 굳이 병원으로 이동하지 않아도 되는 편의를 제공하고 있다. 또한 비콘 기술을 이용하면 커피전문점으로 걸어가면서 커피를 주문하고 매장에 도착하자마자 기다리지 않고 커피를 바로 받을 수 있으며, 가게를 나가는 순간 자동으로 결제가 이루어져 카운터에 줄을 서지 않아도 된다.

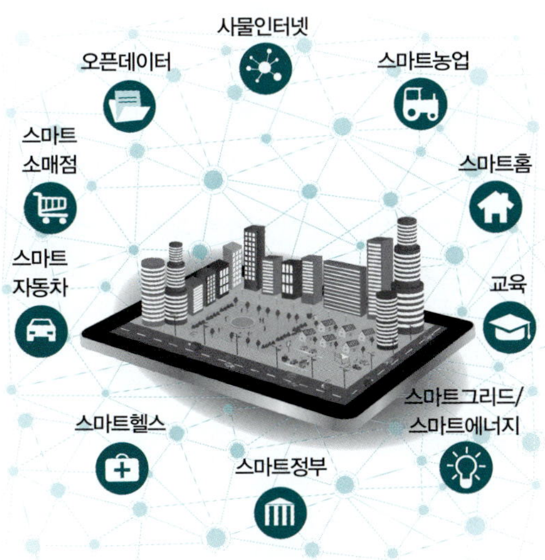

그림 3-7 **거대한 정보통신 네트워크인 스마트시티**

국내에서도 인공지능과 블록체인을 기반으로 하는 스마트시티를 세종시와 부산시에 조성하려는 계획을 진행하고 있다. 도시의 시설물과 제품 등에는 사물인터넷이 내장되어 있고, 인프라와 인프라 간, 인프라와 디바이스 간의 사물인터넷 기술 발전으로 이전에는 불가능했던 일들이 가능해지고 있다. 버스도착안내시스템, 버스관리시스템, 실시간 내비게이션, 교통카드, 스마트가로등, 고속도로안내시스템, 카카오택시, 고속도로자동통행료징수시스템, MOOC(온라인 공개수업) 등이 이미 상용화된 서비스이다. 또한, 스마트홈, 자율협력주행고속도로시스템, 스마트진료서비스, 드론 등은 상용화가 임박했다.

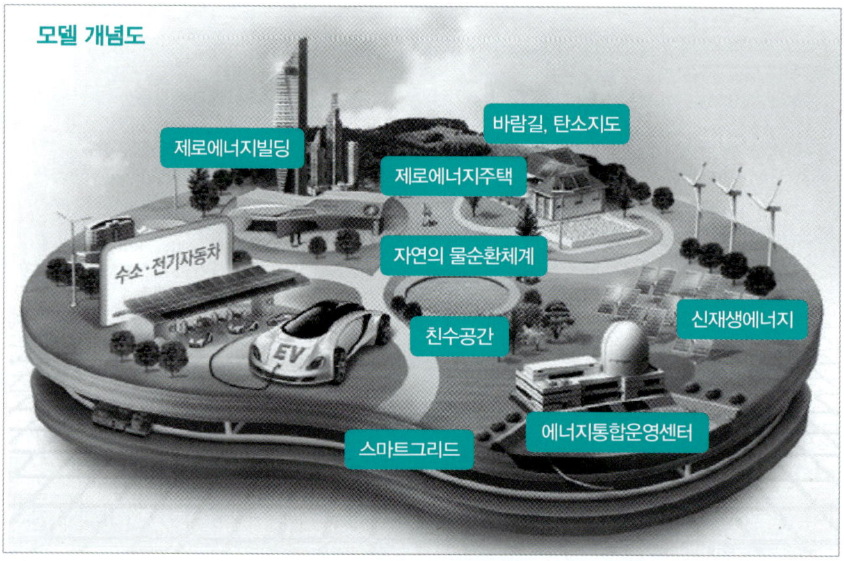

그림 3-8 세종시와 부산시에 조성 예정인 스마트시티 모델 개념도

제4차 산업혁명의 가장 대표적인 기술은 인공지능, 빅데이터, 센서 등 로봇 기술 등이 집약된 자율주행자동차의 개발 노력이라고 할 수 있다. 구글은 2012년 5월, 세계 최초로 미국의 네바다 주에서 무인자동차로 시험 주행 운전면허를 취득했고, 현재까지 수백만 km 이상의 무인자동차 주행기록을 쌓아가고 있다. 자율주차, 자동사고 회피, 자동경제운전 등 일부 자율기능은 이미 상용화되어 있다. 최근, 영국, 독일 등 자동차 선진국에서는 앞다투어 무인자동차의 도로상 테스트를 법적으로 허가하기 시작했고, 스웨덴에서는 이들보다 빠르게 시험 주행을 허가했다. 또한, 애플은 이르면 2024년 자체 개발한 자율주행차를 선보일 것으로 관측되고 있으며, 테슬라는 이미 자율주행차 누적 생산량 100만 대를 돌파했다.

(a) 구글 무인자동차

(b) BMW의 무인자동차 테스트

(c) 네이버 자율주행차

(d) 현대 아이오닉 EV 자율주행차

그림 3-9 무인자동차의 시대

4 소셜시티

현재의 도시는 시민 중심과 공유경제의 초연결을 통해서 소셜시티로 재탄생하고 있다. 소셜시티(Social City)는 **공유경제의 개념을 바탕으로, 개방된 디지털플랫폼을 활용하여 유휴공간 및 자원을 활용하는 도시**이다. 소셜시티는 시민 개개인에 맞춘, 시민이 중심이 되는 도시로서 도시 내 유휴공간과 자원이 유연하게 공유되는 성격을 띠고 있다. 다음의 예시를 통해 소셜시티 안에 살아가는 일반 시민의 일상을 확인해보자.

아침 8시, A씨는 출근길 갑작스러운 비로 인해 카셰어링을 예약하고, 몇백 미터 떨어지지 않는 곳에 주차되어 있는 차량을 이용하여 사무실로 이동한다. 사무실은 소셜워킹스페이스 서비스를 통해 예약했는데, 바이어 사무실과 가까운 곳에 8시간 동안 임대했다. 저녁 6시 퇴근길, A씨는 교통 혼잡 상황을 애플리케이션으로 확인하고 지하철과 자전거 셰어링을 이용해 퇴근하기로 결정한다. 운동 효과뿐만 아니라 시간 또한 일반 승용차를 이용한 것보다 30분이나 단축되는 효과를 얻었다. 퇴근 후 A씨는 집에 설치한 태양광 패널로 얻은 에너지를 에너지 거래 애플리케이션을 통해 판매했다. 그리고 여기서 얻은 수익은 임대한 사무실 비용이 되었다. 이와 같은 A씨의 일상은 먼 미래의 모습이 아니라 지금 현재 소셜시티를 살아가고 있는 현대인의 모습이다.

그림 3-10 **소셜시티 시민의 일상**

SECTION
04 핀테크와 인터넷 뱅킹

1 핀테크

4차 산업혁명은 빅데이터, 인공지능, 블록체인, 사물인터넷 등 다양한 IT기술을 통해 전 세계의 경제 및 사회 전반에 변화를 불러일으키고 있다. 금융업계에서는 IT기술과 금융을 결합한 핀테크 관련 기술 혁신으로 전통적인 금융기관이 아닌 최신 기술을 기반으로 한 핀테크 기업들이 등장하고 있다. 2017년 국내 최초로 인터넷 전문은행인 케이뱅크가 영업을 개시했으며, 같은 해에 SNS 기반 IT 기업 카카오에서 카카오뱅크를 출범하였다.

카카오뱅크와 케이뱅크 주요 현황

※ 가입고객 수·대출액·수신액은 2019년 6월 기준, 자료 : 각 은행

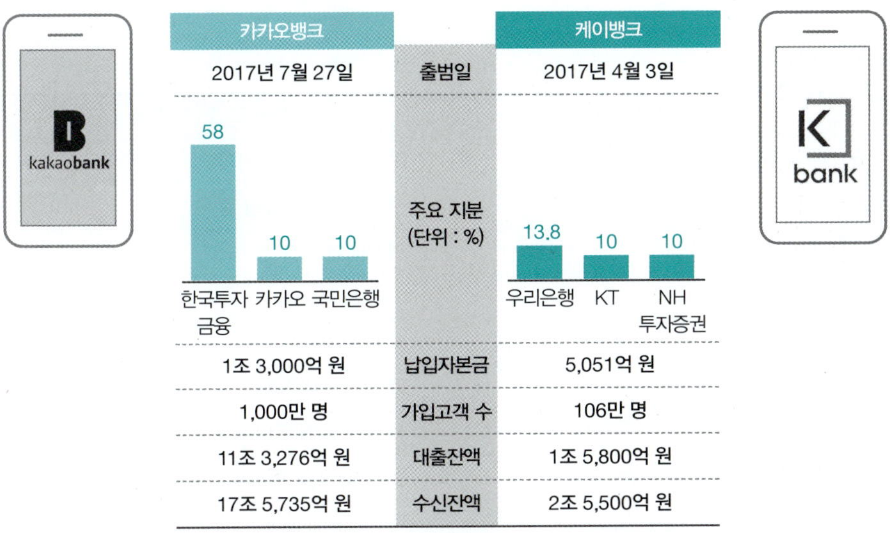

그림 3-11 **카카오뱅크와 케이뱅크 주요 현황** © 안광호, 2019. 7. 30, 경향신문

핀테크(FinTech)는 **금융(Finance)과 기술(Technology)의 합성어로, 모바일, 빅데이터, SNS 등의 첨단 IT기술을 기반으로 한 금융서비스 및 산업의 변화**를 통칭한다. 핀테크를 풀어서 설명하면 새로운 사업모델·업무·생산·서비스 등을 창출하여 금융시장, 금융기관, 금융서비스에 실질적인 영향을 미치는 기술 기반의 금융 혁신이라고 할 수 있다.

그림 3-12 핀테크

또한 핀테크는 금융서비스 제공 주체가 전통적인 금융권 기업에서 IT서비스를 제공하는 비금융권 기업으로 바뀌는 것을 의미하기도 한다. 즉, 전통적인 금융기업이 아닌 ICT 기업, 플랫폼기업, 보안업체 등의 기업이 금융서비스로 진출하여 사업을 확장한 것이다. 핀테크 혁신은 거의 모든 금융서비스 영역에서 동시에 진행되고 있다. 지급, 결제, 여수신, 자금조달, 투자, 자산관리 등과 같은 기존 금융기관의 핵심 서비스뿐만 아니라 모바일기술, 빅데이터, 머신러닝, 인공지능, 블록체인, 분산원장기술 등과 같은 기술영역도 핀테크 범위에 포함된다.

표 3-8 업종별 핀테크 도입 사례

업종	업무분야	핀테크 도입 사례
은행	예금/대출	P2P 대출, 신용 평가
	지급/결제	전자 머니, 모바일 결제
보험	데이터 수집/분석	텔레매틱스 보험
	보험 상품	P2P 보험
자산관리	투자신탁	AI 투자 신탁
	투자자문	로보 어드바이저, 카피 트레이드
증권	시장분석	알고리즘 거래, 데이터 분석·시장예측
	개인투자자를 위한 서비스	증권 마케팅, 투자자 교육

2 인터넷 뱅킹

1990년대 이후, 전 세계적으로 인터넷 이용이 확산되면서 인터넷(모바일 뱅킹 포함)을 통해 은행 업무를 처리하는 경우가 급속히 증가하였다. 국내의 경우 과거 은행 지점을 방문하여 처리하던 예금조회, 자금이체 등의 기본적인 업무가 대부분 PC나 모바일 기기를 활용한 비대면 방식으로 이루어지고 있다. 특히 미국과 일본 등 해외에서는 점포 없이 온라인에서만 업무를 처리하는 인터넷 전문은행이 다수 운영되고 있으며 국내에서도 2017년부터 온라인 위주로 영업하는 K뱅크,

카카오뱅크 등의 인터넷전문은행이 설립되어 운영되고 있다. 이에 더해 스마트폰의 급속한 확산 등을 배경으로 IT기술을 금융서비스에 융합한 핀테크(Fintech) 산업이 빠르게 성장함에 따라, 글로벌 IT 기업 등이 핀테크 산업을 주도해 기존의 은행 간 경쟁 외에 은행–비금융권 기업 간의 경쟁도 격화되고 있다.

인터넷 뱅킹(Internet Banking)이란 **고객이 인터넷을 통해 각종 은행 업무를 원격지에서 편리하게 처리할 수 있는 금융서비스**를 말하며, 전자금융의 가장 대표적인 서비스라 할 수 있다. 스마트폰이나 스마트기기를 이용하는 모바일 뱅킹도 인터넷 뱅킹 서비스의 범주에 포함된다. 특히 2009년 스마트폰이 본격적으로 보급되면서 휴대폰을 이용한 모바일 뱅킹 이용이 급격히 증가하고 있다. 모바일 뱅킹 등록자 수가 2009년 5백만 명 수준에서 2014년 말에는 우리나라 인구수를 넘어가는 6천만 명으로 폭증하였다. 또한 인터넷을 이용한 자금이체(건수 기준) 중에서 모바일 뱅킹을 이용하는 비중이 2010년 10% 수준에서 2014년에는 47%로 급증하였다. 급기야 2018년에는 인터넷 뱅킹의 하루 이용 건수가 1억 건을 돌파하였다(그중 62%는 모바일 뱅킹에 해당). 오늘날 우리는 4차 산업혁명의 열기가 뜨거운 시대에 스마트폰을 통한 금융거래가 당연시되는 사회에 살고 있다고 할 수 있다.

한국은행이 발표한 '2018년 1분기 국내 인터넷 뱅킹 서비스 이용 현황'에 따르면 1분기에 인터넷 뱅킹으로 자금이체, 대출신청 등의 서비스를 이용한 건수는 일 평균 1억 853만 건으로 전 분기 대비 14% 늘었다. 같은 기간 일 평균 이용액은 15.7% 늘어난 53조 6천 533억 원을 기록했다. 국내 은행들의 인터넷 뱅킹 등록고객(중복 합산)은 1분기 말 현재 1억 3천 814만 명으로 지난해 말보다 2.3% 늘었다. 개인고객은 1억 2천 955만 명, 법인고객은 859만 명으로 각각 2.3%, 1.6% 증가했다. 최근 1년간 인터넷 뱅킹을 이용한 적이 있는 '실제 이용고객' 중 92.4%는 모바일 뱅킹 고객이기도 하다. 반면, 은행 창구와 ATM(현금 자동 입출금기)은 입지가 줄어드는 추세다. 조회 서비스만 해도 2018년 1분기 창구 이용률이 9.8%로 전 분기(10.1%)보다 더 떨어졌다.

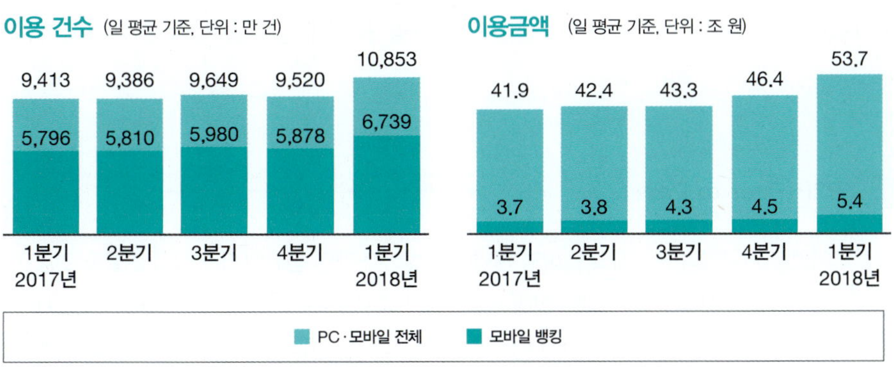

(a) 이용 건수 (b) 이용금액

그림 3-13 국내 인터넷 뱅킹 서비스 이용 현황(2018년 1분기) © 한국은행

SECTION

05 블록체인

1 블록체인의 개념

블록체인(Blockchain)은 **P2P 방식의 저장 공간을 관리하기 위해서 별도 클라우드 서버와 같은 공간을 할애하여 사용자 간의 암호화된 데이터를 활용하거나 공유하는 방식으로 여러 곳에 분산, 저장, 공유된 데이터의 신뢰성을 확보할 수 있는 기술**이다. 블록체인은 핀테크의 핵심 기술이라고 할 수 있다.

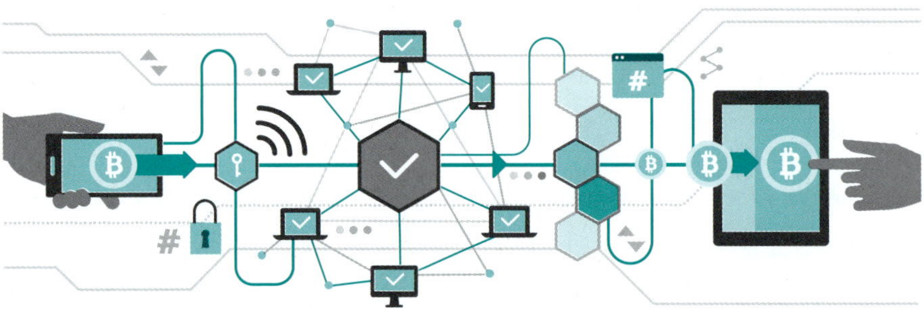

그림 3-14 블록체인

블록체인은 2016년 초, 세계경제포럼(WEF)에서 4차 산업혁명 시대를 이끌 핵심 기술 중 하나로 선정되었다. 세계경제포럼은 전 세계 은행의 80% 이상이 새로운 금융거래 시스템 구축을 위해 블록체인 기술을 도입하고, 2025년까지 전 세계 GDP의 10%가 블록체인 기반 기술에서 발생할 것으로 전망하고 있다. 또한 글로벌 시장조사기관인 가트너(Gartner)와 딜로이트(Deloitte)도 각각 2017년 기술 트렌드 중 하나로 블록체인을 선정했을 만큼 블록체인 기술은 금융 분야에서 우리 생활 깊숙이 파고들고 있는 상황이다.

하나 더 알기 **P2P(Peer to Peer)**

기존의 서버와 클라이언트 개념이나 공급자와 소비자 개념에서 벗어나 개인 컴퓨터끼리 직접 연결하고 검색하여 참여자가 공급자인 동시에 수요자가 되는 형태이다. 크게 2가지 방식이 있다. 하나는 어느 정도 서버의 도움을 얻어서 개인 간 접속을 실현하는 방식이고, 다른 하나는 클라이언트 상호 간에 미리 주소(IP address) 등의 개인정보를 공유하여 서버 없이 직접 연결하는 방식이다. 앞의 경우에도 접속 및 검색 단계 이후는 뒤의 경우와 동일하게 개인끼리 직접 정보를 공유하고 교환하게 된다. © **두산백과**

2 블록체인의 장점

블록체인 기술의 장점은 분산성, 신뢰성, 비용절감 등이 있다.

분산성

블록체인은 개방형 네트워크(Public Network)나 전용 네트워크(Private Network)에서 일어나는 거래정보가 암호화되어 해당 네트워크 구성원 간에 공유되는 디지털 원장(ledger)을 의미한다. 거래 원장의 복사본이 각 네트워크 구성원에게 '분산되어(distributed)' 새로운 거래가 발생할 때마다 구성원들의 동의를 통해 해당 거래를 인증한다. 또한 앞에서도 언급했지만 중앙집중화된 시스템에 의존하지 않고 P2P 네트워크 방식에 기반한 거래이므로, 거래 중개자의 필요성이 사라져 거래의 효율성과 투명성을 높이고 적은 비용으로 보다 빠르고 안전한 거래가 가능하다.

신뢰성

블록체인에 기반한 거래정보는 임의로 변경이 불가능하기 때문에 거래의 신뢰성이 높아지고 정보 추적이 용이하다. 분산원장기술(Distributed Ledger Technology)을 바탕으로 동일한 거래 장부가 네트워크 참여자들 모두에게 개방되고 새로운 정보가 실시간으로 동시에 업데이트된다. 하나의 거래정보를 임의로 변경하려면 수많은 컴퓨터를 동시에 해킹해야 하는데 이는 사실상 불가능하기 때문에 신뢰성을 확보할 수 있다. 이러한 신뢰성 덕분에 특히 금융서비스 분야에서는 블록체인 기술을 적용하여 업무 효율성을 높이고 새로운 서비스 기반을 확보하기 위해 노력하고 있다.

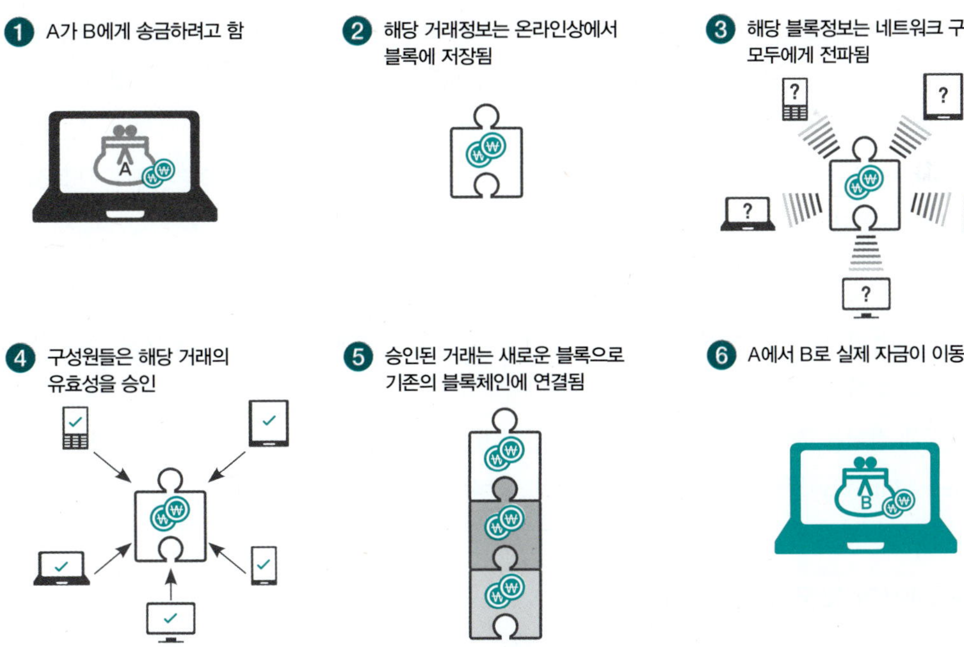

그림 3-15 블록체인에 기반한 거래 과정 © 이제영, "블록체인 기술동향과 시사점" 과학기술정책

비용절감

블록체인 기술은 분산장부 시스템을 통한 투명한 거래로 보안, 감독, 규제비용절감이 가능하다. P2P 네트워크 방식을 기반으로 참여자 간 직접 거래가 이루어지기 때문에 중개기관 수수료도 절감이 가능하며, 블록체인은 기술 특성상 막대한 IT 비용과 인력이 수반되는 대규모 인프라를 필요로 하지 않아 기업이 생산성을 향상시킬 수 있다.

표 3-9 그 외의 블록체인의 장점

장점	내용
보안성	• 분산원장기술은 암호화된 데이터/키값으로 거래가 이루어져 보안성이 높음 • 새로운 블록은 기존 블록과 연결되므로 전체 블록 내 데이터 변조/탈취가 불가능 • 각 참여노드의 분산화로 해킹이 불가능
거래 속도	• 거래의 인증/증명과정에서 제3자를 배제한 실시간 거래가 이루어지므로 거래 기록의 신뢰성 확보와 거래의 효율성 및 속도 향상 가능 • 분산원장기술로 오류/실수를 최소화할 수 있어 오류의 정정과 수정을 위한 시간이 줄어듦
모니터링	• 네트워크 참여자들의 실시간 거래 모니터링이 가능하므로 가시성이 극대화됨 • 거래상의 가시성은 투명성과 자기부인 방지의 기능을 지님

3 블록체인의 단점

블록체인의 여러 장점에도 불구하고 실제 금융 분야에 적용할 때 주의해야 할 점도 존재한다.

첫째, 블록체인의 분산성과 익명성으로 인한 관리의 문제이다. 분산원장기술 특성상 거래와 관련된 모든 데이터가 참여자들에게 공개되는데, 이는 개인정보를 다루는 국내 신용정보법에 상충될 가능성이 있으며, 금융기관 입장에서도 외부에 공개할 수 없는 내부정보나 영업기밀이 존재하기 때문에 문제가 될 수 있다. 또한 익명성에 기반한 거래는 실명확인을 의무화하는 국내 금융실명제로 인해 추가적인 사용자 확인 과정이 요구될 수 있다.

둘째, 거래의 신뢰성을 감독하는 제3의 외부기관이 존재하지 않기 때문에 법과 제도적 환경에 대한 사전 논의가 필요하다. 누구든지 익명으로 거래와 검증 작업에 참여할 수 있으므로 거래 조작이나 이중 결제 등의 불법 행위에 대한 검열과 법적 조치를 취할 수 있는 관리 주체가 필요하다. 한 번 발생한 결제는 참가기관의 파산 등의 상황이 발생하더라도 지급 · 청산된다는 '결제 완결성(Settlement Finality)'을 블록체인 시스템에서도 법적으로 보장할 필요가 있다.

4 블록체인의 활용 가능 분야

일반적으로 현재 블록체인의 활용 분야는 디지털 정보의 저장, 디지털 자산의 거래, 효율적인 계약 자동화와 관련되어 있다. 향후 다양한 분야로 블록체인 기술이 응용되겠지만, 일단 여기에서는 이 3가지 항목에 대해서만 자세히 살펴보기로 한다.

디지털 정보의 저장

첫째, 디지털 정보의 보관이 가능하다. 이로 인하여 네트워크 참여자들이 공동으로 거래정보를 검증하고 이를 기록 및 보관 가능하며, 분산원장기술의 장점 중 하나로 향후 개별 거래와 관련된 정보 추적이 용이하다.

둘째, 개인정보에 기반한 디지털 인증이 가능하다. 주소, 전화번호 등 기존의 개인정보뿐만 아니라 사용자의 생체정보도 추가한 디지털 신분증으로 더욱 간편하고 안전한 인증이 가능하다. 또한 대학, 기업, 정부 등 개인이 아닌 제3자가 인증한 정보도 블록체인에 등록함으로써 신원 도용, 자금 세탁, 금융사기 및 테러 자금 조달 방지가 가능하다.

디지털 자산의 거래

첫째, 결제 및 해외송금이 가능하다. 시장 변동성에 민감한 각종 금융자산(기업대출, 주식, 파생상품 등)의 거래 후 정산 과정의 속도와 효율성을 높여 자산거래의 변동성 위험을 낮출 수 있다. 블록체인 해외송금서비스는 기존의 중개은행을 거치는 방식인 SWIFT망에 비해 보안성은 높고 송금수수료는 낮을 것으로 예상된다. 또한 디지털 화폐로 해외송금 시 환전할 필요 없이 중개인을 거치지 않고 당사자 간 직접 거래가 가능하다는 장점이 있다.

TIP **SWIFT :** 국제은행 간 통신협회로, 현재 전 세계 약 200개국, 1만 1천여 개 금융기관이 매일 SWIFT망을 통해 돈을 지불하거나 무역대금을 결제하고 있다.

둘째, 유무형 자산에 대한 소유권 거래가 가능하다. 현재 시스템하에서는 물리적 자산을 거래할 때마다 발생하는 복잡한 조사와 검증과정으로 인해 계약 체결에 소요되는 비용과 시간이 늘어나고 있는 상황이다. 그런데 유형자산뿐만 아니라 무형자산의 소유권을 블록체인에 기록하면 온라인 장부상에서 쉽게 소유권 이전이 가능해진다.

셋째, 디지털 화폐의 거래가 가능하다. 최근 중앙은행의 지원과 통제를 받지 않고 독립적으로 운용되는 다양한 암호화폐(Cryptocurrency)가 실제 거래에서 사용되고 있다. 단순히 기존 은행계좌나 신용카드에 연결시키는 것이 아닌 디지털지갑(Digital Wallet) 생성을 통해 암호화폐 거래의 인증과 이행이 이루어진다. 예를 들어, 비트코인 거래의 경우 사용자들은 고유주소를 가진 디지털지갑을 다운받고 공개키(Public Key)와 비밀키(Private Key)를 통해 거래에 대한 전자서명을 하고 수령인 주소로 소유권을 이전할 수 있다. 해외의 일부 중앙은행(중국, 영국, 남아프리카공화국, 네덜란드 등)에서는 정부가 직접 운용하는 디지털 신용화폐의 발행을 실험하고 있는 단계이다.

효율적인 계약 자동화

첫째, 블록체인 기술에 기반한 스마트 계약을 실현할 수 있다. 스마트 계약(Smart Contract)이란 컴퓨터 코드로 입력된 계약 내용에 적힌 특정한 조건들이 충족된 경우 자동적으로 계약이 진행되는(법적효력을 지닌) 계약을 의미한다. 이러한 스마트 계약의 내용과 실행 조건 등을 사전에 분산원장에 저장해두면 향후 자동적인 계약 진행을 위한 시스템 개발이 가능하다.

둘째, 계약이 성립되기까지 걸리는 시간의 획기적인 단축이 가능하다. 디지털인증기술과 디지털자산 거래의 발달로 소유권 이전에 소요되는 시간을 단축할 수 있으며, 글로벌 지급 시스템에서 보다 빠른 결제처리도 가능하다. 예를 들어, 무역금융의 경우 판매자와 구매자, 은행, 신용기관 등 다양한 이해관계자들이 거래 진행과정에 개입하게 되는데, 분산원장기술을 통해 정보흐름을 디지털화해서 빠르고 정확한 계약처리가 가능하다.

셋째, 다양한 규제와 긴 거래 사이클 특징을 지니는 글로벌 지급·결제 시장에서 블록체인 기술로 규제 준수 비용을 절감할 수 있다. 스마트 계약 내에서는 설정된 조건 충족 시에만 거래가 이행되므로 제3자에 의한 사기 피해나 계약서 위·변조 등의 부정행위를 미연에 방지할 수 있다. 특히 외환시장에서 국가 간 자금이동 시 스마트 계약 설정을 통해 거래 중개인들 간 자금 흐름을 원활히 할 수 있을 것으로 기대된다.

표 3-10 블록체인 비즈니스 모델 예

구분	내용
디지털지갑 & 결제 및 송금	• 암호화폐 거래를 위한 보안성을 갖춘 디지털지갑 개발 • 다양한 통화와 가상화폐를 이용할 수 있는 플랫폼 개발
P2P 시장 & P2P 대출서비스	• P2P 시장에서 중개자 없이 직접 상품 거래가 가능 • P2P 대출서비스는 금융기관을 거치지 않고서도 개인과 개인이 온라인 플랫폼을 통해 돈을 빌려주고 받는 서비스
상품거래서비스	• 블록체인 기반의 거래 플랫폼을 통해 자산과 금융상품 거래가 가능 • 가상화폐 이용, 거래절차 간소화 서비스
IoT, 신원관리, 정보관리	• IoT 플랫폼에 블록체인을 결합하여 상품관리에 관한 정보를 전산화 • 디지털 신원정보를 블록체인에 저장 • 자산 소유권 혹은 기록물을 블록체인에 등록하여 안전하게 저장·관리
투자, 대출 등 금융서비스	• 투자 플랫폼을 통해 투자자와 스타트업 기업을 연결시켜 투자금 확보 • 블록체인 기반 투자자가 디지털 화폐로 직접 투자할 수 있는 플랫폼 조성
스토리지, 보안, 규정	• 데이터를 분산하여 저장하는 기술개발 • 블록체인을 이용하여 금융업무 수행 시 보안강화와 규정준수 여부를 모니터링

© 금융보안원

5 블록체인의 국내외 사례

블록체인을 실제로 활용하고 있는 국내외 사례는 다음과 같다.

미국의 금융기관

골드만삭스(Goldman Sachs)는 주식 거래에 사용할 수 있는 분산원장기술 기반의 암호화화폐를 개발하였다. 2015년 11월 미국 특허청(USPTO)에 가상화폐 세틀코인(SETLcoin)을 '증권 거래를 위한 암호화화폐'라는 이름으로 특허 출원하였다. 세틀코인을 이용하면 주식이나 채권 등의 실시간 거래가 가능하고, 거래 내역이 분산 네트워크에 바로 기록되어 쉽게 확인 가능하며 위·변조도 사실상 불가능하다.

JP 모건 체이스(JP Morgan Chase)는 이더리움 기반 프라이빗 블록체인 시스템을 개발하였다. 쿼럼(Quorum)이라 불리는 해당 프로젝트를 통해 불특정 다수 거래자에게는 비공개적이고, 규제기관에는 공개적, 제한적인 접근방법을 개발하였다. 쿼럼 프로젝트의 목표는 이더리움에 기반한 기업 중심의(enterprise-focused) 안정적인 스마트 계약 시스템 개발과 이를 통한 비용절감이다.

시티그룹(Citigroup)은 블록체인 기술을 활용한 디지털 통화 씨티코인(Citicoin)을 금융권 최초로 개발하였다. 그룹 내 각기 다른 3개의 개별 블록체인을 통해 테스트를 거쳤으며 해외결제 및 송금에 활용하는 방법을 모색 중이다.

비자(VISA)는 미국 스타트업 기업인 체인(Chain)과 협력하여 블록체인 기반의 결제시스템 'VISA B2B Connect'를 선보였다. 이 시스템을 통해 글로벌 B2B 결제시장에서 기업들의 빠르고 안전한 결제를 돕는 서비스를 제공한다는 계획이다.

그림 3-16 블록체인 기술을 활용하고 있는 미국의 금융기관

유럽 및 아시아의 금융기관

영국의 바클레이즈(Barclays)와 핀테크 스타트업 기업인 웨이브(Wave)는 블록체인 기술을 바탕으로 업계 최초로 글로벌 무역거래를 성사시켰다. 무역 금융거래에 필수인 신용장(letter of credit)을 블록체인 내에 기록해 관리하는 서비스를 만들어 2016년 첫 고객을 유치하였다. 이로

인해 전체 무역거래 대금의 5%를 차지하는 각종 종이서류 작업비용을 획기적으로 줄일 수 있을 것으로 기대하고 있다.

프랑스의 BNP 파리바(BNP Paribas)와 소시에테 제네랄(Société Générale) 등은 유럽 내 중소기업들의 거래 후 처리과정 개선을 위한 컨소시엄을 설립하였다. 분산장부기술로 중소기업들의 자금 조달 환경을 개선하고 각종 거래 비용을 낮출 계획이다. 또한 증권거래소 유로넥스트(Euronext)는 기술개발을 통해 증권 등록, 거래 처리 및 결제 대금 청산 등을 실시간으로 처리할 수 있게 되면서 '거래 후 처리과정'의 효율성이 크게 높아질 것으로 기대하고 있다.

일본 미즈호 은행(Mizuho Bank)은 2016년 3월 블록체인 기술 기반 국경 간 증권거래 시스템 테스트를 완료하였다. 미즈호 은행은 해당 시스템 활용 시 매매 체결 이후 최종 결제까지 기존 사흘에서 하루로 소요시간 단축이 가능할 것으로 기대하고 있다. 자체적인 블록체인 기반 증권거래 시스템 개발을 통해 향후 일본 수탁은행(sub-custodian)으로서의 경쟁우위가 강화될 것으로 예상된다.

그림 3-17 블록체인 기술을 활용하고 있는 유럽 및 아시아의 금융기관

국내 전자정부

우리나라는 1960년대에 최초로 컴퓨터를 도입하여 행정업무의 자동화를 구현하기 시작하였고, 1980년대 국가기간망사업, 1990년대 국가정보화사업 등을 통한 행정정보화를 추진하였다. 또한, 국가정보화기본법(1995), 전자정부법(2001) 등에 근거한 국가정보화기본계획 등을 추진하였다. 그동안 우리나라는 e-Korea 기본계획, u-Korea 기본계획, 제4차 국가정보화기본계획, 제5차 국가정보화기본계획 등 국가정보화기본계획을 수립하고, 전자정부와 연관하여 전자정부 11대 중점과제, 전자정부 로드맵 31대 과제, 전자정부 12개 지원과제 등을 추진하여 UN의 전자정부평가에서도 우수성을 인정받았다. 특히, 기존에 추진된 전자정부사업에 신기술을 적용하여 확대하고자 추진 중이며, 블록체인은 신기술 중 합류가 늦었음에도 적용 범위를 확대하고 있다. 이를 위해 우리나라는 중앙부처, 지방자치단체, 공공기관 등에서 블록체인 전자정부를 구현하는 정책을 추진하는 중이다.

표 3-11 공공분야의 블록체인 기능을 고려한 적용 가능성

구분	기능
핵심 기능	공유데이터로, 정보의 구조화된 축적·관리체계가 요구될 경우
다양한 이해관계자	1개 이상의 집단에서 데이터베이스의 읽기, 수정 등의 업무를 할 때 전용/공개/컨소시엄 형태 등 여러 접근 방식이 필요할 경우
낮은 신뢰도	생태계상의 데이터관련 개체(판독자, 생성자, 노드, 대리인 등) 간의 신뢰가 완벽하지 않을 경우
감사가능성	한 번 생성된 거래·전환이 수정/삭제되지 못하는 경우 거래참가자들의 모든 거래에 대한 디지털 인증이 필요한 경우
부가 기능	탈중개화로, 중앙의 거래검증 없이 처리된 중개비용이 줄어드는 경우
거래 상호작용	원장에서 스마트계약코드가 서로 다른 개체 간 거래의 인터랙션, 독립성, 결산 등을 처리하여야 할 경우

토론 및 과제

※ 다음 키워드와 관련된 기사를 검색하고, 검색된 기사를 참조하여 토론 및 과제를 수행하시오.

- 웹 3.0
- 전자정부 3.0
- 핀테크
- 블록체인

토론

01 웹 2.0이 웹 3.0으로 진화하면 어떤 변화가 있을지 토론하시오.

02 전자정부를 통해 국민이 얻을 수 있는 것이 무엇인지 토론하시오.

03 전자정부 3.0은 전자정부 2.0과 어떻게 다른지 토론하시오.

04 핀테크 기사를 검색하면 가상화폐 관련 내용들을 많이 찾아 볼 수 있다. 현재 발행된 가상화폐는 어떤 것들이 있는지, 여러분 스스로 가상화폐를 만들어 유통시킬 수 있을지 토론하시오.

과제

01 페이스북, 트위터, 인스타그램, 유튜브를 이용해보고, e-비즈니스 환경 관점에서 사용 후기를 작성해 제출하시오.

요약

01 웹 2.0이란 개방, 참여, 공유의 정신을 바탕으로 사용자가 직접 정보를 생산하여 쌍방향으로 소통하는 웹 기술을 말한다.

02 웹 2.0은 웹을 플랫폼으로 활용, 집단 지성 활용, 차별화된 데이터, 사라진 소프트웨어 배포 주기, 가볍고 단순한 프로그래밍, 다중 디바이스 지원, 풍부한 사용자 경험 제공 등의 특징이 있다.

03 웹 2.0의 핵심 키워드는 다음과 같다.

- 소셜화 : 웹이 사용자와 관계를 맺고 콘텐츠를 공유하는 것
- 크라우드소싱 : 기업 활동의 전 과정에 소비자 또는 대중이 참여할 수 있도록 일부를 개방하고 참여자의 기여로 기업 활동 능력이 향상되면 그 수익을 참여자와 공유하는 방법
- 어텐션 : 웹에 흩어진 관심사를 모아서 모든 사용자에게 필요한 정보를 얻게 해주는 역할
- 태깅 : 콘텐츠를 등록하는 사용자가 콘텐츠에 대한 설명을 등록하는 것
- RSS : 정보 일부분을 간편하게 전달하기 위해 사용하는 XML 기반의 데이터 표준 포맷
- 매시업 : 여러 가지 서비스와 데이터를 혼합해서 새로운 서비스를 만들어내는 것
- AJAX : 상호작용이 가능한 웹 애플리케이션을 개발하기 위해 사용하는 자바스크립트 개발 환경 기반의 웹 개발 기술
- 롱테일 : 작은 규모와 다수의 요구로 이루어진 시장

04 웹 3.0이란 컴퓨터가 시맨틱 웹 기술을 이용하여 웹페이지에 담긴 내용을 이해하고 개인 맞춤형 정보를 제공할 수 있는 지능형 웹 기술을 말한다.

05 웹 3.0의 가장 핵심적인 기술인 시맨틱 웹은 인터넷과 같은 분산환경에서 리소스에 대한 정보와 자원 사이의 관계-의미 정보를 컴퓨터가 처리할 수 있는 온톨로지 형태로 표현하고, 이를 자동화된 컴퓨터가 처리하도록 하는 프레임워크이자 기술이다.

06 전자정부란 정보기술을 국가행정에 포괄적으로 도입하는 것을 말하며, 학술적인 정의로는 공공 부문의 e-비즈니스를 의미하기도 한다.

07 전자정부의 유형으로는 기술 관료적 전자정부, 효율적 대민 서비스 전자정부, 감시형 전자정부, 일반 시민에게 투명한 전자정부, 전제적 전자정부, 민주적 전자정부가 있다.

08 전자정부 2.0은 정부 서비스와 웹 2.0을 결합한 용어로, 정부 및 공공 부문에 웹 2.0 문화와 기술을 적용하여 구현하는 새로운 정부의 서비스를 지칭하는 개념이다.

09 전자정부 3.0은 '스마트 정부', '디지털 정부', '열린정부', '플랫폼정부'를 포괄하는 개념이다.

10 유시티는 유비쿼터스 기술과 도시 인프라가 상호 융합된 지능형 인프라로 구성되며 U-IT를 활용해 다양한 도시 서비스가 지능화된 형태로 도시민에게 제공되는 도시를 말한다.

11 스마트시티는 4차 산업혁명의 등장과 함께 기존의 유시티보다 진화된 형태로 생겨난 도시이다.

12 소셜시티는 공유경제의 개념을 바탕으로, 개방된 디지털플랫폼을 활용하여 유휴공간 및 자원을 활용하는 도시이다.

13 핀테크는 모바일, 빅데이터, SNS 등의 첨단 IT기술을 기반으로 한 금융서비스 및 산업의 변화를 통칭한다.

14 인터넷 뱅킹이란 고객이 인터넷을 통해 각종 은행 업무를 원격지에서 편리하게 처리할 수 있는 금융서비스를 말한다.

15 블록체인은 P2P 방식의 저장 공간을 관리하기 위해서 별도 클라우드 서버와 같은 공간을 할애하여 사용자 간의 암호화된 데이터를 활용하거나 공유하는 방식으로 여러 곳에 분산, 저장, 공유된 데이터의 신뢰성을 확보할 수 있는 기술이다.

16 블록체인 기술의 장점은 분산성, 신뢰성, 비용절감 등이 있다.

17 블록체인의 단점으로는 분산성과 익명성으로 인한 관리의 문제, 거래의 신뢰성을 감독하는 제3의 외부기관이 존재하지 않는 문제가 있다.

18 블록체인의 활용 분야는 디지털 정보의 저장, 디지털 자산의 거래, 효율적인 계약 자동화에 관련되어 있다.

연습문제

단답형 문제

01 (   )이란 개방, 참여, 공유의 정신을 바탕으로 사용자가 직접 정보를 생산하여 쌍방향으로 소통하는 웹 기술을 말한다.

02 (   )이란 기업 활동의 전 과정에 소비자 또는 대중이 참여할 수 있도록 일부를 개방하고 참여자의 기여로 기업 활동 능력이 향상되면 그 수익을 참여자와 공유하는 방법이다.

03 (   )이란 컴퓨터가 시맨틱 웹 기술을 이용하여 웹페이지에 담긴 내용을 이해하고 개인 맞춤형 정보를 제공할 수 있는 지능형 웹 기술을 말한다.

04 (   )은 인터넷과 같은 분산환경에서 리소스에 대한 정보와 자원 사이의 관계-의미 정보를 컴퓨터가 처리할 수 있는 온톨로지 형태로 표현하고, 이를 자동화된 컴퓨터가 처리하도록 하는 프레임워크이자 기술이다.

05 (   )란 정보기술을 국가행정에 포괄적으로 도입하는 것을 말하며, 학술적인 정의로는 공공 부문의 e-비즈니스를 의미하기도 한다.

06 (   )은 정부 서비스와 웹 2.0을 결합한 용어로, 정부 및 공공 부문에 웹 2.0 문화와 기술을 적용하여 구현하는 새로운 정부의 서비스를 지칭하는 개념이다.

07 (   )은 '스마트 정부', '디지털 정부', '열린정부', '플랫폼정부'를 포괄하는 개념이다.

08 (   )는 유비쿼터스 기술과 도시 인프라가 상호 융합된 지능형 인프라로 구성되며 U-IT를 활용해 다양한 도시 서비스가 지능화된 형태로 도시민에게 제공되는 도시를 말한다.

09 (   )는 4차 산업혁명의 등장과 함께 기존의 유시티보다 진화된 형태로 생겨난 도시이다.

10 (   )는 공유경제의 개념을 바탕으로, 개방된 디지털플랫폼을 활용하여 유휴공간 및 자원을 활용하는 도시이다.

11 (   )는 모바일, 빅데이터, SNS 등의 첨단 IT기술을 기반으로 한 금융서비스 및 산업의 변화를 통칭한다.

12 (   )이란 고객이 인터넷을 통해 각종 은행 업무를 원격지에서 편리하게 처리할 수 있는 금융서비스를 말한다.

13 (   )은 P2P 방식의 저장 공간을 관리하기 위해서 별도 클라우드 서버와 같은 공간을 할애하여 사용자 간의 암호화된 데이터를 활용하거나 공유하는 방식으로 여러 곳에 분산, 저장, 공유된 데이터의 신뢰성을 확보할 수 있는 기술이다.

객관식 문제

14 다음 중 웹 2.0의 특징이 아닌 것은?

① 웹을 플랫폼으로 활용
② 가볍고 단순한 프로그래밍
③ 풍부한 사용자 경험 제공
④ 사라진 하드웨어 배포 주기
⑤ 집단 지성 활용

15 다음 중 웹 2.0에 대한 설명이 아닌 것은?

① 플랫폼으로서의 웹을 의미한다.

② 정보 일부분을 간편하게 전달하기 위해 사용하는 XML 기반의 데이터 표준 포맷이다.

③ 판매나 패키지화되지 않은 순수한 웹 애플리케이션으로 서비스하는 것이 웹 2.0이다.

④ 개방, 참여, 공유의 정신을 바탕으로 사용자가 직접 정보를 생산하여 쌍방향으로 소통하는 웹 기술을 말한다.

⑤ 다양한 서비스를 사용자가 선택하여 새롭게 만들 수 있는 플랫폼을 제공하는 것을 말한다.

16 다음 설명을 읽고 빈 칸에 공통으로 들어갈 용어로 알맞은 것을 고르시오.

> (　　　)(은) 웹이 사용자와 관계를 맺고 콘텐츠를 공유하는 것을 의미한다. 마이크로 블로깅의 표준이라고 할 수 있는 트위터는 (　　　)의 대표적인 예라고 할 수 있다.

① 소셜화　　② 어텐션　　③ 프로슈머
④ 웹 3.0　　⑤ 링크

17 다음 중 크라우드소싱에 대한 설명이 아닌 것은?

① 웹에 흩어진 관심사를 모아서 모든 사용자에게 필요한 정보를 얻게 해주는 역할을 한다.

② 기업이 큰 비용을 지급하고 획득해야만 하는 수많은 콘텐츠를 대중이 대신해 준다는 개념인 프로슈머와 같은 맥락에서 이해하면 된다.

③ 기업은 콘텐츠를 직접 제작하지 않고 웹 사용자가 업로드하는 자료 교류의 커뮤니티를 제공하여 이익을 창출할 수 있다.

④ 아웃소싱(Outsourcing)과 대중을 의미하는 크라우드(Crowd)의 합성어이다.

⑤ 기업 활동의 전 과정에 소비자 또는 대중이 참여할 수 있도록 일부를 개방하고 참여자의 기여로 기업 활동 능력이 향상되면 그 수익을 참여자와 공유하는 방법이다.

18 다음 중 태깅에 대한 설명으로 알맞은 것은?

① 웹이 사용자와 관계를 맺고 콘텐츠를 공유하는 것을 의미한다.

② 여러 가지 서비스와 데이터를 혼합해서 새로운 서비스를 만들어내는 것을 의미한다.

③ 정보 일부분을 간편하게 전달하기 위해 사용하는 XML 기반의 데이터 표준 포맷이다.

④ 작은 규모와 다수의 요구로 이루어진 시장을 의미한다.

⑤ 콘텐츠를 등록하는 사용자가 콘텐츠에 대한 설명을 등록하는 것을 말한다.

19 다음 중 웹 3.0에 대한 설명이 아닌 것은?

① 컴퓨터가 시맨틱 웹 기술을 이용하여 웹페이지에 담긴 내용을 이해하고 개인 맞춤형 정보를 제공할 수 있는 지능형 웹 기술을 말한다.

② 개인화, 지능화, 상황인식 등이 대표 키워드이다.

③ 참여, 공유, 개방으로 사람들을 연결하여 사회적 연결성은 높지만, 공유된 정보를 연결하는 정보적 연결성은 낮다.

④ 개인에 맞는 정보를 알아서 찾아주는 인공지능형 웹으로 지칭된다.

⑤ 인터넷으로부터 엄청난 양의 정보를 추출하여 그중에 지금 사용자가 필요한 정보와 지식만 보여주는 맞춤형 웹이다.

20 다음 중 전자정부에 대한 설명이 아닌 것은?

① 일반 시민이 정부기관을 방문해야 직장에서 정부 서비스를 사용할 수 있는 정부이다.

② 정부가 인터넷을 통하여 국가행정 기능을 수행하는 것을 의미한다.

③ 국민을 고객으로 이해하고 국민에게 봉사하는 것이 기본 존재 이유이다.

④ 정보기술을 활용하여 행정기관 등의 업무를 전자화하여 행정기관 등의 상호 간의 행정업무 및 국민에 대한 행정업무를 효율적으로 수행하는 정부이다.

⑤ 정보기술을 국가행정에 포괄적으로 도입하는 것을 말하며, 학술적인 정의로는 공공 부문의 e-비즈니스를 의미하기도 한다.

21 다음 중 전자정부 3.0에 대한 설명이 아닌 것은?

① 국민 개개인이 중심이 되고 확장된 민주성이 핵심가치로 떠오르며 등장하였다.
② '스마트 정부', '디지털 정부', '열린정부', '플랫폼정부'를 포괄하는 개념이다.
③ 국내에서는 '정부24' 웹사이트가 대표적인 예이다.
④ 정부 및 공공 부문에 웹 2.0 기술을 적용하여 구현하는 새로운 정부의 서비스를 말한다.
⑤ 국민이 청구하지 않아도 전자기록물 중 공개로 등록된 문서는 언제, 어디서나 열람 및 복사, 다운이 가능하도록 하는 선제적, 능동적 공개로 대폭 확대한 것이다.

22 다음 중 유시티에 대한 설명이 아닌 것은?

① 공유경제의 개념을 바탕으로, 개방된 디지털 플랫폼을 활용하여 유휴공간 및 자원을 활용하는 도시이다.
② 도시민에게는 쾌적한 도시 생활을 제공하고, 도시 관리자에게는 효율적인 도시 운영을 통한 편리성을 준다.
③ 유비쿼터스 시티(Ubiquitous City)라고도 부른다.
④ U-IT를 활용해 다양한 도시 서비스가 지능화된 형태로 도시민에게 제공되는 도시를 말한다.
⑤ 유비쿼터스 기술과 도시 인프라가 상호 융합된 지능형 인프라로 구성된다.

23 다음 중 블록체인에 대한 설명이 아닌 것은?

① 핀테크의 핵심 기술이다.
② 여러 곳에 분산, 저장, 공유된 데이터의 신뢰성을 확보할 수 있는 기술이다.
③ 상호작용이 가능한 웹 애플리케이션을 개발하기 위해 사용하는 자바스크립트 개발 환경 기반의 웹 개발 기술이다.
④ 2016년에 WEF에서 4차 산업혁명 시대를 이끌 핵심 기술 중 하나로 선정되었다.
⑤ 금융서비스 제공 주체가 전통적인 금융권 기업에서 IT서비스를 제공하는 비금융권 기업으로 바뀌는 것을 의미하기도 한다.

24 다음 중 시맨틱 웹에 대한 설명이 아닌 것은?

① 웹 3.0의 핵심 기술이다.

② 컴퓨터가 단어와 문장의 뜻을 이해하고 논리적인 추론까지 하는 차세대 웹 기술이다.

③ 소비자로 하여금 RSS 피드를 구독할 수 있도록 해주는 서비스이다.

④ 시맨틱 웹의 기반 기술은 온톨로지와 메타데이터이다.

⑤ 클라우드의 방대한 정보를 서로 연결하여 웹 2.0에 지능을 부여한다.

25 다음 설명을 읽고 빈 칸에 공통으로 들어갈 용어로 알맞은 것을 고르시오.

(　　　)는(은) 4차 산업혁명의 정보통신기술을 이용하여 만든 서비스가 구현된 공간으로, 4차 산업혁명을 선도하며 혁신이 이루어지는 통합플랫폼이다. (　　　)가(이) 보는 도시의 본질은 인구가 집적한 곳이라기보다는 거대한 정보통신 네트워크의 중심지이다.

① 유시티　② 네트워크시티　③ 인터넷시티
④ 스마트시티　⑤ 소셜시티

26 다음 중 핀테크에 대한 설명이 아닌 것은?

① 인터넷을 통해 각종 은행 업무를 원격지에서 편리하게 처리할 수 있는 금융서비스이다.

② 금융(Finance)과 기술(Technology)의 합성어이다.

③ 모바일, 빅데이터, SNS 등의 첨단 IT기술을 기반으로 한 금융서비스 및 산업의 변화를 통칭한다.

④ 전통적인 금융기업이 아닌 ICT 기업, 플랫폼기업, 보안업체 등이 금융서비스로 진출하며 사업을 확장한다고 볼 수 있다.

⑤ 금융서비스 제공 주체가 전통적인 금융권 기업에서 IT서비스를 제공하는 비금융권 기업으로 바뀌는 것을 의미하기도 한다.

27 다음 중 블록체인의 장점이 아닌 것은?

① 분산성　② 보안성　③ 응집성　④ 신뢰성　⑤ 비용절감

CHAPTER 04

e-비즈니스 환경 II : 소셜미디어와 공유경제

학습 목표

- 소셜미디어의 개념과 분류에 대해 알아본다.
- SNS의 개념과 특징을 살펴본다.
- 소셜커머스의 개념을 이해하고 유형별로 분류해본다.
- 공유경제의 개념과 특징에 대해 알아본다.
- 공유경제 플랫폼과 비즈니스 모델에 대해 학습한다.

PREVIEW

이번 장에서는 3장에 이어 e-비즈니스를 둘러싸고 있는 소셜미디어, 소셜커머스, 공유경제 등의 환경에 대해 살펴본다.

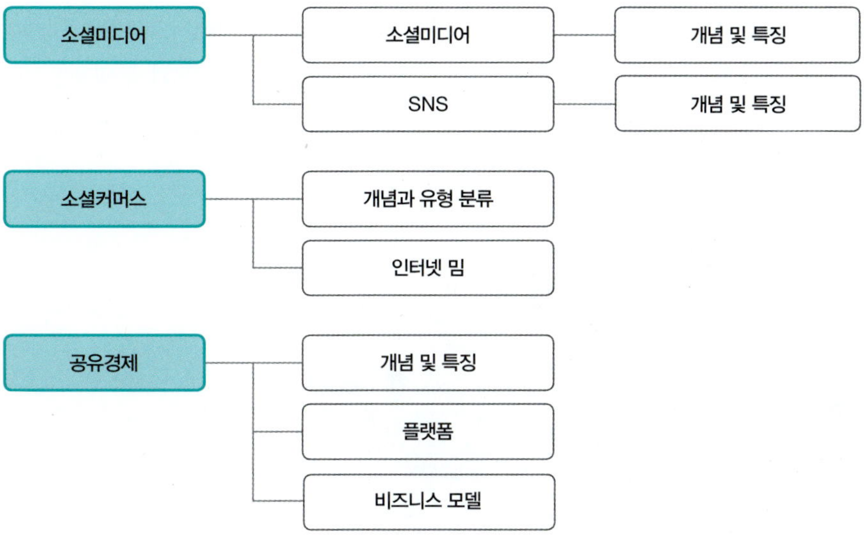

SECTION

01 소셜미디어

1 소셜미디어의 개념

인터넷의 발달은 다양한 사회적 상호작용을 가능하게 하여 '사회 연결망 서비스'라고 부르는 소셜 네트워크 서비스(Social Network Service, 이하 SNS)의 시대를 열었다. SNS를 실제로 가능하게 해주는 소셜 네트워크 사이트(Social Network Site)는 **개인들로 하여금 특정 시스템 속에 공개 또는 비공개 프로파일을 만들도록 해주고 서로 접촉 중인 사용자들의 명단을 보여주어 시스템 속에서 다른 사람들을 관찰할 수 있게 하는 웹서비스**로 정의된다. SNS로 대표되는 온라인 사회 연결망은 사회적 관계 맺기, 평판, 추천 등을 통해 정보의 신뢰성과 투명성을 제고하고 이용자의 편의를 극대화하는 혁신 메커니즘이자, 사용자들 간의 원심적인 상호작용에 있어 대단히 파급력 높은 커뮤니케이션 메커니즘이다.

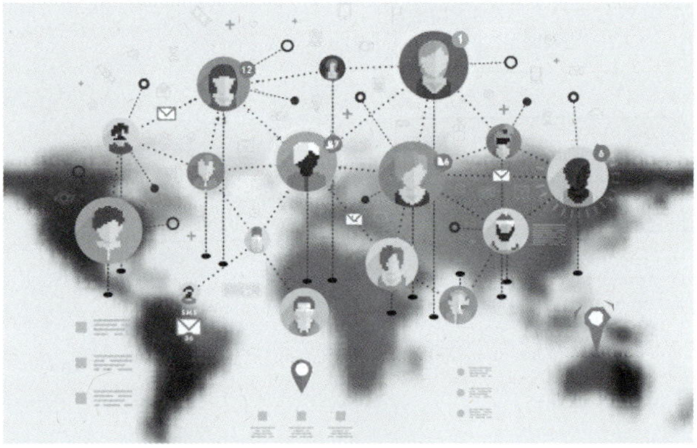

그림 4-1 SNS로 연결된 온라인 사회 연결망

소셜미디어(Social Media)는 **SNS에 가입한 사용자들이 정보와 의견을 공유하는 플랫폼**이다. 안드레아스 카플란(Andreas Kaplan)과 마이클 핸레인(Michael Haenlein)은 소셜미디어를 '웹 2.0의 이데올로기적 기술적 기초에 근거한 인터넷 애플리케이션의 집합으로 UCC(User Created Contents)의 생산과 교환을 가능하게 하는 것'이라고 정의했다. 다나 보이드(Danah Boyd)와 니콜 엘리슨(Nicole Ellison)은 '제한된 시스템 내에서 개인이 자신을 대중에게 소개하고, 정보를 제공받을 수 있고, 관계를 형성 및 유지하며 시스템 내에서 다른 이용자들의 관계망을 보거나 연결할 수 있는 특성을 가진 웹 기반 서비스'라고 정의했다.

그림 4-2 소셜미디어 : SNS에 가입한 사용자들이 정보와 의견을 공유하는 플랫폼

사실 소셜미디어를 이전의 인터넷 기반 개인미디어와 뚜렷하게 구별하기는 쉽지 않다. 하지만 소셜미디어는 게시글을 쓰고 그 글에 대한 댓글을 다는 게시판 중심의 커뮤니티와는 분명히 구분된다. 소셜미디어란 보도 기능과 정보 확산을 목적으로 하는 게시 기능을 좀 더 강화한 것을 의미하기도 한다. '소셜'한 기능을 가진 많은 서비스를 총칭하여 SNS라고 부를 수 있지만 모든 SNS가 소셜미디어는 아니다. SNS는 온라인 사회 연결망 구축 서비스 일반을 의미하는 반면, 소셜미디어는 사람들이 자신의 생각, 의견, 경험, 관점 등을 공유하고 참여하기 위해 사용하는 개방화된 온라인 툴과 미디어 플랫폼을 의미하기 때문이다.

소셜미디어는 이용자들을 수동적인 콘텐츠 소비자에서 콘텐츠 생산자로 변화시키고 있으며, 텍스트, 사진, 동영상뿐만 아니라 게임, 엔터테인먼트, 커머스 등 다양한 분야로 콘텐츠를 확장시키고 있다. 소셜미디어를 미디어 발전사적 관점에서 설명하면 [표 4-1]과 같다.

표 4-1 미디어의 발달 과정

구분	매스미디어 (1950년대 ~1990년대)	미디어 1.0 (1990년대 중반 ~2000년대 초반)	미디어 2.0 (2000년대 중반)	소셜미디어 (2006년 이후)
미디어 형식	신문·방송·라디오·잡지 등 전통매체	인터넷 미디어/커뮤니케이션 툴 (카페, 메신저)	오픈 플랫폼으로서의 인터넷, 1인 미디어, UCC 등	SNS (페이스북, 트위터 등)
의사소통 방식	일방향 정보전달	양방향 소통 시작 (댓글 등)	양방향성 극대화, 집단지성 활성화	양방향성과 일방향성 공존
이용자의 정보소비 행태	획일적 정보소비, 집중적 관심	관심과 기호에 따른 능동적이고 분산된 소비와 선택	콘텐츠 소비자, 중개자(펌), 생산자의 모든 역할 수행	일방향적 정보전달 (중개자 역할 증대), 이동성에 의한 실시간 정보전달
콘텐츠 유형	프로페셔널 콘텐츠 (뉴스·오락 등)	프로페셔널 콘텐츠의 정보화, 틈새 콘텐츠의 등장	UCC 본격화	텍스트·사진·동영상·게임·커머스 등 매우 다양

2 소셜미디어의 분류

소셜미디어는 블로그, SNS, 위키(Wiki), UCC, 마이크로블로그(Microblog)의 5가지로 구분할 수도 있지만, 일반적인 소셜미디어를 분류할 때에는 [표 4-2]와 같이 커뮤니케이션 모델, 협업 모델, 콘텐츠 공유 모델, 엔터테인먼트 모델로 구분한다.

표 4-2 소셜미디어의 분류

구분	서비스 유형	해외 사이트(예)	국내 사이트(예)
커뮤니케이션 모델	블로그	Blogger, Livejournal, Open Diary	네이버 블로그, 다음 블로그, 티스토리
	마이크로블로그	Twitter, Plurk, Jaiku	미투데이, 토씨, 플레이톡
	SNS	Facebook, Linkdin, Myspace, Orkut, Skyrock, Hi5, Ning	카카오톡, 라인
	이벤트 네트워크	Upcoming, Eventful	티켓 11번가
협업 모델	위키	Wikipedia, PBwiki, Wetpaint	나무위키
	소셜 북마킹	Google, del.icio.us, CiteULike	마가린, 네이버 북마크
	소셜 뉴스	Digg, Mixx, Reddit	다음 뷰
	리뷰, 토론 사이트	City-data.com, Epinions.com	디시인사이드, 다음 아고라
	커뮤니티, Q&A	Yahoo! Answers, WikiAnswers, Askville, Google Answers	네이버 지식인, 네이트 Q&A
콘텐츠 공유 모델	사진 공유	Flickr, Zoomr, Photobucket	디시인사이드
	비디오 공유	Youtube, Vimeo	판도라TV, 시냅스엠(구 엠군미디어)
	생방송	IBM Cloud Video(구 Ustream.tv), Stickam	아프리카TV
	음악 공유	imeem, Last.fm, ccMixter	벅스뮤직
엔터테인먼트 모델	가상세계	Second Life, The Sims Online	누리엔
	게임 공유, 오락	Miniclip, Kongergate	게임엔젤

3 SNS의 개념

SNS(Social Network Service)는 **웹을 기반으로 하여 사람들이 기존의 인간관계를 강화하고 새로운 관계를 만들 수 있는 서비스**를 의미한다. 즉, SNS는 사람들을 일정한 유형으로 분류하는 서비스, 친구들과 연락을 주고받을 수 있는 수단을 제공하는 서비스, 사용자들과의 신뢰관계를 기반으로 무언가를 추천하는 시스템을 갖춘 서비스 등으로 분류된다. SNS상의 온라인 사회관계는 기본적으로 모든 이용자의 참여를 전제로 하며, 페이스북에서 볼 수 있듯이 친한 친구들 사이의 상호작용 공간으로 작용해 강한 유대 관계를 형성하는 경우가 많다. 단방향 연결이 대세인 트위터에서는 유명인사들을 중심으로 한 약한 유대가 형성되기도 한다.

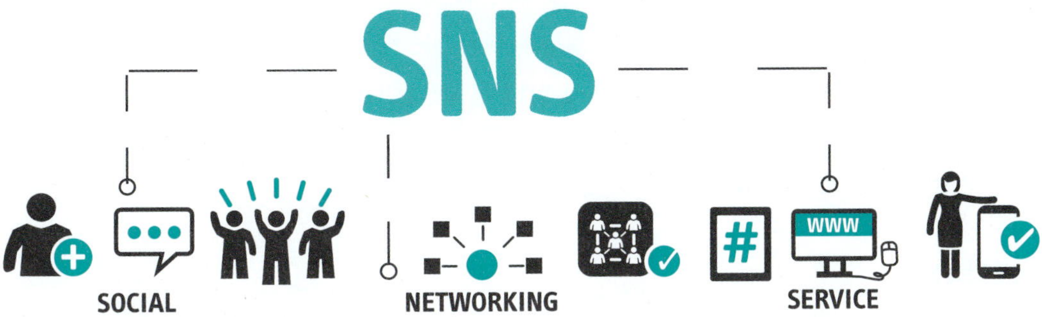

그림 4-3 소셜 네트워크 서비스, SNS

4 SNS의 특징

SNS는 익명성, 정보성, 신뢰성, 상호작용성, 동류선호성 등의 특징이 있다.

익명성

인터넷 실명제 논란이 보여주고 있듯이 사이버 공간의 익명성은 표현의 자유를 극대화하고 이용자의 참여를 보다 쉽게 해주지만, 다른 한편으로는 근거 없는 루머 생산 등 무책임한 글쓰기나 타인에 대한 인신공격 등을 통해 인터넷에 대한 신뢰도를 떨어뜨리는 주된 요인으로 지목되기도 했다. 하지만 카카오톡, 마이스페이스, 페이스북과 같은 사이트는 거의 대부분 실명에 기반을 둔 친한 친구들 사이의 상호작용 공간으로 변모하면서 사이버 공간의 익명적 특성이 점차 약화되고 오프라인의 공동체 특성이 더 많이 반영되고 있다. 특히 페이스북의 경우, 실명과 학교 등 구체적인 프로필을 드러내지 않고서는 친구를 얻기 힘든 방식으로 구조화되어 있다. 다만 트위터의 경우에는 상대방의 동의 없이 일방향적인 관계 형성이 가능하므로 팔로워 중 일부는 익명성이 보장될 가능성이 있기는 하다.

정보성

정보를 전달하는 것이 SNS의 기본 목적이라고 볼 때, 정보의 품질에 따른 브랜드 인식 반응은 자연스러운 현상이다. 기업적 관점에서 SNS의 가치 특징은 저비용, 새로운 고객 또는 팬의 확보, 언제 어디서든 용이한 메시지 전달, 쉽고 빠른 메시지 전달 가능, 관심과 친분을 기반으로 한 신뢰감 형성이라고 할 수 있다. 이와 더불어 온라인 인맥구축을 기반으로 인적 네트워크를 구성하고 이를 관리하여 가치 있는 정보들을 공유한다고 볼 수 있다.

신뢰성

인터넷이 공론장의 역할을 하게 되면서 인터넷 공간은 사적인 의사소통의 공간을 넘어 하나의 미디어 공간으로 바뀌고 있다. 특히 네이버나 다음과 같은 포털사이트는 TV나 신문과 같은 기존 미디어와 경쟁한다기보다 이들 모두를 강력하게 보완하는 주요 미디어로 성장하였다. 사람들은 자신이 신뢰하는 사람으로부터 얻는 새로운 정보를 신뢰하는 경향이 있는데, SNS는 이용자들이 자신의 관계망을 공개적으로 전시할 수 있도록 하며 그것이 궁극적으로는 신뢰성을 알리는 매체가 되게 만들었다. 또한 SNS는 친구나 동료들이 자신을 지켜보고 있다는 생각을 갖게 하기 때문에 좀 더 신뢰할 만한 행동을 하게 만드는 작용을 한다.

상호작용성

컴퓨터 매개 커뮤니케이션을 효율적으로 구현할 수 있는 대표적인 미디어의 특성으로 상호작용성을 들 수 있다. 컴퓨터 통신망을 이용한 초기형태의 온라인 서비스가 가능했던 1980년대에는 '피드백' 개념이 새로운 미디어의 상호작용성 개념을 정의하는 데 핵심적 역할을 했다. 소셜미디어가 등장함에 따라 인터넷 커뮤니케이션의 상호작용성의 특징은 [표 4-3]과 같이 단계별로 진화하고 있다.

표 4-3 인터넷 커뮤니케이션의 단계별 상호작용성 특징

단계	유형	내용
1단계	기능적 상호작용성	웹미디어의 개별화, 개인화 단계로 웹미디어를 통해 생산된 콘텐츠는 맞춤형으로 개별적인 소비 형태를 띠게 된다.
2단계	푸시형 상호작용성	이메일과 같은 푸시형 상호작용 기제를 통해서 개별적인 콘텐츠를 단순히 공유하는 단계이다.
3단계	관계적 상호작용성	소셜 애플리케이션 내에서 여러 사람들이 함께 참여하고 교류하는 네트워크 공간이다.

상호작용성은 뉴미디어의 대표적인 특징이다. 양방향이며 상호적이고 반응적인 커뮤니케이션이라고 할 수 있으며, 이것은 모두 상호작용성의 범주에 포함된다. 처음에는 사람과 관계 속에서의 커뮤니케이션이었지만, 미디어의 발달로 인해 기기를 대상으로 한 비인간적 관계로도 범위가 확대되었고 일방적인 정보 전달의 플랫폼에서 벗어나 브랜드와 고객이 양방향으로 커뮤니케이션할 수 있게 대응하는 개념으로 진전되었다. [표 4-4]는 소셜 커뮤니케이션을 유형별로 분류한 것이다.

표 4-4 소셜 커뮤니케이션의 유형

구분	내용	목적	해당 사이트(예)
소셜 콘텐츠	사진/동영상	제품과 서비스 이용, 관심 사항	플리커, 유튜브, 카이트, 포토버킷(Photobucket)
	블로그/마이크로블로그	기업 블로그, 피드백, 아이디어 제안/수집	블로그, 타입패드, 워드프레스, 트위터, 블로그펄스, 사임포니, 구글 알리미, 세일즈포스닷컴
	팟캐스팅	정보, 학습, 엔터테인먼트	오데오(ODEO), 히어디스닷컴(Hearthis), 비치워스위드록스, 퍼스널라이프미디어
소셜 플랫폼	SNS	존재감	페이스북, 링크드인, 마이스페이스
	화이트 레이블	제품 확장	플럭, 자이브, 애드개버(Adgabber)
	위키	협업, 개발	트위키, 위키미디어, 우드매거진, 자이브소프트웨어
소셜 인터랙션	행사	행사조직	이벤트풀, 브루클린미술관
	위치기반서비스	만남	닷지볼(Dodge ball), 칠리스
	업데이트	콘텐츠 스트림	프렌드피드, 페이스북, 밍글(Mingle), 록시 극장
	이메일	RSS, 피드	구글 리더, 이메일

동류선호성

대인 매력과 관련된 선행연구들에 따르면 사람들은 기본적으로 자신과 비슷한 특성을 가지고 있는 사람들을 더 좋아하며, 그들과 상호작용하거나 그들의 주장을 수용하는 데 거부감을 덜 느끼는 것으로 나타났다. 즉, 사람들은 자신과 비슷한 배경, 성격, 혹은 사회경제적 속성을 가지고 있는 사람들을 보다 선호하며, 더 나아가 특정 이슈나 현상에 대해 자신과 유사한 태도를 가지고 있거나 비슷한 관심사를 가지고 있는 사람들과 보다 쉽게 관계를 형성하는 동류선호, 혹은 유유상종 현상을 보인다.

따라서 불특정 다수의 네트워크 관계에 기반한 사이버공간에서도 역시 자기 자신과 유사하거나 동질적인 특성을 가지고 있는 대상과의 교류를 선호하는 경향성이 있다. 더 나아가 사이버공간에서의 인간관계는 잘 모르는 약한 연계에 있는 사람들에서부터 시작되는 것일 뿐만 아니라 상호작용하는 상대의 실체가 거의 드러나지 않는 익명성의 특성을 가지고 있기 때문에, 상대방에 대해 유사성 혹은 동질감을 느끼거나 상대방과 공감대를 형성하는 것은 사이버공간에서의 인간관계를 형성하는 데 중요한 역할을 한다.

SECTION
02 소셜커머스

1 소셜커머스의 개념

소셜커머스(Social Commerce)는 **기존의 전자상거래가 SNS와 결합된 형태**로, 음식이나 공연 등 서비스 및 상품을 대폭 할인하고 트위터와 페이스북과 같은 SNS를 활용해 정보를 제공하고 광고하여 판매하는 전자상거래 서비스를 말한다. 또한 온라인상에서 재화와 서비스를 사고파는 행위에 있어서 소셜미디어 및 온라인 미디어를 연계하여 소비자의 인맥을 마케팅에 활용하는 형태의 e-커머스로 정의할 수 있다. 좀 더 간단히 말하면 SNS와 소셜미디어를 활용하는 e-커머스라는 의미이다.

이러한 소셜커머스는 기존의 공동구매와는 다르게 집단지성이 아닌 소셜지성이 합리성의 기준이 된다. 즉, 공동구매는 많은 사람이 집단적으로 모이기만 하면 할인구매가 가능한 반면, 소셜커머스는 소비자의 인맥과 입소문을 활용하여 일정 규모 이상이 모여야만 할인구매가 가능하다. 이는 소셜커머스의 여러 다양한 유형 중 가장 낮은 수준의 소셜커머스인 그룹 구매(Group-Buy) 유형으로, 국내 시장은 이러한 유형의 소셜커머스 시장에 편중되어 성장하고 있다.

그림 4-4 소셜커머스 : 기존의 전자상거래+SNS

2 소셜커머스 유형 분류

소셜커머스는 다양한 형태로 나눌 수 있는데, 그중 데이비드 로완(David Rowan)이 소셜커머스의 유형을 6가지로 분류하였다.

반짝세일

반짝세일(Flash Sale)은 **온라인상에서 제한된 시간 동안만 상품을 판매하는 방식**이다. 대표적인 업체인 프랑스의 방트(Veepee)는 개인 쇼핑(Private Shopping) 형태로 운영되어 회원가입을 한 이용자만이 판매하는 상품을 볼 수 있다. 다양한 패션 브랜드 및 스포츠 장비, 자동차, 여행상품 등을 최대 70% 할인율로 제공한다. 특정 상품의 판매기간은 2~4일 정도이며, 회원 간 입소문을 통해 혜택이 커지는 방식을 취한다.

그림 4-5 반짝세일 : 방트(www.veepee.com)

그룹 구매

그룹 구매(Group-Buy)는 **제한된 시간 동안 정해진 인원이 모이면 특정 상품을 할인된 가격으로 구매할 수 있는 쿠폰을 제공해 판매하는 방식**이다. 다른 유형과 차별되는 요소는 지역 거점을 중심으로 판매상품을 구성한다는 것이다. 대표적인 업체인 미국의 그루폰(Groupon)은 지역사업자의 판매상품을 온라인에서 대행하여 판매하는 형식을 취한다. 지역사업자에게는 상품의 할인 폭 및 그루폰의 대행수수료를 마케팅 비용으로 인식하게 하고, 이용자에게는 50% 정도의 할인 가격으로 상품 구입이 가능하게 하여 사업자와 소비자 모두가 윈윈(win-win)하는 사업모델을 만들었다. 그리고 그루폰 이용자가 친구를 소개하여 구매까지 이어지게 하는 경우, 소개한 이용자에게 10달러 쿠폰을 제공하는 방식의 소셜(social) 효과를 활용하고 있다.

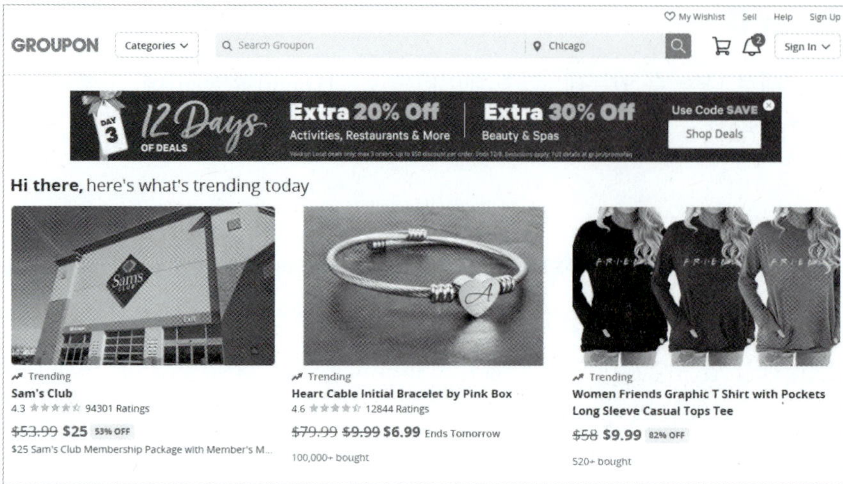

그림 4-6 그룹 구매 : 그루폰(www.groupon.com)

소셜 쇼핑

소셜 쇼핑(Social Shopping)은 **온라인상에서 찾아낸 좋은 판매 사이트나 상품을 사용자들이 서로 공유하게 하는 형태**를 취하고 있다. 대표적인 업체인 쎈스(SSENSE)는 패션 아이템에 관한 상품을 소개하고 다양한 정보를 알려주는 패션 쇼핑 포털의 역할을 하고 있다. 또한 유명 인사나 패션 잡지의 패션스타일에 관한 상품 정보를 소비자의 상품평과 함께 제공한다. 이용자 중 누군가가 셔츠아이템 사진을 올리고 이것과 어울릴 만한 아이템 추천을 요청하면 코디가 가능한 상품을 판매 사이트가 링크된 사진과 함께 올리기도 한다. 특히, 이 모든 것들이 사이트 운영자가 아닌 소비자들의 자발적인 커뮤니티 활동으로 이루어진다. 그리고 이 사이트에서 공유하는 모든 정보는 블로그, 트위터, 페이스북으로 실시간 공유된다.

그림 4-7 소셜 쇼핑 : 쎈스(www.ssense.com)

소셜 쇼핑앱

소셜 쇼핑앱(Social Shopping Apps)은 **위치 기반의 소셜커머스 형태로, 상거래의 범위를 온라인에서 오프라인까지 확장시키는 역할**을 한다. 대표적인 앱인 샵킥(Shopkick)은 스마트폰 애플리케이션을 통해 운영되며 앱을 다운받은 일반 소비자가 오프라인상의 상점을 방문할 때마다 킥(kick)이라는 일종의 포인트가 쌓이는 방식이다. 상점을 단순히 방문하는 것뿐만 아니라 상점에서의 체크인 또는 상품의 바코드를 스캔하면 킥을 추가로 적립할 수 있다. 이렇게 모인 킥은 아이튠즈 기프트카드, 레스토랑 바우처 및 미국의 주요 소매점 기프트카드, 페이스북 크레딧 등으로 교환하거나 기부할 수 있다. 또한 이렇게 수집된 소비자들의 단골상점 정보나 이용 패턴, 취향 등의 정보를 이용해 사업자들은 맞춤화된 마케팅을 펼칠 수 있게 되는 메커니즘을 얻을 수 있다. 이는 앱을 이용하는 소비자의 정확한 종적을 계량화한 통계로 제공할 수 있기 때문에 가능한 것이다. 소비자 입장에서는 자주 가는 상점으로부터 할인티켓 등의 오퍼를 받거나 앱에서 단골상점의 스페셜 오퍼 정보를 푸쉬(push) 등의 형태로 놓치지 않고 받을 수 있다는 메리트가 생긴다.

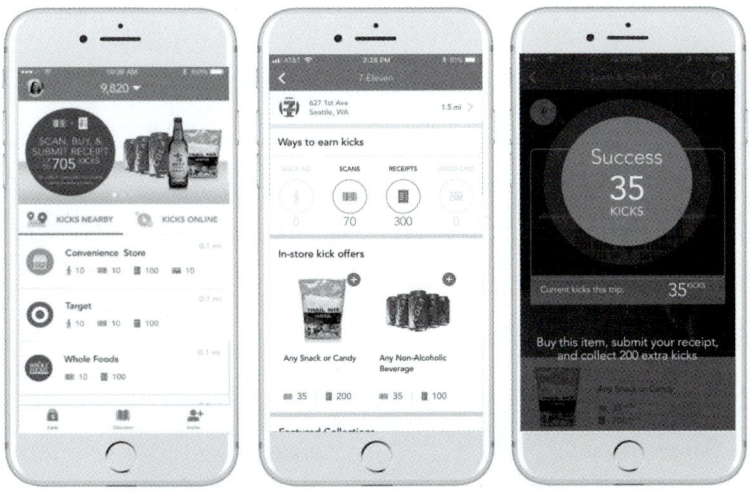

그림 4-8 소셜 쇼핑앱 : 샵킥(Shopkick)

구매 공유

구매 공유(Purchase-Sharing)는 **소비자가 자신의 상품 구매 정보를 공유하도록 하여 사업자에게는 마케팅의 수단을 제공하고 구매 소비자에게는 금전적 보상을 해주는 방식**을 취한다. 대표적인 업체인 업서브(Upserve)는 소비자가 자신이 사용하는 신용카드를 사이트에 등록한 후, 등록한 신용카드를 사용하여 상품 및 서비스를 구매할 때 이 구매 정보를 사업자에게 제공하여 마케팅에 활용할 수 있도록 한다. 마케팅 프로세스는 사업자가 상품을 구매한 소비자에게 포인트를 지급하여 단골고객 유치를 가능하게 하고 더 나아가 포인트를 얻은 소비자가 친구나 가족들에게 입소문을 내는 마케팅 효과를 기대하는 식이다.

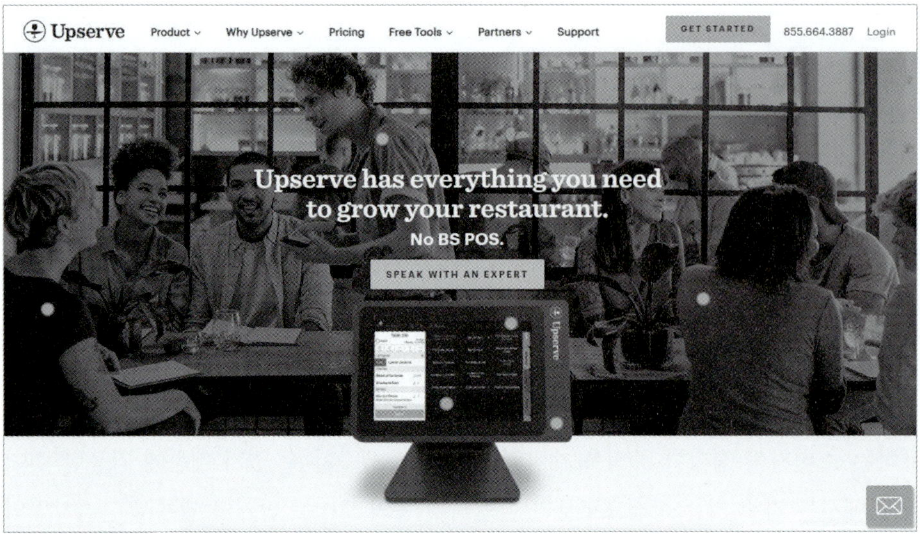

그림 4-9 구매 공유 : 업서브(upserve.com)

퍼스널 쇼퍼

퍼스널 쇼퍼(Personal Shopper)는 **소셜 네트워크를 사용하여 다른 사용자로부터 특정 상품에 대한 조언을 얻는 형태**이다. 대표적인 업체인 고트라이잇온(GoTryItOn)은 무엇을 구매해야 할지 고민될 때 소셜 네트워크를 통해 다른 사람의 객관적인 조언(second opinion)을 얻을 수 있다. 이용자가 많아지고 그에 따라 참여하는 사업자 수도 많아지게 되면 참여하는(조언을 구하거나 조언을 해주는) 이용자에게 포인트를 제공하고, 사업자는 입소문 효과를 얻고, 사이트 운영자는 광고수입을 얻는 비즈니스 모델을 구축하고 있다.

그림 4-10 퍼스널 쇼퍼 : 고트라이잇온(www.gotryiton.com)

하나 더 알기 **다른 전문가의 소셜커머스 유형 분류**

1. 박상철과 고준의 분류

협성대학교 박상철 교수와 전남대학교 고준 교수는 소셜커머스의 유형을 4가지로 분류하였다.

- **소셜 링크형 :** 소셜커머스의 가장 기본적인 유형으로, 사이트에 소셜 네트워크로 이동할 수 있는 버튼 형식의 링크를 게재하는 방식
- **소셜 웹형 :** 소셜커머스와 소셜 네트워크가 결합한 유형으로, 사이트에서 소셜 네트워크의 기능을 구현하는 방식
- **공동 구매형 :** 공동 구매 사이트가 소셜 네트워크와 결합한 유형으로, 제품별로 정한 최소 구매 수량이 달성되면 더 많은 할인 혜택을 받을 수 있도록 하는 방식
- **오프라인 연동형 :** 오프라인 공간을 네트워킹이 가능한 단말기와 소셜 네트워크로 연결시키는 유형

2. 피터 마스든의 분류

하버드대학교의 피터 마스든(Peter Marsden) 교수는 소셜커머스의 유형을 6가지로 분류하였다.

- **소셜 쇼핑형 :** 소비자들이 공동으로 온라인 쇼핑을 할 수 있도록 지원하는 것
- **평가 및 리뷰형 :** 사용자들의 특정 제품과 서비스에 대한 평가를 제공
- **추천 및 소개형 :** 소셜 집단 내 개인적인 차원의 추천과 소개를 지원
- **포럼 및 커뮤니티형 :** 사용자와 사용자, 사용자와 기업을 연결하는 플랫폼을 제공
- **소셜미디어 최적화형 :** 소셜미디어를 통하여 최적화된 콘텐츠 제공
- **소셜 광고 및 앱형 :** 소셜미디어상의 콘텐츠를 애플리케이션의 형태로 제공

3. 유윤수와 윤상진의 분류

유윤수와 윤상진은 그들의 저서 『소셜커머스, 무엇이고 어떻게 활용할 것인가』에서 소셜커머스의 유형을 4가지로 분류하였다.

- **소셜 네트워크 연동형 :** 쇼핑몰의 상품 정보를 소셜 네트워크상의 지인에게 알릴 수 있는 형태
- **공동 구매형 :** 특정 지역 업체의 서비스를 공동 구매 형태로 판매하는 것
- **직접 판매형 :** 소셜 네트워크 내에서 제품이나 서비스를 직접 판매하는 것
- **프로모션형 :** 소셜 네트워크를 활용한 프로모션을 진행하여 상거래에 직·간접적인 영향 제공

3 소셜커머스와 인터넷 밈

스마트폰과 이미지 기반의 SNS 매체를 이용한 개인의 콘텐츠 생산이 활발해지면서 자신의 생각을 퍼뜨려 추종자(follower)를 양산하는 인터넷 밈 문화가 확산되고 있다. 인터넷 밈(Internet Meme)이란 **인터넷을 통해 사람 사이에 전파되는 어떤 생각, 스타일, 행동을 말하며 대개 모방의 형태**를 띤다. 오늘날 고급 패션 브랜드의 구매고객 연령층이 점점 낮아지고 인스타그램이 대

중화되면서 이미지를 통한 패션 상품의 소비가 급격히 늘고 있다. 패션 제품의 선택에 있어 오프라인에서는 시각, 촉각, 착용감 등의 감각을 복합적으로 사용하는 반면, 온라인에서는 시각적 자극이 우선으로 고려되는 요소이다. 이러한 패션 환경 변화 속에서 패션업계는 인터넷 밈 문화를 통해 잠재 고객에게 쉽게 접근하고, 반대로 고객은 새로운 패션을 일상 속에서 자연스럽게 수용할 수 있게 되었다. 인터넷 밈은 인터넷에 의해 형성된 대중문화로 패션 시스템에도 영향을 미치고 있다. 트렌드 생산 주기의 단축을 촉진하고 대중은 이전에 본 적 없는 시각을 자극하는 스타일의 디자인을 끊임없이 요구하게 된다. 이에 따라 패션 브랜드는 소셜 네트워크에서 유행으로의 확산을 유도할 수 있는 디자인으로 대중의 시각적 니즈를 충족시키고 있다.

그림 4-11 인터넷 밈 문화를 기반으로 인스타그램을 활용하는 패션업계

하나 더 알기 **인터넷 밈 깊게 알기**

밈(Meme)은 영국의 생물학자 리처드 도킨스(Richard Dawkins)가 처음 언급한 것으로, '복제된 것'이라는 뜻의 그리스어 미메마(mimema)에서 나온 미메메(mimeme)와 유전자(gene)의 합성어이다. 부모, 자식 사이에 생물학적 유전자가 복제되어 이어지듯 문화 역시 모방 과정을 통해 이어지는 문화적 유전자라는 개념으로 창안되었다. 1990년대에 들어서며, 인터넷과 연결된 대중 매체의 등장과 함께 웹상에서 떠도는 흥미로운 이야기들이 빠른 속도로 확산되는 방식에 대해 논의가 이루어져 왔다. 이후 조나 페레티(Jonah Peretti)가 인간에 의해 의도적으로 제작되어 전파되는 밈을 설명하면서 '인터넷 밈'이라는 용어가 대중화되었다. 인터넷 밈은 소셜미디어를 통해 온라인으로 널리 퍼지는 재미있거나 흥미로운 아이템으로, 디지털기술로 이미지를 수정, 변경하여 대중적으로 재가공된다.

인터넷 밈은 신속하게 구축되고 빠른 속도로 전파될 수 있다는 점에서 기존의 밈과 다르다. 인터넷 밈은 인터넷 사용자에 의해 선택된 이미지가 모방이라고 할 수 있는 프로세스를 통해 복제된다. 원본 이미지로부터 무엇을 모방할 것인가 결정할 때 모방되는 요소는 복제의 과정에서도 변하지 않고 유지되는 이미지의 핵심 요소라고 할 수 있다. 인터넷 밈은 단시간 내에 SNS를 통해 광범위하게 확장될 수 있으며, 텍스트, 이미지, 동영상, 해시태그, 이모지 등이 결합하는 형태로 게시된다.

[그림 4-12]는 소셜 커뮤니티에서 패션 이미지가 모방과 변형을 거쳐 전파되는 패션 밈 현상을 설명한 것이다. 인터넷 사용자는 다수가 공감하는 원본 패션 이미지의 핵심 특징을 모방하고 개개인의 해석에 따라 이미지를 재혼합하는 방식으로 변형한다. 변형된 이미지는 소셜 커뮤니티에 게시되어 빠르게 전파되고 대중의 관심을 끄는 밈으로 전환된다. 이때, 원본 이미지는 시선을 끄는 디자인으로 다른 사람들로부터 선택을 받아 밈으로 전환을 유도하는 미끼 역할을 한다. 소셜 커뮤니티에서 디자인의 표현 의도가 잘 이해될수록 밈으로 전환될 확률은 높아진다. 소셜미디어의 일반적인 소통 방식은 한 사용자가 빠른 속도로 수백만 명에게 이미지를 전달하는 식이기 때문에 인터넷 밈은 강력한 정보 전달의 도구가 될 수 있다. 대중은 흥미를 끄는 인터넷 밈을 통해 무의식적이고 반복적으로 정보를 습득하고 그 관심이 원본 패션 이미지에까지 도달하면 패션 브랜드의 검색 수요가 증가한다. 인터넷 공간에서 수많은 사용자가 하나의 패션 이미지를 개개인의 방식으로 모방하고 변형해서 만든 패션 밈은 참여 문화의 결과물로 여겨지며 여론 형성에도 영향을 미친다.

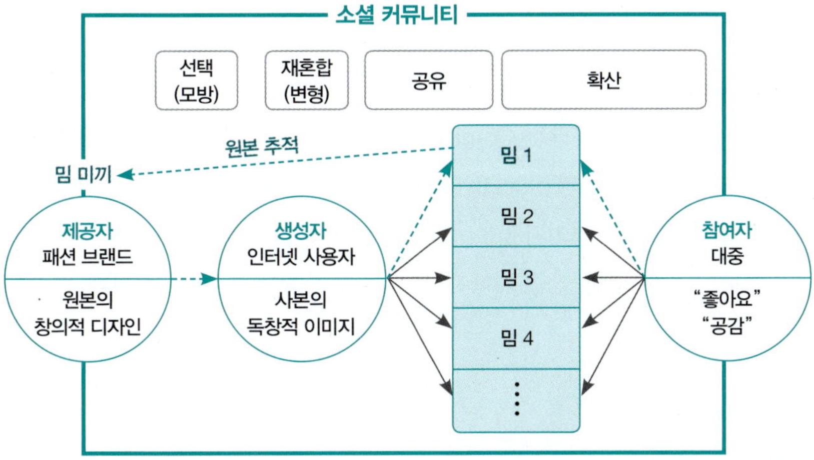

그림 4-12 인터넷 밈과 SNS

SECTION

03 공유경제

1 공유경제의 개념

공유경제(Sharing Economy)란 **유형의 재화에서부터 무형의 서비스에 이르기까지 다양한 잉여자원을 서로의 필요에 의해 공유하고 사용하여 가치를 발생시키는 것**이다. 공유경제 사업모델에서 공통적인 한 가지 특징은 공유경제의 가치창출 과정에서 플랫폼을 이용한다는 점이다. 공유경제는 기존의 소유 중심의 경제와 달리, 기업이나 개인의 유휴자원을 플랫폼을 통해 적재적소에 공급하여 타인에게 양도 및 공유하며 현존자산의 사용효율을 증가시키는 새로운 경제방식이다. 이러한 공유경제는 정보통신기술(ICT)의 발전과 소비자 인식의 변화로 중요성이 커지고 있으며, 자동차, 의류, 숙박과 같은 유형자원에서 시간, 재능과 같은 무형자원으로까지 그 대상이 확대되고 있다.

2008년 로렌스 레식(Lawrence Lessig) 교수는 그의 저서『Remix』에서 '공유경제'라는 용어를 최초로 사용했다. 그는 공유경제를 상업경제(Commercial Economy)에 대칭되는 개념으로 사용하였으며, 가격이 아닌 다양한 사회관계(Social Relations)에 의해서 조율되는 경제라고 정의했다. 예를 들어, 숙박을 위해 자신의 잉여자원을 공유하는 에어비앤비(Airbnb)는 유형의 재화인 집의 일부를 네트워크로 연결된 사람들 중 여행객 등에게 제공하여 개인적·시장적 가치를 창출한다.

그림 4-13 공유경제

하나 더 알기 **공유경제의 이론적 배경**

공유경제에 대한 이론적 배경은 2004년 요차이 벤클러(Yochai Benkler)의 《Sharing Nicely》에서 제시되었다. 이에 따르면 분산형 컴퓨팅이나 카풀(Carpool) 등 공유행위(Sharing Practices)는 특정 커뮤니티 내에서가 아니라 범사회적으로 실천되어 왔다. 공유행위는 가격체계(Price System)가 아닌 사회관계(Social Relations)와 공유의 윤리(Ethic of Sharing)를 기반으로 자원을 동원하고 배분하고 있으며, 공유행위는 가격 기반 또는 정부지원 기반의 시스템과 공존하거나 그들을 능가하고 있다. 범사회적 공유는 새로운 생산 양식으로 부상하고 있는데, 이 생산 양식은 단순히 휴머니즘 기반의 공유가 아니라 개인이 스스로 통제할 수 있는 자원을 가지고 생산활동에 효과적으로 관여(engage)하는 것이다. 공유경제 활동의 가장 중요한 목표는 이윤의 극대화가 아니라 자원 절약, 환경보호, 공동체의식 회복, 지역경제 활성화와 같은 사회적 가치를 창출하고, 이를 통해 적정한 이윤을 얻는 데 있다.

2 공유경제의 특징

공유경제는 다음과 같은 특징이 있다.

- **재유통 시장 :** 필요 없거나 덜 사용된 재화를 다시 유통시킨다.
- **협력적 라이프스타일 :** 공간, 기술, 금전과 같이 제품이 아닌 자산을 새로운 방식으로 교환하거나 거래한다.
- **제품서비스 시스템 :** 제품을 소유할 필요 없이 제품이 주는 혜택에 접근하는 것에 대해 지불한다.
- **차별화된 공유자산 :** 공유하는 자산이 플랫폼별로 다양하므로 차별적인 규제정책 정립이 필요하다.
- **양성화 :** 활성화된 공유경제 사업모델이 현행법을 위반하고 있다면 양성화 방안이 필요하다.
- **미온적 정보 공개 :** 공유경제 사업자 음성화로 인해 상황 정보 공개에 미온적이다. 이를 인정하면 기존 업체와의 규제차별 현상이 발생할 수 있다.
- **현실화 :** 공유경제는 이미 우리 현실에 충분히 자리 잡고 있다.
- **기존 시장 파괴 및 재구성 :** 공유경제 거래 방식은 기존 시장을 파괴하고 재구성하며 기존 규제방식 적용을 어렵게 한다.
- **신규 시장 창출 :** 공유경제 모델은 기존 시장 확대 및 신규 시장 형성에 기여한다.
- **규제모델 파괴 :** 기존 규제구조를 파괴하고 재정립을 요구한다.
- **기존 규제 한계 :** 공유경제는 전통규제 이상의 대응을 요구한다.

- **위해 당사자 지정 어려움 :** 공유경제하에서는 부의 외부성 발생 시 피해 당사자를 명시적으로 공개하기 쉽지 않다.
- **이해관계자별 대응 필요 :** 공유경제하에 존재하는 이해관계자는 규제 대응 시 각각의 상황을 고려해야 한다.

3 공유경제 플랫폼

플랫폼(Platform)이란 공통의 활용 요소를 바탕으로 본연의 역할도 수행하지만, 보완적인 파생 제품이나 서비스를 개발 및 제조할 수 있는 기반이다. 공유경제 플랫폼은 3가지 특징을 가진다.

간접 네트워크 외부효과

구분된 사용자 그룹이 있고 사용자 간에는 상대방의 규모에 의해 편익 규모가 달라지는 간접 네트워크 외부효과에 영향을 받는다. 간접 네트워크 외부효과(Indirect Network Externality)란 **자신이 속해 있는 그룹이 아니라 플랫폼 반대편에 속한 그룹의 규모 확대가 자신에게 편익 증가로 나타나는 경우**를 말한다. 예를 들면, 숙박시설을 필요로 하는 이용자들은 숙박시설을 제공하는 공급자들이 많을수록 그 편익이 증가한다. 다수의 공급자가 참여할수록 선택의 폭이 넓어지기 때문이다.

닭과 달걀의 딜레마

플랫폼 사업자는 어느 쪽 이용자 그룹의 규모를 먼저 확대해야 하는지에 대한 결정의 어려움, 즉 '닭과 달걀의 딜레마'에 봉착한다. 닭과 달걀의 딜레마(Chicken-Egg Dilemma)란 **플랫폼 사업자가 양측 고객인 생산자와 소비자 중 어느 쪽의 규모를 먼저 확대하기 위해 투자할지에 대한 결정이 쉽지 않은 현상**을 말한다. 공유경제 사업모델을 가진 플랫폼 사업자는 숙박시설 제공자 모집과 숙박시설 이용자 모집 중 어디에 먼저 투자할지 선택이 필요하다는 의미이다.

직접 거래 불가능

플랫폼 양측에 있는 생산자와 소비자는 높은 거래비용으로 인해 직접 거래는 불가능하고 플랫폼을 거쳐 거래하는 것이 효과적이다.

공유경제 플랫폼은 거래를 매개하는 과정에서 양측 이용자의 정보를 모두 파악할 수 있으며 플랫폼 사업자의 수익 극대화 전략에 따라 양측 이용자에 대한 투자, 통제, 서비스 운용방식 등에 변화를 주기가 충분히 가능함을 알 수 있다. 그리고 양측 이용자는 물리적, 시간적 비용으로 인해 플랫폼을 이용할 수밖에 없는 상황에서 거래를 하고 있어 사실상 고착효과(Lock-in Effect)를 경험하고 있다. 가치사슬 측면에서도 수직적이 아닌 수평적 거래가 이루어지고 있다는 점에서 기존의 전통적 거래방식과는 다른 양상을 보이고 있음을 알 수 있다.

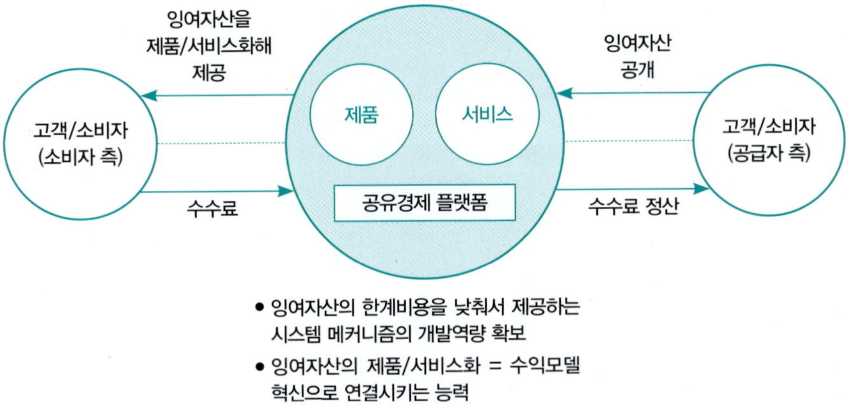

그림 4-14 양면 시장으로서의 공유경제 플랫폼

4 공유경제 비즈니스 모델

공유경제는 공간을 비롯해서 기능 및 물건에 이르기까지 금전적 또는 비금전적 혜택을 위하여 자산을 공유하는 것에 의존하는 경제 모델이다. 공유경제 비즈니스 모델은 공유 목적에 따라 자산 임대 비즈니스 모델, 서비스 제공 및 교환 비즈니스 모델, 매매 및 교환 비즈니스 모델로 구분할 수 있다.

자산임대 비즈니스 모델

자산임대 비즈니스 모델의 예로는 에어비앤비, 투로, 네이버굿즈, 집카, 토즈, 열린옷장, 셰어하우스 우주 등이 있다.

■ 에어비앤비

에어비앤비(Airbnb)는 숙박공유 플랫폼 기업으로, 비어 있는 방, 집 등을 공유 및 대여할 수 있도록 호스트와 임차인을 P2P 방식으로 직접 연결시키는 서비스를 제공한다. 컴퓨터, 스마트폰, 태블릿PC를 이용하여 전 세계 숙소를 올리고, 찾고, 예약할 수 있는 커뮤니티 플랫폼을 갖추고 있다. 에어비앤비는 세계 190개국 34,000개 도시에서 사업을 진행하고 있으며, 총 게스트 수는 6,000만 명 이상, 숙소의 수는 200만 개 이상이 등록되어 있다. 에어비앤비의 비즈니스 모델은 개인의 방, 집, 아파트는 물론 보트, 비행기 등 모든 공간 자산에 대해 임대가격을 정해주고, 이를 필요로 하는 소비자를 찾아주는 형태이다. 주요 수입원은 임대 제공자와 소비자로부터 받는 수수료이다. 소비자가 계약을 하면 제공자로부터 3%의 수수료, 소비자로부터 6~12%의 수수료를 취하는 형태로 비즈니스를 영위한다.

그림 4-15 에어비앤비(www.airbnb.co.kr)

■ **투로**

투로(TURO)는 릴레이라이즈(RelayRides)로 더 잘 알려져 있는 기업이며, 2015년 '투로'로 사명을 변경했다. 투로는 카셰어링 전문업체로 차량 렌탈 서비스를 제공한다. 사용하지 않는 차량을 일정 금액에 대여해주는 서비스를 제공하며 수입원은 이용수수료이다. 차가 필요한 여행자와 자동차를 빌려주고자 하는 차량 소유자를 연결시켜 주는 플랫폼을 제공하여 기존 렌터카 회사보다 폭넓은 차종과 저렴한 가격을 통해 비즈니스를 확장하고 있으며, 현재 미국 1,500여 개 도시에서 서비스를 제공하고 있다.

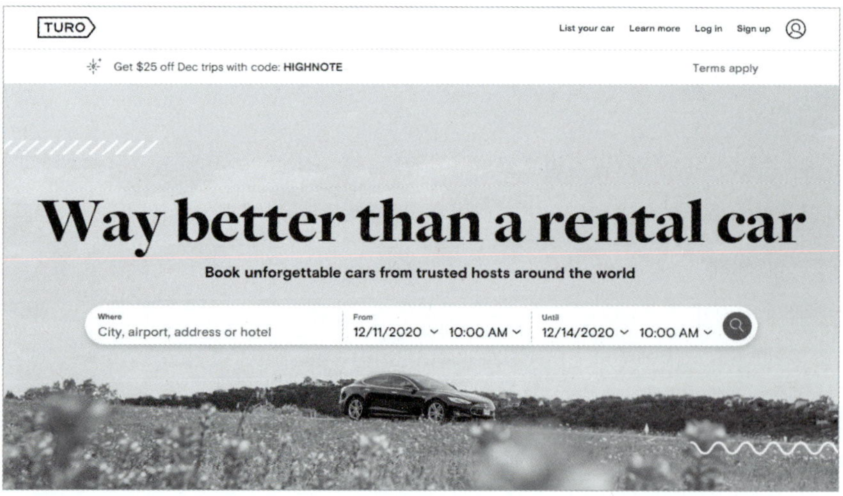

그림 4-16 투로(turo.com)

■ 네이버굿즈

네이버굿즈(NeighborGoods)는 가입자가 거주하고 있는 커뮤니티를 기반으로 각자 남는 물건을 이웃과 친구에게 빌려주는 서비스를 제공하는 플랫폼을 운영하고 있다. 돈과 자원을 절약할 수 있는 안전한 커뮤니티 구현을 목표로 하고 있으며, 거래수수료는 무료이다. 가입자는 아이템 이용에 대해 담보나 렌탈 요금을 요구할 수 있으나 네이버굿즈는 거래수수료를 받지 않기 때문에 비영리 서비스로 분류된다.

그림 4-17 네이버굿즈(www.neighborgoods.net)

■ 집카

집카(Zipcar)는 전통적인 렌터카 회사와는 다르게 시간제 렌터카 업체이다. 멤버십카드를 사용하는 회원을 대상으로 하며, 짧은 시간단위로 별도의 계약서 작성 없이 차량대여가 가능하다. 집카는 연회비와 가입비를 받고 시간당 또는 일당 이용 금액을 청구하는 방식으로 운영된다. 또한 '가입-사용-반납-결제'의 모든 단계에서 사람을 대면할 필요 없이 사용한 시간만큼 금액을 지불하는 시스템을 도입하여 운영하고 있다.

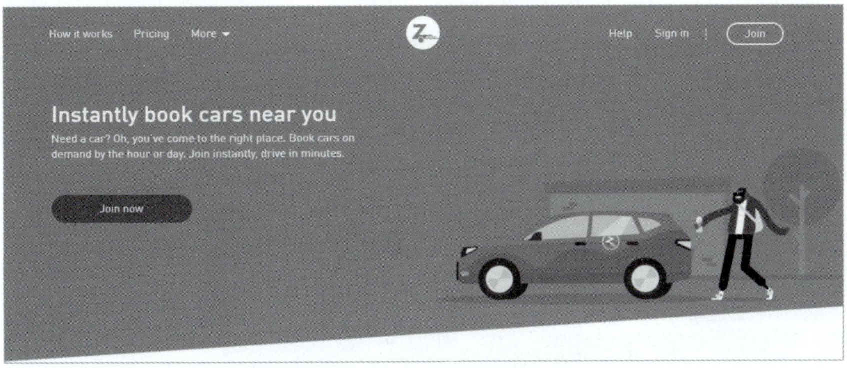

그림 4-18 집카(ww.zipcar.com)

■ **토즈**

토즈(TOZ)는 모임 공간 '모임센터', 신개념 독서실 '스터디센터', 창업자와 사업자를 위한 '비즈니스센터', 최적화된 오피스 환경의 '스마트오피스', 공간의 제약 없이 업무처리가 가능한 '스마트워크센터', '마이스센터' 등의 모토를 내걸고 운영 중인 공간서비스 업체이다. 토즈 모임센터는 기업회의, 세미나, 컨퍼런스를 위한 대형부스와 각종 스터디와 커뮤니티 모임을 진행할 수 있는 중소형 부스로 구성되어 있으며, 온라인을 통한 모임 지원과 명사를 초청한 강연 등의 모임 콘텐츠를 제공하고 있다. 토즈 스터디센터는 독서실을 학습공간으로 대여하는 신개념 비즈니스로, 발달된 지능에 따라 효율이 극대화되는 학습공간이 모두 다르다는 연구결과에 착안해 다양한 공간을 구성하고 있다.

그림 4-19 토즈(www.toz.co.kr)

■ **열린옷장**

열린옷장은 정장을 공유하는 비영리단체로, 옷장 속에 잠들어 있는 정장을 기증받아 정장이 필요한 사람과 공유하는 서비스를 제공하는 국내 법인이다. 옷과 함께 옷에 담긴 이야기나 응원메시지까지 기증받아 임차하는 사람에게 전달하고, 임차한 사람의 감사메시지를 받아 기증한 사람에게 전달한다. 이를 통해 사람과 사람이 더 가까워지고 소통할 수 있는 세상을 만드는 것을 목표로 한다.

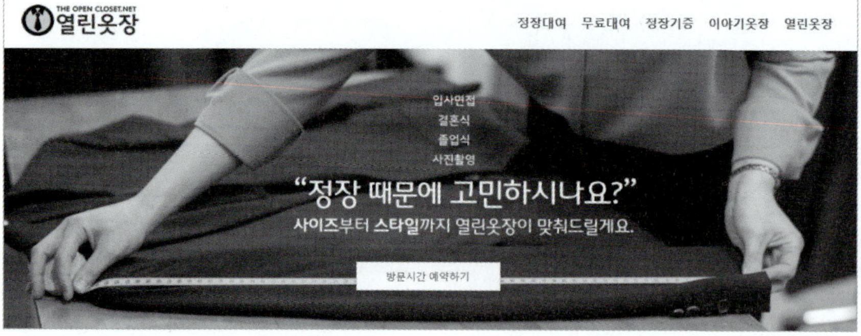

그림 4-20 열린옷장(theopencloset.net)

■ **셰어하우스 우주**

셰어하우스 우주(WOOZOO)는 하숙집, 기숙사, 원룸과는 달리 여러 사람들, 즉 1인 가구들이 집을 나누어 사는 셰어하우스를 만들고 운영한다. 집을 구입하여 실내장식과 가구설비를 마친 후 입주자에게 분양하는 방식의 사업이다. 셰어하우스는 한 집에 최소 6, 7명이 공동 생활하는 주거 형태이며, 방은 1인실, 2인실 등이 있고 거실, 주방, 화장실은 같이 사용한다. 보증금과 월세 이외에 입주수수료는 따로 없다. 또한 체계적인 선발 과정을 통해 믿을 수 있는 입주자 모집과 룸메이트 매칭이 이루어지며, 다양한 제휴상품, 청소서비스 등이 제공된다.

그림 4-21 셰어하우스 우주(www.woozoo.kr)

서비스 제공 및 교환 비즈니스 모델

서비스 제공 및 교환 비즈니스 모델의 예는 우버, 태스크래빗, 타임뱅크, 홍합밸리 등이 있다.

■ **우버**

우버(Uber)는 우버 앱에 등록되거나 고용된 운전기사와 승객을 모바일 앱을 통해 중개하는 서비스를 제공하는 차량공유서비스 업체이다. 2009년 설립 이후 꾸준히 성장해 전 세계 100개 이상 도시에서 서비스 중이다. 우버는 우버 엑스와 우버 블랙, 우버 택시로 구분하여 운영되고 있다. 우버 엑스(Uber X)는 우버에 등록된 개인 차량을 공유하는 서비스이며, 우버 블랙(Uber Black)은 렌터카 업체와 제휴한 프리미엄 우버 서비스로 고급 리무진 차량을 중개한다. 우버 택시(Uber Taxi)는 일반 및 법인 택시와의 제휴를 통해 승객에게 택시 차량을 중개한다. 우버는 기본적으로 승객과 차량을 연결시켜 주고 설정된 가격에서 20%를 수수료로 공제하는 구조의 비즈니스 모델이다. 차량예약 서비스, 카셰어링 회사로서 공유경제를 대표하는 기업으로 급성장하고 있다.

그림 4-22 우버(www.uber.com)

하나 더 알기 **우버의 신규 서비스**

- **우버 다이렉트(Uber Direct) :** 리테일 제품 배달 플랫폼
- **우버 에어(Uber Air) :** 주문형 항공택시 서비스
- **우버 머니(Uber Money) :** 운전자와 소비자를 위한 금융상품 기획 및 설계
- **우버 헬스(Uber Health) :** 환자를 병원에 데려다주는 서비스
- **우버 펫(Uber Pet) :** 애완견 동승 서비스
- **우버 트립(Uber Trip) :** 시간제 대절 서비스
- **우버 셰어(Uber Share) :** 출퇴근 전용 카풀 서비스
- **우버 콥터(Uber Copter) :** 헬리콥터택시 서비스
- **우버 트랜짓(Uber Transit) :** 버스표 판매
- **우버 웍스(Uber Works) :** 구인/구직 애플리케이션
- **우버 커넥트(Uber Connect) :** 주문받은 제품을 배송하는 서비스
- **익스프레스 풀(Express Pool) :** AI 알고리즘을 통해 최적의 매칭을 찾아주는 카풀 서비스

■ 태스크래빗

태스크래빗(TaskRabbit)은 일거리가 필요한 사람과 인력이 필요한 사람을 연결해주는 중개 플랫폼을 운영하는 업체이다. 태스크래빗의 장점은 초단기 아르바이트를 쉽게 구할 수 있어 단기 알바를 원하는 사람들이 쉽게 일자리를 찾을 수 있고, 인력을 구하는 사람들은 전문성을 가진 사람들을 비교적 저렴한 인건비로 고용할 수 있다는 점이다. 태스크래빗의 수입 모델은 연결 건당 20%의 수수료를 받는 것이다. 사업 초기에는 지원자 모두의 능력과 자질을 직접 검증하고 기본적인 신상을 파악하였으나 현재는 신원조회 전문 회사를 통해 지원자의 범죄유무, 신용상태, 배경 등을 검증하여 신뢰를 확보하고 있다.

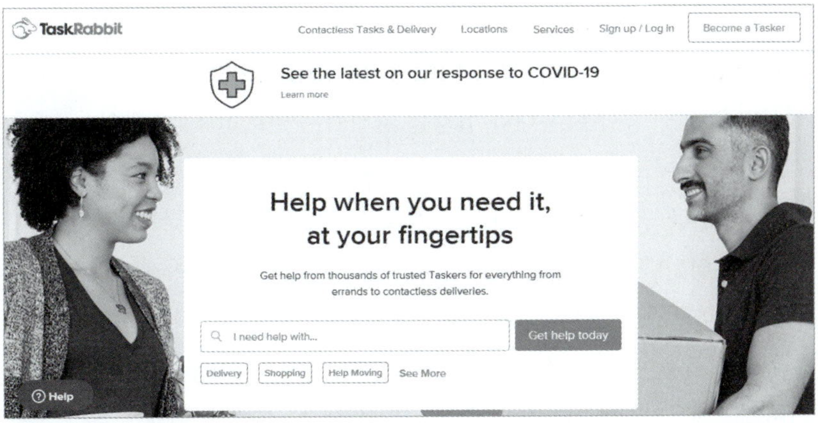

그림 4-23 태스크래빗(www.taskrabbit.com)

■ 타임뱅크

타임뱅크(TimeBank)는 '시간은행'이란 뜻으로, 다른 사람이나 지역을 위해 사용한 시간을 적립할 수 있는 가상적 거래시장을 제공한다. 타임뱅크는 1997년 미국의 에드가 칸(Edgar S. Cahn) 박사가 시간을 매개로 노동이란 가치를 교환하여 자본주의 사회의 폐단을 스스로 치유할 수 있게 하는 봉사 사회의 개념으로 제안하였다. 즉, 시간은행은 누구나 평등하게 갖고 있는 시간이란 자원을 남을 위해 제공하고, 자신이 필요할 때 다시 이를 타인으로부터 제공받을 수 있도록 하는 상호부조 체계이다. 타임뱅크는 커뮤니티 형태로 운영되며, 15~20명 정도의 작은 그룹에서부터 2,000명이 넘는 커뮤니티까지 상호작용이 이루어진다. 실제 개인별 계정을 만들어 봉사 시간을 적립하고 차감하는 방식으로 운영되고 있으며, 타임뱅크는 봉사를 필요로 하는 사람과 제공할 사람을 연결시켜 주는 정보교환 공간으로 작용한다. 새로운 커뮤니티를 만들 때는 위버(Weaver)라는 온라인 툴을 사용하는데, 커뮤니티 멤버 관리와 시간 체크 등의 기능을 제공하며 이를 이용할 경우에는 타임뱅크 측에 비용을 지불해야 한다.

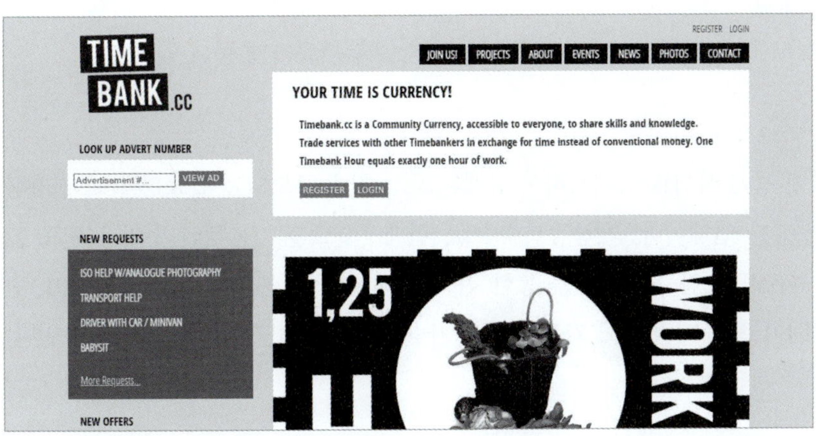

그림 4-24 타임뱅크(timebank.cc)

■ **홍합밸리**

홍합밸리는 스타트업들에게 업무공간을 제공하고, 스타트업끼리 협업할 수 있도록 커뮤니티를 제공하는 국내 공유경제서비스이다. 홍합은 홍대와 합정을 가리키는 말로 ICT, 디자인, 콘텐츠 등 다양한 분야의 스타트업들이 모여드는 젊은 감각의 대학가와 문화공간 지역을 의미한다. 홍합밸리는 스타트업들에게 업무공간을 공유하고, 스타트업 개발자와 디자이너, 스타트업과 중견기업 간의 연결을 돕는 형태로 운영된다. 스타트업과 중견기업 간의 연결을 통해 마케팅, 홍보, 필요자원을 공유하며, 기업과 스타트업이 상생할 수 있는 연결고리를 마련하는 사업 모델을 가진다. 사용하는 목적에 따라 장소 활용(대관), 업무 공간, 창업 준비, 교육 및 강연, 출시 전 필드테스트, 데모시연(제품/서비스), 전문가 집단 컨설팅, 제휴 파트너 찾기, 친목 및 이벤트, 공개채용에 활용된다. 홍합밸리는 2015년 서울시 공유기업으로 선정된 바 있다.

그림 4-25 **홍합밸리(honghapvalley.org)**

매매 및 교환 비즈니스 모델

매매 및 교환 비즈니스 모델의 예로는 이베이, 엣시, 알라딘, 아름다운가게 등이 있다.

■ **이베이**

이베이(eBay)는 인터넷 경매 사이트로 시작하여 현재는 세계 최대 규모의 종합쇼핑몰 및 전자상거래 중개 사이트로 성장한 업체이다. 제품등록수수료, 판매수수료를 기본적인 수입 모델로 한다. 2002년 페이팔(Paypal)을 인수하여 이를 통한 전자결제서비스를 운영하고 있는데, 2013년 기준으로 페이팔은 이베이 전체 매출 규모 가운데 40% 가량을 차지하며 거래수수료를 받고 있다.

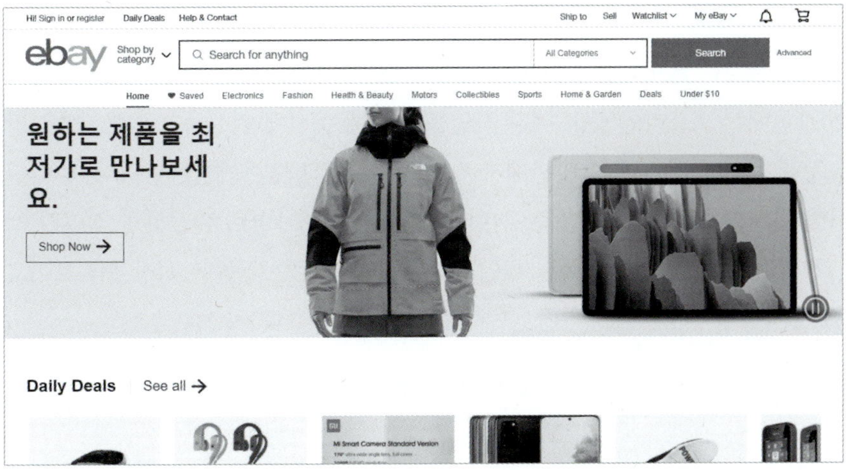

그림 4-26 이베이(www.ebay.com)

■ 엣시

엣시(Etsy)는 수공예 산업을 온라인으로 끌어들여 시장을 창출한 대표적인 마켓플레이스로, 핸드메이드 전문 P2P 쇼핑몰이다. 엣시는 개개인의 손재주를 비즈니스 모델화하고 대량 상품이 아닌 독특하고 정성이 담긴 제품으로 소비자 니즈를 반영하였다. 다품종소량생산을 시스템화하고 소비자가 선호하는 재료와 환경 등을 판매자들이 직접 홍보하도록 했는데, 특히 전업주부나 노인 등 기존 시장에 쉽게 뛰어들기 어려운 사람들이 적은 노력과 투자로도 상품성을 확인하고 수익을 낼 수 있는 기회를 제공하고 있다. 고객층 확보와 함께 다양하고 풍부한 수공예 창작자들을 공급자로 확보한 것이 주요 성장 비결이다.

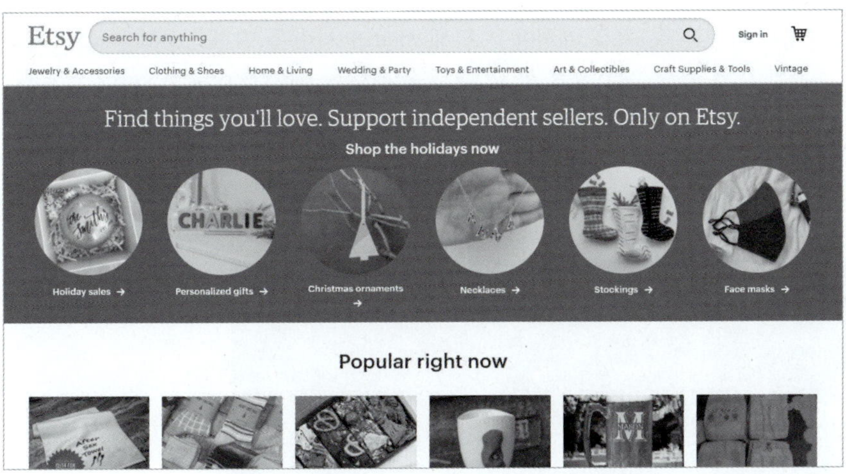

그림 4-27 엣시(www.etsy.com)

■ 알라딘

알라딘(Aladin) 중고매장은 온·오프라인 중고책 거래 마켓플레이스로, 2008년에는 온라인 중고책 거래서비스를, 2011년에는 오프라인 중고 매장 사업을 시작해 동시에 진행하고 있다. 책을 팔려는 사람은 책을 포장해 매장에 팔거나 중고 판매자 자격으로 다른 회원에게 팔 수 있다. 알라딘 중고매장은 일반 서점 못지않게 다양한 신간을 구비하고 있으며, 분야별로 깔끔하게 정리된 서가, 체계적인 검색, 책의 상태에 따라 규격화된 매입 및 판매 방식 등으로 높은 성장세를 보이고 있다.

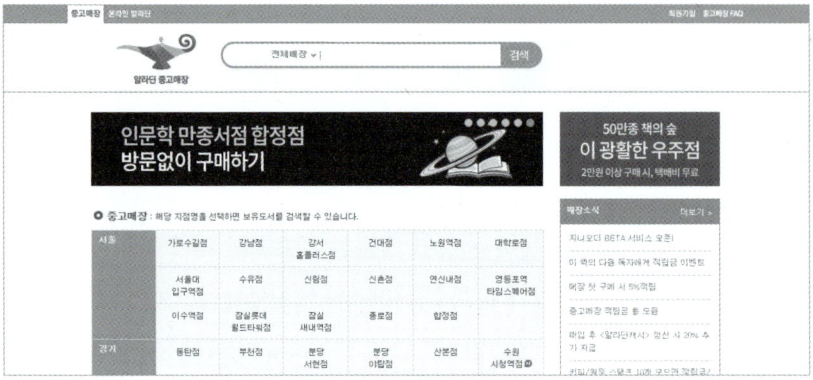

그림 4-28 알라딘 중고매장(www.aladin.co.kr)

■ 아름다운가게

아름다운가게는 시민단체가 운영하는 재활용품 가게이자 자선단체로, 기부받은 중고품을 판매해 마련한 기금을 사회자선 및 공익사업에 쓰기 위해 창설된 공익단체이다. 사용한 물건을 버리지 않고 재활용한다는 면에서 환경운동, 물품 재사용을 통해 사람과 사람을 연결 짓는다는 측면에서 새로운 생활공동체 운동, 또한 물품 재사용을 통해 마련한 기금은 공익사업에 쓰인다는 점에서 시민참여형 자선운동이라고 할 수 있다.

그림 4-29 아름다운가게(www.beautifulstore.org)

토론 및 과제

※ 현재 우버(Uber)는 다음과 같은 공유서비스를 수행하고 있다. 우버의 각 서비스에 대해 조사하시오.

- 우버 다이렉트(Uber Direct) : 리테일 제품 배달 플랫폼
- 우버 에어(Uber Air) : 주문형 항공택시 서비스
- 우버 머니(Uber Money) : 운전자와 소비자를 위한 금융상품 기획 및 설계
- 우버 헬스(Uber Health) : 환자를 병원에 데려다주는 서비스
- 우버 펫(Uber Pet) : 애완견 동승 서비스
- 우버 트립(Uber Trip) : 시간제 대절 서비스
- 우버 셰어(Uber Share) : 출퇴근 전용 카풀 서비스
- 우버 콥터(Uber Copter) : 헬리콥터택시 서비스
- 우버 트랜짓(Uber Transit) : 버스표 판매
- 우버 웍스(Uber Works) : 구인/구직 애플리케이션
- 우버 커넥트(Uber Connect) : 주문받은 제품을 배송하는 서비스
- 익스프레스 풀(Express Pool) : AI 알고리즘을 통해 최적의 매칭을 찾아주는 카풀 서비스

토론

01 우버의 비즈니스 모델이 왜 탁월한지에 대해 토론하시오.

02 우리나라에서는 왜 우버의 성장세가 더딘지 그 이유에 대해 토론하시오.

03 우리나라에 도입가능한 공유서비스는 무엇이 있을지 토론하시오.

과제

01 우버의 비즈니스 모델 중 한 가지를 선택하여 조사하고 보고서로 제출하시오.

요약

01 소셜미디어는 SNS에 가입한 사용자들이 서로 정보와 의견을 공유하는 플랫폼을 뜻한다.

02 소셜 네트워크 사이트는 개인들로 하여금 특정 시스템 속에 공개 또는 비공개 프로파일을 만들도록 해주고 서로 접촉 중인 사용자들의 명단을 보여주어 시스템 속에서 다른 사람들을 관찰할 수 있게 하는 웹서비스로 정의된다.

03 소셜미디어는 커뮤니케이션 모델, 협업 모델, 콘텐츠 공유 모델, 엔터테인먼트 모델로 분류된다.

04 SNS는 웹을 기반으로 하여 사람들이 기존의 인간관계를 강화하고 새로운 관계를 만들 수 있는 서비스를 의미한다.

05 SNS는 익명성, 정보성, 신뢰성, 상호작용성, 동류선호성 등의 특징이 있다.

06 소셜커머스는 기존의 전자상거래가 SNS와 결합된 형태로, 음식이나 공연 등 서비스 및 상품을 대폭 할인하고 트위터와 페이스북과 같은 SNS를 활용해 정보를 제공하고 광고하여 판매하는 전자상거래 서비스를 말한다.

07 소셜커머스의 유형은 6가지로 분류된다.

- 반짝세일 : 온라인상에서 제한된 시간 동안만 상품을 판매하는 방식이다.
- 그룹 구매 : 제한된 시간 동안 정해진 인원이 모이면 특정 상품을 할인된 가격으로 구매할 수 있는 쿠폰을 제공해 판매하는 방식이다.
- 소셜 쇼핑 : 온라인상에서 찾아낸 좋은 판매 사이트나 상품을 사용자들이 서로 공유하게 하는 형태를 취하고 있다.
- 소셜 쇼핑앱 : 위치 기반의 소셜커머스 형태로, 상거래의 범위를 온라인에서 오프라인까지 확장시키는 역할을 한다.
- 구매 공유 : 소비자가 자신의 상품 구매 정보를 공유하도록 하여 사업자에게는 마케팅의 수단을 제공하고 구매 소비자에게는 금전적 보상을 해주는 방식을 취한다.

- 퍼스널 쇼퍼 : 소셜 네트워크를 사용하여 다른 사용자로부터 특정 상품에 대한 조언을 얻는 형태이다.

08 인터넷 밈이란 인터넷을 통해 사람 사이에 전파되는 어떤 생각, 스타일, 행동을 말하며 대개 모방의 형태를 띤다.

09 공유경제란 유형의 재화에서부터 무형의 서비스에 이르기까지 다양한 잉여자원을 서로의 필요에 의해 공유하고 사용하여 가치를 발생시키는 것으로 정의할 수 있다.

10 공유경제는 재유통 시장, 협력적 라이프스타일, 제품서비스 시스템, 차별화된 공유자산, 양성화, 미온적 정보 공개, 현실화, 기존 시장 파괴 및 재구성, 신규 시장 창출, 규제모델 파괴, 기존 규제 한계, 위해 당사자 지정 어려움, 이해관계자별 대응 필요 등의 특징이 있다.

11 공유경제 플랫폼은 간접 네트워크 외부효과, 닭과 달걀의 딜레마, 직접 거래 불가능의 특징이 있다.

12 공유경제 비즈니스 모델은 공유 목적에 따라 자산임대 비즈니스 모델, 서비스 제공 및 교환 비즈니스 모델, 매매 및 교환 비즈니스 모델로 구분할 수 있다.

연습 문제

단답형 문제

01 (   )는 SNS에 가입한 사용자들이 서로 정보와 의견을 공유하는 플랫폼을 말한다.

02 (   )는 개인들로 하여금 특정 시스템 속에 공개 또는 비공개 프로파일을 만들도록 해주고 서로 접촉 중인 사용자들의 명단을 보여주어 시스템 속에서 다른 사람들을 관찰할 수 있게 하는 웹서비스로 정의된다.

03 (   )는 웹을 기반으로 하여 사람들이 기존의 인간관계를 강화하고 새로운 관계를 만들 수 있는 서비스를 의미한다.

04 (   )는 기존의 전자상거래가 SNS와 결합된 형태로, 음식이나 공연 등 서비스 및 상품을 대폭 할인하고 트위터와 페이스북과 같은 SNS를 활용해 정보를 제공하고 광고하여 판매하는 전자상거래 서비스를 말한다.

05 (   )은 온라인상에서 제한된 시간 동안만 상품을 판매하는 방식이다.

06 (   )는 제한된 시간 동안 정해진 인원이 모이면 특정 상품을 할인된 가격으로 구매할 수 있는 쿠폰을 제공해 판매하는 방식이다.

07 (   )은 온라인상에서 찾아낸 좋은 판매 사이트나 상품을 사용자들이 서로 공유하게 하는 형태를 취하고 있다.

08 (   )은 위치 기반의 소셜커머스 형태로, 상거래의 범위를 온라인에서 오프라인까지 확장시키는 역할을 한다.

09 (   )는 소셜 네트워크를 사용하여 다른 사용자로부터 특정 상품에 대한 조언을 얻는 형태이다.

10 (   )는 소비자가 자신의 상품 구매 정보를 공유하도록 하여 사업자에게는 마케팅의 수단을 제공하고 구매 소비자에게는 금전적 보상을 해주는 방식을 취한다.

11 (   )이란 인터넷을 통해 사람 사이에 전파되는 어떤 생각, 스타일, 행동을 말하며 대개 모방의 형태를 띤다.

12 (   )란 유형의 재화에서부터 무형의 서비스에 이르기까지 다양한 잉여자원을 서로의 필요에 의해 공유하고 사용하여 가치를 발생시키는 것으로 정의할 수 있다.

13 (   )란 자신이 속해 있는 그룹이 아니라 플랫폼 반대편에 속한 그룹의 규모 확대가 자신에게 편익 증가로 나타나는 경우를 말한다.

14 (   )란 플랫폼 사업자가 양측 고객인 생산자와 소비자 중 어느 쪽의 규모를 먼저 확대하기 위해 투자할지에 대한 결정이 쉽지 않은 현상을 말한다.

객관식 문제

15 다음의 설명을 읽고 어떤 용어에 대한 설명인지 고르시오.

> 개인들로 하여금 특정 시스템 속에 공개 또는 비공개 프로파일을 만들도록 해주고 서로 접촉 중인 사용자들의 명단을 보여주어 시스템 속에서 다른 사람들을 관찰할 수 있게 하는 웹서비스로 정의된다.

① 소셜 네트워크 사이트 ② 매스미디어 ③ 웹사이트
④ 웹 3.0 ⑤ 콘텐츠

16 다음 중 소셜미디어에 대한 설명이 아닌 것은?

① 보도 기능과 정보 확산을 목적으로 하는 게시 기능을 좀 더 강화한 것을 의미한다.

② 게시글을 쓰고 그 글에 대한 댓글을 다는 게시판 중심의 커뮤니티이다.

③ 제한된 시스템 내에서 관계를 형성하고 유지할 수 있다.

④ 웹 2.0의 이데올로기적 기술적 기초에 근거한 인터넷 애플리케이션의 집합이다.

⑤ SNS에 가입한 사용자들이 서로 정보와 의견을 공유하는 플랫폼을 말한다.

17 소셜미디어가 출현한 시기로 알맞은 것을 고르시오.

① 1950년대~1970년대 ② 1980년대~2000년대 ③ 2000년대 중반
④ 2006년 이후 ⑤ 2020년 이후

18 다음 중 소셜미디어를 분류할 때 해당되지 않는 것은?

① 콘텐츠 공유 모델 ② 비즈니스 모델 ③ 커뮤니케이션 모델
④ 협업 모델 ⑤ 엔터테인먼트 모델

19 다음 중 SNS의 특징이 아닌 것은?

① 보안성 ② 익명성 ③ 정보성
④ 상호작용성 ⑤ 신뢰성

20 다음 중 SNS에 대한 설명이 아닌 것은?

① Social Network Service의 약자이다.

② 온라인 사회 연결망 구축 서비스 일반을 의미한다.

③ 웹을 기반으로 하여 새로운 관계를 만들 수 있는 서비스를 의미한다.

④ 일방향으로 정보가 전달된다.

⑤ '사회 연결망 서비스'라고도 부른다.

21 소셜커머스를 유형별로 분류할 때 해당되지 않는 것은?

① 소셜 쇼핑앱 ② 소셜 네트워크 서비스 ③ 반짝세일
④ 퍼스널 쇼퍼 ⑤ 소셜 쇼핑

22 다음 중 소셜커머스에 대한 설명이 아닌 것은?

① 온라인상에서 소비자의 인맥을 마케팅에 활용하는 형태의 e-커머스이다.
② SNS와 소셜미디어를 활용하는 e-커머스이다.
③ 서비스나 상품을 할인하고 SNS를 활용해 정보제공·광고·판매하는 전자상거래서비스이다.
④ 기존의 전자상거래가 SNS와 결합된 형태이다.
⑤ 플랫폼 반대편에 속한 그룹의 규모 확대가 자신에게 편익 증가로 나타나는 경우를 말한다.

23 다음의 소셜커머스 유형 분류 중 그룹 구매에 대한 설명으로 알맞은 것은?

① 소비자가 자신의 상품 구매 정보를 공유하도록 하여 사업자에게는 마케팅의 수단을 제공하고 소비자에게는 금전적 보상을 해주는 방식을 취한다.
② 상거래의 범위를 온라인에서 오프라인으로까지 확장시키는 역할을 한다.
③ 온라인상에서 찾아낸 좋은 판매 사이트나 상품을 사용자들이 서로 공유하게 하는 형태를 취하고 있다.
④ 제한된 시간 동안 정해진 인원이 모이면 특정 상품을 할인된 가격으로 구매할 수 있는 쿠폰을 제공해 판매하는 방식이다.
⑤ 온라인상에서 제한된 시간 동안만 상품을 판매하는 방식이다.

24 인터넷을 통해 사람 사이에 전파되는 어떤 생각, 스타일, 행동을 말하며 대개 모방의 형태를 띠는 이 현상을 가리키는 용어로 알맞은 것은?

① 구매 공유 ② 인터넷 밈 ③ 인터넷 쇼핑
④ 인터넷 웹사이트 ⑤ 전자상거래

25 다음 중 공유경제의 특징이 <u>아닌</u> 것은?

① 기존 시장 파괴 및 재구성

② 협력적 라이프스타일

③ 차별화된 공유자산

④ 적극적 정보 공개

⑤ 신규 시장 창출

26 다음 중 공유경제에 대한 설명이 <u>아닌</u> 것은?

① 유형자원에서 무형자원까지 그 대상이 확대되고 있다.

② 경제활동을 영위하는 소비자, 생산자의 행동분석을 통해 이루어지는 경제이다.

③ 기업이나 개인의 유휴자원을 플랫폼을 통해 적재적소에 공급하여 타인에게 양도 및 공유하며 현존자산의 사용효율을 증가시키는 새로운 경제방식이다.

④ 정보통신기술의 발전과 소비자 인식의 변화로 인하여 중요성이 커지고 있다.

⑤ 가격이 아닌 다양한 사회관계에 의해서 조율되는 경제이다.

27 다음의 설명을 읽고 공유경제 플랫폼의 특징 중 무엇에 해당하는 설명인지 고르시오.

> 자신이 속해 있는 그룹이 아니라 플랫폼 반대편에 속한 그룹의 규모 확대가 자신에게 편익 증가로 나타나는 경우를 말한다.

① 제품서비스 시스템

② 재유통 시장

③ 닭과 달걀의 딜레마

④ 간접 네트워크 외부효과

⑤ 직접 거래 불가능

28 공유경제 비즈니스 모델 중 자산임대 비즈니스 모델의 예가 아닌 것은?

① 집카(Zipcar) ② 토즈(TOZ) ③ 에어비앤비(Airbnb)
④ 우버(Uber) ⑤ 투로(TURO)

29 공유경제 비즈니스 모델 중 서비스 제공 및 교환 비즈니스 모델의 예가 아닌 것은?

① 열린옷장
② 태스크래빗(TaskRabbit)
③ 타임뱅크(TimeBank)
④ 우버(Uber)
⑤ 홍합밸리

30 다음의 설명을 읽고 공유경제 비즈니스 모델 중 어떤 업체에 대한 설명인지 고르시오.

> 온·오프라인 중고책 거래 마켓플레이스로, 2008년에는 온라인 중고책 거래 서비스를, 2011년에는 오프라인 중고 매장 사업을 시작하였다. 책을 팔려는 사람은 책을 포장해 매장에 팔거나 중고 판매자 자격으로 다른 회원에게 팔 수 있다.

① 홍합밸리 ② 이베이(ebay) ③ 알라딘
④ 엣시(Etsy) ⑤ 아름다운가게

CHAPTER 05

e-비즈니스 환경 III : 빅데이터와 사물인터넷

학습 목표

- 빅데이터의 개념과 발전 과정에 대해 살펴보고, 특징에 대해 학습한다.
- 빅데이터를 기업에서 어떻게 활용하는지 사례를 통해 살펴본다.
- 빅데이터 기술에 대해 알아본다.
- 사물인터넷이 등장한 배경과 개념, 플랫폼, 응용 사례, 기술, 표준에 대해 학습한다.

PREVIEW

이번 장에서는 앞서 설명한 e-비즈니스 산업을 둘러싸고 있는 빅데이터와 사물인터넷에 대해 살펴본다.

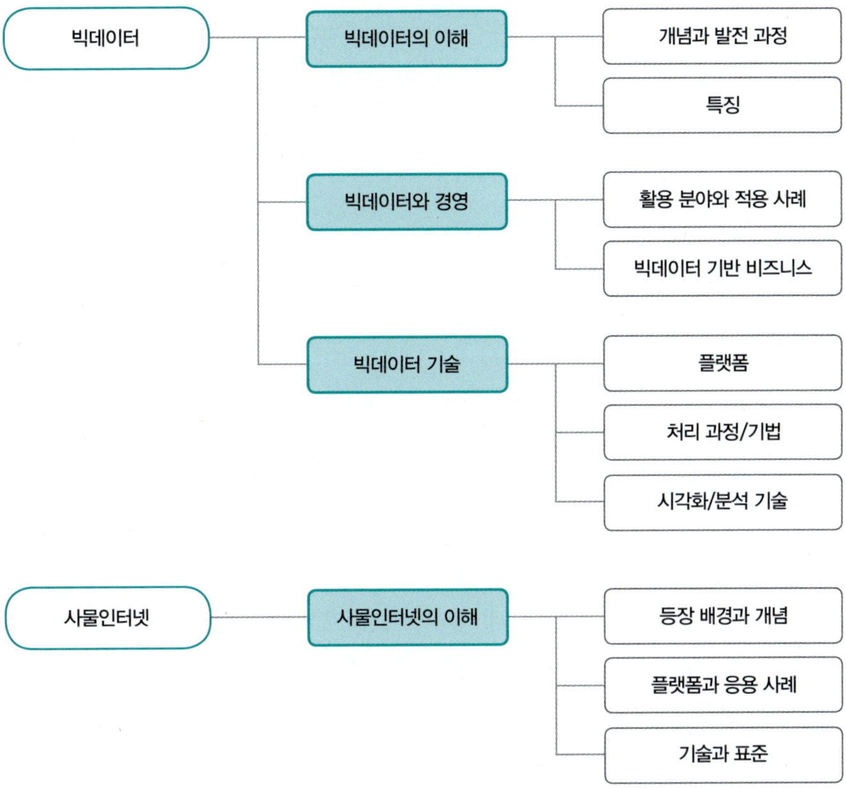

SECTION 01 빅데이터의 이해

1 빅데이터의 개념

인터넷의 발전과 함께 스마트폰 확산으로 SNS가 활성화되고 사물 간의 정보통신이 늘어나면서, 이들이 생성하는 데이터의 양은 기하급수적으로 증가하고 있다. 전 세계 39억 명의 인터넷 사용자 중 35억 명이 SNS를 이용하고 있으며 그중 페이스북은 24억 5천만 명의 사용자를 보유하고 있다고 보고된다. 글로벌 시장조사 기관인 IDC에 의하면 2025년 전 세계의 데이터 생산량은 약 163ZB 정도의 크기가 될 것이라고 한다. 빅데이터(Big Data)는 이러한 대규모 데이터 때문에 생겨난 용어이다. 1990년 이후 인터넷을 통한 데이터양의 폭발적인 증가를 정보홍수(Information Overload)나 정보폭발(Information Explosion)이라고 하며, 이는 빅데이터 개념이 탄생한 배경이라고 할 수 있다.

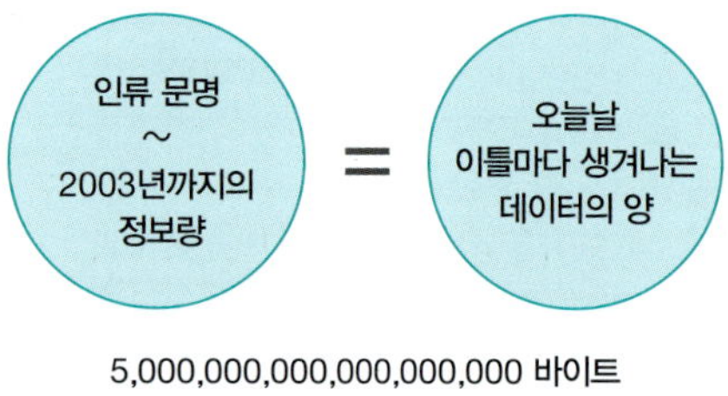

그림 5-1 데이터 생산량 비교

빅데이터라는 용어가 사용되기 이전, 정보공학에서는 데이터마이닝이라는 개념을 사용했다. 실제로 빅데이터 분석 과정에서는 데이터마이닝 기법을 활용하는 경우가 대부분이다. 규모(Volume), 속도(Velocity), 다양성(Variety) 등 3가지 요소(3V)로 특징지어지고 있는 빅데이터는 2012년 다보스포럼(Davos Forum)에서 새로운 가능성을 내포한 중요한 주제 중의 하나로 선정돼 토의되면서 전 세계의 주목을 받았다.

빅데이터에 대한 정의는 크게 2가지로 나뉘는데, 첫째는 데이터양 등 빅데이터 자체가 가지는 특성에 초점을 맞춘 정의이다. **빅데이터(Big Data)는 기존의 데이터와 다르게 양, 속도, 다양성에 초점을 맞추어 수집, 저장, 관리, 분석의 역량을 넘어서는 대량의 정형 또는 비정형 데이터셋(set)**으로 정의할 수 있다. 둘째는 빅데이터의 특성을 넘어 빅데이터의 가치와 활용 효과의 관점에서 설명하는 것으로, **대량의 정형 또는 비정형 데이터셋으로부터 가치를 추출하고 결과를 분석**

하는 기술로 정의한다. 이외에, 위키백과에서는 '기존의 관리 및 분석 체계로는 감당할 수 없을 정도의 거대한 데이터의 집합으로, 이러한 데이터로부터 가치를 추출하고 결과를 분석하는 기술'이라고 정의한다. 오라일리미디어에서는 '기존의 데이터베이스 시스템으로 처리하기 어려운 상당히 규모가 큰 데이터로, 데이터 형식이 다양하고 생성 속도가 빨라 새로운 관리·분석 방법이 필요한 대용량 데이터'로 정의한다. 결론적으로 대용량 데이터를 분석 및 활용하는 정보기술까지 빅데이터라는 용어에 포함하여 사용하는 것이 일반적이다.

2 빅데이터의 발전 과정

데이터의 역사를 살펴보면, 주요 거래 데이터를 저장하기 위한 파일관리시스템(FMS, File Management Systems), 다양한 거래 데이터를 통합적으로 관리하기 위한 데이터관리시스템(DBMS, Database Management Systems), 이러한 데이터의 중복성을 없애고 일관성을 유지하기 위한 데이터 모델(Data Model), 휘발성 데이터베이스들을 시간별, 업무별로 적재해놓은 데이터웨어하우스(Data Warehouse), 수많은 데이터에서 가치 있는 정보를 찾아내기 위한 데이터마이닝(Data Mining), 기업 지능 수준을 높이기 위한 정보화체계인 비즈니스 인텔리전스(BI, Business Intelligence) 등의 발전이 있었다. 그런데 이러한 데이터 기술의 발전은 주로 기업 데이터이면서 구조화된 데이터에 집중되었다.

1990년대에 들어서면서는 BPR, ERP, 6시그마 등의 경영혁신 기법이 일반화되면서 데이터기술보다는 프로세스기술에 대한 연구가 활성화되었다. 시스템개발 방법론도 데이터 중심보다는 프로세스 중심의 방법론이 활성화되었다. 실질적으로도 구조화된 데이터기술 수준은 어느 정도 안정이 되었기 때문에 2010년대에 들어오면서는 데이터 아키텍처와 데이터 품질에 대한 연구만이 활성화되었다. 빅데이터에 관심을 갖기 시작한 것은 2000년대 중반부터이다. 일반 기업과 달리 아마존과 구글은 인터넷상에서 엄청나게 많은 데이터를 관리해야 하기 때문에 새로운 기술이 필요했고, 그 당시 대표적인 기술이 구글 클라우드 빅테이블(Google Cloud Bigtable)과 아마존 다이나모DB(Amazon DynamoDB)였다. 초기에는 빅데이터를 어떻게 저장하고 관리할 것인지가 중요한 이슈였지만, 시간이 지날수록 빅데이터를 어떻게 분석하고 활용할 것인지가 더 중요한 이슈가 되었다. 일반적으로 빅데이터 기술은 수집기술, 처리 및 저장기술, 분석기술로 구분된다.

(a) 구글 클라우드 빅테이블 (b) 아마존 다이나모DB

그림 5-2 구글과 아마존의 빅데이터 관리기술

빅데이터 시대에 새롭게 부상하고 있는 기술 중 하나는 바로 이종 간 데이터 융합이다. 지금까지는 유사한 종류의 데이터 결합 및 분석을 통해 새로운 기회를 발굴해내는 데 초점을 두었다면, 빅데이터 시대에는 상이한 특성을 가진 데이터들을 상호 결합하여 데이터의 활용 범위를 넓혀 보다 깊은 함의를 도출하는 것이 중요해졌다. 이런 시대적 흐름에 발맞춰 국내에서도 다양한 데이터 융합 시도가 이루어지고 있다. 민-관 데이터 연계, 업무협약을 통한 서로 다른 업계 간 데이터 교류 등의 사례는 빅데이터라는 새로운 기술을 효과적으로 활용하고자 하는 국가와 산업 내의 다양한 노력의 결과물이라고 할 수 있다.

하나 더 알기 **오픈데이터(Open Data)**

빅데이터와 유사한 개념으로 오픈데이터가 있다. 오픈데이터는 '정부 3.0' 정책과 공공데이터 포털에 의해 알려졌다. 하지만 전 세계적으로 보면 오픈데이터 사례는 빅데이터만큼 역사가 깊다.

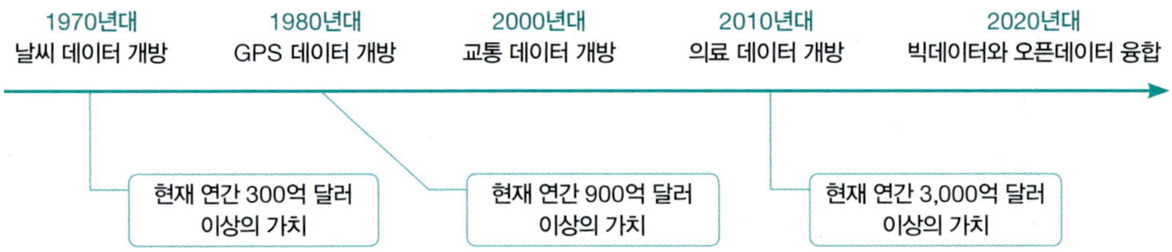

그림 5-3 **오픈데이터의 역사**

오픈데이터의 발전은 '데이터 민주주의' 개념으로 바라볼 수 있다. 역사적으로 크게 보면, 정보의 역사는 정보독재 시대에서 정보통제 시대를 거쳐 정보개방 시대로 진화되고 있다. 작게는, 행정정보공개정책에서부터 데이터 민주주의가 시작되었고 열린 정부(Open Government) 정책부터 본격화되었다. 데이터 민주주의란 '특정한 개인에 대한 정보가 아니면 누구나 그 데이터를 사용, 재사용 및 재배포할 수 있어야 한다.'는 의미로 정의할 수 있다. 데이터 민주주의가 확산되면 데이터 생태계는 더욱 진화할 것이다. 특정 비즈니스 영역의 데이터 생태계는 오픈데이터와 융합되면서 새로운 관점의 데이터 생태계를 만들어낼 것이다. 예를 들어 공공데이터가 개방되면서 공공데이터와 기존 민간데이터를 융합하여 새로운 데이터서비스나 새로운 비즈니스 모델을 제공할 수 있다. 요약하면 빅데이터는 오픈데이터를 활용하기 위해 정보를 수집하고 분석하는 개념과 같다.

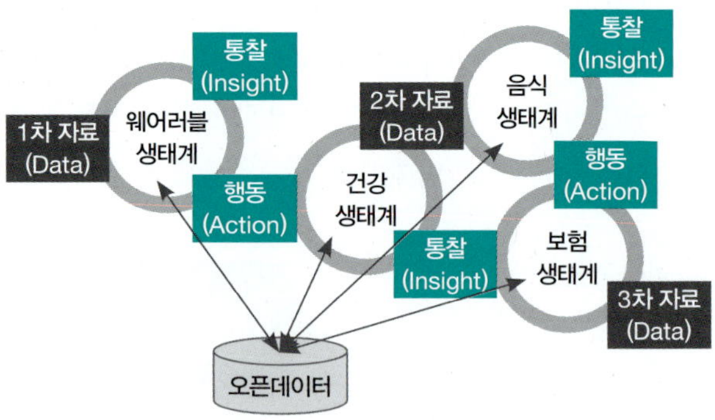

© 박주석, 《빅데이터, 오픈데이터, 마이데이터의 비교 연구》, 한국빅데이터학회지

그림 5-4 **데이터 생태계와 오픈데이터의 융합**

3 빅데이터의 특징

빅데이터의 가장 큰 특징은 텍스트와 이미지뿐만 아니라 동영상 등 비정형성도 포함한다는 것이다. 최근 데이터는 규모가 크고 인터넷상에서 빠르게 전파되기 때문에 중요한 패턴을 찾기가 쉽지 않고 유용한 정보의 증가만큼 불필요한 정보도 급증하고 있다. 빅데이터가 관심의 대상이 되는 이유는 이들 비정형 데이터를 분석 활용할 경우 고객의 정황적 경험이나 본인도 모르는 습관 등 다양한 형태의 취향 정보를 추출하여 개별 고객에 대한 관리가 가능하기 때문이다.

미국의 IT 분야 리서치 기업인 가트너그룹(The Gartner Group)의 애널리스트 더그 레이니(Doug Laney)는 빅데이터가 큰 용량, 빠른 속도, 높은 다양성의 특성을 가진 정보 자산이므로 이를 활용해 의사결정 및 통찰, 프로세스 최적화를 향상시키려면 새로운 형태의 처리 방식이 필요하다고 언급했다. 빅데이터의 특징으로는 3V, 즉 규모(Volume), 속도(Velocity), 다양성(Variety)을 들었다. IBM은 여기에 정확성(Veracity)을 더했고, 최근에는 가치(Value), 시각화(Visualization), 바이럴리티(Virality)를 포함한 7V로 정의하기도 했다.

그림 5-5 빅데이터의 특징

규모(Volume)

일반적으로 수십 테라바이트(TB) 또는 수십 페타바이트(PB) 이상이 빅데이터의 범위에 해당한다. 예를 들면 1,024테라바이트(1페타바이트) 규모의 시스템이라면 빅데이터라고 할 수 있다. 페이스북의 경우 회원 수가 8억 명 이상이며, 1일 10테라바이트 정도의 데이터를 처리하고 있다. 이처럼 빅데이터는 기존 파일 시스템에 저장하기 어려울 뿐만 아니라, 데이터 분석을 위해서 사용하는 BI/DW(Business Intelligence/Data Warehouse)같은 솔루션에서도 소화하기 어려울 정도로 급격하게 데이터양이 증가하고 있다. 이러한 문제를 극복하기 위해서는 확장 가능한 방식으로 데이터를 저장하고 분석하는 분산 컴퓨팅 기법으로 접근해야 한다.

빅데이터 관련 신기술, 특히 급부상 중인 아파치의 하둡(Hadoop)과 다양한 NoSQL 방식의 오픈소스 데이터 보관, 조작기술이 빅데이터가 주목받게 된 요인이기도 하다. 그럼에도 많은 기업에서는 아직까지 RDBMS를 이용하여 대량의 데이터를 활용하고 있다. 예를 들면, 뱅크오브아메리카(Bank of America)는 1.5페타바이트 이상, 월마트(Walmart)는 2.5페타바이트 이상, 이베이(eBay)는 6페타바이트 이상의 데이터를 격납한 데이터웨어하우스를 운용하고 있다.

속도(Velocity)

빅데이터의 속도적인 특징은 관점과 상황에 따라 실시간 처리와 장기적인 접근으로 나눌 수 있다. 기존의 데이터 처리와 달리 오늘날 디지털 데이터는 매우 빠른 속도로 생산되고 유통되며 이에 대한 실시간 분석과 처리가 매우 중요하다. 센서나 모니터링에 의한 사물 정보, 스트리밍 정보 등의 데이터가 계속적으로 생성, 분석되어 실시간으로 활용된다. 예를 들어 온라인 쇼핑몰에서 고객이 상품을 주문할 경우, 주문한 상품과 유사한 카테고리나 비슷한 성향의 고객이 구매한 상품을 추천한다면 매출을 늘리는 데 도움이 될 것이다. 물론 모든 데이터가 실시간 처리만을 요구하는 것은 아니다. 수집된 대량의 데이터를 다양한 분석기법과 표현기술로 처리해야 하는데, 이는 장기적이고 전략적인 차원에서 접근할 필요가 있다.

다양성(Variety)

다양한 종류의 데이터들이 빅데이터를 구성하고 있는데, 데이터의 형태(정형화의 정도)에 따라서 정형, 반정형, 비정형 데이터로 나눌 수 있다.

- **정형 데이터(Structured Data) :** 문자 그대로 정형화된 데이터로, 고정된 필드에 저장되는 데이터를 의미한다. 기존의 급여시스템과 같이 성명, 주소, 연락처 등 일정한 형식을 갖춘 내부 시스템인 경우가 대부분이며 정보수집이 쉽다. 정형 데이터는 기존의 솔루션을 이용하여 비교적 쉽게 보관, 분석, 처리 작업을 진행할 수 있다.
- **반정형 데이터(Semi-Structured Data) :** 고정된 필드로 저장되어 있지는 않지만 전자메일 데이터, XML이나 HTML 같이 메타데이터나 스키마 등을 포함하는 데이터를 의미한다. 또한 각종 센서나 기기에서 생성되는 데이터, 통신 로그와 같이 발생 빈도가 매우 높은 데이터 등도 포함한다. 이러한 데이터는 내부뿐만 아니라 인터넷상의 외부에 있을 경우가 빈번하다.
- **비정형 데이터(Unstructured Data) :** 기존의 정형 데이터 중심에서 고정된 필드에 저장되어 있지 않은 비정형 데이터의 비중이 높아지고 있다. 유튜브에서 업로드하는 동영상 데이터, SNS나 블로그에서 저장하는 사진과 오디오 데이터, 콜센터 로그통신, 스마트폰에서 기록되는 위치 정보, 유·무선 전화기에서 발생하는 통화 내용 등 다양한 비정형 데이터가 존재한다. 빅데이터는 처리의 복잡성이 증대되는 이러한 비정형 데이터도 처리할 수 있어야 한다.

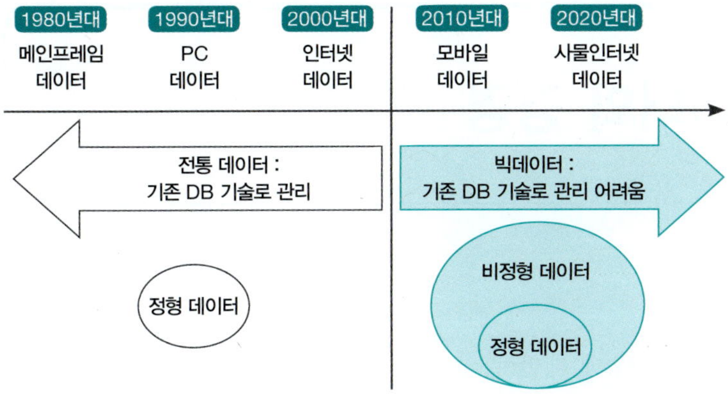

그림 5-6 데이터의 변천사와 빅데이터

하나 더 알기 **빅데이터 환경에서의 개인정보보호 원칙**

빅데이터 환경을 구축하여 운영하는 데 있어 개인정보보호를 염두에 두는 것은 지극히 당연한 일이다. 개인정보보호를 위해 OECD에서 8가지의 원칙을 제시하고 있다.

① **수집 제한의 원칙 :** 꼭 필요한 개인정보만을 수집하는 것

② **정보 정확성의 원칙 :** 최신의 정보를 유지하도록 하여 과거의 정보 때문에 오류가 발생되지 않도록 하는 것

③ **목적 명확화 원칙 :** 개인정보를 수집할 경우 목적을 명확하게 제시하도록 하는 것

④ **이용 제한의 원칙 :** 무분별한 이용이 되지 않도록 하는 것

⑤ **안전보호의 원칙 :** 보유하고 있는 개인정보에 대해서는 유출 등 침해 사고가 발생되지 않도록 하는 것

⑥ **공개의 원칙 :** 정보 주체들이 개인정보 처리자의 개인정보보호정책을 쉽게 확인할 수 있도록 하는 것

⑦ **개인 참가의 원칙 및 책임의 원칙 :** 정보 주체는 권리자로서 보장되도록 하는 것

SECTION 02

빅데이터와 경영

1 빅데이터의 활용

빅데이터 환경이 도래하면서 데이터자원에 대한 관심을 높아졌다. 소위 스맥(SMAC, Social/Mobile/Analytic/Cloud) 환경이 도래하면서 데이터는 폭발적으로 증가하고 있다. 기업들은 빅데이터 관리를 비용으로 보지 않고 기회로 보기 시작했다. 예를 들어 기업들은 과거에 고객 거래 데이터 등의 구조적 데이터만을 관리하고 분석하였으나, 최근에는 고객 접촉 데이터 등의 비구조적 데이터도 관리하고 분석하기 시작하였다. 이러한 빅데이터 분석을 통해서 경영성과를 획기적으로 높였던 여러 가지 사례가 제시되었다. 미래 정보기술 환경을 예측하면 데이터자원관리는 더욱 중요해진다. 시스코(CISCO)의 존 챔버스(John Chambers) 회장은 '2020년에는 25억 명의 사람과 370억 개의 사물이 인터넷에 연결되고 2030년에는 500억 개의 사물이 인터넷에 연결되어 혜택을 줄 것'이라고 예측하였다.

최근 빅데이터와 관련된 기술은 기업에서 경영혁신의 차원으로 활용되어지고 있는데, 예를 들어 제조업의 경우 빅데이터를 활용한 공급사슬관리(SCM)를 추진하고 있다. 단순히 스마트공장을 구축하는 것이 아니라 스마트공장, 스마트유통, 스마트제품, 스마트서비스를 융합하는 것을 말한다. 대표적인 사례가 제너럴일렉트릭(GE)의 지능형 항공 운영 사례이다. GE는 스마트항공기를 생산하여 장비 및 부품 정비는 물론이고 항공 운영상의 다양한 프로세스를 개선하고 있다. 또한 고객과 협력업체를 위한 지능화된 스마트서비스를 준비하고 있다. 궁극적으로 부품업체부터 항공사에 이르는 공급사슬관리의 데이터 생태계 구현을 목표로 하고 있다. 이러한 데이터 생태계 구현을 위해서는 반드시 사물인터넷 데이터가 수집되고 관리되고 분석되어져야 하며, 이는 엄청난 양의 빅데이터를 다루어야 한다는 것을 의미한다.

2 빅데이터의 활용 사례

빅데이터 기술이 발전하면서 소매업, 신용카드사, 의료업, 제조업, 통신사 등 다양한 업계에서 빅데이터를 활용하고 있다.

소매업 적용 사례

미국의 할인점 타깃(Target)은 상품과 고객 구매패턴 사이의 연관성을 발견하기 위해 데이터마이닝을 수행하였다. 여기에는 연관성규칙발견 알고리즘을 이용한 장바구니 분석(Market Basket Analysis)이 사용되었으며, 발견된 결과는 상품진열 등을 통해 고객의 추가구매를 유도하고 매출을 증가시키기 위한 효율적인 방향으로 사용되었다.

신용카드사 적용 사례

국내의 신용카드 회사인 KB국민카드는 카드사용의 부정행위(Fraud Detection)를 적발하고 예방하기 위해서 통계적 기법, 의사결정나무 분석, 신경망 분석 등을 이용하여 카드사용 패턴을 분석하였다. 과거에 정상적으로 거래된 데이터와 도용된 경험이 있는 데이터를 기반으로 각각의 패턴을 분석하여 모형화하고, 구축된 모형을 카드 승인 시에 적용하여 부정행위로 의심이 되면 승인을 거부해 불법적인 카드 사용을 적발하거나 사전에 예방할 수 있게 되었다.

의료업 적용 사례

미국의 텍사스 의과대학 암센터 병원에서는 종양의 악성·양성 판단에 의한 암 진단의 정확성을 높이기 위해서 판별/분류 분석을 수행했다. 과거 환자들의 종양검사 결과를 근거로(종양의 크기, 모양, 색 등을 기반) 종양의 악성 · 양성 분류 모형을 만든 후, 새 환자의 종양 분류 시 적용하였다. 이는 각종 종양들에 대한 구분력을 향상시켰고, 더욱 정확한 암 진단과 치료에 이용되었다. 최근 인공지능 신경망시스템이 고도로 발달하여 IBM 왓슨과 같은 슈퍼컴퓨터를 활용한 암 진단 장비도 정확도에서 인간을 앞서고 있다.

그림 5-7 IBM 왓슨

TIP IBM 왓슨 : 인간의 언어를 이해하고 판단하는 데 최적화된 인공지능 슈퍼컴퓨터이다. 왓슨은 8개의 코어 프로세서가 장착된 IBM 파워 750 익스프레스(IBM Power 750 Express) 서버 90개로 구성되어 있는데, 이 클러스터 시스템은 2,880개의 코어와 16TB의 메모리를 장착하고 있다.

제조업 적용 사례

미국의 반도체 제조회사인 AMD는 반도체 제조과정 중에 발생하는 불량품의 자동 발견을 위해 연관성규칙발견(Association Rule Discovery)과 군집분석(Clustering Analysis) 알고리즘을 이용하여 제조공정의 현상을 분석하였다. 정상 제품을 이용해 제품의 군집모양 및 크기 등을 결정한 후, 어떤 제품이 이 정상제품 군집의 범위 밖에 위치한다면 불량품으로 규정하였다. 이와 같은 분석은 불량품의 패턴을 발견하는 데 도움을 주었고, 불량품 감소로 인해 이익을 증가시킬 수 있었다.

통신사 적용 사례

미국 최대의 정보통신회사인 버라이즌(Verizon Communication)은 매년 전체 고객의 23%를 잃고 있었으며 고객을 새로 유치하는 데 1인당 4,350달러의 비용이 지출되었다. 따라서 고객 이탈 방지를 위해 고객의 이탈가능성을 예측할 수 있는 모형을 작성하였다. 그리고 고객 성향변동관리(Churn Management)와 군집분석(Clustering Analysis)을 이용하여 이탈의 원인을 파악하였다. 이러한 분석을 통해서 고객의 60% 정도는 경쟁업체로 옮겨갈 가능성이 적은 우수고객이고, 나머지 40%는 이탈가능성이 높은 고객임을 알게 되었다. 또한 이익분석(Profit Analysis)을 통해 이탈방지 노력이 이탈가능성이 매우 높은 고객에게는 효과가 없고 이탈가능성이 어느 정도 높은 고객에게는 큰 효과를 발휘한다는 것을 발견할 수 있었다. 이 회사는 무료 전화서비스 등을 제공하는 목표마케팅(Target Marketing) 전략을 통해 고객이탈률을 19.7%(전년도 고객이탈률 23%)로 줄이고 큰 이익 증가를 기록할 수 있었다.

하나 더 알기 **빅데이터의 가치 연구**

빅데이터 가치에 대한 실증적 연구가 거시적/미시적으로 진행되고 있다.

1. 빅데이터 가치에 대한 거시적 연구

빅데이터를 경제효과 분석을 위한 수단으로 사용하거나 빅데이터 확산에 따른 경제·사회적 효과에 대한 연구가 활발히 진행 중이다. 일본에서는 빅데이터의 축적량과 유통량을 계측하기 위한 프레임워크를 구축하고 실제로 생성·유통·축적된 데이터 활용을 통해 나타나는 경제적 효과를 정량적으로 평가하였다. 미국의 경영컨설팅 회사 맥킨지(McKinsey)는 미국 헬스케어산업, 미국 소매업, 유럽 공공사업, 글로벌 제조업, 글로벌 위치정보 데이터 등 5개 부문을 대상으로 산업 차원에서 빅데이터의 활용에 의한 경제효과를 연구 중에 있다. SAS는 빅데이터 분석을 통해 영국의 조직과 기업에서 창출되는 경제적 가치를 거시 및 산업 차원에서 연구 중에 있다.

2. 빅데이터 가치에 대한 미시적 연구

빅데이터의 가치가 중요해지고 활용 영역이 크게 확대됨에 따라 데이터의 가치를 정량적으로 수치화하여 평가하기 위한 새로운 개념이 등장하고 있다. 대표적으로 데이터 수익률(Return on Byte)이 있는데 그 식은 다음과 같다.

$$\bullet\ RoB = \frac{\text{데이터 1바이트당 창출되는 가치}}{\text{데이터 1바이트 저장과 관리에 소요되는 비용}}$$

데이터 수익률(RoB)이 1보다 크면 데이터에 투입되는 비용 대비 가치가 높아 데이터를 저장하고 관리하는 반면, 데이터 수익률이 1보다 작으면 데이터의 가치가 낮아 데이터를 방출하는 경향이 있다. 데이터가 체계적이지 못하고 노후화될수록 데이터 수익률은 낮아질 확률이 높지만, 개별 데이터를 통합하고 가공하여 새로운 정보를 추출해내면 데이터 수익률이 높아질 수 있다.

3 빅데이터 기반 비즈니스

빅데이터 처리기술 공개와 함께 비용이 감소하면서 빅데이터는 새로운 일자리 창출과 경제성장 동력으로 기대를 모으고 있다. 맥킨지(McKinsey)는 빅데이터를 향후 비즈니스 지형을 변화시킬 10대 기술 트렌드 중 하나로 선정하고, 빅데이터를 수집 및 저장하여 이를 토대로 정보를 모으는 것이 중요한 가치창출 효과를 가져올 것이라고 전망하고 있다.

빅데이터 기술은 아마존, 구글, 페이스북 등 시장 선도기업에 의해 소셜 데이터 분석에 활용되어 이슈탐지와 예측분석을 통한 획기적인 비즈니스 창출에 응용되고 있다. 아마존은 고객별 소비취향분석과 개인화된 상품추천을 자동화하였고, 구글과 페이스북은 사진, 동영상 등 비정형 데이터를 분석해 맞춤형 광고로 연동시키는 데 빅데이터 기술을 활용하고 있다.

우리나라의 경우 스마트폰 개발과 같은 하드웨어적인 부분은 경쟁우위를 나타내고 있지만 소프트웨어 부문의 인프라가 약해 데이터 활용도가 낮고, 빅데이터 관련 사업 환경 또한 미성숙한 상황이다.

표 5-1 빅데이터 기반 비즈니스 사례

기업	관련 사례
구글	검색 및 위치 정보, 안드로이드 OS 기반의 모바일 콘텐츠 이용 정보, 구글플러스를 통한 소셜 정보, 구글박스를 통한 클라우드서비스 등
애플	iOS 기반의 모바일 콘텐츠 이용 정보, 아이튠즈를 통한 콘텐츠 이용 정보, iCloud를 통한 클라우드서비스 등
아마존	인터넷 비즈니스를 통한 사용자 구매 정보 및 콘텐츠 이용 정보, 클라우드서비스, 킨들을 통한 모바일 이용 정보 등
페이스북	세계 최대 소셜 정보 보유, 콘텐츠 기업과의 제휴/협력을 통한 이용 정보 등

SECTION

03 빅데이터 기술

1 빅데이터 플랫폼

빅데이터 플랫폼(Big Data Platform)이란 **다양한 데이터 소스에서 수집한 데이터를 처리분석하여 필요한 정보를 추출하고, 이를 기반으로 더 향상된 공공 및 기업서비스를 제공하는 데 필요한 IT 환경**을 말한다. 빅데이터 플랫폼은 데이터의 양이 방대하기 때문에 빠른 대용량 처리능력이 필요하며 데이터 보안 및 안정성이 확보되어야 하고, 방대한 자료를 처리하기 때문에 빠른 데이터 처리가 필요하다.

최근 구글은 빅데이터를 처리할 수 있는 대표적인 프레임워크 기술인 하둡을 오픈소스로 공개하였다. 하둡(Hadoop)이란 **대량의 자료를 처리할 수 있는 큰 컴퓨터 클러스터에서 동작하는 분산 응용 프로그램을 지원하는 프리웨어 자바 소프트웨어 프레임워크**이다. 적은 비용으로 빅데이터를 처리 가능하게 할 뿐만 아니라 높은 사용편의성을 제공한다. 한편, 아마존, 야후, 페이스북, 트위터 등의 대형 글로벌 인터넷서비스업체들도 자사의 기술과 플랫폼을 공개하여 빅데이터 처리 기술 발전에 공조하고 있다.

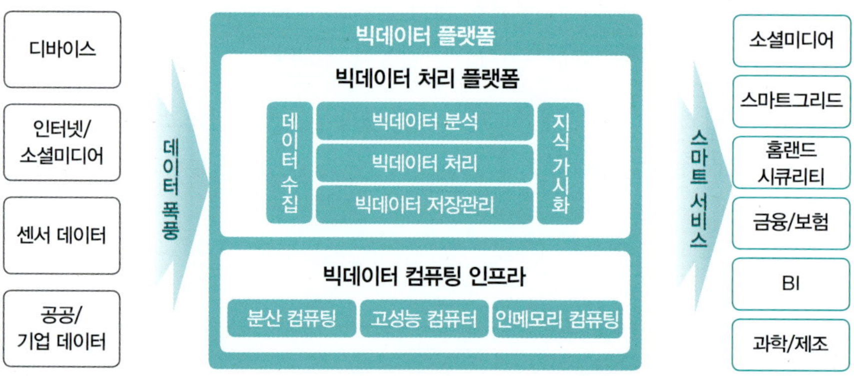

그림 5-8 빅데이터 플랫폼

하둡

아파치 하둡(Apache Hadoop)은 구글맵리듀스 알고리즘을 구현하면서 만들어진 빅데이터의 대표적인 엔진이다. 일반 상용 서버로 구성된 클러스터에서 사용할 수 있는 분산 파일시스템과 대량의 자료를 처리하기 위한 분산 처리시스템을 제공하는 아파치 소프트웨어 재단의 오픈소스 프레임워크로, 자바를 사용하여 개발되었다. 원래는 검색 엔진 너치(Nutch)의 분산 처리를 위하여 개발되었다.

야후에 재직 중이던 프로그래머 더그 커팅(Doug Cutting)이 처음 개발했고, 이후 프로젝트가 아파치 재단으로 넘어가면서 해당하는 코드를 분리시켜 독자 프로젝트로 발전해나갔다고 한다. 커팅이 아파치 재단으로 옮겨 검색 서비스에 하둡 기술을 적용하는 프로젝트에 참여하였고, 최종적으로 약 4만여 대의 서버에 걸쳐 하둡을 구현하였다. 2008년 2월, 일반적인 방식으로는 14년 정도 걸리는 뉴욕타임스의 기사 1,100만 매를 하둡을 이용하여 PDF 파일로 변환시켰는데, 작업 시간은 24시간도 채 소요되지 않았다. 이후, 구글을 비롯한 대규모 포털업체에서 하둡을 빅데이터의 엔진으로 채택하여 그 기술을 발전시키고 있다.

2012년 하둡은 정식 1.0 버전을 발표했는데, 거의 7년에 이르는 개발과 세부조정 기간을 거쳐 아파치 하둡 데이터 프로세싱 프레임워크를 이용한 안정적인 서비스를 제공하였다. 주요 기능은 대용량 데이터 처리분석을 위한 대규모 분산 컴퓨팅 지원 프레임워크로, 분산저장은 HDFS, 분산처리는 맵리듀스(MapReduce)가 담당한다. 맵리듀스와 HDFS는 구글의 맵리듀스와 GFS(Google File System) 논문을 보고 오픈소스로 구현한 것이다.

TIP **HDFS(Hadoop Distributed File System) :** 하둡 네트워크에 연결된 아무 기기나 데이터를 분산해 넣는 것으로, 파일을 적당한 블록 사이즈로 나누어 각 노드 클러스터에 저장한다. 데이터가 유실되거나 사람들이 많이 접속할 때의 부하처리를 위해 각 블록의 복사본(Replication)을 만든다.

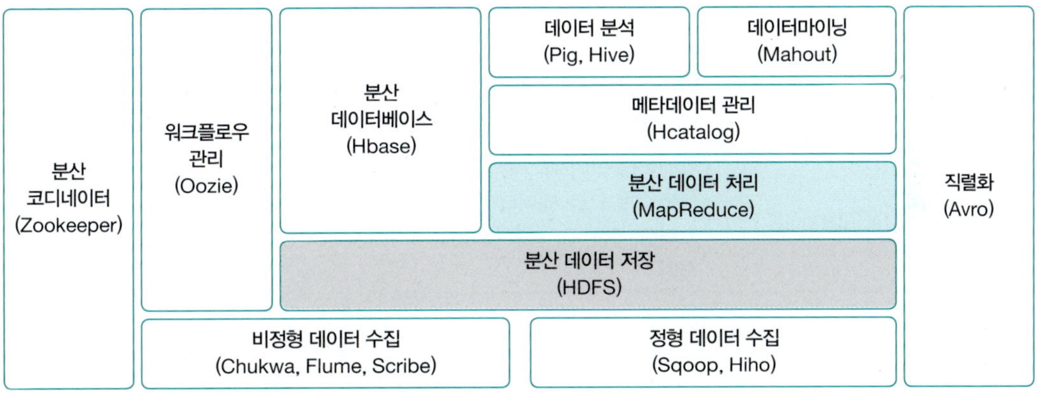

그림 5-9 분산 컴퓨팅 지원 프레임워크, 맵리듀스와 HDFS

하둡은 다음과 같은 특징이 있다.

- 오픈소스 프로젝트이기에 소프트웨어 라이선스 비용에 대한 부담이 없다.
- 값비싼 유닉스 장비를 사용하지 않아도 된다. x86 CPU에 리눅스 서버 정도면 얼마든지 설치하고 운영할 수 있다.

- 데이터 저장 용량이 부족할 경우, 필요한 만큼 리눅스 서버만 추가하면 된다.
- 하둡은 데이터의 복제본을 저장하기 때문에 데이터의 유실이나 장애가 발생했을 때도 데이터의 복구가 가능하다.

표 5-2 하둡 시스템 컴포넌트

구분	솔루션 이름	특징
관리	주키퍼(Zookeeper)	• 분산 코디네이터 서비스를 제공하는 시스템으로, 여러 대의 분산된 노드(컴퓨터)에 의해 작업이 진행 • 각 노드를 관리하기 위해 노드 간 잠금, 네이밍, 로드밸런싱 작업을 수행
	YARN(Yet Another Resource Negotiator)	• 클러스터의 각 응용에 자원을 할당하고 모니터링
수집	플럼(Flume)	• 하둡 클러스터에 스트리밍 데이터를 수집
	우지(Wozie)	• 하둡의 워크플로우를 생성하고 스케줄링하는 툴
	스쿱(Sqoop)	• 하둡 클러스터와 외부 데이터 저장소 사이에 데이터를 가져오고 내보내는 툴로서 대용량 데이터 전송 솔루션으로 가능
처리	스파크(Spark)	• 메모리상에 캐시된 데이터를 사용하여 반복적인 작업을 수행하고 기계학습 등과 같은 복잡한 분석을 빠르게 처리
	HBase	• 구글의 빅테이블 모델을 따라 개발된 오픈소스 NoSQL 데이터베이스
	피그(Pig)	• 데이터를 분석하는 플랫폼으로 복잡한 맵리듀스 작업을 대체할 Latin이라는 자체 언어를 이용
분석	하이브(Hive)	• 하둡상에서 구축되는 데이터웨어하우스 하부 구조로, 자바를 모르는 SQL 개발자를 위한 툴 • SQL과 매우 유사한 HiveQL이라는 쿼리를 제공
	드릴(Drill)	• 빅데이터 탐색을 위한 질의 엔진
	마하웃(Mahout)	• 기계학습 라이브러리 • 하둡 기반으로 데이터마이닝 알고리즘을 구현한 오픈소스이며 분류, 클러스터링, 추천 및 협업 필터링, 회귀 분석, 차원 리덕션, 진화 알고리즘 등을 지원

맵리듀스

구글에서 분산 컴퓨팅 지원을 위해 발표한 소프트웨어 프레임인 맵리듀스(MapReduce)는 **페타바이트 이상의 대용량 데이터를 클러스터 환경에서 병렬처리하기 위해 개발**되었다. 데이터를 여러 조각으로 분할한 후 분산 노드에서 〈키(key), 값(Value)〉 구조로 데이터를 병렬처리하고 이를 다시 새로운 〈키, 값〉 구조로 가공하여 출력한다. 맵리듀스는 간단한 텍스트 문장에서 단어의 빈도수를 구하는 업무를 수행할 때에도 분할(split), 맵(map), 셔플링(shuffling), 리듀스(reduce) 작업을 수행한다.

데이터 입력(Input Data)은 HDFS에서 각 노드로 분할(split)되어 저장된다. [그림 5-10]에서는 간단한 텍스트 문장을 예로 들었지만 실제 활용할 때에는 기가바이트급 크기인 데이터가 적용될 수도 있다. 분할된 데이터는 〈K1, V1〉의 형태로 맵(map) 함수에 입력되고 맵(map) 함수는 이를 〈K2, V2〉의 데이터 포맷으로 가공한다. 이렇게 맵(map) 형태의 데이터로 만들어주는 맵(map) 함수는 개발자가 직접 코딩하여 구현한다. 〈K2, V2〉의 형태로 만들어진 맵(map) 함수의 출력값은 맵리듀스 프레임워크에 의해 셔플링(shuffling) 과정을 거친 후 네트워크를 통해 리듀스(reduce) 함수의 입력값으로 전달된다. 셔플링은 분할(partitioning)과 정렬(sorting) 과정으로 이루어진다. 분할(partitioning)은 동일한 키(key)값을 갖는 레코드를 같은 리듀스(reduce) 작업으로 보내지도록 하는 작업을 말한다. 셔플링(shuffling) 과정에서는 키값을 기준으로 정렬 작업을 수행한다. 맵리듀스 프레임워크에서 제공하는 분할(partitioning)이나 기타 다른 작업은 개발자가 해당 클래스를 상속하거나 새롭게 구현하여 충분히 커스터마이징할 수 있다. 맵(map)의 출력값인 〈K2, V2〉의 값들은 리듀스(reduce)에서 〈K2, list(V2,…)〉의 형태로 만들어진다. 개발자는 리듀스(reduce) 함수를 구현하여 이 값을 우리가 원하는 〈K3, V3〉의 형태로 가공하여 HDFS에 저장한다. [그림 5-10]에서는 이해를 돕기 위해 단순히 텍스트와 정수 값으로 키와 값을 만들었지만 실제로는 개발자가 임의로 생성한 객체로 키를 사용할 수도 있고 다양한 데이터 타입을 사용할 수도 있다.

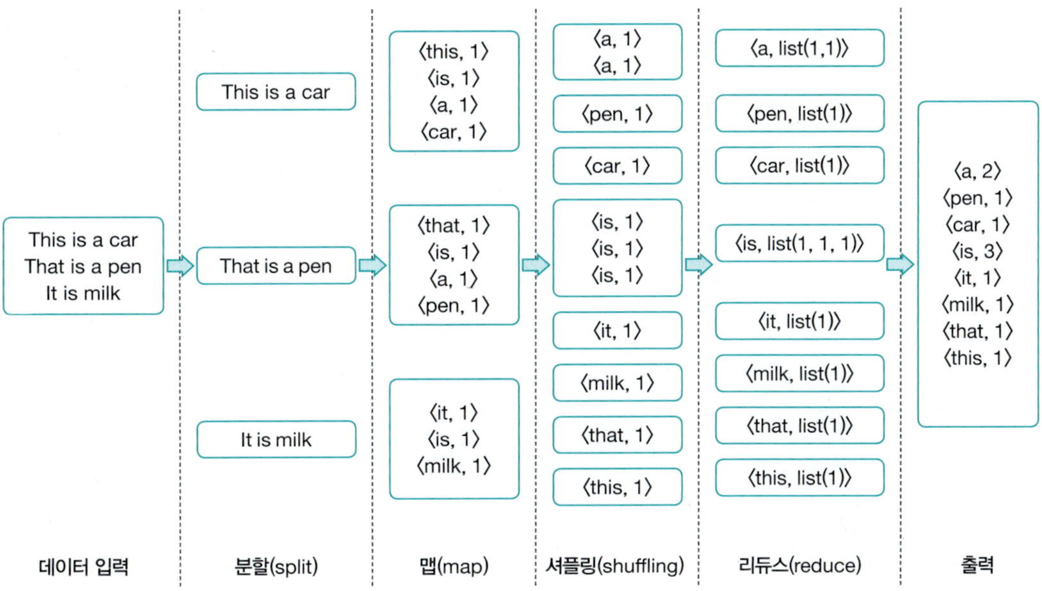

그림 5-10 맵리듀스 실행 예

NoSQL

NoSQL이란 **관계형 데이터 모델과 SQL문을 사용하지 않는 데이터베이스 시스템이나 데이터 저장소**를 의미한다. 기존 RDBMS가 분산 환경에 적합하지 않기 때문에 이를 극복하기 위해 NoSQL이 고안되었다. NoSQL의 데이터베이스는 단순히 키와 값의 쌍으로만 이뤄져 있고, 인덱스와 데이터가 분리되어 별도로 운영된다. 또한 조인이 없으며, 샤딩(Sharding)이라는 기능을 이용해 데이터를 분할해서 다른 서버에 나눠 저장한다. MongoDB, HBase, CouchDB, Casandra, Redis 등 다양한 NoSQL 솔루션이 출시되고 있으며, 국내에서는 MongoDB가 가장 많이 사용된다.

2 빅데이터 처리 과정

빅데이터 처리는 **대용량의 데이터를 수집, 분석, 가공하여 원하는 정보를 추출하는 것**이다. 일반적으로 빅데이터 처리 과정은 생성, 수집, 저장, 처리, 분석, 표현의 단계로 나누어지며, 최종적으로 폐기의 과정을 거친다. 빅데이터 폐기 단계에서는 데이터 분석을 위해 이용된 데이터를 삭제하는 단계이며, 특히 개인정보와 같은 데이터나 정보의 가치가 없는 데이터들은 이용목적을 달성한 후 지체 없이 폐기해야 한다. 또한 빅데이터는 기존의 데이터와 속성이 달라 데이터의 수집, 저장, 처리, 분석, 표현을 수행하는 데 새로운 방법들이 필요하다. 이를 정리하면 [표 5-3]과 같다.

표 5-3 빅데이터의 처리 과정별 주요 내용

흐름	영역	개요
생성	내부 데이터	데이터베이스, 파일관리시스템(FMS)
	외부 데이터	파일, 멀티미디어, 스트리밍
수집	크롤링	검색 엔진의 로봇을 이용한 데이터 수집
	ETL	소스 데이터의 추출, 전송, 변환, 적재
저장	NoSQL, 데이터베이스	비정형 데이터 관리
	스토리지(Storage)	빅데이터 저장
	서버	초경량 서버
처리	맵리듀스	데이터 추출
	프로세싱	다중 업무 처리
분석	NLP	자연어 처리
	머신러닝	머신러닝을 통해 데이터 패턴 발견
	직렬화(Serialization)	데이터 간 순선화
표현	시각화(Visualization)	데이터를 도표나 그래픽적으로 표현
	획득(Acquisition)	데이터의 획득 및 재해석

3 빅데이터 처리 기법

빅데이터 분석 및 활용을 위한 빅데이터 처리 기법은 크게 분석 기술과 표현 기술로 나눌 수 있다. 대부분의 빅데이터 처리 기법에는 기존 통계학과 전산학에서 사용되던 데이터마이닝, 머신러닝, 자연어 처리 등이 해당된다.

데이터마이닝

데이터마이닝(Data Mining)이란 **대규모로 저장된 데이터로부터 체계적이고 자동적으로 의미 있는 패턴, 규칙, 관계를 찾아내는 것**이다. 마이닝(Mining)의 사전적 의미는 채굴, 채광, 즉 광산에서 광석을 캐내는 것으로 수많은 데이터로부터 가치 있는 유용한 정보를 찾아내는 것이다.

머신러닝

머신러닝(Machine Learning)이란 **인공지능의 한 분야로, 컴퓨터가 스스로 학습할 수 있도록 하는 알고리즘과 기술을 개발하는 분야**를 말한다. 컴퓨터에서 기존의 데이터를 사용하여 미래의 동작, 결과, 추세를 예측하는 머신러닝 학습은 대용량 데이터 분석이나 패턴을 찾는 데 사용된다.

자연어 처리

자연어(Natural Language)는 인간이 이해할 수 있는 언어를 말한다. 자연어 처리(Natural Language Processing)란 **인간이 사용하는 언어를 기계적으로 분석해서 컴퓨터가 이해할 수 있는 형태, 또는 그러한 형태를 다시 인간이 이해할 수 있는 언어로 표현하는 제반 기술**을 말한다. 현재 웹상에서는 실시간으로 폭발적인 문서들이 생산되고 있는데 이러한 대량의 문서 데이터 처리에 자연어 처리기술이 필요하며, 이를 기반으로 다양한 비즈니스 기회가 제공되고 있다. 예를 들면 구글에서는 검색에 의해 축적된 대용량 데이터를 기반으로 광고 비즈니스를 수행하고 있다.

4 빅데이터 시각화 기술

데이터 시각화(Data Visualization)는 **데이터 분석 결과를 쉽게 이해할 수 있도록 시각적으로 표현하고 전달하는 과정**이다. 최근 컴퓨팅 능력과 스토리지 용량의 향상과 더불어 빅데이터 분석 기능도 도약을 거듭하고 있다. 이와 함께 분석 결과를 시각화하여 현장에서 실시간으로 보여줄 필요성이 생겨 이를 위한 여러 도구들이 개발되고 있다.

빅데이터 분석기술을 통해 분석된 데이터의 의미와 가치를 시각적으로 표현하기 위한 기술로서 대표적인 것으로는 R 프로그래밍이 있다. 통계언어 S-language에 뿌리를 두고 있는 R 프로그래밍 언어는 통계 분야에서 가장 인기 있는 언어이다. R은 무료 오픈소스로, 프로그래밍하기가 무척 쉬우며 허락을 구할 필요 없이 원하는 대로 확장할 수 있고, 강력한 패키지 생태계 및 도표 작성의 이점이 있다. 상용 도구로는 오라클(Oracle)의 엔데카 인포메이션 디스커버리(Endeca Information Discovery), IBM의 인포스피어 데이터 익스플로러(Inforsphere Data Explorer) 등 많은 제품들이 있다. 오픈소스로는 구글의 퓨전 테이블(Fusion Tables)과 차트 도구(Chart Tools), 자바스크립트 등 수많은 도구들이 있다. 파이썬(Python), 자바(Java), PHP 등의 프로그래밍 언어도 시각화 라이브러리를 사용하여 다양한 시각화를 수행할 수 있으며, HTML, 자바스크립트, CSS 등도 시각화를 지원하는 패키지로 사용되고 있다.

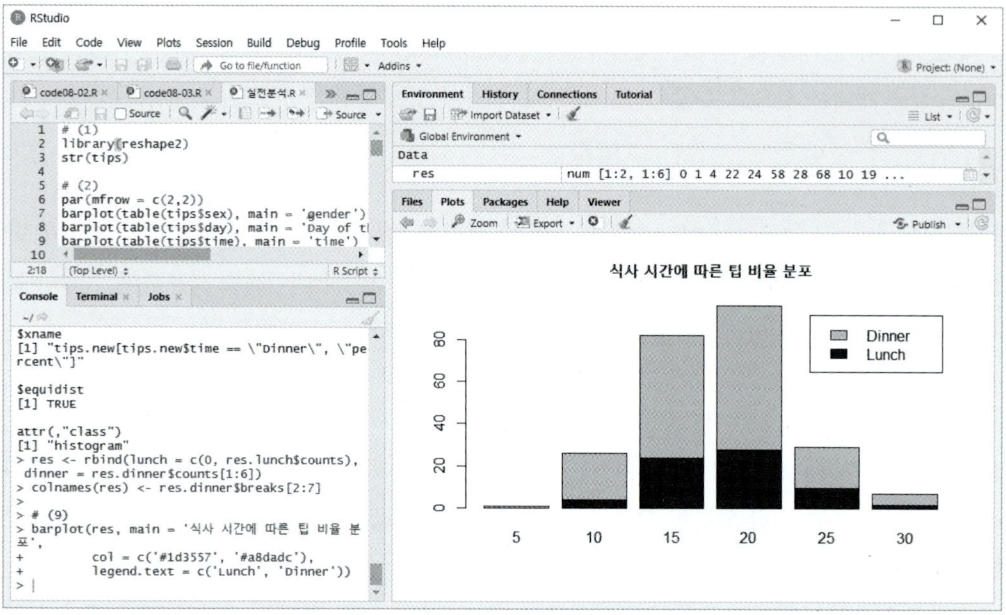

그림 5-11 R 프로그래밍으로 구현한 데이터 시각화

하나 더 알기 **그 밖의 빅데이터 시각화 기술**

그 밖의 상용화된 시각화 기술로는 그누플롯, 크리에이틀리, 매니아이즈, 스탯플래닛, 갭마인더, 잉크스케이프 등이 있다.

- **그누플롯(Gnu Plot) :** 2차원과 3차원 데이터를 그래프로 그리는 명령형 소프트웨어이다.
- **크리에이틀리(Creately) :** 다이어그램이나 플로우차트를 그릴 때 매우 유용하며 어도비 플래시 기반에서 동작한다. 산출물은 PC에 저장되거나 구글, 트위터, 페이스북 등과 공유가 가능하다.
- **매니아이즈(Many Eyes) :** 온라인 차트 제작 도구이며 IBM에서 개발하였다. 자바 기반에서 동작하며 막대그래프, 선그래프, 세계지도 등을 기반으로 하는 데이터를 시각화하는 데 유용하다.
- **스탯플래닛(Stat Planet) :** 자신만의 그래프를 제작할 수 있으며 세계지도를 기반으로 다양한 통계자료를 시각화할 수 있다. 엑셀파일로 데이터를 만든 후 실행파일에서 불러들이면 자동으로 시각화가 가능하다.

- **갭마인더(Gap Minder) :** 웹사이트에 등록되어 있는 다양한 그래픽 데이터들을 공유하고 활용할 수 있는 도구이다. 정치, 경제, 환경, 기술, 에너지, 인구 등의 분야별로 200개 이상의 데이터들이 등록되어 있으며 개별로 불러오면 자동으로 시각화가 된다.
- **잉크스케이프(Ink Scape) :** 오픈소스의 벡터 그래픽 편집기이다. 클립아트를 다운로드하여 그래픽으로 작업할 경우 매우 유용하고 전문 프로그램과 유사하다.

하나 더 알기 **워드클라우드**

워드클라우드(Word Cloud)는 데이터 시각화 기법의 하나로, 단어의 출현빈도에 따라 직관적으로 이해할 수 있도록 시각적으로 표현하는 기법이다. 즉, 문서의 키워드, 개념 등을 직관적으로 파악할 수 있도록 핵심 단어를 시각적으로 돋보이게 하는 기법이라 할 수 있다. 많이 언급될수록 단어를 크게 표현해 한눈에 들어올 수 있게 하는 기법 등이 있다. 주로 방대한 양의 정보를 다루는 빅데이터를 분석할 때 데이터의 특징을 도출하기 위해 활용한다.

그림 5-12 워드클라우드 생성기(http://wordcloud.kr/)

5 빅데이터 분석 기술

빅데이터 분석 기술에는 소셜 웹마이닝, 감성 분석, LDA 토픽모델링, 텍스트마이닝, 빅데이터 추천시스템 등이 있다.

소셜 웹마이닝

SNS가 대중화되면서 기업들은 이를 활용하기 위해 SNS를 분석하기 시작하였다. 예를 들면, 트위터를 통해 유행하는 주제를 탐색하고 사람들이 무엇에 대해 이야기하는지를 파악한다. 또한,

페이스북을 통해 팬페이지와 친구관계들을 파악하며 소셜 그래프 연결 분석 등을 수행한다. 소셜 네트워크 분석(Social Network Analysis)이라고도 하는 소셜 웹마이닝(Social Web Mining)은 **SNS의 연결 구조 및 강도 등을 바탕으로 사용자의 명성 및 영향력을 측정하는 기술**로, 특정 사람들이 네트워크 기능에 얼마나 중요한 역할을 하는지를 분석하고 네트워크의 전체적인 연결 관계를 분석한다.

감성 분석

e-비즈니스를 하면서 고객리뷰가 점차 증가하여 고객의견을 관리하기 어려워지자 고객리뷰를 자동으로 요약 및 분석할 방법이 필요하게 되었다. 감성 분석(Sentimental Analysis)이란 **대량의 고객리뷰 분석을 자동화하기 위한 방법론**으로, 상품리뷰 데이터를 분석하거나 모바일 애플리케이션 사용자리뷰를 분석하는 등 온라인에 작성된 소비자의 리뷰를 분석하는 데 다양하게 활용되어 왔다. 간단히 말해, 감성 분석은 자연어 처리의 한 종류로 텍스트 분석을 통해 해당 문서에 나타나는 주관적인 정보를 찾아내는 방법이다. 감성 분석을 통해 리뷰의 극성을 판별하여 감정 점수를 도출함으로써 작성자의 정서와 의견을 분석할 수 있다.

LDA 토픽모델링

LDA(Latent Dirichlet Allocation)는 **대량의 문서에 숨겨져 있는 토픽(topic)을 찾아내는 절차적 확률 분포 모형**이다. 문서를 여러 토픽들의 확률적인 집합으로 가정하고 있으며, LDA 분석을 통해 문서 안에 있는 토픽과 토픽별 비율, 각 단어들이 토픽에 포함될 확률을 알아낸다.

LDA 토픽모델링(LDA Topic Modeling)은 온라인상의 사용자들이 작성한 문서들을 분석하기 위해 다양하게 사용되어 왔다. 데이터 과학자 매튜 미켈슨(Mattew Michelson)은 LDA 토픽모델링을 통해 트위터 데이터에서 사용자의 관심 주제에 대해 연구하였고, 차윤정 교수는 LDA 토픽모델링을 통해 스마트폰에 대한 트위터 데이터를 분석하였으며, 조승연 교수는 사용자 구매후기를 분석하여 사용자별 제품평가 요소를 활용할 수 있는 추천시스템을 개발하였다. 또한 채승훈 교수는 소셜커머스와 오픈마켓의 이용 경험을 실증하기 위하여 사용자리뷰를 LDA 토픽모델링을 통해 분석하였다.

텍스트마이닝

텍스트마이닝(Text Mining)이란 **비정형 텍스트와 반정형 텍스트 데이터에 자연어 처리 기술과 문서 처리 기술을 적용하여 유용한 정보의 추출 및 가공을 목적으로 하는 기술**이다. 텍스트마이닝의 한 분류로, 소셜미디어 등의 정형 텍스트와 비정형 텍스트의 긍정, 부정, 중립의 선호도를 판별하는 기술인 오피니언마이닝(Opinion Mining)도 사용된다.

빅데이터 추천시스템

빅데이터 추천시스템은 다양하게 분류할 수 있으나 일반적으로 협업 여과 추천시스템과 내용 기반 추천시스템으로 나눌 수 있다. 내용 기반 추천시스템은 시스템 초기에 높은 정확도를 나타내는 것으로 알려져 있다. 상품에 대한 고객의 정보가 축적되면 협업 여과 시스템 기법의 정확도가 높아지며 두 방식을 결합한 혼합 추천시스템도 존재한다.

■ 협업 여과 추천시스템

협업 여과 추천시스템은 **대상이 되는 항목에 대하여 다른 사용자의 평가를 기반으로 추천을 하는 방식**으로 1992년에 소개된 이후 지금까지 성능이 가장 우수한 방법 중 하나로 알려져 있으며, 영화·음악·유통 등 다양한 분야에서 적용되고 있다. 개념과 구축이 간단하면서도 비교적 정확성이 뛰어난 장점이 있고, 이용 이력만 있으면 사용자나 상품에 관계없이 추천이 가능하다. 협업 여과 추천시스템은 유사한 성격을 가진 다른 사용자들이 선호한 것으로 밝혀진 항목을 추천한다. 취향이 비슷한 사용자들을 하나로 묶어 같은 그룹 내에서는 추천의 효율이 크다는 가정하에서 출발한 방식이다.

■ 내용 기반 추천시스템

내용 기반 추천시스템은 **사용자 선호도를 표현한 사용자 프로파일 정보와 추천의 대상이 되는 상품의 특성을 비교하여 유사도가 높은 상품을 추천하는 방식**이다. 사용자가 이미 구매했거나 관심을 표명한 상품의 특성을 바탕으로 사용자 프로파일을 구성하고 이를 추천 대상 상품과 비교하여 추천한다. 예를 들어 영화나 서적 같은 경우, 장르 및 주제뿐만 아니라 상품에 대한 서술적인 묘사 등에서 중요한 정보를 추출하여 자질로 사용한다. 자질이란 문서 내 단어 중 문서의 내용과 특징을 잘 나타내고 있는 단어를 말하는데, TF-IDF(Term Frequency-Inverse Document Frequency) 방식, MI(Mutual Information) 방식 등으로 선택할 수 있다. TF-IDF 방식에서 TF(Term Frequency)는 단어의 출현 빈도수를, IDF(Inverse Document Frequency)는 단어의 변별력을 나타낸다. TF-IDF를 구하기 위해서는 키워드 추출대상 문서의 대표 키워드 후보 출현수(TF), 전체 문서수(N), 대표 키워드 후보를 포함한 문서수(DF)를 계산할 필요가 있다. MI 방식은 정보이론 분야에서 제시된 도구로, 단어 간의 연관 정도를 측정하는 데 사용된다.

SECTION

04 사물인터넷의 이해

1 사물인터넷의 등장 배경

인터넷에 연결된 기기들이 사람의 개입 없이 사물과 사물을 연결하여 데이터를 주고받는, 사물지능통신으로 일컬어지는 M2M(Machine to Machine) 개념이 등장하였다. M2M은 유선 인터넷, 모바일에 이어 차세대 인터넷 패러다임으로 급부상했고, 현재는 사물인터넷이라는 이름으로 확장되어 활용되고 있다.

사물인터넷이라는 용어는 1999년에 케빈 에쉬튼(Kevin Ashton)이 P&G에서 RFID를 활용한 공급관리 업무를 담당할 때 처음 언급하였다. 그러던 중 2005년 ITU 보고서 제목에 '사물인터넷'이 사용되면서 공식 용어로 자리매김하기 시작하였으며, 2012년 ITU-T Y.2060 표준 문서에서 사물인터넷의 정의를 기술하였다. ITU는 사물인터넷을 '지능화된 사물들이 연결되어 형성되는 네트워크상에서 사람과 사물, 사물과 사물 간에 상호 소통하고 상황 인식 기반의 지식이 결합되어 지능적인 서비스를 제공하는 글로벌 인프라'로 정의하였다.

2 사물인터넷의 개념

사물인터넷(IoT, Internet of Things)은 **인간과 사물, 서비스 3가지가 분산된 환경 요소에 대해 인간의 명시적 개입 없이 상호 협력적으로 센싱, 네트워킹, 정보처리 등 지능적 관계를 형성하는 사물 공간 연결망**을 의미한다.

그림 5-13 사물인터넷이 구현되는 세상

사물인터넷 구축에 있어 가장 핵심이 되는 3대 주요 요소는 인간, 사물, 서비스이다. 첫 번째 요소인 인간(Human)은 독립적 주체로 사람과 그 사람의 사고, 행동 양식을 의미한다. 두 번째 요소인 사물(Objects)은 물리적 객체인 유형의 사물과 가상의 객체인 IT 서비스에서 어떤 기능을 수행하는 함수, 객체인 무형의 사물을 의미한다. 세 번째 요소인 서비스(Service)는 특정 목적을 위해 구현된 프로세스와 동작 메커니즘의 집합을 의미한다. 사물인터넷의 주요 구성 요소 간의 소통, 즉 인간과 사물, 사물과 서비스, 인간과 서비스 또는 같은 요소 간의 소통을 통해 사물인터넷이 구성된다.

2020년까지 전 세계적으로 약 500억 개의 휴대용 가전제품이 만들어졌으며, 이는 사물인터넷이 가능한 500억 개의 스마트 기기가 만들어졌다는 것을 의미한다. 기존의 유선통신 기반 인터넷이나 모바일 인터넷보다 진화된 단계의 인터넷인 사물인터넷의 응용 기술을 통하여 앞으로는 언제든지(any time), 어디서든지(any place), 무엇이든지(any thing) 연결하는 초연결 세계를 구현할 수 있을 것이다. 5억 대의 전화기를 연결하는 유선전화기술, 50억 명의 사람을 연결하는 휴대전화기술에 이어 500억 개의 기기를 연결하는 사물인터넷이 IT 분야의 새로운 주인공이 될 것이다. 사물인터넷은 [그림 5-14]에서 보는 바와 같이 시간이나 장소, 객체의 제약이 없는 연결이라는 개념으로도 볼 수 있다.

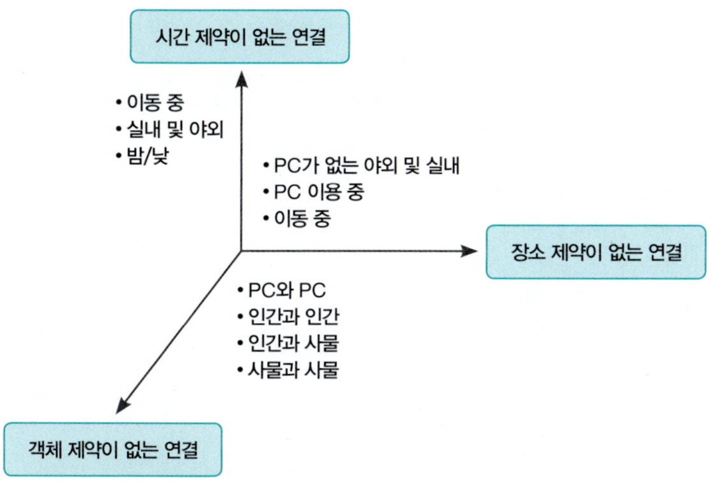

그림 5-14 사물인터넷의 연결

사물인터넷은 '서로 통신망으로 연결되어 있고(Connected), 누구든지 인식가능하고(Identifiable), 자체 주소를 지정할 수 있는(Addressable) 물리적 사물들로 구성된 광범위하고 자기조직적인 네트워크'라고 정의할 수 있다. 사물인터넷이라는 용어의 사용 범위는 M2M(Machine to Machine), IoT(Internet of Things)를 거쳐 IoE(Internet of Everything)로까지 확장된다.

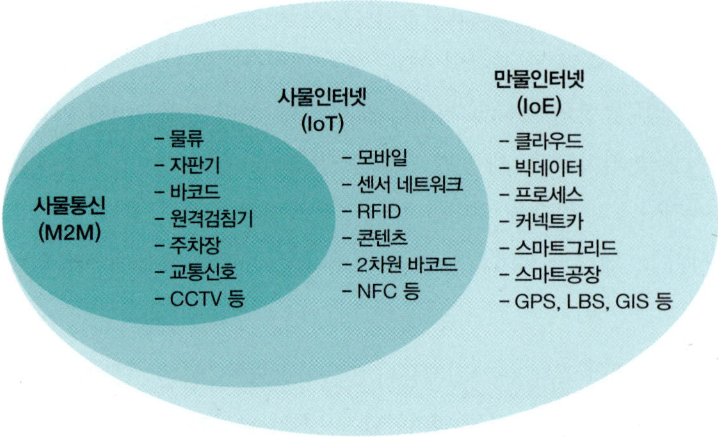

그림 5-15 사물인터넷의 개념 확장

[표 5-4]는 사물인터넷의 개념을 M2M, IoT, IoE로 구분하여 정리한 것이다.

표 5-4 사물인터넷의 유사 개념 및 정의

용어	발표	기관 정의
M2M	IEEE	가입자 장치와 기지국을 거쳐 코어 네트워크에 위치하는 서버 간의 정보 교환, 혹은 인간의 개입 없이 가입자 장치 간 발생하는 정보교환
	ETSI	인간의 직접적인 개입이 필요하지 않은 둘 혹은 그 이상의 객체 간에 일어나는 통신
IoT	ITU(2005)	모든 사물에게 네트워크 연결을 제공하는 네트워크의 네트워크
	EU(2007)	객체들 간에 통신이 가능한 네트워크와 서비스
	CASAGRAS	데이터 수집과 통신 기능을 통하여 물리적 객체와 가상의 객체를 연결해주는 글로벌 네트워크 기반 구조
	IETF	표준 통신 프로토콜을 기반으로 독자적인 주소를 가지며 상호 연결된 객체들의 전 세계 네트워크
IoE	CISCO, GE	사람과 사물에 이어 프로세스와 데이터가 상호 밀접하게 연결되어 있는 새로운 형태의 네트워크 환경

3 사물인터넷 플랫폼

사물인터넷을 실생활에서 사용할 수 있도록 하기 위해서는 사물인터넷의 정보를 통합적인 차원에서 연결하는 플랫폼이 필요하다. 사물인터넷 플랫폼은 전용 플랫폼과 개방형 플랫폼으로 구분하여 개발된다.

전용 플랫폼

전용 플랫폼은 특정 기기에 특화된 폐쇄형 플랫폼이지만, 해당 기기를 중심으로 다양한 외부 서비스와 연동하여 환경을 구축할 수 있다. 일부 플랫폼은 서드파티(3rd party) 기기의 환경에 편입도 가능하다는 특징을 가지고 있다. 전용 플랫폼의 대표적인 예는 와이파이가 내장된 콘센트형 스위치로, 스마트폰을 통해서 온오프(On/Off) 할 수 있는 위모(Wemo)가 있다. [그림 5-16]은 애플 홈킷을 통해 아마존 알렉사, 구글 어시스턴트, 애플 시리 등의 기본 음성 어시스턴트와의 호환성을 제공하는 최소형 스마트플러그인 위모 와이파이 스마트플러그(Wemo WiFi Smart Plug)이다. 위모 와이파이 스마트플러그는 앱 구독을 하거나 허브 기기 없이도 위모 앱과의 연결을 통해 기기를 무선 제어할 수 있는 기능을 제공한다.

그림 5-16 위모 와이파이 스마트플러그

개방형 플랫폼

개방형 플랫폼은 사물의 구성에 제한을 두지 않고, 프로토콜과 오픈 API를 이용하여 여러 사물들을 이용한 독자적인 서비스를 구축하는 플랫폼이다. 일반 사용자도 사물인터넷 구축이 가능하며, 플랫폼을 구축할 만한 역량이 부족한 독립개발자나 중소기업에서도 쉽게 사용할 수 있다. 개방형 플랫폼의 예로는 인터넷을 통해 센서 데이터를 저장하여 웹서비스와 연동하고 사용자에게 데이터 시각화를 제공하는 'ThinkSpeak'나 표준화된 오픈소스를 기반으로 한 사물인터넷 플랫폼인 'AllJoyn', 'oneM2M', 'OIC' 등이 있다.

4 사물인터넷의 응용 사례

공공 IoT 서비스는 국가 주도로 다양한 시범 사업을 추진하였으나 호환성 미흡 및 중복 개발로 개발·구축비용 부담만 가중시켰으며 확산이 저조한 편이다. 산업 IoT 서비스는 대기업 중심으로 일부 추진하고 있고, 중소기업은 초기 비용 부담 때문에 도입을 머뭇거리는 형편이다. 개인 IoT 서비스의 경우 스마트홈, 자동차를 필두로 활발히 진행되고 있으며 중소기업 위주의 시장이 생성되고 있다.

[표 5-5]는 사물인터넷의 응용 사례를 공공 IoT, 산업 IoT, 개인 IoT로 구분해 정리한 것이다.

표 5-5 사물인터넷의 응용 사례

구분	사례
공공 IoT	도서관 셀프 대출, 도서관 장서관리, 자산 추적, 매연 감지 네트워크, 규범 준수, 모니터링, 스마트가로등, 스마트워터, 지능형 교통 시스템
산업 IoT	올리브유 생산, 상할 수 있는 제품의 관리, 다음 작업을 보여주는 생산 루트, 품질을 알려주는 물건, 피드백 게이트, 상세 제품 정보, 가격 비교, 품질 평가
개인 IoT	출입관리, 애완동물 태그, 알레르기 테스트, 자동차 정비 유지 매뉴얼, 스마트칫솔, 스마트약병, 스마트화분, 에이스캔, 해피 포크, 무선 혈압 모니터

5 사물인터넷 기술

사물인터넷 기술에는 센싱 기술, 유무선 통신 및 네트워크 인프라 기술, IoT 서비스 인터페이스 기술, 보안 기술, 상황 인식 기술, 스마트 데이터 로거 기술 등이 있다.

센싱 기술

센싱 기술은 전통적인 센서와 원격 감지, SAR, 레이더, 위치, 모션, 영상센서 등 유형 사물과 주위환경으로부터 정보를 얻을 수 있는 물리적 센서를 포함한다. 이미 센싱한 데이터로부터 특정 정보를 추출하는 가상 센싱 기능이 있으며 기존의 독립적이고 개별적인 센서보다 한 차원 높은 다중 센싱 기술로 더 지능적이며 고차원적인 정보의 추출이 가능하다.

유무선 통신 및 네트워크 인프라 기술

유무선 통신 및 네트워크 인프라 기술은 모든 사물이 인터넷에 연결될 수 있도록 하는 인프라이다. IETF와 IEEE는 제한적 환경에서의 개체 간 통신을 위해 센서 네트워크 기반의 프로토콜 스택 표준화를 진행하고 있다. 사물인터넷 통신 서비스의 원칙과 이를 지원하는 규칙에 준하는 통신 프로토콜에 관해 [표 5-6]과 같은 기술들이 표준화되었거나 진행 중에 있다.

TIP **IETF :** 미국 인터넷 표준 규격 개발 IAB 조사위원회이다.

TIP **IEEE :** 국제 전기전자 기술자 협회이자 미국 표준 개발 전문기구이다.

표 5-6 계층별 유무선 통신 기술

계층	기술	내용
PHY/MAC	IEEE 802.15.4	• 저속도 무선 개인 통신망 표준 규격으로 2006년 개정 • 저렴한 제조 단가 추구
Adaptation	6LoWPAN WG	• IEEE 802.15.4 기반 센서 네트워크에 IPv6를 지원하기 위한 규격 • 최소한의 기능만을 가진 TCP/IP 프로토콜 스택으로 센서 네트워크 동작이 목표

Network	ROLL WG(RPL)	• LLN 환경 지원 라우팅 프로토콜 규격
Application	CORE WG	• IoT/M2M 제약 환경에서의 웹 기반 프로토콜 규격 • 기존 HTTP와의 연동, 전환 가능

IoT 서비스 인터페이스 기술

IoT 서비스 인터페이스 기술은 스마트폰의 애플리케이션과 같은 기능이다. 현재는 사물인터넷의 하드웨어인 'Everything'이 기존 네트워크나 소프트웨어에 쉽게 응용되기 힘든데, 블루투스나 와이파이 등의 네트워크는 과거 웹 기반 PC 단말기의 유물이기 때문에 새로운 방식의 사물인터넷 전용 네트워크에 대한 연구와 투자가 필요하다.

보안 기술

보안 기술은 해킹 및 정보 유출을 방지하기 위한 기술로, 개인정보보호를 위해 매우 중요하게 다루어야 한다. 적용 분야별로 기능, 애플리케이션, 인터페이스 등이 상이하기 때문에 개별적 보안 기술 적용이 요구된다.

상황 인식 기술

상황 인식 기술이란 사물인터넷의 식별과 시맨틱 중심의 관점에서 센싱된 데이터로부터 의미 있는 정보를 추출하는 중요한 기술이다. 상황 인식 시스템은 상황 정보에 따른 라이프사이클을 가지고 있는데, 상황 수집(Context Acquisition), 상황 모델링(Context Modeling), 상황 추론(Context Reasoning), 상황 배포(Context Dissemination)의 4단계로 이루어져 있다. 이 사이클은 물리, 가상, 논리적 센서를 통해 데이터와 상황 정보를 수집하고, 이를 통해 새로운 지식을 추론하여 사용자에게 결과를 전달하는 기술이라 할 수 있다.

스마트 데이터 로거 기술

스마트 데이터 로거(Smart Data Logger)는 사물인터넷 분야에 있어서 상용 네트워크의 안전성을 기반으로 이 기종의 센서 및 레거시 시스템을 지원할 수 있는 범용성을 지닌 반응형 소프트웨어를 의미한다. 주변 환경의 효과적인 모니터링을 위해서 다음과 같은 4가지 핵심적인 기능들을 지원해야 한다.

- 원격에 위치한 사용자의 명령에 따라 프로그램의 설정 정보를 변경
- 센서의 고장이나 관측 데이터의 오류 등 예외상황에 대해서 사용자나 관리자의 개입 없이도 기기 스스로 예상 및 진단하여 대응

- 사용자가 사전에 정의한 특수한 상황이 발생했을 때 사용자 또는 서버에게 능동적으로 알려주는 기능
- 구축된 센서 시스템들을 M2M 노드와 지능형 연결

6 사물인터넷 표준

스마트 기기에서 외부 센서의 정보를 사용하기 위해서는 외부 센서로부터 공급되는 정보를 수집하는 절차가 필요하다. 정보를 수집하는 방법에는 인터넷을 매개로 하는 방법과 기기 간 직접 연결 방법이 있다. 지구상에 존재하는 모든 스마트 기기와 사물인터넷이 각각의 프로토콜을 사용한다면 사물인터넷이라는 용어 자체가 성립하기 어려울 것이다. 사물인터넷은 표준이 필요하다.

국내에서는 TTA를 중심으로 사물인터넷 기술에 대한 표준화가 진행되고 있다. 2013년 사물인터넷 특별기술위원회를 신설하여 사물인터넷 서비스 융합 PG(SPG11), 사물인터넷 네트워킹 PG(SPG12), OneM2M PG(SPG13) 등을 운영하고 있으며 TTA-IoT 분과에서는 ICT 표준화 전략맵 Ver.2015에 사물인터넷 분야를 추가하였다. 학계에서도 2014년에 사물인터넷포럼을 창립하여 사물인터넷 기술의 표준화를 지원하고 있다. 사물인터넷포럼은 M2M/IoT포럼과 RFID/USN융합 포럼을 통합하여 창립되었으며 사물인터넷 표준 적용 및 확산, 사물인터넷 기반 IT 융합서비스 확산과 기술개발 촉진을 목표로 하고 있다.

토론 및 과제

※ 다음 그림을 참고하여 스마트플러그와 스마트콘센트에 어떤 기능이 필요한지 알아보시오.

토론

01 스마트플러그에는 어떤 기능들이 필요한지 토론하시오.

02 기존의 콘센트를 스마트플러그로 대체하기 위한 방법은 무엇이 있을지 토론하시오.

과제

01 사물인터넷 관련 상용제품들을 조사하여 보고서로 제출하시오.

요약

01 빅데이터는 기존의 데이터와 다르게 양, 속도, 다양성에 초점을 맞추어 수집, 저장, 관리, 분석의 역량을 넘어서는 대량의 정형 또는 비정형 데이터셋으로 정의할 수 있다.

02 빅데이터의 특징으로는 3V, 즉 규모(Volume), 속도(Velocity), 다양성(Variety)이 있는데, 여기에 정확성(Veracity), 가치(Value), 시각화(Visualization), 바이럴리티(Virality)를 포함하여 7V로 정의하기도 한다.

03 빅데이터 기술이 발전하면서 소매업, 신용카드사, 의료업, 제조업, 통신사 등 다양한 업계에서 빅데이터를 활용하고 있다.

04 빅데이터 플랫폼이란 다양한 데이터 소스에서 수집한 데이터를 처리, 분석하여 필요한 정보를 추출하고, 이를 기반으로 더 향상된 공공 및 기업서비스를 제공하는 데 필요한 IT 환경을 말한다.

05 하둡이란 대량의 자료를 처리할 수 있는 큰 컴퓨터 클러스터에서 동작하는 분산 응용 프로그램을 지원하는 프리웨어 자바 소프트웨어 프레임워크이다.

06 맵리듀스는 페타바이트 이상의 대용량 데이터를 클러스터 환경에서 병렬처리하기 위해 개발되었다.

07 NoSQL이란 관계형 데이터 모델과 SQL문을 사용하지 않는 데이터베이스 시스템이나 데이터 저장소를 의미한다.

08 빅데이터 처리는 대용량의 데이터를 수집, 분석, 가공하여 원하는 정보를 추출하는 것이다.

09 빅데이터 처리 기법으로는 기존 통계학과 전산학에서 사용되던 데이터마이닝, 머신러닝, 자연어 처리 등이 해당된다.

- 데이터마이닝 : 대규모로 저장된 데이터로부터 체계적이고 자동적으로 의미 있는 패턴, 규칙, 관계를 찾아내는 것이다.

- 머신러닝 : 인공지능의 한 분야로, 컴퓨터가 스스로 학습할 수 있도록 하는 알고리즘과 기술을 개발하는 분야를 말한다.
- 자연어 처리 : 인간이 사용하는 언어를 기계적으로 분석해서 컴퓨터가 이해할 수 있는 형태, 또는 그러한 형태를 다시 인간이 이해할 수 있는 언어로 표현하는 제반 기술을 말한다.

10 데이터 시각화는 데이터 분석 결과를 쉽게 이해할 수 있도록 시각적으로 표현하고 전달하는 과정이다.

11 빅데이터 분석 기술에는 소셜 웹마이닝, 감성 분석, LDA 토픽모델링, 텍스트마이닝, 빅데이터 추천시스템 등이 있다.

12 빅데이터 추천시스템은 일반적으로 협업 여과 추천시스템과 내용 기반 추천시스템으로 나눌 수 있다.

13 사물인터넷은 인간과 사물, 서비스 3가지가 분산된 환경 요소에 대해 인간의 명시적 개입 없이 상호 협력적으로 센싱, 네트워킹, 정보처리 등 지능적 관계를 형성하는 사물 공간 연결망을 의미한다.

14 사물인터넷 플랫폼은 전용 플랫폼과 개방형 플랫폼으로 구분하여 개발된다.

15 사물인터넷 기술에는 센싱 기술, 유무선 통신 및 네트워크 인프라 기술, IoT 서비스 인터페이스 기술, 보안 기술, 상황 인식 기술, 스마트 데이터 로거 기술 등이 있다.

연습문제

단답형 문제

01 (   )는 기존의 데이터와 다르게 양, 속도, 다양성에 초점을 맞추어 수집, 저장, 관리, 분석의 역량을 넘어서는 대량의 정형 또는 비정형 데이터셋으로 정의할 수 있다.

02 빅데이터의 속성으로는 3V, 즉 (   ), (   ), (   )이 있다.

03 (   )이란 다양한 데이터 소스에서 수집한 데이터를 처리, 분석하여 필요한 정보를 추출하고, 이를 기반으로 더 향상된 공공 및 기업서비스를 제공하는 데 필요한 IT 환경을 말한다.

04 (   )은 대량의 자료를 처리할 수 있는 큰 컴퓨터 클러스터에서 동작하는 분산 응용 프로그램을 지원하는 프리웨어 자바 소프트웨어 프레임워크이다.

05 (   )는 페타바이트 이상의 대용량 데이터를 클러스터 환경에서 병렬처리하기 위해 개발되었다.

06 (   )이란 관계형 데이터 모델과 SQL문을 사용하지 않는 데이터베이스 시스템이나 데이터 저장소를 의미한다.

07 (   )는 대용량의 데이터를 수집, 분석, 가공하여 원하는 정보를 추출하는 것이다.

08 (   )이란 대규모로 저장된 데이터로부터 체계적이고 자동적으로 의미 있는 패턴, 규칙, 관계를 찾아내는 것이다.

09 (   )이란 인공지능의 한 분야로, 컴퓨터가 스스로 학습할 수 있도록 하는 알고리즘과 기술을 개발하는 분야를 말한다.

10 (   )란 인간이 사용하는 언어를 기계적으로 분석해서 컴퓨터가 이해할 수 있는 형태, 또는 그러한 형태를 다시 인간이 이해할 수 있는 언어로 표현하는 제반 기술을 말한다.

11 (   )는 데이터 분석 결과를 쉽게 이해할 수 있도록 시각적으로 표현하고 전달하는 과정이다.

12 (   )은 SNS의 연결 구조 및 강도 등을 바탕으로 사용자의 명성 및 영향력을 측정하는 기술이다.

13 (   )이란 비정형 텍스트와 반정형 텍스트 데이터에서 자연어 처리 기술과 문서 처리 기술을 적용하여 유용한 정보의 추출 및 가공을 목적으로 하는 기술이다.

14 (   )은 인간과 사물, 서비스 3가지가 분산된 환경 요소에 대해 인간의 명시적 개입 없이 상호 협력적으로 센싱, 네트워킹, 정보처리 등 지능적 관계를 형성하는 사물 공간 연결망을 의미한다.

객관식 문제

15 다음 중 빅데이터의 특징인 7V에 속하지 않는 것은?

① 보안　　② 속도　　③ 정확성
④ 가치　　⑤ 시각화

16 다음 중 빅데이터에 대한 설명이 <u>아닌</u> 것은?

① 기존의 데이터와 다르게 양, 속도, 다양성에 초점을 맞추어 수집, 저장, 관리, 분석의 역량을 넘어서는 대량의 정형 또는 비정형 데이터셋이다.

② 다양한 거래 데이터를 통합적으로 관리하기 위한 시스템이다.

③ 대량의 정형 또는 비정형 데이터셋으로부터 가치를 추출하고 결과를 분석하는 기술이다.

④ 데이터 형식이 다양하고 생성 속도가 빨라 새로운 관리 방법이 필요한 대용량 데이터이다.

⑤ 기존의 데이터베이스 시스템으로 처리하기 어려울 정도로 상당히 규모가 큰 데이터이다.

17 다음 중 정형 데이터에 대한 설명으로 알맞은 것은?

① 정형 데이터는 내부뿐만 아니라 인터넷상의 외부에 있을 경우가 빈번하다.

② 동영상 데이터, 사진과 오디오 데이터, 위치 정보, 통화 내용 등이 해당된다.

③ 각종 센서나 기기에서 생성되는 데이터, 통신 로그와 같이 발생 빈도가 매우 높은 데이터이다.

④ 고정된 필드에 저장되는 데이터를 의미한다.

⑤ 전자메일 데이터, XML이나 HTML 같이 메타데이터나 스키마 등을 포함하는 데이터이다.

18 다음 중 빅데이터 플랫폼에 대한 설명이 <u>아닌</u> 것은?

① 데이터의 양이 방대하기 때문에 대용량 처리능력이 필요하다.

② 데이터 보안 및 안정성이 확보되어야 한다.

③ 방대한 자료를 처리하기 때문에 빠른 데이터 처리가 필요하다.

④ 빅데이터 플랫폼의 대표적인 기술이 하둡이다.

⑤ 비용이 많이 들어 사용도가 떨어지고 있다.

19 다음 중 빅데이터 활용 사례가 아닌 것은?

① 상품과 고객 구매패턴 사이의 연관성을 발견하기 위해 데이터마이닝을 수행하였다.

② 암 진단의 정확성을 높이기 위해서 판별/분류 분석을 수행했다.

③ 카드사용의 부정행위를 적발하고 예방하기 위해서 카드사용 패턴을 분석하였다.

④ 고객 이탈 방지를 위해 이탈 고객에게 일일이 전화를 걸어 확인했다.

⑤ 반도체 제조과정 중 발생하는 불량품의 자동 발견을 위해 연관성규칙발견과 군집분석 알고리즘을 이용하여 제조공정의 현상을 분석하였다.

20 다음 중 하둡에 대한 설명이 아닌 것은?

① 인간이 이해할 수 있는 언어를 말한다.

② 구글이 오픈소스로 공개했다.

③ 적은 비용으로 빅데이터를 처리 가능하게 할 뿐만 아니라 높은 사용편의성을 제공한다.

④ 빅데이터를 처리할 수 있는 대표적인 프레임워크 기술이다.

⑤ 대량의 자료를 처리할 수 있는 큰 컴퓨터 클러스터에서 동작하는 분산 응용 프로그램을 지원하는 프리웨어 자바 소프트웨어 프레임워크이다.

21 관계형 데이터 모델과 SQL문을 사용하지 않는 데이터베이스 시스템이나 데이터 저장소를 무엇이라고 하는가?

① MapReduce　② NoSQL　③ RDBMS
④ Split　⑤ HDFS

22 대규모로 저장된 데이터로부터 체계적이고 자동적으로 의미 있는 패턴, 규칙, 관계를 찾아내는 것을 무엇이라고 하는가?

① 머신러닝　② 데이터 모델링　③ 크롤링
④ 데이터마이닝　⑤ 자연어 처리

23 인공지능의 한 분야로 컴퓨터가 스스로 학습할 수 있도록 하는 알고리즘과 기술을 개발하는 분야를 무엇이라고 하는가?

① 머신러닝　② 데이터 모델링　③ 크롤링
④ 데이터마이닝　⑤ 자연어 처리

24 다음의 설명을 읽고 무엇에 대한 설명인지 고르시오.

> 빅데이터 분석 기술을 통해 분석된 데이터의 의미와 가치를 시각적으로 표현하기 위한 기술로, 대표적인 것으로는 R 프로그래밍이 있다.

① 데이터 시각화　② 데이터 크롤링　③ 데이터마이닝
④ 데이터 분석　⑤ 데이터 모델링

25 다음 중 빅데이터 분석 기술에 해당하지 않는 것은?

① 소셜 웹마이닝
② 빅데이터 추천시스템
③ LDA 토픽모델링
④ 이성 분석
⑤ 텍스트마이닝

26 다음 중 사물인터넷에 대한 설명이 아닌 것은?

① 사물인터넷 구축에 있어 가장 핵심이 되는 3대 요소는 인간, 사물, 서비스이다.
② 나무와 돌 같은 자연 사물들이 연결된 서비스이다.
③ 언제든지, 어디서든지, 무엇이든지 연결하는 초연결 세계이다.
④ 모든 사물에게 네트워크 연결을 제공하는 네트워크의 네트워크이다.
⑤ 표준 통신 프로토콜을 기반으로 독자적인 주소를 가지며 상호 연결된 객체들의 전 세계 네트워크이다.

27 다음 중 사물인터넷 기술에 해당하지 않는 것은?

① 센싱 기술

② 산업 기술

③ 상황 인식 기술

④ 스마트 데이터 로거 기술

⑤ 유무선 통신 및 네트워크 인프라 기술

PART 02

e-비즈니스 기획 및 운영관리

CONTENTS

CHAPTER 06

e-비즈니스 사업 기획

학습 목표

- 기업의 형태를 분류하고 각각의 개념과 특징을 알아본다.
- 기업의 창업, 성장, 도산에 대해 이해한다.
- e-비즈니스의 산업 영역을 분류하여 이해한다.
- e-비즈니스 모델을 정의하고 분류하여 이해한다.
- 비즈니스 모델 캔버스의 개념과 구성 요소를 이해한다.
- 사업계획서의 의미와 구성 내용에 대해 알아본다.

PREVIEW

이번 장에서는 e-비즈니스 사업 기획에 대해 알아본다. 먼저 기업의 형태를 분류하고 창업 · 성장 · 도산 과정을 살펴본 후, e-비즈니스 산업 영역과 e-비즈니스 모델, 비즈니스 모델 캔버스, 사업계획서에 대해 학습한다.

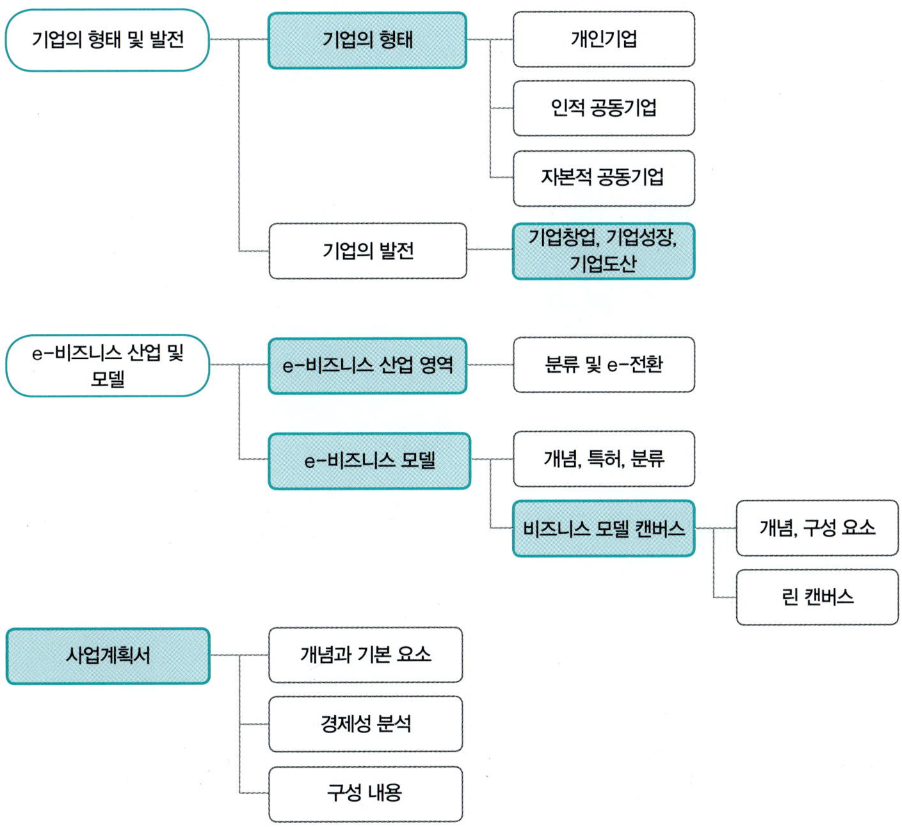

SECTION

01 기업의 형태 분류

기업의 형태는 분류 기준에 따라 여러 형태로 나눌 수 있다. 먼저 소유와 지배 중심으로 개인기업, 인적 공동기업, 자본적 공동기업 등으로 나눌 수 있다. 또는 법률의 규정에 따라 합명회사, 합자회사, 유한회사, 주식회사 등으로 구분할 수 있다. 기업의 출자자(사적 민간인, 정부 공공단체 등)에 따라 사기업, 공기업, 공사 공동기업으로도 분류 가능하다. 그 이외에도 기업의 형태는 규모에 따라서 대기업, 중기업, 소기업으로 분류되기도 한다. 이번 절에서는 소유와 지배 중심의 분류 기준에 따른 기업의 형태를 자세히 알아보기로 한다.

그림 6-1 다양한 기업의 형태 분류

1 개인기업

개인기업은 **개인에 의해서 출자, 경영, 지배되는 기업 형태**이다. 따라서 개인이 경영의 모든 책임을 지지만 이윤을 독점할 수 있다는 점에서 단독기업이라고도 한다. 이러한 개인기업의 장점과 단점은 [표 6-1]과 같다.

표 6-1 개인기업의 장단점

장단점	내용
장점	• 기업의 설립과 폐쇄가 쉽고 이에 따른 비용이 비교적 적게 소요된다. • 의사결정이 신속하고 경영활동이 자유롭다. • 개인이 이윤을 독점한다. • 기업의 비밀 유지가 가능하다. • 고객과의 인간적 접촉이 가능하다.
단점	• 개인의 자본 조달 능력에 한계가 있다. • 개인의 경영 능력에 한계가 있다. • 기업 부채에 무한책임을 지게 되어 위험 부담이 크다. • 기업과 개인이 운명을 같이하기 때문에 영속성이 없다.

2 인적 공동기업

인적 공동기업이란 **두 사람 이상이 공동으로 출자하여 이윤을 목적으로 경영하는 기업**으로, 개인기업의 확장된 형태라고 할 수 있다. 이때, 인적 공동기업은 이들 간의 관계가 인적 관계에 의해서 결합된 것을 의미한다. 인적 공동기업은 합명회사, 합자회사, 유한회사, 민법상 조합으로 분류할 수 있다.

합명회사

합명회사(合名會社, Partnership)는 **2인 이상의 사원이 공동으로 출자하여 각 사원이 회사의 채무에 대해서 무한 연대책임을 지는 회사**로, 각 사원이 정관을 작성하여 법원에 등기하면 설립된다. 이는 출자자 모두가 경영에 직접 참여할 뿐만 아니라 각자의 지분 양도 시에 전체 사원의 동의가 필요하다. 합명회사는 인적 공동기업의 대표적 형태로 소규모 기업에 적합한 형태이다.

합자회사

합자회사(合資會社, Limited Partnership)는 **출자와 업무 집행을 담당하는 무한책임사원과 출자만을 하는 유한책임사원으로 구성된 회사**이다. 여기서 유한책임사원은 출자액에 한해서만 책임을 부담하지만, 무한책임사원은 출자액에 관계없이 무한대의 책임을 진다는 점에서 그 책임의 정도가 훨씬 크다. 따라서 유한책임사원의 경우 지분을 양도할 때는 무한책임사원의 동의를 얻어야 한다.

유한회사

유한회사(有限會社, Private Company)는 **출자액을 한도로 하여 기업 채무에 유한책임을 부담하는 사원으로 조직된 회사**이다. 우리나라 상법에 의하면 총 사원 수는 50인을 초과하지 못하며 전 사원은 유한책임을 진다. 총자본금은 1천만 원 이상이어야 하며 출자 1계좌의 금액은 5천 원 이상으로 균등하게 하고 있으며, 사원은 1계좌마다 1개의 의결권을 가지며 지분의 양도는 사원총회의 결의가 있어야 한다. 유한회사의 기관으로는 사원총회와 이사회 및 감사가 있지만 감사는 법정 필수 기관은 아니다. 사원총회는 이사 및 감사의 선임과 회사의 중요 사항을 결정한다. 한편, 유한회사는 전 사원이 유한책임을 진다는 점에서는 주식회사와 같다. 하지만 비교적 소수 출자자에 의한 소자본으로 운영된다는 점과 지분의 양도가 불편하다는 점 등에서 물적 관계가 중심인 주식회사에 비해 인적 결합 관계가 중심인 인적 공동기업으로서의 특징을 지닌다.

민법상 조합

민법상 조합(Civil Law Partnership)은 **민법 규정에 따라 2인 이상의 당사자가 조합 계약을 맺고 상호 출자하여 공동의 사업을 경영하는 것**이다. 이는 한 번 또는 몇 번의 거래로 끝나는 사업을 공동으로 경영하거나 공채, 사채, 주식 등 유가증권의 공동 인수를 위한 증권 인수단의 결성 등에 사용된다. 따라서 일시적 또는 과도기적 기업으로서의 특성이 있으며 법인이 아닌 조합이다. 이에 따라 권리 의무의 주체는 조합이 아닌 조합원이며 자산도 조합이 아닌 조합원의 자산이다. 그리고 조합원 모두가 업무 집행을 담당하고 무한책임을 지며, 조합의 의사결정은 조합원 과반수의 찬성으로 결정된다.

3 자본적 공동기업

자본적 공동기업이란 **여러 사람이 투자하는 자본으로 이루어지는 공동기업**으로, 자본의 결합으로 형성되는 주식회사 형태의 기업을 말한다. 인적 공동기업은 사원들과의 인적 결합이 전제된다는 점에서 자본 조달의 제약을 받고 출자자와 경영자가 분리되지 않아 경영상의 능률을 기하기가 어려웠다. 이에 따라 나타난 기업 형태가 자본적 관계를 기초로 하여 다수로부터 거액의 자본을 조달하고 이를 전문적 경영자가 관리하도록 하는 자본적 공동기업인 주식회사 제도이다.

주식회사(Corporation)란 **주식의 발행으로 설립된 회사로, 주주로 조직된 유한책임회사**이다. 주식회사 제도는 오늘날 자본주의의 발달과 함께 가장 보편화된 기업 형태이다. 주식회사는 그 성격상 경제에 미치는 영향이 매우 크기 때문에 이들 기업의 설립과 운영에 대한 법률과 제약은 다른 인적회사보다 훨씬 까다롭고 큰 비용이 소요된다. 주식회사는 하나의 자본 단체이며 주주의 출자자산을 바탕으로 설립되기 때문에 자본의 결합이 중요한 것이지 인적 결합이 중요한 것은 아니다. 자본은 주식의 발행에 의해 여러 사람으로부터 조달되고 출자한 사람은 모두 유한책임을 지게 된다. 주식회사가 가지는 자본적 공동기업으로서의 특징은 자본의 증권화, 유한책임제도, 소유와 경영의 분리 등이 있다.

■ 자본의 증권화

자본을 증권화하여 주식회사의 경영자와 투자자의 욕구를 동시에 충족시킬 수 있다. 경영자는 조달된 자본이 영구적으로 고정되기를 바라며, 투자자는 투자자본을 자유롭게 매매할 수 있기를 원한다. 그래서 주식회사는 출자자본을 주식이라는 유가증권으로 균등하게 배분하여 출자자에게 매각하고, 주식을 구매한 주주는 주식의 유통시장에서 자유롭게 주식을 매매하여 언제든지 주주의 지위를 획득하거나 상실할 수 있다. 따라서 투자자로서는 소액의 단기적 자금이라도 얼마든지 투자할 수 있다. 또한 경영자의 처지에서 보면 투자자로서는 소액의 자본이라도 이것이 집적되면 대규모화된다는 점에서 대규모의 자본 조달이 가능하다. 비록 유통시장에서 주식의 소유자는 바뀌었다고 하더라도 발행 시장을 통해서 조달된 고정된 자본은 계속 이용할 수 있게 된다. 따라서 현대의 자본주의 사회에서 주식회사가 요구하는 대규모의 장기적 자본 조달이 증권 제도에 의해서 가능하게 되는 것이다.

■ 유한책임제도

이 특징은 주주가 자본 위험으로부터 발생하는 채무에 대해서 자기가 낸 자본의 한도, 즉 자신이 인수한 주식의 액면 금액 내에서만 채무 변제에 대한 책임을 진다는 것을 의미한다. 주식회사 제도의 이러한 특징은 회사의 재산과 주주 재산의 완전한 분리를 의미한다. 그에 따라 기업은 대규모의 자본을 여러 사람으로부터 쉽게 조달하는 것이 가능하게 된다. 즉 자본 조달의 용이성과 대중화가 가능하며, 그에 따라 주식회사의 모험적인 사업도 가능하게 되는 것이다.

■ 소유와 경영의 분리

오늘날의 주주는 주식의 분산화 또는 대중화의 영향으로 대부분이 소액주주이며, 이들은 경영활동에 참여하기보다는 이익 배당이나 주가 차익을 기대하고 있는 것이 현실이다. 기업의 대규모화와 그에 따른 경영관리의 복잡화는 경영의 전문지식을 요구하게 되었다. 이러한 이유로 기업경영의 전문성을 가진 전문경영자가 출현하고 소유와 경영이 자연스럽게 분리되었다.

하나 더 알기 **경영자**

경영자(Manager)는 기업의 발전과 경영기술의 발달에 따라 그 내용이나 개념, 역할과 기능이 계속 변화되어 왔다. 경영자는 자본주의 초기의 '소유경영자'에서 '고용경영자'를 거쳐 오늘날 자본과 경영이 분리된 시스템에서의 '전문경영자'로 발전하였다. 이들 경영자의 유형을 간단히 제시하면 다음과 같다.

❶ **소유경영자(Owner Manager) :** 자본주의 초기의 기업에서는 자본가인 출자자가 경영관리기능을 직접 담당하였다. 이처럼 자본가가 출자자인 동시에 경영자인, 소유와 경영이 분리되지 않은 형태의 경영자를 소유경영자라고 한다. 일반적으로 복잡한 경영활동이 이루어지는 대규모 기업과는 달리 제품이나 생산 기술이 비교적 단순하고 규모가 작은 기업의 운영은 전문적인 경영관리능력이 없어도 가능하다. 그 결과 오늘날 소유경영자는 개인기업이나 합명회사 등의 소규모 기업에서 주로 볼 수 있다. 주식회사도 출자자인 주주가 업무 집행을 맡은 경우는 이에 해당한다.

❷ **고용경영자(Employed Manager) :** 기업 규모의 확대와 경영관리활동 내용의 복잡화는 필연적으로 소유경영자의 합리적 기업운영의 제약을 초래하게 된다. 따라서 소유경영자는 흔히 지배인으로 대표되는 경영관리자를 고용하여 경영관리의 기능 일부를 위임하여 수행토록 한다. 이러한 유형의 경영자를 고용경영자라고 한다. 고용경영자는 소유경영자와 고용관계에 의하여 기업가의 경영관리기능 중에서 관리와 관련된 지휘, 감독, 통제 등의 기능만 위임받는다. 고용경영자를 고용한 소유자를 위해서 활동한다는 점에서 그 본질은 소유경영자와 같다.

❸ **전문경영자(Professional Manager) :** 기업의 대규모화와 경영관리활동의 복잡화로 기업의 합리적 경영을 위한 과학적이고 전문적인 경영지식과 능력이 필요하게 되었다. 이에 따라 등장한 것이 바로 전문경영자다. 이들은 종래 기업가의 기능 중 출자를 제외한 모든 기능을 수행한다.

SECTION

02 기업창업, 기업성장, 기업도산

1 기업창업

창업(Foundation)이란 **새롭게 기업을 설립하는 것**으로, 좀 더 구체적으로는 '창업자가 시장 이자율 이상의 이익을 얻기 위해 자본을 이용하여 사업 아이디어를 구현하는 조직 또는 시스템을 구축하는 행위'라고 할 수 있다. 기업창업이란 **기업을 창업하려는 의욕을 지닌 개인이나 집단이 사업의 기회를 포착하여 사업의 목표를 설정하고 자본, 인력, 설비를 확보한 후 이를 결합하여 사업을 시작하는 것**을 말한다. 인터넷과 관련된 모든 창업을 의미하는 e-비즈니스 창업은 **인터넷 가상공간에 입점하여 인터넷 고객에게 제품이나 서비스를 제공하고 부가가치를 얻는 형태의 창업**을 말한다.

기업창업의 기본 요소는 창업자, 사업 아이디어, 경영자원이 있다.

- **창업자 :** 위험 부담은 있지만 그에 상응하는 보상을 기대하여 가치 있는 새로운 것을 창조하려는 자, 또는 사업 기회를 획득하고 제약된 경영자원을 가지고 일으키려는 사람이다. 특히 창업자는 사업 실패에 따르는 모든 책임을 감수해야 하기 때문에 높은 성취 의욕, 높은 자아의식, 강한 모험 선호도, 결단력을 갖춘 사람들이 성공할 가능성이 높다.
- **사업 아이디어 :** 무엇을 대상으로 사업할 것인지, 어떠한 재화(물건)와 용역(서비스)을 생산할 것인지 등 사업 동기에 대한 구체적인 아이디어를 의미한다.
- **경영자원 :** 인력 · 사업장 · 설비 · 원자재 등으로 구성되며, 기술개발 · 영업조직 구축 등 유무형 자산을 형성하는 데 필요하다.

하나 더 알기 **주식회사 설립 과정**

주식회사 설립 과정을 토대로 기업창업 과정에 대해 알아본다. 주식회사 설립 과정은 정관 작성, 출자의무 확정, 출자의무 이행, 임원 선정, 설립등기, 사업자등록 신청순으로 진행된다.

1. 정관 작성

정관은 주식회사 운영의 기본 사항으로 발기인이 작성하여 공증을 받으면 효력이 발생한다. 정관에는 절대적 기재 사항과 상대적 기재 사항이 있다. 전자는 이들 사항 중에서 어느 하나만 빠져도 정관 자체가 무효가 되는 사항으로 회사의 목적, 상호, 회사가 발행할 주식의 총수, 1주의 금액, 회사의 설립 시에 발행되는 주식의 총수, 본점의 소재지, 회사의 공고 방법, 발기인의 성명과 주소 등이다. 후자는 필요한 경우에 기재하며 정관에 이를 기재하지 않는 한 회사나 주주를 구속하지 않는 사항이다.

2. 출자의무 확정

정관을 작성한 후에는 자본의 확정, 즉 출자의무(出資義務)를 확정해야 하며, 여기에는 발기설립과 모집설립이 있다. 발기설립이란 발기인이 회사 설립 시에 발행되는 주식을 모두 인수하는 방법으로 동시설립(同時設立)이라고도 한다. 이에 비해 모집설립은 발기인이 1주 이상의 주식만 인수하고 발기인이 인수하지 않는 주식은 주주를 모집하여 인수하는 방법이다.

3. 출자의무 이행

출자의무를 지닌 자가 실제로 출자를 이행하는 것으로, 그 출자의 이행 방법은 공칭자본주의와 수권자본주의로 구분된다. 공칭자본주의는 구(舊) 상법에서 채택되었던 방법으로 주식회사의 자본 금액을 정관에 정하여 회사 설립 시에 주식 총수가 인수되어야 하고 이 주식 총수 가운데 1/4 이상의 출자 이행이 있어야 회사가 설립된다. 회사 설립 이후 신주를 발행하려면 주주총회의 특별 결의에 의해서만 정관에서 정한 자본을 조달할 수 있다. 수권자본주의는 현재 국내 상법에서 채택한 것으로 정관에 자본금 대신 회사가 장래 발행하기로 예정하고 있는 주식 총수를 정하고 회사 설립 시에 주식 총수의 1/4 이상을 발행한다. 나머지 주식은 회사 설립 후 필요에 따라 이사회의 결의만으로 수시로 발행할 수 있게 하여 자본 조달의 기동성을 부여한다.

4. 임원 선정

발기설립에서는 발기인의 출자의무가 이행되면 발기인은 의결권의 과반수 찬성으로 이사와 감사를 선임한다. 선임된 이사는 검사인을 임명하여 회사의 설립에 대한 제반 사항을 발기인에게 주면 발기인은 이를 법원에 제출한다. 선출 시 의결권은 1주당 1표의 권한을 행사한다. 모집설립 시에는 주식 총수가 인수되는 대로 발기인은 바로 창립총회를 소집하고 이 창립총회에서 이사와 감사를 선임한다.

5. 설립등기

이상의 모든 절차가 완료되면 이사의 공동 신청에 의해 설립등기(設立登記)를 해야 한다. 발기설립의 경우에 발기인의 현물출자(現物出資)에 대한 검사인 조사가 끝난 날부터, 모집설립의 경우에는 창립총회가 끝난 날부터 2주 내에 회사가 설립되는 지방법원에 설립등기를 해야 한다.

6. 사업자등록 신청

신설 법인의 사업자등록 신청은 법인 설립 신고와 병행해야 하는데, 담당 세무서(법인세과)에 사업자등록을 해야 한다. 사업자등록 시 유의할 사항은 다음과 같다.

- 사업장 단위로 사업자등록을 하며, 여러 개가 있으면 사업장마다 사업자등록을 해야 한다. 다만, 보관 관리 시설만 갖춘 하치장은 설치한 날로부터 10일 안에 하치장 소관 세무서장에게 설치 신고서를 제출한다.

- 여러 가지 사업의 겸업으로 부가가치세가 과세되는 사업을 할 때에는 부가가치세법에 의한 사업자등록을 하여야 한다. 면제되는 사업만 할 때에는 소득세법 또는 법인세법에 의한 사업자등록을 하면 된다.
- 2인 이상이 공동으로 사업을 하는 경우, 사업자등록 신청은 공동 사업자 중 1인을 대표자로 하고 공동 사업자 전원의 주민등록등본을 붙여 대표자 이름으로 신청하며 동업 계약서 등의 서류를 함께 제출한다.
- 사업자등록 불이행 시, 즉 가산세 부과내용 사업자등록을 하지 않고 사업을 하면 사업 개시일로부터 등록한 날이 속하는 예정 신고 기간(예정 신고 시간이 지났으면 그 과세 기간)까지의 공급가액에 대하여 개인은 100분의 1, 법인은 100분의 2에 해당하는 금액을 가산세로 내야 한다.

2 기업성장

기업성장은 **기업의 규모나 능력의 향상**을 의미한다. 기업성장의 유형에는 그 자체의 동일성을 유지하면서 성장하는 경우와 다른 기업을 흡수·합병하여 함께 성장하는 경우가 있다. [표 6-2]는 기업성장 방향을 제시한 표이다.

표 6-2 기업성장 방향 매트릭스

시장 \ 제품	현재 제품	새로운 제품
현재 시장	**시장확대** : 현재의 시장에 대하여 광고 등의 판매 촉진 활동을 강화하여 성장하는 전략이다.	**제품개발** : 현재의 시장에 대하여 제품 품목을 확대하거나 신제품을 개발하여 성장을 시도하는 전략이다.
새로운 시장	**시장개척** : 현재의 제품을 중심으로 새로운 시장을 개척하여 성장을 도모하는 전략이다.	**다각화** : 새로운 시장개척과 제품개발을 병행하는 경우에 사용하는 성장 전략이다.

기업성장은 앞서 말한 시장확대, 시장개척, 제품개발 등의 방법으로는 한계가 있다. 따라서 각 기업은 다각화 방식의 성장을 도모하지 않을 수 없게 되었다. 기업다각화(Diversification)란 **기업이 과거에 관여하지 않던 새로운 활동 영역으로 경영활동의 범위를 확대하는 것**으로, 새로운 시장에 새로운 제품을 생산하여 공급하는 것을 말한다. 기업이 다각화하는 이유는 크게 2가지로 나눌 수 있다. 첫째로, 기업경영상의 위험을 분산하기 위해서다. 즉, 기업환경 변화나 경쟁에 따른 위험을 분산시켜 기업의 안정성을 확보하기 위해서다. 둘째로, 더 큰 이익의 기회를 확보하기 위해서다. 즉, 기존 제품시장에서의 급격한 수익률 하락을 탈피하여 경영의 합리화, 시장지배력의 강화 및 부산물의 효과적 이용, 계절적 수요의 안정, 특정 제품의 진보화에 대한 사전적 대비를 통해 보다 큰 수익성의 기회를 확보할 수 있는 사업 방향으로 경영을 다각화하는 것이다.

또한, 기업은 규모의 영세성에 따른 경영상의 불리한 점을 제거하고 규모의 이점을 확보하기 위해서 합병을 통한 기업성장을 도모한다. 기업합병(Merger)이란 **둘 이상의 회사가 법률이 정한 절차에 따라 합병 계약을 맺고 하나의 회사로 통합하는 것**을 말한다. 기업합병에는 하나의 회사에 다른 회사가 흡수되어 없어지는 흡수합병과 모든 회사를 해체하여 새로운 회사를 설립하는 신설합병이 있다. 하지만 기업합병은 흡수합병 방식을 취하는 경우가 대부분이다. 다음은 기업합병의 주요 이유이다.

- 시장확대
- 공급원 확보
- 다양화
- 판매사이클 단축
- 유능한 경영인재나 연구요원의 확보
- 주요 시장에서의 접근 방법 강화
- 새로운 시장으로의 신속한 진출
- 부가시설 획득
- 현금자원 획득
- 세무상의 이득

3 기업도산

창설된 각 기업은 효율적 활동을 통해서 성장과 발전을 도모할 수 있다. 그러나 모든 기업이 계속 성장과 발전을 하는 것은 아니며, 또한 성공한 기업도 언젠가는 그 수명을 다할 수밖에 없다. 이처럼 기업이 환경의 요구에 부응하지 못하여 그 생존에 필요한 최저한의 이익도 확보하지 못하거나 기술적인 지불불능 상태에 직면하게 될 때 기업은 도산하게 된다. 기업도산(Bankruptcy)이란 **기업이 재정적 파탄을 초래하여 망하는 것**을 말한다. 기업도산은 다음과 같은 원인에 의해 발생할 수 있다.

- 최고경영자의 실수
- 1인의 독단적 경영 및 이사회 경영불참
- 경영정보시스템의 부실
- 예산 관련 제도 미비
- 변화 대처 능력 부족
- 시설 및 매출채권 등에 대한 과대 투자
- 단일 대형사업의 추진 실패
- 과도한 부채 의존
- 자의적 회계 처리

TIP 도산의 원인에 대한 미국과 일본의 조사 결과를 보면 동서양의 기업도산 원인에 대한 시각차를 확인할 수 있다. 미국은 경영자의 무능력, 경영진의 경험부족, 담당자의 경험부족, 태만, 부정, 재해 등을 제시하고 있다. 이에 비해서 일본은 방만한 경영, 경영계획 실패, 경기변동에 의한 판매부진, 업계의 부진, 외상매출금의 미회수, 과다경쟁, 경영자의 질병과 사망 등을 도산의 원인으로 제시하고 있다.

법인회사는 기업소멸 원인이 되는 법률 요건이 발생한 경우에 해산되는데, 이를 기업해산이라고 한다. 기업해산의 이유는 회사 존립 시기의 만료, 기타 정관에 정한 해산 사유의 발생, 기업합병, 파산, 해산 명령, 해산 판결, 주주총회의 해산 결의 등이 있다. 이렇게 기업이 해산되었을 때 합병과 파산의 경우를 제외하고는 소정 기간 내에 해산등기와 함께 청산절차에 들어가며, 기업청산 사무는 청산인에 의해서 이루어진다. 따라서 이사는 그 기능을 잃게 되고 청산인과 주주총회, 감사만이 계속 청산기관으로 존속한다. 청산인은 현존 업무를 종결하고 채권을 받아내어 채무를 갚는다. 또한 청산인은 기업 재산의 환가 처분 및 잔여 재산 분배를 이행한다. 청산이 종결되면 청산인은 청산 보고서 등을 작성하여 주주총회의 승인을 얻고, 승인 이후 소정의 기간 내에 청산 종결의 등기를 하여야 한다.

하나 더 알기 **기업가**

기업가(Enterpreneur)란 개념은 18세기 초, 프랑스의 리차드 칸틸롱(Richard Cantillon)에 의해 처음 사용되었으며, 새로운 조직을 만들어서 운영한다든지 새로운 아이디어 제품 및 서비스를 사회에 내놓는 등 위험부담을 안고 있는 사람들을 일컬어 기업가라고 하였다. 기업가는 기업설립의 요건이 되는 투자를 직접 이행하고 경영을 담당하며 필요에 따라 지배기능도 담당하여 기업의 위험부담을 스스로 맡는 위험부담자이다. 따라서 기업가는 주로 자본 출자에 의해 기업을 설립하여 운영하는 자본가의 특성과 경영자의 특성을 동시에 지닌 소위 '소유경영자'와 동일한 의미로 해석된다.

SECTION 03

e-비즈니스 산업 영역

e-비즈니스가 전 세계적으로 확산되면서 e-비즈니스를 산업으로 인정하는 사례가 늘어나고 있다. 하지만 e-비즈니스 분야를 하나의 산업으로 볼 경우, e-비즈니스 분야의 복합적인 성격 때문에 정보통신산업과 방송·디자인 관련 산업을 모두 포괄하는 넓은 개념으로 사용될 여지가 있다. 특히, 기존의 굴뚝기업(Brick-and-Mortar)이 e-전환을 하는 경우, 기존의 굴뚝기업도 e-비즈니스 산업으로 보게 되는 모순이 생기기 때문에 일반 산업 분야가 아닌 e-비즈니스 사업 기획을 설명하는 데 초점을 맞추기로 한다. 따라서 아래의 세 분류는 인터넷 응용 산업 분야에서의 e-비즈니스 사업 기획만을 설명한다.

1 e-비즈니스 산업의 분류

e-비즈니스 산업은 인터넷 기반 산업, 인터넷 지원 산업, 인터넷 응용 산업으로 분류할 수 있다.

인터넷 기반 산업

인터넷을 기반으로 한 분류는 인터넷 접속을 위한 인프라 측면이 강하다. 즉, 컴퓨터와 주변 통신의 하부 구조로 서버/클라이언트, LAN, ISDN 등 통신 네트워크를 형성하기 위해 요구되는 설비를 구축하는 산업이다. 초기 투자가 많이 소요되며 투자 기업의 대부분이 규모가 크다. 국내 기업 중에서 SK텔레콤, KT, LG U+ 등이 인터넷 접속을 위한 회선 서비스를 제공하고 있다.

인터넷 지원 산업

인터넷 지원 산업은 인터넷과 관련된 소프트웨어, 하드웨어 판매를 포함한 웹 서버 시스템 구축 서비스를 말한다. 통신 서비스, 인터넷 웹 호스팅 업체 등 접속서비스를 제공하는 업체이며, 웹브라우저의 도구를 만드는 회사도 포함된다. 대표적인 웹브라우저는 크롬(Chrome), 마이크로소프트 엣지(Mircosoft Edge), 사파리(Safari), 파이어폭스(Firefox) 등이 있으며, 인터넷 검색엔진으로는 구글(Google), 야후(Yahoo), 네이버(Naver), 다음(Daum) 등이 있다.

인터넷 응용 산업

인터넷 응용 산업은 e-비즈니스 응용 산업의 대표라고 할 수 있다. 초기에는 홈페이지를 구축하는 콘텐츠 분야가 주목을 받았는데, 현재 e-비즈니스의 발전으로 괄목할 만한 성장을 이루고 있다. 콘텐츠(Contents)는 인터넷에 부가가치 정보를 창출하는 분야로, 뉴스 · 오락 · 스포츠 · 홍보 · 상품정보 등 소비자에게 보여주고 관심을 유도하는 광범위한 분야에 응용되고 있다. 전자상거래 이외에도 전자출판, 교육, 게임, 오락, 뉴스 등의 다양한 분야에서 응용되고 있다. 특히 최근에는 인터넷을 통해 볼 수 있는 TV인 OTT 서비스가 대중화되었는데, 그중에는 넷플릭스(Netflix), 디즈니플러스(Disney+), 왓챠(Watcha) 등이 대표적인 사례이다.

2 e-전환

e-전환(e-Transformation)이란 **전통기업의 업무 프로세스를 인터넷 방식으로 변환시키는 것**을 의미한다. e-전환을 추진하여 성공한 기업의 특징은 다음과 같다.

조직체계 신설

성공적으로 e-전환을 진행하고 있는 기업은 이러한 업무를 전담하는 제3의 조직을 신설하여 추진한다. 흔히 현업 조직이나 정보시스템 조직이 이러한 업무를 맡는 경우, 그동안의 관성 때문에 기대한 것만큼의 효과를 얻지 못한다.

인터넷 기반으로 전환한 업무

기업 내 업무를 인터넷 기반으로 전환하는 것으로, 최근에는 대부분의 기업이 모든 업무를 인터넷 기반으로 전환하여 e-전환에 성공하고 있다.

전통기업의 오프라인 역할 수용

e-전환 과정에서 전통기업이 기존에 보유하고 있는 오프라인 역할을 수용할 수 있어야 한다. 예를 들어, 이전에는 전통기업이 온라인 쇼핑몰 사업에서 기존의 오프라인의 고객채널을 무시하는 경우가 많았는데, e-전환을 통한 e-비즈니스 산업을 활성화시킨 기업들은 오히려 온라인과 오프라인의 연계를 통해 효과를 극대화할 수 있었다.

전략적 파트너십 구축

외부 기업과의 e-비즈니스 네트워크 구축을 통해 아웃소싱이나 전략적 파트너십을 만들어낸다.

최고경영자의 주도

이러한 e-전환은 최고경영자가 직접 나서서 끌고 가야 한다. e-전환이란 단순히 몇 개의 정보시스템을 구축하는 일이 아닌, 기업의 구조와 제품 및 사업 영역을 바꾸어 나가는 일이라고 볼 때 이것은 너무나 당연한 포인트라고 하겠다.

SECTION

04 e-비즈니스 모델

1 e-비즈니스 모델의 개념

인터넷의 발달로 인터넷을 이용한 비즈니스가 활발히 진행되고 있는 중에 "많은 기업이 어떻게 인터넷을 통해서 사업하는 것일까?"라는 질문을 할 수도 있다. 여기서 '어떻게'에 해당하는 말이 바로 e-비즈니스 모델이다. 즉, e-비즈니스 모델이란 **인터넷을 통해 사업하는 방법**으로, 간단히 표현하면 인터넷을 통해 수익을 창출하는 방법을 말한다.

폴 티머스(Paul Timmers)는 e-비즈니스 모델의 요소로 3가지를 들고 있다.

- 상품, 정보, 서비스 구조 및 여러 사업 참여자와 그들의 역할을 기술하는 것
- 사업 참여자들이 누릴 수 있는 잠재적 이익을 기술하는 것
- 사업 참여자들의 직접적인 원천 수익을 정하는 것

2 e-비즈니스 모델 특허

e-비즈니스 모델 특허란 **정보시스템이나 정보통신기술을 활용하여 새로운 경영이나 마케팅 기법을 발명했을 경우 권리를 부여하는 특허**를 말한다. 1980년대 초까지만 하더라도 전통적인 지적 재산권(물건, 물질, 방법), 실용신안, 상표, 의장, 저작권만이 특허로 독점적 권리가 인정되었다. 그러나 1990년대 중반에 들어서면서 인터넷이 기업의 전사적이고 전략적인 수단으로 등장하자 아이디어만으로도 권리를 보호받으려는 움직임이 일어났다.

비즈니스 모델 특허는 1998년 미국 연방법원이 내린 '스테이트 스트리트 뱅크와 시그니처 파이낸셜 그룹'의 판결문을 기초로 그 독점적 권리를 공식적으로 인정받게 된다. 이 판결문에서 "사업 발명 심사에도 다른 공정이나 방법 관련 발명에 적용됐던 특허법상의 동일한 요건이 적용됐으며 또한 적용되어야 한다. 그래서 사업 방법 관련 발명이 특허 대상에서 제외되어야 한다는 예외는 더 이상 유효하지 않다."며 스테이트 스트리트 뱅크가 시그니처 파이낸셜을 대상으로 낸 특허무효소송을 기각시켰다. 그 이후 기존의 특허출원을 해오지 않던 은행, 중개업, 소매업, 도매업, 유통업 등 비기술 산업 분야에서 비즈니스 모델(독특한 영업 방법)을 특허로 등록하려는 특허출원 열풍이 일었다.

국내 비즈니스 모델 특허 심사 대상은 영업 방법에 관한 아이디어가 인터넷, 통신, 컴퓨터기술이 기초가 되어 구체적 기술로 제시되면 특허를 받을 수 있다. 단, 영업 방법에 관한 아이디어 자체는 자연법칙을 이용한 기술적 사상의 창작이 아니므로 발명으로 볼 수 없어 특허 대상이 아님을 밝히고 있다. 비즈니스 모델의 특허 관련 이슈는 e-비즈니스 모델 특허 출원과 관련된 경험이 있는 전문가의 확보와 특허 분쟁이라고 할 수 있다.

하나 더 알기 **BM 특허**

e-비즈니스 모델 특허는 BM 특허라고도 불리며, 인터넷의 발달로 인해 생기게 된 특허의 한 분야이다. BM 특허가 생기게 된 이유는 인터넷이 사업 수단으로 떠오르면서 이를 활용하여 이익을 추구할 수 있는 새로운 아이디어도 특허로 등록해야 한다는 사회적 인식에 따른 결과이다. e-비즈니스 모델을 특허로 등록하기 위해서는 상품·서비스에 관한 아이디어와 이를 전자상거래를 통해 현실로 만들 수 있는 기술이 있어야만 가능하다. 대표적으로 자동화 금융 시스템, 인터넷 게임 장치나 방법, 인터넷 교육, 인터넷 광고 등 다양한 형태로 BM 특허가 등록되고 있다. 현재 특허청의 BM 특허는 매년 30%의 등록률을 보이는데 특허청의 연간 특허 등록률 70%의 절반 수준이다. 해당 분야의 특수성(등록가능성이 낮음)을 고려하여 진행 시 등록가능성을 최대한 높일 수 있는 방향으로 접근하는 것이 필요하다.

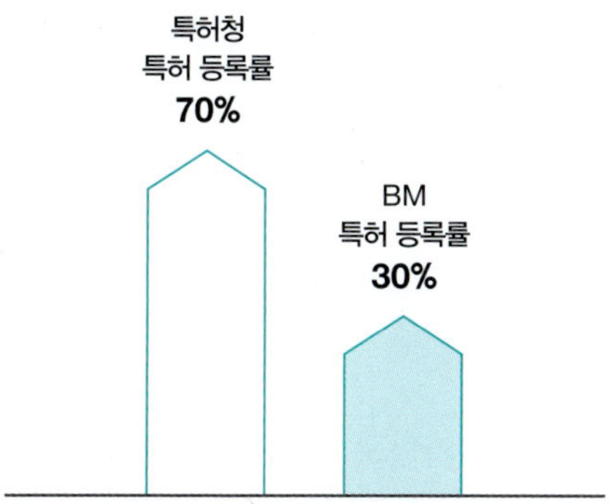

그림 6-2 특허청의 BM 특허 등록률

3 e-비즈니스 모델의 분류

e-비즈니스 모델은 폴 티머스가 제시한 분류가 가장 대표적이다. 폴 티머스는 e-비즈니스 모델을 전자상점, 전자구매, 전자경매, 전자쇼핑몰, 제3자시장, 가상공동체, 가치사슬서비스 제공, 가치사슬 통합, 협력작업 플랫폼, 정보중개, 신용서비스로 분류하였다.

전자상점

가장 기본적인 e-비즈니스 모델인 전자상점(e-Shop)은 **일종의 인터넷 판매 대리점**으로, 기업이나 점포의 웹사이트를 이용하여 제품주문뿐만 아니라 기업홍보, 제품PR, 대금지급 등을 수행한다.

전자구매

기업 간 전자상거래의 형태인 전자구매(e-Procurement)는 **인터넷을 이용해 입찰공고와 협상을 하고 이를 통해 재화나 용역을 구매하는 모델**이다. 구매자는 공급자 선택 폭 확대, 저렴한 원가, 더 나은 품질, 구매비용절감 효과를 얻을 수 있다. 전자구매를 통한 공동구매도 가능하며 이는 글로벌한 인터넷 시장에서 더욱더 큰 비용절감 효과를 얻을 수 있다.

전자경매

전자경매(e-Auction)는 **전통적인 경매 기능을 인터넷을 통해 시행하는 것**이다. 이 모델은 경매되는 제품이나 서비스 정보를 멀티미디어로 제공하고 계약·대금결제·배달 기능을 포함하는 사업모델이다. 경매가 실제로 이루어질 때까지 물리적인 운송이 불필요하며 글로벌 소싱이 가능하다.

전자쇼핑몰

전자쇼핑몰(e-Mall)은 **전자상점을 한곳에 모은 것**이다. 기업 간 전자상거래의 진화 형태인 e-마켓플레이스도 이 비즈니스 모델의 한 형태이다. 전자쇼핑몰 운영자는 지원기술 판매, 지원서비스 제공, 광고사업으로 수익을 추구한다. 고객은 전자상점을 통해 쉽게 다양한 제품을 비교하고 쇼핑할 수 있다.

제3자시장

제3자시장(Third Party Marketplace)은 **오프라인 기업의 제품 카탈로그를 수요자의 사용자 인터페이스를 통해 제공하는 것**으로, 상표선전, 대금지급, 거래절차 등 모든 단계의 서비스를 제공한다. 제공자의 수입원은 회원가입비, 서비스수수료, 거래수수료, 광고 등이다.

가상공동체

가상공동체(Virtual Communities)는 **회원의 회비와 광고수입이 주 수입원인 모델**이다. 일반적으로 가상공동체는 회원가입자의 웹사이트 충성도를 이끌어내기 위해 마련된다.

가치사슬서비스 제공

가치사슬서비스 제공(Value Chain Service Provider)은 **전자지불, 로지스틱스(Logistics)와 같이 산업의 가치사슬의 특정한 기능을 특화하여 온라인으로 서비스를 제공하는 모델**이다. 은행의 전자결제 인증서비스에서부터 생산관리, 재고관리에 이르기까지 가치사슬의 지원 활동이 모델의 핵심이다. 수입원은 주로 서비스 이용료이다.

가치사슬 통합

가치사슬 통합(Value Chain Integrators)은 **가치사슬의 여러 단계를 묶어서 통합 서비스로 제공하는 모델**로, 수입원은 컨설팅 비용이나 거래수수료이다.

협력작업 플랫폼

협력작업 플랫폼(Collaboration Platforms)은 **기업 간 공동으로 작업할 수 있도록 필요한 도구나 소프트웨어, 동일한 인터페이스를 기업에 제공하는 서비스**이다. 협동 디자인, 협동 엔지니어링, 협동 프로젝트 컨설팅에 활용된다.

정보중개

정보중개(Information Brokerage)는 **인터넷에서 구할 수 있는 수많은 정보를 수집 및 가공하여 고객에게 제공하는 사업**이다. 정보중개 모델의 대표적인 사례는 구글이나 야후와 같은 대부분의 인터넷 검색 사이트이며, 이 모델은 DB 판매, DB 이용료, DB상의 광고수입을 주 수입원으로 한다.

신용서비스

신용서비스(Trust and Other Services)는 **인터넷으로 공증서비스, 인증서비스를 제공하는 모델**이다. 수입원은 확인서비스수수료 및 관련 소프트웨어 판매 등이 있다.

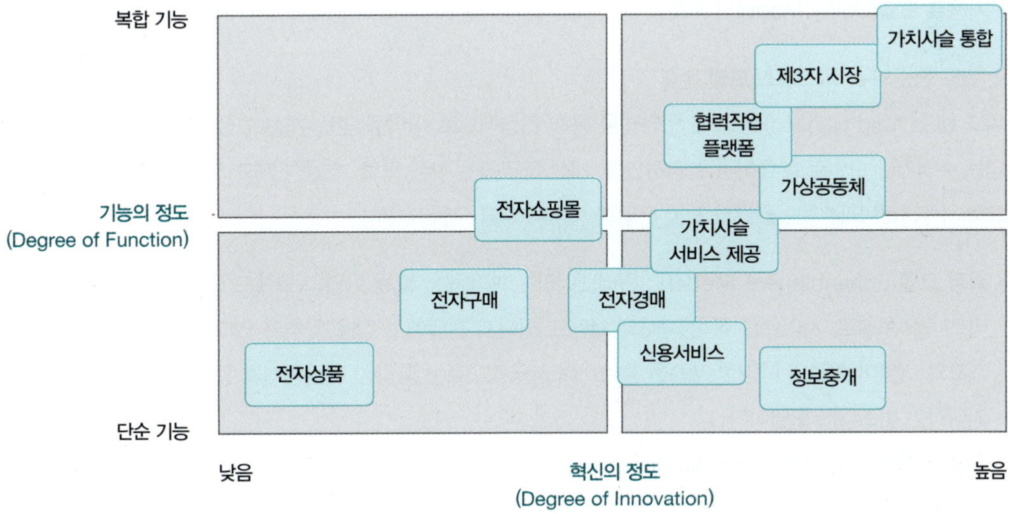

그림 6-3 폴 티머스의 e-비즈니스 모델 분류

하나 더 알기 마이클 라파와 워드 핸슨의 e-비즈니스 모델 분류

1. 마이클 라파의 e-비즈니스 모델 분류

마이클 라파(Michael Rappa)는 e-비즈니스 모델을 다음과 같이 분류하였다.

- **중개 모델(Brokerage Model) :** 시장을 창출하는 모델로, 구매인과 판매인을 한곳에서 거래하게 하는 모델이다. 이 모델은 성사된 거래에 대한 수수료로 수입을 확보한다.
- **광고 모델(Advertising Model) :** 인터넷에 배너 광고를 게시하여 수입원으로 한다. 대부분 포털사이트에서 이 광고 모델을 통해 수입을 얻고 있다. 광고 모델이 성공하기 위해서는 충분한 회원 확보가 가장 중요하다.
- **정보중개 모델(Informediary Model) :** 고객 정보를 모아 기업에 판매하는 사업이 정보중개 모델이다. 개인 고객 정보는 무료 이메일이나 웹하드 같은 서비스를 제공하는 등 다양한 방법을 통해 정보를 수집하여 수익원을 창출한다.
- **상점 모델(Merchant Model) :** 인터넷을 통해 다양한 방법으로 제품이나 서비스를 판매한다.
- **제조업체 모델(Manufacturer Model) :** 농촌에서 농산물을 직접 소비자에게 파는 형태처럼 제조업체가 중간상이나 물리적인 유통망을 거치지 않고 직접 소비자를 만나는 모델이다. 이 모델은 효과적인 유통망 관리가 핵심적인 성공 요인이다.
- **제휴 모델(Affiliate Model) :** 웹사이트에 다른 기업의 배너 광고나 메뉴를 통하여 클릭을 유도하고 이를 통해 수익을 얻는 모델이다.
- **공동체 모델(Community Model) :** 웹사이트를 방문하는 이용자에게 광고, 정보중개, 전문 포털서비스 기회를 제공하고 이용료를 받는다.
- **회원 모델(Subscription Model) :** 신문이나 잡지 구독처럼 이용자가 접속에 대하여 대가를 지급하는 모델이다.
- **사용료 모델(Utility Model) :** 수도료나 전기료처럼 사용량에 따라 사용료를 지급하는 모델이다.

2. 워드 핸슨의 e-비즈니스 모델 분류

워드 핸슨(Ward Hanson)은 크게 인터넷을 통해 간접적으로 이익을 얻는 개선 모델과 직접적인 이익을 얻는 수익기반 모델로 분류하여 설명하였다. 개선 모델에는 확장 모델, 효율성 제고 모델, 효과 모델이 있으며, 수익기반 모델에는 공급자 지불 모델과 사용자 지불 모델이 있다.

- **확장 모델(Enhancement Model) :** 인터넷이라는 매개체를 통해 기업의 브랜드 이미지를 제고시키는 비즈니스 모델로, 사이트를 통한 자사의 브랜드 이미지 전달에 초점을 맞추고 있다. 또한, 기업 이미지 제고와 더불어 기업의 다양한 제품을 홍보하여 궁극적으로는 다양한 제품판매를 통한 수익 증대효과를 기대하는 비즈니스 모델이다.
- **효율성 제고 모델(Efficiency Model) :** 인터넷을 이용해 기업의 비용절감 효과를 기대하는 비즈니스 모델이다. 또한, 특정 제품이나 서비스를 고객에게 무료로 제공하여 고객이 사용할 기회를 제공하고, 이를 통해 자사의 제품 또는 서비스의 정식 이용 증대를 목적으로 하는 비즈니스 모델이다.

- **효과 모델(Effectiveness Model) :** 중간판매자의 원활한 정보교환 지원 같은 서비스를 통해 판매 과정 등의 효율성을 높일 수 있으며, 공급자에게 온라인에서 입찰 정보, 제품 정보, 구매자 정보 등을 제공하여 공급 관련 전 프로세스의 효율성을 증대시키고자 하는 비즈니스 모델이다. 또한, 인터넷을 통해 보다 저렴한 비용으로 고객 또는 관심 있는 정보의 수집 및 조사를 목적으로 한다.
- **공급자 지불 모델(Provider Pays Model) :** 유명 사이트에 투자 및 협찬 등을 통해 기업을 홍보하고 사이트로의 고객 유인 등의 이익을 제공한다. 이러한 기회 제공의 대가로 투자 및 협찬 등의 지원을 받아 수익을 얻을 수 있다. 또한, 유명 사이트와의 제휴를 통해 서로의 핵심 역량을 공유, 시너지 효과 및 연결 효과를 극대화하는 것을 목적으로 한다. 기업홍보 및 브랜드 파워를 높이기 위해 유명 사이트에 배너를 게재하고, 기업으로부터 받은 광고비를 수익으로 한다. 제품의 판매 대행을 통한 수수료를 수익의 확보 수단으로 하며, 차별화되고 전문적인 서비스를 원하는 기업이 제공하는 월/연회비를 수익의 기반으로 하는 비즈니스 모델이다.
- **사용자 지불 모델(User Pays Model) :** 제품 판매의 대가로 사용자에게 받는 판매 대금을 수익의 기반으로 하는 비즈니스 모델이다. 사용량에 따라 고객으로부터 받는 사용료를 수익의 기반으로 하거나 특정 정보를 원하는 고객에게는 회원가입을 통해 유료로 정보를 제공한다.

그림 6-4 워드 핸슨의 e-비즈니스 모델 분류

SECTION
05 비즈니스 모델 캔버스

1 비즈니스 모델의 개념

비즈니스(Business)란 **가치를 창출하고 그 가치에 대한 대가를 획득하는 일**을 말하는데, 기업은 소비자가 원하는 가치를 제공하고 소비자가 경쟁자의 제품보다 자신의 제품을 선택하도록 경쟁우위를 획득해서 수익을 창출해야 한다. 성공적인 비즈니스의 바탕에는 좋은 비즈니스 모델이 있다. 비즈니스 모델이라는 용어가 널리 사용되기 시작한 것은 1990년대 중반 인터넷 붐이 일어났을 때이다. 비즈니스 모델(Business Model)이란 **조직이 고객들에게 어떤 가치를 어떻게 만들어 제공하고 수익을 창출하는지 그 내용과 과정을 설명하는 스토리**이다. 일반적인 의미에서 비즈니스 모델이란 기업의 기초적인 설계도로서 본질은 수익창출이다. 비즈니스 모델을 구상할 때 다음과 같은 고민을 하게 된다.

- 어떤 상품을 고객에게 어떤 방식으로 판매할 것인가?
- 시장에서 기업이 고객에게 어떤 가치를 제공하여 이익을 창출하는가?
- 고객가치를 창출하기 위한 기업의 내부역량과 외부환경을 결합한 독특한 사업 시스템은 어떻게 구성하는가?

2 비즈니스 모델 캔버스의 개념

2010년 알렉산더 오스터왈더(Alexander Osterwalder)가 『비즈니스 모델의 탄생(Business Model Generation)』에서 제시한 비즈니스 모델 캔버스(BMC, Business Model Canvas)는 **비즈니스 모델을 분석하고 디자인하는 핵심 툴로, 비즈니스에 포함되어야 하는 9개의 주요 사업 요소를 한눈에 볼 수 있도록 만든 그래픽 템플릿**이다.

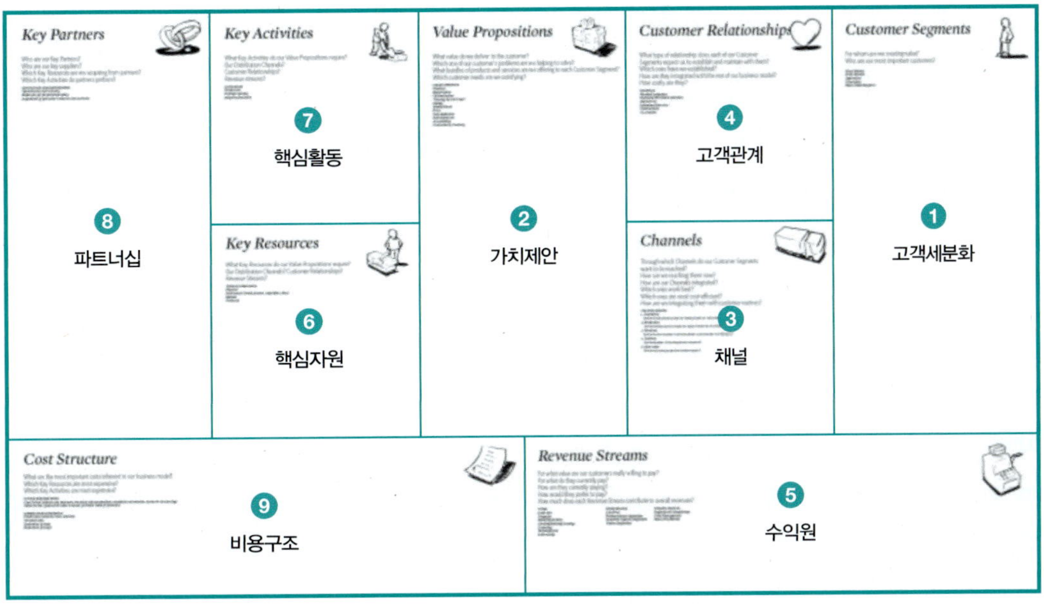

그림 6-5 비즈니스 모델 캔버스

3 비즈니스 모델 캔버스의 구성 요소

비즈니스 모델 캔버스는 앞서 제시된 [그림 6-5]의 우측 상단(고객세분화)에서부터 작성을 시작하여 왼쪽 하단(비용구조)에서 작성을 마치게 된다.

고객세분화

고객세분화(Customer Segment)는 **고객을 정의하는 것**을 의미한다. 고객을 세분화하기 위해서는 먼저 '우리의 아이디어를 누구에게 팔 것인지', '누가 우리의 가장 중요한 고객인지', '누구를 위하여 가치를 창출하는지'를 찾아내야 한다. 이를 통해 고객의 니즈 파악 및 목표시장을 선정할 수 있다. 유의할 점은 비즈니스 모델은 수익창출이 목적이기 때문에 고객세분화도 중요하지만, 안정적 수익을 위한 세분화된 시장의 규모도 중요하다.

가치제안

가치제안(Value Proposition)은 **특정한 고객에게 필요로 하는 가치를 창조하기 위한 제품이나 서비스의 조합**을 의미한다. 가치란 정량적, 정성적인 모든 것을 포함할 수 있다. 가치제안을 통해 고객에게 제공할 수 있는 가치는 다음과 같다.

- 기존 제품 · 서비스에 비해 우수한 성능(Performance)
- 기존 제품 · 서비스를 뛰어넘는 혁신(Innovation)

- 기존 제품 · 서비스와 구분될 만큼 싼 가격(Price)
- 기존 고객에게 비용절감의 기회 제공(Cost Reduction)
- 높은 브랜드 지위(Brand)
- 특정 고객을 위한 제품 · 서비스의 개인화(Customization)
- 기존 제품 · 서비스와 구분되는 탁월한 디자인(Design)
- 기존 제품 · 서비스가 제공하지 못한 편의성(Convenience)
- 기존 고객에게 위험회피의 기회 제공(Risk Avoidance)

채널

채널(Channel)은 **유통채널로 부를 수 있으며, 목표 고객에게 상품이나 서비스를 전달하는 방법을 찾는 것**이다. 일반적으로 채널은 영업부서, 사업장, 도매, 웹사이트, 전화, 문자, 이메일 등이 될 수 있다. 채널의 용도는 다음과 같다.

- 고객의 이해를 높인다.
- 기업이 전달하는 가치를 고객이 평가할 수 있게 한다.
- 고객의 구매를 돕는다.
- 고객에게 가치를 제안한다.
- 구매 고객에게 A/S를 제공한다.

고객관계

고객관계(Customer Relationship)는 **목표 고객과 어떤 형태로 지속적인 관계를 유지할 것인지를 결정하는 것**이다. 즉, 고객이 우리 제품을 이용하게 하려면 어떻게 할지에 대해 아이디어를 내는 것이다. 예를 들면 뉴스레터, VIP서비스, 행사, 알림, 쿠폰 등이 있을 수 있다.

수익원

수익원(Revenue Streams)은 **기업이 각 고객세분화시장에서 창출하는 현금(수입-비용)**으로, 제품판매, 라이센싱, 구독비, 이용료, 중개수수료, 가입비, 광고, 대여료 등이 될 수 있다.

핵심자원

핵심자원(Key Resources)은 **사업을 진행하기 위해 필요한 자원을 정의하는 것**이다. 자원은 인적자원, 물적자원, 지적재산권 등이 있을 수 있다.

핵심활동

핵심활동(Key Activities)은 **가치제안을 위한 핵심활동을 정의하는 것**으로, 핵심프로세스라고도 정의할 수 있다. 각각의 활동은 가치제안, 채널, 고객관계 등을 위한 활동이 될 수 있다.

파트너십

파트너십(Partnership)은 **회사가 부족한 자원이나 역량을 보완할 수 있는 파트너를 찾는 것**이다. 파트너는 핵심공급자, 안정적 공급자, 수요자가 될 수 있다. 또한 위험 및 불확실성을 제거해주는 파트너도 필요하다.

비용구조

비용구조(Cost Structure)는 **사업을 운영하면서 발생하는 모든 비용**을 의미하며, 핵심자원 확보와 사업활동에 소용되는 비용에 대해 기술한다. 인건비, 재료비, 라이선스, 설비비, 홍보비, 운영비, 외주비 등이 될 수 있으며, 관리를 위해서는 고정비와 변동비로도 구분한다.

파트너십
- 서버 하드웨어 제조업체
- 정보보안관리 업체
- 명함 수거 및 전달 물류업체
- 앱 광고를 원하는 기업

핵심활동
- 모바일 앱 개발
- 실시간 명함관리 서비스
- 앱 홍보

핵심자원
- 모바일 앱 디자이너
- 타이피스트
- 운영자

가치제안
- 명함 보관 편리성
- 명함 내용 정확성
- 정보보안 안전성
- 저렴한 가격

고객관계
- 자동화서비스 및 무료 사용
- 대량 명함관리 서비스 유치
- 싱글들의 놀이터

채널
- 애플리케이션 리멤버

고객세분화
- 명함을 많이 주고받는 사람(직장인, 사업가 등)
- 명함관리를 잘 못하는 사람

비용구조
- 모바일 애플리케이션 홍보(마케팅) 비용
- 애플리케이션 관리 비용
- 인건비

수익원
- 모바일 애플리케이션 광고수수료
- 대량 명함관리 서비스수수료

그림 6-6 비즈니스 모델 캔버스 적용 사례 : 명함앱 '리멤버'

4 린 캔버스

비즈니스 모델 캔버스는 비즈니스 모델의 분석 및 재구축에 유용하다. 9개의 구성 요소를 배치하고 핵심 요소들 간의 관계와 흐름을 분석, 사업모델을 구체화할 수 있다. 비즈니스 모델 캔버스는 수익흐름에 5개 요소, 비용구조에 4개 요소를 배치한다. 일반적으로 비즈니스 모델 캔버스는 자원이 많은 대기업이 신규 사업을 검증할 때 사용한다. 이 때문에 고객관계를 명확하게 설정하지 않고 핵심파트너 구축이 미흡한 스타트업(창업초기기업)에는 잘 맞지 않는 항목들이 있다. 스타트업 등에 유용한 비즈니스 모델 분석방법으로는 린 캔버스가 있다.

린 캔버스(Lean Canvas)는 **창업의 실패와 성공 경험을 토대로 고안된 분석모델**로, 비즈니스 모델 캔버스처럼 9개의 블록으로 구성된다. 다만 비즈니스 모델 캔버스의 5개 요소를 창업기업에 맞게 변경했다. 시장영역의 고객관계를 일방적 경쟁우위, 고객세분화를 고객군으로 변경했다. 제품영역의 파트너십은 문제, 핵심활동은 솔루션, 핵심자원은 핵심지표로 변경했다.

~~KP : 파트너십~~ 문제(Problem)	~~KA : 핵심활동~~ 해결책(Solution)	VP : 가치제안	~~CR : 고객관계~~ 일방적 경쟁우위 (Unfair Advantage)	~~CS : 고객세분화~~ 고객군 (Customer Group)
	~~KR : 핵심자원~~ 핵심지표(Key Matrics)		CH : 채널	
CS : 비용구조		RS : 수익원		

그림 6-7 **린 캔버스**

하나 더 알기 **비즈니스 모델과 사업계획서**

비즈니스 모델은 사업계획서 작성을 통해서 실행가능한 형태로 변환된다. 다음 절에서 '사업계획서'에 대해 알아보자.

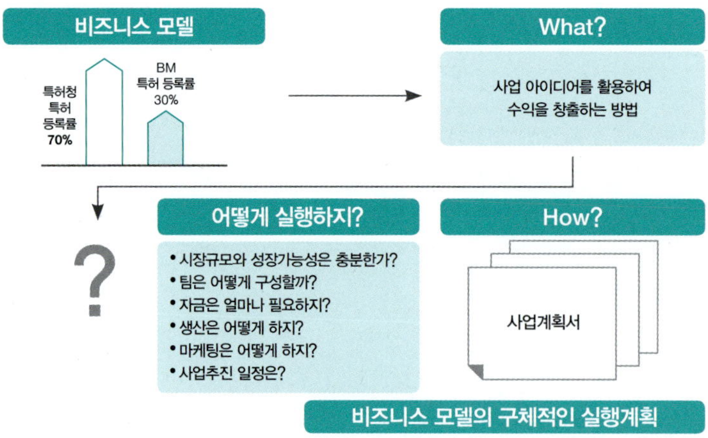

그림 6-8 **비즈니스 모델과 사업계획서**

SECTION

06 사업계획서

1 사업계획서의 개념

사업계획서(Business Plan)란 **창업, 자금조달, 신규사업, 투자유치 등 사업을 추진하기 위해 사업의 내용을 정리하고 계획을 수립하는 문서**를 말한다. 사업계획서는 사업을 위한 준비, 사업 실패 위험의 감소 및 이해관계자들과의 의사소통의 기초 자료로 활용하기 위하여 작성된다. 또한 투자유치, 정책자금의 조달, 사업승인, 벤처기업 확인, 각종 인허가용 등 특정한 목적을 가지고 외부 기관에 제출하기 위해 작성된다. 사업계획서를 작성하면 다음과 같은 효과가 있다.

- **사업을 위한 준비 :** 사업계획서는 사업 계획을 정교하게 수립하여 사업을 준비하는 데 이정표를 제시한다. 준비가 많이 필요한 사업일수록 사업계획서의 효과는 크다고 할 수 있다.
- **사업의 실패 위험성 감소 :** 사업 아이디어를 다양한 방법으로 분석하여 타당성을 검증하고 실질적인 사업 조사를 함께할 수 있다. 이렇게 하면 사업에 자신감도 생기고 검증을 통해 의욕적으로 사업을 추진할 수 있게 된다.
- **이해관계자들과의 의사소통 도구 :** 사업계획서는 사업을 진행하면서 생기는 수많은 이해관계자들과의 의사소통의 도구로 큰 역할을 한다. 즉, 투자자, 투자기관, 금융기관 등 다수의 이해관계자들은 사업계획서를 가지고 사업의 모든 것을 평가한다.

표 6-3 사업계획서의 용도

항목	내용	
자금조달	• 투자 유치용 • 정책 자금 조달용	• 정부 출연 자금 신청용 • 일반 은행 자금 신청용
기술 평가	• 벤처 기술 평가 • 코스닥 예비 심사를 위한 기술 평가	• 기술 담보 가치 평가용
각종 인허가	• 창업 사업 계획 승인용	• 각종 인허가용

2 사업계획서의 기본 요소

사업계획서에는 창업자, 사업 아이디어, 자금조달을 포함한 재무계획이 필요하다.

창업자

창업자는 **아이디어의 확보, 사업성 분석, 사업계획의 수립과 실행 등을 주도하는 책임자**이다. 창업자는 기업 설립에 필요한 유무형자원을 동원하고 이들을 적절히 결합하여 기업이라는 시스템을 만든다. 또 창업자는 창업 기업이 의도한 대로 기능을 발휘하도록 관리하는 역할을 해야 한다. 창업자의 능력, 가치관 등은 창업 기업의 성패와 효율에 지대한 영향을 미치게 되므로 창업에서 가장 중요한 요소라고 할 수 있다. 유능한 창업자가 되려는 노력은 창업 성공을 위해 필요하며 그러한 창업자를 양성하려는 사회적·국가적 노력은 해당 사회와 국가의 경제적 발전을 위해서 반드시 필요한 것이다.

사업 아이디어

사업 아이디어란 **기업에서 무엇을 생산할 것인지 계획하는 것**을 의미한다. 생산품은 구체적인 형태를 보면 재화일 수도 있고 형태가 없는 무형의 서비스일 수도 있다. e-비즈니스 모델이 바로 사업 아이디어가 되는 것이다. 사업 아이디어의 원천은 전문적 기술이나 노하우로부터 나오거나 시장 수요로부터 발생한다. 이러한 사업 아이디어의 원천이나 형태에 관계없이 사업 아이디어가 만족시켜야 할 조건은 사업 아이디어에 의한 생산 활동의 결과가 창업 기업이 목표로 하는 수익을 창출할 수 있어야 한다는 점이다. 좋은 사업 아이디어는 쉽게 얻어지지 않으며 끊임없는 노력이 필요하다. 우연한 발견이나 취미 등에 의해서도 도출되기도 하지만 체계적인 사업 아이디어의 발굴 노력이 필요하다.

자금

자금이란 **기업을 설립하는 데 필요한 금전적인 자원뿐만 아니라 자금을 이용해 동원할 수 있는 토지, 기계 기술자, 원재료 등을 포함하는 포괄적인 의미의 경영자원**을 의미한다. 자금은 자본의 형태로 창업자 자신의 출자에 의한 경우나 창업팀에 속한 사람들이 제공하는 경우, 그리고 창업 과정과 경영에 직접 참여하지 않는 제3자로부터 조달할 수 있다. 창업의 가장 큰 장애 요인은 창업자금 확보의 어려움으로, 아무리 유망한 사업 아이디어가 있다고 해도 자금이 없는 아이디어는 사장될 수밖에 없다. 창업을 위한 자금 공급의 필요성은 개인적인 차원뿐만 아니라 공익적인 차원에서도 그 중요성이 인정되어 여러 가지 지원 제도를 운용하고 있다. 하지만 기술형 창업 지원에 중심을 두고 있으며 시장형 창업에 대한 지원은 상대적으로 빈약한 실정이다.

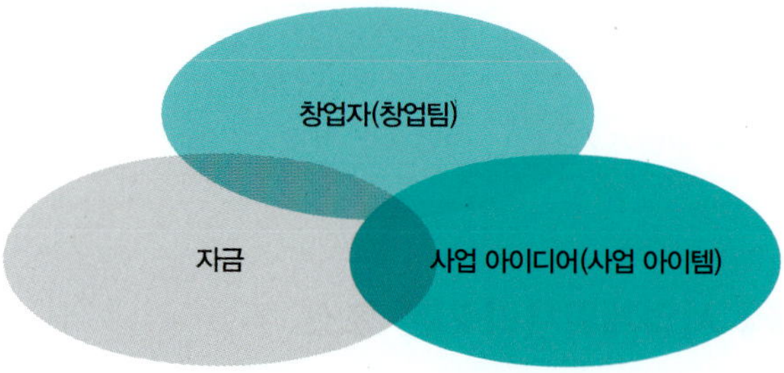

그림 6-9 사업계획서의 필수 요소

3 경제성 분석

사업계획서의 내용이 실행에 옮겨졌을 때의 피해를 최소화하고 가장 수익성 있는 사업의 전개를 위한 투자의 합리적인 경제성 분석이 필수적이다. 기업의 경영자는 투자를 결정할 때 우선 대안별로 어떠한 결과가 발생할 것인가에 관한 정보를 사전에 정확히 파악하고 현금흐름을 예측해야 한다. 즉각 투자 대안의 초기 투자액과 이후 발생하는 현금흐름, 그리고 다른 투자안과의 배타적 혹은 독립적 관계 등도 파악해야 한다. 그런 다음 기업의 자본비용을 고려하여 각 투자안의 경제성을 분석하여 선택여부를 결정해야 한다.

투자안의 경제성을 평가하는 방법은 크게 전통적 분석법과 할인현금흐름 분석법으로 구분할 수 있다. 또한 손익분기점 분석을 통하여 목표수익을 설정할 수 있다.

전통적 분석법

전통적 분석법은 화폐의 시간적 가치를 고려하지 않은 방법으로, 평균이익률법과 자본회수기간법이 있다.

■ 평균이익률법

평균이익률법이란 평균투자액 또는 총투자액에 대한 연평균 순이익 비율을 구하여 투자안을 평가하는 방법으로 회계적 이익률법이라고도 한다. 이 방법은 회계장부자료를 그대로 사용할 수 있기 때문에 매우 편리하지만, 현금흐름이 아닌 회계장부의 이익에 기초를 두고 있어 화폐의 시간가치를 무시하고 있다는 단점이 있다. 따라서 투자안의 경제적 타당성과 무관하게 투자 결정이 이루어지는 위험을 내포한다. 평균이익률은 다음과 같이 구한다.

• 평균이익률 $= \dfrac{\text{연평균 순이익}}{\text{연평균 투자액}} = \dfrac{\text{연평균 순이익}}{\text{총투자액/2}}$

■ 자본회수기간법

자본회수기간이란 투자에 소요된 자금을 그 투자에서 발생되는 현금흐름으로부터 모두 회수하는데 걸리는 기간을 말한다. 자본회수기간법은 이러한 자본회수기간을 비교하여 투자안을 평가하는 방법이며, 자본회수기간이 빠른 투자안부터 우선순위를 가진다.

할인현금흐름 분석법

할인현금흐름 분석법은 화폐의 시간적 가치를 고려한 투자평가의 방법으로, 순현재가치법(이하 순현가법)과 내부수익률법이 있다. 사실 평균이익률법이나 자본회수기간법 등의 전통적 분석법은 모두 화폐의 시간가치를 무시한다는 단점이 있다. 이에 비하여 순현가법이나 내부수익률법 등의 할인현금흐름 분석법은 화폐의 시간가치를 고려하여 투자안을 분석하는 방법이다. 순현가법과 내부수익률법은 기업의 목표인 기업 가치 극대화를 의사결정의 기준으로 한다.

■ 순현가법(NPV법)

일반적으로 투자 결정을 비롯한 기업의 모든 의사결정은 현재 시점을 기준으로 이루어지지만, 투자로부터 얻어지는 대가는 미래에 실현되기 때문에 이러한 투자안을 평가하기 위해서는 화폐의 시간가치를 고려해야 한다. 순현가법은 이처럼 투자로부터 발생하는 현금 유입의 현재가치와 현금 유출의 현재가치를 비교하여 투자 여부를 결정하는 방법이다. 여기서 할인율은 투자를 위해서 요구하는 최소한의 수익률로, 일반적으로 그 기업의 자본비용이 된다. 순현가법에서 의사결정 기준은 순현재가치가 0보다 클 때 투자안을 채택하고 0보다 작을 때 기각한다. 'NPV>0'이라는 것은 절대적 부 또는 기업가치의 증가를 의미하며, 'NPV<0'이라는 것은 그 반대를 의미하기 때문이다. 상호 배타적인 투자안의 경우에는 NPV가 큰 순서대로 투자안을 선택한다.

- NPV>0 : 투자안 채택
  (NPV : 순현재가치)
- NPV<0 : 투자안 기각

■ 내부수익률법(IRR법)

내부수익률법은 투자안의 순현재가치를 0으로 한 뒤 할인율을 구하여 이를 요구수익률과 비교하여 투자여부를 결정하는 방법이다. 여기서 내부수익률이란 투자로부터 기대되는 현금유출의 현재가치를 같게 하는 할인율을 말한다. 내부수익률을 r로 정의하여 의사결정에 활용한다면 기업의 자본비용 또는 시장이자율을 i라 할 때, 'r>i' 이면 투자안을 채택하고 'r<i'이면 이 투자안을 기각한다. 이러한 의미에서 내부수익률법의 자본비용은 투자를 위한 최저 요구수익률이라고 할 수 있다.

- r>i : 투자안 채택
  (r : 내부수익률, i : 자본비용 또는 시장이자율)
- r<i : 투자안 기각

손익분기점 분석

손익분기점은 CVP 분석(Cost Volume Profit Analysis)의 대표적인 분석 기법이다. CVP 분석이란 생산량이나 판매량의 단기적인 변화가 기업의 원가나 이익에 미치는 영향을 분석하는 기법으로, 기업의 단기적인 의사결정에 광범위하게 이용된다. 손익분기점이란 총수익과 총원가가 일치하여 이익이 0이 되는 판매량을 의미한다.

TIP CVP 분석 : 원가 – 조업도 – 이윤 분석

① 총수익 = 총변동원가 + 총고정원가 + 이익
② 총고정원가 = 총수익 – 총변동원가 – 이익
= (단위당 판매가격 × 판매량) – (단위당 변동원가 × 판매량) – 이익
③ 공헌이익 = 단위당 판매가격 – 단위당 변동원가
④ 손익분기점 판매량 = 총고정원가 ÷ 공헌이익
⑤ 특정액의 이익을 얻을 수 있는 판매량 = (총고정원가 + 특정이익) ÷ 공헌이익

하나 더 알기 **손익분기점 분석 예제**

소형 컴퓨터를 판매하는 A 회사는 3월에 40대의 소형 컴퓨터를 구매하여 1대당 2,000원에 모두 판매하였다. 소형 컴퓨터의 1대당 변동원가는 평균 1,000원이고, 3월 총고정원가는 20,000원이었다.

- 총매출(총수익) = 2,000원 × 40 = 80,000원
- 총변동원가 = 1,000원 × 40 = 40,000원
- 총고정원가 = 20,000원
- 이익 = 80,000원 – 40,000원 – 20,000원 = 20,000원

❶ 손익분기점 매출액을 계산하면?

- 공헌이익 = 단위당(한 대당) 가격 – 단위당 변동비 = 2,000원 – 1,000원 = 1,000원
- 손익분기점 판매량 = 총고정원가 ÷ 공헌이익 = 20,000 ÷ 1,000 = 20대
- 손익분기점 매출액 = 단위당 가격 × 손익분기점 판매량 = 2,000 × 20 = **40,000원**

❷ 100,000원의 이익을 남기려면 컴퓨터 몇 대를 팔아야 하는가?

특정액의 이익을 얻을 수 있는 판매량
= (총고정원가 + 특정이익) ÷ 공헌이익
= (20,000원 + 100,000원) ÷ 1,000원
= 120,000 ÷ 1,000 = **120대**

4 사업계획서의 구성 내용

사업계획서의 내용은 그 용도와 목적에 따라 형태가 다양하다. 하지만 대부분의 사업계획서는 회사 소개, 사업 개요, 시장환경 분석, 마케팅 계획, 웹사이트 구축계획, 재무계획 등이 기본으로 포함된다.

회사 소개

회사 소개는 회사의 현황과 회사의 연혁, 조직도, 경영진을 소개하는 부분이다. 외부의 지원을 얻기 위한 사업계획서의 경우 대부분 경영진의 구성에 많은 관심이 있는 것이 일반적이다. 이는 창업 투자회사나 기타 투자기관의 경험에 비추어 경영진의 능력이 뛰어나면 그만큼 사업의 성공 가능성이 크다고 판단되기 때문이다. '창업가 정신'이라는 학문 분야에서는 창업의 3가지 기본 요소로 창업자, 사업성 있는 아이디어, 자금이라고 한다. 그중에서 가장 중요한 요소가 창업자의 능력이라는 것이 대다수의 의견이다. 그러므로 회사 소개 시 경영진의 내용을 솔직하고 객관적으로 표시해야 하며, 만약 취약하다면 새로운 경영진 구성도 모색하여야 한다. 아울러 회사 소개 부분에 회사의 경영 이념과 함께 비전을 제시하는 것도 좋은 방법이다.

사업 개요

사업 개요는 비즈니스 모델을 설명하는 부분이며, 특히 e-비즈니스 분야는 사업 아이디어의 구체적이고 명확한 설명이 필요하다. 이 부분에 들어갈 내용은 사업 아이디어의 추진 배경, 도식화한 형태의 사업 아이디어, 사업의 절차도, 사업 아이디어의 특징, 유사한 사업에 대한 검토 내용 및 사업 아이디어의 구현 기술 등이며 가능하면 도식화하여 표현하여야 한다.

시장환경 분석

사업 아이디어를 설명한 후, 이 사업 아이디어가 사업성이 있는지에 대한 설명이 필요하다. 시장환경 분석이라는 제목으로 산업 분석, 목표시장 분석, 시장규모 및 성장추이, 시장진입전략 및 성장전략, 경쟁사 비교, SWOT 분석 및 예상매출규모를 추정해본다.

마케팅 계획

사업 아이디어를 구현할 수 있는 마케팅 계획을 4P(Product, Price, Place, Promotion)를 중심으로 수립한다. e-비즈니스는 사이트 도메인의 작명을 포함한 사이트 도메인홍보전략도 수립되어야 한다.

웹사이트 구축계획

일반적인 사업계획서는 생산전략을 수립하지만, e-비즈니스 사업은 웹사이트 구축계획을 수립해야 한다. 웹사이트 구축계획에는 웹 서버의 형태 결정 및 운영 방안, 사이트 구조 및 콘텐츠 전략 등이 필요하다.

재무계획

재무계획에서는 구체적인 매출계획을 세우고 최소 앞으로 5년간의 추정재무제표를 작성하여야 한다. 추정재무제표에는 인력계획, 투자계획, 추정손익계산서, 추정대차대조표, 추정현금흐름표, 손익분기점 분석이 포함된다. 또한 필요자금 및 조달방법이 구체적으로 표시되어야 한다.

토론 및 과제

※ 다음 키워드와 관련된 기사를 검색하고, 검색된 기사를 참조하여 토론 및 과제를 수행하시오.

- 인터넷 창업

토론

01 국내 주식회사의 최소 자본금은 얼마이며, 회사 자본금 규모에 따른 장단점은 무엇인지에 대해 토론하시오.

02 창업 실패에 따른 후유증에 대해 토론하시오.

03 "공부 못하면 사업이나 하지."라는 말이 얼마나 위험한 생각인지에 대해 토론하시오.

과제

01 새로운 e-비즈니스 모델 만들기에 관해, 다음과 같은 순서로 사업계획서를 파워포인트로 작성하시오. 또한 이를 제출하고 발표하시오.

① 팀 구성 : 3인 1조, 또는 4인 1조

② 표지 : 비즈니스 명칭, 팀장, 팀원, 날짜, 회사명

③ 목차

④ 사업 개요 : 배경 사업의 소개, 웹사이트 주소 및 그 의미

⑤ 비즈니스 모델

⑥ 조직구조

⑦ 수익성

⑧ 자금조달 계획

⑨ 추진 일정

요약

01 개인기업은 개인에 의해서 출자, 경영, 지배되는 기업 형태이다.

02 인적 공동기업은 두 사람 이상이 공동으로 출자하여 이윤을 목적으로 경영하는 기업으로, 개인기업의 확장된 형태라고 할 수 있다.

03 자본적 공동기업은 여러 사람이 투자하는 자본으로 이루어지는 공동기업으로, 자본의 결합으로 형성되는 주식회사 형태의 기업을 말한다.

04 주식회사는 주식의 발행으로 설립된 회사로, 주주로 조직된 유한책임회사이다.

05 기업창업은 기업을 창업하려는 의욕을 지닌 개인이나 집단이 사업의 기회를 포착하여 사업의 목표를 설정하고 자본, 인력, 설비를 확보한 후 이를 결합하여 사업을 시작하는 것을 말한다.

06 e-비즈니스 창업은 인터넷 가상공간에 입점하여 인터넷 고객에게 제품이나 서비스를 제공하고 부가가치를 얻는 형태의 창업을 말한다.

07 기업성장은 기업의 규모나 능력의 향상을 의미한다.

08 기업도산은 기업이 재정적 파탄을 초래하여 망하는 것을 말한다.

09 e-비즈니스 산업은 인터넷 기반 산업, 인터넷 지원 산업, 인터넷 응용 산업으로 분류할 수 있다.

10 e-전환은 전통기업의 업무 프로세스를 인터넷 방식으로 변환시키는 것을 의미한다.

11 e-비즈니스 모델은 인터넷을 통해 사업하는 방법으로, 간단히 표현하면 인터넷을 통해 수익을 창출하는 방법을 말한다.

12 e-비즈니스 모델 특허란 정보시스템이나 정보통신기술을 활용하여 새로운 경영이나 마케팅 기법을 발명했을 경우 권리를 부여하는 특허를 말한다.

13 e-비즈니스 모델은 전자상점, 전자구매, 전자경매, 전자쇼핑몰, 제3자시장, 가상공동체, 가치사슬서비스 제공, 가치사슬 통합, 협력작업 플랫폼, 정보중개, 신용서비스로 분류할 수 있다.

14 비즈니스 모델은 조직이 고객들에게 어떤 가치를 어떻게 만들어 제공하고 수익을 창출하는지 그 내용과 과정을 설명하는 스토리이다.

15 비즈니스 모델 캔버스(BMC)는 비즈니스 모델을 분석하고 디자인하는 핵심 툴로, 비즈니스에 포함되어야 하는 9개의 주요 사업 요소를 한눈에 볼 수 있도록 만든 그래픽 템플릿이다.

16 비즈니스 모델 캔버스의 구성요소는 고객세분화, 가치제안, 채널, 고객관계, 수익원, 핵심자원, 핵심활동, 파트너십, 비용구조이다.

17 린 캔버스는 창업의 실패와 성공 경험을 토대로 고안된 분석모델이다.

18 사업계획서는 창업, 자금조달, 신규사업, 투자유치 등 사업을 추진하기 위해 사업의 내용을 정리하고 계획을 수립하는 문서를 말한다.

19 사업계획서에는 창업자, 사업 아이디어, 자금조달을 포함한 재무계획이 필요하다.

20 투자안의 경제성을 평가하는 방법은 크게 전통적 분석법과 할인현금흐름 분석법으로 구분할 수 있다. 또한 손익분기점 분석을 통하여 목표수익을 설정할 수 있다.

- 전통적 분석법 : 화폐의 시간적 가치를 고려하지 않은 방법으로, 평균이익률법과 자본회수기간법이 있다.
- 할인현금흐름 분석법 : 화폐의 시간적 가치를 고려한 투자평가의 방법으로, 순현재가치법과 내부수익률법이 있다.
- 손익분기점 분석 : CVP 분석의 대표적인 분석 기법이다.

21 사업계획서에는 회사 소개, 사업 개요, 시장환경 분석, 마케팅 계획, 웹사이트 구축계획, 재무계획 등이 기본으로 포함된다.

연습문제

단답형 문제

01 (   )은 개인에 의해서 출자, 경영, 지배되는 기업 형태이다.

02 (   )는 출자와 업무 집행을 담당하는 무한책임사원과 출자만을 하는 유한책임사원으로 구성된 회사이다.

03 (   )는 주식의 발행으로 설립된 회사로, 주주로 조직된 유한책임회사이다.

04 (   )은 인터넷 가상공간에 입점하여 인터넷 고객에게 제품이나 서비스를 제공하고 부가가치를 얻는 형태의 창업을 말한다.

05 (   )는 기업이 과거에 관여하지 않던 새로운 활동 영역으로 경영활동의 범위를 확대하는 것으로, 새로운 시장에 새로운 제품을 생산하여 공급하는 것을 말한다.

06 (   )은 둘 이상의 회사가 법률이 정한 절차에 따라 합병 계약을 맺고 하나의 회사로 통합하는 것을 말한다.

07 (   )은 전통기업의 업무 프로세스를 인터넷 방식으로 변환시키는 것을 의미한다.

08 (   )는 정보시스템이나 정보통신기술을 활용하여 새로운 경영이나 마케팅 기법을 발명했을 경우 권리를 부여하는 특허를 말한다.

09 (   )는 인터넷을 이용해 입찰공고와 협상을 하고 이를 통해 재화나 용역을 구매하는 모델이다.

10 (　　　　　　　)은 전자상점을 한곳에 모은 것이다.

11 (　　　　　　　)는 인터넷에서 구할 수 있는 수많은 정보를 수집 및 가공하여 고객에게 제공하는 사업이다.

12 (　　　　　　　)은 조직이 고객들에게 어떤 가치를 어떻게 만들어 제공하고 수익을 창출하는지 그 내용과 과정을 설명하는 스토리이다.

13 (　　　　　　　)는 비즈니스에 포함되어야 하는 9개의 주요 사업 요소를 한눈에 볼 수 있도록 만든 그래픽 템플릿이다.

14 (　　　　　　　)는 창업, 자금조달, 신규사업, 투자유치 등 사업을 추진하기 위해 사업의 내용을 정리하고 계획을 수립하는 문서를 말한다.

15 (　　　　　　　)은 화폐의 시간적 가치를 고려한 투자평가의 방법이다.

16 (　　　　　　　)은 투자안의 순현재가치를 0으로 둔 뒤 할인율을 구하여 이를 요구수익률과 비교하여 투자여부를 결정하는 방법이다.

객관식 문제

17 기업의 형태 분류 기준 중 법률의 규정에 따라 구분한 것이 아닌 것은?

① 합명회사　② 주식회사　③ 유한회사
④ 합자회사　⑤ 합동회사

18 다음 중 2인 이상의 사원이 공동으로 출자하여 각 사원이 회사의 채무에 대해서 무한 연대책임을 지는 회사 또는 기업은 무엇인가?

① 합자회사　② 주식회사　③ 대기업
④ 합명회사　⑤ 유한회사

19 다음 중 주식회사에 대한 설명이 아닌 것은?

① 출자액을 한도로 하여 기업 채무에 유한책임을 부담하는 사원으로 조직된 회사이다.

② 주식의 발행으로 설립된 회사로, 주주로 조직된 유한책임회사이다.

③ 오늘날 자본주의의 발달과 함께 가장 보편화된 기업 형태이다.

④ 주주의 출자자산을 바탕으로 설립되기 때문에 자본의 결합이 중요한 것이지 인적 결합이 중요한 것은 아니다.

⑤ 주식회사의 특징은 자본의 증권화, 유한책임제도, 소유와 경영의 분리 등이 있다.

20 다음 중 기업창업의 기본 요소를 모두 고르시오.

① 창업자　② 주식　③ 사업 아이디어

④ 임원　⑤ 경영자원

21 다음 중 기업합병의 주요 요인이 아닌 것은?

① 시장확대　② 소품종대량생산　③ 판매사이클 단축

④ 세무상의 이득　⑤ 현금자원 획득

22 다음 중 기업도산의 원인이 아닌 것은?

① 최고경영자의 실수

② 1인의 독단적 경영 및 이사회 경영불참

③ 주요 시장에서의 접근 방법 강화

④ 경영정보시스템의 부실

⑤ 예산 관련 제도 미비

23 다음 중 인터넷 지원 산업의 사례가 아닌 것은?

① 크롬　② 넷플릭스　③ 다음

④ 사파리　⑤ 네이버

24 다음 중 e-전환을 추진하여 성공한 기업의 특징이 아닌 것은?

① 조직체계 신설

② 인터넷 기반으로 전환한 업무

③ 전통기업의 오프라인 역할 수용

④ 전략적 파트너십 구축

⑤ 일반 사원의 주도

25 다음 중 폴 티머스가 제시한 e-비즈니스 모델의 분류에 해당하지 않는 것은?

① 가상공동체 ② 전자상점 ③ 협업작업 플랫폼

④ 정보중개 ⑤ 가치사슬 분할

26 다음 설명을 읽고 어떠한 e-비즈니스 모델에 대한 설명인지 고르시오.

> 인터넷을 이용해 입찰공고와 협상을 하고 이를 통해 재화나 용역을 구매하는 모델이다. 구매자는 공급자 선택 폭 확대, 저렴한 원가, 더 나은 품질, 구매비용절감 효과를 얻을 수 있다.

① 전자구매 ② 전자경매 ③ 전자쇼핑몰

④ 신용서비스 ⑤ 제3자시장

27 비즈니스와 비즈니스 모델에 대한 설명으로 맞지 않는 것은?

① 비즈니스란 가치를 창출하고 그 가치에 대한 대가를 획득하는 일을 말한다.

② 성공적인 비즈니스의 바탕에는 좋은 비즈니스 모델이 있다.

③ 비즈니스 모델이라는 용어가 널리 사용되기 시작한 것은 2000년대 후반이다.

④ 비즈니스 모델이란 조직이 고객들에게 어떤 가치를 어떻게 만들어 제공하고 수익을 창출하는지 그 내용과 과정을 설명하는 스토리라고 할 수 있다.

⑤ 비즈니스 모델은 기업의 기초적인 설계도이며 본질은 수익창출이다.

28 다음 중 비즈니스 모델 캔버스의 구성요소가 아닌 것은?

① 채널 ② 사업 아이디어 ③ 핵심자원

④ 파트너십 ⑤ 비용구조

29 다음 설명을 읽고 비즈니스 모델 캔버스의 구성 요소 중 어떤 요소에 대한 설명인지 고르시오.

> 특정한 고객에게 필요로 하는 가치를 창조하기 위한 제품이나 서비스의 조합을 의미한다. 가치란 정량적, 정성적인 모든 것을 포함할 수 있다.

① 고객세분화 ② 수익원 ③ 핵심활동
④ 가치제안 ⑤ 고객관계

30 다음 중 사업계획서에 대한 설명이 아닌 것은?

① 사업을 위한 준비, 사업 실패 위험의 감소 및 이해관계자들과의 의사소통의 기초 자료로 활용하기 위하여 작성된다.
② 투자유치, 정책자금의 조달, 사업승인, 벤처기업 확인, 각종 인허가용 등 특정한 목적을 가지고 외부 기관에 제출하기 위해 작성된다.
③ 사업계획서는 사업 실패 위험이 높더라도 원칙에 따라야 한다.
④ 사업계획서의 내용이 실행에 옮겨졌을 때의 피해를 최소화하고 가장 수익성 있는 사업의 전개를 위한 투자의 합리적인 경제성 분석이 필수적이다.
⑤ 창업, 자금조달, 신규사업, 투자유치 등 사업을 추진하기 위해 사업의 내용을 정리하고 계획을 수립하는 문서를 말한다.

CHAPTER 07

e-비즈니스 전략 수립

학습 목표

- 경영전략의 개념과 분류를 학습한다.
- 전략기획 프로세스의 개념과 수립을 살펴본다.
- BCG 매트릭스와 GE 매트릭스를 이해한다.
- SWOT 분석과 산업구조 분석을 학습한다.
- 가치사슬 분석과 본원적 경쟁 전략에 대해 알아본다.

PREVIEW

이번 장에서는 e-비즈니스 전략에 대해 알아본다. 먼저 경영전략과 전략기획 프로세스에 대해 살펴본 후, e-비즈니스 전략 분석 기법인 BCG 매트릭스, GE 매트릭스, SWOT 분석, 산업구조 분석, 가치사슬 분석, 본원적 경쟁 전략에 대해 알아본다.

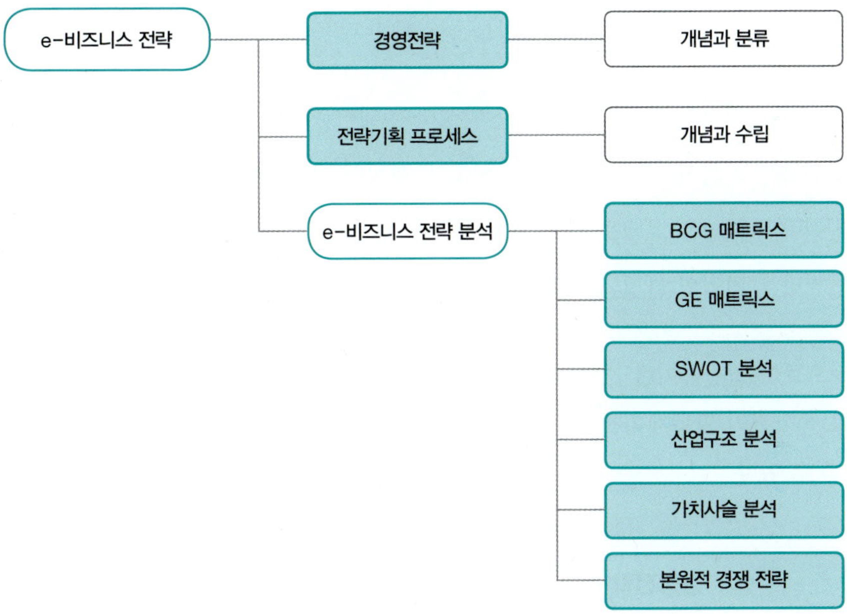

SECTION

01 경영전략

1 경영전략의 개념

경영전략이란 **조직이 나아가야 할 미래의 방향을 설정하고 조직의 목적과 목표를 달성하기 위한 행동지침을 규정하는 것**을 말한다. 여기서 전략은 조직이 환경과 조화를 이루기 위해 이용하는 수단이라고도 할 수 있다. 인터넷의 급속한 발전으로 e-비즈니스 기업이 우후죽순처럼 생겨나고, 기존 기업도 인터넷을 통해 유통 · 홍보 · 제품판매를 하고 있기 때문에 e-비즈니스는 그 어느 때보다 경쟁이 치열한 상황에 있다. 이런 상황에서 기업이 도태되지 않기 위해서는 확실한 경영전략을 세울 필요가 있다. 경영전략의 특징을 정리하면 다음과 같다.

- 경영전략은 기업의 기본적인 목표를 달성하기 위한 종합적인 활동 계획이다.
- 경영전략은 기업의 경쟁우위를 구축하고 구체적인 경쟁 방식을 선택하는 의사결정이다.
- 경영전략의 핵심은 고객을 위한 가치 창조에 있다.
- 경영전략은 기업의 한정된 경영자원을 효과적으로 배분하는 의사결정의 패턴이다.

결론적으로 경영전략이란 기업의 기본적인 목표달성 및 경쟁우위를 점하기 위해 고객가치 증진을 토대로 종합적인 활동계획을 세우고 기업의 한정된 경영자원을 효과적으로 배분하는 의사결정이라고 할 수 있다.

하나 더 알기 **경영전략 사고**

경영전략 사고는 1950년대 효율적인 경영목표 달성을 위한 내부 인적자원을 중시하는 사고체계로부터 시작되었다. 1970년대 시장점유율과 기업의 성장성을 중시하는 사고, 1980년대 마이클 포터(Michael Porter)를 필두로 한 산업구조 분석 및 가치사슬을 활용한 경쟁전략 수립, 1990년대 핵심역량과 프로세스 위주의 혁신, 2000년대 전략적 아웃소싱 및 네트워킹 중시, 2010년대 디지털 트랜스포메이션 전략을 바탕으로 데이터를 기반으로 한 수주 · 집행 체계를 구축하는 경영전략 사고로 진화하였다.

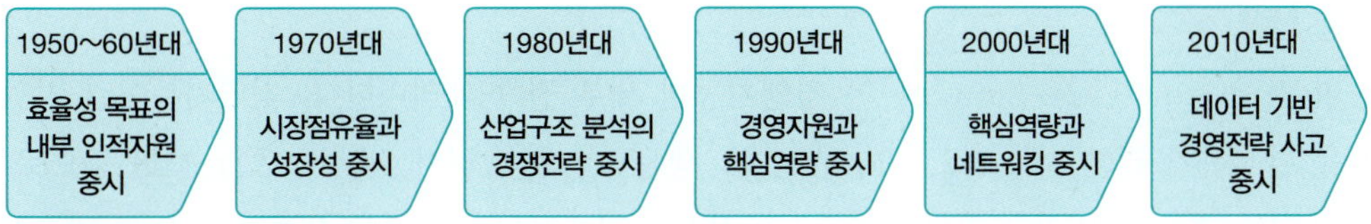

그림 7-1 경영전략 사고의 진화

2 경영전략의 분류

경영전략은 조직의 어떠한 수준에서 개발할 것인지에 따라 기업경영전략, 사업부전략, 기능별 전략으로 분류할 수 있다.

기업경영전략

기업경영전략(Corporate Strategy)은 **기업의 종합적인 관점에서 비전과 목표를 설정하고 각 사업 분야에 경영자원을 배분·조정하는 활동**을 말한다. 즉, 회사에서 수행하는 여러 사업을 정의하고, 각 사업부의 환경 및 성과를 분석하여 자원을 어떻게 배분할지를 결정하는 것이다. 최고경영자나 경영전략 입안자는 전략 수립 시 다음과 같은 문제에 대한 명확한 기획이 필요하다.

- 어떤 사업에 참여할 것이며, 어떤 사업에서 철수할 것인가?
- 우리 기업은 어떤 고객을 목표로 삼아야 하는가?
- 어떤 새로운 기술을 사용할 것인가?
- 경영활동의 범위를 어떻게 규제할 것이며, 경영활동에 필요한 자원을 어떻게 조달할 것인가?

사업부전략

사업부전략(Business Strategy)은 **상대적인 관점에서 기업경영전략에 종속된 하위 전략으로, 각 사업단위에서 경쟁우위를 확보하기 위한 구체적이고 실천적인 전략을 수립하는 것**을 의미한다. 대부분의 기업에서는 제품별로 다각화된 사업부를 두고 사업부별로 별도의 사업계획을 수립하게 되는데, 이 사업단위를 전략사업단위(SBU, Strategic Business Unit)라고 한다. 전략사업단위는 기업에 비슷한 제품이나 서비스를 생산하는 모든 경영활동을 서로 결합하여 소규모 기업체와 같이 독립성을 가지고 기업 전체의 경영목표에 맞게 경영전략을 수립해야 한다.

기능별 전략

기능별 전략(Functional Strategy)은 **경영기능별 세부 전략**을 의미한다. 경영기능이란 기업의 목표를 달성하기 위한 기능으로, 대부분 기획·생산·마케팅·인사·재무·R&D·MIS 등으로 분화되어 있다. 기능별 전략은 기업전략과 사업전략을 전개하는 과정에서 자금과 인력 등 내부자원의 배분과 기능 분야의 활동을 조정하여 기업의 전략적 목표달성에 중요한 역할을 하게 된다. 예를 들어, 특정 사업부서의 경영전략이 신제품개발이라면 이 기업의 연구개발 부서의 기능별 전략은 신제품을 개발하기 위한 구체적인 계획을 작성하는 것이다.

SECTION 02

전략기획 프로세스

1 전략기획 프로세스의 개념

전략기획은 기업의 경쟁우위 달성에 있어 가장 중요한 과정이다. 전략기획 프로세스(Strategic Planning Process)는 **기업의 전략을 완벽하게 구체화하고 전략 실행을 위해서 각각의 책임영역을 규정하는 것을 목표로 하는 활동**이다. [그림 7-2]는 효율적인 경영관리를 위한 기업의 일반적인 프로세스이다.

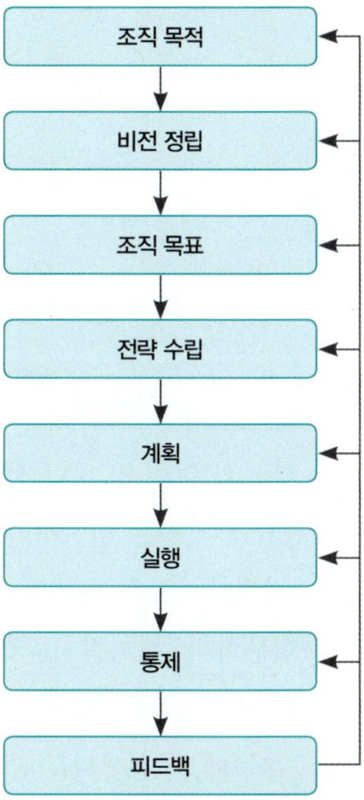

그림 7-2 경영관리를 위한 기업 프로세스

[그림 7-2]를 설명하면 다음과 같다.

❶ **조직 목적 :** 조직의 존재 이유

❷ **비전 정립 :** 미래의 모습 선언(외부환경 · 핵심역량 · 기술수준 · 자금조달 등을 고려하여 제시)

❸ **조직 목표 :** 비전을 달성하기 위한 전사적, 핵심사항별, 부문별 중장기 목표

❹ **전략 수립 :** 목표달성을 위한 구체적인 수단 결정

❺ **계획 :** 전략수행을 위한 각 부서 또는 각 개인의 단기 계획

❻ **실행 :** 계획수행을 위한 조직화, 지휘 · 동기 부여, 조정 활동

❼ **통제 :** 목표달성을 위해 조직의 성과를 감독하고 평가하는 활동

❽ **피드백 :** 개선 활동

2 전략기획 프로세스 수립

전체 경영관리 프로세스 중 전략 수립과 전략기획은 경쟁우위 유지를 위한 전체 프로세스의 한 부분이 되기도 하는데, 이 전체 프로세스를 전략경영(Strategic Management)이라는 용어로 표현하기도 한다. [그림 7-3]은 일반적인 전략기획 프로세스이다.

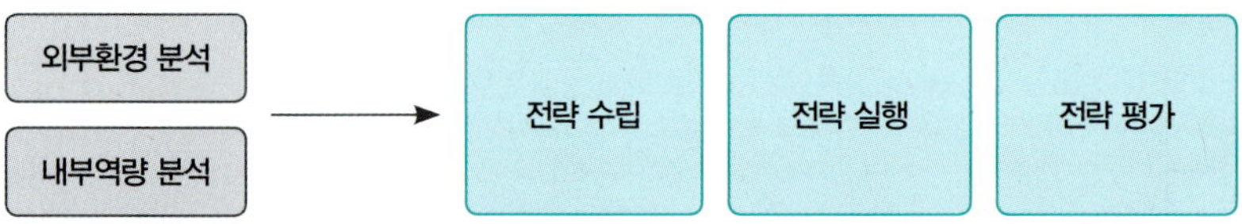

그림 7-3 **전략기획 프로세스**

경영환경 분석

외부환경 분석 및 내부역량 분석은 전략 수립의 중요한 기초자료가 되며, 분석의 수준 및 기법 선택이 올바른 전략 수립의 원천정보가 된다. 전략 수립, 전략 실행, 전략 평가의 과정은 일반적인 경영기술로서 경영자의 능력과 경험에 따라 이루어진다. 경영환경 분석은 경쟁자 · 고객 · 공급자 · 정부 · 금융기관 · 지역사회 등의 직접적인 경영환경과 기술적 · 경제적 · 사회문화적 · 정치적 · 법적 요인 등의 간접적인 경영환경이 기업에 미치는 영향을 계량적이고 정성적으로 추출하는 것이다. 경영환경 분석은 통계 및 예측 기법을 비롯한 경영과학 기법이 사용되기도 하는데, 무엇보다도 중요한 것은 환경의 변화를 미리 감지하는 것이다. 이러한 환경의 변화를 감지하는 것은 경영자의 능력이다. 경영환경 분석을 통하여 기업의 강 · 약점과 기회 및 위협이 도출된다.

전략 수립 및 전략 실행

경영환경 분석을 토대로 기업의 목표설정 및 CSF(Critical Success Factor, 핵심성공요인)를 도출하고 이를 최소 자원으로 하여 이룰 수 있는 단위전술을 수립한다. 이때 많은 대안 중에 더 중요한 것을 선택하고 덜 중요한 것은 버리는 선택과 집중의 결단이 필요하다. 전략이 수립되면 변화

관리(Change Management) 등을 통하여 전략의 내용을 전 구성원이 공유하고 수행하게 된다. 전략 수립에서 반드시 제시해야 할 2가지 중요한 내용은 다음과 같다.

- 어디서 경쟁할 것인가?
- 어떻게 경쟁할 것인가?

전략 평가 및 통제

전략이 추진됨에 따라 경영자는 기업이 전략목표를 향하여 올바른 방향으로 진행되고 있는지를 수시로 또는 중요한 단계마다 보고받고, 전략계획과 비교 및 검토하여 전략목표를 달성할 수 있도록 적절한 통제를 하게 된다. 외부환경 분석 및 내부역량 분석 기법은 기업이나 학자에 의해 수없이 많이 개발됐다. 그중 현업에서 가장 많이 사용되는 기법에 대해 다음 절에서 설명한다.

SECTION 03

e-비즈니스 전략 분석 1 : BCG 매트릭스

1 BCG 매트릭스의 개념

BCG 매트릭스(BCG Matrix)는 **기업의 경영전략 수립에 있어 하나의 기본적인 분석도구로 활용되는 비즈니스 포트폴리오(Business Portfolio) 분석 기법**으로, 성장/점유율 분석 매트릭스라고도 부른다. BCG 매트릭스는 보스턴 컨설팅 그룹(Boston Consulting Group)에서 1970년대 초에 개발하였는데, 품종생산물 · 복합시장 · 다국적기업의 경영자가 기업전략을 진단할 수 있도록 지원하기 위해서 고안되었다. BCG 매트릭스는 최적의 상품이나 비즈니스 포트폴리오를 결정할 수 있는 분석 프레임워크를 제공하고, 자원배분을 관리하는 일련의 포괄적인 전략들을 규정한다. 또한 경쟁사의 비즈니스 포트폴리오를 분석할 수 있는 프레임워크를 제공하며, 다양한 사업을 관리하는 기업이 각각의 사업단위를 위한 적절한 시장전략을 결정하기 위해 개별 사업단위의 장점을 서로 비교할 수 있도록 도와준다.

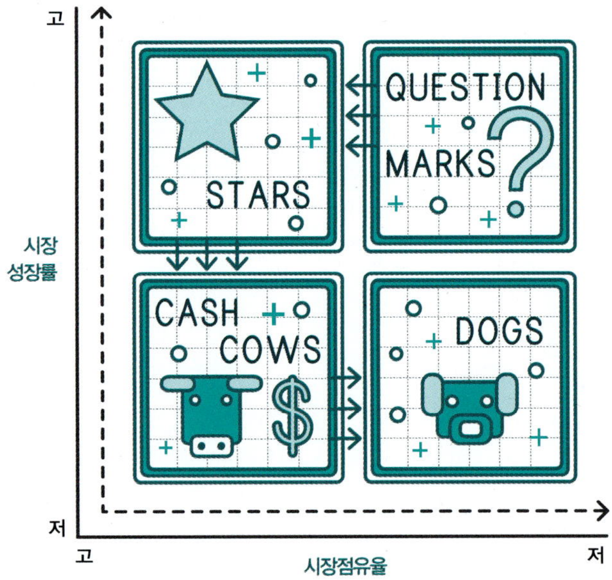

그림 7-4 BCG 매트릭스

2 BCG 매트릭스의 기준

BCG 매트릭스의 분석 기준은 종속변수인 시장점유율과 독립변수인 시장성장률이다.

종속변수 : 시장점유율

BCG 매트릭스는 경험곡선(학습곡선)의 영향으로 인해 누적생산물이 증가할 때 단위당 비용이 감소한다는 사실을 응용하고 있다. 경험은 학습기능, 전문화기능, 규모기능으로 구성된다. 이 중 학습기능은 일을 수행하고 있는 사람이 시간이 지남에 따라 어떻게 그 일을 잘 수행하게 되는지를 보여준다.

예를 들어, 노동비용은 누적 경험이 두 배가 될 때마다 10~15% 감소한다. 이런 논리에 근거하여 경험곡선이론으로부터 한 가지 중요한 전략적 의미가 도출된다. 즉, 시장점유율이 가장 높은 회사는 경쟁회사 중에서 생산량이 가장 많다는 뜻이고, 상대적으로 높은 누적생산량은 경험곡선효과에서 발생하는 노동비용 감소로 인해서 우월적 경쟁포지션을 확보하게 되는 것이다. BCG 매트릭스에서의 종속변수로서 시장점유율을 사용하는 근거로 이 논리를 이용했다. 상대적 시장점유율은 기본적으로 단위비용에 대한 대체변수로 사용된다.

경험곡선(Experience Curve)은 학습곡선 또는 개선곡선이라고도 부르는데, 이는 특정 제품 한 단위를 생산하는 데 걸리는 시간과 지금까지의 누적생산량과의 관계를 나타내는 함수를 의미한다. 기본적인 경험곡선의 형태는 [그림 7-5]와 같은 지수함수 형태를 취한다.

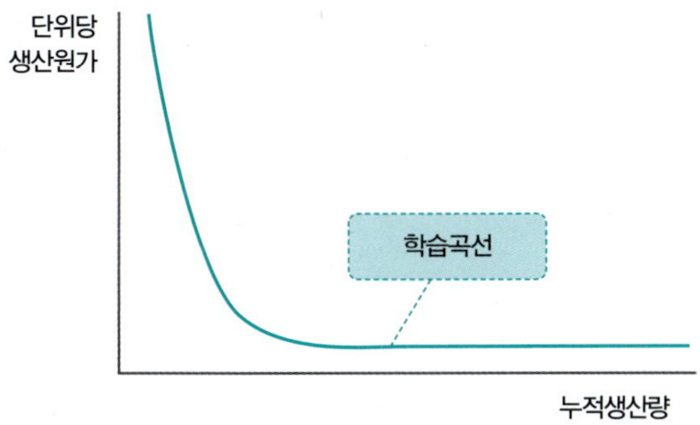

그림 7-5 **경험곡선(학습곡선)**

독립변수 : 시장성장률

BCG 매트릭스를 구성하는 또 다른 이론적 배경은 제품수명주기(Product Life Cycle)이다. 그러나 BCG 매트릭스에 제품수명주기를 바로 적용하기는 쉽지 않기 때문에, 제품수명주기를 가장 잘 설명할 수 있는 기준인 시장성장률을 BCG 매트릭스의 한 축으로 사용한다. 기업의 총체적 수익을 극대화하기 위한 가장 확실한 방법은 전략 사업단위 포트폴리오의 시장점유율을 극대화하는 것이다. 이를 위해서는 제품수명주기에서 성숙기와 쇠퇴기에 접어든 제품 대신에 도입기와 성장기의 제품을 지원하는 쪽으로 기업의 전략을 수정해야 한다.

제품수명주기에 관련된 2가지 가정이 있다. 첫째, 시장점유율은 고성장 시장에서 가장 확보하기 쉽다. 그 이유는 경쟁사의 기존 고객을 빼앗는 것보다 새로운 성장을 통해 시장점유율을 확보할 때 상대 기업의 보복이 약하기 때문이다. 또한 새로운 이용자들은 낮은 브랜드 선호도를 가지기 때문에 시장 선점이 쉽다. 둘째, 성숙기 제품은 잉여 현금을 만들어내지만 성장기의 제품은 그렇지 않다.

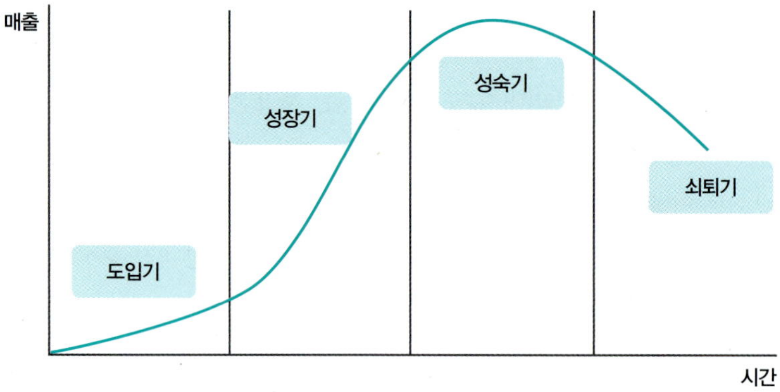

그림 7-6 **제품수명주기**

3 BCG 매트릭스의 구성

BCG 매트릭스는 경험곡선논리와 제품수명주기 이론의 통합으로 표현된다. BCG 매트릭스는 다른 제품과 전략사업단위의 상황을 비교하기 위해 시장매력도를 측정하고 경쟁포지션을 표기한다. 시장매력도란 제품수명주기 이론으로부터 도출된 시장성장률이고, 경쟁포지션은 경험곡선에 의해 도출된 시장점유율로 측정한다.

시장매력도는 산업성장률로 측정되는 반면, 경쟁포지션은 시장 전체가 아닌 산업 내 가장 큰 경쟁사의 시장점유율 대비 사업단위의 시장점유율에 의해 측정된다. 예를 들어, 한 사업단위가 20%의 시장점유율을 가지고 있고 가장 큰 경쟁사가 40%의 시장점유율을 가진다면 그 사업단위의 상대적 시장점유율은 50%이다. 이러한 비교의 목적은 각 사업단위에 대해서 적절한 시장전략을 이해하고 정의하기 위함이다.

BCG 매트릭스가 제시하는 다양한 사업을 관리하는 기업의 전반적인 전략은 가능한 한 많은 전략사업단위를 위해서 가능한 한 많은 고성장 시장에서 시장점유율을 극대화하는 것이다. 그러나 기업의 자원은 유한하기 때문에 장기적으로 기업에 가장 많은 이익을 남겨줄 전략사업단위에 대해 제한된 현금자본을 할당해야 한다. BCG 매트릭스의 각 사분면은 제한된 현금자본 안에서 이윤을 극대화할 수 있는 포괄적인 전략을 제시한다.

BCG 매트릭스는 물음표(Question Mark), 별(Star), 캐시카우(Cash Cow), 개(Dog)로 구성된다.

물음표(Question Mark) : 높은 시장성장률, 낮은 시장점유율

높은 시장성장률을 갖는 물음표(Question Mark)는 상당한 현금투자가 필요하다. 이를 심화시키는 요인은 낮은 시장점유율이며, 이것은 경험곡선에서의 열등한 위치에 따른 비경쟁적 비용구조를 의미한다. 제품이 성숙단계로 접어들면 물음표는 매트릭스의 통로 2개 중 하나를 따르게 된다. 즉, 시장점유율이 확대될 수 없다면 물음표는 개(Dog)가 될 것이며, 반대로 시장점유율이 증가하면 물음표는 별(Star)의 위치로 올라가게 되어 결국에는 캐시카우(Cash Cow)가 될 것이다. BCG 매트릭스는 가장 유망한 물음표에게는 시장점유율 증가를 위한 현금투자를, 비관적 전망을 보인 물음표에게는 추가적 현금투자를 하지 말 것을 제안한다.

별(Star) : 높은 시장성장률, 높은 시장점유율

높은 시장성장률은 대규모의 현금투자를 요구한다. 그러나 이것을 상쇄시키는 요인은 별(Star)의 시장점유율 포지션이 매우 높다는 사실이며, 이것은 별이 경험곡선을 가장 멀리 밀어내는 것을 시사한다. 그러므로 별은 머지않아 높은 이윤을 창출하여 가까운 장래에 잠재적으로 강력한 현금흐름을 가능하게 할 것이며, 현금투자자와 현금창출 간의 균형이 지속 가능한 현금포지션이 될 것이다. 이 모델은 별이 궁극적으로 캐시카우(Cash Cow)가 되리라 추정한다. BCG 매트릭스는 별이 현금부족 상태에 있기를 권장한다. 즉, 별은 시장점유율 유지에 필요한 수준의 현금투자가 지원되어야 하며, 만약 별이 현금제공자가 되면 그 잉여자본은 재투자되어야 한다.

캐시카우(Cash Cow) : 낮은 시장성장률, 높은 시장점유율

낮은 시장성장률의 캐시카우(Cash Cow)는 높은 현금흐름을 창출한다. 성숙시장에 있는 제품과 전략사업단위는 낮은 현금투자를 요구하며 그 결과 좀 더 유망한 사분면의 사업을 재정적으로 뒷받침할 수 있는 현금흐름의 원천이 된다. BCG 매트릭스는 캐시카우가 현재 포지션을 유지하기 위해서만 투자하는 전략에 의해서 '현금회수(Milk)'를 해야 한다고 제안한다. 초과 현금흐름은 별(Star)이나 선별된 물음표(Question Mark)에게 재투자되어야 한다.

개(Dog) : 낮은 시장성장률, 낮은 시장점유율

낮은 시장성장률이 의미하는 것은 시장점유율 증가가 비싼 대가를 치르는 계획이 될 것이라는 사실이다. 게다가 개(Dog)의 낮은 시장점유율은 경험곡선에서의 열등한 지위 때문에 비경쟁적인 비용 구조로 되어 있다는 것을 의미한다. 따라서 개는 수익성이 없으며 낮은 시장점유율을 유지하는 데에도 상당한 현금투자가 요구된다. BCG 매트릭스는 개에 대해서 다음 3가지 옵션을 제시한다.

- 개(Dog)는 특정 틈새시장이나 세분 시장에 집중하는 전략을 통해서 이익을 창출할 수 있다.
- 추가 투자를 억제하는 반면 창출되는 현금은 적극적으로 회수한다.
- 개(Dog)는 퇴출하거나 서서히 중단할 수 있다.

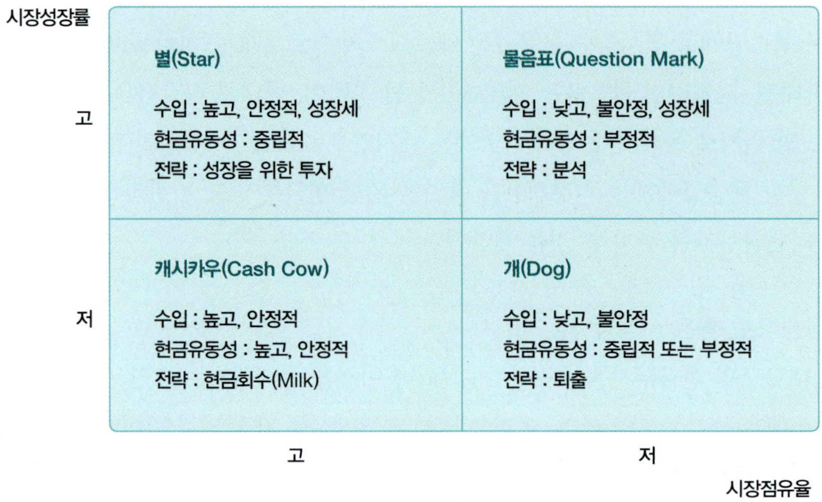

그림 7-7 BCG 매트릭스의 구성

SECTION 04 e-비즈니스 전략 분석 2 : GE 매트릭스

1 GE 매트릭스의 개념

GE 매트릭스(GE Matrix)는 **산업매력도와 개별산업단위의 강점이라는 두 차원에서 전략사업단위를 평가하는 기법**이다. 이 모델을 통해서 여러 전략사업단위의 경쟁상황을 평가하고, 사업단위 간 합리적 자원배분을 도모할 수 있다. GE는 1960년대 말, 맥킨지(McKinsey)의 컨설턴트들과 함께 특정 사업부문이 다른 부문보다 성과가 우수한지를 규명하기 위한 작업에 착수하였다. 그 결과, 전략에서 근본적으로 새로운 개념, 즉 전략사업단위(Strategic Business Unit, 이하 SBU)라는 개념이 등장했다.

SBU 개념에 따르면 다양한 사업 부문을 갖는 기업은 제품유형에 따라 각기 다른 제품시장으로 나누어야 한다. 이후 이러한 새로운 기준에 따라 많은 사업 부문이 창출되거나 재정의되었다. 1970년, GE는 BCG 매트릭스가 시장성장률과 시장점유율이라는 두 개의 변수에만 의존하여 너무 제한적이고 부정확하기 때문에 BCG 매트릭스의 신뢰도는 낮다고 평가했다. 그래서 GE는 맥킨지에게 엄격한 경쟁 및 내부 분석을 전략기획 프로세스에 통합할 수 있는 포괄적인 매트릭스의 개발을 요청했다. 이에 따라 1971년, 맥킨지는 GE의 부품·재료 부문을 분석하는 과정에서 비즈니스 스크린 매트릭스를 개발했는데 이것이 바로 GE 매트릭스이다. GE는 즉시 43개 SBU를 관리하기 위해 전사적 차원에서 GE 매트릭스를 도입했고, 1979년에 이르러 GE의 비즈니스 스크린 매트릭스는 가장 인기 있는 포트폴리오 접근법이 되었다.

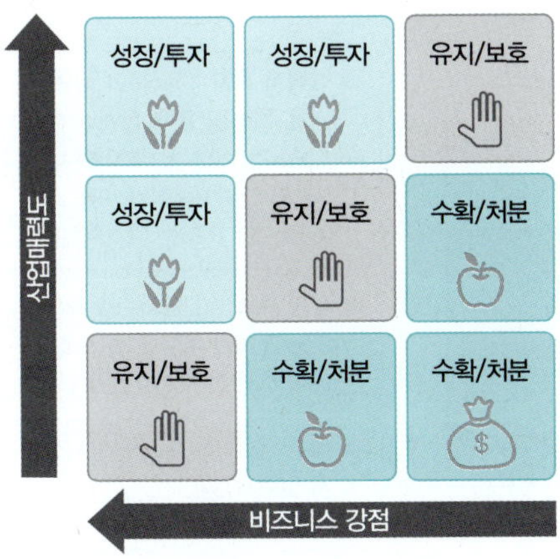

그림 7-8 GE 매트릭스

2 GE 매트릭스의 기준

GE 매트릭스의 기준은 3×3 매트릭스에서 산업매력도와 비즈니스 강점을 통해 서로 비교하여 분석하는 것이다.

- **산업매력도 :** 산업은 상대적 매력도에 따라서 3개의 열 중 하나에 배치되며 보통 고 · 중 · 저의 등급이 부여된다. 산업매력도는 절대적 시장규모, 시장잠재력, 경쟁구조, 재무 · 경제 · 기술 · 사회 · 정치 요인과 같은 광범위한 요인에 의해서 결정된다.
- **비즈니스 강점 :** 강점의 견지에서 각 사업 부문의 포지션이 3개의 행 중 하나에 놓이게 되며 통상 강 · 중 · 약으로 표시된다. 이러한 포지셔닝을 위해서 분석가는 여러 분석기법을 사용하여 사업 부문의 규모 · 시장점유율 · 포지션 · 경쟁우위 등을 고려해야 한다.

3 GE 매트릭스의 구성

GE 매트릭스의 3개 영역은 전반적 매력도에 따라서 고 · 중 · 저로 표시된다. [그림 7-9]의 우측하단의 3개 셀(❹❺❻)에 해당하는 사업 부문은 비매력적 산업에서도 상대적으로 약한 포지션을 가지고 있기 때문에 전반적으로 매력도는 낮다. 좌측 상단의 3개 셀(❶❷❸)은 매력적인 산업에서 강한 포지션을 가지고 있기 때문에 전반적으로 매력도는 높다. GE 매트릭스의 대각선에 있는 셀(흰색 셀)들은 중간 정도의 매력도를 나타낸다. GE 매트릭스 양 축의 변수는 정성적 및 정량적 요소를 결합한 것이기 때문에 유의해야 한다. 또한 양 축은 기업의 통제 가능성을 토대로 비교될 수 있다. 수평축인 비즈니스 강점은 기업이 더 큰 영향력을 발휘할 수 있는 요인을 나타낸다. 이 모델은 이들 변수의 조합이 강력한 전략 분석과 그에 따른 행동의 선택에 필요한 기초 분석 자료를 제공한다고 가정한다. 일단 SBU가 매트릭스에 표기되면 [그림 7-9]와 같이 GE 매트릭스에 의해서 각 단위별로 일반적인 전략이 도출된다.

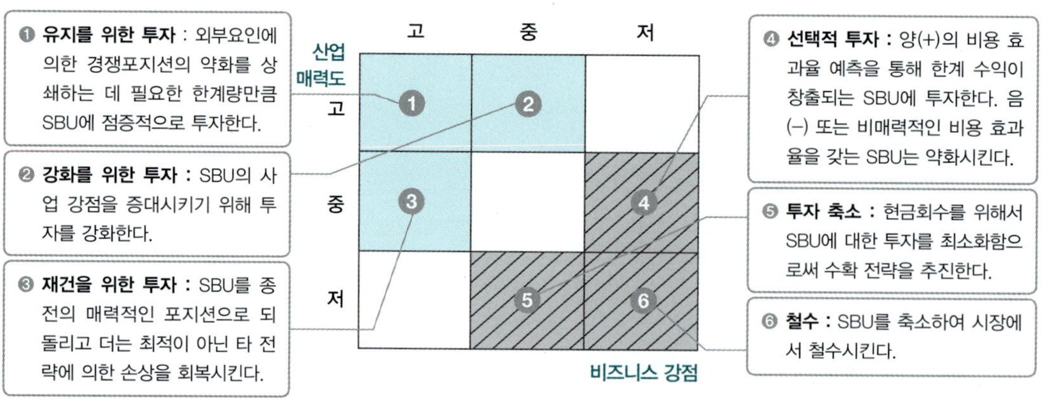

그림 7-9 GE 매트릭스의 각 단위별 전략

SECTION 05

e-비즈니스 전략 분석 3 : SWOT 분석

1 SWOT 분석의 개념

SWOT 분석(SWOT Analysis)은 **기업의 내부환경과 외부환경을 분석하여 강점(Strength), 약점(Weakness), 기회(Opportunity), 위협(Threat) 요인을 규정하고 이를 토대로 경영전략을 수립하는 기법**이다. 주로 기업의 강점 및 약점과 같은 '내부역량'과 기회 및 위협과 같은 '외부가능성' 사이의 적합성을 평가하기 위해 사용된다. SWOT 분석은 미국의 경영컨설턴트인 알버트 험프리(Albert Humphrey)에 의해서 고안된 것으로 알려져 있다. 알버트 험프리는 기업의 자원 및 역량과 외부환경 간의 전략적 적합성을 공식적으로 개념화한 최초의 전략이론가 중 한 사람이며, 이 방법이 틈새전략을 결정하는 데 유용하다고 말했다. 즉, 기업이 기회를 활용하기 위해서 강점을 이용하고 위협에 대항하여 기업의 강점과 약점을 방어하기 위한 최고의 방법이라고 주장했다.

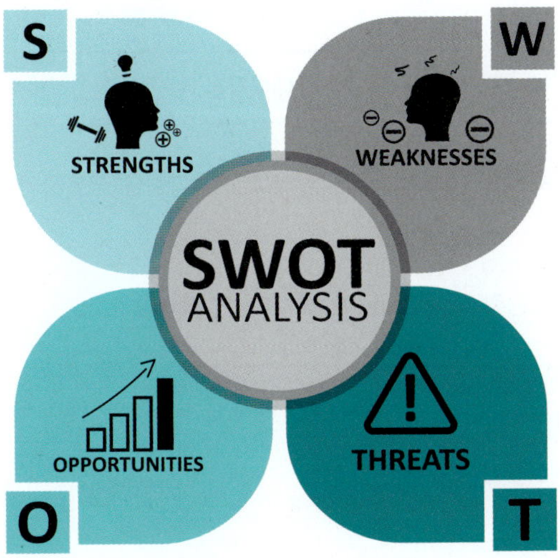

그림 7-10 SWOT 분석

2 내부역량 분석 : 강점과 약점 분석

기업의 내부역량인 강점과 약점을 분석한다는 것은 경쟁적 상황에서 현재 또는 미래의 경쟁기업과 비교하여 경쟁우위(Competitive Advantage)가 있는 것이 무엇이며, 경쟁기업보다 경쟁력이 있는 분야가 무엇인지 찾는 것이다. 경쟁우위의 내용은 가치사슬을 중심으로 기업을 분석하는 것이다. 기업의 강점과 약점을 분석하는 여러 가지 기법 중 마이클 포터의 가치사슬을 활용한 분석이 보편화되고 있다. 강점과 약점을 분석할 때 고려해야 할 점검사항은 다음과 같다.

- 재무적, 조직적, 기술적 차원에서의 기업의 주요 자원과 기술 명세
- 사업부 단위의 경쟁 시장에서의 CSF 도출
- 전략추진상의 강점과 약점 기술
- 비교우위 확보를 위한 자원과 기술의 도출

3 외부가능성 분석 : 기회와 위협 분석

기업의 외부가능성인 기회와 위협 요소는 외부환경 분석을 통하여 도출된다. 정치, 사회, 법률, 환경, 기술 등 외부환경으로부터 기회와 위협적 요소를 분석하기도 하지만, 마이클 포터의 산업구조 분석(5-Force Analysis)을 통하여 정밀하게 분석하는 것이 일반적이다. [그림 7-11]은 SWOT 분석을 토대로 하여 전략을 수립한 것이다. SO 전략은 내부강점과 외부기회를 이용하는 전략, WO 전략은 내부약점을 극복하고 외부기회를 살리는 전략, ST 전략은 외부위협을 피하고 내부강점을 활용하는 전략, WT 전략은 외부위협과 내부약점을 모두 극복하는 전략을 의미한다.

내적 요인 / 외적 요인	내부강점(S)	내부약점(W)
외부기회(O)	SO 전략 내부강점과 외부기회를 이용하는 최적의 전략(핵심역량 전략)	WO 전략 외부기회를 살리고 내부약점을 극복하기 위한 전략
외부위협(T)	ST 전략 외부위협을 회피하고 내부강점을 활용할 수 있는 전략	WT 전략 외부위협과 내부약점을 극복할 수 있는 전략(매각, 철수 등)

그림 7-11 SWOT 분석을 토대로 한 전략 수립

SECTION 06

e-비즈니스 전략 분석 4 : 산업구조 분석

1 산업구조와 기업의 관계

경쟁전략 수립은 기업을 그 기업의 주변 환경과 연관시키는 데 본질적인 의미가 있다. 기업과 연관된 주변 환경이란 경제적 요인들뿐만 아니라 사회적 요인까지 포괄하는 극히 광범위한 것이지만, 이러한 환경의 주요한 측면은 기업이 경쟁을 벌여나가는 특정 산업이나 산업군이다. 산업구조는 그 기업이 잠재적으로 활용할 수 있는 여러 가지 형태의 전략뿐만 아니라 경쟁게임 규칙에도 큰 영향을 미치고 있다. 산업 외적 요인들은 주로 상대적인 의미에서 중요한 구실을 한다. 보통 외적 요인들은 특정 산업에서 경영활동을 벌이는 모든 기업에 영향을 미치기 때문에 이러한 요인들을 처리해나가는 기업들의 각기 다른 능력에서 문제를 찾을 수 있다. 특정 산업은 기본적인 경쟁 요인 5가지에 의해 좌우되고 있다. 이러한 요인들의 총체적인 힘이 특정 산업에서 기대할 수 있는 궁극적인 이윤 잠재력, 즉 투자에 대한 장기적인 수익이란 측면에서 측정된 이윤 잠재력을 결정짓는다.

2 산업구조 분석의 역사

산업구조 분석은 산업경제학과 전략이 교차하는 곳에서 시작되었다. 산업구조 분석이라는 혁신적인 분석 방법은 전략적 산업 분석에 적용 가능한 프레임워크로, 산업조직론이 지닌 한계에 대한 불만에서 비롯되었다. 산업조직론은 기업의 경제적 특징이 규모의 차이만 제외하고는 모든 면에서 유사하다는 산업의 동질성을 가정한다. 그러나 1950년대 중반부터 이러한 가정에 도전하는 많은 실증적인 연구들이 등장했다. 그중에서 하버드대학교의 조 베인(Joe Bain)은 산업구조가 기업의 규모에 국한되는 것이 아니라 이동장벽에 의해서 결정된다고 주장하면서 산업조직론을 반박했다. 조 베인은 산업 평균 이상의 수익은 이동장벽을 통해서 창출되는 시장지배력(Market Power)의 존재 여부에 의해 이루어지며, 이동장벽이 시장진입을 막고 불완전 경쟁을 통해서 집중된 기업의 수익을 보호한다고 주장했다.

1970년대 초반, 시장지배력을 통한 수익의 균등성이라는 기존 개념에 도전하는 경험적 연구와 일화적인 증거가 축적되기 시작했다. 이제 막 발생기에 있는 산업구조라는 이론은 기업별로 서로 다른 수익률이 산업 간과 산업 내 구조에 의한 시장지배력의 함수라는 전제를 토대로 발전하기 시작했다. 1972년에 하버드대학교의 마이클 헌터(Michael Hunter)는 주요 가전산업을 연구하는 과정에서 전략 집단이라는 개념을 도입하여 시장지배력의 개념을 확장시켰다. 전략 집단은 본질적으로 동일한 전략을 따르는 기업의 집단으로 정의된다. 전략 집단은 진입장벽을 차별화하거나 경쟁에 영향력을 행사하여 산업수익의 배분에 영향을 끼친다.

마이클 헌터의 동료인 하버드대학교의 마이클 포터(Michael Porter)는 1980년 전략 이론에 기존의 이동장벽과 전략 집단이라는 개념을 포함하고, 여기에 산업구조와 수익성을 설명하는 몇 가지 새로운 변수를 덧붙여서 전략 이론을 진일보시켰다. 그는 산업경제학이라는 새로운 지식을 비즈니스 전략에 적용하여 산업 분석에 유용한 통찰력과 분석 접근법을 만들어냈다. 1980년에 출간된 『경쟁 전략(Competitive Strategy)』에서 마이클 포터는 분석의 3가지 핵심 영역인 산업구조, 경쟁사, 산업진화 분석을 통합하여 산업 분석에 대한 포괄적인 새로운 모델을 제시했다. 이것이 바로 마이클 포터의 5-Force 모델이다.

3 마이클 포터의 5-Force 모델 분석

5-Force 모델은 **마이클 포터가 제안한 산업 분석 모델**이다. 그는 기존 기업 간의 경쟁, 새로운 진입기업의 위협, 대체품의 위협, 구매자의 교섭력, 공급자의 교섭력과 같은 5가지 요소를 산업의 매력을 결정하는 중요한 요소라고 말하며, 이를 5-Force 모델로 제시했다. 마이클 포터의 5-Force 모델을 기반한 산업 분석은 현재까지도 기업에서 산업환경을 분석하는 유용한 분석 도구로 사용되고 있다.

5-Force 모델 분석 이론을 간단히 설명하면 다음과 같다. 경쟁 요인 5가지는 모두 산업의 경쟁 강도와 수익성을 동시에 결정하지만, 그중 가장 유력한 한 요인이나 복수의 요인이 지배적인 영향을 미치는 만큼 전략을 수립할 때는 이러한 유력 요인을 중요시해야 한다. 예를 들어, 잠재적 진입기업이 별다른 위협이 되지 않을 만큼 특정 산업의 시장에서 매우 확고한 기반을 다져 놓은 기업이라고 할지라도 품질이 더 좋고 값이 싼 대체품이 등장하면 수익률은 저하되고 말 것이다.

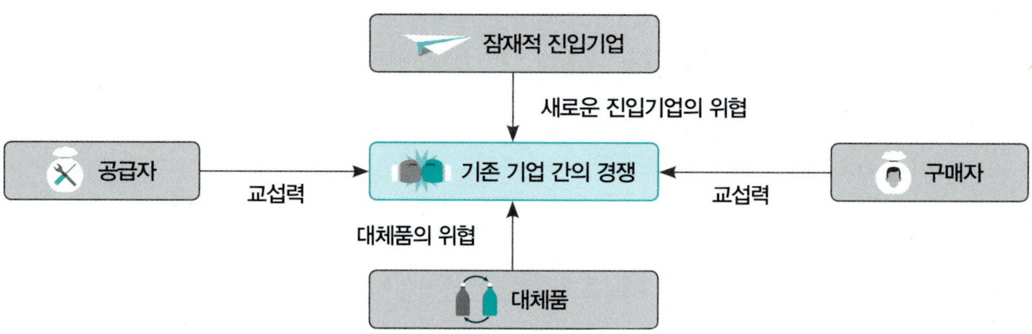

그림 7-12 마이클 포터의 5-Force 분석

기존 기업 간의 경쟁

기존 기업 간 경쟁은 흔히 유리한 위치를 차지하려는 여러 가지 전술, 즉 가격경쟁이나 광고경쟁, 신제품 소개, 고객서비스나 제품보증 등의 형태로 전개된다. 대부분 산업에서는 어느 한 기업의 경쟁적 조치가 다른 경쟁기업에 두드러진 영향을 미치기 때문에 자연 보복 조치나 대응 조치를 불러오게 된다. 이러한 작용과 반작용의 패턴은 처음 그와 같은 작용을 일으킨 기업과 산업 전체를 개선시키거나 악화시킬 수도 있다. 만약, 어떤 조치와 이에 대한 대응 조치가 계속 확대되어 나간다면 그 산업의 모든 기업이 타격을 받게 되어 이전보다 못한 상태로 후퇴하게 될 것이다.

일부의 경쟁 형태, 특히 가격경쟁은 매우 불안정한 양상을 보여 수익성이란 견지에서 산업 전체의 상태를 약화시킬 가능성이 매우 높다. 가격인하에 대한 경쟁기업의 대응 조치는 신속하게 단행되는 것이 보통이다. 일단 가격인하가 대응적인 인하를 불러일으키면 그 산업의 수요에 대한 가격탄력성이 그에 상응할 만큼 높지 않은 한 모든 기업의 수익성은 떨어지게 된다. 현재 몇몇 e-비즈니스 기업이 이러한 가격경쟁에 유연하게 대처하지 못해 수익성 부분에서 큰 손실을 보고 있다. 반면에 광고경쟁은 산업 전체의 수요를 증대시키거나 제품차별화를 이룰 수 있어 모든 기업에 도움이 되기도 한다. [표 7-1]은 기존 경쟁기업 간의 경쟁 강도에 영향을 미치는 요인을 정리한 것이다.

표 7-1 기존 기업 간의 경쟁 강도

요인	조건
경쟁기업의 수	많을수록 경쟁이 치열함
산업	성장세가 완만할수록 경쟁이 치열함
높은 고정비나 재고 비용	높을수록 경쟁이 치열함
제품차별화	차별화가 안 될수록 치열함
철수장벽	철수장벽이 높을수록 치열함

기존 기업 간 경쟁 강도를 결정하는 주요한 요인에는 '진입장벽'과 반대되는 개념인 '철수장벽'이라는 것이 있다. 철수장벽은 경제적, 전략적, 감정적 요인들로 설명되는데, 기업은 이러한 요인들에 얽매어 투자수익률이 낮거나 심지어 손실을 보고 있을 때에도 진출산업에서 선뜻 발을 빼지 못할 때가 많다. 철수장벽이 높을 때는 과잉설비가 그 산업에서 벗어나지 못하고 경쟁에서 패배한 기업도 포기하지 않고 버티게 된다. 이런 상황에서 버티려면 극단적인 전술에 의존해야 한다. 이런 상태가 벌어지면 산업 전체의 수익성은 계속 낮은 수준에 머물러 있게 될 것이다. 철수장벽의 주요 요인은 다음과 같다.

- **특수 자산 :** 특정 업종이나 전문화된 업종의 자산은 일단 그 업종에서 손을 떼고 청산하고자 할 때, 그 가치가 떨어지거나 다른 용도로 전환하고자 할 때 큰 비용이 든다.

- **철수에 따른 고정비 :** 철수에 따른 고정비에는 노사협약, 종업원의 재취업 알선비용, 잉여부품의 관리설비 등이 포함된다.
- **전략적 상관성 :** 경영다각화를 이루고 있는 기업에서는 철수하는 사업단위가 그 기업 전체의 이미지, 마케팅 능력, 자본조달, 시설의 공동사용 등에 영향을 미치게 된다. 이러한 영향 때문에 특정 산업에 그대로 남아 있는 것이 큰 전략적 중요성을 지니는 경우가 많다.
- **심리적 장벽 :** 경영층은 항상 특정 산업에서 철수해야 하는 경제적 타당성이 있음에도 불구하고 이를 선뜻 단행하려 하지 않는다. 그들이 그 사업에 적임자라는 자부심과 자기 자신의 장래에 대한 불안 등 다른 심리적 요인이 작용하기 때문이다.
- **정부 및 사회적 제약 :** 정부가 실업 증대나 그 지역에 미치는 경제적 악영향을 우려해 산업에서 발을 빼는 것을 막거나 억제하는 것을 말한다.

새로운 진입기업의 위협

어느 산업에 새로운 기업이 진입할 때, 기업은 새로운 능력과 시장을 확보하려는 강한 의욕과 함께 때로는 상당한 자원을 가지고 뛰어든다. 그럴 때 기존기업은 해당 시장의 상품가격이 내려가거나 부대비용이 상승하는 이유 등으로 수익성이 저하될 가능성이 높다. 기존 경쟁기업의 대응과 진입산업에 내포된 진입장벽에 따라 진입기업이 기존 기업에게 주는 위협의 폭이 결정된다. 기존 기업의 대응이 강하거나 진입장벽이 높은 경우에는 그 산업에 진출한 신규 진입기업은 고전을 면치 못할 것이다.

하나 더 알기 **진입장벽을 결정하는 요인**

진입장벽(Entry Barrier)이란 어떤 기업이 새로운 산업에 진출하고자 하는 경우의 산업장벽을 의미하는데, 이는 새로운 시장에 얼마나 쉽게 진입할 수 있는가를 분석할 수 있다. 진입장벽이 높으면 쉽게 그 산업에 진출할 수 없고, 낮으면 쉽게 그 산업에 진출할 수 있으나 산업에 진출했을 때에는 산업의 매력도가 떨어지게 된다. 집입장벽을 결정하는 요인에 대해 알아보자.

- **규모의 경제 :** 시간에 따른 절대생산량이 늘어남에 따라 제품의 단가가 떨어지는 것을 말한다. 신규 진입기업은 처음 한 개의 생산과 판매로부터 시작하기 때문에 규모의 경제를 통해 원가우위를 가진 기존 기업들과 경쟁하기가 쉽지 않다.
- **제품차별화 :** 기존 기업들이 상표인식과 고객신뢰를 확보하고 있다는 것을 의미한다. 상표인식과 고객신뢰는 지금까지 지속해 온 광고, 고객에 대한 서비스, 제품의 차이 등에서 비롯되는 것이다. 이러한 차별화는 진입기업이 기존 고객의 신뢰성을 무너뜨리고 파고드는 데 엄청난 지출을 강요하는 형태로 진입상의 장벽 구실을 한다.

- **소요 자본 :** 기존 기업들과 경쟁을 벌이기 위해서는 많은 투자가 필요한데, 이러한 점은 진입상의 장애요인으로 작용한다. 특히 위험부담이 많은 경우 또는 회수할 수 없는 대규모 광고활동이나 조사와 개발활동에 많은 투자가 소요된다. e-비즈니스의 경우, 투자비용의 대부분을 광고활동이나 개발비용에 사용하게 되는데 이는 상당한 위험을 감수해야 한다.
- **교체비용 :** 특정 산업에의 진입장벽에 교체비용도 적지 않은 영향을 미친다. 교체비용이란 구매자가 기존 제품에서 다른 공급자의 제품으로 바꿀 때 그 과정에서 부담하는 비용을 말한다. 교체비용이 많이 소요되었는데 새로운 진입기업이 가격이나 성능 면에서 현저한 개선을 이루지 못하면 기존 공급자에게서 구매자를 빼 올 수 없다.
- **유통경로 접근 :** 새로운 진입기업은 생산된 제품의 유통경로를 확보해야 하는데 이러한 필요성도 진입장벽으로 작용할 수 있다. 기존 기업들이 이미 제품에 대한 순조로운 유통경로를 차지하고 있는 만큼 신규 진입기업은 가격인하나 할인혜택 등을 베풀어야 하는데 이런 행동이 이윤 폭을 축소시킨다.
- **규모와 무관한 비용의 불리함 :** 기존 기업들은 잠재적 진입기업들이 아무리 사업규모를 늘리고, 규모의 경제성을 이룬다고 하더라도 시장에 먼저 진출하였다는 이유만으로 확보하기 어려운 원가상의 유리한 면을 지닌다. 제품생산의 노하우나 설계상 특징을 특허출원이나 기밀유지로 독점 사용이 가능한 경우, 유리한 원자재 확보, 유리한 입지 조건, 경험곡선효과의 발생 등이 유리한 측면으로 작용한다.
- **정부의 정책 :** 정부는 기본적 차원에 대한 허가요건 및 제한과 같은 통제 형태로 특정 산업에의 진출을 제약하거나 심지어 봉쇄까지 할 수 있다. 이러한 정부의 정책은 개별 기업에게는 어려운 제약조건이라고 할 수 있다.

대체품의 위협

특정 산업에서 경영활동을 하는 기업은 넓은 의미에서 대체품을 생산하는 산업과 경쟁을 벌이고 있는 셈이다. 대체품은 특정 산업에 활동하는 기업이 이윤을 고려한 가격을 결정하는 데 일정한 상한을 설정하여 그 산업의 잠재적인 수익을 제한한다. 대체품이 가격대비 효능이 높으면 높을수록 그 산업의 이윤에 가하는 대체품의 가격상한선은 더욱 강해지게 된다.

대체품이 있는지를 밝혀내는 것은 곧 같은 효능을 발휘하는 상품이 있는지 찾아내는 것이다. 이러한 작업은 쉽게 수행할 수 없으며, 또 제대로 하려면 전문가들이 지나치기 쉬운 산업이나 영업활동까지 정밀하게 관찰해야 하는 경우가 많다. 특히 대체품에 관심을 기울여야 할 경우는 그 대체품이 자사의 제품과 가격 및 효능에서 대체성을 계속 향상시키는 경우와 그 대체품을 생산하는 산업이 높은 이윤을 얻고 있는 경우이다. 후자는 어떤 새로운 개발이 이루어지면 그 대체품의 경쟁력이 증대되어 가격인하나 효능개선을 가져올 수 있다. 그러한 추세를 분석하는 일은 대체품과의 충돌을 전략적으로 회피할 것인지, 아니면 어쩔 수 없이 부딪쳐야 할 핵심적인 요인으로 대응 전략을 세워야 할 것인지 결정하는 데 중요한 구실을 할 수 있다.

구매자의 교섭력

구매자는 가격을 인하하거나 품질 및 서비스 향상을 요구한다. 또는 경쟁기업을 서로 대립시켜 이득을 보는 행위 등으로 구매 대상 산업과 경쟁을 벌인다. 이러한 행위는 모두 그 산업의 수익성을 감소시키는 결과를 만든다. 산업의 주요한 구매자 집단들이 얼마나 강한 힘을 가지는지는 시장상황의 여러 가지 특성과 그 산업에서 구매하는 것이 구매자 집단의 전반적인 영업활동에서 어느 정도의 상대적 비중을 지니는지에 따라 좌우된다. 구매자 집단이 다음과 같은 여건을 갖추고 있다면 그 힘은 강력하다고 볼 수 있다.

- 특정 구매자가 판매량의 상당 부분을 구매하고 있다면 그 구매자의 중요성은 커지기 마련이다. 또한 대량 구매자는 구매 대상 산업의 고정비 비율이 높아서 시설의 완전가동 여부에 큰 이해가 걸려 있을 때 그 힘이 막강해진다.
- 해당 산업에서 구매하는 제품이 구매자 비용의 상당 부분을 차지하면 구매자는 유리한 가격에 선별적으로 구매하려는 경향을 보인다. 반대로 그 산업에서 사들이는 제품이 구매자 비용 중 소액에 불과하면 구매자는 가격에 신경을 덜 쓰게 된다.
- 해당 산업의 제품이 규격화되어 있거나 제품차별화가 되어 있지 않을 때는 구매자는 언제라도 다른 공급회사로부터 필요한 제품을 사들일 수 있으므로 생산업체 간에 가격인하 경쟁을 유도할 수 있다.
- 구매자는 교체비용 때문에 특정한 매도자에게 발목을 잡히는 경우가 많다. 이와 반대로 매도자가 교체비용이 많이 들 때는 구매자의 힘이 그만큼 강해진다.
- 구매자의 전체적인 이윤율이 낮으면 구매비용을 줄이려는 강한 유인에 이끌리게 된다.
- 구매자가 부품 생산에 부분적인 통합을 이루고 있거나 신빙성 있는 후방통합을 위협수단으로 삼을 때는 공급자의 양보를 이끌어낼 유리한 위치에 놓이게 된다.
- 구매자의 제품 품질이 구매하는 제품에 따라 큰 영향을 받게 될 때는 구매자가 가격에 덜 민감해지는 것이 보통이다.
- 구매자가 수요상황이나 실제 시장가격, 공급회사의 구체적인 제품 제조원가까지 정확하게 파악하고 있으면 구매자의 협상능력은 훨씬 향상된다.

이상과 같은 구매자의 교섭력 강화 요인들은 산업 및 상업 구매자는 물론, 일반 소비자도 그대로 활용할 수 있다.

공급자의 교섭력

공급자는 특정 산업에서 활동하는 기업에 대해 가격인상이나 판매제품 및 서비스의 품질을 떨어뜨리겠다는 위협 등으로 교섭력을 발휘할 수 있다. 유력한 공급자는 이와 같은 방법으로 특정 산업의 수익을 잠식할 수 있다. 공급자가 강력한 힘을 지니게 하는 여건은 구매자를 강력하게 만드는 상황과 대체로 유사한 형태를 보인다.

다음과 같은 상황에서는 공급자가 강력한 힘을 지니게 된다.

- 공급자가 다양한 구매자에게 제품을 판매할 때는 가격이나 품질 및 판매조건에 큰 영향을 미치는 것이 보통이다.
- 공급자가 판매하는 제품에 대체품이 없으면 대체품과 경쟁을 벌일 필요가 없어 그 영향력이 강하다.
- 공급회사가 여러 산업에 제품을 판매하고 있고 또 그 산업이 총판매량에서 차지하는 비율이 얼마 되지 않을 때는 공급회사가 큰 힘을 발휘할 수 있다.
- 공급자의 판매품이 구매자의 생산 및 경영활동에 주요한 요인이 되는 경우는 공급자의 판매품이 구매자의 제조공정이나 제품품질에 중요한 구실을 한다. 이럴 때는 공급자의 영향력이 강해진다.
- 제품의 차별화나 교체비용이 소요될 때는 구매자가 공급회사로 하여금 서로 대립하게 하는 선택권이 없어진다.
- 공급자가 신빙성 있는 전방 통합을 위협수단으로 삼으면 구매 조건을 유리하게 만들려는 그 산업의 능력에 제동이 걸리게 된다.

하나 더 알기 **수직적 통합(Vertical Integration)**

원자재나 부품을 공급받아 생산하고 유통경로를 통해 소비자에게 공급하는 활동들이 가치사슬상의 활동인데, 가치사슬을 따라 관련 활동을 소유하고 통제하는 것을 수직적 통합이라고 한다. 즉, 수직적 영역으로 활동을 확대하는 것을 의미한다. 가치사슬의 하류 쪽으로 통합하는 것을 전방통합, 상류 쪽으로 통합하는 것을 후방통합이라고 한다.

그림 7-13 수직적 통합

SECTION 07

e-비즈니스 전략 분석 5 : 가치사슬 분석

1 가치사슬 분석의 개념

사람이 다치면 병원에 가서 진찰을 받으며 엑스레이(X-Ray) 검사를 한다. 기업을 진단할 때 사용하는 엑스레이가 바로 마이클 포터가 개발한 기업의 가치사슬이다. 다시 말해, 가치사슬은 기업의 내부를 볼 수 있는 강력한 도구인 것이다. 그래서 가치사슬 분석은 경제적 우위의 잠재적 원천을 파악하기 위한 방법론이 될 수 있다. 가치사슬 분석(Value Chain Analysis)이란 **제품 또는 서비스를 만드는 데 필요한 모든 활동을 설명하는 비즈니스 모델**이다. 이 모델은 기업의 자원배분을 최적화하기 위해서 기업의 내부 핵심역량이 외부 경쟁환경과 어떻게 통합될 수 있는지를 제시한다. 기업의 가치사슬은 원료공급자에서 최종소비자에 이르기까지 산업의 모든 참여자의 가치창조 활동을 포함하는 좀 더 규모가 큰 산업의 가치시스템의 한 부분으로 간주한다.

가치사슬 분석은 총체적 산업의 맥락에서 기업을 전략적으로 관련이 있는 여러 가지 가치 창조 활동으로 분해할 수 있다. 이러한 분석적 접근법은 산업의 수익률과 경쟁우위 창출을 위해 요구되는 전략적 통찰력을 제공한다.

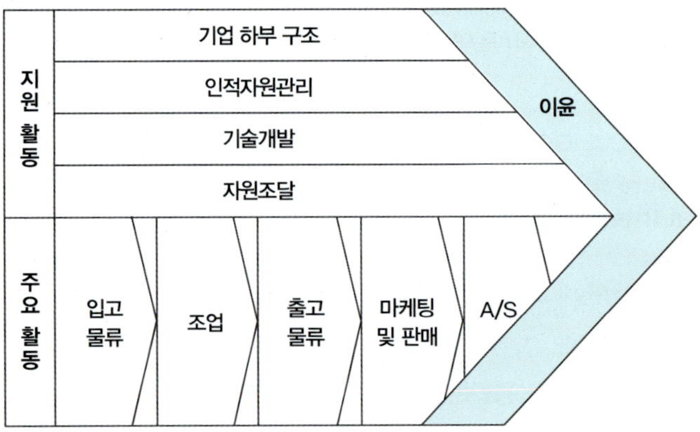

그림 7-14 가치사슬

2 가치사슬 활동

마이클 포터는 1985년 그의 저서『경쟁우위』에서 가치사슬의 개념을 알렸다. 가치사슬 분석의 강점은 기업의 역량, 경쟁환경의 위협과 미기회 간의 전략적 차이를 메울 수 있는 분석도구로 사용될 수 있다는 것이다. 따라서 가치사슬 분석의 2가지 주요 목적은 비용우위를 확보하기 위한 기회 파악과 제품·서비스 차별화 속성을 창조할 기회를 파악하는 것이다. 기업은 저비용으로 이러한 활동 일부나 전부를 수행하거나 경쟁사보다 고객가치 차별화의 수준을 높여 경쟁우위를 확보하게 한다.

가치사슬 분석은 경쟁전략의 목표에서 시작된다. 경쟁전략의 목표는 가치 전달에 사용되는 비용을 초과하는 고객가치를 창조하는 것이며 이것이 바로 기업이익의 원천이 된다. 고객가치는 기업이 수행하는 일련의 가치창조 활동에서 발생한다. 마이클 포터는 기업의 가치사슬이 제품이나 서비스를 디자인·생산·마케팅·유통·지원하기 위해서 기업이 수행하는 모든 활동과 프로세스로 구성된다고 보았다. 기업의 가치사슬과 기업이 개별 활동을 수행하는 방식은 기업만의 고유한 역사와 전략, 실행접근법, 활동 그 자체와 관련된 경제적 행위를 반영한다. 마이클 포터는 이 모든 활동을 주요 활동과 지원 활동으로 구분하였다. 가치사슬을 구성하는 주요 활동과 지원 활동의 주요 내용은 [표 7-2]와 같다.

표 7-2 가치사슬 활동

활동	구분	내용
주요 활동	물류 투입	재고 관리 및 취급
	운영 활동	투입 요소를 최종 제품과 서비스로 전환
	물류 산출	유통
	마케팅 및 판매	마케팅, 가격 책정 및 채널관리, 기타
	서비스(A/S)	사후 판매 지원
지원 활동	기업의 하부 구조	구조 회계·법률·기획·이해관계자(즉 정부 및 대인 관계, 지역사회 투자, IR, 기타)와 같은 운영 지원 활동
	인적자원관리	고용·인센티브 시스템·동기·훈련·승진·노사 관계·기타
	기술개발	엔지니어링·R&D·정보기술·기타
	자원조달	MRO, 원자재 조달

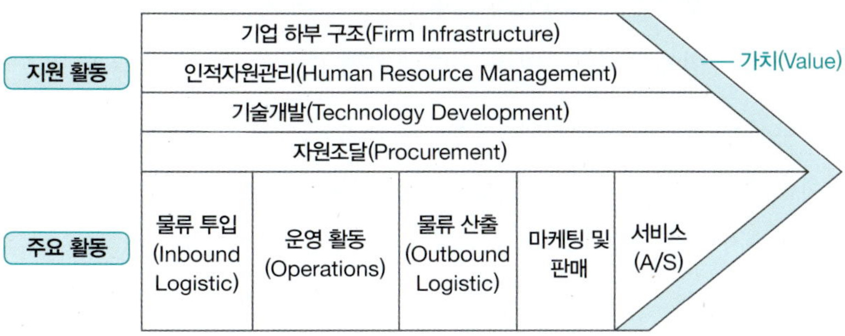

그림 7-15 가치사슬의 주요 활동과 지원 활동

이와 같은 활동 전체의 비용보다 더 적게 고객에게 부과된 가격이 기업의 수익을 결정한다. 원료 공급자와 제품·서비스의 구매자도 그들 자신만의 본원적 및 지원 활동으로 구성된 가치사슬을 가지고 있다. 전체적으로 이 모든 가치사슬이 산업 가치 시스템을 구성하게 된다.

3 가치사슬 분석의 목적

산업의 전체 가치 시스템의 모든 활동이 창조된 고객의 총 가치를 결정한다. 산업 가치 시스템의 모든 참여자가 획득하는 이윤을 내는 쪽은 바로 고객이다. 각 참여자에 의해서 획득되는 산업수익의 몫은 산업구조를 형성하는 마이클 포터의 5가지 요인, 즉 기존 기업 간의 경쟁, 새로운 진입기업의 위협, 대체품의 위협, 구매자의 교섭력, 공급자의 교섭력에 의해서 결정된다. 각 세력의 상대적 힘이 산업의 수익성을 결정하는 것이다. 가치 시스템에서 기업의 상대적 힘이 전체 산업수익에서의 기업의 몫을 결정한다. 가치사슬 분석은 현재 기업이 보유하고 있는 힘을 파악하고, 경쟁우위를 통해 산업수익에서 기업이 차지하는 몫을 더 확대할 힘을 키울 방법을 제시하기 위해서 사용된다.

가치사슬 내의 대부분의 개별적인 활동은 서로 분리되어 있지만, 그것들이 상호독립적인 것은 아니다. 사실 대부분의 활동이 다른 활동과 서로 연계되어 있다. 경쟁우위는 개별 활동 그 자체에 의해서 달성될 수도 있지만, 가장 강력한 경쟁우위의 원천은 일반적으로 가치사슬 내, 그리고 가치사슬 간의 높은 수준의 연계성을 통해서 창출된다. 연계성을 파악하기가 어렵거나 복잡할수록 경쟁사가 특정 기업의 전략에서 창출되는 경제적 잉여를 모방하거나 침해하기가 더 어려워진다. 다음은 경쟁우위 창출 가능성에 따라 가치사슬의 연계 유형을 순위화한 것이다.

❶ **경쟁사 분석 :** 경쟁사의 비용 구조와 차별화 요소를 분석한다.

❷ **고객가치 분석 :** 고객의 가치 창출을 위한 활동이 어떤 부분에서 어떻게 이루어지는지 알 수 있다.

❸ **기업의 범위 결정 :** 기업의 전략이 어떤 비즈니스 활동과 경쟁 영역에서 실행될 것인가를 알 수 있다. 마이클 포터는 경쟁우위에 영향을 주는 4가지 유형의 범위, 즉 세그먼트·수직적·지리적·산업의 범위를 제시했다. 이 유형에 대하여 저비용 전략과 함께 집중 전략이 사용될 수 있다.

❹ **전략적 원가관리 :** 가치사슬 분석은 기업이 공급자와 고객에 대한 수직적 연계를 활용할 수 있게 한다. 원가 범위를 확장하는 것은 기업이 가치사슬에서 어떤 활동의 비용절감을 통해 고객가치 증가를 위한 다른 활동에 투자할지 가능성을 찾게 한다.

❺ **통합 :** 가치사슬 분석은 기업의 수직통합이나 수평통합 전략에 대한 투자를 지원한다. 또는 반대로 투자 또는 퇴출 결정이 기업의 가치사슬이나 나아가 산업가치 시스템의 기업의 전략적 포지션에 끼칠 영향을 파악하게 함으로써 퇴출 전략을 지원한다.

❻ **공급체인 관리 :** 산업 가치 시스템에서의 공급자의 포지션과 협상력을 파악하여 상호협동 기회를 창출할 수 있다.

❼ **전략적 아웃소싱 :** 기업의 핵심역량과 가치사슬에서의 다양한 활동의 상대적 중요성에 대한 명확한 분석을 통하여, 비용을 삭감하거나 기업의 경쟁우위를 손상하지 않고서 차별화와 유연성을 개선할 수 있는 전략적 아웃소싱 결정이 이루어질 수 있다.

❽ **인수·합병·제휴·조인트 벤처 :** 가치사슬 분석을 통해서 시너지나 전략적 적합성을 유리하게 이끌어 갈 수 있다. 산업 가치 시스템에서 기업 인수가 해당 기업의 강점을 얼마나 강화시킬 수 있을 것인지의 관점에서 대상 기업을 선정할 수 있게 된다.

❾ **조직구조 :** 가치사슬의 수직적 연계를 토대로 조직 단위의 범위를 재조정할 수 있다.

❿ **글로벌 전략 :** 가치사슬 분석은 다국적 기업으로 하여금 경쟁우위와 비교우위를 서로 혼동하지 않게 한다.

기업 자체의 가치사슬이나 산업의 가치 시스템의 다양한 연결 관계를 통해서 기업은 산업구조에서의 자신의 영향력을 확대하고 산업수익에서 보다 더 큰 몫을 차지할 수 있게 된다. 어떤 경우에는 가치사슬 분석이 한 산업의 가치 시스템에서 전체 가치사슬을 제거하거나 우회하여 산업 가치 시스템을 근본적으로 재조정할 기회를 보여주기도 한다. 가치사슬 분석은 또한 경쟁 전략 추구를 위한 분석에 다양하게 적용될 수 있다.

SECTION 08

e-비즈니스 전략 분석 6 : 본원적 경쟁 전략

1 본원적 경쟁 전략의 분류

마이클 포터의 5-Force 모델에 나온 5가지 경쟁 요인들에 대처하면서 산업 내의 다른 경쟁기업을 능가하기 위한 본원적 경쟁 전략에는 3가지가 있다. 바로 비용우위, 차별화, 집중화이다. 기업은 주요 목표로 한 가지 이상의 접근 방식을 추구하여 성공을 거둘 수 있는 경우가 종종 있지만, 그 같은 사례는 성공률이 매우 희박하다. 3가지 본원적 경쟁 전략 중 어느 하나를 효율적으로 수행하기 위해서는 전력투구와 이를 뒷받침하는 조직의 정비가 필요한데, 이러한 조직의 정비를 '가치사슬'이라는 전략 용어를 사용하여 설명하기도 한다. 본원적 경쟁 전략은 산업 내의 다른 경쟁기업을 능가하는 접근 방식이다. 어느 산업에서는 산업구조상 모든 기업이 높은 수익을 누리는가 하면, 다른 산업에서는 절대적인 의미에서 감내할 수 있는 정도의 수익이라도 얻기 위해 본원적 전략의 성공이 요구되기도 한다.

비용우위

첫 번째 본원적 전략은 비용우위(Overall Cost Leadership) 전략으로, 전반적인 비용우위를 목표로 하는 여러 가지 기능의 방책을 통해 특정 산업에서의 비용우위를 달성하는 것을 말한다. 비용우위를 확보하기 위해서는 규모의 경제성을 기할 수 있는 설비를 적극적으로 갖추고 경험의 축적을 통한 원가 절감을 모색해야 한다. 그밖에 원가와 총경비의 철저한 통제와 수지를 맞추기 어려운 거래의 회피, 연구개발이나 서비스, 판매요원, 광고 등의 분야에서 비용을 최소화하는 노력이 필요하다. 이러한 목표를 달성하기 위해서는 경영관리층이 원가관리에 대단한 관심을 기울여야 한다.

차별화

두 번째 본원적 전략은 차별화(Differentiation) 전략으로, 기업이 판매하는 제품이나 용역을 차별화시키는 것이다. 차별화를 성취시키는 접근 방식에는 디자인과 상표의 이미지를 이용하는 방법, 기술을 이용하는 방법, 독특한 특성을 이용하는 방법, 고객서비스를 이용하는 방법 등이 있다. 확실한 차별화 전략을 위해서는 위의 여러 가지 접근 방법 중 몇 가지를 동시에 채택하여 추진해야 한다. 차별화는 또한 신규 진출을 노리는 기업에 고객의 신뢰와 그 제품의 독특성을 극복해야 한다는 어려운 과제를 안겨주어 진입장벽의 구실도 하게 된다. 차별화로 높은 수익을 얻게 되면 원자재를 공급하는 회사의 영향력을 쉽사리 배제할 수 있을 뿐만 아니라 구매자의 압력도 극복할 수 있다.

집중화

세 번째 본원적인 전략은 집중화(Focusing) 전략으로, 특정한 구매자 집단이나 생산설비별 부문, 또는 지역적으로 한정된 시장을 집중적인 목표로 삼는 것이다. 차별화와 마찬가지로 집중화 전략도 여러 가지 형태가 있다. 비용우위 전략이나 차별화 전략이 활동하는 산업 전체를 대상으로 목표를 추구하고 있음에 반해, 집중화 전략은 특정한 목표만을 집중적으로 겨냥하면서 모든 기능적 방책을 이에 맞추어 전개해 나간다.

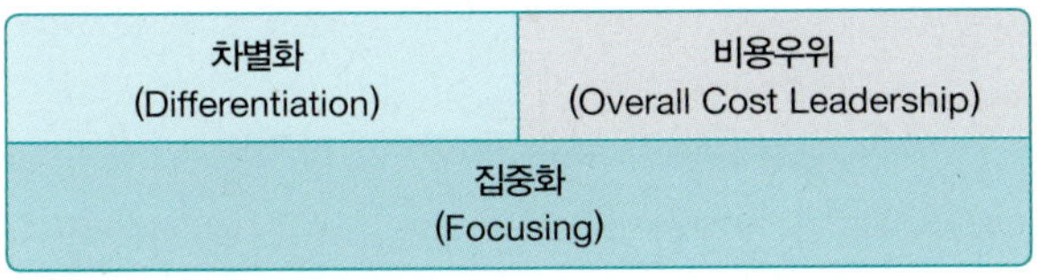

그림 7-16 **본원적 경쟁 전략**

2 본원적 경쟁 전략 선택

보통 기업이 경쟁우위를 달성하기 위해서는 저렴하고 품질 좋은 제품을 생산 및 판매해야 한다고 생각한다. 하지만 기업의 조직은 각각 추구하는 전략에 따라 전심전력을 기울이게 된다. 2가지 전략의 동시 추구는 저렴한 회사보다는 덜 저렴하고, 고품질 회사보다는 덜 고급스러운 제품을 양산하는 애매한 상태를 만들게 된다. 회사의 가치사슬이 각 전략 추구의 형태에 따라 달라지기 때문이다. 즉, 3가지 본원적 경쟁 전략은 여러 가지 경쟁 요인들에 대응하는 선택적이고 성장 가능한 접근 방식이다. 이러한 접근 방식 중 최소한 어느 하나로 전개되는 자체적인 전략을 개발하지 못한 기업은 전략적 상황에서 매우 불리한 입장에 놓이게 된다. 이런 기업은 시장점유나 자본투자를 제대로 실행하지도 못하고, 또 차별화를 성취해 비용우위를 확보할 필요성을 제거하지도 못한다. 또한, 제한된 영역에서나마 차별화나 비용우위를 확보하기 위한 집중화 전략을 실행하지도 못한다.

본원적 경쟁 전략 중 어느 하나를 적극적으로 추구하지 못하는 기업은 기본적인 전략적 결단을 내리지 않고는 장기적으로 지탱하기 어렵다. 이런 기업은 적극적인 설비 현대화 투자나 시장점유율 확대 노력 등을 통해 비용우위나 최소한 대등한 비용 수준을 달성시켜야 한다. 또는 특정 대상 목표에 집중적인 노력을 기울이거나 차별화를 성취하지 않으면 안 된다. 집중화나 차별화를 추구하다 보면 시장점유율이 하락하고 심지어 절대판매량이 줄어들지도 모른다.

3가지 전략 중 어느 하나를 선택할 때는 그 기업의 능력이나 한계를 제대로 평가한 후에 결정을 내려야 한다. 선택된 전략을 성공적으로 추진하기 위해서는 앞서 언급한 바와 같이 자원이나 능력, 조직의 대응 형태, 경영관리의 스타일 등을 알맞게 변형시켜야 한다. 3가지 전략 중 어느 것을 선택하든 기존의 모든 경영 능력을 그대로 유지하면서 이를 추진해 나갈 수 있는 기업이란 거의 없을 것이다. 일단 어느 기업이 애매한 상태에 몰리게 되면 상당한 시간과 지속적인 노력을 기울여야만 그런 불리한 상황에서 벗어날 수 있다. 일반적으로 이러한 기업은 그러한 상태에서 벗어나는 과정에서 한동안 비용우위, 차별화, 집중화 등 3가지의 일반 전략 사이에서 오락가락하는 경향을 보인다. 3가지 전략이 상호 조화를 이룰 수 없는 만큼 그런 기업이 시행착오를 겪는 것은 너무나 당연하다.

3 시장 진출 전략

대부분의 e-비즈니스 모델은 모방하기가 너무 쉬워 진입장벽이 낮다고 한다. 하지만 면밀히 살펴보면 구글, 네이버, 다음 등 기존의 대형 포털사이트와 경쟁할 수 있는 새로운 인터넷 사업을 시작하기는 쉽지 않아 보인다. 대형 포털사이트는 시장 초기 진입자로 이미 두터운 진입장벽을 세워 놓았기 때문이다. 기업이 새로운 시장에 진출하려고 할 때 취할 수 있는 전략은 모방이 쉬운지 어려운지에 따라서 선발 전략과 장벽 전략이 있다. 흔히 모방하기 쉬우면 특허를 내 장벽 전략을 추구해야 한다고 생각하기 쉽지만, 모방하기 쉬운 사업은 특허가 나기도 어렵고 아이디어를 개발하는 데 비용도 크게 들지 않는다. 오히려 수십 년간 개발한 공이 많이 든 제품과 서비스에 특허를 내고 지적재산권을 보호하는 것이 현명한 방법일 것이다. 대부분의 e-비즈니스는 모방하기가 쉬운 것이 많다. 이럴 때 선발 전략을 취해 가능한 빨리 시장에 진입하여 다른 기업이 들어올 수 없도록 진입장벽을 높이는 것이 주효할 것이다.

하나 더 알기 **보완적 자산**

보완적 자산이란 기업이 기술을 이용하는 데 필요한 모든 사업 능력으로 브랜드 이름, 생산, 마케팅, 유통채널, 명성, 서비스, 고객, 보완기술 등을 말한다. 예를 들어 새우과자를 생산하여 전국적으로 판매하려고 할 때, 농심이라는 대기업과 비교하여 상대적으로 적은 보완적 자산을 실감할 것이다. 이처럼 보완적 자산도 사업을 하는 데 중요한 요소가 된다.

토론 및 과제

※ 다음 기사를 읽고 토론 및 과제를 수행하시오.

마이클 포터 하버드 경영대학원 교수는 누구인가?

마이클 포터(Michael Porter) 하버드 경영대학원 교수는 기업의 전략과 경쟁, 국가경쟁력 연구 분야의 최고권위자로 꼽힌다. 경쟁개념을 산업 분석에 처음으로 도입해 경영학의 새로운 지평을 열었다. 그는 피터 드러커와 톰 피터스 등과 함께 현대 경영학의 3대 구루(Guru)로 평가받는다. 1947년 미국 미시간주 앤아버에서 직업 군인의 아들로 태어나 1969년 프린스턴대 기계항공공학부를 졸업했다. 1971년 하버드 경영대학원에서 경영학 석사(MBA) 학위를 받은 지 2년 만에 하버드대 경제학 박사 학위를 받았다. 26세의 나이에 하버드 경영대학원 교수로 임용됐으며, 35세에는 같은 학교 최연소 정년보장 교수로 임명됐다. 스포츠에도 뛰어난 재능을 보여 뉴저지의 고교 시절 미식축구와 야구 선수를 지냈으며, 프린스턴대 시절에는 아마추어 골프 선수로 활약했다.

세계 경영학 고전의 반열에 오른 대표 저서 『경쟁 전략』에서 포터 교수는 기업의 5가지 경쟁 요인으로 신규시장 진입기업의 위협, 대체재의 위협, 구매자의 협상력, 공급자의 협상력, 기존 기업 간 경쟁을 제시했다. 1985년 『경쟁 전략』을 출간했으며, 같은 해 펴낸 『경쟁우위론』은 기업이 경쟁우위를 점하기 위한 본원적 전략(원가우위, 차별화, 집중화)을 처음 소개했다. 그는 기업 간 경쟁뿐만 아니라 국가 간/지역 간 경쟁으로 연구를 확장했다. 로널드 레이건 대통령 시절 산업경쟁력강화위원회 위원장을 맡은 것을 계기로 1990년 『국가의 경쟁우위』를 썼다. 연관 산업들이 지리적으로 밀집한다는 '클러스터' 이론이 여기서 처음 생겨났으며, 이를 보다 확장해 1998년 『경쟁론』을 펴냈다. 2006년 비영리 컨설팅업체인 FSG의 마크 크레이머 대표와 함께 《전략과 사회(Strategy and Society: The Link Between Competitive Advantage and Corporate Social Responsibility)》라는 논문을 『하버드 비즈니스 리뷰』에 기고하면서 기업이 사회적 책임(CSR)에 전략적으로 접근할 필요가 있다고 주장했다. 이들은 이어 2011년 1월 같은 잡지에 '공유가치 창출(Creating Shared Value, CSV)'이라는 글을 발표하면서 CSV 개념을 구체화했다. CSV는 기업이 공해와 같은 사회 문제를 해결하면서도 이윤을 창출할 수 있다는 일종의 비즈니스 모델이다. 2000년에 포터 교수와 크레이머 대표가 공동 창업한 FSG는 전 세계 기업, 단체들에 공유가치 창출에 대한 조언을 아끼지 않고 있다.

이뿐 아니라 포터 교수는 미국의 '건강보험 개혁안'에 대한 연구를 계속하고 있다. 캐터필러, 듀폰, P&G, 로열더치셸 등 다국적 기업의 전략 자문 역할을 맡았으며, 현재는 보스턴 레드삭스 야

구팀의 수석 전략 어드바이저로 있다. 미국 경제 발전에 대한 기여를 인정받아 2008년 미국 상무부로부터 '평생공로상'을 수여받았다.

© 머니투데이, 황시영, 2014. 07.

토론

01 위 기사를 읽고, 마이클 포터의 본원적 경쟁 전략 중 차별화와 원가우위 전략을 동시에 추구하는 것이 가능한지에 대해 토론하시오.

02 CSV(Creating Shared Value, 공유 가치 창출)와 비슷한 개념으로 CSR(Corporate Social Responsibility, 기업의 사회적 책임)이라는 용어가 있다. CSR과 CSV의 차이를 '스포츠'에 비유하여 설명하시오.

과제

01 다음 SWOT 분석 사례를 A4지 한 장으로 설명하고, 이를 보고서로 제출하시오.

내부환경 / 외부환경		강점	약점
		• 비데에 대한 인식 확대 (체험단 모집/서비스 강화)	• 비데 전문 업체라는 인식 부족 • 신제품 교육 부족 • 저가품 대비 높은 판매 가격 기대
기회요인	• 건강에 대한 사회적 인식 고취 • 우수 인력 확보 용이 • 인지도 있는 비데 업체 부족	• 브랜드 인지도 제고를 통한 마케팅 전략 수행	• 비데에 대한 인식 확대 (체험단 모집/서비스 강화)
위협요인	• 소비자의 비데 인지도 부족 • 불경기로 인한 소비 심리 위축 • 저가상품 난립으로 가격질서 문란	• 서비스 전문 업체로 인식 전환 유도(광고/홍보/프로모션)	• 신제품 교육 강화 • 렌탈 제도로 가격 저항 낮춤

요약

01 경영전략이란 조직이 나아가야 할 미래의 방향을 설정하고 조직의 목적과 목표를 달성하기 위한 행동지침을 규정하는 것을 말한다.

02 경영전략은 조직의 어떠한 수준에서 개발할 것인지에 따라 기업경영전략, 사업부 전략, 기능별 전략으로 분류할 수 있다.

03 전략기획 프로세스는 기업의 전략을 완벽하게 구체화하고 전략 실행을 위해서 각각의 책임영역을 규정하는 것을 목표로 하는 활동이다.

04 BCG 매트릭스는 기업의 경영전략 수립에 있어 하나의 기본적인 분석도구로 활용되는 비즈니스 포트폴리오 분석 기법으로, 성장/점유율 분석 매트릭스라고도 부른다.

05 BCG 매트릭스는 물음표(Question Mark), 별(Star), 캐시카우(Cash Cow), 개(Dog)로 구성된다.

06 GE 매트릭스는 산업매력도와 개별산업단위의 강점이라는 두 차원에서 전략사업단위를 평가하는 기법이다.

07 SWOT 분석은 기업의 내부환경과 외부환경을 분석하여 강점, 약점, 기회, 위협 요인을 규정하고 이를 토대로 경영전략을 수립하는 기법이다.

08 5-Force 모델은 마이클 포터가 제안한 산업 분석 모델이다. 5-Force 모델의 5가지 요소는 기존 기업 간의 경쟁, 새로운 진입기업의 위협, 대체품의 위협, 구매자의 교섭력, 공급자의 교섭력이다.

09 가치사슬 분석이란 제품 또는 서비스를 만드는 데 필요한 모든 활동을 설명하는 비즈니스 모델이다.

10 본원적 경쟁 전략에는 비용우위, 차별화, 집중화가 있다.

연습 문제

단답형 문제

01 (　　　　　　　　)이란 조직이 나아가야 할 미래의 방향을 설정하고 조직의 목적과 목표를 달성하기 위한 행동지침을 규정하는 것을 말한다.

02 (　　　　　　　　)은 상대적인 관점에서 기업경영전략에 종속된 하위 전략으로, 각 사업단위에서 경쟁우위를 확보하기 위한 구체적이고 실천적인 전략을 수립하는 것을 의미한다.

03 (　　　　　　　　)는 기업의 전략을 완벽하게 구체화하고 전략 실행을 위해서 각각의 책임영역을 규정하는 것을 목표로 하는 활동이다.

04 (　　　　　　　　)는 기업의 경영전략 수립에 있어 하나의 기본적인 분석도구로 활용되는 비즈니스 포트폴리오 분석 기법이다.

05 (　　　　　　　　)는 산업매력도와 개별산업단위의 강점이라는 두 차원에서 전략사업단위를 평가하는 기법이다.

06 (　　　　　　　　)은 기업의 내부환경과 외부환경을 분석하여 강점, 약점, 기회, 위협 요인을 규정하고 이를 토대로 경영전략을 수립하는 기법이다.

07 마이클 포터의 5-Force 모델의 5가지 요소는 기존 기업 간의 경쟁, 새로운 진입기업의 위협, (　　　　　　　　), 구매자의 교섭력, (　　　　　　　　)이다.

08 (　　　　　　　　)은 어떤 기업이 새로운 산업에 진출하고자 하는 경우의 산업장벽을 의미한다.

09 (　　　　　　　　)란 시간에 따른 절대생산량이 늘어남에 따라 제품의 단가가 떨어지는 것을 말한다.

10 (　　　　　　)은 제품 또는 서비스를 만드는 데 필요한 모든 활동을 설명하는 비즈니스 모델이다.

11 본원적 경쟁 전략에는 (　　　　　　), (　　　　　　), (　　　　　　)가 있다.

객관식 문제

12 다음 중 경영전략의 특징이 <u>아닌</u> 것은?

① 기업의 기본적인 목표를 달성하기 위한 종합적인 활동 계획이다.
② 기업의 경쟁우위를 구축하고 구체적인 경쟁 방식을 선택하는 의사결정이다.
③ 핵심은 고객을 위한 가치 창조에 있다.
④ 기업의 한정된 경영자원을 효과적으로 배분하는 의사결정의 패턴이다.
⑤ 기업의 전략을 완벽하게 구체화하고 전략 실행을 위해서 각각의 책임영역을 규정하는 것을 목표로 하는 활동이다.

13 기업의 종합적인 관점에서 비전과 목표를 설정하고 각 사업 분야에 경영자원을 배분·조정하는 활동을 무엇이라고 하는가?

① 기획전략　② 사업부전략　③ 기능별 전략
④ 기업경영전략　⑤ 본원적 경쟁 전략

14 다음 중 경영관리를 위한 기업 프로세스의 순서로 알맞은 것은?

① 조직 목적－조직 목표－전략 수립－비전 정립－실행－계획－통제－피드백
② 조직 목적－계획－실행－통제－비전 정립－조직 목표－전략 수립－피드백
③ 조직 목적－비전 정립－조직 목표－전략 수립－계획－실행－통제－피드백
④ 조직 목적－전략 수립－비전 정립－조직 목표－실행－통제－계획－피드백
⑤ 조직 목적－계획－실행－통제－전략 수립－조직 목표－비전 정립－피드백

15 다음 중 BCG 매트릭스에 대한 설명이 <u>아닌</u> 것은?

① 기업의 경영전략 수립에 있어 하나의 기본적인 분석도구로 활용되는 비즈니스 포트폴리오 분석 기법이다.

② 보스턴 컨설팅 그룹(Boston Consulting Group)에서 개발하였다.

③ 산업매력도와 개별산업단위의 강점이라는 두 차원에서 전략사업단위를 평가하는 기법이다.

④ 다양한 사업을 관리하는 기업이 각각의 사업단위를 위한 적절한 시장전략을 결정하기 위해 개별사업단위의 장점을 서로 비교할 수 있도록 도와준다.

⑤ 성장/점유율 분석 매트릭스라고도 부른다.

16 다음 중 BCG 매트릭스의 구성요소가 <u>아닌</u> 것은?

① 별(Star)

② 캐시카우(Cash Cow)

③ 개(Dog)

④ 물음표(Question Mark)

⑤ 고양이(Cat)

17 GE 매트릭스는 산업매력도와 무엇을 서로 비교하여 분석한 것인가?

① 비즈니스 강점

② 시장성장률

③ 자원배분율

④ 제품수명주기

⑤ 시장점유율

18 다음 중 SWOT 분석 요인에 해당하는 것이 아닌 것은?

① 강점 ② 약점 ③ 기회
④ 자본 ⑤ 위협

19 다음 중 SWOT 분석에 대한 설명이 아닌 것은?

① 기업의 '내부역량'과 '외부가능성' 사이의 적합성을 평가하기 위해 사용된다.
② 알버트 험프리에 의해서 고안된 것으로 알려져 있다.
③ 기업이 기회를 활용하기 위해서 강점을 이용하고 위협에 대항하여 기업의 강점과 약점을 방어하기 위한 최고의 방법이다.
④ 기계와 사람, 인터넷 서비스가 상호 연결되어 가볍고 유연한 생산체계를 구현한다.
⑤ 기업의 내부환경과 외부환경을 분석하여 이를 토대로 경영전략을 수립하는 기법이다.

20 다음 중 마이클 포터의 5-Force 모델 분석에 대한 설명이 아닌 것은?

① 경쟁적 상황에서 현재 또는 미래의 경쟁기업과 비교하여 경쟁우위가 있는 것이 무엇이며, 경쟁기업보다 경쟁력이 있는 분야가 무엇인지 찾는 것이다.
② 5-Force 모델에 기반한 산업 분석은 현재까지도 기업에서 산업환경을 분석하는 유용한 분석 도구로 사용되고 있다.
③ 5-Force 모델의 요소들은 모두 산업의 경쟁 강도와 수익성을 동시에 결정한다.
④ 5-Force 모델의 5가지 요소는 기존 기업 간의 경쟁, 새로운 진입기업의 위협, 대체품의 위협, 구매자의 교섭력, 공급자의 교섭력이다.
⑤ 마이클 포터는 분석의 3가지 핵심 영역인 산업구조, 경쟁사, 산업진화 분석을 통합하여 산업 분석에 대한 포괄적인 새로운 모델로 5-Force 모델을 제시했다.

21 기존 경쟁기업 간의 경쟁 강도에 영향을 미치는 요인과 조건의 조합이 아닌 것은?

	요인	조건
①	경쟁기업의 수	많을수록 경쟁이 치열함
②	산업	성장세가 완만할수록 경쟁이 치열함
③	높은 고정비나 재고 비용	높을수록 경쟁이 치열함
④	제품차별화	차별화가 될수록 치열함
⑤	철수장벽	철수장벽이 높을수록 치열함

22 다음 중 철수장벽의 주요 요인이 아닌 것은?

① 특수 자산
② 철수에 따른 고정비
③ 심리적 장벽
④ 정부 주도 산업 참여
⑤ 전략적 상관성

23 다음 중 구매자의 교섭력이 강한 경우가 아닌 것은?

① 특정 구매자가 판매량의 상당 부분을 구매하고 있다.
② 교체비용이 많이 들지 않는다.
③ 해당 산업의 제품이 규격화되어 있거나 제품차별화가 되어 있지 않다.
④ 구매자가 수요상황이나 실제 시장가격, 공급회사의 구체적인 제품 제조원가까지 정확하게 파악하고 있다.
⑤ 제품 품질이 구매하는 제품에 따라 크게 차이가 난다.

24 다음 중 제품 또는 서비스를 만드는 데 필요한 모든 활동을 설명하는 비즈니스 모델은 무엇인가?

① 산업구조 분석 ② 가치사슬 분석 ③ 데이터 분석
④ SWOT 분석 ⑤ 내부역량 분석

25 다음 중 가치사슬 활동의 주요 활동 영역에 해당하지 않는 것은?

① 서비스 ② 물류 산출 ③ 운영 활동
④ 물류 투입 ⑤ 자원조달

26 다음 중 가치사슬 활동의 지원 활동 영역에 해당하지 않는 것은?

① 인적자원관리 ② 기술개발 ③ 기업의 하부 구조
④ 자원조달 ⑤ 마케팅 및 판매

27 다음 중 본원적 경쟁 전략에 해당하지 않는 것을 모두 고르시오.

① 형식화 ② 집중화 ③ 구매우위
④ 비용우위 ⑤ 차별화

CHAPTER 08

e-비즈니스 경영관리

학습목표

- 기업경영의 개념과 기능을 학습한다.
- 경영조직과 조직의 계층을 이해한다.
- 시스템의 개념과 종류를 알아본다.
- 경영분석의 여러 지표를 이해한다.
- 재무제표와 균형성과평가표를 이해하고 응용할 수 있다.

PREVIEW

이번 장에서는 e-비즈니스 경영관리를 위해 기업경영과 경영조직에 대해 알아보고, 시스템이 경영에 미치는 영향을 살펴본다. 또한 경영분석을 위한 각종 지표를 학습한다.

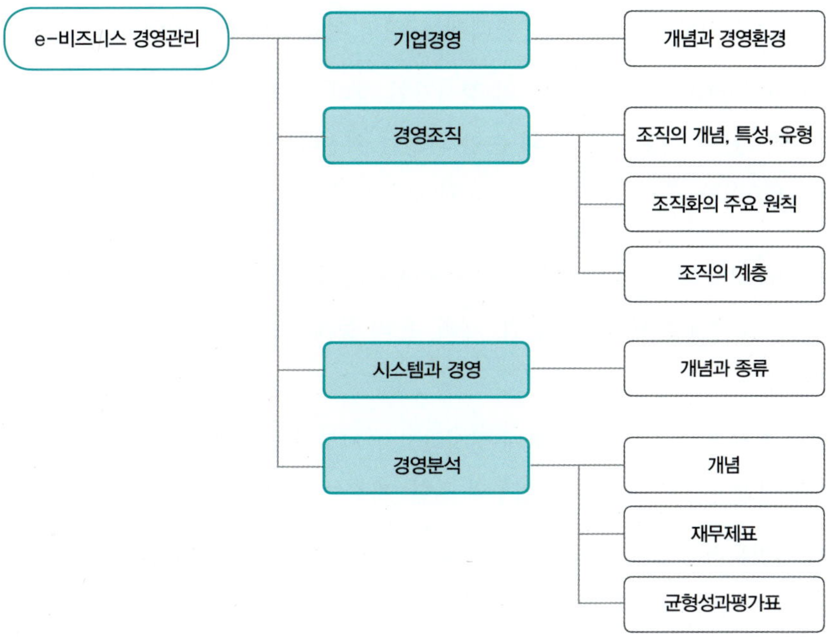

SECTION

01 기업경영

1 경영의 개념

경영(Management)이란 **사업이나 기업 등의 조직을 효과적이고 효율적으로 관리 및 운영하는 활동**으로, 조직의 목표달성을 위해 자원을 효율적으로 활용하는 동태적인 모든 활동을 의미한다. 경영을 무질서의 증가를 의미하는 엔트로피(Entropy) 개념을 활용하여 설명할 수도 있다. 만약 조직의 구성원을 통제하지 않는다면 엔트로피, 즉 무질서의 증가로 인하여 조직이 와해되기 때문에 조직을 경영하려면 '통제'가 불가피하다. 하지만 '통제'라는 표현이 강압적인 느낌을 주기 때문에 '관리'라는 용어로 대체되었으며 근래에는 '경영'이란 용어로 통일되었다.

프랑스의 경영학자이자 경영관리론의 창시자인 앙리 파욜(Henri Fayol)은 경영과정이 '계획 → 조직화 → 지시 → 조정 → 통제'의 순환 과정을 거친다고 주장하였다. 우리나라에서는 '조정'을 뺀 '계획 → 조직화 → 지시 → 통제'의 순환 과정을 경영과정으로 본다.

❶ **계획 :** 미래지향적인 목표달성을 위해 사전에 상황을 예측하고 행동 지침을 예정하는 기능으로, 경영자들이 예감보다는 어떤 방법, 계획, 논리 등에 기초하여 자신의 목표와 행동을 생각하는 과정이다.

❷ **조직화 :** 조직체의 구조를 유효하게 형성하고 유지하기 위한 기능으로, 조직구성원이 조직의 목표를 달성할 수 있도록 조직의 업무와 권한, 자료들을 배치하고 조정하는 과정이다.

❸ **지시 :** 경영목적을 달성하기 위해 타인의 행동을 유효하게 유발시키는 기능으로, 조직구성원이 핵심적인 과업을 하도록 그들을 지시하고 동기부여하는 과정이다.

❹ **통제 :** 경영활동이 수익성이나 경제성의 원칙에 따라 당초 설정된 계획대로 잘 수행되도록 관리하는 기능이다.

계획 → 조직화 → 지시 → 통제

그림 8-1 경영과정

하나 더 알기 **기업의 생존 부등식**

서울대학교 윤석철 교수의 『프린시피아 매네지멘타(Principia Managementa)』에서는 경영을 생존 부등식을 이용하여 설명하였는데, 기업이 생산성과 창조성을 지속적으로 발휘하여 생존해 나가는 것으로 정의하였다. 기업의 생존 부등식은 '원가 〈 가격 〈 가치'를 만족시키는 부등식을 말한다. 생산자 입장에서 보면 '상품의 가격 〉 상품의 원가'라는 부등식이 성립되어야 하며, 소비자의 입장에서 보면 '상품의 가치 〉 상품의 가격'이어야 한다. 즉 '상품의 가치 〉 상품의 가격'의 부등식이 만족되어야 하는 것이다.

2 경영환경

경영환경(Business Environment)이란 **기업을 둘러싸고 있거나 기업에 직간접적으로 영향을 미치는 기업 내부와 외부의 모든 요인**을 의미한다. 기업과 환경은 서로의 관계에서 일방적인 관계가 아닌 상호 간 영향을 주고받는 상호의존관계이다. 환경의 변화는 기업에게 성장의 기회를 끊임없이 제공하는 동시에 기업의 생존 문제까지 영향을 미칠 수 있는 위협 요인으로 작용한다. 따라서 기업이 존속하면서 성장하려면 환경에 능동적으로 대처하지 않으면 안 된다. 경영환경은 크게 과업환경과 일반환경으로 구분된다.

과업환경

과업환경(Task Environment)은 **개별 기업이 경영활동을 수행하는 데 직접적으로 영향을 끼치는 환경**으로, 기업의 독특한 분위기나 특성(기업의 인력, 기업의 자금, 기업의 마케팅 능력, 기업의 생산 및 품질관리 능력 등)을 말한다. 과업환경은 주로 기업의 이해관계집단으로 구성되는데, 여기에는 고객, 공급업체, 유통업체, 경쟁업체 등이 있다.

■ 고객

조직은 고객의 필요를 충족시키기 위해서 존재한다. 고객(Customers)이란 재화나 서비스를 구입하는 기관과 소비자를 말한다. 예를 들어, 학교는 학생, 기업은 소비자, 납품업자는 제품구입기관을 들 수 있다. 소비자가 기업에 미치는 영향이 매우 크기 때문에 조직의 주요 경영목표로 고객 만족(Customer Satisfaction)의 비중이 커지고 있을 뿐만 아니라 더 나아가서는 고객 감동(Customer Delight)의 새로운 가치를 창조하는 경영을 지향하고 있다.

■ 공급업체

기업이 활동하기 위해 필요한 원자재 · 설비 · 자금 · 노동력 · 정보 · 에너지 등은 외부로부터 공급받아야 한다. 흔히 공급업체(Suppliers)는 원자재를 공급하는 기관을 지칭하지만 단순히 원자재나 부품을 제공하는 업체뿐만 아니라 그 밖의 다른 투입물을 공급하는 업체도 포함된다.

■ 유통업체

유통업체(Distributors)는 기업과 최종 고객 사이에 있으면서 기업에게는 시장정보를 제공하고 고객에게는 필요한 제품이나 서비스를 구입할 수 있도록 해주는 판매회사, 대리점, 특약점 등을 일컫는다. 경영자는 기업과 유통업자 간에 상호균형을 유지하면서 공통된 번영과 발전을 지속할 수 있는 관계를 확립하는 데 힘써야 한다.

■ 경쟁업체

소수의 독점적 국영기업체를 제외하고는 경쟁업체가 없는 조직이란 존재하지 않는다. 경쟁업체(Competitors)는 동일하거나 유사한 제품을 가지고 서로 경쟁하는 관계에 놓여 있는 집단이나 조직을 말한다. 경쟁자의 가격, 품질, 신제품개발속도 등에 걸친 목표와 전략은 기업생존에 큰 영향을 미치는 환경요소로, 지속적인 관찰과 정보수집이 필요하다. 조직은 어떠한 상황에서도 고객에게 최고의 만족을 제공하기 위하여 확실한 시장전략을 세우고 경쟁자의 경쟁력을 심층적으로 분석해야 한다.

하나 더 알기 **기업의 산업수명주기**

기업의 산업수명주기(Industry Life Cycle)는 환경상의 요구에 부응하기 위한 산업의 동태적 변화를 의미하며, 조직의 과업환경상 여러 요소들의 특성과 가도를 결정하는 데 중요한 역할을 한다. 기업은 '생성 → 성장 → 변형 → 성숙 → 쇠퇴'의 단계로 이어지는 산업수명주기를 통해 기업 변화에 따른 전략의 적합성을 알 수 있고, 기업발전의 단계별로 어떤 전략을 사용할 것인지를 결정할 수 있다. 요컨대 수명주기상의 각 단계는 과업환경상의 특정 요소와 관련되어 있기 때문에 경영자는 시장 기회와 위협을 정확히 인식하기 위해 그들의 조직이 산업수명주기의 어떤 단계에 놓여 있는지를 이해해야 한다.

일반환경

일반환경(General Environment)은 **기업의 외부에 존재하면서 기업의 의사결정이나 기업활동에 영향을 미치는 환경**을 의미한다. 일반환경은 모든 기업에 공통적으로 나타나며, 기업에 끼치는 영향의 범위가 넓고 간접적이다. 또한 기업활동에 직접적인 영향을 끼치지는 않지만, 직접적으로 통제할 수 없는 경우가 많고 협상의 대상도 될 수 없다. 따라서 일반환경에 대해서는 그 변화를 적절히 예측하여 대응해야 한다. 일반환경은 경제환경, 사회/문화환경, 국제환경, 기술환경, 정치/법률환경 등으로 나눌 수 있다.

■ **경제환경**

경제환경이란 기업활동에 영향을 미치는 경제시스템 전반을 의미한다. 경제환경은 생산, 유통, 소비에 이르는 모든 경제시스템으로, 경제체제, 경제정책, 금융정책, 물가수준, 소득수준, 성장률 등의 경제요소로 구성된다.

■ **사회/문화환경**

사회/문화환경은 사회나 집단을 구성하고 있는 개인의 행동에 영향을 미치는 환경이다. 이는 문화, 가치관, 인구통계요인, 생활양식, 전통 및 관습 등과 같은 사회요소로 구성된다.

■ **국제환경**

국제환경은 기업이 국경을 초월하여 기업활동을 수행할 때 직면하게 되는 환경을 의미한다. 이는 세계 주요 국가들의 이자율, 환율정책, 원자재, 산유국들의 에너지 전략, 국제정치 상황 등의 요소로 구성된다.

■ **기술환경**

기술환경은 재화 및 서비스의 생산과 관련되는 지식이나 기술이 기업활동에 미치는 영향을 의미한다. 기술환경은 일반환경 중에서 가장 급격하게 변화할 뿐만 아니라 기술적 발전이 미치는 영향의 범위도 광범위하다.

■ **정치/법률환경**

정치/법률환경은 기업활동을 규제하거나 촉진시키는 법률, 규칙, 정책 등의 환경을 의미한다. 이는 기업활동을 촉진하기도 하고 규제하기도 하는 양면적인 성격을 지닌다.

하나 더 알기 **e-비즈니스 법률환경**

정보통신기술 산업의 급속한 발전으로 정보화가 가속화되면서 기존의 대면문화나 서류문화가 사이버 공간상의 비대면 문화로 바뀌는 등 생활양식 자체가 변화하고 있다. 이러한 정보화는 산업화 시대의 사회구조와 생활양식에 근본적인 변화를 가져왔기 때문에 과거 산업화 시대에 만들어진 법 제도는 현실성과 실용성이 부족하다고 볼 수 있다. 앞으로도 계속 변화가 예상되기 때문에 지금의 사회현상을 고려해 볼 때 현재의 법 제도를 추세에 맞게 고치는 것이 매우 중요하다. 무엇보다 정보화로 인한 역기능(정보격차 발생, 컴퓨터 범죄, 지적재산권 침해, 불건전 정보 유통, 사생활 침해 등)은 부작용(인간소외, 사회문화 갈등, 범죄 등)을 가져올 위험성이 있다. 이에 대한 예방기능적 법과 제도보완이 필요하다. 즉, 새로운 사회구조에 발생 가능한 부작용 범위와 사회의 해악적인 요소에 대한 예방을 위해서 새로운 법 제도가 절대적으로 필요한 것이다.

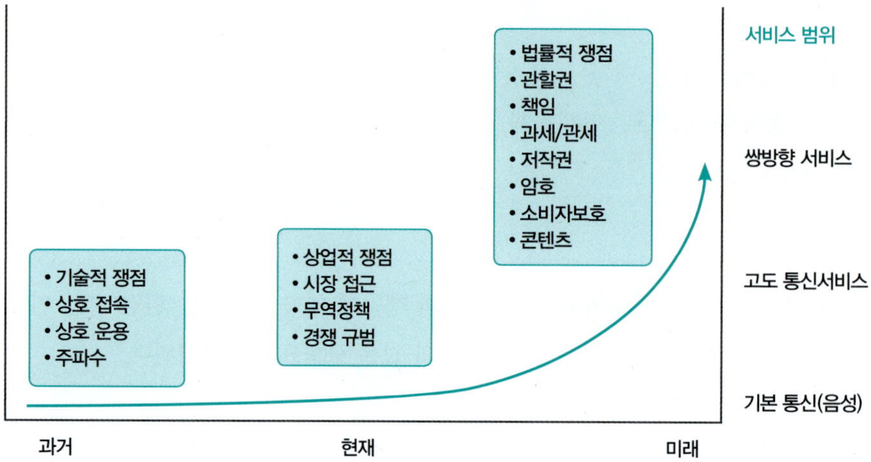

그림 8-2 e-비즈니스 관련 법률환경의 변화

SECTION
02 경영조직

1 조직의 개념

"인간은 사회적 동물이다."라는 아리스토텔레스의 말처럼 인간은 유한한 자원으로부터 개인적인 욕구뿐만 아니라 사회적인 욕구를 충족시키려는 노력을 해왔다. 인간의 이러한 노력은 개인의 힘으로 가능하기도 하였지만, 대부분의 경우 개인의 노력만으로는 불가능한 것이었다. 인간이 외부 환경으로부터 자신을 보호하고 나아가 여러 가지 욕구를 효과적으로 충족시키기 위해서는 개인의 노력을 통합하여 운영하는 집단적인 노력이 필요했으며 이러한 필요성에 의해 여러 형태의 조직이 탄생되었다. 조직(Organization)은 **공동의 목표를 이루기 위해 함께 일하고 있는 사람들의 모임**으로, 다수의 인간들이 다양한 목표를 달성하기 위하여 상호작용하고 그들의 행동을 조정하는 유기적인 집합체이다.

그림 8-3 공동의 목표를 이루기 위해 함께 일하고 있는 사람들의 모임, 조직

2 조직의 특성

조직은 개인적으로는 달성하기 힘든 목표를 뜻을 같이하는 사람들이 모여서 함께 노력하기 위해 존재한다. 현대사회는 기업이라는 조직체가 중심적인 존재로 위치하여 그 기능과 역할을 수행하고 있기 때문에 이러한 사회를 가리켜 기업사회라고도 부르고 있다. 현대 기업이 가지고 있는 조직의 3가지 공통적 특성은 공동의 목표 추구, 여러 사람들의 집합체, 체계적인 구조이다.

공동의 목표 추구

공동의 목표를 추구한다는 것은 조직 내 개인들 간의 목표에 대한 견해 차이에 관계없이 조직이 전체적으로 추구하는 목표가 있다는 것을 의미한다. 조직의 목표와 개인의 목표는 양립가능성을 추구하지만, 조직 전체의 목표는 개인의 목표에 우선한다.

여러 사람들의 집합체

어떠한 목적이나 목표도 저절로 달성될 수는 없다. 목적을 수립하고 그 목표를 달성하기 위해 다양한 활동을 할 사람들을 필요로 한다. 따라서 조직은 하나의 사회적 실체로 이해되어야 한다.

체계적인 구조

조직 내에는 구성원들이 수행해야 하는 여러 가지 역할과 지위들이 존재하며 이러한 역할과 지위들은 조직의 목표를 달성할 수 있도록 체계적으로 설정되어야 한다.

3 조직의 유형

헨리 민츠버그(Henry Mintzberg)의 저서『조직의 구조』에서는 조직의 구조를 업무 환경의 복잡성과 변화 속도를 기준으로 하여 단순 구조, 전문적 관료 구조, 사업부제 구조, 기계적 관료 구조, 애드호크라시 등 5가지의 조직의 유형으로 분류하였다.

단순 구조

단순 구조(Simple Structure)는 주로 조직의 창업 초기에 나타나는 구조로 권한이 최고경영자에게 집중되어 있다. 구성원이 적어 환경의 변화에 민감하게 반응할 수 있는 것이 장점이지만, 조직의 규모가 커질수록 여러 문제가 발생하여 단순 구조를 유지하기 어렵고 권력남용이 야기될 수 있다.

전문적 관료 구조

전문적 관료 구조(Professional Bureaucracy)는 표준화를 통한 효율성을 유지하면서 핵심 운영부문에 고도의 기술과 지식을 보유한 전문가를 고용하여 운영하는 구조이다.

사업부제 구조

사업부제 구조(Divisionalized Form)는 조직 내에 사업 단위별로 사업부 조직을 운영하는 구조이다. 각각의 사업부는 책임과 권한을 위임받아 기능별로 분화한다.

기계적 관료 구조

기계적 관료 구조(Machine Bureaucracy)는 조직 대부분의 업무가 표준화되어 있는 구조이다.

과업이 세분화되고 일상적 · 반복적인 특징이 있으며 규칙이나 규정이 공식화되어 있다. 공무원 조직, 우체국, 은행 등이 기계적 관료 구조의 대표적인 예라고 할 수 있다.

애드호크라시

애드호크라시(Adhocracy)는 조직의 혁신을 위해 각 분야의 전문가들을 효율적으로 연결하고 유연성을 강조한 조직이다. 낮은 공식화와 표준화를 통해 창의성을 강조하며, 전문가들에게 그 권한을 위임하는 분권화가 이루어진다.

4 조직화의 주요 원칙

조직화(Organizing)는 **자원을 배분하고 직무를 할당하며 조직의 목표를 달성하기 위해 절차를 구축하는 활동**을 의미한다. 조직화의 8가지 주요 원칙에는 분업화 · 전문화의 원칙, 조정의 원칙, 기능화의 원칙, 책임과 권한의 원칙, 삼면등가의 원칙, 명령일원화의 원칙, 통제범위의 원칙, 계층제의 원칙이 있다.

분업화 · 전문화의 원칙

업무를 분업화하고 각 구성원이 단일한 특정 업무를 담당하여 경영활동의 효율성을 증진해야 한다는 원칙이다. 전체 목적을 통합하기 위한 조정의 원칙이 필요하다.

조정의 원칙

조직이 추구하는 공동의 목표를 달성하기 위하여 구성원 간의 업무수행을 질서정연하게 배정하는 원칙이다.

기능화의 원칙

경영조직의 합리화를 위하여 인간 중심이 아니라 과업을 중심으로 조직이 형성되어야 한다는 원칙이다.

책임과 권한의 원칙

조직과 구성원들이 직무를 분담함에 있어 각 직무 사이의 상호관계를 명백히 해야 한다는 것이며, 각 직무에 관한 명확한 책임과 일정한 권한이 부여되어야 한다는 것을 의미한다. 책임과 권한이 명확하게 되면 이 권한과 책임은 직무와 함께 하위 직무로 위임되어야 한다.

삼면등가의 원칙

수행하는 직무를 명확하게 하기 위하여 책임 · 권한 · 의무의 세 부분이 대등해야 한다는 원칙이다.

책임(責任)은 직무의 책임사항으로 직무의 담당자가 하지 않으면 안 될 활동을 말하며, 권한(權限)은 행위를 할 수 있는 권리로 조직에 있어 책임을 공정하게 수행할 수 있는 힘을 의미한다. 의무(義務)는 직무수행 결과에 대한 책임이며, 책임과 권한을 행사하는 것이다.

명령일원화의 원칙

한 구성원은 한 사람의 상사 또는 정해진 몇몇의 상사로부터 명령과 지시를 받아야 한다는 원칙이다. 각자가 직무를 수행할 경우 그 구체적인 명령이 수시로 전달되어 오는데, 명령을 받은 사람이 혼란을 일으키지 않기 위해서는 될 수 있는 대로 한 사람으로부터 전달받도록 해야 한다. 하지만 명령계통의 통일은 오히려 조직을 경직화시켜 변화에 신속한 대응을 불가능하게 하는 요인이 될 수도 있다.

통제범위의 원칙

한 경영자가 직접 지휘 및 감독할 수 있는 하급자의 수는 일정한 한계가 있다는 원칙이다. 감독의 폭이 너무 넓으면 커뮤니케이션이 잘 되지 않기 때문에 지휘 및 감독이 곤란하게 되어 능률은 저하되고 관리는 실패하기 쉽다. 부하의 수가 지나치게 적으면 지휘·감독은 용이하게 할 수 있으나 많은 경영층이 형성되어 조직은 관료화되고 업무의 효율성은 떨어진다.

계층제의 원칙

직무를 권한과 책임의 정도에 따라 등급화 및 계층화하고 상하계층 간에 지휘·명령·복종 관계를 확립한다는 원리이다.

그림 8-4 조직화의 주요 원칙

5 조직의 계층

기업에서 조직의 계층은 일반적으로 최고경영층, 중간관리층, 현장관리층, 실무자로 구성된다. 회사의 경영활동을 계층별 활동으로 정의하면, 최고경영층은 전략계획을 수행하고 중간관리층은 경영통제를 수행하며 현장관리층은 운영통제를 수행한다고 볼 수 있다.

최고경영층

최고경영층(Top Management)은 사장과 전략적 계획을 수립하는 핵심 중역으로 구성된다. 최고경영자, 최고운영책임자, 최고재무책임자, 최고정보관리책임자 등이 최고경영층에 포함된다. 최고경영자(CEO)는 기업의 사장이나 기업의 모든 의사결정을 책임지는 사람으로, 조직에 변화를 불러일으킬 책임도 가지고 있다. 최고운영책임자(COO)는 그러한 변화를 현실화할 의무가 있다. 따라서 이들의 직무는 업무를 설계하고, 기업운영을 통제하며, 모든 종업원이 리더의 비전을 따르도록 적절히 보상하는 일로 구성된다. 오늘날의 많은 기업은 비용절감 차원에서 최고운영책임자의 기능을 없애고 이를 최고경영자의 역할에 포함하고 있다. 최고재무책임자(CFO)는 최고운영책임자 자리를 대신하여 의사결정에 참여하며, 자금을 확보하고 예산을 계획하는 등의 업무를 담당한다. 최고정보관리책임자(CIO)는 정확한 결정을 위해 필요한 정보를 수집하여 다른 관리자들에게 배포하는 역할을 맡는다.

중간관리층

중간관리층(Middle Management)은 전술적 계획과 통제를 책임지는 일반 관리자, 부서장, 지사 등을 말한다.

현장관리층

현장관리층(Supervisory Management)은 실무자들을 직접 감독하고 그들의 성과를 평가할 책임을 지는 사람들로, 실무자보다 한 단계 높은 수준에 있기 때문에 일반적으로 일선관리자라고 알려져 있다.

실무자

실무자(Staff)는 실제 업무를 맡아 처리하는 사람을 지칭한다. 이들은 일반적으로 일선관리자에 의해 통제되고 현장에서 업무를 수행하기 때문에 현장 실무자 또는 업무 담당자라고도 한다.

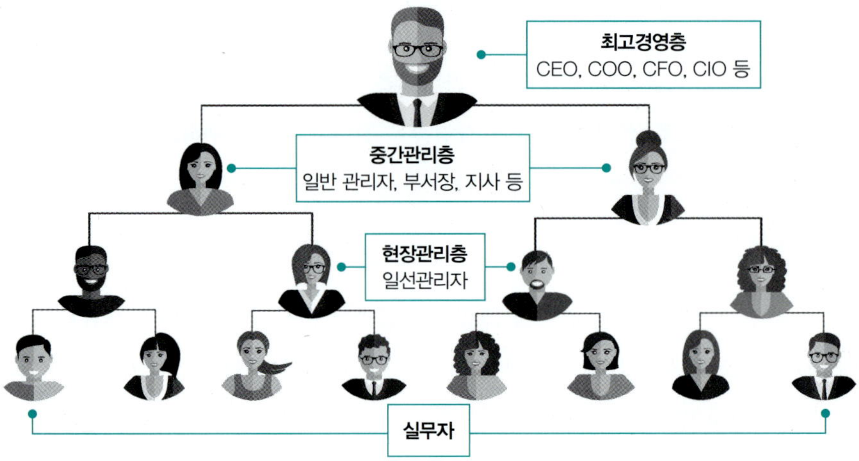

그림 8-5 조직화의 계층

이러한 조직의 계층에 요구되는 업무기술은 사무적 기술, 대인관계 기술, 개념적 기술로 구분할 수 있다.

- **사무적 기술(Technical Skills) :** 특정 분야(제품의 판매나 개발)나 부서(마케팅이나 정보 시스템)의 업무를 수행할 수 있는 능력을 의미한다.
- **대인관계 기술(Human Relations Skills) :** 의사소통과 동기 부여에 관한 것으로, 관리자들이 사람들과 함께 일할 수 있도록 하며 리더십, 코칭, 사기 진작, 권한 위임, 훈련, 지도와 지원 등의 기술과 관련되어 있다.
- **개념적 기술(Conceptual Skills) :** 조직에 대한 큰 그림을 제시하고 각 하위부분들과의 관계를 제시해줄 수 있는 능력으로, 계획, 조직화, 통제, 체계 구축, 문제 분석, 의사결정, 조정 및 권한 위임 업무에 필요하다.

[그림 8-6]은 각 조직의 계층별로 요구되는 업무기술의 비율을 나타낸 것이다.

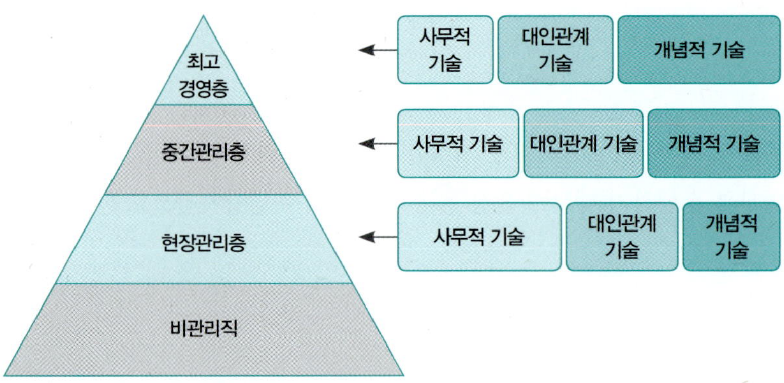

그림 8-6 조직의 계층별로 요구되는 업무기술

SECTION

03 시스템과 경영

1 시스템의 개념

시스템(System)은 **하나의 구역 또는 기능 단위로 이루어진 여러 개의 독립된 구성인자 개체가 전체적 목표를 달성하기 위해 유기적으로 결합되어 있는 하나의 집합체 또는 하나의 실체**를 말한다. 또한 시스템은 '하나의 전체(복합체)를 구성하는 사물(구성 요소)의 모임'이라고도 하며 '특정한 목적을 가지고 이를 성취하기 위해 여러 구성 인자가 서로 유기적으로 연결되어 있으면서 목적을 위해 노력하는 것' 등으로 정의를 다르게 할 수 있다. 시스템의 개념은 복잡한 경영관리의 문제를 효율적으로 이해하는 데 큰 도움이 된다. 기업이 하나의 시스템이라면 생산기능, 구매기능, 판매기능 등 기능적으로 구역을 갖는 독립된 개체가 있어 자체 목적이나 고유한 기능이 따로 있지만, 기업이라는 전체의 목적을 위해 존재하는 유기적 실체이다.

시스템이 되기 위한 조건은 다음과 같다.

- 시스템이 되기 위해 어느 시스템이든 뚜렷한 목적을 가지고 있어야 한다.
- 시스템을 이루고 있는 구성인자가 상호 유기적으로 연결되어야 한다.
- 시스템을 이루고 있는 구성인자들은 목적을 달성하기 위해 자원, 정보, 에너지를 사용한다.
- 전체 시스템을 분석할 때는 여러 개의 하위 시스템으로 분해해야 하며 취급할 수 있는 최소한도의 하위 시스템으로 나누게 된다.

시스템은 다음과 같은 특징이 있다.

- 시스템은 입력, 처리, 출력, 피드백의 구성요소를 가진다.
- 시스템은 통제하지 않으면 무질서의 증가로 인하여 시스템이 파괴된다. 즉 '엔트로피'라는 자연의 법칙이 적용되며 통제의 개념이 등장하였다.
- 시스템은 하위 시스템으로 분할된다.

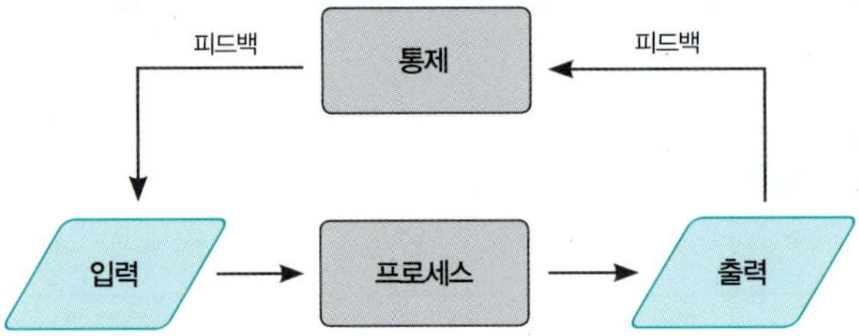

그림 8-7 시스템의 일반적 형태

2 시스템의 종류

시스템은 확정적 시스템, 확률적 시스템, 폐쇄 시스템, 개방 시스템으로 구분할 수 있다.

확정적 시스템

확정적 시스템(Deterministic System)은 예측이 가능한 방식으로 작동하며 부분 간의 상호작용을 확실하게 알 수 있다. 따라서 어떤 시점에 시스템의 상태와 작동에 대한 정보를 가지고 있다면 시스템의 다음 상태를 착오 없이 정확하게 알 수 있다.

확률적 시스템

확률적 시스템(Probabilistic System)은 확률적 행위의 측면에서 설명이 될 수 있는데, 시스템이 무엇을 할 것인가에는 착오가 생길 수 있다. 예를 들어 재고 시스템의 경우, 평균재고 등의 계산은 가능하지만 어떤 특정 시점에서의 정확한 재고량을 알 수는 없다.

폐쇄 시스템

폐쇄 시스템(Closed System)은 자기완비적(Self-Contained)인 시스템이며, 이것은 물질·정보·에너지를 외부와 교환하지 않는다. 예를 들어, 밀폐된 용기 내에서의 화학반응을 들 수 있는데, 이런 폐쇄 시스템은 결국 쇠퇴하고 해체된다. 이와 같은 무질서의 이행을 엔트로피의 증가라고 한다.

개방 시스템

개방 시스템(Open System)은 무작위적이고 정의되지 않은 입력을 포함하여 정보·물질·에너지를 환경과 교환한다. 예를 들어, 사람이나 기업 같은 시스템들이 여기에 속한다. 이들은 존재를 유지하기 위해 환경의 변화에 적응할 수 있는 형태와 구조를 가지며, 조건의 변화에 자신의 조직을 바꾼다는 점에서 자기조직적이다. 개방 시스템은 미리 설정된 경계 내에서 시스템 작동을 유지하기 위한 조정 과정인 항상성에 의해 균형을 유지하려 한다.

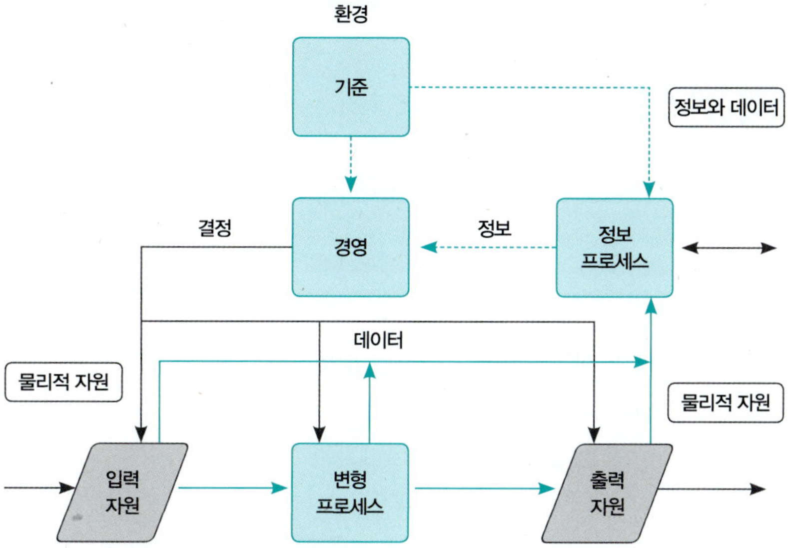

그림 8-8 기업의 일반적인 시스템 모형

하나 더 알기 **경영시스템**

경영도 하나의 시스템으로 통제하지 않으면 시스템의 특성상 엔트로피의 증가로 인하여 경영시스템이 파괴되며, 이를 방지하기 위해서는 적절한 통제가 필요하다. 경영을 하나의 시스템으로 본다면, 결국 경영은 통제(Control)라고 할 수 있다. '통제'라는 단어가 현대사회에서 근로자들이 받아들이기 거북한 단어이기 때문에 주로 관리(Management)라는 단어를 사용한다. 하지만 '관리'라는 단어도 근로자들에게 듣기 좋은 단어는 아니라서 현대사회에서는 관리라는 단어 대신에 '경영'이라는 단어를 사용하는 것이다. 경영학이란 단어를 'Business Administration' 대신에 'Management'라고 표기하기도 한다.

SECTION

04 경영분석

1 경영분석의 개념

경영분석(Business Analysis)은 **기업의 재무상태를 분석하는 방법**으로, 기업의 재무제표인 재무상태표와 포괄손익계산서를 기준으로 유동성, 안정성, 활동성, 수익성을 분석한다. 이러한 분석 목적에 따라 대표적인 재무분석 기법을 적용하면 다음과 같다.

표 8-1 분석 목적별 대표적인 재무분석 기법

분류	목적	재무분석 기법
유동성	기업의 단기 지급 능력을 분석하는데, 유동성이 높을수록 탄탄한 회사이다.	유동비율 당좌비율(당좌자산÷유동부채)
안정성	기업의 장기 지급 능력을 분석하는데, 안정성이 높을수록 믿을 수 있는 회사이다.	부채비율(타인자본÷자기자본) 경영안전율
활동성	자산의 효율적인 이용 정도를 분석하는데, 활동성이 높을수록 이윤이 높은 경향이 있다.	재고자산회전율(매출액÷재고자산) 고정자산회전율(매출액÷고정자산)
수익성	기업의 수익성을 분석한다.	매출액순이익률(순이익÷매출액) 자기자본이익률(이익÷자기자본) 매출총이익률(총이익÷매출액)

2 재무제표

기업은 재무회계의 목적을 달성하기 위하여 외부 정보이용자에게 기업 실체와 관련된 여러 가지 정보를 제공해야 한다. 이를 위한 대표적인 수단으로 재무제표를 사용한다. 재무보고서라고도 부르는 재무제표(F/S, Financial Statements)는 **기업의 경영활동을 요약한 여러 가지 회계보고서**를 말한다. 즉, 기업과 관련된 이해관계자에게 기업의 재무상태, 경영성과 등을 보고하기 위하여 일정한 서식으로 작성한 재무보고서이다.

국내 기업회계기준서(Financial Accounting Standards)는 외부 정보이용자에게 제공해야 할 공식재무제표를 지정하고 있는데, 이는 다음과 같다.

- **재무상태표 :** 일정 시점에서의 기업의 재무상태 정보를 제공하는 재무보고서
- **포괄손익계산서 :** 일정 기간 동안의 기업의 경영성과 정보를 제공하는 재무보고서

- **자본변동표 :** 일정 기간에 발생한 기업의 자본변동 정보를 제공하는 재무보고서
- **현금흐름표 :** 일정 기간에 발생한 기업의 현금유출입 정보를 제공하는 재무보고서
- **주석 :** 숫자의 실체에 대해 상세히 설명해 준 항목

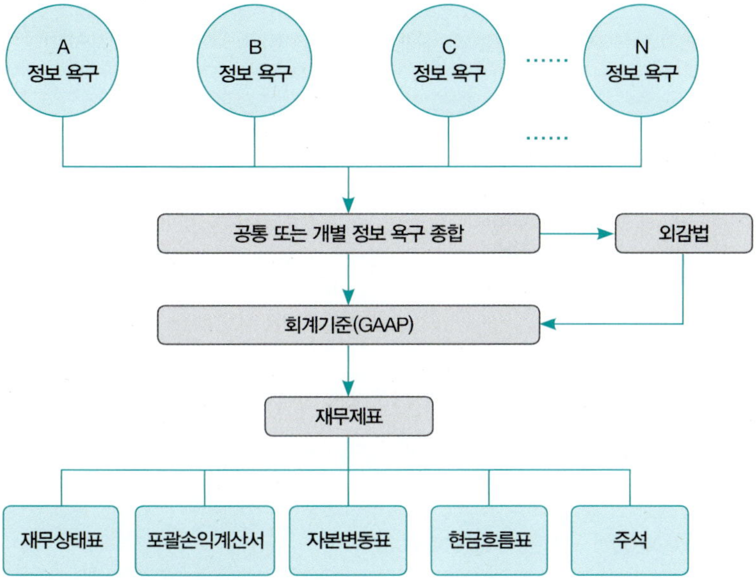

그림 8-9 회계기준과 재무제표

다음으로는 재무상태표와 포괄손익계산서에 대해 알아본다. 참고로 자본변동표, 현금흐름표, 주석은 이 책의 범위를 넘어가기 때문에 자세한 설명은 하지 않는다.

재무상태표

재무상태표는 과거 대차대조표(B/S, Balance Sheet)라는 이름으로 사용되었는데, 개념과 형식은 거의 같다. 재무상태표(Balance Sheet)는 **일정 시점에서의 현재 기업이 보유하고 있는 경제적 자원인 자산과 경제적 의무인 부채와 자본에 대한 정보를 제공하는 재무보고서**이다. 재무상태란 일정 시점에서의 기업의 재산상태를 말하는 용어이다. 일반적으로 개인의 재산은 총재산에서 빚을 제외한 순재산을 의미하지만, 기업의 재산은 총재산을 의미한다. 즉, 남의 돈이나 내 돈 구별 없이 회사의 이름으로 되어 있는 것은 모두 기업의 재산으로 간주한다.

경제적 측면에서 남의 돈을 타인자본(他人資本)이라고 하고, 내 돈을 자기자본(自己資本)이라고 하며 이들의 합을 총자본이라고 한다. 타인자본은 기업이 미래에 갚아야 할 빚이므로 부채(負債)라고 하고, 자기자본은 장사나 사업 등의 기본이 된다는 의미에서 자본(資本)이라고 하며, 이 부채와 자본의 합을 자산(資産)이라고 한다. 이 등식을 대차대조표 등식 또는 회계 등식이라고 한다.

[회계 등식]
- 총재산 = 남의 돈 + 내 돈
- 총자본 = 타인자본 + 자기자본
- 자산 = 부채 + 자본

이때, 이 등식으로 작성한 재무보고서를 재무상태표(대차대조표)라고 하며, 이를 도식화하면 [그림 8-10]과 같다.

재무상태표

자산	부채 자본

그림 8-10 재무상태표 도식화

예를 들어, A라는 주식회사가 202X년에 영업활동을 위해 건물을 1억 원에 구입했는데 은행 대출 4천만 원과 자기자본 6천만 원을 투자했다면, 자산은 다음과 같이 나타낼 수 있다.

- 자산(₩100,000,000) = 부채(₩40,000,000) + 자본(₩60,000,000)

재무상태표를 작성하는 방식은 [그림 8-11]과 같다. 재무상태표의 왼쪽에는 기업이 소유한 자산을 표시하고, 오른쪽에는 기업 자산의 조달 원천인 부채와 자본을 표시한다. 이렇게 양쪽으로 나누어 비교하고 금액을 일치시키면 균형 상태를 이루게 된다. 또한, 재무상태표에는 재무보고서의 명칭, 회사명, 재무상태표 작성기준일, 금액 단위를 표시해야 한다.

재무상태표

㈜A　　202X년 12월 31일　　(단위 : 원)

자산	100,000,000	부채	40,000,000
		자본	60,000,000
	100,000,000		100,000,000

그림 8-11 재무상태표 작성의 예

포괄손익계산서

포괄손익계산서는 과거 손익계산서(I/S, Income Statement)라는 이름으로 사용되었다. 포괄손익계산서(Statement of Comprehensive Income)는 **일정 기간 동안의 기업의 경영성과 정보를 제공하는 재무보고서**이다. 경영성과란 일정 기간 기업의 경영활동의 결과를 나타내는 경제적 성과를 말하는데, 경영활동의 결과로 발생한 수익과 비용의 차이인 순손익으로 이를 평가한다.

따라서 포괄손익계산서는 주주에게는 경영자의 기업경영 성적을 평가할 수 있는 자료가 되며, 채권자에게는 투자액의 회수가능성을 판단하게 하고 투자자에게는 기업의 장래성을 평가하는 중요한 자료가 된다.

TIP **순손익(純損益, Net Income and Loss) :** 순이익과 순손실을 합친 말이며 일정 기간 영업활동을 한 결과(영업성적)를 의미한다.

예를 들어, 피아노 도매상인 주식회사 B는 202X년 1월 1일부터 202X년 12월 31일까지 피아노 판매와 수리 등을 통해 1억 원을 벌어들였다. 이 금액을 벌기 위해 피아노 구매·수리기사 급여·임차료 등으로 6천만 원을 지출하였고, 총 남은 금액이 4천만 원이었다고 가정하자. 이처럼 1년 동안 기업의 영업활동에 의해 벌어들인 총금액을 '수익', 벌기 위해 쓴 금액을 '비용', 남은 금액을 '이익'이라고 한다. 이때 비용이 수익을 초과하면 손실이 발생한다. 이 내용을 등식으로 표현하면 다음과 같다.

- 남은 금액(₩40,000,000)
  = 총 벌어들인 금액(₩100,000,000) − 벌기 위해 쓴 금액(₩60,000,000)
- 이익 = 수익 − 비용

따라서 '비용 + 이익 = 수익', '비용 = 수익 − 이익'이라는 등식이 성립되는데, 이 등식을 포괄손익계산서 등식이라고 한다. 그리고 이 등식에 의해 작성된 일정 기간 동안의 기업 경영성과 정보를 나타내는 재무보고서를 포괄손익계산서라고 한다. 주식회사 B의 포괄손익계산서를 작성하면 [그림 8-12]와 같다.

TIP 2011년부터 국내에서는 국제회계 기준인 IFRS(International Financial Reporting Standards)를 사용하고 있는데 상장기업에서 사용하는 손익계산서를 포괄손익계산서라는 용어를 사용하여 제출하게 하고 있다.

포괄손익계산서

㈜B　　202X년 1월 1일~202X년 12월 31일　　(단위 : 원)

비용	60,000,000	수익	100,000,000
순이익	40,000,000		
	100,000,000		100,000,000

그림 8-12 포괄손익계산서 작성의 예

포괄손익계산서도 재무상태표와 마찬가지로 왼쪽과 오른쪽으로 나누어 표시한다. 왼쪽에는 비용을, 오른쪽에는 수익을 기록하고 순이익은 수익에서 비용을 뺀 금액을 왼쪽에 기록한다. 물론 순손실이 발생하면 왼쪽에는 비용이, 오른쪽에는 수익과 순손실이 기록된다. 또한 포괄손익계산서에는 재무보고서 명칭, 회사명, 손익계산서 작성기간, 금액 단위를 반드시 표시하여야 한다.

3 균형성과평가표

균형성과평가표(BSC, Balanced Score Card)란 **균형이 있는 성과측정기록표**로, 회계적인 측정에만 치우쳤던 기존의 성과 측정의 한계를 보완한 시스템이다. 이 시스템은 3가지 관점(고객, 내부 비즈니스, 학습과 성장)을 추가하여 균형이 있는 기업 발전을 가능하게 한다.

성과측정 또는 성과평가란 사전에 설정된 표준, 예산, 목표치 등과 같은 적절한 벤치마크와 관리책임자 또는 특정 조직의 벤치마크와 관리책임자 또는 특정 조직의 성과를 성과측정지표에 따라 비교하여 측정하게 된다. 그리고 이를 기업가치 증진의 공헌도 측면에서 평가한 결과를 토대로 성과배분을 결정하고 관리자에 대한 인센티브 제공 및 동기부여를 통해 조직의 능률과 효과를 증진시킨다. 나아가서 조직의 장기적인 생존과 발전을 도모하는 경영통제 과정의 주요 단계를 정의한다. 이러한 성과측정이 제도화되어 주기적으로 활용되는 것을 성과평가시스템(Performance Measurement System)이라고 한다. 재무적 성과정보가 지니는 한계를 비재무적 성과정보를 통하여 보완하는 역할을 하도록 하기 위해 성과측정 프로젝트를 추진하면서 경영자로 하여금 4가지 관점으로 보게 하는 성과평가시스템인 균형성과평가표(이하 BSC)가 개발된 것이다.

BSC는 재무적 관점뿐만 아니라 고객 관점, 내부 프로세스 관점, 학습과 성장 관점이라는 3가지 측면의 비재무적 정보를 추가로 고려하여 기업의 성과를 측정하고 현재와 미래의 기업가치를 평가하는 데 목적이 있다. 따라서 BSC에서의 성과 측정치들은 연구개발 활동으로부터 제품설계, 제조, 마케팅, 유통, 고객서비스에 이르는 기업의 주요 경영기능 및 프로세스들이 기업의 제품과 서비스에 가치를 부가하는 모든 가치 창출 활동들과 연관되어 있다고 볼 수 있다.

- 균형성과평가표(BSC)
  = 과거의 재무지표 + 미래 수익창출의 동인
  = 고객 시각 + 내부 프로세스 + 학습과 성장

BSC는 기존의 결과 중심의 성과평가지표들과는 다른 다음과 같은 차이점이 있다.

- **다양한 변수를 고려한 개발 :** 대다수 기업들이 부문 활동의 측정을 위해 여러 종류의 운영지표와 물리지표를 활용하고 있다. 그러나 이러한 측정지표들은 기업전략과 상관없이 결정된 하의상달식(Bottom-up)인 지표들이며 임시방편적인 절차를 통해 도출된 것들이다. 반면 BSC에 사용되는 측정지표들은 기업이 추구하는 전략적 목표와 경쟁상황 등의 다양한 변수를 고려하여 개발된다.
- **기업의 현재와 미래 반영 :** 과거 성과지표들은 앞으로 어떻게 기업의 성과를 개선시켜나갈 것인지보다는 단순히 과거의 기업경영활동의 결과를 보고하는 수준에 머물렀다. 이에 반하여 BSC는

여러 측정지표들과 비교할 때 과거의 단순 보고에서 벗어나 기업의 현재와 미래에 관한 성공의 초석 역할을 담당한다.

- **성과지표 사이의 균형 제공 :** BSC에서 제시된 정보는 기존의 측정지표와 달리 영업이익과 같은 외부 성과지표와 신제품개발과 같은 내부 성과지표 사이의 균형을 제공한다.
- **통합성 부여 :** 프로세스 리엔지니어링(BPR), 전사적 품질 경영(TQM), 종업원, 권한이양 등과 같이 한 부분에만 초점을 둔 개선 프로그램을 실시하고 있는 대부분의 기업들은 통합에 대한 인식이 결여되어 있는 경향이 강하다. BSC는 이러한 기업에 통합성을 부여한다.

토론 및 과제

※ 다음 키워드와 관련된 기사를 검색하고, 검색된 기사를 참조하여 토론 및 과제를 수행하시오.

- 윤리 경영
- 경영 윤리
- 기업 윤리
- 기업의 사회적 책임

토론

01 기업의 사회적 책임이란 무엇인지 토론하시오.

02 윤리 경영이 필요한지에 대해 토론하시오.

03 성공한 경영자의 가장 중요한 덕목은 무엇인지 토론하시오.

과제

01 '금융감독원 전자공시 시스템' 사이트(http://dart.fss.or.kr)를 방문하여 관심 있는 기업의 재무제표를 찾아보고, 그 기업의 경영분석을 수행하여 보고서로 제출하시오.

요약

01 경영은 조직을 효과적이고 효율적으로 관리 및 운영하는 활동이다.

02 경영과정은 '계획 → 조직화 → 지시 → 통제'의 순환 과정을 거친다.

03 경영환경은 기업을 둘러싸고 있거나 기업에 직간접적으로 영향을 미치는 기업 내부와 외부의 모든 요인을 의미하며, 크게 과업환경과 일반환경으로 구분된다.

04 조직은 공동의 목표를 이루기 위해 함께 일하고 있는 사람들의 모임이다.

05 조직의 특성은 공동의 목표 추구, 여러 사람들의 집합체, 체계적인 구조이다.

06 조직의 유형은 단순 구조, 전문적 관료 구조, 사업부제 구조, 기계적 관료 구조, 애드호크라시로 분류된다.

07 조직화의 주요 원칙은 분업화·전문화의 원칙, 조정의 원칙, 기능화의 원칙, 책임과 권한의 원칙, 삼면등가의 원칙, 명령일원화의 원칙, 통제범위의 원칙, 계층제의 원칙이다.

08 조직의 계층은 일반적으로 최고경영층, 중간관리층, 현장관리층, 실무자로 구성된다.

09 시스템은 하나의 구역 또는 기능 단위로 이루어진 여러 개의 독립된 구성인자 개체가 전체적 목표를 달성하기 위해 유기적으로 결합되어 있는 하나의 집합체 또는 하나의 실체를 말한다.

10 시스템은 확정적 시스템, 확률적 시스템, 폐쇄 시스템, 개방 시스템으로 구분된다.

11 경영분석은 기업의 재무상태를 분석하는 방법으로, 기업의 재무제표인 재무상태표와 포괄손익계산서를 기준으로 유동성, 안정성, 활동성, 수익성을 분석한다.

12 재무제표는 기업의 경영활동을 요약한 여러 가지 회계보고서를 말한다.

13 균형성과평가표는 균형이 있는 성과측정기록표로, 회계적인 측정에만 치우쳤던 기존의 성과 측정의 한계를 보완한 시스템이다.

연습 문제

단답형 문제

01 (   )은 조직을 효과적이고 효율적으로 관리 및 운영하는 활동이다.

02 (   )은 개별 기업의 경영활동을 수행하는 데 직접적으로 영향을 끼치는 환경이다.

03 (   )은 기업의 외부에 존재하면서 기업의 의사결정이나 기업활동에 영향을 미치는 환경을 의미한다.

04 (   )은 다수의 인간들이 다양한 목표를 달성하기 위하여 상호작용하고 그들의 행동을 조정하는 유기적인 집합체이다.

05 (   )는 조직의 혁신을 위해 각 분야의 전문가들을 효율적으로 연결하고 유연성을 강조한 조직이다.

06 (   )은 수행하는 직무를 명확하게 하기 위하여 책임 · 권한 · 의무의 세 부분이 대등해야 한다는 원칙이다.

07 (   )은 사장과 전략적 계획을 수립하는 핵심 중역으로 구성된다.

08 (   )은 전술적 계획과 통제를 책임지는 일반 관리자, 부서장, 지사 등을 말한다.

09 (   )은 하나의 구역 또는 기능 단위로 이루어진 여러 개의 독립된 구성인자 개체가 전체적 목표를 달성하기 위해 유기적으로 결합되어 있는 하나의 집합체 또는 하나의 실체를 말한다.

10 (   )은 예측이 가능한 방식으로 작동하며 부분 간의 상호작용을 확실하게 알 수 있다.

11 (   )는 일정 시점에서의 현재 기업이 보유하고 있는 경제적 자원인 자산과 경제적 의무인 부채와 자본에 대한 정보를 제공하는 재무보고서이다.

12 (   )는 일정 기간 동안의 기업의 경영성과 정보를 제공하는 재무보고서이다.

객관식 문제

13 다음 중 경영에 대한 설명이 아닌 것은?

① 기업 등의 조직을 효과적이고 효율적으로 관리 및 운영하는 활동이다.
② 조직의 목표달성을 위해 자원을 효율적으로 활용하는 동태적인 모든 활동을 의미한다.
③ 만약 조직의 구성원을 통제하지 않는다면 조직이 와해되기 때문에 조직을 경영하려면 통제가 불가피하다.
④ '통제'라는 표현에서 근래에는 '경영'이란 용어로 통일되었다.
⑤ 경영과정은 '계획 → 통제 → 지시 → 조직화'의 순환 과정을 거친다.

14 다음 중 과업환경의 구성에 해당하지 않는 것은?

① 공급업체　　② 유통업체　　③ 경쟁업체
④ 전자업체　　⑤ 고객

15 다음 중 일반환경에 대한 설명이 아닌 것은?

① 기업에 끼치는 영향의 범위가 넓고 간접적이다.
② 기업활동에 직접적인 영향을 끼치지는 않지만, 직접적으로 통제할 수 없는 경우가 많고 협상의 대상도 될 수 없다.
③ 일반환경에 대해서 그 변화를 적절히 예측하여 대응해야 한다.
④ 일반환경은 몇몇 기업에서만 나타난다.
⑤ 기업의 외부에 존재하면서 기업의 의사결정이나 기업활동에 영향을 미치는 환경이다.

16 다음의 설명을 읽고 일반환경 중 어떤 환경에 대한 설명인지 고르시오.

> 기업이 국경을 초월하여 기업활동을 수행할 때 직면하게 되는 환경을 의미한다. 이는 세계 주요 국가들의 이자율, 환율정책, 원자재, 산유국들의 에너지 전략, 국제정치 상황 등의 요소로 구성된다.

① 사회/문화환경　② 국제환경　③ 기술환경
④ 정치/법률환경　⑤ 경제환경

17 다음 중 조직에 대한 설명이 아닌 것은?

① 공동의 목표를 이루기 위해 함께 일하고 있는 사람들의 모임이다.
② 개인의 노력을 통합하여 운영하는 집단적인 노력이 필요했으며 이러한 필요성에 의해 여러 형태의 조직이 탄생되었다.
③ 개인적으로는 달성하기 힘든 목표를 뜻을 같이하는 사람들이 모여서 함께 노력하기 위해 존재한다.
④ 조직의 특성은 개인의 목표 추구, 여러 사람들의 집합체, 개방적인 구조이다.
⑤ 다수의 인간들이 다양한 목표를 달성하기 위하여 상호작용하고 그들의 행동을 조정하는 유기적인 집합체이다.

18 다음 중 조직의 유형이 아닌 것은?

① 복잡 구조　② 기계적 관료 구조　③ 애드호크라시
④ 전문적 관료 구조　⑤ 사업부제 구조

19 다음 중 조직화의 주요 원칙이 아닌 것은?

① 조정의 원칙　② 삼면등가의 원칙　③ 개방성의 원칙
④ 기능화의 원칙　⑤ 책임과 권한의 원칙

20 다음의 설명을 읽고 조직화의 주요 원칙 중 어떤 원칙에 대한 설명인지 고르시오.

> 한 구성원은 한 사람의 상사 또는 정해진 몇몇의 상사로부터 명령과 지시를 받아야 한다는 원칙이다.

① 분업화의 원칙　② 명령일원화의 원칙　③ 통제범위의 원칙
④ 전문화의 원칙　⑤ 계층제의 원칙

21 다음 중 최고경영층에 해당되지 않는 것은?

① CEO　② COO　③ CMI
④ CFO　⑤ CIO

22 다음 중 시스템에 대한 설명이 아닌 것은?

① 시스템은 통제하지 않으면 무질서의 증가로 인하여 파괴된다.
② 시스템이 되기 위해 어느 시스템이든 뚜렷한 목적을 가지고 있어야 한다.
③ 시스템을 이루고 있는 구성인자가 상호 유기적으로 연결되어야 한다.
④ 시스템은 입력, 처리, 출력, 피드백의 구성요소를 가진다.
⑤ 시스템은 상위 시스템으로 분할된다.

23 다음 중 시스템의 종류가 아닌 것은?

① 확정적 시스템　② 폐쇄 시스템　③ 자기방어적 시스템
④ 확률적 시스템　⑤ 개방 시스템

24 다음 중 재무분석으로 분석할 수 없는 것은?

① 유동성　② 합리성　③ 수익성
④ 안정성　⑤ 활동성

25 국내 기업회계기준서는 외부 정보이용자에게 제공해야 할 공식재무제표를 지정하고 있는데, 이에 해당하지 않는 것은?

① 재무상태표　② 비품사용표　③ 포괄손익계산서
④ 현금흐름표　⑤ 자본변동표

26 Z라는 주식회사가 2020년에 영업활동 목적으로 건물을 구입하기 위해, 은행 대출 7억 원과 자기자본 13억 원을 투자했다면 현재 자산은 얼마인가?

① 0원　② -6억 원　③ 7억 원
④ 13억 원　⑤ 20억 원

27 다음 중 포괄손익계산서에 대한 설명이 아닌 것은?

① 일정 기간 동안의 기업의 경영성과 정보를 제공하는 재무보고서이다.
② 채권자에게는 투자액의 회수가능성을 판단할 수 있는 자료가 된다.
③ 주주에게는 경영자의 기업경영의 성적을 평가할 수 있는 자료가 된다.
④ 투자자에게는 기업의 현재 상황만 평가할 수 있는 자료가 된다.
⑤ 과거에는 손익계산서라는 이름으로 사용되었다.

28 다음 중 균형성과평가표에 대한 설명이 아닌 것은?

① 비재무적 성과정보는 해당되지 않는다.

② BSC라고도 부른다.

③ 균형이 있는 성과측정기록표이다.

④ 회계적인 측정에만 치우쳤던 기존의 성과 측정의 한계를 보완한 시스템이다.

⑤ 기업의 성과를 측정하고 현재와 미래의 기업가치를 평가하는 데 목적이 있다.

29 다음 중 균형성과평가표와 다른 성과평가지표 간의 차이점이 아닌 것은?

① 다양한 변수를 고려한 개발

② 기업의 현재와 미래 반영

③ 라스트 마일 제공업체

④ 성과지표 사이의 균형 제공

⑤ 통합성 부여

CHAPTER 09

e-비즈니스 마케팅

01 e-비즈니스 마케팅의 이해

02 마케팅 패러다임의 변화

03 e-비즈니스 소비자의 이해

04 e-비즈니스 4P 전략 1 : 제품전략

05 e-비즈니스 4P 전략 2 : 가격전략

06 e-비즈니스 4P 전략 3 : 유통전략

07 e-비즈니스 4P 전략 4 : 홍보전략

토론 및 과제

요약

연습문제

학습 목표

- e-비즈니스 마케팅의 개념과 요소를 이해한다.
- 마케팅 패러다임의 변화에 대해 이해한다.
- e-비즈니스 소비자의 특징을 파악한다.
- 4P 관점에서 e-비즈니스 마케팅전략을 살펴본다.

PREVIEW

이번 장에서는 e-비즈니스 마케팅을 이해하면서 마케팅 패러다임의 변화와 e-비즈니스 소비자에 대해 살펴본다. 또한 4P 관점에서 e-비즈니스 마케팅을 제품, 가격, 유통, 홍보전략으로 나누어 살펴본다.

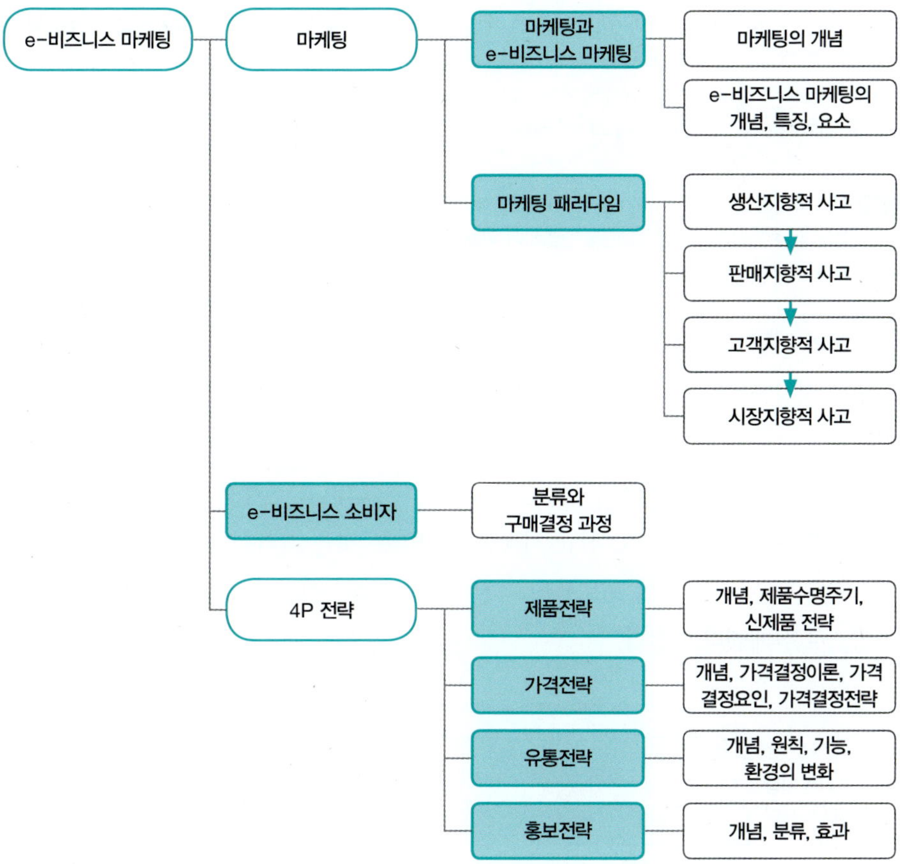

SECTION

01 e-비즈니스 마케팅의 이해

1 마케팅의 개념

마케팅(Marketing)은 **생산자가 상품이나 서비스를 소비자에게 유통시키는 데 관련된 모든 경영 활동**을 의미한다. 사실 마케팅이란 용어는 일상에서 흔히 들을 수 있는 단어가 되었지만, 이 단어를 명확하게 정의하기는 쉽지 않다. 마케팅에 대한 다양한 정의가 있지만 학계에서 널리 수용되고 있는 2가지 정의는 아래와 같다.

- 마케팅은 아이디어와 재화 및 서비스의 개발, 가격 설정, 유통 및 촉진을 계획하고 실행하여 교환을 창출함으로써 개인과 조직의 목표를 충족시키는 과정이다.
- 마케팅은 개인과 조직이 상대방에게 가치 있는 제품을 창출, 제공, 교환하여 자신이 필요한 것과 원하는 것을 획득하는 사회적, 관리적 과정이다.

TIP 이 2가지 정의는 다소 차이가 있어 보이지만, 마케팅의 주체는 개인과 조직이며 각 주체가 원하는 것을 교환을 통해 획득한다는 점은 동일하다. 또한, 교환을 창출하기 위해 상대방에게 가치 있는 제품을 개발하고 가격을 설정하며 유통 및 촉진 활동을 해야 한다는 점도 같다.

마케팅의 기법을 예로 들어 마케팅의 개념을 이해해보자. [그림 9-1]은 제품/시장 매트릭스이다. 실제로 성장 전략을 수립할 때 마케팅에서 가장 많이 활용하는 것은 제품/시장 매트릭스이다. 여기서 기존 제품으로 기존 시장을 공략하는 것을 시장침투 전략이라고 하며, 신규 시장을 개척하는 것을 시장개발 전략(블루오션 전략)이라고 한다. 그리고 신제품으로 기존 시장을 공략하는 것을 제품개발 전략이라고 하며, 신규 시장을 개척하는 것을 다각화 전략이라고 한다. 특히 다각화 전략을 관리하는 것을 사업 포트폴리오 전략이라고 하는데, 다각화가 실패했을 경우에는 문어발식 경영으로 실패했다고 한다.

	기존 제품	신제품
기존 시장 (Red Ocean)	시장침투	제품개발
신규 시장 (Blue Ocean)	시장개발	다각화

그림 9-1 **제품/시장 매트릭스**

2 e-비즈니스 마케팅의 개념과 특징

e-비즈니스 마케팅(e-Business Marketing)은 **인터넷 환경에서 이루어지는 기업의 마케팅**을 말한다. 인터넷을 수단으로 하는 마케팅인 e-비즈니스 마케팅에는 다음과 같은 다양한 특징이 있다.

- 시장을 세분화하고 잠재 고객을 확인한다.
- 다양한 매체를 이용한 홍보 및 촉진 전략을 수립한다.
- 웹사이트를 방문한 고객의 정보를 다양하게 수집한다.
- 고객과 상호작용 수단을 마련한다.
- 고객으로부터 피드백을 받는다.
- 인터넷을 통한 고객서비스를 지원하고 마련한다.

3 e-비즈니스 마케팅의 요소

인터넷 환경에서 기업이 고객의 니즈를 충족시키는 교환을 창출하기 위해서는 마케팅 전략을 수립하고 그에 따른 마케팅 활동을 수행해야 하며, 이 과정에서 무엇을 할 것인지 계획을 수립하고 실행에 옮기는 주체인 마케팅 기관이 필요하다. 이와 같은 e-비즈니스 마케팅의 3요소인 마케팅 전략, 마케팅 활동, 마케팅 기관에 대해 알아본다.

마케팅 전략

마케팅 전략의 핵심은 표적시장을 찾아 이를 선점하기 위해 고객 니즈를 충족시키는 마케팅믹스를 개발하는 것이다. 표적시장은 특정 조직이 마케팅 교환을 창출하고자 하는 대상으로서의 개인 소비자와 조직의 집단을 말하고, 마케팅믹스는 그 조직이 표적시장과 고객의 니즈를 충족시키기 위해 제공할 수 있는 수단들의 결합을 의미한다. 마케팅믹스는 흔히 4P라고 하는데 제품(Product), 가격(Price), 유통(Place), 홍보(Promotion) 전략의 4가지 의사결정으로 이루어져 있다. 인터넷 환경에서는 기존의 마케팅믹스보다 좀 더 다양한 믹스를 만들어 낼 수 있으며, 제품의 형태나 기업의 구조에 따라 다양한 형태의 마케팅믹스를 개발할 수 있다.

마케팅 활동

기업의 마케팅 활동은 신제품의 개발에서부터 제품의 생산, 판매, 유통, 서비스가 이루어지기까지 다양한 활동이 이루어져야 한다.

마케팅 기관

마케팅 활동에는 주체가 있어야 하는데 마케팅 담당자가 주로 마케팅 전략 수립 및 마케팅 활동을 수행하게 된다. 마케팅 기관의 구성원은 마케팅관리자, 제품관리자, 광고관리자, 유통관리자, 구매관리자, 마케팅 조사관리자, 홍보관리자, 고객서비스관리자, 판매관리자 등으로 구성되어 있으며, 이들의 역할 분담은 회사의 사정에 따라 달라질 수 있다. 인터넷 환경에서의 마케팅 기관으로는 인터넷 마케팅 시스템을 들 수 있다. 주로 인터넷을 통해 고객을 상대하는 기업은 인터넷 마케팅 시스템에 의해 자동으로 마케팅 활동을 수행하게 된다.

SECTION

02 마케팅 패러다임의 변화

어떤 기업이든 자사의 조직구성원을 이끄는 경영철학이 있다. 경영철학은 기업사명과 같이 공식적으로 문서로 만들어질 수도 있고 최고경영자의 비공식적인 언행을 통해 형성될 수도 있다. 경영철학이 경영자의 주관적 철학이라고 생각할 수도 있겠지만, 대부분은 시대 상황이나 마케팅 패러다임의 변화에 신속히 대응하여 나오는 것이 일반적이다. 이러한 마케팅 패러다임은 시대에 따라 변화하였는데, 공급자 위주의 생산지향적 사고에서 판매지향적 사고로, 다시 고객 위주의 고객지향적 사고로, 그리고 최근에는 시장지향적 사고로 변화하였다.

1 생산지향적 사고

20세기에 미국에서 나타난 초기 마케팅 철학을 생산지향적 사고라고 부른다. 이 사고는 제품 및 서비스의 제조와 유통을 강조하여 그 효율성을 개선하는 데 주안점을 두었다. 그러나 생산과 유통에 대한 집중적인 고려는 많은 제품의 실패를 가져왔다. 생산지향적 사고의 지배적인 결함은 소비자 욕구를 간과한다는 점이었다. 예를 들어, 미국에서 쥐덫을 가장 많이 제조·판매하던 울워스(Woolworths)라는 회사는 쥐덫의 재료를 나무에서 플라스틱으로 바꾸어 만들었다. 이 새로운 쥐덫은 쥐도 잘 잡히고 위생적이었으며, 값은 나무 제품보다 약간 비싼 정도였다. 커다란 기대를 가지고 시장에 진출했지만, 얼마 지나지 않아 제품을 포기해야만 했다. 실패의 원인은 좀 더 나은 쥐덫에 대한 수요의 부족에 있었던 것이 아니라 29.95달러라는 부적절한 가격에 있었다. 나중에 이 회사의 사장은 "우리의 큰 실수는 우리가 책정한 가격으로 고객이 쥐덫을 살 수 있는지를 먼저 조사하지 않았다는 것이다."라고 말했다. 생산지향적 사고로부터 얻을 수 있는 교훈은 아무리 품질이 좋은 제품이더라도 그것을 효과적으로 판매하지 않는다면 성공할 수 없다는 것과 마케팅은 소비자 욕구에 대한 철저한 이해가 선행되어야 한다는 점이다.

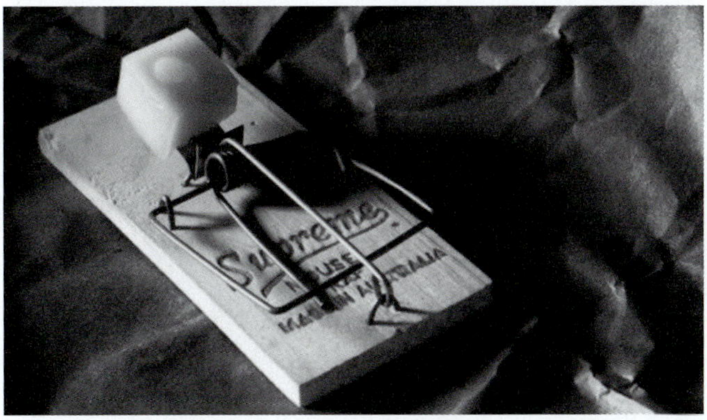

그림 9-2 소비자 욕구에 대한 철저한 이해가 선행되어야 하는 마케팅

2 판매지향적 사고

판매지향적 사고의 초점은 판매량을 증가시키기 위한 판매기술을 개선하는 데 있다. 1930년대 초, 그동안 생산과 유통에서 강점을 발휘한 미국의 경영자들은 판매과정이 기업활동의 흐름에 연계가 약하다고 진단한 후, 판매에 커다란 관심을 기울이기 시작했다. 이 시대의 좌우명은 "우리는 어떤 것이든지 팔 수 있다."는 것이었다. 하지만 여전히 소비자의 욕구와 선호에 대해서는 별로 관심을 기울이지 않았다. 시간이 흐름에 따라 판매지향적 사고는 정착되었고 마케팅에서 지배적인 사고가 되었다. 많은 관련 문헌에서도 마치 두 활동이 연관이 없는 것처럼 '판매'와 '마케팅'으로 따로 지칭하였으며, 기업도 두 개의 부서로 나누어 하나는 판매 기능을, 다른 하나는 마케팅 기능을 수행하게 했었다. 하지만 현재 대부분의 기업은 판매를 전반적인 마케팅 기능 중 하나인 부수적인 기능으로 간주하고 있다.

3 고객지향적 사고

1950년에 들어와 미국의 마케팅관리자들은 고객의 니즈에 대해 깊은 관심을 가지기 시작하였다. 고객지향적 사고(마케팅지향적 사고)는 다음과 같은 4가지 특징을 가지고 있다.

- 고객의 욕구를 이해하고 반응하는 데 초점을 둔다.
- 모든 기업 조직의 활동을 고객의 욕구에 부응하도록 통합한다.
- 고객의 욕구를 충족시켜 사회적이고 인간적인 것을 포함한다.
- 고객의 욕구에 부응하는 데에서 나타나는 사회적 결과에 관심을 둔다.

고객의 니즈에 초점을 맞춘 고객지향적 사고는 초기의 사고에 비해 현저한 관리 효과를 가져왔지만, 고객에게 너무 집중하여 다른 주요한 관련 집단을 무시할 수 있다는 비판을 받아왔다. 비록 고객의 니즈가 기업의 마케팅 노력의 견인차이기는 하지만 고객 이외의 다른 주요 집단에도 관심을 두어야 했다. 이들 관련 집단은 다양한 상호작용을 통해 기업과 고객 간 교환관계에 직접적인 영향을 미칠 수도 있기 때문이다. 또 다른 비판은 고객이 그들이 원하는 것을 형상화할 수 없다거나 명확한 판단력을 가지지 못할 수도 있다는 점이다. 이들의 잠재적인 욕구를 확인하고 촉진하는 것도 마케팅 활동의 주요한 영역이 될 수 있다. 많은 환경적 요소와 고객 이외의 다른 주요한 집단은 고객이 제품이나 서비스를 받아들이는 의지뿐만 아니라 그들의 욕구를 형상화하는 능력에도 영향을 미친다. 고객 욕구에 대한 일방적인 관심은 결과적으로 제품혁신을 저해할 수 있다. 이는 앞으로 개발될 수 있는 시장기회가 있음에도 불구하고 당장 명백하고 즉각적인 시장기회가 없다는 이유로 연구 및 개발을 소홀히 할 수 있다는 것이다.

4 시장지향적 사고

경영전략에 대한 기존의 3가지 사고가 내포하고 있는 취약점을 고려하고 고객지향적 사고의 장점을 포함하면서 그 한계점을 극복할 방안이 필요했다. 그중 하나의 노력으로 경영전략에 대한 새로운 사고의 틀이 생겨났는데 그것이 바로 시장지향적 사고이다. 이는 기업과 고객 간 의사소통을 원활하게 하기 위하여 시장에서 활동하고 있는 모든 구성 요소 간에 상호작용을 관리하는 기업 노력의 총체를 의미한다. 시장지향적 사고의 핵심적인 사상은 시장의 다양한 구성 요소들이 부가가치를 좀 더 창출하기 위해 상호작용해야 한다는 것과 그들이 효과적으로 관리되어야 한다는 것을 의미한다. 시장지향적 경영전략(Market Driven Strategy)은 기업이 경영혁신의 기회를 시장에서 찾아내는 것이다. [그림 9-3]에서 보는 바와 같이 시장에는 고객 · 경쟁자 · 기술이 서로 유기적으로 상호작용하며, 사회적 · 경제적 · 정부정책적 · 기술적 · 지역적 환경의 영향을 주고받고 있다.

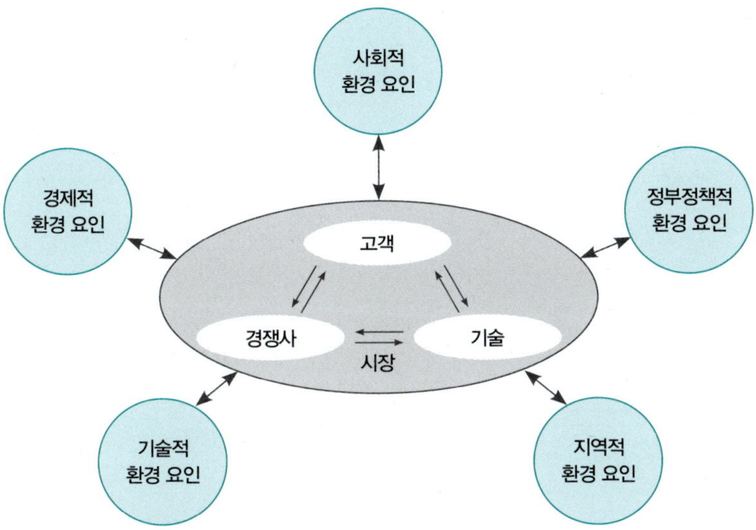

그림 9-3 시장과 경영환경

예를 들어, [표 9-1]과 같은 상황의 시장에서 M 회사의 신제품 전략은 어떻게 수행되어야 할까? 고객지향적 사고에서는 고객의 니즈를 받아들여 M의 신제품을 C급으로 출시하려 할 것이다. 그러나 M의 기술력이 A급이라면 고객의 눈높이를 높여 경쟁사보다 경쟁우위를 점하는 전략을 취하는 것이 바람직할 것이다. 그러면 A급 제품을 출시해야 할 것인가? 아니면 B급 제품이 적절한가?

표 9-1 시장의 상황과 전략

시장	M의 기술력	경쟁사의 기술력	시장의 기술력	고객의 니즈 전략
상태	A	C	C	?

결론부터 말하자면, 2가지 이유에서 B급의 제품을 출시해야 적절하다고 할 수 있다. 첫 번째 이유는 고객이 원하는 수준과 기술력의 차이가 있으면 고객이 이질감을 느끼기 때문이다. 두 번째 이유는 경쟁사의 기술력이 떨어지는 상태에서 경쟁사보다 한 단계 정도 높은 제품을 출시하는 것이 현명하기 때문이다. 시간이 지나 경쟁사의 제품이 우리 회사와 비슷한 수준이 되면 바로 한 단계 위의 제품을 출시하여 기술적으로 항상 우위에 설 수 있다. 또한 한 단계 위의 새로운 기술을 개발하는 개발비용도 상당하기 때문에 섣불리 두 단계씩 뛰어넘는 제품을 시장에 출시하지 않는 것이 좋다.

SECTION

03 e-비즈니스 소비자의 이해

1 e-비즈니스 소비자 분류

e-비즈니스에서 효과적인 마케팅 활동을 하기 위해서는 먼저 e-비즈니스 소비자를 분류하고 소비자별 특성을 알아야 한다. 시장조사 기관인 포레스터 리서치(Forrester Research)는 e-비즈니스 소비자를 목적적 쇼퍼(Purposive e-Shopper), 탐색적 쇼퍼(Seeking e-Shopper), 눈요기 쇼퍼(Browsing e-Shopper)로 분류하였다.

목적적 쇼퍼

목적적 쇼퍼(Purposive e-Shopper)는 **구매할 상품의 브랜드와 모델까지 정확하게 알고 쇼핑몰을 방문하는 고객**으로, 빠르게 제품을 구매할 수 있기를 기대하는 소비자이다. 목적적 쇼퍼는 모델을 정해놓고 웹사이트를 탐색하기 때문에 가격에 매우 민감하다.

탐색적 쇼퍼

탐색적 쇼퍼(Seeking e-Shopper)는 **구매할 상품에 대해 대략적인 계획만 가지고 인터넷을 탐색하는 고객**으로, 대부분의 e-비즈니스 소비자가 이 부류에 속한다. 탐색적 쇼퍼에게 구매를 유도하기 위해서는 구매할 상품을 쉽게 결정할 수 있도록 다양한 제품을 제시하고 상품 추천과 정보를 제공하는 것이 필수적이다.

눈요기 쇼퍼

눈요기 쇼퍼(Browsing e-Shopper)는 **상품을 구매하기 위해서 웹서핑을 하는 것이 아니고 재미 삼아 돌아다니다가 눈에 띄는 제품을 충동적으로 구매하는 고객**이다. 이들에게 구매를 유도하기 위해서는 웹사이트의 방문을 유도하는 전략이 주효하다.

하나 더 알기 **서처와 서퍼**

인터넷을 활용하는 방식의 차이에 따라 e-비즈니스 소비자를 세분화하면 크게 서처(Searcher)와 서퍼(Surfer)로 구분할 수 있다. 서처는 자신의 목적에 맞는 정보를 정확하게 찾기 위해 참을성을 가지고 정보를 탐색하며, 서퍼는 감각적인 흥미와 여유시간을 즐기기 위해 인터넷을 탐색한다. 대부분의 e-비즈니스 소비자는 평상시에는 서퍼로 행동하다가 특정 목적이 발생하면 서처로 변신한다. 다시 말해 서처는 목적 지향적인 쇼퍼이고, 서퍼는 경험추구형의 쇼퍼라고 할 수 있다.

2 e-비즈니스 소비자의 구매결정 과정

e-비즈니스 소비자의 구매결정 과정을 알아보기 위해서는 먼저 일반 소비자의 구매결정 과정과 비교하여 설명할 필요가 있다.

일반 소비자의 구매결정 과정

일반 소비자의 구매결정 과정은 '필요인식 → 정보탐색 → 대안평가 · 절충 · 선택 → 구매 및 배송 → 서비스 및 평가'의 총 5단계 과정을 거친다.

❶ **필요인식(Needs Identification) :** 소비자가 구매의 필요성을 인식하는 단계이다. 이 단계는 소비자의 니즈에 대한 만족 수단과 현재 소비자 상태 간의 차이를 보상하고자 할 때 발생한다. 마케팅 담당자는 소비자의 이러한 차이를 정확하게 인식해야 하며, 또한 이를 해소하기 위해 적절한 제품이나 서비스를 제공하여 판매 기회를 찾을 수 있어야 한다.

❷ **정보탐색(Information Search) :** 소비자가 구매의 필요성을 인지한 후 그 필요성을 만족하게 할 대안들을 찾고 설정하는 단계이다. 이 단계에서는 어떤 제품을 사고, 누구를 통하여 구매할지를 결정한다.

❸ **대안평가 · 절충 · 선택(Alternative Evaluation, Negotiation and Selection) :** 대안에 대한 평가와 대안 간의 절충을 통해 최종적인 대안을 선정하는 활동이 이루어지는 단계이다. 지능형 에이전트의 하나인 비교엔진은 이 단계에서 도움을 줄 수 있다.

❹ **구매 및 배송(Purchase and Delivery) :** 지불방법, 배달요구일, 보증기간 등의 결정이 이루어지는 단계로, 단일 제품을 구매하는 과정이 종료되면 구매 후 활동으로 넘어간다.

❺ **서비스 및 평가(After Purchase Service and Evaluation) :** 구매 이후 구매 결과에 대한 평가, 유지보수활동, 애프터서비스 등과 관련된 여러 의사결정 등이 이루어지는 단계이며, 이 단계에서의 의사결정 내용은 향후 고객의 구매결정에 중대한 영향을 끼치게 된다.

TIP 개인이 아닌 기업은 구매를 위해 단계별로 그 역할에 따라 조직적으로 분화되어 있다. 다시 말하면 위 단계들이 특정 부서나 책임자에게 분권화되어 있다는 것이다. 따라서 이러한 고객을 대상으로 판매할 때는 좀 더 복잡하게 접근해야 효과적이다.

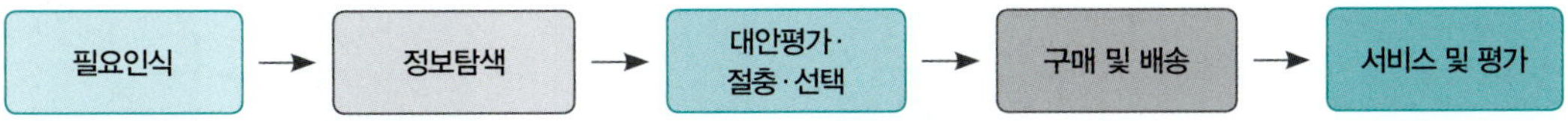

그림 9-4 일반 소비자의 구매결정 과정

e-비즈니스 소비자의 구매결정 과정

e-비즈니스 소비자의 구매결정 과정은 '필요인식 → 상품중개 → 상인중개 → 협상 → 구매 및 배송 → 서비스 및 평가'의 총 6단계 과정을 거친다.

❶ **필요인식(Needs Identification) :** 이 단계에서 소비자는 지금까지 파악하지 못했던 새로운 필요성을 인식하며, 다양한 방법과 매체를 통해 필요성을 자극받을 수 있는 단계이다.

❷ **상품중개(Product Brokering) :** 구매 대상을 결정하는 데 필요한 정보를 수집하는 단계로, 소비자의 주관적 기준에 의한 제품 대안에 대한 평가도 포함하고 있다. 이 단계의 결과로, 소비자는 구매를 고려하고자 하는 일단의 제품집합을 얻게 된다.

❸ **상인중개(Merchant Brokering) :** 이 단계는 앞 단계의 결과물인 고려대상 제품집합과 거래처 관련 정보를 연계시키는 단계이다. 거래처 관련 정보란 특정 제품을 누구한테 구매할 것인지에 관련된 정보를 의미하는데, 여기에는 소비자 관점에서의 거래처 대안에 대한 평가를 포함하고 있다. 거래처의 평가기준으로는 일반적으로 가격, 보증, 가용성, 배송시간, 명성 등을 들 수 있다.

❹ **협상(Negotiation) :** 어떻게 거래를 성사시킬 것인지에 대한 협상에 관련된 단계이다. 협상기간이나 그 복잡도는 시장의 특성에 따라 다르게 나타날 수 있다. 전통적인 소매시장에서는 가격과 기타거래 관련 변수들이 대부분 이미 결정되어 있기 때문에 추가적인 협상의 여지가 없는 것이 일반적이었다. 그러나 이외의 시장, 즉 주식시장 · 자동차시장 · 미술 관련 시장 · 재래시장 등에서는 가격이나 기타 거래관련요소에 대한 협상이 활발히 발생하고 있다. 특히 차별화 정도가 큰 제품일수록 이러한 협상의 여지가 더욱 커진다.

❺ **구매 및 배송(Purchase and Delivery) :** 일반적으로 구매와 배송은 협상의 과정이 이미 종결되었음을 의미하며 경우에 따라 지불방법이나 배송방법 등이 앞 단계들의 의사결정 과정에 개입되는 경우도 많이 존재한다.

❻ **서비스 및 평가(Product Service and Evaluation) :** 구매 이후에 발생하는 이 단계는 주로 제품 관련 애프터서비스나 제품에 대한 소비자의 만족도를 주관적으로 평가하는 과정이다. 평가대상은 주로 구매조건, 구매환경, 품질 등이다. 이 단계는 구매자가 누구인가에 따라 매우 의존적으로 나타나게 된다.

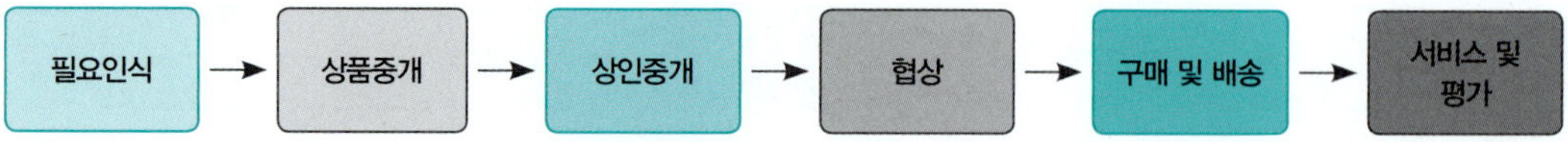

그림 9-5 e-비즈니스 소비자의 구매결정 과정

앞에서 살펴본 e-비즈니스 소비자의 구매결정 과정은 e-비즈니스 시스템이 소비자의 구매 결정 단계에서 e-비즈니스 기업의 이윤을 극대화할 수 있는 마케팅 도구로 어떤 역할을 해야 하는지에 대한 아이디어를 제공한다. 예를 들면, 필요인식 단계에서는 클라이언트 쪽의 에이전트 소프트웨어나 이벤트경보시스템 등이 유효하게 소비자의 구매를 충동시킬 수 있는 지원기능이라 할 수 있다. 최근 개인화기술을 활용하여 소비자의 프로필에 적합한 동적 배너를 구성하는 방법 등도 이에 관련된다고 할 수 있다.

SECTION

04 e-비즈니스 4P 전략 1 : 제품전략

1 제품의 개념

제품(Product)은 **재화나 서비스 중 하나, 또는 두 개념의 조합으로 개인이나 조직의 목표를 충족시키기 위한 교환의 대상**이다. 재화란 욕구나 필요를 만족시키기 위해 시장에서 인식·구매·사용·소비될 수 있는 것이다. 서비스란 무형이면서 동시에 소비자가 소유자가 될 수 없는 것으로, 판매자가 어떤 행동이나 효익을 소비자에게 제공하는 것이다. 서비스는 넓게 보면 제품에 포함된다. 제품을 분류하면 [표 9-2]와 같이 편의품, 선매품, 전문품으로 구분된다.

표 9-2 제품의 분류

업종	편의품	선매품	전문품
정의	소비자가 빈번하게 최소한의 쇼핑 노력을 들여 구입하는 제품	소비자가 여러 점포에서 가격·품질·스타일·색상 등을 비교한 후에 구입하는 제품	소비자가 구매 전 제품정보를 거의 모두 알고 있으며, 높은 가격을 지불하더라도 구매하는 제품
소비자 구매 행동	• 구매 계획을 세우는 일이 거의 없으며, 비교도 거의 없음 • 구매 노력이 낮고 관여도가 낮음	• 편의품보다 구매횟수가 적고, 더 많은 계획과 구매 노력을 기울임 • 가격·품질·스타일에 따른 브랜드 비교를 함	• 강한 브랜드 선호도와 충성도, 특별한 구매 노력을 함 • 브랜드 간에 비교를 거의 하지 않고 가격에 민감하지 않음
가격	낮음	편의품보다 좀 더 높음	높은 가격
유통	넓은 유통망	선택적인 유통	하나 혹은 몇 개의 독립적인 유통
촉진	생산자에 의한 대중적 촉진	생산자와 중간상에 의한 광고와 개인적인 판매	생산자와 중간상에 의해 좀 더 조심스러운 타깃 촉진
사례	치약, 잡지, 세제	TV, 가구, 옷	사치품

e-비즈니스가 확대되면서 새로운 유형의 제품 개념인 디지털 제품이 탄생했다. 디지털 제품은 정보재로 기존의 제품과는 전혀 다른 다음과 같은 특징을 가지고 있다.

- **질량이나 부피를 차지하지 않음 :** 디지털 제품은 전자적인 신호로 만들어져 있어 질량이나 부피를 차지하지 않는다. 이 정보는 USB 등 보조기억장치를 통해 물리적으로 전달될 수 있으나 반드

시 물리적으로 전달될 필요는 없다. 그리고 이를 저장하기 위한 저장매체만 있으면 다른 재고 비용이 존재하지 않는다.

- **통신망을 통해 전달 :** 디지털 제품은 통신망을 통해 전달되므로 물적 유통이 필요하지 않지만, 통신회선의 안정성이나 속도에 많은 영향을 받는다.
- **복사 가능 :** 같은 제품을 고객에게 제공하기 위해 여러 개의 재고를 만들 필요 없이 필요할 때 복사해서 판매하면 된다.
- **동시에 여러 사람 서비스 가능 :** 한 가지 제품을 통신 네트워크를 통해 동시에 여러 사람에게 서비스할 수 있다.

2 제품수명주기

제품수명주기(Product Life Cycle)는 **제품개발 단계부터 시장에서 사라질 때까지의 과정**을 말한다. 제품수명주기는 '도입 → 성장 → 성숙 → 쇠퇴'의 총 4단계로 이루어진다.

❶ **도입 단계 :** 신제품이 처음으로 유통되고 시중에서 구매가 가능한 시점이다.

❷ **성장 단계 :** 매출이 급속히 성장하는 단계로, 이 단계에서 회사는 시장점유율과 이윤을 갖게 된다. 이 단계에서는 제품 개선과 판촉, 유통에 많은 투자를 하여 회사는 시장에서 지배적인 위치를 차지할 수 있지만, 이윤 극대화는 포기해야 한다.

❸ **성숙 단계 :** 이 단계에서는 매출성장률이 감소하는데, 이는 제품생산자들에게 팔아야 할 물품이 많아지게 만든다. 또한, 경쟁심화라는 결과를 필연적으로 이끌어내고 결론적으로는 몇 개의 경쟁력 있는 경쟁자만 산업 내에 존재하게 된다. 가장 성공적인 제품은 소비자의 니즈에 맞추기 위해 변화하면서 시장, 제품, 마케팅믹스를 수정한다. 시장 수정에서 회사는 현재 제품의 소비를 증대시키기 위해 노력하며, 신규 사용자와 새로운 마켓 세그먼트(Market Segment)를 찾는다. 제품 수정에서는 품질, 외양, 스타일을 변화시켜 새로운 사용자를 끌어내거나 더 많은 이용을 유도한다. 마케팅믹스를 수정해 매출을 확대하기도 하는데, 가격을 내리거나 대대적인 판촉을 하는 것 등이 여기에 속한다.

❹ **쇠퇴 단계 :** 이 단계의 특징은 매출이 감소한다는 것이다. 매출이 감소하는 이유는 기술적인 진보나 소비자 기호의 변화, 경쟁 심화가 주된 이유라고 할 수 있다. 따라서 회사는 먼저 쇠퇴기에 있는 제품을 매출·시장점유율·비용·이윤추세 등을 살펴보며 분별해야 하고, 그 제품을 시장에서 유지할지 거두어들일 것인지 등을 결정해야 한다.

표 9-3 제품수명주기의 구분별 특징

구분	도입기	성장기	성숙기	쇠퇴기
매출	낮은 매출	급속한 성장	극대	매출 감소
비용	높은 비용	평균적 비용	낮은 비용	낮은 비용
이윤	마이너스	이윤 증가	높은 이윤	이윤 감소
고객	혁신자	초기 수용자	대다수(Majority)	지체자(Laggards)
경쟁자	거의 없음	서서히 증가	고정 숫자 감소 시작	수적으로 감소

표 9-4 제품수명주기의 전략별 특징

전략	도입기	성장기	성숙기	쇠퇴기
제품	기본 제품 제공	제품 확장, 서비스 제공	브랜드와 모델 다양화	약한 종목 제거
가격	가격보다 높은 원가	시장 확산 가격	경쟁 대비 가격	가격 하락
유통	선택적인 유통망 구축	집중적인 유통망 구축	더 집중적인 유통망 구축	이윤이 나지 않는 유통망 철수
광고	초기 수용자들과 딜러들 사이의 제품 인지도 구축	대중 시장에서의 인지도와 흥미 구축	브랜드의 차별점과 얻을 수 있는 이익 강조	핵심 고객을 유지할 정도의 광고만 유지
판촉	시범 사용을 유도하기 위한 대대적인 판촉	소비자 수요가 늘어나고, 판촉 감소	브랜드 전환을 유도하기 위해 판촉 증가	최소 수준으로 감소

3 신제품 전략

신제품 전략에는 불연속형 혁신 전략, 신제품 라인 확장 전략, 기존 상품 라인 확장 전략, 기존 상품 개량 전략, 재포지셔닝 전략, 저가격 지향 전략이 있다. 그중 불연속형 혁신 전략의 위험도가 가장 높으며, 저가격 지향 전략의 위험도가 가장 낮다. 기업은 이들 신제품 전략에서 마케팅 목표와 위험 회피, 현재 브랜드명의 강도, 자원의 유무, 경쟁사 등을 고려하여 한 가지 이상의 전략을 선택한다. 물론 많은 인터넷 사업의 성공은 적시에 좋은 아이디어를 떠올린 창업자의 아이디어나 소액 자본에서 비롯된 것이었다. e-비즈니스 신제품 전략에 대해 알아보자.

불연속형 혁신 전략

텔레비전이나 스마트폰 등은 개발 당시 새롭게 등장한 혁신 상품이었다. 인터넷과 연결하여 설명하면 최초의 웹 제작 소프트웨어, 온라인 쇼핑, 검색엔진 등이 이 분류에 들어간다. 인터넷에서는 아직도 혁신적인 상품이 등장할 가능성이 크기 때문에 이러한 혁신 상품은 위험은 크지만 성공하면 큰 수익을 얻을 수 있다.

그림 9-6 불연속형 혁신 전략 : 텔레비전과 스마트폰

신제품 라인 확장 전략

기존 브랜드명을 사용하여 완전히 신규 상품 라인을 만드는 일도 있다. 농심의 경우 '신라면' 브랜드를 이용하여 '신라면 블랙'을 출시하여 성공하였는데, 이는 신제품 라인의 확장 전략의 좋은 예라고 할 수 있다. 또한, 국내의 대부분의 포털사이트들은 포털사이트 내에 새롭게 라인을 확장하고 있다. 대표적으로 네이버가 글로벌 모바일 메신저 라인(LINE)으로 새롭게 확장한 것을 예로 들 수 있다.

그림 9-7 신제품 라인 확장 전략 : 네이버의 글로벌 모바일 메신저 라인

기존 상품 라인 확장 전략

기존 상품 라인에 다양성을 첨부하여 상품을 확장하는 전략이다. 오뚜기의 경우 '진라면'을 주 브랜드로 하여 '진짬뽕', '진짜장'을 새롭게 추가하여 라인을 확장시켰다. 마찬가지로 은행, 부동산, 증권회사 등은 과거의 비즈니스 방식에 인터넷 서비스를 추가하고 있다. 이들도 기존 상품 라인의 확장으로 분류할 수 있다.

그림 9-8 **기존 상품 라인 확장 전략 : 오뚜기 진라면**

기존 상품 개량 전략

기존 상품 개량 전략은 새롭게 개선된 상품이 기존의 상품을 대체하는 것을 가리킨다. 이는 모든 기업들이 흔히 수행하면서 쉽게 이루어지고 있는 전략이다. 실제로 경쟁에서 살아남기 위하여 인터넷 홈페이지를 수정하면서 웹 접근성 등 소비자의 편의를 도모하는 일을 지속적으로 수행하고 있는데, 이는 곧 자사 브랜드의 가치와 직결된다.

재포지셔닝 전략

기존 상품에 대해 다른 시장으로 표적화하거나 새로운 사용 방법을 촉진하는 전략이다. 예를 들어, 야후(Yahoo)는 처음에 웹 디렉터리 검색 서비스를 제공했지만, 포털사이트로 포지션 전략을 변경하여 지금까지 유지하고 있다. 국내에서는 네이버 지식인 서비스를 예로 들 수 있는데, 네이버는 검색 포털사이트의 경쟁이 치열해지자 지식인을 앞세워 포털사이트 시장에서 새롭게 재포지셔닝하여 큰 성공을 거두었다.

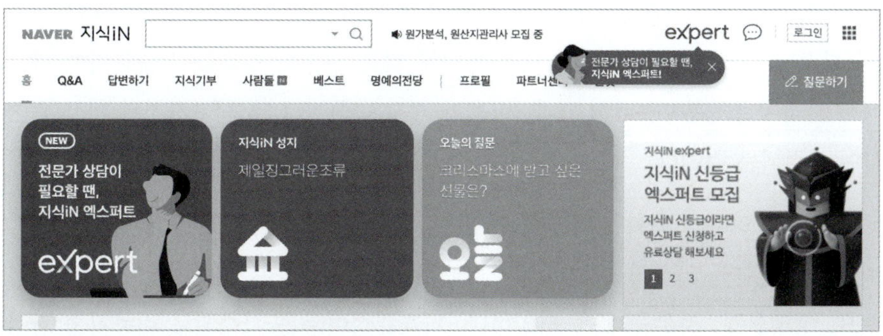

그림 9-9 **재포지셔닝 전략 : 네이버 지식인**

저가격 지향 전략

기존 브랜드에 대한 경쟁력을 확보하기 위한 상품을 저가격으로 개발하는 전략이다. 과거 AOL과 같은 ISP 업체들이 시간당 요금을 부과할 때, 몇몇 다른 기업에서는 월 19.95달러의 고정 금액으로 서비스를 제공하기 시작하였다. AOL이 소송을 제기하여 고객을 다시 데려오려고 하는 동안 어스넷과 같은 기업들은 상당한 점유율을 획득할 수 있었다.

SECTION

05 e-비즈니스 4P 전략 2 : 가격전략

1 가격의 개념

가격(Price)은 **제품이나 서비스에 대해 부과하는 금액**으로, 제품이나 서비스를 사용하여 얻게 되는 이익과 교환하고자 하는 소비자 가치의 합을 의미한다. 가격은 마케팅믹스 중 이익을 내는 유일한 요소이다. 하지만 가격을 결정하는 일은 결코 쉽지 않다. 대표적인 실수가 비용에 기초하여 가격을 결정하는 것, 시장변화를 충분히 소화하도록 가격을 변화시키지 않는 것, 다른 마케팅믹스 요소를 고려하지 않고 가격을 결정하는 것, 다른 제품이나 구매상황에 따라 가격을 다르게 하지 않은 것 등이다. 특히, e-비즈니스 환경에서의 가격은 완전경쟁시장에서 가격이 결정되는 방식이므로 시장의 수요와 공급에 따라 결정된다. e-비즈니스 시장이 확대되면서 소비자의 수가 늘어나고 있어 가격결정이론이 기존의 마케팅 개념과 동일해지고 있다.

2 가격결정이론

가격결정(Pricing)은 **기업들이 재화와 서비스를 제공하는 대가를 결정하는 과정**이다. 가격 요소로는 생산비, 시장가격, 경쟁시장 상황, 브랜드, 재화의 품질 등이 있다. 가격은 다양한 미시경제 가격결정이론에서 결정되기도 하는데, 이익을 내기에 너무 낮은 수준과 수요를 창출하기에 너무 높은 수준 사이에서 가격이 결정된다. 다시 말해, 비용이 최저 수준이고 제품의 가치가 최고 수준인 지점에서 가격이 결정되는 것이다.

소비자의 니즈는 단지 지불의사와 재화를 구입할 여력에 의해서만 변화하기 때문에 가격은 시장에서 매우 중요한 역할을 한다. 일반적으로 가격결정전략에 영향을 미치는 요소는 마케팅 목표, 상품원가, 상품수요, 경쟁환경, 정부규제 등 다양하다. 가격결정이론은 기준별로 비용기준 가격결정, 가치기준 가격결정, 경쟁기반 가격결정으로 분류할 수 있다.

비용기준 가격결정

비용기준 가격결정 방법에는 원가가산 가격결정과 손익가격결정이 있다.

- **원가가산 가격결정(Cost-Plus Pricing) :** 총비용에 표준이윤을 더하는 가격설정 방법으로, '비용 = 변동비용 + (고정비용 ÷ 생산량)'으로 계산한다. 만약 20%의 이윤을 원한다면 '가격 = 비

용 ÷ (1 – 원하는 이윤)'의 공식에 의해 가격이 산출된다. 표준이윤에 기초한 가격은 판매량이 예상에 미치지 못했을 때 비용산출이 달라지기 때문에 가격결정에 적합하지 않다. 그럼에도 불구하고 대부분의 기업이 표준이윤방식을 사용하는 이유는 생산자는 수요량보다 비용을 더 확실하게 계산할 수 있기 때문이다. 기업에서 이 방식을 사용하면 가격이 비슷해져서 가격경쟁이 줄어든다.

- **손익가격결정(Breakeven Pricing) :** 손익가격결정은 비용에 기초한 손익분기가격을 설정하고 제품을 판매하거나, 목표 수익을 만들기 위해 가격을 결정하는 것을 말한다. 총비용곡선과 총수익곡선이 만나는 점에서 손익분기점이 나오고 이를 제품의 단위 가격으로 나누면 손익분기량(Breakeven Volume)이 산출된다.

가치기준 가격결정

판매자의 비용보다 소비자의 가치인식에 기초하여 가격을 결정하는 것이다. 고객이 가치를 결정하면 이에 따라 제품의 가격이 결정되고, 이후에 제품의 비용이 결정되어 제품이 생산된다. 가치기준 가격결정 방법에는 정가, 부가가치, 상시 저가판매, 고저 가격결정 등이 있다.

- **정가(Value-Pricing) :** 적절한 가격에 품질과 양질의 서비스를 제공하는 것으로, 대부분 기존 브랜드를 이용하여 제품이나 서비스를 조금 낮은 가격에 제공한다. 다른 경우에는 기존의 가격에 더 높은 품질을 제공하거나 같은 품질은 더 낮은 가격에 제공하기도 한다.
- **부가가치(Value-Added) :** 가격을 낮추기보다는 제품이나 서비스를 차별화하여 제값을 받는 것이다.
- **상시 저가판매(Everyday Low Pricing) :** 제품 할인이 없는 대신 매일 낮은 가격으로 판매한다.
- **고저 가격결정(High-Low Pricing) :** 높은 가격을 고수하되 상시 저가판매보다 낮은 가격으로 판촉활동을 하는 전략이다.

경쟁기반 가격결정

경쟁기반 가격결정은 실세 가격결정과 밀봉입찰 가격결정으로 나눌 수 있다.

- **실세 가격결정(Going-Rate Pricing) :** 비용이나 수요에 기반을 두기보다 경쟁자의 가격에 전적으로 의존하여 가격을 결정하는 것을 말한다.
- **밀봉입찰 가격결정(Sealed-bid Pricing) :** 입찰할 때 회사의 비용이나 수요분석을 따르기보다 경쟁자가 얼마의 가격에 입찰할 것인지에 따라 가격을 결정하는 정책이다.

하나 더 알기 **수요와 공급**

일반적인 경우 가격은 수요와 공급에 의해 결정된다. 물론 시장을 완전경쟁시장이라고 가정했을 때의 이론이다.

수요(Demand)는 경제주체들이 어떤 재화를 일정한 시간 간격 안에 얼마나 많이 구매할 의향이 있는가를 나타낸 관계로, 구입할 능력이 뒷받침된 상황에서 그 상품을 구입하고자 하는 욕구 또는 계획이라고 할 수 있다. 수요를 그래프상에서의 가격(P)과 공급량(Q)의 관계로 나타낸 것이 수요곡선(D)이다. 일반적으로 수요곡선은 가격이 오를수록 공급량이 감소하는 형태를 가지는데, 이를 수요의 법칙이라고 한다.

공급(Supply)은 생산자들이 어떤 재화를 일정 시간 안에 얼마나 많이 생산할 의향이 있는지를 나타낸 관계로, 어떤 상품을 판매하고자 하는 욕구나 계획을 말한다. 공급을 그래프상에서의 가격(P)과 공급량(Q)의 관계로 나타낸 것이 공급곡선(S)이다. 일반적으로 기업의 공급곡선은 그 기업이 생산을 중단하지 않을 만한 최소한의 가격보다 높은 부분에서 재화의 생산에 대한 한계비용곡선과 일치한다. 공급곡선은 공급의 법칙을 나타낸 것을 말한다.

시장에 참여하는 모든 구매자들과 생산자들이 충분히 거래를 하여 더 이상 양쪽의 효용이나 이윤을 증가시킬 수 없는 상태(가격과 공급량의 조합)를 경쟁적 균형이라고 한다. 이때의 가격을 균형가격(시장가격), 공급량을 균형공급량이라고 부른다. 완전경쟁하에서의 수요와 공급곡선이 일치하는 부분에서 경쟁적 균형이 이루어진다.

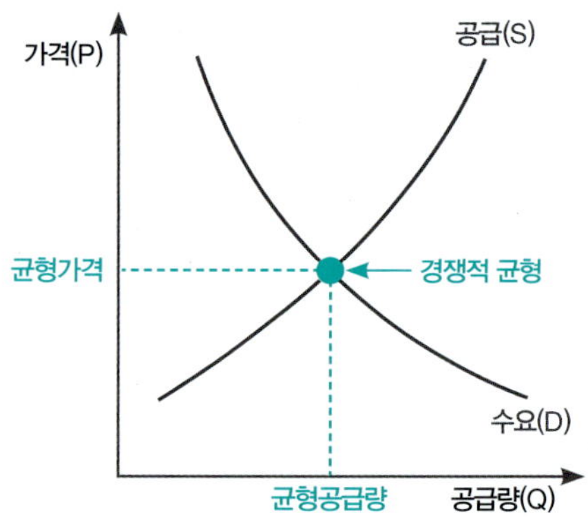

그림 9-10 **수요/공급 곡선**

3 가격결정요인

e-비즈니스를 통해 거래되는 제품의 가격결정요인은 가격인하 압력과 적은 비용으로 인한 가격 우위요소도 있지만, 원가상승요인이 있기 때문에 가격부담요소도 있다.

가격인하 압력

e-비즈니스를 통해 거래되는 제품은 다음과 같은 이유로 가격인하 압력을 받는다.

- **최저가격 검색 가능 :** 최저가격을 검색할 수 있는 수많은 웹사이트가 존재한다. 이러한 웹사이트를 이용하면 e-비즈니스 소비자는 상대적으로 낮은 가격의 제품을 적은 검색 비용으로 쉽게 찾을 수 있다.
- **가격유지의 어려움 :** 인터넷에 나오는 신제품은 출시와 동시에 경쟁체제에 돌입한다. 인터넷은 변화가 심하고 상품의 독자성 때문에 고가격 전략을 길게 유지할 수 없다.
- **브랜드 확립 우선의 가격설정 :** 커뮤니티 사이트 등 웹사이트의 브랜드 지명도를 높여 브랜드 총자산가치를 추구하는 웹사이트는 원가보다 시장점유율을 우선시하기 때문에 대부분 무료 또는 소비자에게 특정 혜택을 주어 고객을 유인한다.
- **인터넷 판매의 낮은 경비 :** 인터넷으로 제품을 판매하면 고객이 시스템에서 제품을 구매하기 때문에 인건비를 절약할 수 있다. 또한, 제품을 판매하기 위해 비싼 임대료를 지불하면서 판매점을 개설하지 않아도 되기 때문에 판매비용을 줄일 수 있다.

적은 비용

일반적으로 e-비즈니스에서의 전자상거래는 일반 상거래에 비해서 비용이 적게 드는데, 그 이유는 다음과 같다.

- **주문처리 경비의 절감 :** 주문처리가 시스템에서 이루어지므로 인건비가 절약된다.
- **재고비용의 절감 :** 인터넷 판매를 위해 제품을 재고로 가지고 있지 않고 주문과 함께 물품을 사거나 제조 회사에서 직접 물품을 출시하면 재고비용을 절감할 수 있다.
- **낮은 개점비용과 유통센터 운영비용 :** 인터넷 판매는 제품의 진열 판매가 아니기 때문에 임대료가 비싼 번화가에 판매점을 개설할 필요가 없어 비용이 절감된다.
- **상품 카탈로그 인쇄 및 배포 경비의 불필요 :** 인터넷에 카탈로그를 게시하기 때문에 인쇄 및 인쇄물 배포 비용이 절감된다.
- **낮은 고객서비스비용 :** 인터넷은 Q&A 등의 게시판을 운영하기 때문에 고객서비스를 위한 인건비가 절감된다.

원가상승요인

e-비즈니스를 통해 전자상거래를 하면 모든 상황에서 원가가 낮을 것처럼 보이지만, 다음과 같은 원가상승요인으로 인한 비용 부담이 있다.

- **배송비용 :** 주문받은 상품을 목적지까지 전달해야 하기 때문에 배송비용의 부담이 크다.

- **신디케이트 판매 :** 많은 웹사이트는 자사의 사이트를 소개해 준 에이전트 사이트에 수수료를 지불하는 신디케이트 판매라는 방법을 채용하고 있기 때문에 비용 부담이 된다.
- **경매에 의한 가격경쟁 :** 업체 간 과도한 경쟁으로 인하여 가격이 높아져 때로는 오프라인 시장가격보다 비싸지는 경우도 있다.
- **웹사이트 개발비용과 유지관리비 :** 웹사이트 개발과 유지관리는 결코 적은 비용으로 할 수 없다. 하드웨어, 소프트웨어, 인건비 등을 포함하면 매우 많은 경비가 든다.
- **높은 인터넷 마케팅과 광고비 :** 인터넷 수입의 상당한 금액이 마케팅과 광고에 재투자된다.

4 가격결정전략

가격인하의 압력이 강한 인터넷에서의 가격결정전략으로는 초기 고가전략, 침투가격전략, 프로모션 가격전략이 있다.

초기 고가전략

초기 고가전략(Market-Skimming Pricing)은 신제품에 대해 높은 가격을 책정하여 해당 가격을 지불할 의사가 있는 각 층의 세그먼트에 대하여 최대한의 이익을 끌어내는 것으로, 판매량은 적지만 이익은 높다. 이 전략을 적용하기 위해서는 먼저 제품의 품질 및 이미지가 높은 가격을 지원해야 하며, 고가 정책에서 얻는 이익이 소량을 생산하는 데 드는 비용보다 커야 한다. 또한, 저가로 시장에 쉽게 진입할 수 있는 경쟁자가 없어야 한다.

침투가격전략

침투가격전략(Market-Penetration Pricing)은 신제품에 대해서 낮은 가격 책정으로 구매자를 늘려 높은 매출을 올리는 가격정책으로, 매출이 신장되면 더욱 가격을 낮출 수 있다. 침투가격전략을 사용하기 위해서는 시장이 가격에 민감하게 반응해야 하고 판매량이 증가함에 따라 생산과 유통비용이 감소해야 하며, 저가정책으로 경쟁자들을 물리치며 가격을 계속 유지할 수 있어야 한다.

프로모션 가격전략

프로모션 가격전략(Promotion Pricing)은 브랜드의 가치를 높이기 위해 원가에 관계없이 무료, 또는 이벤트 등을 통하여 고객에게 금전적인 보상을 해주는 전략이다.

SECTION
06 e-비즈니스 4P 전략 3 : 유통전략

1 유통의 개념

유통(Distribution)은 **수송·하역·보관·포장 등을 모두 포함하는데, 즉 물자를 공급자에서 수요자로 이동시키는 것**을 말한다. 또한, 유통은 시간적·장소적 가치를 창출하는 기업의 거래 활동을 지원하는 경제활동을 말한다. 다시 말해, 유통은 발생지에서 소비지까지 원재료, 반제품, 완제품의 효율적인 흐름을 계획, 실행, 통제하는 활동이다. 여기에는 수송, 재고 관리, 하역, 포장, 정보관리 등이 포함된다.

유통관리를 하는 목적은 경쟁사와의 차별화 시도, 고객서비스 개선, 신축적 시장환경 대응, 기업이미지 개선, 체질강화에 있다. e-비즈니스를 통한 전자상거래 환경에서는 유통정보와 물류정보의 통합이 필요하며, 나아가 통합 정보시스템에 의한 유통관리가 요구된다.

2 유통의 원칙

유통의 원칙에는 3S1L 원칙과 7R 원칙이 있다.

3S1L 원칙

3S1L 원칙은 신속(Speedy), 안전(Safely), 정확(Surly)하고, 낮은 가격으로(Low Price) 물품을 소비자에게 전달하는 고객서비스를 말한다.

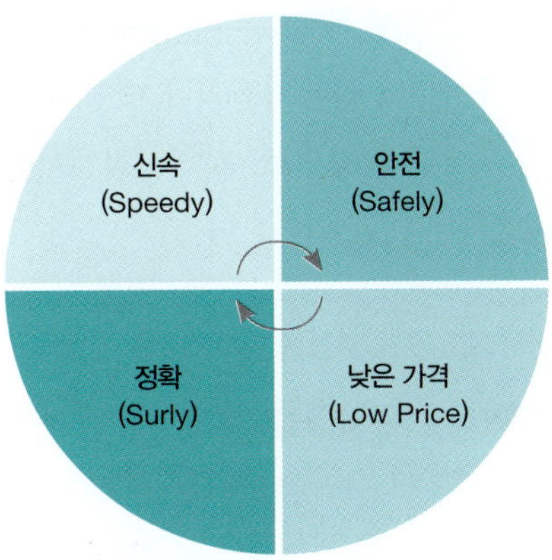

그림 9-11 3S1L 원칙

7R 원칙

7R 원칙은 적절한 상품(Right Commodity)을 적절한 품질(Right Quality)로, 적절한 양(Right Quantity)을 적절한 시기(Right Time)와 장소(Right Place)에 적절한 인상(Right Impression)을 주면서 적절한 가격(Right Price)으로 거래처에 전달하는 것을 뜻한다.

그림 9-12 7R 원칙

3 유통의 기능

유통의 기능에는 운송, 하역, 보관, 포장, 정보 등이 있다.

운송

화물의 운송비는 전체 유통의 40~50%를 차지하기 때문에 운송은 전체 유통과정에서 매우 중요하다. 운송은 유통단계에 따라 수송과 배송으로 나누어진다. 수송은 일반적으로 대형 운송수단을 통해 대량의 물품을 장거리로 이동시키는 것을 의미하며, 공장에서부터 물류거점이나 대형 고객으로의 직송이 대표적인 예이다. 배송은 지역 간 또는 도시 간의 상품 이동으로, 지역거점에서부터 소형 운송수단을 통해 소매점이나 소형 고객에게 물품을 배달하는 것을 의미한다.

하역

하역은 물품운송과 보관활동 전후에 행하는 물품반입, 출입, 단거리 이동작업을 의미한다.

보관

보관은 물품을 물리적으로 보존하고 관리하는 것으로, 보관활동은 일반적으로 창고에서 이루어진다. 물품의 수급조정을 목적으로 하는 시간조정기능과 가격조정기능이 있으며, 이러한 기능 때문에 보관은 물류센터라는 개념으로 바뀌고 있다. 전자상거래 시스템에서 공동물류센터의 화주(貨主)는 전자상거래 시스템을 통해 화물을 운송하역업체를 이용하여 운송한 후, 일정 기간 보관하다가 필요한 수량만큼 즉시 사용할 수 있다. 이렇게 구축된 시스템은 자가물류센터처럼 사용 가능하다.

포장

포장은 내용물의 변형·변질을 막기 위한 본질적인 기능도 중요하지만, 포장으로 판매·촉진 효과까지 수행해야 하기 때문에 고객이 원하는 형태의 포장이 이루어져야 한다.

정보

효율적인 유통활동을 지원하기 위한 자기 영역의 정보흐름을 유기적으로 결합해 적시에 제공하여 물류비용절감 및 고객서비스 향상을 도모할 필요가 있다. 따라서 유통정보시스템의 구축은 필수적이다. 그 목표는 주문받은 상품을 신속 정확하게 운송하여 고객서비스를 향상하며, 원활하고 효율적인 유통시스템을 운용하여 총유통비용을 절감하는 것은 물론 고객서비스를 향상하는 데 있다.

4 유통환경의 변화

e-비즈니스에서의 전자상거래는 기존의 유통과정과는 달리, 고객이 인터넷을 통해 원거리에서 상품을 주문하고 공급자가 주문받은 상품을 여러 창고에서 여러 배송경로를 통해 고객에게 전달하기 때문에 유통의 역할이 중요하다. 전자상거래에서 유통은 정보 네트워크를 통해 제공 가능한 서비스를 온라인에 제시하고, 이들 서비스를 요구하는 화주들이 네트워크를 통해 온라인으로 접촉한다. 계약을 맺은 후 화물을 운송하며 필요한 사항들은 전자데이터교환(EDI) 등을 통해 주고받고, 화물운송 후 전자결제시스템을 사용해 대금까지 결제하고 적절한 송금통지정보가 교환되면 거래가 종료된다.

이와 같이 e-비즈니스의 확산으로 인해 유통환경이 급변하였다. 대표적인 유통환경의 변화 원인은 통합 유통관리기법 도입, 유통서비스의 새로운 요구, 국제특송시장의 급성장, 유통부문의 변화가 있다.

통합 유통관리기법 도입

선진국을 중심으로 유통관리에서 유통 관련 주체 간 유통활동을 통합적으로 관리하려는 통합 유통관리(Supply Chain Integration)에 대한 관심과 노력이 광범위하게 이루어지고 있다.

유통서비스의 새로운 요구

전자상거래의 확산으로 유통서비스의 질적향상 요구가 다품종 · 소량 · 다빈도 · 적기 수송으로 대두되고 있으며 인터넷 서비스를 통한 새로운 유통서비스가 등장하고 있다.

국제특송시장의 급성장

생산자와 소비자 간 직거래인 무역의 소매화, 즉 접점판매(Point-to-Point Sale)의 형태가 국제거래의 주거래 방식으로 자리를 잡아감에 따라 이에 맞는 새로운 배송시스템이 구축될 전망이다. 인터넷을 통한 소액물품거래의 활성화에 따른 상품배송의 확대로 국제특송시장이 상대적으로 부상하는 현상을 보이고 있다. 인터넷에서 생산자와 소비자 간 직접거래가 증가하면서 탁송부문과 보관 및 저장하는 창고부문의 결합이 가속화될 것이다.

유통부문의 변화

기업 유통환경은 제조업체와 유통업체가 전략적 제휴 및 정보공유를 통한 유통공동화전략으로 신속대응(QR, Quick Response), 효율적 소비자 대응(ECR, Efficient Customer Response) 등의 통합유통관리로 확산되고 있다. 이에 따른 기업의 유통정보 서비스에 대한 수요도 급증할 전망이다.

TIP 정보통신기술이 주도하는 전자상거래 환경 아래에서 기본적인 유통 구조가 변화하고 있다. 이에 따라 기업 간 거래 및 소비시장에서의 거래를 포함한 시장 메커니즘과 시장 메커니즘의 중개 역할을 해온 도소매, 유통, 운송 등 중개 산업이 근본적인 변화를 맞이하고 있다.

SECTION 07

e-비즈니스 4P 전략 4 : 홍보전략

1 온라인 광고의 개념

인터넷을 통한 온라인 광고는 이미 보편화되었는데, 그 이유는 온라인 광고가 다른 매체에 비해 상대적으로 많은 양의 정보를 다양한 방법으로 전달할 수 있다는 장점이 있어 가격효율성이 높기 때문이다. 예를 들어, 인터넷에서 신제품에 대한 정보를 고객에게 발송하는 데 드는 비용을 현실 세계에서의 우편발송비용과 비교하면 거의 무료에 가깝다. 이러한 장점 때문에 온라인 광고는 매우 효율적인데, 문제는 어떻게 해야 온라인의 특성에 맞는 광고를 할 수 있는지에 집중된다.

온라인 광고(Online Advertising)는 **인터넷과 같은 통신매체를 통해 행해지는 광고활동 전반**을 의미한다. 이는 보편적으로 온라인 광고라고 인식하는 배너광고뿐만 아니라 인터넷에서 행해지는 기업과 관련된 모든 행위를 포함한다. [표 9-5]에서 온라인 광고의 장점과 단점을 알아보자.

표 9-5 온라인 광고의 장단점

구분	내용
장점	• 24시간 365일 광고 가능 • 소비자 거주 지역에 제한이 없음 • 쉬운 시장세분화 • 일대일 광고 가능함 • 멀티미디어 및 가상현실을 이용한 효과적인 광고기법 구사 가능 • 최소 비용으로 콘텐츠 제작, 수정, 갱신 등이 가능 • 시간이나 내용의 제한이 없음
단점	• 시장 크기를 측정하기 어려움 • 측정 기준에 대한 표준이나 방법이 모호함 • 현실적으로 소비자가 광고만을 보고 구매하기에 한계가 있음

온라인 광고의 형태는 주된 관점을 어디에 두는지에 따라 구분된다. 회사 활동을 강조하는 푸시형 광고와 고객 중심의 풀형 광고로 나눌 수 있다.

- **푸시형 광고(Push-based Advertising)** : 대부분의 미디어 광고와 같이 광고주의 의지를 전달할 뿐 광고를 보는 고객의 의견은 거의 반영하지 않는다. 이러한 방식에는 TV 광고처럼 단시간에 수많은 사람에게 메시지를 전달하는 방송 방식과 인터넷의 개방성을 이용해 수많은 광고성 전

자우편을 보내는 정크메일 방식이 있다. 그러나 두 방식 모두 인터넷의 특성을 살리지 못하고 있으며 오히려 기업 이미지에 역효과를 내는 경우가 많아서 사용을 자제해야 한다.

- **풀형 광고(Pull-based Advertising) :** 기존의 전통적인 매체가 제공하지 못한 '고객과의 이야기'가 가능한 것이 특징이다. 즉, 고객이 온라인 광고를 보고 회사에 직접 의견을 말할 수 있고, 회사는 이를 다시 광고나 마케팅 수단에 반영할 수 있다는 장점이 있다.

2가지 대표적인 온라인 광고 유형으로는 일반적으로 웹사이트에서 볼 수 있는 WWW 방식과 고객이 회사의 제품이나 서비스를 이용하고 난 후에 자신의 경험을 인터넷에 올려놓는 고객지지 방식이 있다. 특히 고객지지 방식은 고객의 신뢰도를 높이는 가장 효과적인 방법으로 꼽히고 있다. 결론적으로 온라인 광고는 단순한 푸시형 광고보다는 풀형 광고를, 그중에서도 고객지지 방식을 제공해 인터넷 효과를 제대로 활용할 수 있어야 할 것이다.

2 온라인 광고의 분류

온라인 광고에는 배너광고, 스폰서십 광고, 틈새광고, 스폿리싱, 온라인 이벤트, 타깃광고 등이 있다.

배너광고

배너광고(Banner Advertising)는 **인터넷에 접속한 최초 화면이나 정보검색 화면 한 부분에 나타나는 띠 형태의 광고**로, 도로광고와 같이 사람의 왕래가 잦은 장소에 배너광고를 넣어 관심 있는 사람들이 클릭하여 자사의 홈페이지에 접속하도록 하는 것이다. 이 구조는 기본적으로는 불특정 사용자의 눈길이 머무는 곳에 정보를 뿌리는 매스광고이다. 대부분의 포털사이트에서는 동영상을 이용해 광고하며, 클릭하거나 마우스를 올리면 큰 화면의 광고가 동영상으로 제공되는 방식이다. 배너광고는 광고 클릭을 통해 타깃광고로 연결되는 경우에는 효과를 볼 수 있지만, 배너광고 그 자체만으로 TV 스폿광고나 인쇄매체광고만큼의 효과를 기대할 순 없다. 배너광고는 밴드 폭의 제한 때문에 단순한 형태의 메시지만을 전달한다. 또한 해당 사이트 내에서 배너광고 이외에도 사용자의 주의를 끄는 요인들이 많이 존재한다는 점에서 배너광고의 시각적 효과는 한계가 있다. 그러므로 배너광고를 통한 제품 포지셔닝이나 브랜드 이미지 확립은 사실상 어렵고, 전달되는 메시지도 소비자가 의식적으로 노출 여부를 결정하는 것이 아니기 때문에 수동적일 수밖에 없다.

그림 9-13 **배너광고의 예**

스폰서십 광고

스폰서십 광고(Sponsorship Advertising)는 **특정 미디어 내에 특정 콘텐츠를 제공하고 그 스폰서 이익으로 콘텐츠에 스폰서 로고를 표시하거나 광고 콘텐츠를 제공하는 것**이다.

틈새광고

틈새광고(Niche Advertising)는 **웹사이트의 콘텐츠 페이지와 콘텐츠 페이지 사이의 화면 이동 시 전체 화면으로 삽입되어 광고메시지를 보여주는 광고 형식**이다. 노출효과가 확실하다는 장점이 있으며 점차 그 비중이 확대되고 있는 효과적인 광고 기법이다. 틈새광고의 종류에는 스플래시 스크린과 인터머셜이 있다.

- **스플래시 스크린(Splash Screen) :** 매체의 콘텐츠를 클릭할 때 다음 페이지로 연결되기 전에 한 페이지의 광고 메시지를 보여주는 팝업 페이지 형태의 광고이다.
- **인터머셜(Intermercials) :** 스플래시 스크린처럼 중간에 표출되거나 광고메시지가 고정돼 있지 않고, 게임을 하거나 클릭하도록 하여 광고메시지로 유도하는 형태의 광고이다.

스폿리싱

스폿리싱(Spot Leasing)은 **검색엔진 사이트 등 일부에서 개인 사업자를 위해 그들의 홈페이지 내에 일부 공간(Spot)을 계약기간만큼 임대해 주는 형식**이다. 스폿리싱의 장점은 특정 구역에 항상 광고가 자리 잡고 있기 때문에 배너광고와 달리 경쟁이 적다. 대신 광고의 크기가 제한적이기 때문에 보는 이로 하여금 쉽게 지나치게 만든다는 단점이 있다.

그림 9-14 스폰서링 광고의 예

온라인 이벤트

온라인 이벤트(Online Event)는 **단기적인 이벤트를 실시하여 이용자에게 웹사이트에 대한 관심을 불러일으키고 그 안에 광고주의 로고나 배너를 노출하는 방법**이다.

그림 9-15 온라인 이벤트의 예

타깃광고

타깃광고(Target Advertising)는 **특정 고객을 겨냥하여 유용한 정보를 제공하는 맞춤형 광고**를 말한다. 일반 사용자들은 기업에서 제공하는 인터넷의 각종 홍보활동이나 기업 홈페이지 등의 기타사항까지도 모두 광고 형태로 인식한다. 타깃광고는 단 하나의 웹페이지로부터 오디오나 동영상 등 다양한 형태를 이용해 다른 페이지와 연결되도록 한다. 여기에는 기업의 온라인 상점이나 콘텐츠 등을 포함한다. 이러한 타깃광고는 소비자들이 광고를 본 후, 클릭하면 광고가 노출되기 때문에 적극적인 광고 방법이라고 할 수 있다. 즉, 수동적인 광고노출은 시장의 통제 아래 놓여 있는 것이라고 할 수 있고 적극적인 광고노출은 소비자의 통제 아래 있는 것이라고 할 수 있다. 이러한 타깃광고의 개념이 바로 온라인 광고를 전통적인 매체에서의 광고와 차별화하는 요인이 된다.

3 온라인 광고의 효과

포레스터 리서치(Forrester Research)는 온라인 광고를 한 미국의 52개 기업을 대상으로 온라인 광고를 통해 주로 얻고자 하는 효과가 무엇인지 조사한 결과, 고객과의 관계 강화, 측정가능성, 속도 등이라는 연구 결과를 얻었다. 광고주들이 온라인 광고를 통해 얻고자 하는 것은 광고노출에 의한 인지도 제고보다는 고객에 대한 빠른 정보전달과 관계 강화에 있다. 온라인 광고의 효과 측정을 통해 광고주들은 비용대비 수익에 대한 정확한 정보를 제공 받아 광고투자를 효율적으로 할 수 있게 된다. 온라인 광고의 효과를 알 수 있는 측정지표에는 고객, 등록자, 방문자, 페이지뷰, 히트 등이 있다.

- **고객(Customer) :** 웹사이트를 방문하여 실제로 물건이나 서비스를 구입한 사람의 수
- **등록자(Subscriber) :** 방문자 중 개인을 구별할 수 있는 정보를 등록한 사람의 수
- **방문자(Visitor) :** 웹사이트를 방문한 사람의 수
- **페이지뷰(Page View) :** 서버로부터 인출된 페이지의 수
- **히트(Hit) :** 서버로부터 인출된 오브젝트(Object)의 수

토론 및 과제

※ 다음 기사를 읽고 토론 및 과제를 수행하시오.

인터넷 라이브 '전성시대 … "5억6000만명 이용"

2018년보다 1억 6300만 명 늘어… 누리꾼 10명 중 6명 '생방송' 이용
라이브커머스 시장 2020년 9610억 위안까지 커질듯

중국의 인터넷 생방송 시장이 멈출 줄 모르고 고공성장 중이다. 개인은 물론 기업들도 생방송을 통한 마케팅, 제품 판매에 나서면서 시장이 빠르게 확대되고 있다. 중국 경제 매체인 중국경제망이 인용한 시장조사업체 즈옌(智研) 통계에 따르면 올해 3월 기준 중국의 인터넷 생방송 이용자는 5억5932만 명이다. 지난 2018년보다 1억6300만 명 늘어난 것으로, 전체 인터넷 이용자의 62%에 해당하는 수준이다. 이는 낮은 진입장벽과 빠른 인터넷 기술 발달이 인터넷 생방송 성장세를 견인했다는 분석이다. 또 올 들어서는 코로나19로 인한 '언택트(비대면) 서비스' 수요가 늘면서 인터넷 생방송 수요도 늘어났다고 전문가들은 분석한다. 사실 2010년부터 시작된 중국의 인터넷 생방송이 본격적으로 발전한 건 2016년부터다. 최근 몇 년 사이 생방송을 통해 수익을 얻는 라이브커머스가 인기를 얻으며 신산업으로 자리를 잡았는데, 올해 그 성장세가 더 가파를 것이라는 전망이 나온다. 즈옌 통계에 따르면 올해 라이브커머스 시장 규모는 9610억 위안(약 165조3000억 원)까지 성장할 것으로 예상되는데, 이는 지난해 4338억 위안의 갑절이 넘게 이상 증가한 것이다. 기업 생방송 서비스 시장도 성장가도를 달리고 있다. 기업들이 인터넷 생방송을 자사의 제품홍보 수단이나 판매 채널로 활용하기 시작한 것이다. 인터넷 생방송을 가장 적극적으로 활용하는 업종은 교육 분야다. 코로나19 사태로 화상 강의 등 언택트 교육 수요가 늘어난 것이 배경이 됐다는 분석이다. 이외에 금융, IT, 미디어, 전자상거래 분야에서 인터넷 생방송을 많이 활용하고 있는 것으로 나타났다. 올해 기업 생방송 서비스 시장 규모는 전년 동기 대비 150% 증가한 50억 위안을 돌파할 것으로 전망된다. 즈옌은 " 올해 중국 기업 생방송 서비스 시장 규모는 56억7900만 위안이 될 것"이라며 "2021년에는 96억4900만 위안, 2024년에는 191억2900만 위안까지 폭발적인 성장을 거둘 것"이라고 내다봤다.

© 아주경제, 곽예지, 2020년 8월 25일

토론

01 온라인 광고의 효과가 대중매체를 이용한 광고와 어떻게 다른지 토론하시오.

02 최근 중국의 온라인 광고 시장의 성장률이 연평균 40%에 이른다고 한다. 이러한 성장은 온라인 광고의 선두주자인 우리나라를 위협할 만한 상황으로 인지된다. 중국과는 차별화된 우리나라의 온라인 광고 전략은 무엇이 있는지 토론하시오.

과제

01 인터넷을 통해 할 수 있는 새로운 형태의 광고에 관한 아이디어를 A4 용지 한 장으로 정리하여 제출하시오.

요약

01 마케팅은 생산자가 상품이나 서비스를 소비자에게 유통시키는 데 관련된 모든 경영활동을 의미한다.

02 e-비즈니스 마케팅은 인터넷 환경에서 이루어지는 기업의 마케팅을 말하며, e-비즈니스 마케팅의 3요소는 마케팅 전략, 마케팅 활동, 마케팅 기관이다.

03 마케팅 패러다임은 시대에 따라 변화하였는데, 공급자 위주의 '생산지향적 사고'에서 '판매지향적 사고'로, 다시 고객 위주의 '고객지향적 사고'로, 최근에는 '시장지향적 사고'로 변화하였다.

04 e-비즈니스 소비자는 목적적 쇼퍼, 탐색적 쇼퍼, 눈요기 쇼퍼로 분류할 수 있다.

05 e-비즈니스 소비자의 구매결정 과정은 '필요인식 → 상품중개 → 상인중개 → 협상 → 구매 및 배송 → 서비스 및 평가'의 총 6단계 과정을 거친다.

06 제품은 재화나 서비스 중 하나, 또는 두 개념의 조합으로 개인이나 조직의 목표를 충족시키기 위한 교환의 대상이다.

07 제품수명주기는 제품개발 단계부터 시장에서 사라질 때까지의 과정이다.

08 신제품 전략은 불연속형 혁신 전략, 신제품 라인 확장 전략, 기존 상품 라인 확장 전략, 기존 상품 개량 전략, 재포지셔닝 전략, 저가격 지향 전략이 있다.

09 가격은 제품이나 서비스에 대해 부과하는 금액이다.

10 가격결정은 기업들이 재화와 서비스를 제공하는 대가를 결정하는 과정이다.

11 가격결정요인으로는 가격인하 압력, 적은 비용, 원가상승요인이 있다.

12 가격결정전략은 초기 고가전략, 침투가격전략, 프로모션 가격전략이 있다.

13 유통은 물자를 공급자에서 수요자로 이동시키는 것을 말한다.

14 유통의 원칙은 3S1L 원칙과 7R 원칙이 있다.

15 유통의 기능에는 운송, 하역, 보관, 포장, 정보 등이 있다.

16 유통환경의 변화로는 통합 유통관리기법 도입, 유통서비스의 새로운 요구, 국제 특송시장의 급성장, 유통부문의 변화가 있다.

17 온라인 광고는 인터넷과 같은 통신매체를 통해 행해지는 광고활동 전반을 의미한다.

18 온라인 광고에는 배너광고, 스폰서십 광고, 틈새광고, 스폿리싱, 온라인 이벤트, 타깃광고 등이 있다.

19 온라인 광고의 효과를 알 수 있는 측정지표에는 고객, 등록자, 방문자, 페이지뷰, 히트 등이 있다.

연습문제

단답형 문제

01 (　　　　　　)은 생산자가 상품이나 서비스를 소비자에게 유통시키는 데 관련된 모든 경영활동을 의미한다.

02 e-비즈니스 마케팅의 3요소는 (　　　　　　), (　　　　　　), (　　　　　　)이다.

03 초기 마케팅 철학을 (　　　　　　)라고 부르는데, 이 사고는 제품 및 서비스의 제조와 유통을 강조하여 그 효율성을 개선하는 데 주안점을 두었다.

04 (　　　　　　)는 구매할 상품에 대해 대략적인 계획만으로 인터넷을 탐색하는 고객으로, 대부분의 e-비즈니스 소비자가 이 부류에 속한다.

05 일반 소비자의 구매결정 과정은 '(　　　　　　) → (　　　　　　) → 대안평가 · 절충 · 선택 → 구매 및 배송 → 서비스 및 평가'의 총 5단계 과정을 거친다.

06 (　　　　　　)은 재화나 서비스 중 하나, 또는 두 개념의 조합으로 개인이나 조직의 목표를 충족시키기 위한 교환의 대상이다.

07 (　　　　　　)는 제품개발 단계부터 시장에서 사라질 때까지의 과정이다.

08 (　　　　　　)은 제품이나 서비스에 대해 부과하는 금액이다.

09 (　　　　　　)은 기업들이 재화와 서비스를 제공하는 대가를 결정하는 과정이다.

10 가격결정요인으로는 가격인하 압력, (　　　　　　), 원가상승요인이 있다.

11 (   )은 물자를 공급자에서 수요자로 이동시키는 것을 말한다.

12 유통의 원칙은 (   ) 원칙과 (   ) 원칙이 있다.

13 (   )는 인터넷과 같은 통신매체를 통해 행해지는 광고활동 전반을 의미한다.

객관식 문제

14 다음 중 마케팅의 특징이 아닌 것은?

① 직원으로부터 피드백을 받는다.
② 다양한 매체를 이용한 홍보 및 촉진 전략을 수립한다.
③ 고객과 상호작용 수단을 마련한다.
④ 인터넷을 통한 고객서비스를 지원하고 마련한다.
⑤ 시장을 세분화하고 잠재 고객을 확인한다.

15 다음 중 마케팅믹스의 4P에 해당하지 않는 것은?

① 제품 ② 유통 ③ 홍보 ④ 아이디어 ⑤ 가격

16 다음 중 마케팅 기관의 구성원이 아닌 것은?

① 유통관리자 ② 홍보관리자 ③ 판매관리자
④ 생산관리자 ⑤ 구매관리자

17 다음 중 마케팅 패러다임의 변화에 속하지 않는 것은?

① 판매지향적 사고 ② 고객지향적 사고 ③ 생산지향적 사고
④ 시장지향적 사고 ⑤ 관리지향적 사고

18 e-비즈니스 소비자 중 구매할 상품의 브랜드와 모델까지 정확하게 알고 쇼핑몰을 방문하는 고객을 무엇이라고 하는가?

① 눈요기 쇼퍼 ② 탐구형 쇼퍼 ③ 목적적 쇼퍼
④ 충동적 쇼퍼 ⑤ 탐색적 쇼퍼

19 다음 중 e-비즈니스 소비자의 구매결정 과정으로 올바르게 연결된 것은?

① 필요인식 → 상품중개 → 상인중개 → 협상 → 구매 및 배송 → 서비스 및 평가
② 필요인식 → 구매 및 배송 → 상품중개 → 상인중개 → 협상 → 서비스 및 평가
③ 필요인식 → 상인중개 → 협상 → 상품중개 → 구매 및 배송 → 서비스 및 평가
④ 필요인식 → 협상 → 구매 및 배송 → 상품중개 → 상인중개 → 서비스 및 평가
⑤ 필요인식 → 구매 및 배송 → 상인중개 → 협상 → 상품중개 → 서비스 및 평가

20 욕구나 필요를 만족시키기 위해 시장에서 인식·구매·사용·소비될 수 있는 것은?

① 서비스 ② 재화 ③ 전문품 ④ 선매품 ⑤ 편의품

21 제품수명주기 중 신제품이 처음으로 유통되는 단계는 무엇인가?

① 도입 ② 쇠퇴 ③ 성숙 ④ 홍보 ⑤ 성장

22 다음의 설명을 읽고 어떤 신제품 전략에 대한 설명인지 고르시오.

> 텔레비전이나 스마트폰 등은 개발 당시 새롭게 등장한 혁신 상품이었다. 인터넷과 연결하여 설명하면 최초의 웹 제작 소프트웨어, 온라인 쇼핑, 검색엔진 등이 이 분류에 들어간다.

① 저가격 지향 전략 ② 불연속형 혁신 전략 ③ 신제품 라인 확장 전략
④ 재포지셔닝 전략 ⑤ 기존 상품 개량 전략

23 e-비즈니스를 통해 거래되는 제품의 원가상승요인이 아닌 것은?

① 높은 재고비용 ② 경매에 의한 가격경쟁 ③ 높은 인터넷 마케팅비
④ 신디케이트 판매 ⑤ 배송비

24 e-비즈니스를 통해 거래되는 제품이 가격인하 압력을 받는 이유가 아닌 것은?

① 최저가격 검색 가능

② 가격유지의 어려움

③ 다품종소량생산

④ 인터넷 판매의 낮은 경비

⑤ 브랜드 확립 우선의 가격결정

25 유통의 원칙 중 3S1L 원칙에 해당되지 않는 것은?

① 품질 ② 안전 ③ 정확 ④ 낮은 가격 ⑤ 신속

26 다음 중 유통의 기능이 아닌 것은?

① 가격 ② 하역 ③ 보관 ④ 포장 ⑤ 운송

27 다음 중 유통환경의 변화 원인이 아닌 것은?

① 유통부문의 변화

② 유통의 근거리화

③ 국제특송시장의 급성장

④ 유통서비스의 새로운 요구

⑤ 통합 유통관리기법 도입

28 다음 중 온라인 광고의 종류가 아닌 것은?

① 스폿리싱 ② 인쇄매체광고 ③ 틈새광고

④ 타깃광고 ⑤ 배너광고

29 다음 중 온라인 광고의 효과를 알 수 있는 측정지표가 아닌 것은?

① 고객 ② 개발자 ③ 페이지뷰

④ 방문자 ⑤ 등록자

PART 03

e-비즈니스 정보기술

CONTENTS

CHAPTER 10

e-비즈니스 시스템

학습목표

- e-비즈니스 시스템의 필수 요소인 웹 서버, 머천트 시스템, 전자지불 서버에 대해 알아본다.
- 레거시 시스템인 PDM, ERP, SCM, CRM의 개념적인 내용을 학습한다.
- 데이터마이닝의 개념 및 기법을 이해한다.

PREVIEW

이번 장에서는 e-비즈니스 시스템의 필수 요소인 웹 서버, 머천트 시스템, 전자지불 서버, 레거시 시스템에 대해 살펴본다. 또한 데이터마이닝에 대해서도 알아본다.

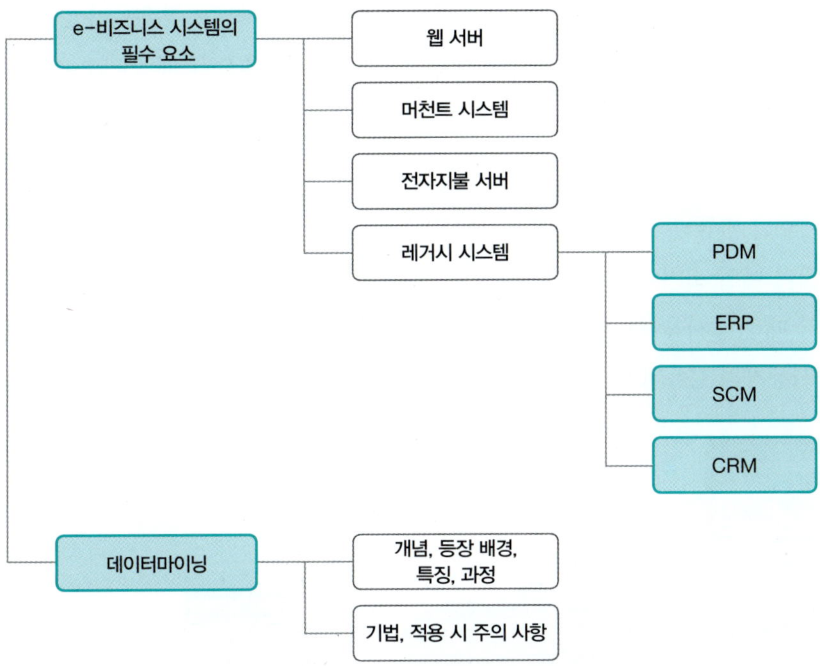

SECTION 01

e-비즈니스 시스템의 필수 요소

e-비즈니스 시스템의 필수 요소를 살펴보기 전, 클라이언트/서버 시스템의 개념부터 짚어보자. 클라이언트/서버 시스템(Client/Server System)은 **서비스를 제공받는 고객인 클라이언트와 서비스를 공급하는 제공자인 서버 간의 관계를 나타내는 시스템**으로, 쉽게 말해 클라이언트가 서버에 무엇인가를 요청하면 서버가 응답하는 것을 의미한다. 클라이언트/서버 시스템은 물리적으로는 모두 컴퓨터 시스템이다. 흔히 서버를 PC와 다른 대단한 것으로 오해하고 있지만, 서버도 컴퓨터일 뿐이고 단지 사용용도에 따라 구분되는 이름이다. 서버는 사용용도가 24시간 내내 전원을 켜놓고 대기해야 하는 컴퓨터이며, 클라이언트는 사용자가 필요할 때 언제든지 끄고 켤 수 있는 컴퓨터를 의미한다.

메일 서버의 경우에는 직원이 퇴근해도 누군가 이메일을 받아야 하는데, 모든 직원의 컴퓨터를 계속 켜놓기보다 컴퓨터 한 대가 대표로 24시간 메일을 받게 하는 것이 효율적이며 그런 용도로 사용되는 것이 메일 서버이다. 예를 들어, 사용자의 컴퓨터는 메일 서버에 접속해서 메일을 받기만 하면 되기 때문에 사용자의 컴퓨터는 메일 클라이언트가 되는 것이다. 물론, 서버에는 서버용 프로그램, 사용자의 컴퓨터에는 메일 클라이언트 프로그램이 설치되어 있어야 한다.

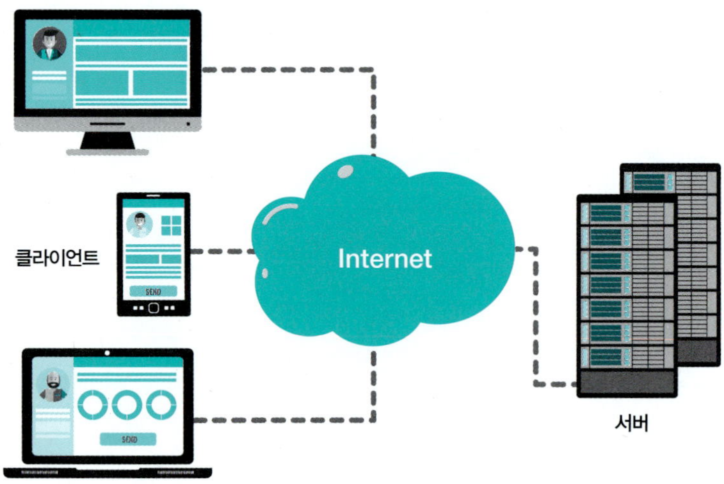

그림 10-1 클라이언트/서버 시스템 개념도

e-비즈니스 시스템은 기업의 웹사이트를 게시할 수 있는 '웹 서버', 쇼핑몰을 구축하며 상품을 관리할 수 있는 '머천트 시스템', 고객이 상품 대금을 결제하는 '전자지불 서버'가 필수적이다. 또한, e-비즈니스 시스템과 연동하여 기업의 모든 업무를 처리할 수 있게 해주는 '레거시 시스템'이 필요하다.

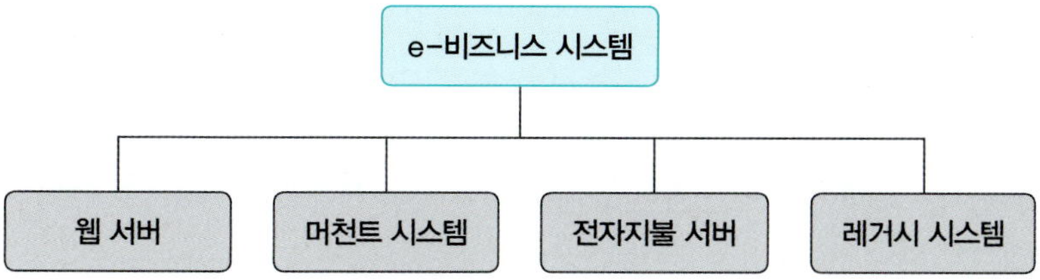

그림 10-2 **e-비즈니스 시스템의 필수 요소**

레거시 시스템(Legacy System)은 기업의 기간정보시스템이다. 레거시 시스템에는 기업의 기간 시스템으로 운영되는 ERP, 공급사와 물류 부분의 효과적인 정보시스템 통합을 위한 SCM, 고객 관계 관리를 위한 CRM이 필수적이다. 또한 이러한 모든 시스템이 통합적으로 운용되기 위한 제품표준이 필요한데 이러한 제품표준을 관리하는 PDM도 매우 중요하다. e-비즈니스의 필수 요소 중 레거시 시스템에 대해서는 2절~5절에 걸쳐 자세히 살펴보고, 이번 절에서는 웹 서버, 머천트 시스템, 전자지불 서버에 대해 알아본다.

1 웹 서버

웹 서버(Web Server)는 **하이퍼텍스트(Hypertext) 문서의 송수신을 위한 HTTP 프로토콜을 이해하고 이에 따라 요청받은 동작을 수행하는 하나의 프로그램**이다. 불규칙적으로 들어오는 요청을 인식하기 위해서는 서버 프로세스가 항상 동작하고 있어야 한다. 이러한 기능을 하는 서버 프로세스가 'http'이다. http는 시스템에서 수행되는 하나의 데몬(daemon) 프로세스이다. 따라서 서버를 설치한다는 것은 http 프로세스를 실행시키는 일이며, 다시 말해 서버 프로그램을 실행시킨다는 의미이다. 서버 프로그램이 실행될 때에는 서버의 서비스 환경에 대해 설정해놓은 파일을 참조하기 때문에 적절하게 환경을 설정해야 한다. 웹 서버의 종류는 웹 서버를 운영하는 시스템의 플랫폼(유닉스, 맥, 윈도우 등)에 따라 분류할 수 있다. 흔히 윈도우 NT 기반에서는 웹 서버로 IIS(Internet Information Server)를 사용하고, 리눅스 계열에서는 아파치 웹 서버(Apache Web Server)가 주로 사용된다.

2 머천트 시스템

머천트 시스템(Merchant System)은 **상품전시, 가격표시, 상품검색, 장바구니 등의 일을 하며, 머천트 서버 · 스테이징 서버 · 트랜잭션 서버 · DBMS · 상용 서버를 사용하여 구축한 종합 시스템**이다. 각 서버 시스템은 DBMS, HTML, HTTP, RSA 데이터 암호 시스템을 갖추고 있어야 높은 가용성과 확장성 및 철저한 보안을 유지할 수 있다.

머천트 서버

머천트 서버(Merchant Server)는 고객이 쇼핑몰에서 쇼핑하면서 직접 물건을 선택할 수 있도록 사이트를 구축하는 서버이다.

스테이징 서버

스테이징 서버(Staging Server)는 판매자가 고객에게 직접 서비스하기 전에 실제 상황과 동일한 환경에서 상품을 로드(Load)하여 가격, 디스플레이 등 여러 가지 요소가 자신이 원하는 형태로 로드되었는지를 사전에 검토하기 위한 시스템이다. 특히 원격에서 상품을 로드, 검토, 업데이트 하고자 하는 쇼핑몰 운영자에게 유용하다. 또한, 판매자는 상품정보를 추가하고 업데이트를 신속하면서도 쉬운 방법으로 할 수 있어야 한다. 스테이징 서버는 'Name:Value' 페어 파일 또는 SQL 문을 이용해 상품을 자동으로 로드할 수 있다. 자동화된 로딩 프로그램을 사용하는 판매자는 수백, 수천 가지 상품을 일괄적으로 로딩할 수 있다. 또한 검토가 끝난 제품은 운영자가 상품 정보를 추출하여 PEM, FTP, TAPE의 방법으로 머천트 서버에 전달하여 쇼핑몰에 전시할 수 있다. 이 과정을 자동으로 실행하거나 수동으로 할 수 있다.

트랜잭션 서버

트랜잭션 서버(Transaction Server)는 구매를 희망하는 상품에 대한 계산 과정에 전자영수증을 발급하는 쇼핑몰의 계산대 역할을 한다. 즉, 고객이 쇼핑몰을 통하여 물건을 구매하면 고객은 신용카드, 계좌이체 등을 통해 상품의 대가를 지불하는데 지불 서버와 연계되어 고객이 결제하고 영수증을 받을 때까지의 모든 과정을 트랜잭션 서버가 담당하게 된다.

3 전자지불 서버

SET를 기반으로 하는 전자지불 서버는 고객 소프트웨어, 상인 서버, 지불 게이트웨이, 인증 서버 시스템, 전자결제 안전장치, 애스크로 서비스 등으로 구성된다.

고객 소프트웨어

고객 소프트웨어는 SET 프로토콜을 처리하기 위한 일종의 전자지갑 소프트웨어로, 웹브라우저의 헬퍼(Helper) 프로그램으로 존재하여 지불처리 시 상인 서버에서 전송되는 구동 메시지에 의해 시작되는 것이 일반적이다. 고객 소프트웨어는 고객의 구매 및 지불정보의 보호, 인증서 및 개인키 관리, 거래내용 관리, 상인 서버와 연동한 SET 전자지불 처리를 주요 기능으로 한다.

상인 서버

상인 서버는 전자상점 소프트웨어와 공존하거나 독립된 시스템으로 존재할 수 있으며, 고객의 구매요구 및 지불명령을 처리한다. 주요 기능은 상인의 공개키 및 개인키 관리, 거래정보의 보호 및 거래내용 관리, 고객의 주문처리, 지불 게이트웨이에 대한 인가요구 및 대금 이체요구 등이다.

지불 게이트웨이

SET 지불 메시지를 은행망과 연동하여 처리하기 위한 일종의 지불대행 시스템으로, 은행 자체에 존재하거나 믿을 수 있는 제3기관에서 운영될 수 있다. 지불 게이트웨이는 상인으로부터의 인가 메시지와 대금 이체 메시지를 은행망으로 전송하여 처리한다. 그 밖에 거래 사고 방지를 위한 거래내용 관리, 신용도에 따른 인증 서버의 인증서 처리 리스트와의 연동, 상인 서버와의 연동 등을 주요 기능으로 한다.

인증 서버 시스템

인증국에서 운영하는 인증 서버 시스템은 SET 거래에 참가하는 구성 요소에 대한 등록과 인증서 발행을 주요 목적으로 하며 믿을 수 있는 기관에 의해 운영되는 방식이어야 한다. 인증 서버의 주요 기능은 인증서의 발행 및 관리, 잘못된 인증서를 알리는 인증서 취소 리스트의 운용, 은행망과 연동하여 고객 및 상인 인증서 취소 또는 재발행, 다른 인증 서버와의 연동 등이다.

전자결제 안전장치

전자결제 안전장치에는 SSL, IPS, 안심클릭서비스, 공인인증서가 있다. SSL은 소비자가 온라인 쇼핑몰에서 물건 구매 시 웹브라우저를 통해 사업자에게 제공하는 카드정보를 암호화하여 사업자의 웹 서버로 전송하는 것이다. IPS는 국민카드와 비씨카드가 설립한 전자상거래용 결제서비스이다. 안심클릭서비스는 주요 신용카드사와 VISA가 협력하여 개발한 온라인 전자상거래용 결제서비스를 의미한다. 공인인증서는 국가 공인인증기관에서 발행한 본인확인을 위한 법적효력을 지닌 인증서를 의미한다.

애스크로 서비스

제3자에게 구매자의 결제대금을 예치하고 있다가 배송이 정상적으로 완료된 후, 대금을 판매자에게 지급하는 거래 안전장치를 말한다. 구매자 입장에서는 대금 결제 후 상품이 배송되지 않았을 경우 사기 거래 피해를 예방할 수 있다. 판매자 입장에서는 소비자의 상품 수령 후 결제 거부, 거짓 주문에 따른 피해를 예방할 수 있다.

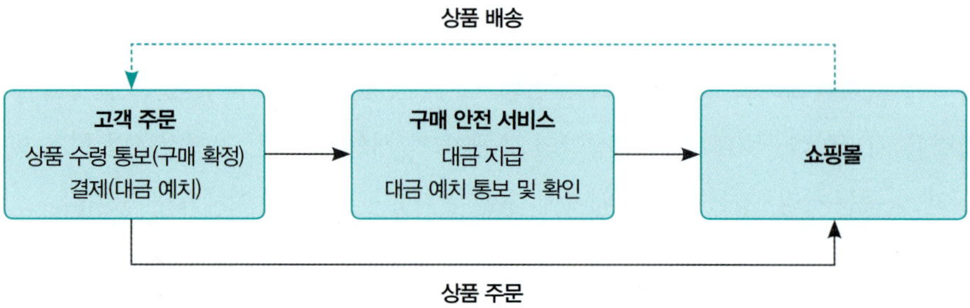

그림 10-3 애스크로 서비스

SECTION

02 PDM

1 PDM의 개념

PDM(Product Data Management)은 **제품의 기획에서 설계·제조·인증·마케팅에 이르는 제품개발 각 과정의 모든 데이터를 일원적으로 관리하는 것**이다. PDM은 제품정보의 관리와 공유를 위해 동시공학적 접근방법과 전자문서관리를 하기 위한 전자상거래의 지원 도구이다. PDM은 제품설계도, 부품구성도, 각종 규격서, 설계분석서, 하드카피 등 제품의 수명주기에 발생하는 제품 데이터를 통합하여 효과적으로 관리하고, 제품의 개발이나 수정에 필요한 제품 관련 데이터의 흐름을 효율화하기 위한 시스템이다. 제품과 관련된 모든 정보를 통합적으로 관리하고 기능 중심의 각 부서에서 독립적으로 관리하는 '제품 데이터'와 CAD/CAM, EDM, MRP, 워크플로우/그룹웨어 등 기업에서 활용되고 있는 '응용 소프트웨어'를 효과적으로 연결하여 기업의 생산성과 경영효율을 개선하고자 고안되었다. 기업 내 e-비즈니스를 구축하기 위해서는 PDM의 가상설계환경 영역을 ERP까지 확대해야 한다. 이는 기업 내 e-비즈니스에서 PDM과 ERP가 중요한 위치를 차지하고 있음을 보여준다.

2 PDM의 기능

PDM은 제품과 관련된 모든 정보를 제품구조와 동기화하여 통합적으로 관리하는 데 필요한 사용자 또는 응용 프로그램으로, 필요한 시점에 그 정보를 정확히 전달할 수 있도록 지원한다. 이러한 PDM의 기능은 제품 데이터 관리 기능과 프로세스 관리 기능으로 구분된다.

제품 데이터 관리 기능

제품 데이터 관리 기능은 컴포넌트 분류 기능, 문서분류 기능, 제품구조관리 기능 등 3가지 관점으로 세분된다. PDM에서 컴포넌트는 업무의 필요에 따라 사용자가 쉽게 검색할 수 있도록 계층형 네트워크 구조의 다양한 클래스로 분류되어 데이터베이스에 저장된다. 컴포넌트나 어셈블리와 관련된 문서는 설계도·3차원 모델링·기술자료·스프레드시트 파일과 같은 형태의 클래스로 분류될 수 있으며, 각각의 문서에 대한 파트·문서번호·작성자·작성일 등의 속성을 가진다. 이와 동시에 컴포넌트와 문서의 관계를 정의하고 관리할 수 있다. PDM은 제품 데이터를 물리적 관계뿐만 아니라 제조·재무·유지보수 등 제품주기 각 단계에 필요한 형태로 구조화하여 표현할 수 있다.

프로세스 관리 기능

프로세스 관리 기능은 데이터에 대한 접근과 참조 및 상호참조가 쉬운 형태로 데이터를 구조화하는 기능이다. 프로세스 관리 기능의 프로세스를 생성하고 수정하는 방식은 작업관리 기능, 작업흐름관리 기능, 작업이력관리 기능 등 3가지로 분류할 수 있다.

- **작업관리 기능 :** 작업수행의 결과 데이터에 어떤 변화가 발생했는지 관리하는 것이다. 한 제품이 개발되어 상품화되기까지는 수명주기의 각 단계에서 무수히 많은 변경이 발생한다. PDM은 엔지니어가 변경에 무관하게 작업할 수 있도록 기존 데이터와 변경된 신규 데이터 모두를 보관하고 이에 대한 정확한 정보를 제공하여 필요한 버전의 데이터를 검색하여 사용할 수 있다.
- **작업흐름관리 기능 :** 필요한 정보를 필요한 시점에 필요한 사용자에게 제공하여 업무의 효율을 높여준다. PDM은 작업흐름관리를 위해 작업흐름 정의 및 실행, 계층적 작업 브레이크다운 지원, 작업흐름통제 및 작업목록관리, 작업흐름프로세스 모니터링과 같은 다양한 기능적 요소를 제공한다.
- **작업이력관리 기능 :** PDM은 프로젝트의 현 단계에 관한 기록과 프로젝트의 진행 상태에 관한 기록을 관리 및 제공하여 사후 감사에 유용한 정보를 준다.

PDM의 작업흐름관리 기능은 신규제품 개발프로세스 또는 설계변경 업무프로세스 등을 정형화하고 표준화시켜 PDM 시스템에 정의하고 상기 업무들이 자동으로 정해진 규칙에 따라 진행되도록 지원하고 있다. 이 기능을 지원하기 위해 필요로 하는 부품정보, BOM(Bill of Material), 도면 등 모든 정보를 설계 · 생산 · 구매 · 영업 등의 관련 담당자들과 함께 공유할 수 있다. 이러한 정보 공유를 통해 제품개발부서와 회사의 기능별 담당자와의 의사소통이 가능하고 업무의 진행 상황을 실시간으로 모니터링할 수 있어 업무 진행관리가 용이해지며 부서 간 빠른 의사소통으로 리드타임(Lead Time)이 감소한다.

SECTION
03 ERP

1 ERP의 개념

글로벌 시장의 형성으로 인해 생산 및 물류 거점이 국내외 여러 곳에 흩어져 있어 글로벌 프로세스 관리 및 최적의 공급체인 구축이 더욱 필요해졌다. 이러한 요구에 따라 발생한 것이 ERP이다. ERP(Enterprise Resource Planning)는 **생산·자재·구매·영업·인사·회계 등 일련의 기업활동에 필요한 모든 자원을 하나의 체계로 통합하여 운영하는 것**으로, 기업의 업무처리 방식을 선진화하여 한정된 기업의 자원을 효과적으로 관리하고 업무를 좀 더 원활히 수행할 수 있도록 지원하는 통합 정보시스템이다.

그림 10-4 ERP : 일련의 기업활동에 필요한 모든 자원을 하나의 체계로 통합 운영하는 것

역사적으로 ERP는 자재소요계획에 기원한다. 자재관리 합리화에 획기적으로 이바지한 MRP(Material Requirement Planning)는 1980년대 들어서 생산자원계획으로 확대되었고, 1990년대에는 단위업무에 대한 정보를 전사적으로 관리하는 ERP로 발전하게 되었다. ERP는 구체적으로 생산·자재·영업·인사·회계 등 기업 전 부문에 걸쳐져 있는 인력·자원·자금 등 각종 경영 요

소를 하나의 체계로 통합하는 솔루션을 의미한다. 기업의 생산성을 극대화하고 경영 효율성과 의사결정의 신속성을 증진하는 기업 리엔지니어링의 대표적인 수단으로 주목받고 있다.

객체기술과 분산데이터처리 개방형 구조를 받아들여 분산화 및 개방화한 시스템으로 개발된 것이 ERP이다. 이러한 ERP의 최종 목표는 기업의 자원인 인력 · 금전 · 자재 · 기계를 통합적으로 관리하여 시너지 효과를 창출하고, 이를 통해 고객만족을 달성하는 데 있다. 한편 국내외 기업이 빠르게 ERP를 도입하려는 배경을 살펴보면 다음과 같다.

- **경영환경 악화 :** 국내 기업을 둘러싸고 있는 경영환경은 인건비 상승, 고급인력의 절대적 부족, 사회간접자본의 미흡, 금융비용의 과다, 제품설계 · 핵심부품 · 생산설비의 지나친 국외 의존 때문에 기업경쟁력이 날로 약화되고 있었다. 이러한 시점에 새로운 정보시스템 기술의 도입과 이를 통한 생산전략의 혁신에 대한 관심이 높아지면서 ERP가 이러한 문제를 해결할 수 있는 새로운 대안으로 주목받았다.
- **전산비용 절감 :** ERP 시스템을 구축하면 기존의 정보시스템 개발유지 및 보수비용의 획기적인 절감이 가능하다.
- **신속 대응의 필요성 :** 급격하게 짧아진 제품의 라이프사이클과 날로 다양해지는 소비자의 니즈에 기업이 전사적으로 대응하기 위해 ERP는 절대적으로 필요하다.
- **리엔지니어링 수단으로 활용 :** ERP는 리엔지니어링의 가시적인 실천 수단으로 활용될 수 있다는 기대감 때문이다.

1990년대에 미국에서 시작된 리엔지니어링의 성과가 기대에 미치지 못한 것은 이를 지원하는 핵심 정보기술이 부족했기 때문이다. 하지만 현재 ERP는 기업의 모든 단위활동을 통합하여 기업활동이 실시간으로 수행될 수 있도록 도와준다.

2 ERP 시스템 구축

일반적인 ERP 시스템 구축 방법은 자체개발 방법과 ERP 패키지 시스템을 구매하여 자사 환경에 맞게 수정하는 방법이 있다. 시스템을 자체적으로 개발하기 위해서는 먼저 프로세스 공학에 기반을 둔 실무지식이 필요하며, 객체화기술이 중심이 된 첨단 소프트웨어 개발기술이 필수적이다. 현재 대부분의 기업에서는 자체개발에 의한 시스템 구축보다는 패키지를 도입하여 ERP를 구축하고 있는데, 이는 패키지를 도입하는 것이 여러 가지 측면에서 장점이 많기 때문이다. 특히 패키지 도입을 통한 ERP 시스템의 구축은 자체개발보다 비용을 절감하고 위험요소를 감소시킬 수 있다. 또한, 빠른 시간에 적응할 수 있으며 세계적인 최고급 정보기술을 활용할 수 있다는 장점이 있다.

ERP의 기능은 생산, 생산관리, 설계, 재무, 회계, 영업, 인사 등의 순수관리 부문과 경영지원 기능을 포함하고 있다. ERP는 단순한 정보시스템이 아니라 혁신적인 업무처리 방식이나 구조를 본질적으로 개혁시켜 업무의 생산성을 극대화하는 강력한 통합 솔루션이다. 즉, 이전의 모든 기업 활동은 영업이 완료된 후 생산 계획이 수립되고 공장이 가동되는 순차적인 구조로 되어 있었지만, ERP는 기업 내의 모든 정보를 실시간으로 통합 처리하면서 비능률적인 업무 프로세스가 발견되면 경영 재설계를 통해 반드시 개선시키는 개념이다.

3 ERP의 업무 기능

ERP 패키지의 기능은 큰 업무 단위로 업무를 보기 때문에 공급사별로 뚜렷한 차이를 보이지 않는다. 기업을 운영하는 데 필요한 기본적인 업무 기능은 대부분 공급사가 다 같이 제공하기 때문이다. 그러나 공급사별로 업무 기능을 구분하는 기준의 차이와 이러한 모듈별로 각기 다른 이름이 붙여지는 데에서 오는 혼란은 있다. 또한, ERP 패키지별 규모에 따른 추가적인 기능이나 기능의 깊이에는 많은 차이가 있다. 기존 정보시스템은 회계, 영업, 생산 등의 분업화된 부문 요구에 따라 제각각 데이터베이스를 사용하여 업무 간 정보시스템으로 통합되지 못하여 비효율적이었다. ERP 패키지는 로지스틱스, 제품개발, 재무 등의 기업 내 모든 업무를 실시간으로 연동시킨 통합 시스템으로 매우 효율적이다.

TIP **로지스틱스(Logistics) :** 원료 준비, 생산, 보관, 판매에 이르는 과정에서 물적유통을 가장 효율적으로 수행하는 종합 시스템을 말한다.

표 10-1 ERP의 기능 및 효과

기능	효과
• 기업 내 모든 업무를 회계 시스템에 직결시키고, 조직의 수평화를 추진(BPR 가능) • 업무 통합과 재편성을 이룸 • 기업 내 사무 환경 변화에 대응	• 비용절감(이중입력 폐지, 간접업무 효율화) • 업무처리 속도향상으로 생산리드타임 단축 • 회계 시스템과 다른 시스템의 연결로 결산 목적 외에 경영의 의사결정에 유용한 비용의 정보 획득 가능

4 ERP의 기대 효과

ERP 구축에 대한 기대 효과는 업무효율 증대, 비용절감, 신속한 의사결정 강화, 투명성 제고, 높은 고객만족도 등이 있다.

- **업무효율 증대 :** 기업 내 또는 기업 간 업무가 하나의 데이터베이스로 통합되기 때문에 관련 데이터의 일원화와 공유가 가능해지고 업무 간의 의사소통이 원활해져 업무효율이 높아진다.

- **비용절감 :** ERP는 선진 프로세스를 내장하고 있는 BPR(경영혁신) 지원도구로, 기업의 업무처리 방식을 최적화하고 정보시스템의 비용을 절감시킨다. 또한, 통합 데이터베이스를 통한 정보의 접근과 공유는 데이터의 중복이나 오류, 재입력에 따른 비용을 최소화한다.
- **신속한 의사결정 강화 :** 기업의 업무과정에서 발생하는 데이터를 일원화하고 계속 변화하는 경영 상황에 대한 정보를 신속 정확하게 경영 하층부까지 제공하기 때문에 신속한 의사결정이 가능하다.
- **투명성 제고 :** 회계 등 관련 업무의 자동화로 경영의 투명성을 높인다.
- **높은 고객만족도 :** 수주처리에서 출하, 회계처리까지 일련의 업무통합으로 고객의 니즈에 신속하고 정확하게 대응하여 고객만족도를 높여준다.

SECTION

04 SCM

1 SCM의 개념

공급체인(Supply Chain)은 고객-소매상-도매상-제조업-부품 · 자재공급자 등의 공급활용 연쇄구조를 나타낸다. SCM(Supply Chain Management)이란 **부문마다 최적화에 머물렀던 정보 · 물류 · 현금에 관련된 업무흐름을 공급체인 전체의 관점에서 재검토하여 정보의 공유화와 업무처리의 근본적인 변혁을 꾀하여 공급체인 전체의 효율을 향상시키려는 경영방식**이다. SCM이 중요하게 인식되고 있는 이유는 기업활동의 글로벌화, 다품종소량생산, 기술의 발전 등이 있다.

- **기업활동의 글로벌화 :** 생산, 부품조달, 구매, 보관, 물류, 운송, 판매, 유통 등의 기업활동이 글로벌화됨에 따라 공급체인의 리드타임이 길어지고 불확실해졌다. 이에 따라 글로벌한 공급 체인 및 물류의 합리적인 계획 및 관리와 조정, 통제가 중요하게 되었다.
- **다품종소량생산 :** 고객의 다양한 요구에 맞추어 제조 및 납품해야 하는 다품종소량생산 방식이 보편화되면서 재고 및 물류 관리의 효율성을 높이기 위해서도 SCM이 중요하게 되었다.
- **기술의 발전 :** ERP로 인해 기업 내 프로세스가 정보화 및 통합되고 다양한 기술이 발전함에 따라, 공급체인 간의 프로세스를 적극적으로 통합할 수 있게 되어 관련 개념 및 기법 보급이 확산되고 있다.

TIP 리드타임(Lead Time) : 주문으로부터 소비자에게 제품이 전달되기까지의 소요 시간을 의미한다.

하나 더 알기 SCM의 주요 목표

- 납품수행도 ↑
- 주문충족성과 ↑
- 주문별 납기준수율 ↑
- 종업원당 부가가치 생산성 ↑
- 품질보증비용 및 고객만족도 ↑
- 자산회전율 ↑
- 현금회수기간 ↓
- 재고에 의한 공급가능기간 ↓
- 변화에 대한 공급망의 적응 소요시간 ↓
- 수요증가 대처에 걸리는 시간 ↓
- 물류 관련 총비용 ↓

2 SCM의 발달 과정

SCM의 기원은 MRP(Material Requirement Planning)이다. MRP는 고객으로부터 주문을 받고 제품을 만들 원자재의 수량을 어느 정도 구매해야 하는지를 결정하기 위해 사용되었다. 재고와 취급하는 제품의 종류가 많아지면서 수작업으로 해결하는 데에는 이미 한계에 도달했기 때문에 이런 문제를 해결하기 위해 기업은 정보시스템을 도입하였다. 이후 회계 정보시스템과 연계하면서 MRPII(Manufacturing Resource Planning II)로 발전하였다. 또한 기업의 모든 정보시스템을 통합적으로 관리하는 ERP가 새로운 정보기술로 등장하였고 인터넷이 발달함에 따라 SCM이 기업의 유통망을 연결하는 최신 정보기술로 자리 잡고 있다.

MRP에서 SCM으로 발달한 과정을 정리하면 다음과 같다.

❶ **MRP(자재소요계획)** : 제품의 수량 및 일정을 토대로 제품생산에 필요한 원자재, 부분품, 공정품, 조립품 등의 소모량 및 소요시기를 역산해서 일종의 자재조달계획을 수립하여 일정관리를 포함한 효율적인 재고관리를 모색하는 시스템이다. 자재명세서, 재고기록파일, 기준 생산계획 정보를 이용한다.

❷ **MRPII(제조자원계획)** : 자재뿐만 아니라 제조에 필요한 설비, 자금, 생산인력, 외주, 기술 등의 자원을 통합적으로 관리한다.

❸ **ERP(전사적 자원관리)** : 제조에 필요한 자원뿐만 아니라 수요예측, 생산계획, 재무, 회계, 인사, 영업, 주문처리, 품질, 데이터, 마케팅, 관리홍보, 평가체계 등 기업경영에 필요한 모든 사내자원 및 기능을 체계적인 정보시스템을 사용하여 통합 관리한다.

❹ **SCM(공급체인관리)** : 사내자원뿐만 아니라 자사와 연결된 공급자, 외주업체, 판매망, 물류업체, 운송업체, 창고업체 등을 하나의 연결된 체인으로 간주하여 이들 간의 협력과 정보교환에 기초한 통합 물류와 최적의 의사결정으로 비용절감 및 효율성 증대를 이뤄내 상호이익을 추구한다.

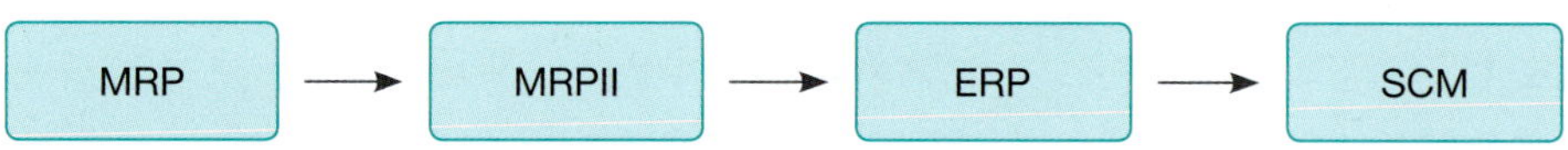

그림 10-5 SCM의 발달 과정

3 SCM 시스템의 구성

SCM 시스템은 SCP와 SCE로 구성된다.

SCP

SCP(Supply Chain Planning)는 공급체인을 구성하는 다양한 요소(제조공장, 유통센터, 공급자)의 관계를 파악하고 시장수요를 예측하여 공급체인 전체에 대한 최선의 계획을 수립하는 것을 말한다. 물류 · 제조 · 구매 부분의 계획 기능을 동기화하고 효율화하는 것을 목적으로 한다.

표 10-2 SCP의 기능 및 효과

기능		효과	
• 수요예측 • 재고계획 • 거점관리(DRP) • 생산할당 • 운송계획	• 기준생산계획(MPS) • 일정계획 • 자재소요계획(MRP) • 구매계획 • 자원능력계획	• 재고감축 • 자원가동률 향상	• 리드타임 단축 • 고객서비스 제고

SCE

SCE(Supply Chain Execution)는 공급체인의 구매 · 운송 · 생산 · 배송 · 제품인도에 대한 과정을 더욱 효율화하고 소비자에게 서비스를 효과적으로 전달하는 실행적 활동이며, 수요와 공급의 균형이 맞는 효율적 실행을 목표로 하고 있다. SCE를 주문, 구매, 창고관리로 나누어 살펴보자.

■ SCE 주문관리

주문관리시스템은 상품의 주문 및 견적 기능과 주문현황 · 주문취소 · 입금 · 반품 등 고객과의 연결통로 역할을 담당한다. 다음은 SCE 주문관리시스템을 통해 처리하는 업무들을 정리한 것이다.

- **고객주문등록 :** 구매계획에서 구매처와 단가정보를 설정하고, 구매계획을 확정하여 자동발주 처리를 토대로 등록한다. 그리고 주문품목에 따라 납기일자관리 · 가격결정 · 운송경로를 정하여 주문정보를 완성한 후, 고객이 직접 주문품목을 등록하고 ATP(납기가용체크)를 실행하면 고객이 등록한 주문에 대하여 공급사는 주문접수부터 출하까지의 진행상황을 감시한다. 또한, 고객주문정보는 ERP의 주문정보로 자동으로 연계된다.
- **ATP(Available To Promise) 계산 :** 고객주문등록과 연계되어 주문등록하는 품목에 대하여 주문량만큼의 물량이 어느 창고에 있는지 또는 이미 확정된 생산스케줄에 따라 언제 생산될 예정인지를 신속하게 검토하여 고객에게 가능한 납기기한을 제공한다.
- **CTP(Capable To Promise) 계산 :** 공급사가 고객으로부터 수주할 때 생산스케줄 등을 종합적으로 검토하여 주문에 대해 납품가능시점을 산출하여 이를 제공하고, 필요시 고객과의 협의를 거쳐 납기기한을 확정한다.

- **출하지시 처리 :** 출하지시 처리를 완료하면 출하품목에 대한 거래명세서가 자동으로 생성되며, 거래명세서는 고객에게 전송 및 출력된다.
- **입고확인 처리 :** 발주제품이 창고에 도착하면 공급자 제품출하정보를 참조로 고객은 제품입고를 확인한다. 입고확인 승인으로 공급자에게 납품제품이 정상적으로 입고되었음을 자동 통보한다.
- **매출계산서 발행 :** 거래명세서의 정보를 참조로 공급사는 매출계산서를 자동 생성하거나 출고되어 고객으로부터 입고확인된 정보를 참조로 매출계산서를 수동으로 작성하고 출력할 수 있다. 매출계산서의 정보는 ERP의 회계이관 처리를 통하여 회계전표로 이관한다.
- **고객주문 진행상황 모니터링 :** 고객이 등록한 주문에 대하여 공급사가 주문정보 접수여부와 진행상황을 실시간으로 모니터링한다.

■ **SCE 구매관리**

구매관리시스템은 자재조달에 필요한 공급자 평가 및 발주, 입하처리를 하는 공급자와의 연결통로 역할을 한다. 다음은 SCE 구매관리시스템을 통해 처리하는 업무들을 정리한 것이다.

- **MRP 기반 구매지시 :** MRP 기반 구매지시는 자동구매지시와 수동구매지시로 구분된다. 우선, 자동구매지시는 구매계획에서 구매처와 단가정보를 설정한 후 구매계획을 확정하고 자동발주처리를 실행하면 구매처별로 발주문서가 자동으로 생성되어 각 구매처에 전송된다. 발송된 구매처별 발주정보는 ERP 시스템의 발주정보에 자동으로 연계된다. 수동구매지시는 주로 간접자재에 대한 구매지시처리로 발주서를 작성한 후 발주처리를 실행하면 구매처별로 발주문서가 자동으로 생성되어 각 구매처에 전송된다. 발송된 구매처별 발주정보는 ERP 시스템의 발주정보에 자동으로 연계된다.
- **자동 재고보충 :** 재고보충 대상 품목의 재고가 재주문점 이하가 되면 자동으로 재주문점을 계산하고 재고보충 품목의 재주문량을 생성한다.
- **구매지시 확정 및 승인 :** 구매지시에 의해 발주정보가 생성된다. 생성된 발주정보는 공급사 주문접수시스템으로 연계되어 발주정보에 대해 응답회신을 한다. 공급물량에 대한 응답회신정보는 발주사의 승인과정을 통하여 구매지시를 확정하고 회신정보를 승인한다.
- **구매선적 :** 공급사는 주문정보를 참조로 출하계획을 수립하고 확보된 공급물량에 대한 출하처리를 구매 지시서에 따라 납품한다. 구매선적 처리가 완료되면 자동으로 매출거래명세서와 매출세금계산서가 생성되어 고객사로 전송된다.
- **자재입고확인 처리 :** 공급사로부터 납품된 품목을 참조로 입고확인 처리하며 입고가 완료되었음

을 공급사에 자동통보하고 입고확인 처리를 통한 입고품목정보는 ERP 시스템의 입고정보로 자동 연계된다.

- **매입계산서 수령 :** 공급사의 매출세금계산서를 근거로 매입계산서를 자동으로 생성할 수 있으며 입고확인된 입고정보를 참조로 매입계산서를 수동으로 작성하고 매입계산서를 발행한다. 매입계산서의 정보는 ERP 시스템의 회계이관 처리를 통하여 회계전표로 이관된다.
- **구매 모니터링 :** 자동 및 수동구매지시 처리된 발주정보를 기준으로 공급사에서 접수되는 과정부터 납품하는 과정까지의 공급흐름을 모니터링한다. 발주담당자는 공급계획의 이상 유무를 실시간으로 모니터링하여 변동된 사항은 즉시 판매 · 생산 · 구매 계획에 반영하여 조정한다.

■ SCE 창고관리

SCE 창고관리시스템은 화물의 입출고와 관련된 하역과 창고 내의 보관위치 · 적재방법 · 화물의 품질 · 보관효율증대 · 재고이동 · 조정 · 폐기 등의 활동을 효율적으로 처리하기 위한 시스템이다.

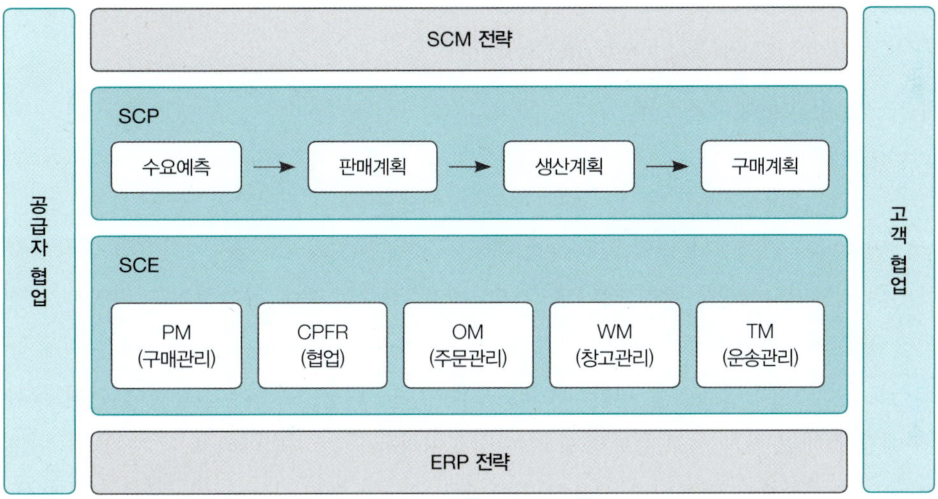

그림 10-6 SCM 시스템

4 SCM 응용시스템

SCM 응용시스템에는 APS, QR, ECR, CRP, CPFR, ATP, CTP, TOC, SCC 등이 있다.

APS

APS(Advanced Planning and Scheduling)는 고객납기, 부품입수 가능성, 생산능력요소를 동시에 고려하고, 공급체인 활동의 동기화 등을 추가로 고려하여 재고의 극소화를 꾀하며 현실적으로 가능한 공급계획의 선택안을 제시한다.

QR

QR(Quick Response)은 고객과 생산자 사이에 걸쳐 있는 경로상의 많은 재고를 줄여 제품 공급체인의 효율성을 극대화하는 방법으로 정확한 장소, 정확한 시간, 적절한 가격으로 적합한 제품을 얻는다. QR의 효과는 다음과 같다.

- 제품조달이 매우 빠른 속도로 이루어짐
- 소비자가 원하는 제품이 없으면 즉시 보충함
- 컴퓨터 지원 설계(CAD, Computer Aided Design)
- 색조 분류(Shade Sorting)
- 고객참여를 통한 제품기획(Product Planning with Customers)
- 컴퓨터화 재고관리시스템
- 바코딩
- 전자주문시스템(EOS, Electronic Ordering System)
- 거래업체 간 정보공유체제 구축

ECR

1990년대 초, 미국 식품업계에서 대형 할인점에 대응하기 위해 원료공급업자에서부터 매장까지 전체 공급체인의 리엔지니어링을 통한 데이터, 기술, 비용, 표준화 등을 공유하여 제조업자가 함께 상호이익을 창출하는 경영기법이 탄생하였다. ECR(Efficient Customer Response)은 전체 공급체인에서 서로 간의 이익 극대화를 위한 데이터 공유, 기술, 비용, 표준에 집중하여 판매자(제조업체)와 구매자(소매업체)가 서로 협력하게 하여 상호이익을 얻는 기법이라고 할 수 있다. ECR은 EDI와 바코드를 기본으로 컴퓨터를 이용한 자동발주, 크로스도킹, 물류센터, 가치사슬 분석, 활동원가회계, 카테고리 관리, CRP, 배송상품 순서선정 등의 기법을 사용한다.

CRP

CRP(Continuous Replenishment Program)는 제조업체가 유통센터 출하 데이터에 근거하여 유통센터의 재고를 직접 보충한다는 의미이다. 즉, 일방적으로 상품을 푸시(Push)하는 것이 아니라 유통센터 출하 데이터에 근거하여 상품을 보충한다. 점포 입장에서 보면 고객의 구매행동에 입각한 보충활동을 하기 때문에 결과적으로는 고객의 구매 행동에 따라 제품보충이 결정되는 것과 동일하다. CRP 시스템에서는 유통업체가 EDI 연결망을 통해 제조업체에 자신들의 재고수준과 제품수요량을 통보한다. 제조업체는 이에 근거하여 미래 수요를 예측하며, 미리 알고 있는 유통업체의 재고상한치와 재고하한치를 고려하여 재고보충량을 결정한 후 재고를 보충한다.

TIP 푸시(Push)는 공급업체에서 유통업체로 제품을 강제로 밀어내는 방식이고, 풀(Pull)은 소비자가 먼저 제품을 구매하기 원하여 유통업체에 문의하면 유통업체가 제조업체에 제품을 주문하는 방식이다.

CPFR

CPFR(Collaborative Planning, Forecasting, Replenishment)은 공급자와 소매자의 비즈니스 프로세스와 시스템을 통합하고 정보를 공유하는 것으로, 종래의 파트너십을 개선하는 것을 말한다. SCM의 응용기술 중의 하나로, 판매재고 데이터를 이용하여 제조 및 유통업체가 상호 협력하고 공동으로 재고 수준을 예측하여 상품을 보충하는 기법이다.

ATP

ATP(Available To Promise)는 보유한 재고품목에 대하여 주문량만큼의 물량이 어느 창고에 있는지 또는 이미 확정된 생산 스케줄에 따라 언제 생산될 예정인지를 신속하게 검토하여 고객에게 가능한 납기 기한을 제공하여 영업을 지원한다.

CTP

CTP(Capable To Promise)는 공급사가 고객으로부터 수주할 때 자사의 생산스케줄 등을 종합 검토하여 고객의 주문에 대해 납품 가능한 시점을 산출하여 이를 제공하고, 필요시 고객과의 협의를 거쳐 납기기한을 확정하는 업무 방식이다. CTP는 수주생산품에 대하여 주문량을 생산스케줄에 입력하면, 언제 납품이 가능하겠는지를 신속하게 조회하여 영업을 지원한다. CTP를 통해 공급사는 생산계획의 안정화, 납기준수율 재고 등의 효과를 얻을 수 있고, 고객은 납품일의 불확실성을 제거하여 안정된 생산 및 판매계획 수립이 가능하다. CTP 수행 시 주문을 무조건 납기로 확약한다면 정작 중요한 주문을 놓칠 수 있으므로, 긴급 주문을 위한 우선순위 또는 예비생산능력 개념이 반영된 수주정책과 생산스케줄에 대한 정교한 제어 능력 등이 반드시 필요하다.

TOC

TOC(Theory of Constraints)는 공장의 생산개선 기법으로, 조직의 목표를 달성하는 데 제약이 되는 요인을 찾아 개선하는, 기능 중심이 아닌 프로세스 중심의 경영혁신 기법이다. 즉, MRP의 약점을 보완하여 OPT(Optimization Product Technique)라는 생산스케줄링시스템을 정보시스템으로 구현한 것이다. TOC는 SCM의 생산스케줄링 핵심엔진의 하나로, TOC 제약경영을 통해 공급체인 전체의 최적화를 추구한다. 궁극적으로 SCM을 통한 기업의 비용절감, 시스템 최적화의 목표를 달성하게 한다.

SCC

SCC(Supply Chain Coordinator)는 복수 기간의 전반적인 물류소요량을 기반으로 동 기간 내 구매 · 생산 · 운송 · 재고와 같은 다양한 형태의 물류계획을 최적의 비용 개념으로 수립하는 공급 체인 관리의 전술적인 솔루션이다. SCC의 주요 기능은 다음과 같다.

- 생산소요시간, 생산소요비용, 재고비용에 대한 비교 분석
- 물류거점별 생산계획으로의 배분
- 생산계획에 의한 생산시설 확장 · 폐쇄계획 수립
- 기간 내 계획에 의한 물류비용 추정

SECTION
05 CRM

1 CRM의 개념

CRM(Customer Relationship Management)은 **기업이 고객과 관련된 자료를 분석하여 고객 중심으로 자원을 집중하고 이를 바탕으로 고객의 특성에 맞는 마케팅 활동을 하는 과정**이다. e-CRM은 관계 마케팅(Relation Marketing)이 e-비즈니스에 확장된 개념으로, 과도기적으로는 DB 마케팅, 원투원 마케팅이라는 이름으로 알려져 왔다. e-CRM은 **현대 마케팅의 주요 핵심수단인 타깃 마케팅(Target Marketing)의 세분화 전략을 e-비즈니스에 활용한 것**이다. 단 한 명의 고객까지 세분화하여 고객의 개별화된 특성을 파악하고 이들 고객에게 맞춤 서비스를 제공하는 데 그 목적이 있다.

e-CRM을 구현하기 위해서는 데이터웨어하우징(Data Warehousing), 데이터마이닝(Data Mining), OLAP(Online Analytical Processing) 등이 사용된다. 특히 장바구니 분석과 같은 데이터마이닝에 대한 연구가 많이 진행되고 있다. 고객 데이터에 대한 군집화 및 세분화, 분류 및 예측, 연관성 분석 등을 통해 고객의 개인적인 성향을 밝히는 노력을 하고 있다. 특히 고객이 인터넷 서핑을 하면서 만들어 내는 고객의 웹로그(Weblog)는 고객의 성향을 파악할 수 있는 훌륭한 정보가 된다.

그림 10-7 CRM

2 CRM 전략

데이터베이스 마케팅 전략은 기존고객을 대상으로 하거나 잠재고객을 대상으로 할 수도 있으며, 기존 판매대상 상품뿐만 아니라 새로운 상품을 대상으로 전개할 수도 있다. 하지만 e-CRM 전략의 원칙은 기존고객의 관리라는 것을 잊지 말아야 한다.

표 10-3 고객의 분류 및 전략

고객	타깃	전략
기존고객	기존상품	• 고객 유지 전략 • 고객 활성화 전략
잠재고객	신상품	• 교차판매 전략
	신규고객	• 신규고객 확보 전략
	과거고객	• 재활성화 전략

- **고객 유지 전략 :** 구매한 제품에 대한 다양한 정보(A/S, 상품 사용방법, 주변기기, 긍정적 상품평가 등)를 제공하여 구매고객의 호의적인 태도를 유도한다. 동시에 고객에 대해 개인적인 관심을 표명하여 가치 있는 고객으로 대접받고 있다는 생각을 가지게 할 수 있다.
- **고객 활성화 전략 :** 빈도가 상대적으로 높은 소비재는 상표 충성도의 제고, 사용빈도의 증가 등의 고객 활성화 전략이 필요하다. 이를 위해서는 기존고객에게 인센티브를 제공하거나 샘플링, 쿠폰, 경품 등의 판매 촉진 전략과 결부시킨 마케팅 활동을 전개해야 한다.
- **교차판매 전략 :** 기업이 다양한 제품을 생산하고 있을 때에 사용하는 전략으로, 신제품의 판매를 위해 기존제품의 데이터베이스를 이용하는 것이다. 특히 제품 간의 연관성이 높으면 높을수록 더욱더 효과적인 교차판매가 가능하다.
- **신규고객 확보 전략 :** 구매가능성에 대한 고려 없이 무작위로 잠재고객을 추출하여 DB 마케팅 활동을 전개하는 것이다. 이 전략은 제품문의를 통해 고객리스트 확보 등의 중간 단계를 거치지 않기 때문에 사전 작업에 드는 비용이나 시간을 절약할 수 있다. 하지만 잠재고객의 신규고객화 비율은 낮다.
- **재활성화 전략 :** 예전에 상품 및 서비스를 구매한 경험이 있는 고객은 거래실적이 전혀 없는 고객에 비해 가치 있는 고객으로 전환될 가능성이 더 크다. 이를 위해서는 과거고객에 대한 데이터베이스가 유지 및 관리되어야 하며, 과거 실적에 대한 면밀한 분석과 함께 거래를 중단하게 된 이유에 대해서도 적절한 설명이 필요하다. 이러한 분석을 통해 가치 있다고 판단되는 고객에 대해서는 비용 효율적인 마케팅 활동을 전개해 나갈 수 있다.

3 CRM의 활용

CRM은 추천기반 비즈니스, 교차판매, 우량고객 잡기, 불량고객 떠나보내기 등에 활용할 수 있다.

추천기반 비즈니스

버진와인(Virgin Wines)은 웹사이트를 통해 영국 내의 고객들에게 직접 와인을 판매한다. 이 사이트를 처음 방문하는 신규고객은 와인에 관한 설문에 응답할 것을 요청받는데, 이 설문조사에 들어가면 다양한 종류의 와인에 대한 평가를 하게 된다. 이러한 평가점수는 고객의 취향에 대한 프로파일을 만드는 데 사용되며, 고객이 원하는 와인의 추천 정보를 제공한다. 고객은 언제든지 과거 구매에 대하여 재평가하여 추천 시스템에 더 많은 피드백을 제공할 수 있다. 이러한 추천 시스템은 실제 와인 전문점들이 충성 고객을 만들어 낼 수 있는 좋은 전략이 될 수 있다.

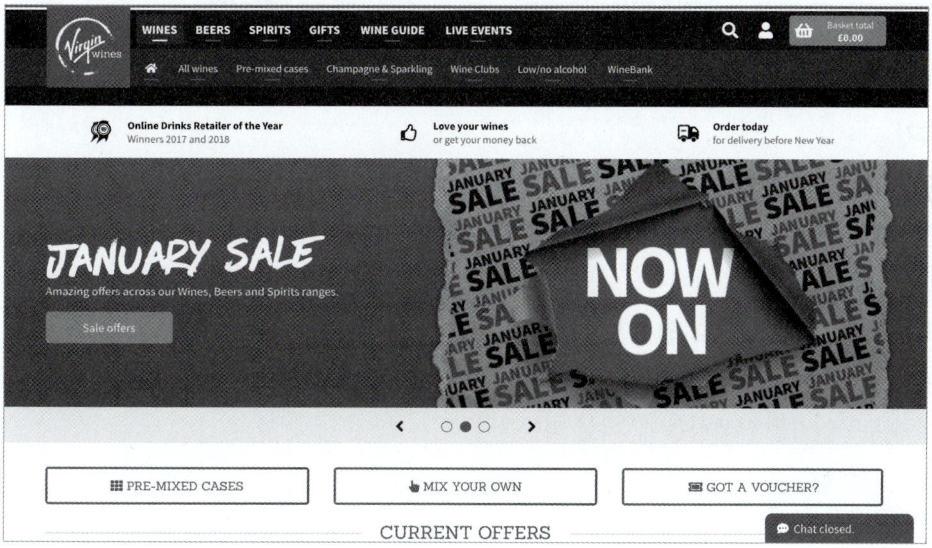

그림 10-8 **버진와인(https://www.virginwines.co.uk/)**

교차판매

CRM을 활용하여 교차판매 능력을 향상시킨 회사의 예로는 피델리티(Fidelity Investments)를 들 수 있다. 피델리티는 모든 고객의 여러 정보를 담고 있는 데이터웨어하우스를 보유하고 있으며, 이 자료들을 활용하여 데이터마이닝 모형을 구축하고 각 고객의 기존상품 매출자료를 토대로 판매확률이 높은 상품을 추천하는 시스템을 판매원들에게 제공한다. 실제 고객이 피델리티에 전화하면 전화상담원의 화면에 그 고객에게 추천할 상품들이 나타난다. 고객관계관리의 기본적 원칙 중 하나는 시장점유율보다 각 고객이 기업에 기여할 수 있는 정도, 즉 고객점유율에 집중하는 것이며 결과적으로 더 이득이 되므로 이런 전략을 유지하는 것이다.

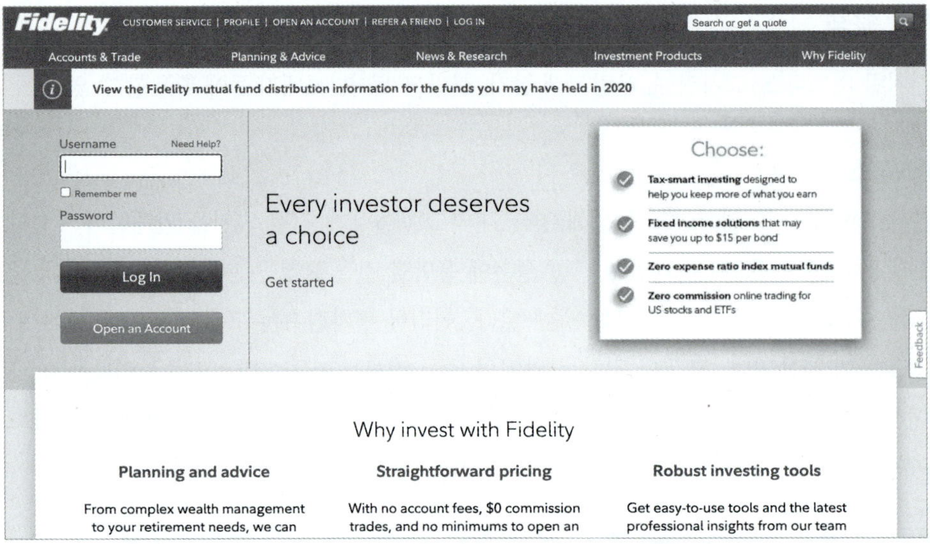

그림 10-9 **피델리티(https://www.fidelity.com/)**

우량고객 잡기

CRM은 고객을 유지시키기 위해 사용될 수 있다. 고객의 이탈은 기업 입장에서 큰 문제가 될 수 있기 때문에 누가 떠날 가능성이 높은지, 왜 떠나려는지에 대한 이해를 통해 적절한 고객을 대상으로 홍보를 할 수 있는 고객유지계획을 개발할 수 있다. 성숙된 시장에서 신규고객을 한 명 얻는 것이 기존고객을 유지하는 것보다 훨씬 더 많은 비용이 든다. 데이터마이닝은 어떤 고객에게 인센티브가 주어져야 하는지를 찾아내고, 어떤 고객이 인센티브가 없이도 유지될 고객인지, 이탈해도 무방한 고객이 누구인지를 탐색하는 데 핵심 역할을 한다.

불량고객 떠나보내기

어떤 고객들은 그들의 가치보다 더 많은 비용을 발생시키기도 한다. 이러한 고객들은 회사의 자원들을 회사에 기여 없이 소비하는 고객들이다. 예를 들어, 거의 사용하지 않는 신용카드를 들고 다니며 매달 고지서를 발송받는 고객들이 있다. 더 나쁜 경우, 많은 금액을 카드로 계산하고 파산하여 회사에 피해를 끼치는 고객들도 있다. 이러한 고객은 회사에서 빨리 발견하여 카드발급을 중단시키거나 한도를 줄여야 할 것이다.

SECTION

06 데이터마이닝

e-비즈니스 시스템, 특히 e-CRM을 제대로 구현하기 위해서는 데이터마이닝이 사용된다. 데이터마이닝으로 얻은 데이터를 통해 e-비즈니스를 좀 더 효율적으로 운영할 수 있기 때문이다. 빅데이터 시대에 필수적인 기술인 데이터마이닝에 대해 알아본다.

1 데이터마이닝의 개념

데이터마이닝(Data Mining)은 **대규모로 저장된 데이터로부터 체계적, 자동적 형태로 의미 있는 패턴·규칙·관계를 찾아내는 것**으로, 수많은 데이터로부터 가치 있는 유용한 정보를 찾는 것을 의미한다. 즉, 데이터마이닝은 유용한 지식을 상당히 큰 데이터베이스에서 추출해내는 작업으로, 대용량 데이터베이스에서 유용한 정보를 추출하는 일련의 분석 과정이라고 할 수 있다. 데이터마이닝의 목표는 기업이 고객을 잘 이해하여 마케팅, 판매, 고객 업무 등을 향상시키는 것이다.

데이터마이닝은 의사결정에 있어 정보 의존도가 높을 때 매우 효과적인 의사결정 지원 기법이다. 특히 데이터베이스 마케팅은 데이터마이닝이 가장 활발하게 적용되는 분야 중 하나이다. 거래 관련 데이터가 많이 발생하고 고객의 이탈 정도가 비교적 많이 발생하는 통신·은행·유통 분야에서 데이터마이닝이 활발하게 활용되고 있다.

데이터마이닝의 주요 기능으로는 분류(Classification), 추정(Estimation), 예측(Prediction), 유사성 집단화(Affinity Grouping) 또는 연관성 규칙(Association Rule), 군집화(Clustering), 설명(Description), 프로파일링(Profiling)이 있다.

그림 10-10 데이터마이닝

2 데이터마이닝의 등장 배경

1980년대, 대부분의 기업이 정보 인프라(Information Infrastructure)로 고객·경쟁자·제품에 관한 데이터를 저장하기 위해 대용량 데이터베이스를 구축했다. 또한 네트워크 기술의 발전으로 사용자가 데이터베이스에 접속하는 것이 훨씬 수월해졌기 때문에 고객정보 데이터를 인구통계학적인 데이터와 연결해 특정 집단의 고객행위를 파악하여 새로운 지식을 얻을 수 있게 되었다. 하지만 구축된 데이터베이스는 단순한 질의도구로는 찾아내기 어려운 정보를 포함하며 방대한 규모로 커졌기 때문에 의사결정을 지원하기 위한 새로운 기법인 데이터마이닝이 요구되었다.

전통적인 데이터 분석 기법 중 데이터마이닝과 가장 근접한 것은 통계학이다. 통계학은 추정, 연관규칙탐사와 같은 데이터마이닝 작업에 사용된다. 전통적인 통계 기법은 먼저 가설 설정이 필요하지만, 데이터마이닝은 이러한 가설을 데이터 분석을 통해 자동으로 설정할 수 있다. 기계학습, 신경망 이론, 유전자 알고리즘 등의 발전으로 데이터마이닝은 다양한 산업분야에 활발하게 적용되고 있으며 데이터베이스에서 유용한 지식을 발견하는 것이 더욱더 쉬워졌다.

3 데이터마이닝의 특징

데이터마이닝 기법은 통계학, 컴퓨터공학, 인공지능 등과 같은 분야에서 개발된 특징을 가지고 있지만, 이를 활용하는 전문가는 정보기술 분야에 있는 사람들이다. 데이터마이닝의 특징은 대용량 관측자료 이용, 실무 위주 컴퓨터 처리 방식, 경험적 방법에 근거, 일반화한 결과 도출, 의사결정 지원 등이 있다.

대용량 관측자료 이용

데이터마이닝은 대용량 관측자료를 다룬다. 실험자료는 목적에 따라 여러 요인이 통제되고 조작되어 얻어진 자료지만, 관측자료는 통제되지 않는 상태에서 시간의 흐름에 따라 차례로 축적되며 자료 분석을 염두에 두지 않고 수집된 자료이다.

실무 위주 컴퓨터 처리 방식

데이터마이닝은 이론보다는 실무 위주의 컴퓨터 처리 방식이다. 따라서 기존의 이론으로 해결되지 않는 대부분의 문제도 컴퓨터의 빠른 처리속도와 다양한 애플리케이션을 활용하여 해결할 수 있다.

경험적 방법에 근거

데이터마이닝은 경험적 방법에 근거하고 있기 때문에 많은 데이터마이닝 기법이 경험에 기초하여 개발되었다. 따라서 데이터마이닝 기법 중 그 특성을 수치로 정확하게 밝힐 수 없는 것이 있다.

일반화한 결과 도출

데이터마이닝은 일반화한 결과를 도출하는 데 초점을 두고 있다. 여기서 일반화는 만들어진 예측 모형이 새로운 자료에 얼마나 잘 적용되도록 하는 것인지를 의미한다. 따라서 일반화는 데이터마이닝 기법의 비정형성을 어느 정도 해결 또는 보완하는 데 도움을 주고 있다.

의사결정 지원

데이터마이닝은 기업의 다양한 경영환경 아래에서 경쟁력 확보를 위한 의사결정을 지원하는 데 활용할 수 있다.

4 데이터마이닝의 과정

데이터마이닝의 과정은 지식 발견(Knowledge Discovery), 또는 데이터베이스로부터의 지식 발견(Knowledge Discovery in Database, 이하 KDD)으로도 부른다. KDD는 대용량의 데이터베이스로부터 지식을 추출하는 전 과정을 의미하는데, 최근에는 빅데이터라는 용어로 진화되고 확장되어 사용되고 있다. 데이터마이닝은 KDD 프로세스의 일부분인 탐사 단계만을 뜻하는 좁은 의미로 한정되어 사용되기도 한다. 하지만 주로 데이터마이닝과 KDD 프로세스를 비슷한 개념으로 사용한다.

KDD 프로세스는 '샘플링 및 데이터 선별 → 데이터 정제 및 전처리 → 데이터 탐색 및 변형 → 모형화 → 보고 및 시각화' 순서로 진행한다.

1단계 : 샘플링 및 데이터 선별

데이터마이닝은 일반적으로 수십 기가바이트(GB)에 이르는 대용량 데이터를 기반으로 하지만, 많은 양의 데이터를 전부 고려하는 것은 시간 측면에서만 보아도 많은 인내심을 요구하는 작업일 수 있다. 이때 요구되는 과정이 KDD 프로세스의 샘플링 및 데이터 선별 단계이다. 샘플링(Sampling)이란 많은 양의 데이터에서부터 모집단을 설명할 수 있는 작은 규모의 표본을 추출하는 것이다.

2단계 : 데이터 정제 및 전처리

데이터베이스에는 일관성이 없고 불완전하여 오류가 있는 데이터가 존재할 수 있다. 따라서 데이터 정제 과정을 통해 데이터의 무결성과 품질을 보장해야 한다.

3단계 : 데이터 탐색 및 변형

이미 알고 있는 사실을 확인하여 수치화하는 작업을 시작으로, 보유하고 있는 수많은 변수 간의 관계를 분석하는 단계이다. 예를 들면 "백화점 상품 A의 구매고객이 주로 특정 요일에 집중되어 있다."거나 "상품 B의 구매고객은 주로 여자이다."와 같은 정보를 알 수 있다.

4단계 : 모형화

모형화 단계는 데이터마이닝 과정에서 가장 중요한 단계로, 앞에서 선행되었던 단계에서 선정된 주요한 변수를 사용하여 데이터마이닝 작업을 수행하기 위한 다양한 모형을 만들어 보는 단계이다. "신용카드 도용방지 모형은 신경망 모형이 가장 적합하다." 등의 잘 알려진 모형이 있기도 하지만, 다양한 모형에 적용한 후 예측력이 가장 뛰어난 모형을 선택하는 것이 일반적이다.

5단계 : 보고 및 시각화

데이터마이닝의 수행 결과는 사용자에게 보기 편하고 이해하기 쉬운 형태로 제공되어야 한다. 데이터마이닝의 결과를 그래프나 각종 차트 형태로 보여주는 것이 시각화이다. 시각화의 장점은 사전지식 없이 동적인 관찰이 가능하고 쉽게 결과를 이해할 수 있다는 점이다.

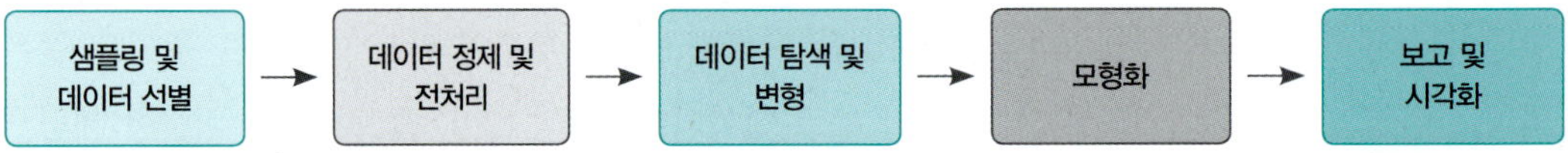

그림 10-11 KDD 프로세스의 과정

5 데이터마이닝 기법

데이터마이닝에는 연관규칙 분석, 군집 분석, 의사결정나무 분석, 신경망 모형 분석, 유전자 알고리즘 분석 등의 기법이 있다.

연관규칙 분석

연관규칙 분석(Association Analysis)은 **상품이나 서비스의 거래기록 데이터로부터 상품 간의 연관성을 측정하여 연관성이 많은 상품을 그룹화하는 클러스터링 기법의 일종**이다. 연관규칙 분석을 통해 동시에 구매될 가능성이 큰 상품을 찾아내어 교차판매에 적용할 수 있다. 연관성 측정에서 얻어지는 결과물인 연관규칙은 "~이면 ~이다."라는 'IF A, then B'와 같은 형식으로 표현된다. 즉, "상품 A가 구매된 경우는 상품 B도 구매된다."라고 해석된다. 유용한 연관규칙을 이끌어내기 위해서는 먼저 어떠한 상품이 어느 정도의 연관성을 가졌는지를 측정해야 한다. 다음은 연관규칙 분석의 예이다.

맥주를 구매하는 고객이 동시에 오징어를 구매하는지를 연관규칙 분석을 통해 알아보자. 맥주와 오징어의 연관규칙이 '지지도 = 40%', '신뢰도 = 80%'라면 전체고객 중에 맥주와 오징어를 동시에 구매한 고객은 40%이고, 맥주를 구매하면 80%의 고객이 오징어를 구매한다는 의미이다. 이를 교차판매에 활용하면, 맥주 가까이에 오징어를 진열하거나 맥주를 구매한 고객에게 오징어를 권유하는 방법을 사용할 수 있다.

이와 같이 연관규칙 분석을 통해서 X라는 상품이 Y라는 상품과 함께 팔릴 확률이 높다는 연관규칙을 추출하고, 이를 상품진열, 레이아웃, 상품 패키징 등에 활용한다. 이러한 연관규칙을 추출할 때는 몇 가지 수량화된 기준들이 활용된다. 예를 들어, X라는 상품을 구매하는 사람의 40%는 Y라는 상품을 구매한다고 할 때 "X, Y 상품을 함께 구매하는 경우가 전체거래의 5%에 해당한다."와 같이 연관규칙의 유용성을 판단하는 수치들이 함께 제시되는 것이 필요하다.

연관규칙을 수량화하는 기준으로는 지지도, 신뢰도, 향상도가 있다.

❶ **지지도(Support)** : 전체거래 중 X와 Y를 포함하는 거래량이 어느 정도인가를 파악하는 측정의 기준이고, 다음과 같이 확률로 나타낸다. 이때, N은 전체거래 횟수이고, n(X∩Y)는 상품 X와 상품 Y를 함께 구매한 빈도수이다.

• $Support = n(X \cap Y)/N$

❷ **신뢰도(Confidence)** : 상품 X를 구매한 거래 중에서 상품 Y가 포함된 거래의 정도를 측정하는 기준이다. 이를 연관규칙의 강도로 나타내면, 다음과 같이 조건부확률로 나타난다.

• $Confidence = P(Y|X)$

❸ **향상도(Lift)** : 임의로 Y를 구매하는 경우에 비해, X와의 관계가 고려되어 구매하는 경우의 비를 측정하는 기준이다. 향상도는 확률로 나타내지 않으며, 아래 식과 같이 나타낸다. 이때, P(Y)는 전체거래 중에서 상품 Y의 거래가 일어나는 확률이다. 향상도의 값이 1에 가깝다는 것은 통계적으로 서로 독립적이라는 것을 뜻하고, 1보다 크면 양의 연관관계를, 1보다 작으면 음의 연관관계를 갖는다는 것을 의미한다.

• $Lift = \dfrac{P(Y|X)}{P(Y)} = \dfrac{P(X \cap Y)}{P(X) \cdot P(Y)}$

하나 더 알기 **사례로 알아보는 연관규칙 수량화**

편의점 사례를 통해 연관규칙을 수량화하여 분석해본다. 거래로그 번호와 판매로그는 아래 표와 같으며, 가설은 "새우깡을 사는 사람은 맥주를 살 것이다."이다.

거래로그 번호	판매로그
1	새우깡, 맥주, 콜라, 김밥
2	새우깡, 맥주, 김밥
3	맥주, 콜라, 김밥
4	새우깡, 맥주, 콜라
5	김밥
6	새우깡, 맥주, 컵라면

❶ **지지도(Support) :** 전체 거래횟수에서 새우깡과 맥주를 동시에 산 경우를 찾는다. 전체 6번의 거래 중에서 새우깡과 맥주를 동시에 산 경우는 4번이며, 이를 계산하면 다음과 같다.

4÷6 = 2÷3 = 67%
∴ 지지도는 67%이다.

❷ **신뢰도(Confidence) :** 새우깡을 산 사람 중에서 새우깡과 맥주를 동시에 산 사람의 비율은 4번 중에 4번이므로 1이다. 즉, 신뢰도는 100%이다.

❸ **향상도(Lift) :** 구매고객 중 맥주를 산 사람이 차지하는 비율과 새우깡과 맥주를 동시에 산 사람의 비율을 알아본다. 맥주를 산 경우는 전체 6번 거래 중 5번이고, 새우깡과 맥주를 동시에 산 거래는 4번이다. 이를 계산하면 다음과 같다.

P(맥주) = 5÷6
P(새우깡) = 4÷6
P(새우깡 and 맥주) = 4÷6
Lift = P(새우깡 and 맥주) ÷ (P(맥주)×P(새우깡))
= (4÷6)÷((5÷6))×(4÷6)) = 36÷30 = 1.2
∴ 1이 넘으므로 향상도가 있다.

군집 분석

군집 분석(Cluster Analysis)은 **어떤 목적변수를 예측하기보다는 속성이 비슷한 것을 묶어서 몇 개의 의미 있는 군집으로 나누는 것**이 목적이다. 즉, 군집화는 이질적인 사람들의 모집단으로부터 다수의 동질적인 하위 집단이나 군집들로 세분화하는 작업이다. 군집 분석에서 데이터 레코드들은 상호유사성에 근거하여 함께 그룹화된다.

그림 10-12 **군집 분석**

의사결정나무 분석

의사결정나무 분석(Decision Tree Analysis)은 **분류 및 예측에 자주 이용되는 데이터마이닝 기법**이다. 의사결정나무는 데이터 사이의 의미 있는 관계를 체계적으로 발견하여 분류나 예측의 목적으로 활용된다. 또한 변수 및 변수의 상호작용을 누구나 쉽게 이해할 수 있도록 통계적인 용어를 사용하지 않고도 설명할 수 있다는 것이 큰 장점이다. 의사결정나무는 마디(Node)들로 구성된 하향식 나무 구조를 가진다. 마디는 그 기능에 따라 뿌리 마디(Root Node), 자식 마디(Child Node), 부모 마디(Parent Node), 끝 마디(Terminal Node), 중간 마디(Internal Node), 가지(Link)로 분류할 수 있으며 각 마디에 대한 설명은 [표 10-4]와 같다.

표 10-4 **의사결정나무 용어 정리**

구분	내용
뿌리 마디	나무 구조가 시작되는 마디
자식 마디	하나의 마디로부터 분리된 2개 이상의 마디
부모 마디	자식 마디의 상위 마디
끝 마디	각 나무줄기의 끝에 위치하고 있는 마디로, 끝 마디의 개수만큼 분류 규칙이 생성됨
중간 마디	뿌리 마디와 끝 마디가 아닌 마디
가지	하나의 마디로부터 끝 마디까지 연결된 일련의 마디들

그림 10-13 의사결정나무의 예

신경망 모형 분석

신경망 모형 분석(Neural Network Analysis)은 **경험을 통해 학습하는 인간 두뇌의 신경망 활동을 모방한 데이터마이닝 기법**이다. 신경망 모형에서 자신이 소유한 데이터로부터 반복적인 학습 과정을 거쳐 패턴을 찾아내고 이를 일반화하여, 앞으로 예측하고자 하는 문제에서 유용하게 이용할 수 있다. 이러한 신경망 모형은 고객의 신용 평가, 불량 거래의 색출, 의료 진단 예측, 우량고객의 선정, 타깃 마케팅을 비롯한 다양한 산업 분야에 적용된다.

신경망 모형은 입력 변수와 결과 변수의 관계를 설명하기가 어려운 복잡한 데이터에 대해서도 좋은 결과를 도출하는 것으로 알려졌다. 입력 변수와 결과 변수의 속성이 연속형이거나 이산형인 경우에도 모두 다룰 수 있다. 신경망 모형의 구조는 [그림 10-14]와 같이 퍼셉트론(Perceptron)으로 되어 있다. 단층 퍼셉트론은 XOR 문제에 적용될 수 없는 등 제약이 많아서 신경망 모델로 활용하기 어렵고, 다층 퍼셉트론(Multi-Layered Perceptron)이 일반적인 형태의 인공신경망이다. 입력층과 출력층뿐만 아니라, 이들 사이에 1개 이상의 은닉층(Hidden Layer)이 존재하는 시그모이드 함수(Sigmoid Function)를 전달 함수로 사용하는 신경망이다. 신경망 모형에서는 시그모이드 함수를 사용하는데, 이 함수는 S형 함수로 0과 1 사이의 값(Value)을 0과 1로 빠르게 수렴할 수 있도록 도와준다.

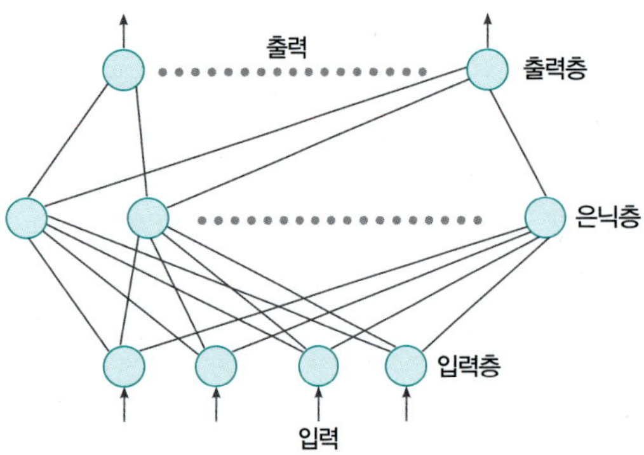

그림 10-14 신경망 모형의 예

유전자 알고리즘 분석

유전자 알고리즘 분석은 **생물체가 자신의 환경에 적응하기 위해 사용하는 방식(생식, 돌연변이, 자연선택 등), 즉 진화과정에 개념적 바탕을 둔 다양한 문제해결 기법**을 일컫는다. 유전자 알고리즘에서는 문제해결 기법으로 DNA를 이용한다. 유전자 정보는 DNA 분자에 저장되는데 오직 4개의 구성 블록을 가지고 있다. 이 사실은 모든 인간 또는 살아 있는 생물의 유전자 정보는 오직 4개의 문자(유전자 언어로서의 C, G, A, T)로 된 언어를 사용하여 전달된다는 의미이다. 최적화, 제품 설계, 시스템 감시 등의 문제에 대한 해결책으로 특히 유전자 알고리즘이 적합하다. 그리고 많은 경영 관련 문제들의 경우 비용의 최소화, 이익의 극대화, 스케줄링의 효율화, 자원활용의 최적화 등의 문제들에 유전자 알고리즘 기법을 활용할 수 있다.

6 데이터마이닝 적용 시 주의사항

효율적인 데이터마이닝 도구들의 출현과 기업환경 및 인식의 변화는 데이터마이닝의 적용과 성공 가능성을 보다 증가시키고 있는 것이 사실이다. 그러나 실제로 데이터마이닝을 적용하고 프로젝트를 성공적으로 수행하는 데는 여전히 많은 문제점이 남아 있으며, 흔히 발생할 수 있는 문제점들은 다음과 같다.

장기적이고 구체적인 계획의 부족

데이터마이닝 프로젝트는 대규모의 데이터를 다루어야 하며 여러 분야의 연구자들이 함께 참여하기 때문에 때로는 지루하고 시간이 오래 걸리는 작업이 될 수 있다. 따라서 프로젝트의 최종적인 목표와 작은 목표들에 대해서 명확하게 정의하고, 실행상의 계획 등에 대해서 구체적으로 논의하고 결정해야 한다.

데이터에 대한 준비 부족

대부분의 데이터들은 잘 정리되고 통합된 하나의 데이터베이스로부터가 아니라 다양한 원천으로부터 얻어진다. 또한 사전에 준비되고 계획적으로 수집된 데이터를 다루는 실험연구에서와는 다르게 데이터마이닝에서는 비계획적으로 쌓여 있는 과거의 데이터를 다루는 경우가 대부분이다. 따라서 분석의 목적에 맞는 데이터를 준비하기 위해 구체적이고 충분한 시간과 기술적 검토가 필요하다. 실제로 프로젝트의 지연 원인이 되는 대부분의 문제들은 데이터 준비단계에서 발생한다.

시간 차 문제

데이터베이스에서 데이터를 처리하여 저장하는 데는 시간적 지연이 발생하므로, 현재 분석하고 있는 데이터는 이미 과거 시점의 데이터일 가능성이 높다. 그러나 분석으로부터 얻어진 결과는 미래에 적용된다. 따라서 과거와 현재 그리고 미래에 있어서의 시장과 기업의 환경변화를 충분히 고려하여 프로젝트를 계획해야 한다. 때로는 데이터마이닝으로부터의 결과가 과거의 기업전략과 고객행동에 대한 재확인에 불과한 경우가 있다.

적용상의 문제

데이터마이닝으로부터 얻어진 결과를 다양한 기업환경에서 어떻게 적용할 것인지를 고려해야 한다. 가치 있는 발견이 효율적으로 사용될 수 있도록 조직적이고 전략적인 계획이 수립되어야 한다.

부서 및 프로젝트 간의 비협조체제

분석·전산·적용을 담당하는 부서들은 다른 관심과 문제들이 있고, 데이터마이닝 프로젝트에 서로 다른 기대를 가지고 있을지도 모른다. 또한 한 기업 내의 프로젝트들은 밀접한 연관을 가지고 있을 수도 있다. 관련 부서나 프로젝트들이 유기적으로 협조할 수 있도록 하는 것은 프로젝트의 효율적이고 성공적인 수행을 위해서 매우 중요하다.

하나 더 알기 **데이터웨어하우스**

데이터웨어하우스(Data Warehouse)란 주체지향적으로 통합된 데이터의 집합으로, 기업 내 의사결정 지원 애플리케이션을 위한 정보 기반을 제공하는 하나의 통합된 데이터 저장 공간이다. 또한, 의사결정 지원에 효과적으로 사용할 수 있도록 다양한 운영시스템으로부터 추출·변환·통합되고 요약된 읽기전용 데이터베이스이다. 데이터는 각 부서의 거래처리시스템에서 가져와 통합되며, 날짜나 부서, 거래가 아닌 고객 위주로 배열된다. 보고서 작성기·질의도구·데이터 검색 도구·OLAP 서버·기업정보시스템 등을 통해 유용한 정보를 만들어 낼 수 있다. 데이터웨어하우스는 기업의 의사결정 과정을 향상시키는 정보기술이다. 데이터웨어하우스는 다양한 형태의 데이터를 포함하는데, 이를 통해 특정 시점의 기업환경에 대하여 일관적으로 관찰할 수 있으며, 업무 운영보다는 정보 제공의 성격을 가지고 있다.

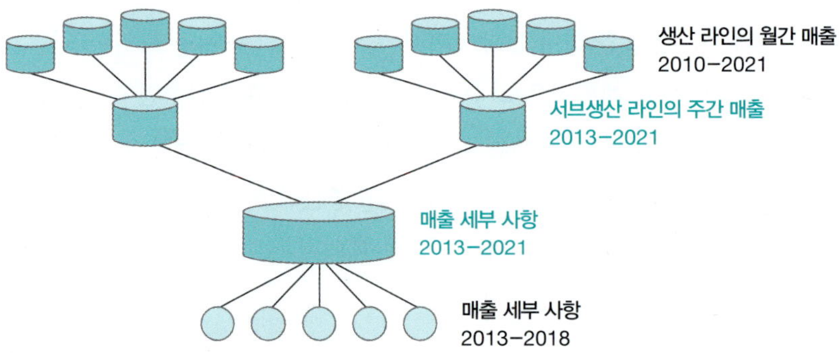

그림 10-15 데이터웨어하우스의 구조

토론 및 과제

※ 다음 기사를 읽고 토론 및 과제를 수행하시오.

언론 경제기사 데이터화… 한국은행 '뉴스심리지수' 낸다

한국은행이 뉴스 보도를 통해 경제현황을 파악할 수 있는 지수를 공표할 계획이다. 미국 샌프란시스코 연방준비은행에서도 비슷한 지수를 편제하며 "소비 심리와 밀접한 관련이 있다."고 밝힌 만큼 지수 활용성에 주목된다. 한국은행에 따르면 한국은행 경제통계국은 현재 주간 뉴스심리지수를 내부적으로 시험하고 있다. 한국은행 관계자는 "상반기 시험 편제 중으로 매주 월요일마다 지난 한 주간의 뉴스를 기반으로 지수를 산출하고 있다."면서 "검증 단계를 거쳐 통계청에 공식 통계 승인을 신청할 예정이다."라고 말했다.

뉴스심리지수는 한 주간 언론이 내보낸 경제상황 기사를 데이터마이닝을 통해 크게 긍정과 부정 두 가지로 분류해 집계한다. 정책, 금융, 산업, 부동산, 증시 등 온라인에서 경제분야로 분류되는 모든 기사를 포괄한다. 기사 내용상 긍정이 부정 기사보다 많으면 100 이상, 반대면 그 이하로 수치가 나온다. 속보성에 중점을 둔 지수로 정책입안자 등이 참고지표로 삼아 경제 상황을 빠르게 파악하는 효과가 기대된다.

해외에도 비슷한 사례가 있다. 샌프란시스코 연방준비은행은 뉴스정서지수(News Sentiment Index)를 편제하고 있다. 이 지수는 경제 관련 기사의 어휘 분석을 기반으로 한 경제 정서 빈도를 측정한다. 샌프란시스코 연방준비은행은 "뉴스정서지수는 설문조사에 기반한 소비자 심리 측정치와 밀접한 연관성이 있다. 또한 둘 다 경기 침체 시 하락하고 경기가 확장할 때 상승하는 등 경기 순행적인 특성이 있다."고 밝혔다.

© 문화일보, 2020. 8. 25. 송정은

네이버를 이끈 힘 '데이터마이닝', 어떻게 활용될까

데이터마이닝은 대규모로 축적된 데이터를 특정한 패턴이나 유사성을 기준으로 분석해 통계적 규칙이나 패턴을 찾아내는 작업을 의미한다. 통계학에서부터 패턴인식에 이르기까지 다양한 계량 기법을 사용한다. 또 통계학 쪽에서 발전한 탐색적 자료 분석, 가설 검정, 다변량 분석, 시계열 분석, 일반선형 모형 등의 방법론은 물론 데이터베이스 쪽에서 발전한 온라인분석 처리(OLAP), 인공지능 쪽에서 발전한 SOM, 신경망, 전문가 시스템 등 다양한 방법론이 사용된다. 이 때문에 데이터마이닝은 다양한 산업 분야에 사용되고 있다. 특히 데이터의 다양한 값들을 기반으로 특정 값을 예측하거나 데이터들 사이의 관계를 통계적으로 분석, 추측해 데이터 사이에서 특징을 찾는다. 또 데이터를 유형별로 분류해 2차 정보 가공에 활용할 1차 정보를 만드는 작업 등으로 구분, 사용된다. 이런 특징으로 인해 데이터마이닝이 가장 많이 활용되는 분야는 추천 시스템이다. 또 앞으로 활발해질 것으로 예상되는 분야는 SNS 분석에서 수요 예측 및 만족도 조사 등으로 판단된다. 이는 곧 포털 서비스에서 가장 핵심이 '데이터마이닝'이라는 것이다.

특히 네이버는 이런 데이터마이닝 기술을 적극적으로 활용하고 있다. 네이버는 15일 서울 삼성동 코엑스 그랜드볼룸에서 'DEVIEW2015' 행사에서 네이버 검색과 데이터마이닝을 주제로 발표했다. 최재걸 네이버 리얼타임검색TF장은 "네이버에서 데이터마이닝의 역할이 미치는 영향은 엄청나게 높다."며 "데이터마이닝은 네이버 검색 중 연관검색어, 뉴스, 실시간 검색 이미지 블로그, 주변 핫 검색 등 다양하게 사용되고 있다."고 설명했다. 특히 2004년 네이버에 처음 등장했던 연관검색어의 경우, 데이터마이닝 기법을 이용한 최초의 네이버 서비스였다. 여기에는 선험적 알고리즘(Apriori algorithm)이 적용됐다. 선험적 알고리즘은 모든 항목 집합에 대한 지지도를 계산하지 않고 원하는 빈발 항목 집합을 찾아내는 데 이용되는 규칙을 사용한다. 하지만 당시 연관검색어는 약한 증거(Evidence)로부터 나온 결과물을 전체로 해석하는 오류를 범해 서비스 품질은 하락했고, 인력만 낭비한 결과를 초래했다. 이에 대해 최재걸 TF장은 "기술에 졌다."며 "기술을 이해하는 수준으로는 부족할 수밖에 없고 잘못된 결정은 많은 손실을 가져올 수밖에 없다."고 말했다.

데이터마이닝은 랭킹 시스템에도 적용된다. 이는 블로그 검색 글 순서에 적용된다. 간혹 블로그 검색 결과 노출 순서에 대해 궁금해하는 이들이 많은데, 블로그 검색 순서에는 트루스킬과 비슷한 독자적인 데이터마이닝 기술이 담겨져 있다. 또한, 네이버의 검색에는 LDA(Latent Dirichlet Allocation) 기술이 적용됐다. LDA는 쉽게 설명하면 각 글자를 토픽별로 색으로 구분해 분석, 내용을 파악하는 기술이다. 현재 네이버는 이 기술을 잘 사용하고 있지만, 처음 이 기술을 개발하고 난 후 기술을 사용할 곳이 없어 고민에 빠졌다는 것이 최 TF장의 설명이다. 그는 "목적 없이 기술이 먼저 개발된 결과 높은 비용에 비해 로우 리턴이라는 결과가 나왔다."며 "기술에 초점을 맞추다 보면, 막상 어디에 사용해야 할지에 대한 고민이 생길 수밖에 없다."고 조언했다.

또한, 실시간 검색은 물론 음악 추천, 영화 추천 등에도 데이터마이닝은 활용되고 있다. 최재걸 TF장은 "데이터마이닝은 네이버 서비스에 있어 절대적으로 필요한 기술"이라며 "검색 서비스의 끝은 결국 AI(인공지능)"이라며 "데이터마이닝은 AI로 가는 길목에서 큰 역할을 해 줄 것"이라고 말했다.

© 미디어잇, 2015. 09. 16, 유진상

토론

01 한국은행이 발표한 뉴스심리지수는 정부의 정책결정에 어떤 영향을 미칠 수 있을지 토론하시오.

02 네이버의 추천 시스템에 대한 경험담을 발표해보시오.

03 네이버의 검색에는 LDA(Latent Dirichlet Allocation) 기술이 적용됐다고 하는데, 이러한 검색 기술 이후 미래의 검색 방법에 대한 아이디어를 도출하시오.

과제

01 CRM을 위한 데이터마이닝 기법 중 연관규칙에 대해 조사하고, 선험적 알고리즘의 예를 하나 들어서 보고서를 작성하여 제출하시오.

요약

01 클라이언트/서버 시스템은 서비스를 제공받는 고객인 클라이언트와 서비스를 공급하는 제공자인 서버 간의 관계를 나타내는 시스템이다.

02 웹 서버는 하이퍼텍스트 문서의 송수신을 위한 HTTP 프로토콜을 이해하고 이에 따라 요청받은 동작을 수행하는 하나의 프로그램이다.

03 머천트 시스템은 상품전시, 가격표시, 상품검색, 장바구니 등의 일을 하며, 머천트 서버 · 스테이징 서버 · 트랜잭션 서버 · DBMS · 상용 서버를 사용하여 구축한 종합 시스템이다.

04 전자지불 서버는 고객 소프트웨어, 상인 서버, 지불 게이트웨이, 인증 서버 시스템, 전자결제 안전장치, 애스크로 서비스 등으로 구성된다.

05 PDM은 제품의 기획에서 설계 · 제조 · 인증 · 마케팅에 이르는 제품개발 각 과정의 모든 데이터를 일원적으로 관리하는 것이다.

06 PDM의 기능은 제품 데이터 관리 기능과 프로세스 관리 기능으로 구분된다.

07 ERP는 생산 · 자재 · 구매 · 영업 · 인사 · 회계 등 일련의 기업활동에 필요한 모든 자원을 하나의 체계로 통합하여 운영하는 것이다.

08 ERP 구축에 대한 기대 효과로는 업무효율 증대, 비용절감, 신속한 의사결정 강화, 투명성 제고, 높은 고객만족도 등이 있다.

09 SCM이란 부문마다 최적화에 머물렀던 정보 · 물류 · 현금에 관련된 업무흐름을 공급체인 전체의 관점에서 재검토하여 정보의 공유화와 업무처리의 근본적인 변혁을 꾀하여 공급체인 전체의 효율을 향상시키려는 경영방식이다.

10 SCM이 중요하게 인식되고 있는 이유로는 기업활동의 글로벌화, 다품종소량생산, 기술의 발전 등이 있다.

11 SCM의 발달 과정은 'MRP → MRPII → ERP → SCM'이다.

12 SCP는 공급체인을 구성하는 다양한 요소(제조공장, 유통센터, 공급자)의 관계를 파악하고 시장수요를 예측하여 공급체인 전체에 대한 최선의 계획을 수립하는 것을 말한다.

13 SCE는 공급체인의 구매·운송·생산·배송·제품인도에 대한 과정을 더욱 효율화하고 소비자에게 서비스를 효과적으로 전달하는 실행적 활동이다.

14 SCM 응용시스템에는 APS, QR, ECR, CRP, CPFR, ATP, CTP, TOC, SCC 등이 있다.

15 CRM은 기업이 고객과 관련된 자료를 분석하여 고객 중심으로 자원을 집중하고 이를 바탕으로 고객의 특성에 맞는 마케팅 활동을 하는 과정이다.

16 e-CRM은 현대 마케팅의 주요 핵심수단인 타깃 마케팅의 세분화 전략을 e-비즈니스에 활용한 것이다.

17 데이터마이닝은 대규모로 저장된 데이터로부터 체계적, 자동적 형태로 의미 있는 패턴·규칙·관계를 찾아내는 것이다.

18 데이터마이닝의 특징은 대용량 관측자료 이용, 실무 위주 컴퓨터 처리 방식, 경험적 방법에 근거, 일반화한 결과 도출, 의사결정 지원 등이다.

19 KDD 프로세스는 '샘플링 및 데이터 선별 → 데이터 정제 및 전처리 → 탐색 및 변형 → 모형화 → 보고 및 시각화' 순서로 진행된다.

20 데이터마이닝에는 연관규칙 분석, 군집 분석, 의사결정나무 분석, 신경망 모형 분석, 유전자 알고리즘 분석 등의 기법이 있다.

연습문제

단답형 문제

01 (   )은 서비스를 제공받는 고객인 클라이언트와 서비스를 공급하는 제공자인 서버 간의 관계를 나타내는 시스템이다.

02 (   )는 하이퍼텍스트 문서의 송수신을 위한 HTTP 프로토콜을 이해하고 이에 따라 요청받은 동작을 수행하는 하나의 프로그램이다.

03 (   )는 고객이 쇼핑몰에서 쇼핑하면서 직접 물건을 선택할 수 있도록 사이트를 구축하는 서버이다.

04 (   )은 제품의 기획에서 설계 · 제조 · 인증 · 마케팅에 이르는 제품개발 각 과정의 모든 데이터를 일원적으로 관리하는 것이다.

05 (   )는 생산 · 자재 · 구매 · 영업 · 인사 · 회계 등 일련의 기업활동에 필요한 모든 자원을 하나의 체계로 통합하여 운영하는 것이다.

06 (   )이란 부문마다 최적화에 머물렀던 업무흐름을 공급체인 전체의 관점에서 재검토하여 정보의 공유화와 업무처리의 근본적인 변혁을 꾀하여 공급체인 전체의 효율을 향상시키려는 경영방식이다.

07 (   )는 공급체인의 구매 · 운송 · 생산 · 배송 · 제품인도에 대한 과정을 더욱 효율화하고 소비자에게 서비스를 효과적으로 전달하는 실행적 활동이다.

08 (   )는 제조업체가 유통센터 출하 데이터에 근거하여 유통센터의 재고를 직접 보충한다는 의미이다.

09 (   )은 기업이 고객과 관련된 자료를 분석하여 고객 중심으로 자원을 집중하고 이를 바탕으로 고객의 특성에 맞는 마케팅 활동을 하는 과정이다.

10 (　　　　　　)은 현대 마케팅의 주요 핵심수단인 타깃 마케팅의 세분화 전략을 e-비즈니스에 활용한 것이다.

11 (　　　　　　)은 대규모로 저장된 데이터로부터 체계적, 자동적 형태로 의미 있는 패턴 · 규칙 · 관계를 찾아내는 것이다.

객관식 문제

12 다음 중 레거시 시스템에 해당하지 않는 것은?

① SCM　② ERP　③ CRM　④ APS　⑤ PDM

13 다음 중 e-비즈니스 시스템의 필수 요소가 아닌 것은?

① 경영정보시스템　② 웹 서버　③ 머천트 시스템
④ 레거시 시스템　⑤ 전자지불 서버

14 다음 중 전자지불 서버에 해당하지 않는 것은?

① 지불 게이트웨이　② 애스크로 서비스　③ 전자결제 안전장치
④ 트랜잭션 서버　⑤ 인증 서버 시스템

15 다음 중 국내외 기업이 ERP를 도입한 배경으로 맞지 않는 것은?

① 전산비용 절감　② 경영환경 악화　③ 웹 서버 구축
④ 신속 대응의 필요성　⑤ 리엔지니어링 수단으로 활용

16 다음 중 ERP 구축으로 인한 기대 효과가 아닌 것은?

① 신속한 의사결정 강화　② 높은 직원만족도　③ 업무효율 증대
④ 투명성 제고　⑤ 비용절감

17 다음 중 PDM에 대한 설명으로 맞지 않는 것은?

① 구매 희망 상품에 대한 계산 과정에 전자영수증을 발급하는 역할을 한다.

② 제품의 개발이나 수정에 필요한 제품 관련 데이터의 흐름을 효율화하기 위한 시스템이다.

③ 제품정보의 관리와 공유를 위해 동시공학적 접근방법과 전자문서관리를 하기 위한 전자상거래의 지원 도구이다.

④ 제품과 관련된 모든 정보를 제품구조와 동기화하여 통합적으로 관리하는 데 필요한 사용자 또는 응용 프로그램이다.

⑤ 제품의 기획에서 설계 · 제조 · 인증 · 마케팅에 이르는 제품개발 각 과정의 모든 데이터를 일원적으로 관리하는 것이다.

18 다음 중 SCM의 주요 목표가 아닌 것은?

① 자산회전율 상승

② 현금회수기간 상승

③ 납품수행도 상승

④ 주문별 납기준수율 상승

⑤ 주문충족성과 상승

19 다음 중 SCP의 효과가 아닌 것은?

① 직원능력 상승 ② 재고감축 ③ 자원가동률 향상
④ 고객서비스 제고 ⑤ 리드타임 단축

20 다음 중 SCE 주문관리시스템을 통해 처리하는 업무가 아닌 것은?

① MRP 기반 구매지시 ② CTP 계산 ③ 고객주문등록
④ 출하지시 처리 ⑤ ATP 계산

21 SCM 응용시스템에 속하지 않는 것은?

① CRP ② CPFR ③ ECR ④ PDM ⑤ QR

22 다음 중 CRM 전략이 아닌 것은?

① 신규고객 확보 전략 ② 본원적 경쟁 전략 ③ 고객 유지 전략
④ 교차판매 전략 ⑤ 고객활성화 전략

23 타깃 마케팅의 세분화 전략을 e-비즈니스에 활용한 것을 무엇이라고 하는가?

① e-CRM ② e-ERP ③ e-SCM ④ e-QR ⑤ e-PDM

24 다음 중 데이터마이닝의 주요 기능이 아닌 것은?

① 추정 ② 예측 ③ 군집화 ④ 투명성 ⑤ 분류

25 다음 중 데이터마이닝의 특징이 아닌 것은?

① 이론 위주 문서 처리 방식
② 의사결정 지원
③ 대용량 관측자료 이용
④ 경험적 방법에 근거
⑤ 일반화한 결과 도출

26 KDD 프로세스의 순서로 알맞은 것은?

① 데이터 정제/전처리→탐색/변형→샘플링/데이터 선별→모형화→보고/시각화
② 탐색/변형→모형화→샘플링/데이터 선별→데이터 정제/전처리→보고/시각화
③ 모형화→샘플링/데이터 선별→데이터 정제/전처리→탐색/변형→보고/시각화
④ 샘플링/데이터 선별→모형화→데이터 정제/전처리→탐색/변형→보고/시각화
⑤ 샘플링/데이터 선별→데이터 정제/전처리→탐색/변형→모형화→보고/시각화

27 다음 중 데이터마이닝 기법이 아닌 것은?

① 군집 분석 ② SWOT 분석 ③ 신경망 모형 분석
④ 유전자 알고리즘 분석 ⑤ 연관규칙 분석

CHAPTER 11

정보보호 및 전자지불기술

학습목표

- 정보보호의 개념과 중요성을 이해한다.
- 암호기술의 종류 및 내용을 이해한다.
- 시스템 및 네트워크 보안의 개념을 이해한다.
- 방화벽의 중요성과 기능 및 종류에 대해 알아본다.
- 컴퓨터 바이러스의 개념과 대응체계에 대해 알아본다.
- 전자결제 시스템에 대해 알아본다.
- 전자화폐의 개념 및 종류에 대해 알아본다.
- 가상화폐의 개념 및 내용을 이해한다.

PREVIEW

이번 장에서는 정보보호기술과 전자지불기술에 대해 알아본다. 정보보호기술에 해당하는 암호기술, 시스템 및 네트워크 보안, 방화벽에 대해 살펴보고, 정보보호를 위협하는 컴퓨터 바이러스에 대해 학습한다. 또한 전자지불기술인 전자결제, 전자화폐, 가상화폐에 대해 알아본다.

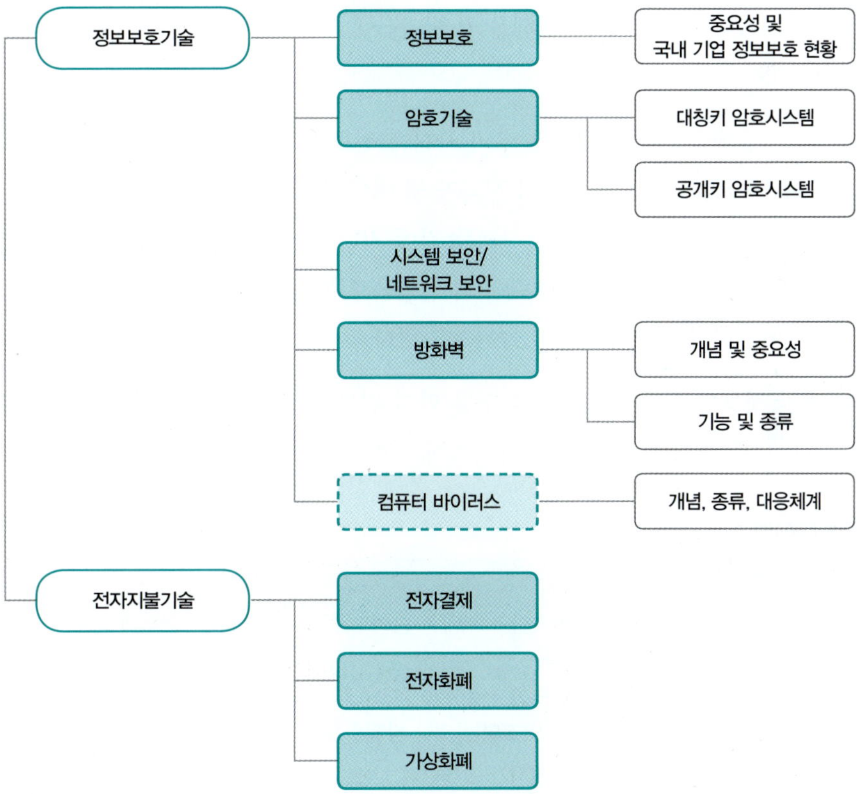

SECTION

01 정보보호의 개요

1 정보보호의 중요성

2003년, 대한민국 인터넷망이 마비된 사건이 일어났었다. 마이크로소프트 SQL 서버의 허점을 이용하여 슬래머웜(Slammer Worm)이 침투한 것이다. 이 사건은 슬래머웜에 감염된 PC들이 대량의 데이터를 생성해 KT 혜화전화국에 있는 DNS 서버에 인터넷 트래픽을 집중시키면서 시작되었다. KT 혜화전화국이 공격에 의해 마비되자 전국적으로 인터넷 트래픽이 다른 백본망으로 우회하기 시작했고, 다른 DNS 서버도 순차적으로 마비되었다. 한편, 대기업의 인터넷 회선이 아닌 백본망을 빌리는 형태로 서비스를 제공하던 중소업체의 인터넷 회선은 대기업의 회선에 비해 마비의 정도가 덜했다. 이 사건으로 피해를 입은 인터넷 사용자들은 KT를 상대로 피해보상 소송을 제기하기도 하였다.

2003년에 발생했던 인터넷 대란은 우리 사회에 정보보호의 중요성을 새삼 일깨워주는 사건이었다. 공들여 쌓아왔던 인터넷 강국의 신화가 웜 바이러스 하나에 무너질 수 있음을 지켜보면서 보안이 뒷받침되지 않는 IT 인프라는 사상누각에 지나지 않는다는 교훈을 남겼다. 20년이 지난 오늘날에도 정보보호가 매일 인터넷 뉴스의 일면을 차지하고 있는데, 정보보호기술의 발달과 함께 정보보호 관련 범죄 기술도 나날이 늘어가고 있다.

정보보호란 **정보의 훼손·변조·유출 등을 막기 위한 관리적이고 기술적인 수단이나 행위**를 말한다. [표 11-1]은 정보보호를 위한 4대 요소에 대한 것이다.

표 11-1 정보보호의 4대 요소

요소	내용
기밀성(Confidentiality)	비인가자가 부당한 방법으로 정보를 입수한 경우에 정보의 내용을 알 수 없도록 하는 것
무결성(Integrity)	데이터가 전송 중이거나 데이터베이스에 저장되는 동안 악의의 목적으로 위조 또는 변조되는 것을 방지하는 것
인증(Authentication)	송수신자가 상대방의 신원을 확인하고 구별하는 것
부인봉쇄(Non-repudiation)	송수신 당사자가 각각 전송된 송수신 사실을 추후 부인하는 것을 방지하는 것

2 국내 기업의 정보보호 현황

국내 기업의 정보침해 사례는 해마다 증가하고 있다. 사고 유형별로 일반 해킹, 웜, 스팸 등이 있으며, 바이러스의 출현 건수도 매년 증가하는 추세다.

[그림 11-1]과 같이, 한국인터넷진흥원의 '2019 정보보호 실태조사'에 따르면 정보보호 기반 및 환경은 '정보보호 정책'이 23.1%, '정보보호 조직'이 12.3%, '정보보호 예산'이 32.3%로 나타났다. 또한 '정보보호 필요성 인식'은 87.0%, '개인정보보호 중요성 인식'은 87.9%로 나타나 정보보호에 대한 중요성 인식은 상당히 높다고 볼 수 있다. 또한 침해사고 예방을 위한 '보안점검 실시'나 '정보보호 제품 이용' 비율은 높았지만, '백업 실시'와 '정보보호서비스 이용' 비율은 절반 수준으로 비교적 낮았다. 침해사고 대응을 위한 다양한 대비책도 마련 중인 것으로 나타났다. 침해사고 경험률은 2.8%로 나타났는데, 그중 랜섬웨어와 악성코드의 비율이 높게 나타났다. 4차 산업혁명 시대가 가까워짐에 따라 지능형 서비스 보안에 대한 문제도 많이 노출되고 있었다.

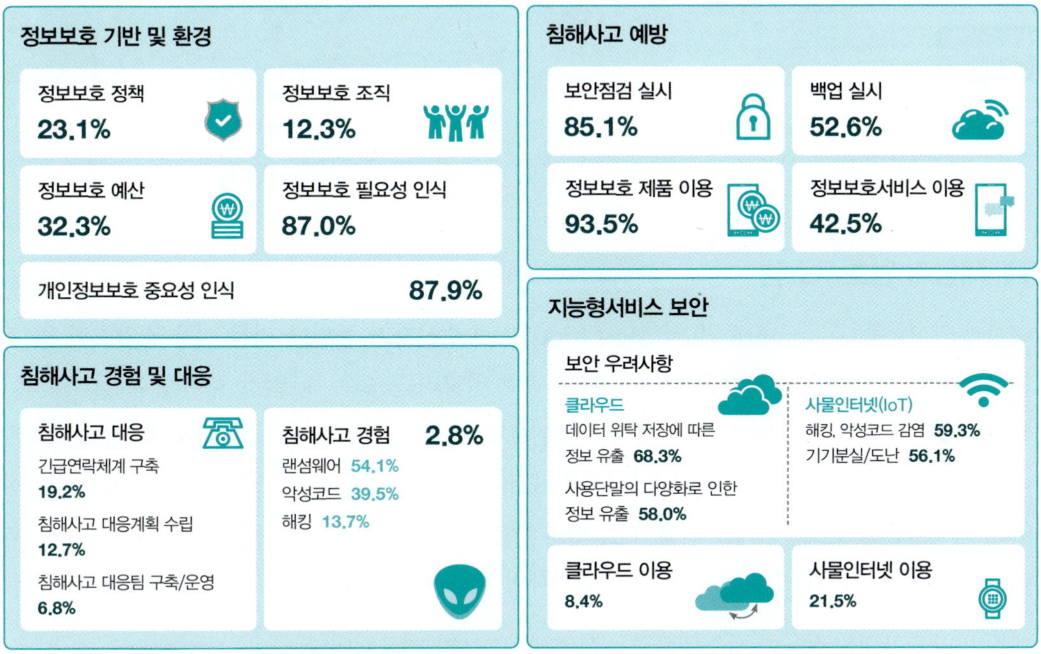

그림 11-1 한국인터넷진흥원의 2019 정보보호 실태조사

SECTION

02 암호기술의 분류

암호는 비밀을 유지하기 위해 상호 간에 약속한 기호이며, 암호기술은 정보의 기밀성·무결성·사용자 인증·부인봉쇄를 위해 필요하다. 암호화(Encryption)는 **암호를 사용해 평문을 암호문으로 변환하는 것**이고, 복호화(Decryption)는 **암호문을 본래의 평문으로 복원하는 것**이다. 암호기술은 크게 대칭키 알고리즘을 이용한 대칭키 암호시스템과 공개키 알고리즘을 이용한 공개키 암호시스템으로 분류할 수 있다.

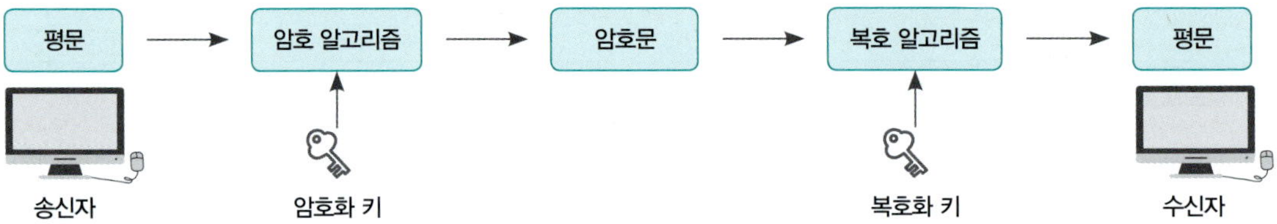

그림 11-2 암호화

1 대칭키 암호시스템

대칭키 알고리즘(Symmetric-key Algorithm)은 **송수신자가 동일한 키를 이용해 암호화 및 복호화 과정을 수행하는 알고리즘**으로, '비밀키 암호 알고리즘' 또는 '단일키 암호 알고리즘'이라고도 한다. 대칭키 알고리즘은 공개키 암호시스템보다 암호화 키의 크기가 상대적으로 작아서 효과적인 암호시스템을 구축할 수 있다. 알고리즘의 내부 구조가 간단하여 시스템 환경에 맞는 적절한 암호 알고리즘을 쉽게 개발할 수 있지만, 정보교환 당사자 간에 동일한 키를 공유해야 하므로 여러 사람과의 정보교환 시 많은 키를 유지 관리해야 하는 어려움이 존재한다.

대칭키 알고리즘을 적용한 시스템으로는 DES와 IDEA가 대표적이다.

- **DES(Data Encryption Standard) :** 1976년 미국연방 표준으로 승인되어 1977년 FIPS PUB 46에 '데이터 암호화 표준(Data Encryption Standard)'으로 공표되었다. DES는 64비트의 평문을 64비트의 암호문으로 만드는 블록 암호시스템으로 64비트의 키를 사용한다. 대칭키 알고리즘을 활용한 복호화는 암호화 과정과 동일하나 사용되는 키만 역순으로 작용한다.
- **IDEA(International Data Encryption Algorithm) :** 1990년 PES, 1991년 IPES에 이어 1992년에

IDEA를 대칭키 알고리즘 형태로 개발하였다. IDEA는 전자우편을 위한 보안도구로 널리 이용되고 있는 PGP(Pretty Good Protocol)에 사용되고 있고 유럽 표준으로 등록되어 있다.

2 공개키 암호시스템

공개키 알고리즘(Public-key Algorithm)은 **개인키와 인증된 공개키를 이용하여 암호화 및 복호화를 실행하는 알고리즘**을 말한다. 암호화할 때에는 공개된 공개키로 암호화하며 복호화할 때는 자신만 알고 있는 개인키를 이용하여 복호화를 실행한다. 공개키는 공개되어 있고, 개인키는 거래 당사자 간 하나씩만 있으면 되기 때문에 대칭키에 비해 키의 개수를 적게 유지할 수 있으며, 키를 전송할 필요가 없어 상대적으로 안전한 시스템이다. 그러나 암호화를 위한 키의 크기는 상대적으로 크기 때문에 컴퓨팅 수행 능력이 떨어질 수 있다.

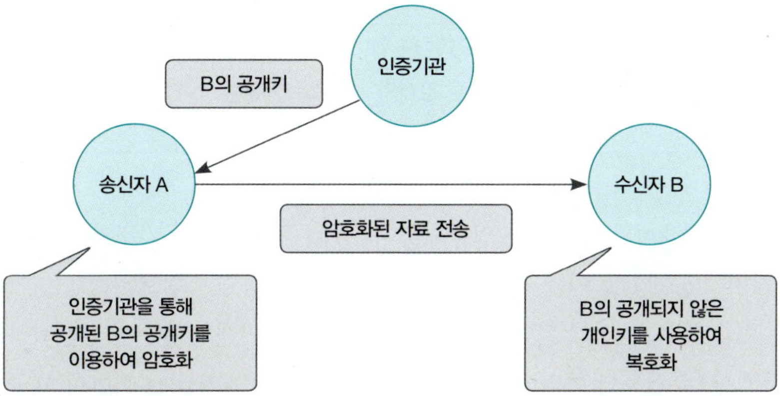

그림 11-3 공개키 암호시스템

대표적인 공개키 암호시스템인 RSA(Rivest Shamir Adleman) 암호시스템은 인수분해를 이용한 암호 알고리즘이다. 1978년 론 리베스트(Ron Rivest), 아디 샤미르(Adi Shamir), 레오나르드 아델만(Leonard Adleman)이 제안한 후, 효율성과 보안성을 두루 갖춘 RSA 암호시스템으로 개발되었다. RSA는 수년 동안 제안된 모든 공개키 알고리즘 중 구현하기가 가장 쉬운 알고리즘으로 평가받고 있다. 또한 이 알고리즘은 가장 대중적으로 알려졌으며 수많은 암호분석 중 가장 뛰어나다는 평가를 받고 있다. 비록 암호분석이 RSA의 안정성을 증명하지도 반증하지도 못했지만 나름대로 알고리즘의 신뢰 수준을 제시하고 있다. RSA는 큰 수 인수분해의 어려움에서 안정성을 얻고 있으며 공개키/비밀키 쌍은 큰 소수를 사용한다. RSA 암호 방식을 이용할 경우, 평문이 한정된 공간에서 선택된다면 쉽게 암호문에서 평문을 구하는 것이 가능하다. 이러한 공격을 피하기 위해서는 난수 성분을 도입하여 해결할 수 있다. RSA의 PKCS#1은 이러한 생각에 근거한 RSA 암호의 이용 방법을 제시하고 있다. 만약 RSA를 응용 분야에 적용하고자 한다면 이러한 조건을 고려하여 사용하면서 안전성을 유지해야 할 것이다. 그러나 현재 사용되는 RSA는 키를 선택하는 데 계산상 큰 수를 사용하기 때문에 속도가 느리다는 단점을 가지고 있다.

하나 더 알기 **전자서명**

공개키 기반 알고리즘을 응용하여 전자서명을 할 수 있다. 전자서명(Digital Signature)은 개인의 고유성을 인정받기 위해 전자적 문서에 서명하는 방법이다. 전자서명은 [표 11-2]와 같은 특성을 만족해야 한다.

표 11-2 전자서명의 특성

특징	내용
위조 불가(Unforgeable)	서명은 서명자 이외의 다른 사람이 생성할 수 없어야 한다.
서명자 인증(Authentic)	서명은 서명자의 의도에 따라 서명된 것임을 확인할 수 있어야 한다.
부인봉쇄(Non-repudiation)	서명자가 자신이 서명한 사실을 부인할 수 없어야 한다.
변경 불가(Unalterable)	서명한 문서의 내용을 변경할 수 없어야 한다.
재사용 불가(Not Reusable)	하나의 문서의 서명을 다른 문서의 서명으로 사용할 수 없어야 한다.

공개키 암호시스템이 운영되기 위해서는 공개키를 인증해줄 수 있는 공신력 있는 기구가 필요하다. 공개키를 허위로 발급하거나 공개키를 믿을 수 없다면 아무리 훌륭한 공개키 암호시스템을 이용할지라도 거래 당사자는 이를 믿을 수 없게 된다. e-비즈니스상 전자상거래의 안전성과 신뢰성을 확보하기 위한 인증·무결성·부인봉쇄 등의 서비스를 위해 기술적이고 제도적인 기반이 요구되는데, 이를 공개키 기반 구조(Public Key Infrastructure, 이하 PKI)라고 한다. PKI는 암호키 갱신·복구·위탁과 같은 키 관리, 인증서 생성 및 취소 관리, 인증정책 관리와 같은 기능을 하는 자동적인 공개키 관리 체계이다. PKI는 전자상거래뿐만 아니라 전자우편, FTP, TELNET 등과 같이 네트워크에서 통신이 되는 모든 데이터의 암호화를 위해서도 필수적이다. PKI는 다음과 같이 인증기관, 등록기관, 디렉터리 서비스, 암호 알고리즘, 사용자 측 PKI 응용 소프트웨어로 구성되어 있다.

- **인증기관(CA, Certification Authority) :** 사용자에게 인증서를 발급하거나 취소하고, 공개키 인증서와 인증취소목록(CRL, Certificate Revocation List)을 공개된 장소에 게시하는 역할을 한다.
- **등록기관(RA, Registration Authority) :** 특정한 공개키/비밀키 쌍이 특정한 사용자에게 귀속됨과 암호키의 유효성을 보증한다. 이러한 정보를 CA에게 제공하는 역할을 하는데, CA가 이 역할을 하기도 한다.

- **디렉터리 서비스 :** 공개키 인증서와 CRL을 저장하고 열람할 수 있도록 공개된 전자적인 저장소를 가지고 편리하게 검색 기능을 제공한다.
- **암호 알고리즘 :** 전자서명을 생성하고 데이터를 암호화 및 복호화하는 소프트웨어 또는 하드웨어로 구현된 메커니즘이다.
- **사용자 측 PKI 응용 소프트웨어 :** 인증서와 CRL의 검색 및 증명, 전자서명의 생성 및 해석, 메시지의 암·복호화 기능을 수행하는 사용자 측의 소프트웨어를 의미한다.

PKI에서 사용자 간 신뢰성은 인증서의 전달경로인 인증경로를 통해 전달되며, CA는 역할과 기능에 따라 계층적으로 구성된다. 전체 PKI에 대한 전반적인 정책을 수립하는 정책승인기관 PAA(Policy Approving Authority)의 정책에 따라, 개별적인 도메인 내의 모든 CA 사용자의 정책을 수립하는 정책인증기관(PCA, Policy Certification Authority)과 PCA, PAA의 정책에 따라 사용자의 공개키를 확인하는 CA로 구분된다. CA 공개키는 PCA에 의해서 확인되며 PCA의 공개키는 다시 PAA에 의해서 확인되는 계층적 인증 절차를 가진다.

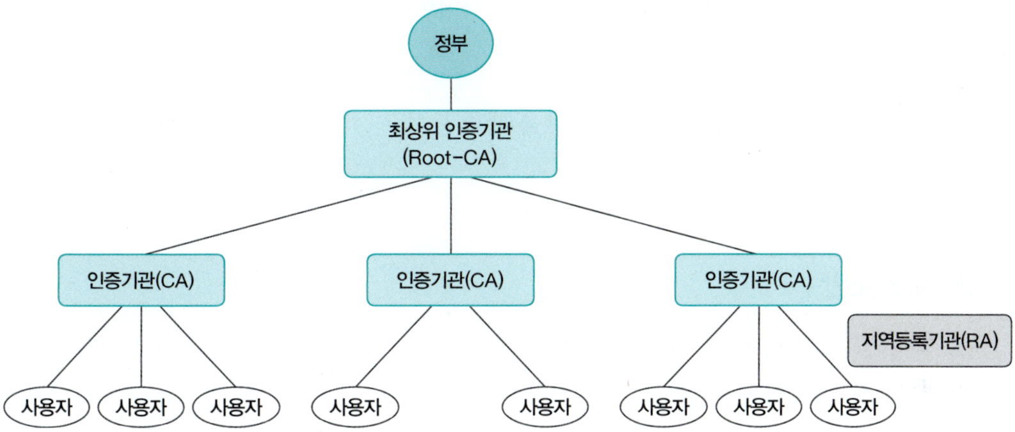

그림 11-4 인증기관의 구조

SECTION

03 시스템 및 네트워크 보안

1 시스템 보안

e-비즈니스 시스템을 운영하는 경우, 해당 사이트에는 여러 중요한 정보인 고객의 개인신상 정보, 금융 정보, 거래데이터 정보가 보관된다. 시스템 보안이란 **불순한 목적으로 웹사이트에서 데이터를 얻으려고 하거나 임의로 변경·삽입·삭제하려는 시도로부터 보호하는 것**을 말한다. 시스템 보안은 크게 서버 보안, 트래픽 보안, 바이러스 대응으로 나눌 수 있다.

- **서버 보안 :** 웹사이트 내에 있는 각 서버의 보안 취약점을 감시하고 관리하는 체계를 의미한다.
- **트래픽 보안 :** 트래픽(Traffic)이란 사용자가 시스템에 접속했을 때 데이터를 주고받는 흐름을 의미한다. 트래픽 보안이란 인터넷을 통해 사용자가 사이트에 접근을 시도하는 것에 대한 탐지 및 필터링 체계를 의미한다.
- **바이러스 대응 :** 웹사이트에 바이러스가 침투했을 때 이를 방지하거나 적절히 대응하는 체계를 의미한다.

2 네트워크 보안

인터넷을 통해 물건을 사고파는 전자상거래는 크게 두 단계의 처리 절차로 나누어 생각할 수 있다. 고객이 필요한 상품을 찾고 구매의사를 전달하는 단계와 이에 대한 대금결제 단계이다. 대금결제 단계에서는 고객의 결제 정보가 네트워크를 타고 상대방에게 전달된다. 이때 중간의 제3자가 네트워크를 통해 전송 중인 결제 정보를 담은 패킷을 모아 고객의 결제 정보를 알아내 악용할 수 있다. 또한 고객의 부주의 때문에 고객의 결제 정보가 사전에 유출되어 제3자가 악용할 수 있다.

네트워크 보안이란 **네트워크를 통해 전송되는 데이터의 유출이 원인인 보안침해 또는 타인으로 속이는 사고 등에 대한 대응체계**이다. 네트워크 보안의 기본은 암호화다. 암호와 관련된 기술은 앞서 2절에서 다루었으므로 참고하기 바란다. 네트워크 보안을 위협하는 요소는 바이러스, 트로이목마, 반달, 공격, 데이터 차단, 사회공학 등이 있다.

- **바이러스 :** 불순한 의도를 가진 프로그래머에 의해 작성된 것으로, 자체 복제되며 특정 이벤트로 트리거(trigger)되어 컴퓨터를 감염시키도록 설계된 컴퓨터 프로그램을 말한다.

- **트로이목마 :** 파괴적 코드를 전달하는 수단으로, 게임과 같이 해가 없거나 유용한 소프트웨어 프로그램으로 위장한 프로그램이다.
- **반달 :** 파괴를 일으키는 소프트웨어 애플리케이션 또는 애플릿이다.
- **공격 :** 정찰 공격(나중에 네트워크를 손상시키는 데 사용할 데이터를 수집하는 정보수집 활동), 액세스 공격(전자메일, 데이터베이스, 기업 네트워크에 진입하기 위해 취약한 네트워크 요소를 이용), 서비스거부 공격(컴퓨터 시스템 일부 또는 전체에 대한 액세스 방지) 등을 비롯한 여러 가지 공격을 말한다.
- **데이터 차단 :** 통신 도청 또는 전송되고 있는 데이터 패킷 변경과 관련된 행위이다.
- **사회공학 :** 기술 지원 담당자로 속여 사람들의 암호를 물어보는 것과 같이 비기술적인 방법을 통해 네트워크 보안 정보를 획득하는 것을 말한다.

하나 더 알기 **보안정책**

e-비즈니스 보안은 시스템 보안 도구의 도입과 암호기술의 적용만으로 이루어지는 것은 아니다. 앞에서도 언급했듯이 인터넷 보안체계는 보안침해를 노리는 사람의 시간과 노력을 소비시키는 체계라고 할 수 있다. 따라서 도구와 기술의 적용 후 이에 따르는 관리가 철저하지 못할 때 보안 사고가 발생할 수밖에 없다. 본 교재에서 다루는 정책적 보안의 범위는 적용된 도구와 기술에 대한 관리체계, 인증체계, 제도적 구매자와 판매자에 대한 보호체계 등을 포함한다.

SECTION

04 방화벽

1 방화벽의 개념

방화벽(Firewall)은 **인터넷과 내부 호스트 사이, 즉 네트워크와 네트워크 사이에 있어서 인증된 정보만을 전송할 수 있게 해주는 시스템**을 의미한다. 일상생활에서의 방화벽은 건물에 화재가 발생할 경우, 화재가 주변으로 번지는 것을 막기 위하여 주변과의 모든 연결경로를 차단하는 일련의 건축물을 말한다. 이러한 의미를 컴퓨터 통신망에 적용해 네트워크를 보호하기 위한 다양한 보안 장치의 구조와 보안 기능을 포괄적으로 나타내는 용어로 사용한다. 경우에 따라서는 하드웨어 암호화 장치나 스크린 라우터, 응용 게이트웨이 등과 같은 네트워크 보안장치만을 나타내는 용어로 사용하기도 한다.

방화벽의 주요 목적은 외부 네트워크로부터 내부 네트워크를 보호하는 것이다. 외부 네트워크는 신뢰할 수 없으며 보안침해의 원천이 될 수 있다. 내부 네트워크의 보호는 허가되지 않은 사용자가 내부 네트워크의 정보에 접근하는 것을 방지하고, 허가된 사용자가 방해를 받지 않고 네트워크 자원에 접근할 수 있도록 하는 것이다. 방화벽은 두 네트워크 사이에 있는 구조체로 다음과 같은 특징을 가지고 있다.

- 모든 트래픽은 방화벽을 통한다.
- 보안정책이 규정한 인증된 트래픽만이 통과할 수 있다.
- 방화벽 자체는 보안성이 뛰어나야 한다.

2 방화벽의 중요성

방화벽은 네트워크 사이트를 해커로부터 효과적으로 방어할 수 있을 뿐만 아니라 인터넷에 존재하는 유용한 서비스의 이용 및 정보획득을 쉽게 해줄 수 있어 가장 주목받는 보안기술로 인정받고 있다. 또한 방화벽은 서버 보안의 4가지 보안 점검 범주를 모두 해결하는 통합 보안시스템으로 발전하고 있다. 방화벽이라 하면 방화벽 솔루션 자체 또는 네트워크에 보안 기능을 제공할 수 있는 라우터, 호스트 시스템 또는 이러한 시스템의 집합을 의미하기도 한다. 더 넓은 의미로 방화벽을 보안이라는 목표에 다가가기 위한 접근 방법이라고도 한다.

방화벽 시스템의 주된 목표는 다른 네트워크가 자신의 네트워크로 접속되는 것을 제어하거나 외부 접속을 규제하는 것이다. 모든 연결행위를 방화벽 시스템을 통해서만 가능하게 하여 이러한 모든 연결 행위를 모니터링할 수 있게 된다. 방화벽은 외부로부터 침입을 봉쇄하면서 동시에 네트워크 사이트의 호스트가 사용하고 있는 서비스 중에 보안 취약점이 있는 NFS나 NIS 같은 편리한 서비스를 계속 안전하게 이용하거나, 보안 취약점이 있는 TELNET, FTP, HTTP 등 외부 호스트와의 상용 네트워크 서비스를 원활하게 제공할 수 있게 한다. 이러한 방화벽이 설치되어 있지 않을 때 해당 사이트 내의 호스트는 전적으로 호스트 단위 보안에 의존해야 하며, 모든 호스트를 상당 수준의 보안상태로 유지하게 해야 할 것이다. 그러나 호스트 수가 많아지면 이러한 작업은 쉽지 않아지므로 보안의 허점을 발생시킬 것이다.

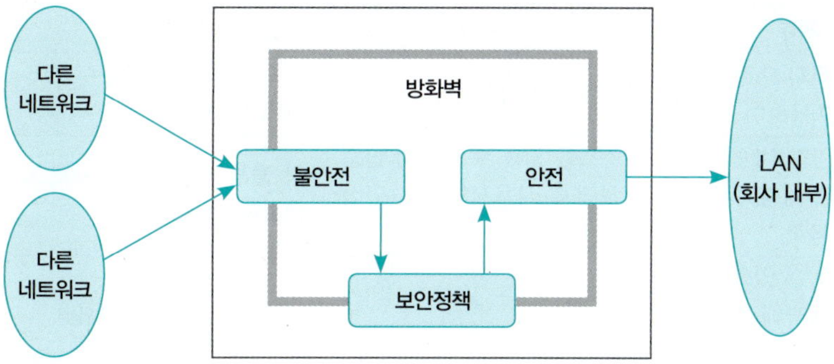

그림 11-5 인터넷 방화벽 개념도

방화벽은 이러한 상황에서 해당 사이트 내에 존재하는 많은 호스트의 보안상태를 전반적으로 향상시켜 줄 방법이다.

표 11-3 방화벽 사용 시 장점과 단점

장점	단점
• 보안의 취약점을 가진 서비스 보호 • 해당 사이트 시스템에 대한 접속제어 • 집중화된 보안 • 암호화를 통한 강화된 프라이버시 • 네트워크 사용 또는 오용에 관한 통계자료 축적 • 네트워크 접속정책 강화	• 유용한 서비스에 대한 제한된 접속 • 백도어(Backdoor)에 대한 무방비 • 내부 해커에 대한 무방비 • 바이러스 문제 • 네트워크 성능 저하 문제 • 기타 문제(HTTP 등 서비스 프로토콜 접속 문제)

3 방화벽의 기능 및 종류

방화벽은 접근제어 리스트를 통해 접근제어를 관리한다. 특정 IP 주소의 트래픽을 허용하거나 거부하는 식으로 리스트를 관리하며, 서비스 단위로 접근제어를 할 수도 있다. 인터넷 서비스 제공업체와 같이 많은 일반 사용자에게 인터넷 서비스를 제공하는 경우는 모든 서비스에 접근을 허용하고 몇몇 서비스만 거부하는 방법을 사용한다. 유용하지만 좀 위험한 정책이다. 연구소나 중요 정보를 다루는 기업은 모든 서비스를 거부하고 특정 몇몇 서비스를 허용하는 방법을 사용한다. 예를 들어, 웹 서비스만을 할 때에는 80번 포트만을 허용하고 모든 포트를 닫는다. 이러면 유용성은 떨어지지만 보안성은 뛰어나다고 볼 수 있다. 패킷 단위로 IP 주소를 제어하는 방화벽을 패킷 필터링 게이트웨이라고 부르며, 서비스 단위의 접근제어를 제공하는 방화벽 형태를 프록시 서버라 부른다. [표 11-4]는 방화벽의 종류별(패킷 필터링 방화벽, 서킷 게이트웨이 방화벽, 애플리케이션 방화벽, 하이브리드 방화벽) 기능 및 장점과 단점을 나열한 것이다.

표 11-4 방화벽의 종류

종류	기능	장점	단점
패킷 필터링 방화벽	소스 및 목적지 IP 주소와 포트 번호를 이용하여 제어함	단순하며 처리 속도가 빠름	단순해서 사용자별로 제어하지 못함
서킷 게이트웨이 방화벽	패킷 필터링과 비슷하지만, OSI의 다른 계층에서 서킷을 만들어 동작	소스를 감출 수 있으며 단순하면서 사용자에게 투명성을 보장함	각 클라이언트 측의 프로그램을 수정해야 함
애플리케이션 방화벽	소스를 감출 수 있으며 단순하면서 사용자에게 투명성을 보장	강력한 인증 및 부가서비스 제공	투명성을 보장하지 못함
하이브리드 방화벽	위의 3가지 타입을 경우에 따라 조합적으로 사용하는 것	가장 효율적이고 유연성 있는 보안정책 부여 가능	구축이 어려움

하나 더 알기 **침입탐지시스템**

침입탐지시스템은 실시간으로 해당 지역의 외부인 침투를 감시하고 이를 관리자에게 보고하는 기능을 수행한다. 즉, 사전에 정의된 형태의 보안침해 상황에 대해 항상 감시하고 있으며 상황 발생 시 관리자에게 즉시 알린다.

침입탐지시스템의 특징은 다음과 같다. 첫째, 여러 계층으로 구성된 각 보안계층 지역의 침입에서 공격자의 시간을 지체시킨다. 둘째, 침입자가 침입하는 동안 침입 사실을 관리자에게 통보하여 대응할 수 있도록 침입자의 다음 지역으로의 침입을 빨리 막고 피해를 최소화한다.

침입탐지시스템은 방화벽과 연동하여 운영될 때 더 빨리 침입사실을 파악할 수 있다. 우리나라 국가정보원에서는 방화벽 및 침입탐지시스템에 대해 품질 인증을 해주고 있고, 국내의 인터넷 금융, 전자상거래 사이트에서는 인증을 받은 제품을 사용할 것을 권고하고 있다.

SECTION

05 컴퓨터 바이러스

1 컴퓨터 바이러스의 개념

컴퓨터 바이러스(Computer Virus)는 **하나의 악의적인 코드로, 스스로를 복제하여 컴퓨터를 감염시키는 컴퓨터 프로그램의 일종**이며 한 컴퓨터에서 다른 컴퓨터로 확산될 수 있다. 사용자는 인터넷이나 네트워크, 이동식 매체를 통해 바이러스를 전파할 수 있다. 바이러스는 네트워크파일시스템이나 다른 컴퓨터를 통해 접근하는 파일시스템상의 파일을 감염시킨 후 다른 컴퓨터로 확산시킨다. 애드웨어, 스파이웨어는 흔히 컴퓨터 바이러스라고 하지만, 엄밀히 따지면 복제 기능이 없기 때문에 컴퓨터 바이러스는 아니다.

최초의 컴퓨터 바이러스는 1970년대 밥 토머스(Bob Thomas)가 제작한 크리퍼 바이러스이며, 초기 인터넷에서 실제 구현되었다. 크리퍼 바이러스는 인터넷 초기 네트워크인 아르파넷(ARPAnet)을 통한 접근 권한을 얻어 "I'm the creeper, catch me if you can!(나는 크리퍼이다. 나 잡아봐라!)"이라는 메시지를 모니터에 나타나게 했다. 이후, 리퍼(Reaper)라는 프로그램이 개발되어 크리퍼 바이러스를 지우게 되는데, 이는 최초의 컴퓨터 바이러스 백신이 된다.

바이러스 감염의 가장 손쉬운 방법은 바이러스 코드 부분을 복사하여 정상 프로그램의 첫머리에 놓는 것이다. 당연히 정상 프로그램이 실행되기 전에 먼저 바이러스 코드가 실행된다. 바이러스 제작자가 감염시킬 프로그램의 특성에 대해 알 필요가 없기 때문에 많이 사용되는 방식이다.

그림 11-6 컴퓨터 바이러스의 확산

바이러스는 기술적인 동작 원리에 따라 상주형 바이러스와 비상주형 바이러스로 구분된다. 상주형 바이러스는 바이러스에 감염된 프로그램이 한 번 실행된 이후, 컴퓨터에 상주해 있다가 컴퓨터에 전원이 들어오면 컴퓨터 내의 모든 실행 파일을 감염시키는 바이러스이며, 비상주형 바이러스는 바이러스에 감염된 프로그램이 실행될 때만 다른 파일로 전염시키는 바이러스이다.

2 컴퓨터 바이러스의 종류

컴퓨터 바이러스에는 부트 바이러스, 매크로 바이러스, 백 오리피스, 웜, 트로이목마 등 다양한 종류가 있다.

부트 바이러스

부트 바이러스(Boot Virus)는 **컴퓨터를 부팅했을 때 하드디스크를 읽는 가장 처음 부분인 부트 섹터를 감염시키는 바이러스**를 말한다. 개인용 컴퓨터에서 발견된 최초의 바이러스는 부트 바이러스였는데, 1986년에 파루크 앨비 형제가 만들었다.

매크로 바이러스

매크로 바이러스(Macro Virus)는 **매크로 언어로 기록된 바이러스이며, 엑셀과 같은 응용 소프트웨어 안에 심어둔 매크로 프로그램**을 말한다. 일부 응용 프로그램이 매크로 프로그램을 문서 안에 포함시키는 것을 허용하고 있고 문서가 열릴 때 프로그램이 자동으로 실행될 수 있다. 그렇기 때문에 항상 매크로 바이러스의 존재를 인지하고 매크로가 되는 응용 프로그램 사용 시 매크로를 함께 사용할 것인가를 결정해야 한다.

백 오리피스

'죽은 소의 숭배자(Cult of Dead Cow)'라는 세계적인 해커그룹이 개발한 해킹도구인 백 오리피스(Back Orifice)는 **감염된 컴퓨터를 마음대로 제어하여 파일 삭제 · 압축 및 개인정보를 가져오거나 상대방이 실행 중인 응용 프로그램을 강제로 종료하는 바이러스**이다.

웜

웜(Worm)은 **스스로를 복제하는 악의적인 컴퓨터 프로그램**이다. 일반적인 컴퓨터 바이러스는 다른 실행 프로그램에 기생하여 실행되는 데 반해, 웜은 독자적으로 실행되며 다른 실행 프로그램이 필요하지 않다는 차이가 있다. 웜은 네트워크상에서 컴퓨터의 파일 전송 기능에 기대어 침투하고, 네트워크를 사용하여 자신의 복사본을 전송할 수 있으며 어떠한 중재 작업 없이 악성코드를 실행시킬 수 있다. 일반적인 컴퓨터 바이러스가 보통 네트워크에는 영향을 주지 않는 반면 웜은 네트워크를 손상시키고 네트워크 대역폭을 잠식한다.

트로이목마(Trojan Horse)

트로이목마(Trojan Horse)는 **겉보기에는 정상적인 프로그램으로 보이지만 실행하면 악성코드가 실행되는 형태의 악의적 프로그램**을 말한다. 이 명칭은 고대 트로이 전쟁의 전술에서 따온 것으로, 겉보기에는 평범한 목마이지만 그 안에는 적군이 숨어 있는 것을 비유한 것이다. 예를 들어, 인터넷에서 게임 프로그램이라고 소개한 프로그램을 실행했더니 시스템파일을 지워버리는 경우 그 프로그램을 트로이목마라고 한다.

3 컴퓨터 바이러스 대응체계

인터넷 사용자의 급증과 이메일의 보편화로 컴퓨터 바이러스와 웜 감염의 위험이 날로 커지고 있다. 각종 바이러스에 대한 대응 소프트웨어(백신 소프트웨어)가 출시되고 있지만, 여러 호스트와 서버를 관리할 때에는 바이러스에 대응하는 업무관리량도 많아지게 된다. 따라서 철저한 보안체계의 유지를 위해서는 바이러스에 대응할 수 있는 정책이 마련되어야 한다. 우선 최신의 백신 소프트웨어를 갖추어야 함은 물론이고, 서버의 중요도와 파일 종류의 중요도에 따라 명확한 업무책임자의 선정과 체계적인 바이러스 검사 및 결과 보고체계가 이루어져야 한다. 관리책임자는 이러한 정책에 따라 정기적인 바이러스 검사 보고를 해야 하며, 백신 소프트웨어의 최신엔진으로 업데이트, 이례적인 상황에 대해 바이러스 검사 및 치료를 수행할 능력을 갖추어야 한다.

SECTION

06 전자결제

1 전자결제 방식

전자결제(Electronics Payment)는 **인터넷과 같은 전자적인 장치를 통해 결제하는 것**을 말한다. 인터넷상에서 물건을 구입하고 전자결제를 하는 방법은 전자결제시스템의 발달로 여러 가지 형태가 사용되고 있다. 그중에서 가장 많이 사용되는 것은 신용카드와 모바일 결제이다. 그밖에 계좌이체 및 전자화폐를 사용한 전자결제도 사용된다. [그림 11-7]은 신용카드를 이용한 일반적인 형태의 전자결제 방식이다.

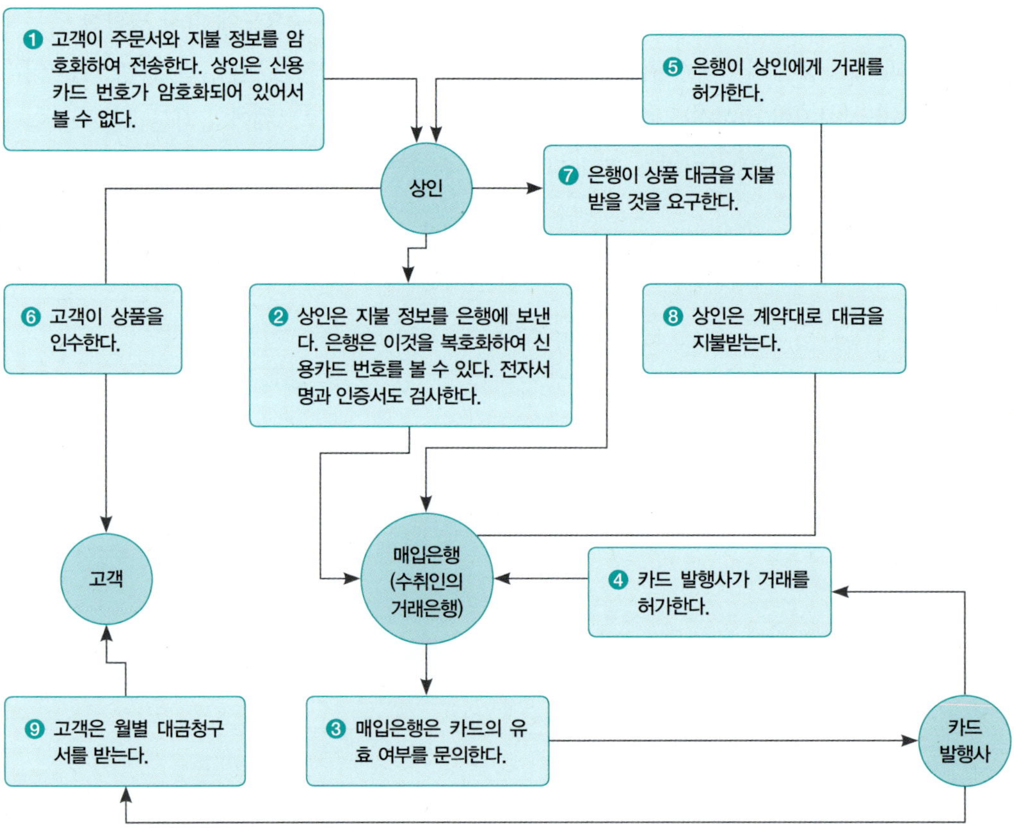

그림 11-7 신용카드를 이용한 전자결제 방식

2 전자결제사업자

인터넷상에서 쇼핑몰 등의 비즈니스를 하기 위해서는 전자결제가 필요하다. 이때 금융기관과의 거래를 대행해주는 서비스가 있는데 이를 전자결제사업자(Payment Gateway, 이하 PG)라고 한다. PG사는 신용카드, 계좌이체, 핸드폰 이용 결제, ARS 결제 등 다양한 결제서비스를 대신 제공하는 회사이다. e-비즈니스 업체 입장에서 웹사이트를 구축할 때 적절한 PG사를 선정하면, PG사에서 전자결제 관련 모듈을 쉽게 설치할 수 있게 도와준다.

하나 더 알기 **비트코인**

비트코인(Bitcoin)은 온라인에서 사용되는 디지털 통화로, 통화를 발행하고 관리하는 중앙장치가 존재하지 않는 구조이다. 각국 중앙은행이 화폐 발행을 독점하는 것에 대한 반발로, 2009년 1월 사토시 나카모토라는 필명의 프로그래머가 개발한 것이다. 비트코인의 거래는 P2P 기반 분산 데이터베이스에 의해 이루어지며, 공개키 암호시스템 기반으로 거래를 수행한다. 비트코인을 만드는 과정은 광산업에 빗대어 '캔다'(Mining)라고 하며, 이러한 방식으로 비트코인을 만드는 사람을 '마이너'(Miner), 즉 '광부'라고 부른다. 광부가 아닌 사람은 돈을 주고 비트코인을 구입해 거래할 수 있다. 비트코인이 알려지면서 '핀테크'라는 용어가 생겨날 정도로 비트코인 광풍이 불기도 했다.

3 모바일 결제시스템

모바일 결제서비스는 현재 거의 모든 인터넷 유료사이트의 결제 방식이다. [표 11-5]는 절차별 모바일 결제서비스를 설명한 표이다.

표 11-5 모바일 결제 서비스 절차

순서	절차	From	To	내용
1	구매 요청/지불 정보 전송	고객	쇼핑몰	고객이 상품의 구매 과정에서 본인의 휴대폰 번호 정보 전송 및 기타 본인 확인을 위해 필요한 정보를 전송
2	지불 정보 전송	쇼핑몰	모바일PG	온라인 쇼핑몰은 모바일PG에 전송받은 휴대폰 번호 등을 전송
3	고객 확인 요청/거래 암호 생성, 전송	모바일PG	이동통신업체	모바일PG는 다시 해당 이동통신업체에 본 정보를 전송하여 본인 확인 정보 발신을 요청
4	고객 확인 후 거래 암호 전송	이동통신업체	고객	이동통신업체는 휴대폰 번호를 통해 고객의 가입 거래 암호 전송 여부를 확인하고 승인번호 등을 암호화하여 해당 휴대폰 번호로 전송

5	거래 암호 전송	고객	쇼핑몰	고객은 전송받은 승인번호 등을 온라인 쇼핑몰에 입력
6	대금 정보 전송	쇼핑몰	모바일PG	온라인 쇼핑몰은 관련 구매 금액을 해당 모바일 PG에 다시 전송
7	상품 배송	쇼핑몰	고객	고객에게 관련 물품 등을 배송
8	대금 정보 전송	모바일PG	이동통신업체	모바일PG는 온라인 쇼핑몰로부터 전송받은 대금 정보를 이동통신업체에 전송
9	대금 청구	이동통신업체	고객	휴대폰 사용 금액 결제일에 이동통신업체는 고객에게 구매 대금과 전화 요금을 합산하여 청구
10	대금 수납	고객	이동통신업체	고객이 대금을 지불
11	수납 정보/ 수납 금액 인도	이동통신업체	모바일PG	이동통신업체는 수금된 합산 요금 중 물품 금액 인도 대금만을 모바일PG에 따로 지급
12	상점 정산	모바일PG	쇼핑몰	모바일PG는 온라인 쇼핑몰에 일정액 수수료를 제하고 대금 지급

[그림 11-8]은 일반적인 모바일 결제서비스의 절차를 표시한 그림이다.

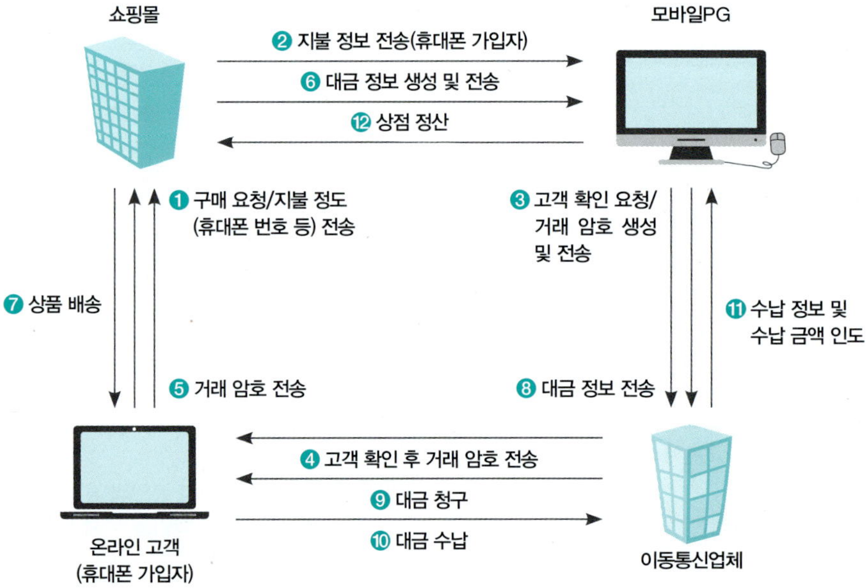

그림 11-8 모바일 결제 개념도

4 모바일 간편결제서비스

모바일 간편결제서비스는 **사용자의 스마트폰 애플리케이션을 이용한 결제서비스**로, 최초 정보를 등록한 후 모바일 결제 시에 추가정보의 입력 없이 최초 등록한 정보를 이용한 사용자 인증을 통해 안전한 결제를 가능하게 한다. 모바일 간편결제서비스는 서비스를 출시하고 있는 회사의 유형과 결제서비스의 기술 종류를 이해하는 것이 중요한데, 현재 서비스를 출시하고 있는 회사의 유형으로는 소셜플랫폼사, 포털사이트, 이동통신사, 은행, 카드사, PG사, 소셜커머스업체 등이며, 결제서비스기술에는 금융 OTT(Over The Top), P2P 등이 있다. 이렇듯 모바일 간편결제서비스 시장은 기존의 금융권뿐만 아니라, 비금융권에서도 적극적으로 참여함으로써 금융거래의 보편화를 앞당기고 있다.

모바일 간편결제서비스는 소셜플랫폼 회사인 카카오톡이 제공하는 카카오페이와 국내 대표 제조업체인 삼성전자가 제공하는 삼성페이가 대표적이다. 각 서비스의 특징에 따라 카카오페이는 플랫폼 서비스로 편의성의 강점을 보유하고 있고, 삼성페이는 디바이스를 보유한 삼성의 기술과 생체인식 보안의 강점을 가지고 있다.

- **카카오페이 :** 카카오톡 내에 신용카드나 체크카드를 등록하여 모바일상에서 간단하게 비밀번호만으로 결제할 수 있도록 한 모바일 결제서비스이다. 즉, 카카오톡을 설치한 스마트 디바이스의 경우 별도의 애플리케이션을 설치할 필요 없이 간편하게 사용 가능하다.
- **삼성페이 :** 삼성전자에서 제공하는 모바일 결제서비스로, 기존의 앱 카드가 사용하는 바코드 결제방식이 아닌 근거리 무선통신(NFC)과 마그네틱 보안전송(MST) 방식을 지원하는 결제서비스이다. 이는 기존 마그네틱 결제시스템을 자기장으로 구현하는 기술로, 일반 카드 결제 단말기에 스마트폰을 접촉하는 것으로 결제가 가능하다.

(a) 카카오페이

(b) 삼성페이

그림 11-9 국내 모바일 간편결제서비스

SECTION

07 전자화폐

1 전자화폐의 개념

전자화폐(Electronic Cash)는 **은행 등의 발행자가 IC칩이 내장된 카드나 공중정보통신망과 연결된 PC 등에 일정 화폐가치를 전자기호로 저장하고 지급을 보장하여 통신회선을 통해 자금결제가 이루어지도록 하는 화폐**이다. 전자화폐는 크게 화폐가치의 정보를 저장하는 데 이용되는 매체에 따라 IC카드에 저장시키는 전자화폐카드와 인터넷의 가상은행계좌나 인터넷과 연결된 고객의 PC에 저장시키는 사이버캐시, 디지캐시(Digi-Cash), e-Cash 등 인터넷의 네트워크 전자화폐로 나누어 볼 수 있다. 한편, 전자화폐카드는 IC칩을 내장한 카드라는 의미에서 스마트카드, 다양한 용도에 사용되는 선불카드라는 의미에서 범용선불카드, 지갑처럼 수시로 보관 및 인출이 가능하다는 의미에서 전자지갑 등으로 다양하게 불린다.

전자화폐의 종류는 화폐가치의 이전 가능성에 따라서 분류할 수 있는데, 카드소지자 간에 화폐가치를 자유롭게 이전할 수 있는 개방 루프(Open-loop)형, 가치 이전이 개인에서 가맹점이나 가맹점에서 카드발행기관으로 일방적 흐름만이 가능한 폐쇄 루프(Closed-loop)형으로 구분된다. 대표적인 개방 루프형은 영국의 마스터카드가 있으며, 폐쇄 루프형은 대부분 국가에서 개발되고 있는 형태로 기존의 전화카드나 지하철 이용권 등의 단일 선불카드에 범용성만을 추가한 것이다. 한편, 개방 루프형은 가치 이전 사실이 발행기관에 통보되지 않기 때문에 발행기관은 가치보유자를 파악할 수 없는 반면, 익명으로 결제할 수 있다는 이점이 있다. 이에 반해 폐쇄 루프형은 실명 추적으로 부정 사용을 방지할 수 있지만 사용편익이 떨어지는 단점이 있다.

2 전자화폐의 출현

최근 인터넷을 이용해 세계 어느 곳에서든 필요한 물품을 주문할 수 있게 되었다. 자금결제도 기존의 수표, 신용카드, ATM 등과 같이 은행을 거쳐야 하는 불편 없이 PC 또는 전자지갑의 조작을 통해 직접 이루어질 수 있는 새로운 결제수단이 요구되었다. 새로운 결제수단에 대한 개발노력이 미국과 유럽을 중심으로 급속히 진전되고 있으며 범세계적으로 확산되는 추세이다. 전자화폐는 지폐의 통화 기능을 모두 갖추고 있으며, 새로운 금융서비스를 제공할 수 있는 프로그램의 개발도 가능하기 때문에 전 세계적으로 경제주체의 금융행태를 변화시킬 뿐만 아니라 각국의 금융제도와 경제제도에 근본적 변화를 일으킬 수도 있을 것으로 보인다.

수백 년 동안 교환의 수단이었던 금은 종이통화에 밀려나게 되었고, 이후에는 화폐의 수단으로 종이통화가 부상했다. 오늘날의 종이통화는 신용에 바탕을 둔 것이고, 전자화폐는 전자시대에서 현금을 대신하는 수단이다. 전자화폐는 보관할 수 있고 전달할 수 있지만 위조할 수는 없는 새로운 시대의 표현양식이다. 전자화폐는 그것이 가진 본래의 가치는 없으며 실질적인 형태도 찾기 어렵다.

화폐는 교환가치와 가치저장의 수단이라는 의미가 있다. 전자화폐는 교환의 수단으로는 완벽한 기능을 하며, 놀라운 속도로 돈을 전달하고 즉시 거래를 가능하게 하기 때문에 현대 e-비즈니스 전자상거래의 특성 가운데 하나인 복잡하게 맞물려 있는 채권이나 채무의 연결고리를 더욱 간단하게 해결할 수 있다. 전자화폐의 미래에 대한 가장 큰 논란거리는 가치저장 수단으로서의 역할이다. 대부분의 사람들은 법의 보호를 받는 화폐를 믿기 때문에 안심하고 돈을 은행에 맡긴다. 그들이 내야 할 청구서에 대한 정산은 수표나 전자대금결제로 대신한다. 그들은 언제든지 원하는 때에 법률적인 화폐(현금)를 가질 수 있다고 확신한다. 전자화폐도 이에 맞춰 사용자가 확신할 수 있도록 원할 때에는 언제나 법률적인 통화로 전환될 수 있게 전자화폐의 단위마다 실제 경제에 저장된 현금을 보유하고 있어야 한다. 혹은 다른 측면에서 보자면 실제 세계에서 현금이 있어 그것을 바탕으로 디지털 저장고가 만들어지고 전자상거래가 가능하다고 할 수 있다.

3 전자화폐의 유용성

전자화폐는 화폐의 주요 기능인 유통성, 양도가능성, 범용성 등을 갖추고 있으며, 현금의 단점인 원격지 송금 불능, 보관·수송에 따른 비용 부담, 금액의 분할·통합 시 불편 등도 보완해 주는 기능이 있다.

소비자의 관점에서 보면 전자화폐는 보유비용, 자금수급의 신속성 면에서 현금보다 편리한 데다가, 잠금장치를 이용하여 도용 및 변조 가능성을 수표나 신용카드보다 낮출 수 있다는 장점이 있다. 기존의 신용카드, 직불카드, 현금카드를 이용한 전자결제 방식은 반드시 자금중개 기관인 은행을 통해서만 결제가 종료되어 자금결제 시 수수료 지급, 이용시간 제약, 개인정보 노출 등 개선의 여지가 있었다. 그러나 전자화폐는 은행을 거치지 않고서도 특수 전화기, PC 등을 통해 현금처럼 결제할 수 있어 익명성, 거래종결성, 양도성 등이 철저히 보장된다.

영국의 마스터카드는 소액 사용 시 비밀번호 확인 절차가 없으나 고액은 잠금장치를 이용하여 도용 및 위변조 방지가 가능하다. 또한 판매자에게는 현금관리 비용의 절감, 판매대금의 신속하고 안전한 회수 등의 이점이 있다. 그리고 금융기관은 고객별 통합정보 관리를 통해 새로운 서비스 개발이 가능하고 예금인출 감소 및 신규예금 증대로 자금운용 여력이 커지는 한편 취급수수료의 수입 증대 등의 이익을 얻을 수 있다. 이러한 장점으로 향후 전자화폐가 지폐와 동전은 물론 거액의 수표 상당 부분을 대체함으로써 점차 유통이 확산될 것으로 예상한다.

그림 11-10 마스터카드(www.mastercard.us)

전자화폐의 원칙은 [표 11-6]과 같이 독립성, 보안성, 비밀보장, 오프라인 지불, 가분성이 있다.

표 11-6 전자화폐의 원칙

원칙	내용
독립성	전자화폐의 보안성이 물리적인 존재에 의존해서는 안 된다.
보안성	전자화폐는 재활용할 수 없다.
비밀보장	전자화폐는 사용자의 사적인 비밀을 보호해야 한다. 그 자체로 어떤 개인과 그가 구매한 것과의 연관 관계를 추적할 수 없다.
오프라인 지불	전자화폐를 받은 판매자가 네트워크 접속에 의존해서는 안 된다.
가분성	전자화폐의 금액은 더 작은 액수로 나눌 수 있어야 한다. 또한, 작은 액수를 다시 모을 수도 있어야 한다.

4 전자화폐의 종류

전자화폐는 전자지갑 형태의 전자화폐와 공용망 형태의 전자화폐로 분류할 수 있다.

전자지갑 형태의 전자화폐

IC칩이 내장된 플라스틱 카드에 은행예금의 일정액이 전자기호로 저장되어 있는데, 이를 일반적

물품 및 서비스 구매에 사용할 때 등 저장금액(전자기호)이 판매자의 단말기(또는 전자지갑)로 이전되는 새로운 형태의 결제수단을 전자지갑 형태의 전자화폐라고 한다. 저장금액이 소진되면 예금계좌에서 IC카드로 재충전하여 다시 사용할 수 있을 뿐만 아니라 사전에 널리 수용되는 구매력을 가진다. 일상적 사용에서 통화 당국이 발행한 현금과 매우 유사하다는 점에서 전자화폐라 부른다.

전자지갑 형태의 전자화폐의 기능은 전자지갑 시스템에 따라 달라질 수 있지만 대개 다음과 같다. 먼저 은행이 전자지갑(가치저장카드)을 고객에게 발급하면 고객은 ATM, 스마트폰, 개인용 PC 등을 사용하여 자신의 예금계좌에서 전자지갑으로 가치를 이전시킨다. 그리고 고객이 물품을 구매할 때는 판매자의 POS(Point of Sale) 단말기에 전자지갑 카드를 통과시킨다. 별도의 신용체크가 필요하진 않지만 적당한 사용자인지를 판단하려면 개인식별번호를 확인하면 된다. 물품구매대금은 전자지갑 카드에서 판매자의 단말기로 즉시 이체된다. 판매자는 거래 관계에서 누적된 가치를 원하는 때에 전화기를 사용하여 자신이 거래하는 은행계좌로 이전시킬 수 있다. 고객은 카드에 저장된 가치가 소진되었을 때에는 자신의 은행계좌에서 추가로 가치를 저장할 수 있다.

공용망 형태의 전자화폐

개인용 컴퓨터 보급의 확대와 인터넷 등 컴퓨터 통신망의 발달과 함께 추진되는 공용망 형태의 전자화폐는 신용카드형, 전자수표형, e-cash형으로 구분할 수 있다.

■ 신용카드형 전자화폐

신용카드형 전자화폐는 인터넷 등에서 신용카드 번호를 입력하여 전자상거래에 따르는 대금을 결제하는 방법이다. 구매자와 판매자 사이의 통신에서 전송되는 신용카드 번호와 같이 중요한 데이터가 누출되거나 불법적으로 사용되는 사태를 방지하기 위해 SSL(Secure Socket Layer) 프로토콜을 지원하는 '웹브라우저-서버 콤보'를 사용해 보안을 확보하는 것이 좋다. 하지만 카드의 불법적인 잔금 수령과 같은 상업적 사기 행위에 대해서는 속수무책이다. 이러한 문제에 대처하기 위해 사이버캐시나 퍼스트 버추얼 홀딩(First Virtual Holding)과 같은 시스템을 도입할 필요가 있다.

사이버캐시(Cyber Cash)는 월렛(Wallet)이라고 불리는 클라이언트 도움말 애플리케이션을 이용해 소비자의 웹브라우저에서 은행으로의 전송 과정을 처리하고 보안을 유지해준다. 사이버캐시 월렛은 암호화된 신용카드 번호를 판매자를 거쳐 자체의 프로세서/서버로 보내 보안과 판매의 확인을 병행한다. 판매자는 따로 신용카드 번호를 보지 않고 그 정보를 사이버캐시로 보내어 확인작업을 한다. 따라서 사이버캐시에 의해서만 신용카드의 대금결제가 이뤄지는 것이다. 퍼스트 버추얼은 신용카드 번호 대신 소비자에게 버추얼 PIN을 부여한다. PIN은 퍼스트 버추얼에 의해서 신용카드 결제번호로 전환돼 판매자로부터 판매 정보가 입수되는 대로 대금을 지불한다.

■ 전자수표형 전자화폐

전자수표형 전자화폐는 인터넷 등을 통해 거래 은행의 전산기와 접속하여 자신의 컴퓨터로 예금을 인출하고 입금할 수 있다. 그뿐만 아니라 타인에게 전송하여 전자상거래 또는 금융거래를 종료시킬 방법으로, 전자수표 또는 전자동전이라고 불린다. 재정서비스기술 컨소시엄(FSTC, Financial Services Technology Consortium) 덕분에 웹 기반의 판매에 직접 전자수표를 사용할 수 있게 될 전망이다. FSTC는 종이수표를 기준으로 하지만, 전자적인 처리 방식과 디지털 서명을 이용하여 전자수표를 고안했다.

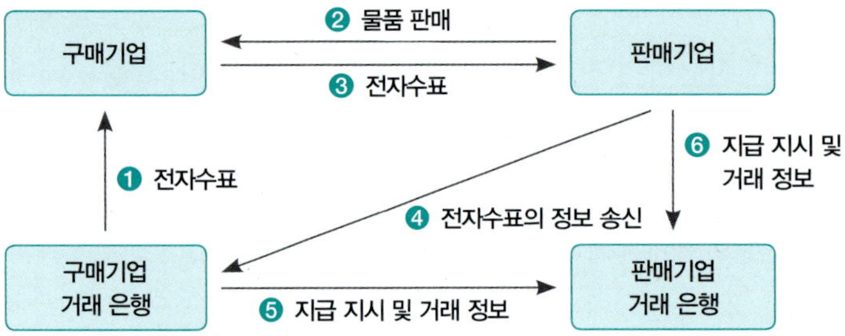

그림 11-11 **전자수표 처리 과정**

■ e-Cash형 전자화폐

e-Cash형 전자화폐는 가장 독특한 전자지불 방식이다. e-Cash는 인터넷 등을 통해 거래 은행의 전산기와 접속하여 홈뱅킹을 하는 방법이며, 이 경우 전자상거래에 따른 대금결제는 계좌이체 등으로 이루어지고, 타인에 대한 자금 이체 등의 금융거래를 할 수도 있다. 디지캐시(Digi-Cash)가 개발한 전자화폐는 금액을 나타내는 부호화된 디지트의 스트링을 이용한다.

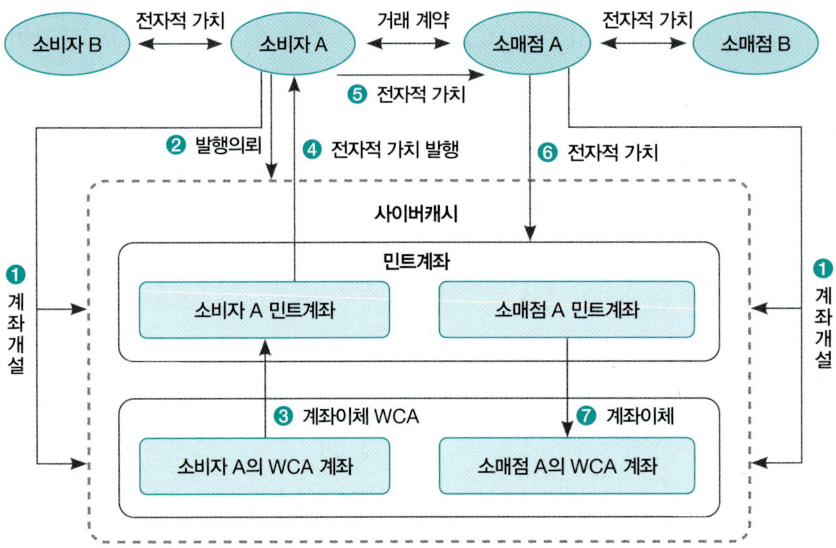

그림 11-12 **e-Cash 처리 과정**

만약 은행과 거래하고 있다면 계좌를 개설해 예금액을 온라인에서 사용할 수 있는 전자화폐로 전환할 수 있다. 그뿐만 아니라 판매자나 재정기관은 자신들의 상점이나 참여업체에서 사용할 수 있도록 자체적인 전자화폐를 만들 수 있다. 디지캐시의 전자화폐는 디지털 서명을 이용해 인터넷 전송의 보안성을 확보한다. 더욱이 전자화폐는 은행도 알지 못하는, 단지 사용자만 알고 있는 비밀번호를 부여해 계좌에서의 인출을 통제한다.

5 전자화폐의 문제점

전자화폐는 여러 장점이 있지만, 위변조 및 도용 가능성, 소비자보호 문제, 범죄 문제, 신뢰성 문제 등과 같은 문제점들도 있다.

위변조 및 도용 가능성

전자화폐의 가장 큰 위험은 위변조 및 도용 가능성의 문제이다. 따라서 전자화폐발행자는 부정한 조작이 불가능한 칩의 내장 및 고성능 암호처리 프로토콜 설치 등 정교한 위변조 방지 장치를 개발해야 한다. 정기적으로 카드를 회수 및 재발급하는 등의 보완 대책도 마련할 필요가 있다.

소비자보호 문제

전자화폐는 현금거래와 달리 모든 거래내용이 기록되기 때문에 개인의 사생활이 침해될 가능성이 있다. 더욱이 여러 개의 카드를 통합하여 다기능 카드로서의 스마트카드가 보급될 때 카드사용자의 모든 개인정보가 집적되어, 자신에 대한 정보가 노출되면 카드사용자가 이를 통제할 수 없게 될 가능성이 있다. 따라서 개인의 사생활보호를 위한 법제도의 충분한 대비가 필요하다.

범죄 문제

경제 또는 불법적 거래 관계에서는 세금 및 거래 관계에 관한 기록을 회피하기 위하여 주로 현찰을 선호한다. 하지만 막대한 양의 돈의 운반과 안전, 보관 등의 문제가 있다. 그러나 전자화폐는 이러한 문제점을 일시에 해결해준다. 따라서 “전자화폐가 돈세탁 등 각종 범죄에 악용되는 수단이 되지 않을까?”라는 우려가 있다. 전자화폐가 장기적으로 저장 규모가 확대되고 자금이체가 은행 시스템을 거치지 않고 카드사용자 간에 곧바로 일어나면 자금 세탁 및 불법 목적으로 악용될 가능성이 크다.

신뢰성 문제

정부나 중앙은행이 발행하는 법정화폐에 대해서는 일반 국민의 신뢰성이 있으나 개별은행이나 비은행기관이 예금을 근거로 하지 않고 전자화폐를 발행한다고 할 때 이에 대한 일반인의 신뢰성 문제가 대두될 수 있다. 법적으로나 기술적으로 개별은행이나 비은행기관이 독자적으로 전자화폐를 발행할 수 있다고 하더라도 일반인이 이를 신뢰하지 않으면 이 화폐는 제대로 통용될 수 없을 것이다. 특히 비은행기관에 대해서는 은행법규, 금융감독, 예금자보호의 가입의무 등과 같은 체계가 없어서 일반인의 신뢰를 얻기 어려울 뿐만 아니라 은행과의 공정한 경쟁을 저해한다는 문제가 제기될 수도 있다. 따라서 전자화폐 발행 주체, 전자화폐 운영에 따른 권리와 의무 등 제반법적체계를 명확히 해둘 필요가 있다.

하나 더 알기 **전자화폐와 통화정책과의 관계**

전자화폐의 범위가 넓어져 지급결제 및 가치저장 수단으로 전통적 화폐를 대체해나가면 통화정책에 상당한 영향을 미칠 것이다. 전자화폐는 그 특성상 전자적 교환이 일정 기간 중 지급결제를 수행하는 흐름으로 나타나기 때문에 저량(Stock)으로서의 전통적 통화량에 이와 같은 유량(Flow) 측면의 전자화폐를 합계하여 통화량(통화지표)을 파악할 필요가 있다. 통화 유통 속도의 안정성 및 예측가능성은 효율적인 통화정책의 수립과 집행을 위한 전제가 된다. 따라서 전자화폐의 유통속도를 측정하여 기존 화폐의 유통속도와 비교해 보고 민간화폐 수요의 구성 변화, 통화승수 변화, 본원통화의 규모 및 구성 변화 등에 대해 분석해 볼 필요성이 있다. 또한, 전자화폐 발행에 대한 중앙은행의 개입 정도, 지급준비금 부과 여부 및 지급준비금 관리 방식 변경 등에 따라 전자화폐는 각종 거시경제지표 간의 관계를 교란시키고 통화 관리 및 공개시장 조작을 통한 시장이자율 조정 등 통화정책에서 중앙은행의 영향력을 약화시킬 수 있다. 따라서 통화신용정책의 유효성을 계속 유지 및 개선하는 방안을 모색해야 한다.

TIP **저량(貯量, Stock) :** 일정 기간에 발생한 값을 계산하는 유량(流量, Flow)의 반대 개념으로, 일정 시점에서 계산된 값을 의미한다.

SECTION 08

가상화폐

1 가상화폐의 개념

가상화폐(Virtual Currency)는 **특정한 가상사회에서 통용되는 디지털 민간 화폐**를 의미한다. IT 기술의 발전으로 공식적인 화폐 및 지급결제시스템의 전자화가 이루어지는 한편, 민간 차원에서 발행되는 비공식적인 가상화폐도 출현하게 되었다. 비트코인, 이더리움, 리플 등 다양한 종류의 가상화폐들은 가상화폐, 암호화폐, 암호통화, 가상통화, 가상증표, 디지털 통화 등 다양한 명칭으로 불리고 있다. 가상화폐는 강제적 통용성이 없다는 점에서 '민간 화폐'이자, 실물이 존재하지 않는다는 점에서 '디지털 화폐'의 특성을 가진다. 민간 화폐는 공식적인 화폐로 인정되지는 않지만, 현실 세계에서 유통 및 지불수단으로서 기능한다는 점에서 넓은 의미의 화폐에 포함된다.

2 가상화폐의 분류

가상화폐는 실제 화폐와의 교환성에 따라 포인트형 가상화폐, 사이버머니형 가상화폐, 대안화폐형 가상화폐의 3가지 유형으로 분류가 가능하다. 이는 유럽중앙은행의 분류 방식과 동일하다.

포인트형 가상화폐

포인트형 가상화폐는 실제 화폐와 교환되지 않으며 정해진 곳에서 재화와 서비스를 구매하는 데 사용한다. 신용카드포인트, 주유소 마일리지, 항공사 마일리지 등 고객에게 매출에 따른 보상점수를 제공하고, 고객은 정해진 곳에서 현금처럼 사용할 수 있다.

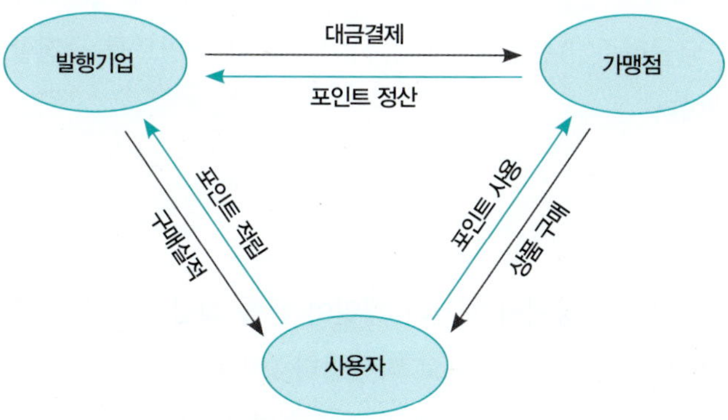

그림 11-13 포인트형 가상화폐

사이버머니형 가상화폐

사이버머니형 가상화폐는 실제 화폐로 가상화폐를 구입할 수 있으나 가상화폐를 실제 화폐로 바꿀 수는 없는 형태이다. 게임이나 온라인 커뮤니티에서 사용되는 사이버머니는 현금을 이용하여 구입(충전)한 후 해당 게임 및 커뮤니티에서 가상의 서비스 구매에 사용된다.

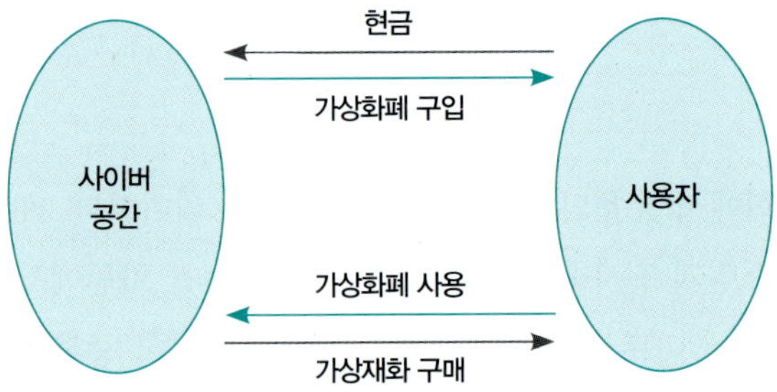

그림 11-14 사이버머니형 가상화폐

대안화폐형 가상화폐

대안화폐형 가상화폐는 실제 화폐와 자유로운 교환이 가능한 유형으로, 비교적 최근에 등장하였다. 대표적인 예로 '비트코인'이 있으며, 제한적이기는 하지만 실제 화폐처럼 이용이 가능하다.

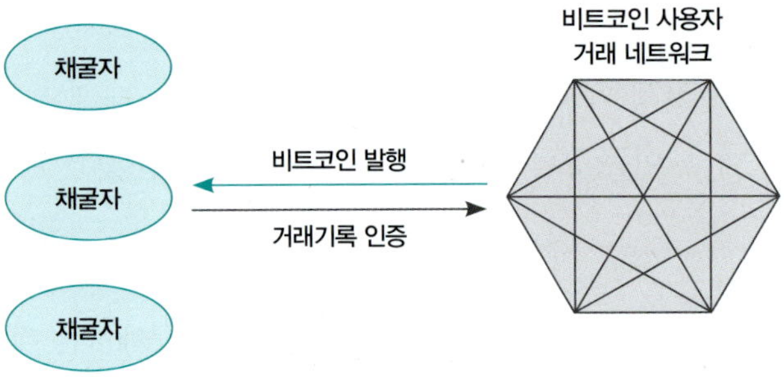

그림 11-15 대안화폐형 가상화폐

하지만 이러한 가상화폐는 최근 비즈니스 모델의 융합으로 유형 간 경계가 불분명해지고 있다. 예를 들면, 포인트형 가상화폐를 현금으로 되돌려주거나 현금을 이용하여 부족한 포인트를 충전할 수 있는 등 유형 간 경계가 무너지는 추세이다.

3 대표적인 가상화폐, 비트코인

대표적인 가상화폐인 비트코인(Bitcoin)은 **온라인상에서 개인과 개인이 돈을 직접 주고받을 수 있도록 암호화된 가상화폐**로, P2P로 파일을 내려받는 방식으로 작동한다. 비트코인에 대해서는 현실과 가능성에 대한 엇갈린 평가가 진행되고 있다. 비트코인의 장점인 수평성, 분산성, 분권성,

직접성, 개방성, 연결성, 투명성은 근대 이후 축적된 전통적인 화폐시스템의 결함을 보완함과 동시에 대체가능한 혁신적 가치를 제시한다고 평가받고 있다. 반면 비트코인의 단점인 불완전성, 지나친 가치변동성, 범죄활용 가능성, 사용자보호의 미완성을 근거로 한 비트코인 무용론도 존재한다. 물론 화폐 사용의 가장 큰 이유는 제도적 신뢰를 담보하고 있는지에 있지만, 비트코인 논쟁은 장점과 단점에 대한 담론 갈등의 측면도 매우 강하다. 즉, 국가화폐론 비판론자들이 화폐신뢰를 강조한다는 사실을 고려한다면, 비트코인이야말로 네트워크 환경을 배경으로 그러한 신뢰구조에 가장 강력한 도전을 하고 있기 때문에 담론 갈등이 증폭되고 있는 것이다. 아울러 비트코인 옹호론자들이 주장하는 장점이란 국가화폐가 수용하기 어려운 것들이기도 하다.

그림 11-16 대표적인 가상화폐, 비트코인

[표 11-7]은 현재 유통하고 있는 가상화폐인 비트코인, 이더리움, 리플의 특징을 나타낸 표이다.

표 11-7 현재 유통 중인 가상화폐

가상화폐	특징
비트코인 (Bitcoin)	• 2009년 1월에 개발된 세계 최초의 가상화폐 • 누구에게나 오픈된 퍼블릭 블록체인을 기반으로 중앙관리 주체 없이도 개인 간 네트워크를 통해 작동 • 공개장부 방식을 통한 지불·결제·송금에 특화되어 있음
이더리움 (Ethereum)	• 화폐를 포함한 모든 자산의 거래가 가능한 온라인 플랫폼 • 통화로서의 기능보다는 물류나 유통 분야에서의 복잡한 거래의 내용을 블록체인 기술에 기반한 플랫폼(계좌정보)을 이용하여 빠르고 안전하게 처리하기 위한 목적 • 비트코인과 유사하게 관리주체가 없고 이더(Ether)라는 가상통화를 통해 각종 정보를 플랫폼에서 거래
리플(Ripple)	• 화폐의 특성을 가지는 비트코인과는 달리 환어음과 비슷하며 독자적인 화폐라기보다는 송금수단에 가까움 • XRP(리플즈)라는 통화를 발행하며 브리지 통화(Bridge Currency) 기능을 통해 상호 간 직접적인 교환이 어려운 통화의 환전을 가능하게 함 • XRP는 하나의 대안 통화로 작동하는 것이 아니라 환전과 정산에 초점이 맞춰져 있음

4 가상화폐의 미래

가상화폐는 현재도 꾸준히 이슈가 되고 있는 주제이기 때문에 가상화폐의 미래를 섣불리 예측하기는 쉽지 않다. 이는 가상화폐가 지니고 있는 고유의 특징 및 사회문화적 변화가 어떤 방향으로 흘러갈지 아무도 모르기 때문이다. [표 11-8]에서는 일반적인 SWOT 분석을 통해 가상화폐의 미래를 판단할 수 있는 기본 자료를 제시한다.

표 11-8 가상화폐의 SWOT 분석

SWOT 분석	내용
강점	• 분권성 : 탈중앙집권적 평등성 • 직접성(경제성) : 낮은 거래비용 • 개방성 : 투명한 거래 정보 공개 • 신뢰성 : 공고한 비트코인 커뮤니티, 공동체성 확대 • 네트워크성 : 전 지구적 유통 가능성 • 비규제성 : 자발적 참여성, 자율적 네트워크 • 가치증가성 • 편이성 : 간소한 결제방식, 환전 용이성 • 문화적 상징성 : 컬트적인 화폐 • 개인정보보호와 거래안전성 : 암호화, 정보의 분산처리
약점	• 탈중앙집권으로 인한 위험 : 중앙은행 없음 • 불안전성 : 급격한 가치변동성 • 어려운 사용 방법 : 구입의 복잡성, 현금화의 복잡성, 디지털지갑 사용의 복잡성 • 하드웨어 의존성 : 해킹 등 보안침해 가능성, 네트워크 보안 위험 • 실험성 • 거래시장 불안정성 • 사용자 보호의 한계 : 자발적 보안 외에 답이 없음 • 지역 편중성 : 통용 제약성 • 제한적인 경제적 효용성
기회	• 기존 화폐 및 중앙은행 권력에 대한 불신 : 중앙은행 독립성 훼손 • 새로운 화폐에 대한 기대 : 반시장주의 저항과 대안시장주의 시스템 요구 • 통화정책의 유효성 약화 • 제도 통화로 인정 • 정치자금으로 인정 • 경제 활성화 기회 : 핀테크, 소액결제 활성화, 24시간 금융거래 가능, 국외거래 편의 증대, 궁극적으로 온라인상에서 모든 자산 거래 가능
위협	• 국가, 권역별 규제 강화 • 규제 기준 미형성 : 정부 및 중앙은행의 강력한 저항 • 투기 • 불법 사용 : 탈세, 실크로드와 같은 블랙마켓 등 • 수수료 갈등 • 거래소 해킹 • 중국의 독점과 달러 투기 가능성

토론 및 과제

※ 다음 키워드와 관련된 기사를 검색하고, 검색된 기사를 참조하여 토론 및 과제를 수행하시오.

- NFC
- 삼성페이
- 카카오페이
- 핀테크

토론

01 NFC(Near-field Communication)는 모바일 기기, 태블릿PC, PC, 터미널과 같은 장치에 장착된 응용 프로그램 사이에 근거리 기반 통신을 가능하게 하는 기술이며, 모바일 쿠폰, 광고, 지급결제, 개인 송금, 소셜 네트워킹 등에 유용하다. 기사 검색을 통해서 NFC의 응용 사례를 찾아 토론해보시오.

과제

01 문화상품권을 지불수단으로 하는 인터넷 사이트가 많은데, 이러한 문화상품권의 지불 구조를 도식화하여 설명하고 보고서로 제출하시오.

요약

01 정보보호란 정보의 훼손·변조·유출 등을 막기 위한 관리적이고 기술적인 수단이나 행위를 말한다.

02 암호화는 암호를 사용해 평문을 암호문으로 변환하는 것이고, 복호화는 암호문을 본래의 평문으로 복원하는 것이다.

03 대칭키 알고리즘은 송수신자가 동일한 키를 이용해 암호화 및 복호화 과정을 수행하는 알고리즘이고, 공개키 알고리즘은 개인키와 인증된 공개키를 이용하여 암호화 및 복호화를 실행하는 알고리즘을 말한다.

04 공개키 기반 구조(PKI)는 암호키 갱신·복구·위탁과 같은 키 관리, 인증서 생성 및 취소 관리, 인증정책 관리와 같은 기능을 하는 자동적인 공개키 관리 체계이다.

05 시스템 보안이란 불순한 목적으로 웹사이트에서 데이터를 얻으려고 하거나 임의로 변경·삽입·삭제하려는 시도로부터 보호하는 것을 말한다.

06 네트워크 보안이란 네트워크를 통해 전송되는 데이터의 유출이 원인인 보안침해 또는 타인으로 속이는 사고 등에 대한 대응체계이다.

07 방화벽은 인터넷과 내부 호스트 사이, 즉 네트워크와 네트워크 사이에 있어서 인증된 정보만을 전송할 수 있게 해주는 시스템을 의미한다.

08 방화벽의 종류에는 패킷 필터링 방화벽, 서킷 게이트웨이 방화벽, 애플리케이션 방화벽, 하이브리드 방화벽이 있다.

09 컴퓨터 바이러스는 하나의 악의적인 코드로, 스스로를 복제하여 컴퓨터를 감염시키는 컴퓨터 프로그램의 일종이며 한 컴퓨터에서 다른 컴퓨터로 확산할 수 있다.

10 컴퓨터 바이러스에는 부트 바이러스, 매크로 바이러스, 백 오리피스, 웜, 트로이 목마 등 다양한 종류가 있다.

11 전자결제는 인터넷과 같은 전자적인 장치를 통해 결제하는 것을 말한다.

12 전자결제사업자(PG)는 신용카드, 계좌이체, 핸드폰 이용 결제, ARS 결제 등 다양한 결제서비스를 대신 제공하는 회사이다.

13 모바일 간편결제서비스는 사용자의 스마트폰 애플리케이션을 이용한 결제서비스로, 최초 정보를 등록한 후 모바일 결제 시에 추가정보의 입력 없이 최초 등록한 정보를 이용한 사용자 인증을 통해 안전한 결제를 가능하게 한다.

14 전자화폐는 은행 등의 발행자가 IC칩이 내장된 카드나 공중정보통신망과 연결된 PC 등에 일정 화폐가치를 전자기호로 저장하고 지급을 보장하여 통신회선을 통해 자금결제가 이루어지도록 하는 화폐이다.

15 전자화폐는 화폐의 주요 기능인 유통성, 양도가능성, 범용성 등을 갖추고 있으며, 현금의 단점인 원격지 송금 불능, 보관·수송에 따른 비용 부담, 금액의 분할·통합 시 불편 등을 보완해 주는 기능이 있다.

16 전자화폐는 전자지갑 형태의 전자화폐와 공용망 형태의 전자화폐로 분류할 수 있다.

17 전자화폐는 위변조 및 도용 가능성, 소비자보호 문제, 범죄 문제, 신뢰성 문제 등과 같은 문제점이 있다.

18 가상화폐는 특정한 가상사회에서 통용되는 디지털 민간 화폐를 의미한다.

19 가상화폐는 실제 화폐와의 교환성에 따라 포인트형 가상화폐, 사이버머니형 가상화폐, 대안화폐형 가상화폐로 분류가 가능하다.

20 비트코인은 온라인상에서 개인과 개인이 돈을 직접 주고받을 수 있도록 암호화된 가상화폐로, P2P로 파일을 내려받는 방식으로 작동한다.

연습 문제

단답형 문제

01 ( )란 정보의 훼손·변조·유출 등을 막기 위한 관리적이고 기술적인 수단이나 행위를 말한다.

02 ( )는 비밀을 유지하기 위해 상호 간에 약속한 기호이다.

03 ( )는 암호문을 본래의 평문으로 복원하는 것이다.

04 ( )은 송수신자가 동일한 키를 이용해 암호화 및 복호화 과정을 수행하는 알고리즘이다.

05 ( )는 암호키 갱신·복구·위탁과 같은 키 관리, 인증서 생성 및 취소 관리, 인증정책 관리와 같은 기능을 하는 자동적인 공개키 관리 체계이다.

06 ( )이란 불순한 목적으로 웹사이트에서 데이터를 얻으려고 하거나 임의로 변경·삽입·삭제하려는 시도로부터 보호하는 것을 말한다.

07 ( )이란 네트워크를 통해 전송되는 데이터의 유출이 원인인 보안 침해 또는 타인으로 속이는 사고 등에 대한 대응체계이다.

08 ( )은 인터넷과 내부 호스트 사이, 즉 네트워크와 네트워크 사이에 있어서 인증된 정보만을 전송할 수 있게 해주는 시스템을 의미한다.

09 ( )는 컴퓨터를 부팅했을 때 하드디스크를 읽는 가장 처음 부분인 부트 섹터를 감염시키는 바이러스를 말한다.

10 ( )는 겉보기에는 정상적인 프로그램으로 보이지만 실행하면 악성 코드가 실행되는 형태의 악의적 프로그램을 말한다.

11 (   )는 인터넷과 같은 전자적인 장치를 통해 결제하는 것을 말한다.

12 (   )는 신용카드, 계좌이체, 핸드폰 이용 결제, ARS 결제 등 다양한 결제서비스를 대신 제공하는 회사이다.

13 (   )는 사용자의 스마트폰 애플리케이션을 이용한 결제서비스이다.

14 (   )는 인터넷 등에서 신용카드 번호를 입력하여 전자상거래에 따르는 대금을 결제하는 형태이다.

15 (   )는 인터넷 등을 통해 거래 은행의 전산기와 접속하여 자신의 컴퓨터로 예금을 인출하고 입금할 수 있는 형태이다.

16 (   )는 실제 화폐로 가상화폐를 구입할 수 있으나 가상화폐를 실제 화폐로 바꿀 수는 없는 형태이다.

17 (   )은 온라인상에서 개인과 개인이 돈을 직접 주고받을 수 있도록 암호화된 가상화폐로, P2P로 파일을 내려받는 방식으로 작동한다.

객관식 문제

18 다음 중 정보보호의 4대 요소가 아닌 것은?

① 무결성

② 인증

③ 부인봉쇄

④ 보안

⑤ 기밀성

19 다음 중 대칭키 알고리즘에 대한 설명이 아닌 것은?

① 공개키 암호시스템보다 암호화 키의 크기가 상대적으로 작아서 효과적인 암호시스템을 구축할 수 있다.

② 개인키와 인증된 공개키를 이용하여 암호화 및 복호화를 실행하는 알고리즘을 말한다.

③ 대칭키 알고리즘을 적용한 시스템으로는 DES와 IDEA가 대표적이다.

④ '비밀키 암호 알고리즘' 또는 '단일키 암호 알고리즘'이라고도 한다.

⑤ 송수신자가 동일한 키를 이용해 암호화 및 복호화 과정을 수행하는 알고리즘이다.

20 다음 중 RSA에 대한 설명이 아닌 것은?

① 대표적인 공개키 암호시스템이다.

② 64비트의 평문을 64비트의 암호문으로 만드는 블록 암호시스템으로 64비트의 키를 사용한다.

③ 수많은 암호분석 중 가장 뛰어나다는 평가를 받고 있다.

④ 모든 공개키 알고리즘 중 구현하기가 가장 쉬운 알고리즘으로 평가받고 있다.

⑤ 인수분해를 이용한 암호 알고리즘이다.

21 다음 중 전자서명의 특성이 아닌 것은?

① 변경 불가　② 위조 불가　③ 인증 불가

④ 부인봉쇄　⑤ 재사용 불가

22 다음 중 공개키 기반 구조(PKI)의 구성요소가 아닌 것은?

① 인증기관　② 암호 알고리즘　③ 디렉터리 서비스

④ 등록기관　⑤ 대칭키 알고리즘

23 다음 중 네트워크 보안을 위협하는 요소가 아닌 것은?

① 트로이목마 ② 데이터 차단 ③ 트래픽 보안
④ 반달 ⑤ 바이러스

24 다음 중 방화벽을 사용할 때 장점으로 알맞은 것은?

① 보안의 취약점을 가진 서비스보호
② 백도어(Backdoor)에 대한 무방비
③ 네트워크 성능 저하 문제
④ 내부 해커에 대한 무방비
⑤ 유용한 서비스에 대한 제한된 접속

25 다음 중 방화벽의 종류가 아닌 것은?

① 패킷 필터링 방화벽
② 침입탐지 방화벽
③ 하이브리드 방화벽
④ 서킷 게이트웨이 방화벽
⑤ 애플리케이션 방화벽

26 다음 중 컴퓨터 바이러스에 대한 설명이 아닌 것은?

① 하나의 악의적인 코드이다.
② 애드웨어, 스파이웨어는 복제 기능이 있기 때문에 컴퓨터 바이러스이다.
③ 네트워크파일시스템이나 다른 컴퓨터를 통해 접근하는 파일시스템상의 파일을 감염시킨 후 다른 컴퓨터로 확산시킨다.
④ 사용자는 인터넷이나 네트워크, 이동식 매체를 통해 바이러스를 전파할 수 있다.
⑤ 스스로를 복제하여 컴퓨터를 감염시키는 컴퓨터 프로그램의 일종이며 한 컴퓨터에서 다른 컴퓨터로 확산될 수 있다.

27 다음의 설명을 읽고 컴퓨터 바이러스의 종류 중 무엇에 대한 설명인지 고르시오.

> 스스로를 복제하는 악의적인 컴퓨터 프로그램이다. 일반적인 컴퓨터 바이러스는 다른 실행 프로그램에 기생하여 실행되는 데 반해, 이 컴퓨터 바이러스는 독자적으로 실행되며 다른 실행 프로그램이 필요하지 않다.

① 웜 ② 매크로 바이러스 ③ 트로이목마
④ 백 오리피스 ⑤ 부트 바이러스

28 다음 중 국내의 대표적인 모바일 간편결제서비스를 모두 고르시오.

① 카카오페이 ② 삼성페이 ③ 애플페이
④ 티몬 ⑤ 옥션

29 다음 중 전자화폐에 대한 설명이 아닌 것은?

① 크게 전자화폐 카드와 네트워크 전자화폐로 나누어 볼 수 있다.
② 인터넷과 같은 전자적인 장치를 통해 결제하는 것을 말한다.
③ 스마트카드, 범용선불카드, 전자지갑 등으로 다양하게 불린다.
④ 전자화폐의 종류는 개방 루프형과 패쇄 루프형으로 구분된다.
⑤ 발행자가 IC칩이 내장된 카드나 공중정보통신망과 연결된 PC 등에 일정 화폐 가치를 전자기호로 저장하고 지급을 보장하여 통신회선을 통해 자금결제가 이루어지도록 하는 화폐이다.

30 다음 중 전자화폐의 원칙이 아닌 것은?

① 독립성 ② 정보 공개 ③ 보안성
④ 오프라인 지불 ⑤ 가분성

31 다음 중 전자화폐의 문제점이 아닌 것은?

① 범죄 문제 ② 유용성 문제 ③ 위변조 및 도용 가능성
④ 신뢰성 문제 ⑤ 소비자보호 문제

32 다음 중 비트코인에 대한 설명이 아닌 것은?

① 온라인상에서 개인과 개인이 돈을 직접 주고받을 수 있도록 암호화된 가상화폐이다.

② P2P로 파일을 내려받는 방식으로 작동한다.

③ 비트코인의 장점은 수평성, 분산성, 분권성, 직접성, 개방성, 연결성, 투명성 등이 있다.

④ 비트코인의 단점은 불완전성, 지나친 가치변동성, 범죄활용 가능성, 사용자보호의 미완성 등이 있다.

⑤ 이더(Ether)라는 가상통화를 통해 각종 정보를 플랫폼에서 거래할 수 있다.

CHAPTER 12

네트워크 정보통신기술

학습
목표

- 정보통신의 개념과 발달 과정을 알아본다.
- 데이터통신의 내용을 이해한다.
- 데이터통신망의 유형을 살펴본다.
- 통신 프로토콜의 개념 및 OSI 7계층을 이해한다.
- LAN에 대해 알아본다.

PREVIEW

이번 장에서는 네트워크 정보통신기술에 대해 알아보기 위해 정보통신, 데이터통신, 통신 프로토콜, LAN에 대해 학습한다.

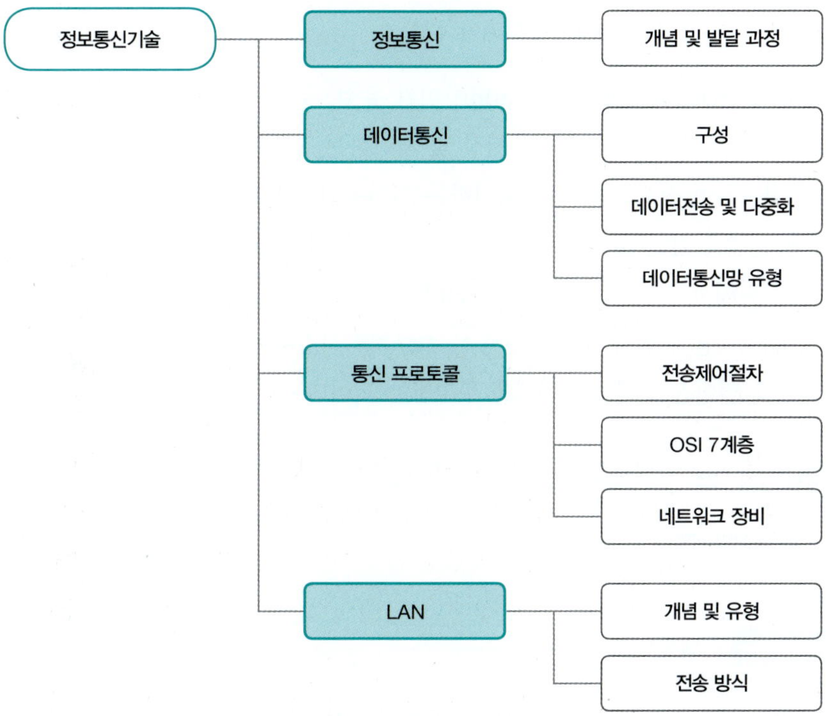

SECTION 01

정보통신

1 정보통신의 개념

e-비즈니스는 인터넷상에서 사업을 하기 때문에 인터넷이 없는 e-비즈니스는 존재할 수 없다. 또한 인터넷은 정보통신기술의 일부이므로, 인터넷 기업이 정보통신기술을 모른다면 회사의 통신상에 문제가 발생하였을 때 신속히 대처할 수 없고 인터넷 설치업체와의 전화통화 내용조차 이해할 수 없을 것이다. 그렇기 때문에 인터넷 기업과 e-비즈니스 기업들은 정보통신에 대한 지속적인 관심을 가지고 그 변화를 예의주시해야 한다.

정보통신(Information Communication)이란 **유선·무선·광선 및 기타 전자적 방식에 의하여 문자·부호·영상·음향 등의 정보를 저장 및 처리하는 장치와 그에 부수되는 입출력장치 또는 기타 기기에 접속하여 정보를 송수신 처리하는 전기통신**을 의미한다. 정보통신은 정보처리 개념과 데이터전송 개념을 합한 것이라고 할 수 있다. 정보처리는 주어진 데이터로부터 필요한 데이터인 정보를 얻기 위해서 정보처리시스템을 이용하여 데이터를 수집·가공·처리·저장·분배 등의 기능을 수행하는 것을 말한다. 데이터전송은 정보처리시스템에 의해 처리된 정보를 특정한 코드로 변환하여 멀리 떨어진 곳에서 데이터를 주고받는 것이다.

정보통신 = 정보처리 + 데이터전송

그림 12-1 정보통신의 개념

하나 더 알기 네트워크

네트워크(Network)란 데이터통신 그 자체로, 단말장치 간의 통신경로를 구성하는 자원의 집합이라고도 한다. 여기서 데이터통신이란 사용자 간 실질적 정보교환을 이루는 모든 것을 총칭한다. 네트워크를 말하면 LAN을 떠올릴 수도 있지만, LAN은 네트워크의 일부분일 뿐이다. 네트워크는 WAN, VAN, CAN, DAN, MAN 등으로 다양하게 분류할 수 있다. 최근 들어 네트워크 통신은 종래의 음성서비스만 지원하는 데 그치지 않고 영상회의, 원격진료, 방송 등 다양한 서비스를 지원하기 위한 초고속 정보네트워크로 개념이 일반화되고 있다. 무선네트워크는 사용자에게 이동성을 부여하고 많은 설치 장비 없이 먼 거리에 있는 사용자와 통신할 수 있는 네트워크다. 현재 무선네트워크는 멀티미디어 같은 서비스를 다양한 사용자에게 제공하고 있다.

2 정보통신의 발달 과정

지리적으로 서로 떨어진 상대방과 의사소통을 하고 싶어 하는 인간의 욕구는 과거부터 현재까지 새로운 통신 방식을 고안하도록 만들었다. 특히, 인간은 적의 침입을 미리 발견하여 주민의 생명을 지키고 피해를 최소화하려는 방법으로 봉화를 비롯한 여러 가지 통신수단을 이용해왔고, 이를 일상생활에 적용하여 그림, 빛, 언어 등으로 정보를 전달하였다. 인류의 지속적인 발전과 함께 말과 몸짓만으로 정보를 전달하는 시대를 지나 광통신, 무선통신 등을 이용하여 좀 더 빠르게, 좀 더 멀리, 좀 더 신뢰성 있는 정보를 전달할 수 있게 되었다.

통신의 형태를 역사적으로 구분해보면 제1세대 통신은 전기통신, 제2세대 통신은 전화, 제3세대 통신은 컴퓨터 통신 또는 데이터통신이다. 현재는 모바일 통신이 제4세대 통신으로 자리매김하고 있다.

제1세대 통신

제1세대 통신은 전기를 이용한 통신 방법이다. 매체의 측면에서 보면 전기통신은 문자와 인쇄술 다음에 등장했지만, 정보의 전달·저장·재생의 활용가능성은 무궁무진하므로 전기통신이 현대 인류사회를 지배하고 있다고 해도 과언이 아니다. 1837년, 새뮤얼 모스(Samuel Morse)가 발명한 모스 부호와 전신기는 오늘날의 유선통신을 발달시키는 계기가 되었다. 이는 데이터통신을 비롯하여 정보통신에 없어서는 안 될 '정보부호화'의 시작이라고 할 수 있다.

표 12-1 모스 부호

모스 부호	영문	한글	모스 부호	영문	한글
●	E	ㅏ	▬	T	ㅓ
●●	I	ㅑ	▬▬	M	ㅁ
●●●	S	ㅕ	▬▬▬	O	ㅍ
●●●●	H	ㅜ	▬●	N	ㅛ
●▬	A	ㅗ	▬●▬	K	ㅇ
●▬●	R	ㅠ	▬●▬●	C	ㅊ
●▬●●	L	ㄱ	▬●▬▬	Y	ㅔ
●▬▬	W	ㅂ	▬●●	D	ㅡ
●▬▬●	P	ㅈ	▬●●▬	X	ㅋ
●▬▬▬	J	ㅎ	▬●●●	B	ㄷ
●●▬	U	ㅣ	▬▬●	G	ㅅ
●●▬●	F	ㄴ	▬▬●▬	Q	ㅐ
●●●▬	V	ㄹ	▬▬●●	Z	ㅌ

제2세대 통신

전화기를 이용하여 소리를 전달한 시대를 제2세대 통신이라고 한다. 1876년, 알렉산더 그레이엄 벨(Alexander Graham Bell)이 인간의 음성을 전기신호로 변환하여 멀리 전달할 수 있도록 전화기를 개발하였다. 그 후 토머스 에디슨(Thomas Edison)이 탄소송화기로 개량하였는데 이를 토대로 오늘날의 전화기로 발전했다. 1888년에는 하인리히 헤르츠(Heinrich Hertz)가 전자파를 발견하였다. 전자파 발견은 무선통신의 기초가 되는 혁명적인 사건으로, 이를 기념하기 위해 주파수의 단위로 헤르츠(Hertz)를 현재까지 사용하고 있다. 1901년에는 굴리엘모 마르코니(Guglielmo Marconi)가 전자파를 이용하여 모스 부호를 무선으로 전송하는 데 성공하였다.

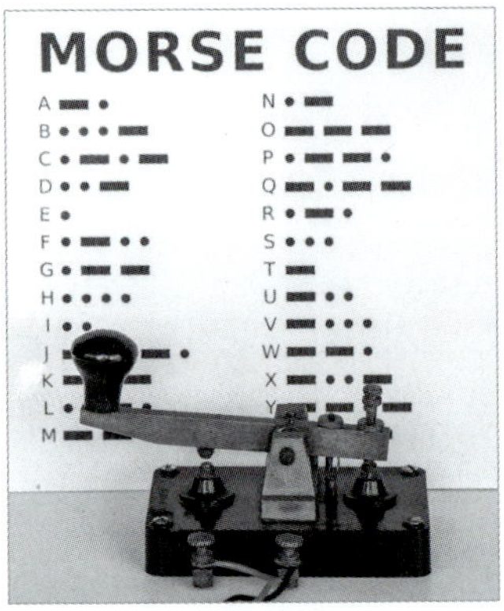

(a) 모스 부호와 전신기

(b) 알렉산더 그레이엄 벨이 만든 최초의 전화기

그림 12-2 **제2세대 통신**

제3세대 통신

정보를 컴퓨터로 처리하는 것을 데이터통신 또는 컴퓨터 통신이라고 하는데, 바로 이 시대를 제3세대 통신이라고 한다. 컴퓨터 통신이 가능하도록 연결된 컴퓨터의 집합을 데이터통신망 또는 컴퓨터망이라고 하는데, 최초의 데이터통신망은 1958년에 미국에서 개발된 반자동방공망(SAGE, Semi-Automatic Ground Environment) 시스템에서부터 시작되었다. 1969년에는 미국 국방성에서 최초의 패킷교환망인 아르파(ARPA)를 발표했는데, 아르파를 바탕으로 컴퓨터자원의 공유를 실현하기 위해 아르파 컴퓨터 네트워크인 아르파넷(ARPAnet)이 시작되었다. 아르파넷은 그 이후 TCP/IP 프로토콜 기반의 인터넷으로 발전하게 된다.

제4세대 통신

유선이 아닌 무선으로 통신을 하는 방식의 시대를 제4세대 통신이라고 한다. 제4세대 통신에서는 제3세대 데이터통신을 기본으로 하면서 다양한 전송 매체를 이용하고 있다.

- **위성 마이크로파(Satellite Microwave) :** 지상에서 약 35,860km 상공에 위성을 띄워놓고 지상의 여러 송수신국을 서로 연결한다. 흔히 GPS(위치정보시스템)와 대용량 데이터전송에 이용한다.
- **지상 마이크로파(Terrestrial Microwave) :** 약 50km 간격으로 설치된 중계탑을 통해 데이터를 전송한다. 전송 속도가 매우 빠르며, 주로 전화 회사나 데이터통신업자가 이용한다.
- **이동통신(Cellular Communication) :** 지역을 여러 소규모 셀(cell)로 나누고 각 셀마다 설치된 안테나가 신호 전송을 담당하는 모바일 기술로 휴대전화에 사용된다.

SECTION

02 데이터통신

1 데이터통신의 구성

데이터통신(Data Communication)은 **멀리 떨어져 있는 송신자 컴퓨터와 수신자 컴퓨터 또는 입출력장치를 통신회선으로 연결하여 데이터를 처리하고 전송하는 것**을 말한다. 데이터통신을 하려면 여러 장비가 필요하다. 통신시스템장비는 통신시스템의 역할에 따라 데이터처리장치(Data Processing Equipment)와 데이터전송장치(Data Transmission Unit)로 나눌 수 있다. 데이터처리장치는 컴퓨터와 주변기기로 구성되고, 데이터전송장치는 단말장치, 신호변환장치, 통신회선, 통신제어장치 등으로 구성된다.

TIP **데이터처리장치 :** 측정이나 조사로 얻은 다량의 수치를 고속으로 기록, 통계 등의 처리를 하는 장치를 말한다. 각종 형식이 있으나 컴퓨터와 조합하여 사용하는 경우가 많다.

단말장치

단말장치(Terminal Unit)는 **데이터통신의 송신자나 수신자의 끝에서 신호를 보내는 장치**이다. 컴퓨터가 통신장치를 통해 데이터를 교환하기 위한 인터페이스를 말하며 컴퓨터 자체를 가리키기도 한다.

신호변환장치

신호변환장치(Signal Conversion Equipment)는 **서로 다른 컴퓨터 신호 방식과 통신회선 신호 방식을 상호변환하는 역할**을 담당한다. 신호변환장치로 대표적인 것은 모뎀(Modem)과 디지털서비스장치(DSU, Digital Service Unit)이다. 모뎀은 컴퓨터의 디지털 신호를 아날로그 신호로 변환하는 장치로, 수신 시에는 아날로그 신호를 디지털 신호로 복구한다. 디지털서비스장치는 디지털 신호를 변조하지 않고 그대로 디지털 전송매체를 이용하여 고속으로 전송하는 장치이다. 아날로그 신호로 변조하여 전송하는 모뎀보다 속도가 빠르다.

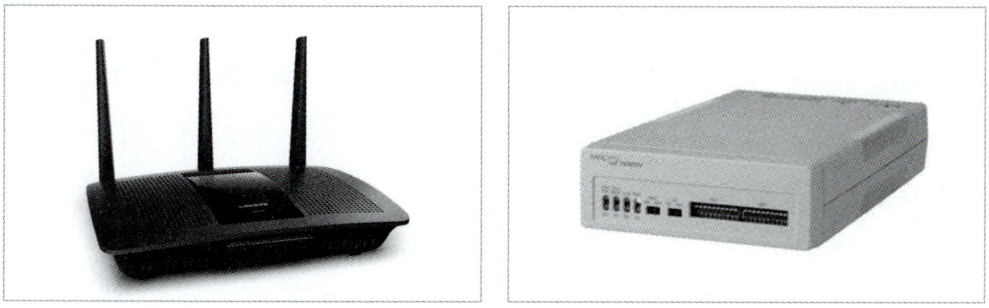

(a) 모뎀 (b) 디지털서비스장치

그림 12-3 **신호변환장치**

통신회선

통신회선(Communication Line)은 **송신자와 수신자를 연결해주는 물리적인 통로**를 말한다. 유선통신과 무선통신으로 구분하는데, 유선통신에는 꼬임쌍선, 동축케이블, 광섬유 등을 사용하고, 무선통신에는 라디오파, 마이크로파, 위성 마이크로파 등을 사용한다.

- **꼬임쌍선(Twisted Pair Cable) :** 절연된 두 가닥의 구리선이 균일하게 감겨 있는 형태의 통신회선이다. 여러 개의 쌍이 다발로 묶여 하나의 케이블을 형성하고 하나의 쌍이 하나의 통신 링크 역할을 한다. 선이 서로 감겨 있어 인접한 다른 쌍으로부터의 간섭을 최소화할 수 있다. 동축케이블이나 광섬유보다 가격이 싸고 설치가 간편하지만 다른 케이블에 비해 신호잡음에 취약하다.
- **동축케이블(Coaxial Cable) :** 아날로그 신호와 디지털 신호를 동시에 전송할 수 있는 통신회선이다. 구리선을 감싼 피복 때문에 외부 간섭을 덜 받고 전력손실이 적어 고속통신 회선으로 많이 이용되고 있다. 또한 호수나 바다 아래 매설이 가능하며 꼬임쌍선보다 더 넓은 주파수 범위를 사용할 수 있다.
- **광섬유(Optical Fiber) :** 빛을 전송하는 광섬유는 머리카락보다 가늘고 유연하다. 구리선보다 많은 정보를 운반할 수 있으며, 일반적으로 전자기의 간섭을 받지 않으므로 신호를 재전송할 필요가 없다.

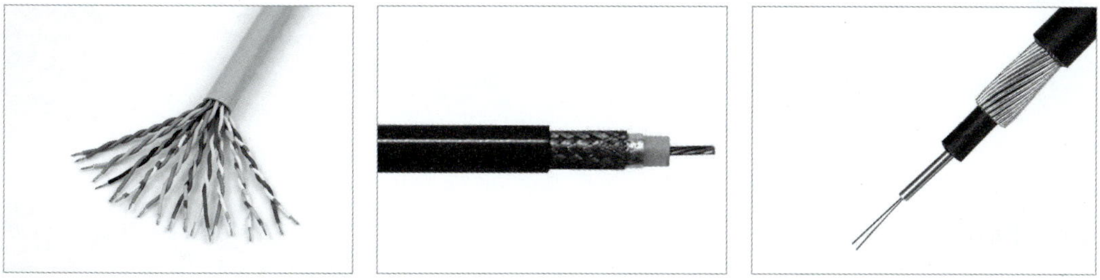

(a) 꼬임쌍선 (b) 동축케이블 (c) 광섬유

그림 12-4 **통신회선**

통신제어장치

통신제어장치(Communication Control Unit)는 **컴퓨터와 통신회선 사이에서 서로 다른 데이터 취급 방법과 전송속도 등을 조절하는 장치**다. 통신회선으로의 접속과 종료, 데이터전송 방식과 전송 상태 보고, 다중접속제어 등을 담당한다.

통신 소프트웨어

통신 소프트웨어(Communication Software)는 **데이터통신망을 관리하는 소프트웨어**로, 데이터통신시스템 장치 간의 하드웨어 제어와 데이터 송수신 기능을 담당한다. 사용자에게는 복잡한 통신시스템 구조의 직접 접근 없이 원활한 데이터전송을 가능하게 하는 인터페이스를 제공한다.

2 데이터전송 속도

데이터통신에서의 속도는 초당 송신 또는 수신되는 정보 수를 말한다. 데이터를 전송할 때 정보의 기본 단위는 비트(Bit)이다. 비트는 0 또는 1의 2진데이터 하나를 저장할 수 있다. 데이터신호 속도는 회로를 통해 전달할 수 있는 정보의 속도를 나타내는 단위로, 초당 전송되는 비트 수를 의미한다. 더 빠른 속도를 나타내기 위해 더 큰 단위를 사용하기도 한다. 1Kbps는 대략 1,000bps를 나타내며, 1Mbps는 대략 1,000,000bps 또는 1,000Kbps를 나타낸다. bps는 숫자가 크면 클수록 속도가 빠르다는 것을 의미한다.

- 1K = 2^{10} = 1,024
- 1M = 2^{20} = 1,024 × 1,024 = 1,048,576
- 1G = 2^{30} = 1,024 × 1,024 × 1,024 = 1,073,741,824
- 1T = 2^{40} = 1,024 × 1,024 × 1,024 × 1,024 = 1,099,511,627,776

데이터변조 속도는 신호변조 과정을 측정하는 단위로, 초당 몇 번의 신호변조가 수행되었는지 표시한다. 이것은 변조율이라고도 하며 한 비트가 한 신호 단위로 사용될 경우는 baud와 bps가 같다. 일반적으로 bps와 데이터변조 속도의 관계식은 다음과 같다.

- bps = baud 단위 신호당 bit 수

3 데이터전송 유형

데이터전송(Data Transmission)은 유형별로 전송 방향에 따른 분류와 회선 접속 방식에 따른 분류로 나눌 수 있다.

전송 방향에 따른 분류

통신회선을 통해 연결된 통신장치 간의 신호 흐름 방향에 따라 단방향 전송, 반이중 전송, 전이중 전송으로 구분할 수 있다.

- **단방향 전송 :** 단방향 전송은 한 방향으로만 통신이 가능한 전송 형태로, 수신된 데이터의 오류 발생 여부를 송신측이 알 수 없다는 것이 단점이다. 텔레비전과 라디오 등이 해당된다.
- **반이중 전송 :** 반이중 전송은 양방향 어느 쪽으로나 통신이 가능하지만, 동시에 전송할 수 없으며 어느 한 시점에서는 한 방향으로만 데이터가 전송되는 형태이다. 만약 양측에서 동시에 데이터를 전송하면 충돌이 발생하며, 충돌을 피하기 위해 데이터를 송수신하기 전에 매체의 사용가능 여부를 확인해야 한다. 무전기를 통한 통신 방식이 그 예이다.
- **전이중 전송 :** 전이중 전송은 송신하면서 동시에 수신도 할 수 있는 방식이다. 송신과 수신을 위해 별도의 채널을 두고 하나의 전송매체를 두 개의 채널로 분할하여 사용하는 것이다. 전화기는 대표적인 전이중 전송 방식 통신이다.

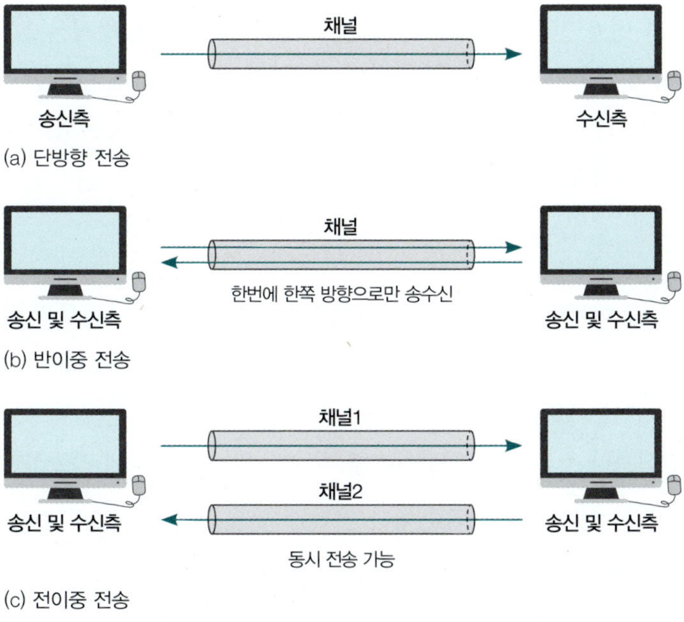

그림 12-5 **전송 방향에 따른 분류**

회선 접속 방식에 따른 분류

통신 회선 접속 방식에 따라 점대점 전송 방식과 다지점 전송 방식으로 구분할 수 있다.

- **점대점(Point-to-point) 전송 :** 컴퓨터에서 각 터미널로 연결할 때 일대일 방식으로 직접 연결하는 전송 방식으로, 데이터를 송수신할 때 전용 회선을 사용한다.

• **다지점(Multipoint) 전송 :** 둘 이상의 통신장치가 하나의 회선을 공유하는 전송 방식이다. 회선을 여러 장치가 동시에 사용하면 공간적으로 공유되고, 만일 사용자가 시간에 따라 회선을 나누어 사용하면 시간상으로 공유된다. 이때 복잡한 회선 공유는 폴링(Polling) 방식으로 해결한다. 폴링은 하나의 회선에 연결된 터미널에 정해진 순서에 따라 송신할 데이터가 있는지 조사하는 방식으로, 송신할 데이터가 있는 터미널이 신호를 보내면 회선을 점유하게 된다.

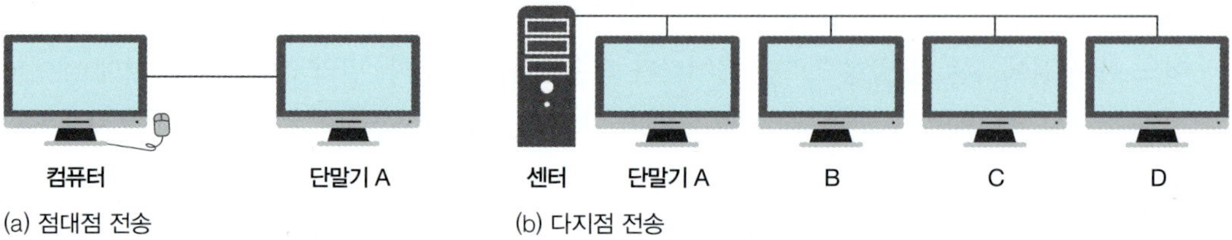

그림 12-6 **회선 접속 방식에 따른 분류**

4 데이터전송 방식

데이터전송 방식은 직렬 전송 방식과 병렬 전송 방식으로 구분할 수 있다. 직렬 전송 방식은 2진 데이터를 하나의 통신회선을 이용하여 전송하는 방법으로, 송신측과 수신측 사이의 데이터를 주고받는 시점을 정하는 절차가 있다. 즉, 동기화에 따라 비동기 전송 방식과 동기 전송 방식으로 구분할 수 있다. 병렬 전송 방식은 여러 가지 통신회선을 사용하여 한번에 전송하는 방법이다.

직렬 전송

직렬 전송(Serial Transmission)은 **각 데이터 비트들이 하나의 통신회선을 이용하여 1비트씩 차례로 전송되는 방식**이다. 수신측에서는 들어온 일련의 비트를 정해진 크기의 블록 단위로 묶어 원래의 정보로 복원시킨다. 직렬 전송에서는 모든 비트가 동일한 전송선을 사용하기 때문에 비트별로 전송선이 대응되는 병렬 전송 방식보다 오류발생 가능성이 줄어든다. 원거리 통신에 적합하지만 전송속도는 전송매체에 의해 제한받는다.

디지털통신시스템에서는 직렬 전송 방식을 통하여 수신된 일련의 신호들의 비트 값을 일정한 길이의 비트블록으로 묶어 원하는 정보로 복원한다. 여기서 비트블록은 하나의 문자를 표시하는데 필요한 비트 수를 말한다. 복원 과정이 올바르게 수행되기 위해서는 송신측과 수신측 사이에 데이터를 주고받는 시점에 대한 약속이 필요한데, 이를 동기화라고 한다. 다시 말해서 동기화(Synchronization)란 **송신측과 수신측 사이에 정보를 주고받는 비트 타이밍을 맞추는 절차**를 말한다. 동기화 방법은 비동기식 전송과 동기식 전송으로 구분된다.

• **비동기식 전송 :** 비동기식 전송에서는 문자 단위의 비트블록을 전송의 기본 단위로 한다. 송신자

와 수신자 사이의 동기화를 위하여 시작 비트와 정지 비트를 비트블록의 앞뒤에 덧붙여 전송한다. 그래서 시작-정지(Start-Stop) 방식이라고도 한다. 비동기식 전송에서 송신측은 유휴상태 비트를 전송하다가 시작 비트 0을 보낸 후 데이터전송을 시작한다. 2개의 비트가 추가로 전송된다는 점에서 전송효율이 상대적으로 낮아서 느린 속도로 운영되는 소형 컴퓨터와 주변기기 전송에 주로 사용된다.

- **동기식 전송 :** 동기식 전송은 송신측과 수신측이 사용하는 신호의 타이밍을 일치하도록 조정하여 비동기식 전송의 단점인 전송효율이 떨어지는 것을 방지하고, 긴 길이의 비트 열을 전송할 수 있도록 한 것이다. 동기식 전송에서는 전송할 데이터를 비동기식 전송에서와 같은 시작 비트나 정지 비트를 사용하지 않고 데이터블록을 만들어 블록 단위로 전송한다. 블록 단위 전송을 위해서는 블록의 시작을 알리는 데이터블록 동기가 필요하다. 이를 위해 새로운 데이터블록을 전송하기 전에 동기 비트를 전송한다.

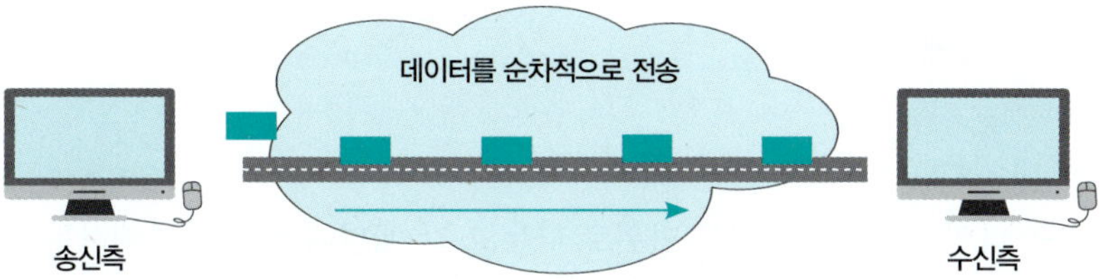

그림 12-7 **직렬 전송**

병렬 전송

병렬 전송(Parallel Transmission)은 **각 데이터 비트 하나하나에 대응하는 통신회선이 있어서 비트블록을 한번에 전송하는 방식**이다. 단위 시간당 다량의 데이터를 전송할 수 있지만, 전송거리가 길어지면 전송선별로 비트가 도착하는 시간이 다를 수 있어 원래의 비트블록을 복원하기 어렵고 비용도 많이 든다. 그래서 병렬 전송은 컴퓨터의 CPU와 주변장치 사이의 전송에서와 같이 거리가 비교적 짧은 데이터통신에 이용된다.

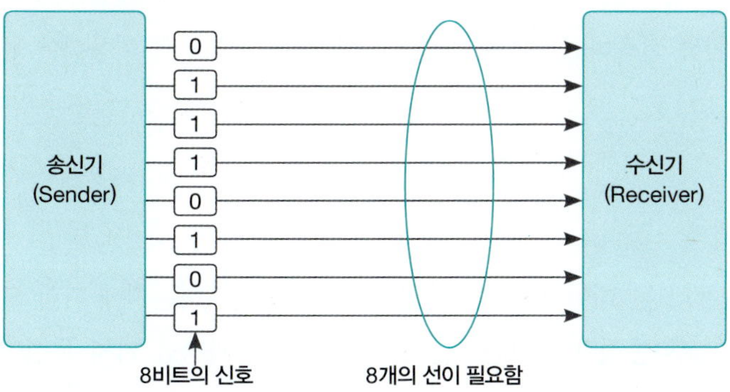

그림 12-8 **병렬 전송**

5 다중화

통신이 필요한 모든 원격장치를 전용전송선으로 연결하면 비용 면에서 매우 비효율적이다. 대부분 전송선의 용량 전체를 사용하지 않으므로 서로 용량을 공유하는 것이 좋다. 다중화(Multiplexing)란 이처럼 **여러 정보의 흐름을 하나의 큰 전송선으로 공유하여 전송함으로써 전송효율을 높이는 것**을 말한다. 다중화에는 주파수 분할 다중화, 시분할 다중화, 코드 분할 다중화가 있다.

주파수 분할 다중화

주파수 분할 다중화 방식은 **작은 주파수 대역을 점유하는 여러 신호를 각각 다른 방송주파수로 변조하여 넓은 주파수 대역을 갖는 하나의 전송로에 동시에 전송하는 방식**이다. 변조된 주파수 사이에 충분한 간격을 두어서 독립적인 여러 개의 채널이 되도록 하고, 상호간섭을 배제하기 위해 채널 사이는 사용하지 않는다. 수신측에서는 원하는 주파수 요소만 여과 과정을 통해 얻게 된다. CATV나 통신 위성을 이용한 전송에 이용된다.

시분할 다중화

시분할 다중화 방식은 **시간을 타임슬롯이라는 기본 단위로 나누고 각 채널에 차례로 분배하는 방식**이다. 송신측이 보내는 입력신호는 다중화되기 전에 각자의 버퍼에서 대기하고 있다가 자신에게 배정된 타임슬롯에 데이터를 실어 보낸다. 전송할 데이터가 없어도 타임슬롯이 배정되어 데이터를 전송해야 하므로 효율이 떨어질 수 있는데 이를 해결하고자 전송할 데이터가 있는 송신측에만 타임슬롯을 배정하는 방식이 개발되고 있다.

코드 분할 다중화

코드 분할 다중화 방식은 **하나의 물리적인 회선을 통해 여러 채널의 정보를 같이 보내기 위한 다중화 기술**이다. 코드 분할 다중화 방식에서는 송신측과 수신측 간에 약속된 유일한 코드를 이용하여 통신하게 된다. 송신자가 보내고자 하는 신호를 그 주파수 대역보다 넓은 주파수 대역으로 확산시켜 다른 송신자의 여러 신호와 함께 전송하면 수신측에서는 미리 정해진 코드를 이용하여 원하는 신호만을 추출해낸다.

6 데이터통신망 유형

데이터통신망은 통신망에 접속된 컴퓨터 간 데이터를 송수신할 때 경로를 설정하는지에 따라 교환통신망과 방송통신망으로 나뉜다. 교환통신망은 교환기를 통해 경로설정 과정을 거쳐 통신이 이루어진다. 교환통신망에는 교환기 내부에 메모리를 두지 않고 데이터를 전송하는 회선교환망,

교환기 내부에 메모리를 두어 데이터를 저장했다가 전송하는 메시지교환망, 회선교환망과 메시지 교환망을 결합한 형태의 패킷교환망이 있다. 또한 방송통신망에는 패킷 라디오 네트워크, 인공위성 네트워크, 로컬 네트워크 등이 있는데 여기서는 교환통신망만을 다룬다.

회선교환망

회선교환망에서 이루어지는 데이터통신은 일반 전화망처럼 송신측과 수신측 사이에 회선을 설정하고 데이터를 전송한 후 회선을 해제하는 단계를 거치는 통신망이다. 이때 설정된 경로의 집합을 회선이라고 한다. 회선교환망은 회선을 설정하는 과정이 필요하므로 초기에 시간이 오래 걸리지만 일단 개설된 회선을 통해서는 전용선처럼 사용할 수 있으므로 많은 양의 데이터전송에 유용하다. 그러나 통신이 이루어지지 않는 동안에도 회선이 점유되어 비효율적일 수 있으므로 음성 등과 같은 실시간 데이터나 긴 메시지 전송에 유리하다. 회선교환망의 특징은 다음과 같다.

- 통신할 때마다 매번 통신경로가 설정되어 고정된다.
- 대량 데이터를 고속으로 전송할 수 있다.
- 교환기에서 접속을 위한 전달지연 문제가 발생한다.
- 실시간 대화용 응용이 가능하다.
- 고정된 대역폭 전송 방식이다.

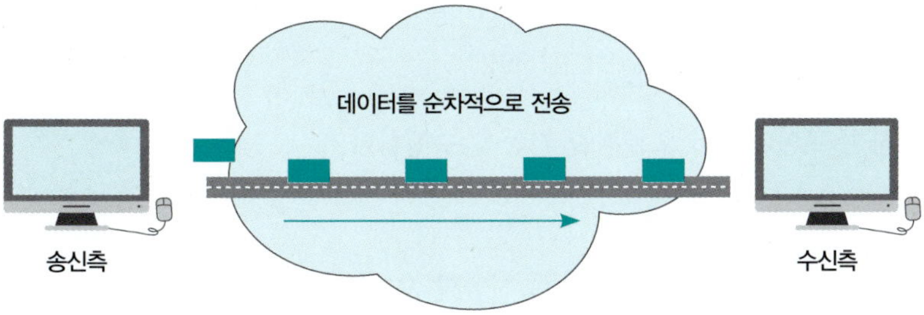

그림 12-9 회선교환망

메시지교환망

메시지교환망에서의 메시지전송은 송신측 노드에서 메시지를 받아 적절한 회선이 빌 때까지 저장하였다가 메시지의 길이 그대로 다음 노드로 전송하는 방식을 취한다. 회선교환 방식의 제약조건을 해결하기 위하여 고안된 방식으로 통신을 원하는 송신측 노드와 수신측 노드 사이에 통신회선을 사용할 수 있을 때까지 기다렸다가 전송하는 축적교환 방식을 사용한다. 지연 시간이 길어져 음성 데이터나 대화식 통신과 같은 실시간 데이터전송에는 적합하지 않다. 메시지교환망의 특징은 다음과 같다.

- 한 노드가 메시지를 전송받으면 다음 노드가 메시지를 받을 수 있을 때까지 저장한 후, 목적지로 다시 전송한다.
- 메시지 단위로 정보를 전송한다.
- 통신회선을 효율적으로 이용할 수 있다.
- 메시지의 분실을 방지하기 위해 메시지번호, 전송날짜, 전송시간 등을 메시지에 추가로 전송할 수 있다.

패킷교환망

패킷교환망은 회선교환망과 메시지교환망의 장점을 결합하고 단점을 최소화하는 교환 방식이다. 패킷교환망에서는 송신측 주소와 수신측 주소를 포함하는 일정 형식의 데이터블록을 기본 단위로 통신이 이루어지는데, 이를 패킷이라고 한다. 메시지교환망 방식과 매우 흡사하지만 메시지 전체가 아닌 메시지를 분할한 패킷을 단위로 전송한다. 패킷화된 데이터를 다중화하여 채널의 효율을 높이고 패킷의 길이를 제한하여 전송지연시간을 줄일 수 있다. 패킷교환망은 경로를 설정하는 방법에 따라 패킷이 전송되기 전에 송신측과 수신측 간에 대하여 하나의 논리적 경로를 설정하고 그 경로를 통해 패킷을 전송하는 가상회선 방식과 패킷마다 목적지 주소에 의해 개별적으로 송신 경로가 정해지는 데이터그램 방식으로 구분된다. 패킷교환망의 특징은 다음과 같다.

- 각 패킷은 일정한 크기의 데이터, 데이터 수신처, 제어 코드 등의 제어 정보를 포함한다.
- 정상적인 다른 회선으로 우회전송이 가능하다.
- 디지털 전송을 기본으로 하며 교환기에서 오류검출 기능을 수행한다.
- 재전송이 가능하다.
- 긴 메시지는 여러 개의 패킷으로 분할하여 독립적으로 전송할 수 있다.
- 경로 배정, 트래픽 제어, 오류 제어 기능이 필요하다.

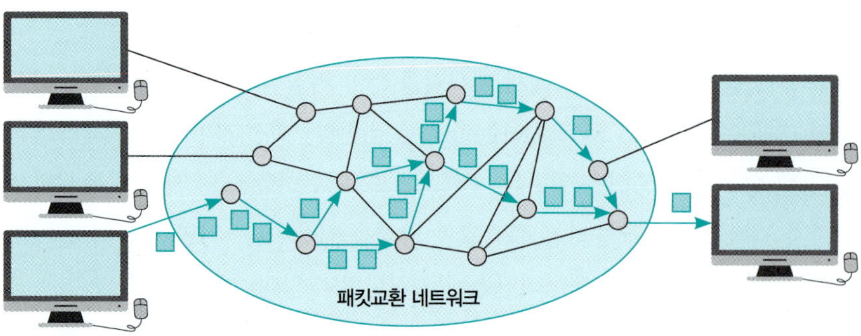

그림 12-10 패킷교환망

SECTION
03 통신 프로토콜

1 통신 프로토콜의 개념

통신 프로토콜(Protocol)이란 **컴퓨터 통신규약으로, 통신시스템이 데이터를 교환하기 위해 사용하는 통신 규칙**이다. 데이터신호는 컴퓨터가 처리해야 하기 때문에 사람의 말과 달리 더욱 섬세한 규칙을 정해야 한다. 네트워크를 통해서 다른 컴퓨터와 통신할 경우 컴퓨터의 기종이 다를 수도 있다. 이러한 경우를 생각하여 네트워크에서 정확히 통신할 수 있도록 여러 가지 약속을 정해두는 것이다. 지켜야 할 약속이란 전송 중에 발생한 실수를 어떻게 검사할 것인가, 데이터를 올바른 순서로 보내기 위한 순서를 어떻게 할 것인가 등 매우 많다. 지금까지는 각 제조업체가 독자적인 프로토콜을 이용하여 통신을 해왔지만, 대표적인 통신 프로토콜은 TCP/IP이다. TCP/IP 프로토콜은 인터넷의 표준적인 통신 프로토콜로, 사용자 수가 많기 때문에 현재 업계 표준이 되었다.

TIP **TCP/IP** : 네트워크에 접속하기 위해 인터넷에서 사용되는 100가지 이상의 프로토콜을 모아 놓은 프로토콜의 집합이다. 전자우편을 위한 SMTP, SMTP를 약간 개선시킨 MIME, 파일을 전송하기 위한 FTP, 원거리 호스트에 접속하기 위한 TELNET 등이 있다.

2 전송제어절차

데이터를 전송하기 위해서는 모뎀 인터페이스를 제어(회선제어)하거나 동기를 유지해야 한다. 이때 전송순서에 관한 결정이나 전송오류가 발생했을 경우의 대처 방법 등에 대하여 송신측과 수신측 쌍방에서 약속을 정해둘 필요가 있다. 이처럼 데이터전송을 원활하고 정확하게 실행하기 위한 규칙을 전송제어라 한다. 단말은 미리 정해진 동작 순서에 따라 데이터를 전송한다. 만일 전송 도중에 데이터 일부가 틀렸을 때 이것을 검출하고 전송을 제어한다는 생각은 프로토콜이라는 개념이 정착된 후의 통신규약이며, 프로토콜의 발상이라 할 수 있다. 전송제어의 순서 등에 관한 약속을 전송제어절차라 하는데, 데이터전송의 개시부터 종료까지의 복잡한 전송제어의 순서를 정리하면 [표 12-2]와 같이 5단계가 된다.

표 12-2 전송제어절차

단계	내용
1단계 : 회선접속 단계	단말이 교환회선에 접속되어 있을 때 필요한 단계로, 다이얼 신호 또는 상대방 어드레스(기억장치가 있는 곳, 데이터가 있는 장소)를 발신하여 물리적인 통신회선을 접속한다.
2단계 : 데이터링크 확립 단계	접속된 통신회선에서 통신하는 상대와 연결하는 논리적인 통신로(데이터링크)를 설정한다. 폴링(Polling), 셀렉팅(Selecting), 컨텐션(Contension) 방식 등의 송신권 제어에 의하여 데이터전송을 개시할 수 있는 상태가 된다.
3단계 : 정보전송 단계	설정된 데이터링크를 사용하여 메시지를 상대에게 전송한다. 이때 메시지의 순서를 조사하여 중복이나 분실이 없도록 하며, 잡음 등으로 틀린 메시지를 검출하면 재전송하여 복원한다.
4단계 : 데이터링크 종결 단계	데이터전송이 종료되면 상대 단말과 확인을 취하고 데이터링크를 절단하여 초기 상태로 복귀한다.
5단계 : 회선절단 단계	단말이 교환회선으로 접속되어 있을 때에는 그 회선을 절단한다.

3 OSI 7계층

1970년대 후반에 걸쳐 많은 컴퓨터 제조회사가 특징 있는 네트워크 아키텍처를 발표했다. 이는 모두 자사 제품의 개발이나 판매를 유리하게 하려고 컴퓨터나 데이터 단말장치의 통신소프트웨어나 프로토콜을 표준화한 것이다. 초기 네트워크 아키텍처는 여러 국가 · 연구소 · 대학에서 앞다투어 연구했지만, 호환성을 전혀 고려하지 않고 만들었기 때문에 폐쇄성이 매우 강했다. 이와 같은 특징은 이용자에게 곤란한 문제를 발생시켰다. 이용자가 A사의 시스템을 구매하면 네트워크 아키텍처가 다르기 때문에 B사의 특징이 있는 단말이나 컴퓨터로 그 시스템에 접속할 수 없었다. 이와 같은 문제에 대응하기 위하여 ISO(국제표준화기구)에서는 1978년부터 OSI(개방형 시스템 간 상호접속)라고 부르는 네트워크 아키텍처의 표준화에 착수했다. OSI는 특정 메이커에 의존하지 않는 독립적인 기관이 정해준 표준적인 통신규약이고 네트워크 아키텍처의 국제헌장이라고 할 수 있다. OSI는 7계층으로 다음과 같이 표준화하였다.

물리 계층

OSI의 1계층인 물리 계층(Physical Layer)은 물리적 전송매체의 비구조적인 비트 스트림 전송에 관계되는 층이다. 물리 계층에 관한 프로토콜은 DTE/DCE(Data Terminal Equipment/Data Circuit Equipment) 인터페이스로 규정된다.

데이터링크 계층

데이터링크 계층(Data Link Layer)은 OSI의 2계층에 있으며 컴퓨터 단말 등의 시스템 또는 교환기 같은 중계 시스템 사이에 데이터전송을 원활하게 실행하여 오류검출과 그 회복 기능을 제공한다. 즉, 인접하는 노드 간에 투명하고 정확한 순서에 의하여 오류 없이 보내는 높은 신뢰성의 데이터전송을 실현하는 것이다. 다음은 데이터링크 계층의 기능이다.

- 정보의 프레임화
- 프레임의 번호 부여
- 프레임의 전송 확인과 흐름 제어
- 전송오류의 검출
- 전송오류의 회복
- 데이터링크 연결의 확립 및 해제

네트워크 계층

네트워크 계층(Network Layer)은 OSI의 3계층에 있다. 사용자 프로그램, 단말 조작원 등 응용프로세스 상호 간에 데이터를 전송할 때 정보의 경로 선택과 중계 기능을 수행한다. 일반적으로 데이터를 전송하려면 복수의 각종 통신망을 이용하기 때문에 이와 같은 통신망 내 및 통신망 간의 중계 기능을 제공할 필요가 있다. 네트워크 계층에는 데이터전송 서비스를 상위 트랜스포트 계층에 제공하기 위한 네트워크 연결(Network Connection)을 확립하여 교신하는 연결형과 네트워크 연결을 확립하지 않고 교신하는 비연결형의 두 종류 프로토콜이 있다.

네트워크 계층의 기능은 어드레싱, 경로배정 및 중계, 인터네트워킹, 흐름 제어 등이 있다.

- **어드레싱(Addressing) :** 상대방을 지정한다.
- **경로배정 및 중계(Routing and Relay) :** 네트워크에서 상대방의 번호를 지정한 후 그 상대방과 어떤 루트를 통해서 통신할 것인지를 정한다. 즉, 어느 노드를 거쳐서 상대방에게 데이터를 보낼 것인지 경로를 결정하는 것이다.
- **인터네트워킹(Internetworking) :** 각종 네트워크가 연결되어 있을 때에도 네트워크 계층에서 데이터전송 및 중계 기능을 수행한다.
- **흐름 제어(Flow Control) :** 양단 간의 흐름 제어를 수행한다. 다른 통신 환경을 가진 통신망을 접속할 때 서브 네트워크 간의 서비스 품질의 차를 흡수하여 양단 간 서비스 품질 차이를 같게 하는 기능과 데이터의 흐름을 제어하는 기능을 한다.

트랜스포트 계층

트랜스포트 계층(Transport Layer)은 OSI의 4계층으로, 정보를 확실하게 상대측에 보내기 위한 운반 및 운송을 관리하는 층이다. 일반적으로 하위층을 구성하는 각종 통신망의 서비스 차이와 속성에 의존하지 않는 균일한 데이터전송 서비스를 보장한다. 트랜스포트 계층은 하위에 있는 3개의 계층 서비스를 받아 통신하고자 하는 두 시스템에 신뢰할 수 있고 경제적인 데이터 전달을 제공한다. 또한 긴 메시지를 작은 단위의 패킷으로 나누어 하위의 계층에서 효율적으로 정보를 전송할 수 있도록 하고, 작은 단위로 수신된 패킷을 합쳐서 원래의 메시지로 복구하는 기능을 하고 있다.

트랜스포트 계층의 기능은 트랜스포트 연결, 다중화, 흐름 제어, 에러제어 등이 있다.

- **트랜스포트 연결 :** 트랜스포트 연결의 설정 및 해제를 한다.
- **다중화 :** 복수의 트랜스포트 연결을 한 개의 네트워크에 연결하여 다중화 기능에 의한 경제적인 통신을 할 수 있다.
- **흐름 제어 :** 송신측과 수신측의 처리 속도가 다를 때에는 데이터의 유실 등이 발생하게 된다. 이러한 경우가 발생하지 않도록 트랜스포트 계층 간에 데이터의 흐름을 제어하는 기능을 한다.
- **에러제어 :** 네트워크에서 발생하는 에러는 트랜스포트 계정 안에서 모두 처리된다.

세션 계층

세션 계층(Session Layer)은 OSI의 5계층이다. 상위층이 데이터를 교환할 때, 그 통신의 특성에 맞는 통신수단을 제공하기 위하여 양단 프로세스 간에 대화하기 위한 동기를 이루거나 데이터전송 방법, 즉 전이중 또는 반이중 등의 선택 및 송신권의 지정 등을 제어하는 기능을 한다. 세션 계층의 역할과 기능은 트랜스포트 계층에서 제공되는 통신로를 사용하여 프로세스 간 대화를 성립시키고, 대량의 데이터를 보낼 때에 적당한 동기점을 정하는 것이다. 또한 데이터가 잘못 도달했을 때는 필요한 구획에서 데이터를 재전송하는 등 정확하고 효율적인 데이터를 전송하는 기능을 제공한다.

세션 계층의 기능은 절차 규정, 대화관리, 세션 이상 상태 복구, 시스템 장애 복구 등이 있다.

- **절차 규정 :** 세션 연결의 설정과 종료, 즉 세션의 연결 · 해제 · 관리에 관한 절차를 규정한다.
- **대화관리 :** 대화관리는 양쪽이 동시에 데이터를 보낼 수 있는 이중 모드와 양측이 교대로 데이터를 전송하는 반이중 모드가 있다.

- **세션 이상 상태 복구 :** 통신 도중 발생할 수 있는 세션의 이상 상태를 복구하는 기능으로, 분실된 데이터를 복구하기 위해 사용자는 세션이 되돌아가야 할 위치를 지정한 복구 단위 숫자를 이용하여 복구 명령을 할 수 있다.
- **시스템 장애 복구 :** 디스크 복구 및 동기 등 시스템 장애에 의하여 송신을 재개하고자 할 때 송신 데이터 중에 삽입된 동기점을 이용하여 정상적으로 송신 완료된 체크포인트 이후만을 재전송하여 복구할 수 있다.

표현 계층

표현 계층(Presentation Layer)은 OSI의 6계층으로, 응용 계층이 취급하는 정보를 데이터의 표현 형식에 따라 전송하는 역할을 하고 있다. 즉, 통신장치에서의 데이터의 표현 방식 및 다른 부호 체계 간의 변화에 대하여 규정하고 있다. 표현 계층은 프로세스 고유의 데이터 표현 형식으로 표현된 내용을 전송할 때 표준의 데이터 표현 형식으로 변환시키는 것이 주된 역할이다. 표현 계층은 통신에서 다른 정보 표현 형식을 공통 전송 형식으로 변환하기도 하고, 암호화와 데이터 압축을 실행한다. 표현 형식에는 응용 계층에서 사용하는 추상 구문과 데이터전송에 실제로 사용하는 전송 구문이 있다. 추상 구문은 엔드 프로세스에서 데이터의 의미를 표현, 해석하기 위해서 사용하는 구문이다. 전송 구문은 데이터전송 시 공통된 데이터 표현 형식이다.

응용 계층

응용 계층(Application Layer)은 OSI의 최상위층에 있으며 정보를 처리하는 응용 프로그램 또는 프로세스와의 인터페이스와 통신하기 위한 기본적인 응용 기능을 제공한다. 전자메일, 파일 전송, 분산 데이터베이스 관리, 원격 로그인과 같은 응용 기능을 제공하고 사용자에게 OSI 통신 환경을 제공하는 접점이 된다. 사용자는 응용 계층에 대해서 아무런 지식이 없어도 서비스를 사용할 수 있다. 응용 계층의 기능은 다음과 같다.

- **공통 응용 서비스 요소 :** 널리 이용되는 공통성이 있는 응용 업무이다.
- **특정 응용 서비스 요소 :** 특정 분야에서 널리 이용되는 응용 업무이다.
- **사용자 요소 :** 응용 프로그램이 통신하기 위하여 응용 서비스를 이용하는 요소이다.

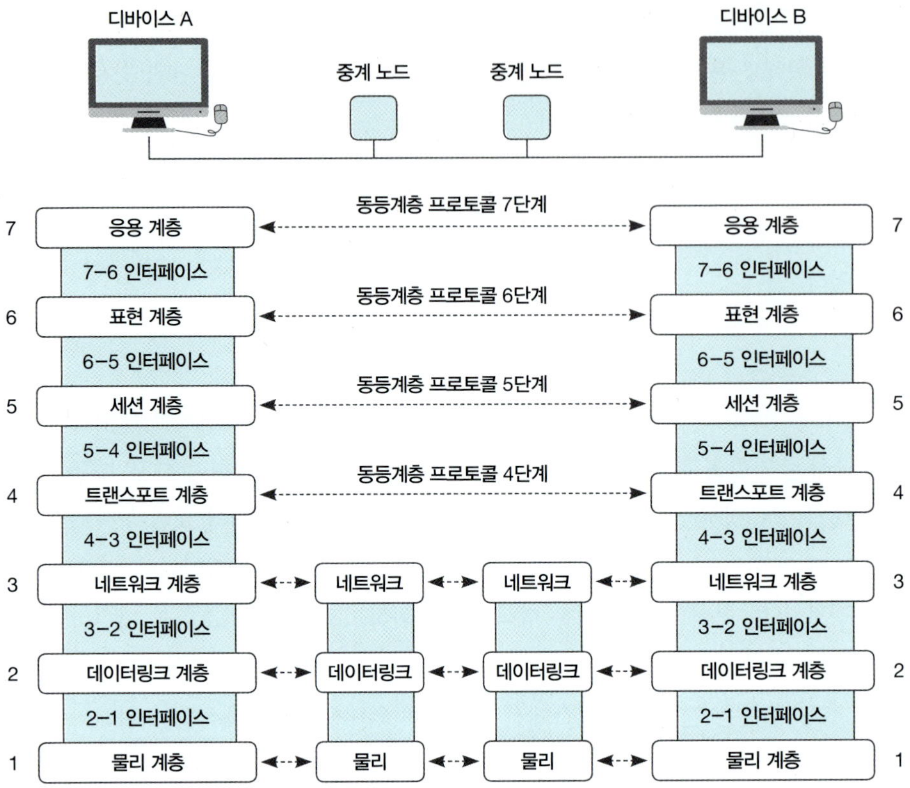

그림 12-11 OSI 7계층

4 네트워크 장비

네트워크 장비는 랜카드(LAN Card), 리피터(Repeter), 허브(Hub), 브리지(Bridge), 스위치(Switch), 라우터(Router), 브라우터(Brouter), 게이트웨이(Gateway) 등이 있다. [표 12-3]에 네트워크 장비에 대하여 설명하였다.

표 12-3 네트워크 장비

장비	내용	비고
랜카드	• PC나 서버에 장착되며 케이블과의 연결을 제공 • LAN 카드 또는 어댑터로 불림	OSI 1계층
리피터	• 신호를 수신하고 증폭하며, 다음 구간으로 재전송시키는 장치 • 여러 대의 리피터를 사용하여 신호를 먼 거리까지 연장 가능 • 최근에는 허브가 그 역할을 대신하고 있음	OSI 1계층
허브	• 하나의 세그먼트 안에서 두 개 이상의 네트워크 장비들을 연결 • 사용자들이 전체 대역폭을 나누어 사용 • 스타 토폴로지 역할	OSI 1계층

브리지	• 프레임을 분석하여 네트워크 세그먼트 간의 연결 및 전달 기능을 수행 (MAC 어드레스에 따라 결정함) • 저장전달(Store-and-Forward) 방식만을 사용함	OSI 2계층
스위치	• MAC 어드레스를 사용하며 하드웨어로 이루어짐 • 소프트웨어적으로 처리하는 브리지에 비해서 고속화가 가능 • 브리지보다 더 많은 포트 수 제공 • 컷쓰루(Cut-Through) 또는 저장전달 방식을 사용	OSI 2계층
라우터	• 네트워크 계층에서 동작하는 장비 • LAN과 WAN에서 주로 사용 • IP 주소를 이용하여 목적지까지 경로 설정 가능	OSI 3계층
브라우터	• 네트워크 브리지와 라우터가 하나의 제품으로 합쳐진 것	OSI 3계층
게이트웨이	• 다른 네트워크로 들어가는 입구 역할을 하는 네트워크 포인트이며, 라우터나 스위치 등의 사용을 필요로 함	OSI 4계층

SECTION

04 LAN

1 LAN의 개념

LAN(Local Area Network)은 **비교적 가까운 거리에 위치한 소수의 장치들을 서로 연결한 네트워크**를 의미한다. LAN의 특징은 다음과 같다.

- 빌딩이나 구내 등 지리적으로 한정된 범위(약 10km 이내의 거리)에 적용된다.
- 수백 Kbps에 접속된 임의의 단말 상호 간에 정보교환을 할 수 있다.
- LAN에 접속된 임의의 단말기 상호 간에 정보교환을 할 수 있다.
- 사무실 · 빌딩 · 공장 등과 같이 한정된 지역에서 정보처리장치를 연결하기 위하여 최적화되고 신뢰성 있는 고속의 통신 채널을 제공하는 망이다.
- 비교적 협소한 지역에 분산된 컴퓨터 · 단말기 · 대용량 메모리 등을 포함하는 주변장치 · 제어기기 · 모니터 · 네트워크와의 접속을 위한 게이트웨이 등을 초고속 통신로(1~150Mbps)로 결합한 통신수단이다.

LAN을 구성하고 있는 요소는 [표 12-4]와 같다.

표 12-4 LAN의 구성 요소

구성 요소	내용
통신매체	접속기기 사이의 데이터를 전송하는 본체(케이블), 통신회선이 있다.
통신단말기	사용자가 문서와 도표를 작성 및 데이터를 입력하고 프로그램 개발 등의 작업을 하는 정보처리기기이며, PC가 주로 사용된다.
트랜시버 (휴대용 소형 무전기)	본체에 접속 시, 단말기에서 보낸 신호를 LAN의 본체로 송출하거나 본체에서 보낸 신호를 나누어 단말기에 넣어주는 송수신기다.
터미네이터	저항이 들어왔을 때 회선의 끝을 표시하고 같은 쪽 케이블 끝에 붙인다.
파일 서버	연결된 여러 개의 단말기에 공유시켜 데이터와 프로그램을 두는 장치다.
프린터 서버	연결된 여러 개의 단말기를 공유해 인쇄하는 장치다.
NIC	네트워크 인터페이스 카드. LAN과 통신단말기 등을 결합하는 장치이고, 데스크톱용 LAN 카드, 노트북용 LAN 카드로 부르기도 한다.
NOS	네트워크 오퍼레이팅 시스템. LAN 시스템을 제어하기 위한 목적으로 사용되는 운영체제다.

2 LAN의 유형

LAN은 통신회선을 이용하여 공간적으로 어떻게 구성하느냐에 따라 버스형, 트리형, 링형, 성형, 매시형으로 구분할 수 있다.

버스형

버스형(Bus Type)은 **버스라고 불리는 하나의 통신회선에 여러 대의 노드를 연결한 형태**이다. 노드는 컴퓨터 또는 이에 연결된 터미널이나 통신장치를 말한다. 버스형은 어떤 노드가 송신하고자 하는 데이터가 있을 때 버스를 통해 방출하여 방송하는 방식으로 연결된 모든 노드에 전송한다. 데이터를 전송받은 수신 노드는 전송된 데이터의 수신측 주소를 확인하여 자신에게 보내진 데이터인지를 확인하고 이를 받아들인다. 버스형은 하나의 노드에 고장이 발생해도 전체 통신망에는 영향을 주지 않는다.

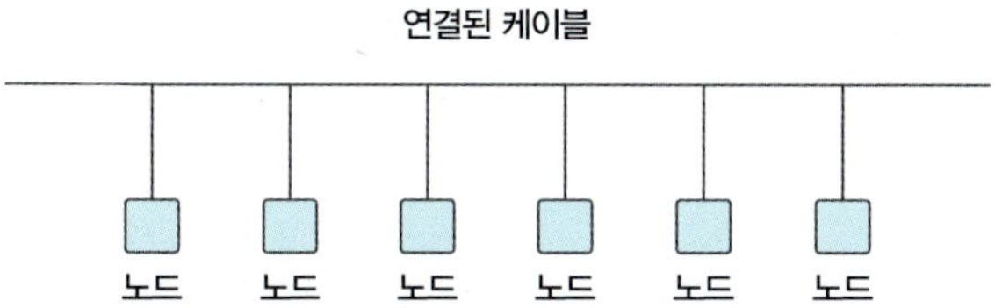

그림 12-12 버스형

트리형

트리형(Tree Type)은 **헤드엔드(Head End)로, 원점에서 한 개 이상의 가지를 뻗어 좀 더 복잡한 계층 형태로 가지를 뻗어 나가는 구조**이며, 버스형을 확장시킨 형태이다. 트리형에서 정보는 양방향으로 모든 노드에 전송된다. 성형과 비교하면 통신회선 수를 줄일 수 있으며, 통신선로가 다른 회선망에 비해 짧아서 경제적이다.

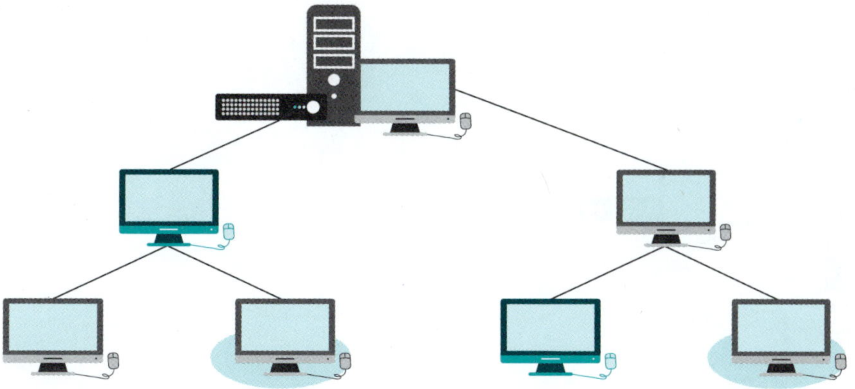

그림 12-13 트리형

링형

링형(Ring Type)은 **모든 노드를 원형으로 연결하는 형태로 인접한 두 개의 노드를 점-대-점 방식으로 연결**한다. 송신자가 보낸 패킷은 원을 따라 한 방향으로 흐르며, 목적지가 아닌 노드를 거칠 때마다 매번 재생하는 과정을 거친다. 이런 과정을 통해 선송오류를 줄일 수 있다. 링형에서는 한 방향으로만 정보가 전달되는 단방향 링과 양방향으로 전송되는 이중 링 구조가 있다. 이중 링 구조는 링에서 장애가 발생하면 다른 링을 통해 통신을 재개할 수 있다는 이점이 있다. 또한 모든 노드를 접속하는 버스형에 비해 유지보수가 쉽다.

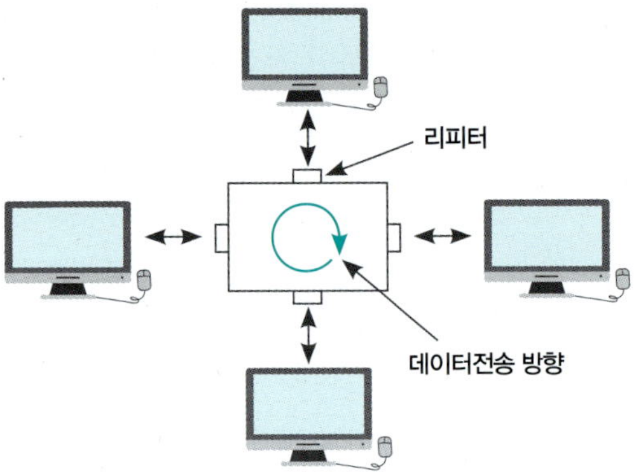

그림 12-14 링형

성형

성형(Star Type)은 **별 모양이란 뜻으로 중앙에 있는 제어 노드로 모든 다른 노드를 점-대-점 방식으로 연결한 형태**다. 중앙집중적 구조를 띠고 있어 유지보수가 쉽고 전송제어가 간단하다. 중앙의 제어노드를 특별히 호스트라고 부르며 노드 간의 직접 통신이 불가능하고 모든 통신은 호스트를 통해 이루어진다. 호스트가 노드 간의 통신을 중재하는 역할을 한다. 다른 노드의 고장이 통신망 전체에 영향을 주지 않지만, 호스트에 장애가 발생했을 때 전체 통신망의 동작이 중단되는 단점이 있다.

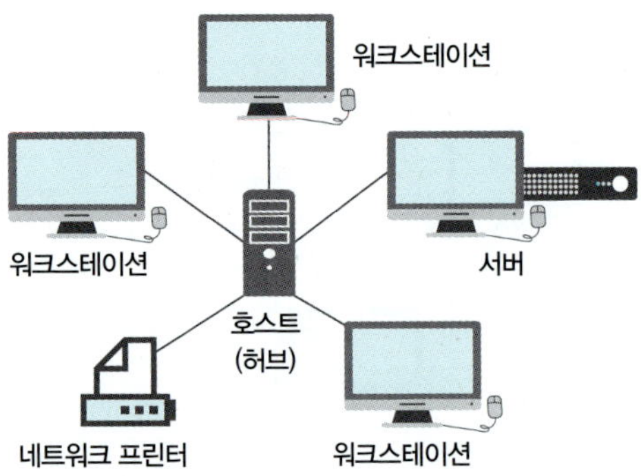

그림 12-15 성형

매시형

매시형(Mesh Type)은 **통신의 신뢰도가 중요시되는 구성 형태**이다. 주 컴퓨터의 중계 없이 직접 노드의 정보통신이 가능하므로 통신망의 효율이 향상된다. 또한 일부 회선에 장애가 발생했을 때 다른 경로를 통하여 전송할 수 있다는 장점을 갖고 있으나, 복잡한 통신망 구조 때문에 제어가 어렵다는 단점이 있다.

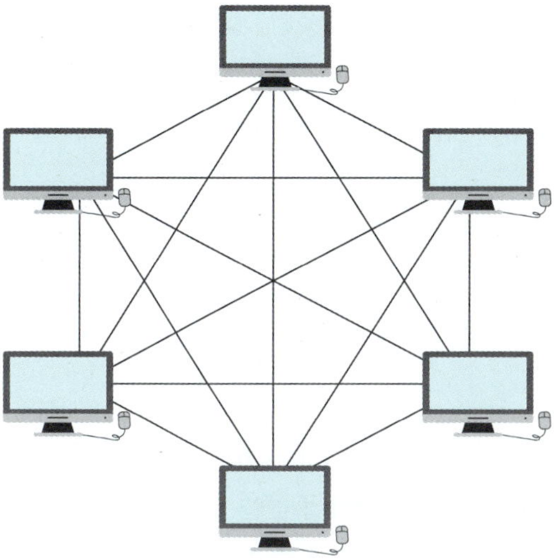

그림 12-16 **매시형**

3 LAN의 전송 방식

LAN의 전송 방식에는 크게 토큰전달 방식과 폴링 방식이 있다.

토큰전달 방식

토큰전달(Token Passing)에서는 노드가 토큰을 가지고 있을 때에만 통신망에 전송할 수 있다. 토큰은 통신망 전체를 돌아다니면서 해당 노드가 전송할 데이터를 가졌는지를 검사하며, 만약 없다면 토큰은 다음 노드로 이동하여 다시 검사를 시작한다. 이러한 과정은 토큰을 가진 노드가 통신망에 전송하기를 원할 때까지 계속된다. 일반적으로 토큰은 채널 사용권 또는 전송 권리를 의미한다. 한 노드가 메시지를 전송하기 위해서는 반드시 먼저 토큰을 획득해야 하므로 전송을 원하는 노드 간 충돌이 없다. 따라서 네트워크의 상호 배제적인 접근이 가능하게 된다. 토큰링 방식은 링 위를 한 방향으로 순회하는 토큰(유기 시설에서 사용되는 코인으로 여기서는 채널의 사용권을 나타냄)에 의해서 데이터의 송신권을 노드에 준다.

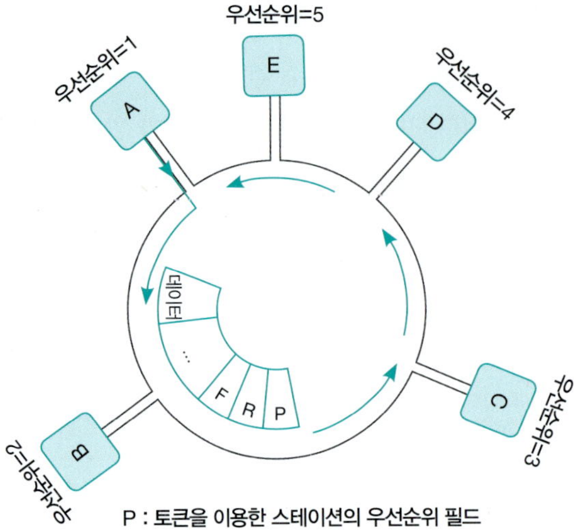

그림 12-17 **토큰전달 방식의 원리**

토큰전달 방식은 학교 운동장에서 학생이 원형으로 늘어서 바통을 차례로 앞의 학생에게 넘겨주는 모습을 생각하면 된다. 링 위를 고속으로 순회하고 있는 단 1개의 토큰을 잡는 노드가 임의의 다른 노드에 데이터를 전송할 수 있다. 이 방식은 CSMA/CD 방식과는 달리 송신 데이터의 충돌은 발생하지 않으나 잡음 등에 의한 토큰의 이중 발생 방지나 소실되었을 때의 복구에 대한 대비가 필요하다. 이 방식은 버스형 LAN에 적용될 수 있는데 각 노드에 순번을 붙여서 논리적인 링을 만들고 토큰을 차례로 넘겨주게 된다.

폴링 방식

폴링(Polling) 방식은 노드 사이의 접근 충돌을 막기 위해서 네트워크의 접근을 교대로 허용하는 것을 말한다. 폴링의 프로토콜은 파일 서버와 같이 지능을 갖춘 중앙장치를 요구한다. 이 중앙장치는 돌아가면서 각 노드에 "전송하기를 원하는가?"라고 문의하는 통신을 한다. 만약에 노드(워크스테이션)가 전송하기를 원한다면 그 노드는 자신의 메시지를 채널로 보낸다. 원하지 않는다면 중앙장치는 미리 정해진 순서에 따라 다음 노드에 폴링을 계속한다. 워크스테이션이 통신망에 접근할 수 있는 유일한 시간은 그것이 폴링되어 검사될 때뿐이다. 이 접근 방식은 최근 CSMA/CD에서의 토큰전달 방식만큼 널리 이용되고 있지는 않아도 메인 프레임이나 호스트가 기반인 통신망에서는 아직 많이 사용되고 있다.

하나 더 알기 **클라우드 컴퓨팅**

클라우드 컴퓨팅(Cloud Computing)이란 컴퓨터를 사용한 정보처리를 자신이 보유한 PC가 아닌 인터넷상에 연결된 클라우드 사업자의 컴퓨터에서 처리하는 서비스를 의미한다. 클라우드(cloud)는 구름이란 뜻인데, 일상적으로 인터넷을 구름으로 표현하듯 인터넷상에서 내 업무를 처리한다는 의미로 클라우드 컴퓨팅이라 하고 있다.

기업 입장에서 클라우드를 이용할 경우, 회사의 정보처리 시 회사 내의 자산(정보시스템)이 아닌 클라우드 사업자의 데이터 센터 안의 시스템을 활용하게 되는데, IT자산을 소유하는 것이 아니고 이를 서비스로 이용하는 개념이다.

기업의 정보처리 시스템은 10년을 주기로 큰 변화가 있어 왔다. 1980년대에 메인프레임 위주의 대형 범용 컴퓨터가 정보처리를 수행하다가 1990년대 들어 클라이언트/서버 시스템이 도입되고, 이는 다운사이징이라는 이름으로 유행하면서 거의 모든 기업들이 C/S 시스템을 사용하게 되었다. 이후 2000년에 이르러 인터넷이 일반화되고 고속화되어 웹브라우저를 이용한 인트라넷 시스템들이 속속 도입되고, 2010년에 이르러 기업이 서버를 보유하지 않고 이용하는 형태의 클라우드 컴퓨팅이 소개되면서 2020년 현재 거의 모든 기업과 개인에게 확산되고 있다.

클라우드 컴퓨팅은 크게 SaaS, PaaS, IaaS로 발전하고 있다. 최초 클라우드 서비스는 지메일(Gmail)이나 드롭박스(Dropbox), 네이버 마이박스(Naver Mybox)처럼 소프트웨어를 웹에서 쓸 수 있는 SaaS(Software as a Service, 서비스로서의 소프트웨어)가 대부분이었다. 그러다가 서버와 스토리지, 네트워크 장비 등의 IT 인프라 장비를 빌려주는 IaaS(Infrastructure as a Service, 서비스로서의 인프라스트럭처), 플랫폼을 빌려주는 PaaS(Platform as a Service, 서비스로서의 플랫폼)로 늘어났다. 특히, 기업 사용자가 직접 회사에서 애플리케이션 개발환경을 모두 갖추는 것은 시간도 많이 들고, 비용이 많이 발생한다. PaaS는 이러한 기업을 위해 관련된 프로그래밍 언어, 데이터베이스 심지어는 모바일용 소프트웨어 개발도구 등을 망라하여 저렴한 비용으로 제공한다. 기업의 경우 이러한 개발은 일시적이기 때문에 굳이 값비싼 소프트웨어를 구입해서 창고에 쌓아둘 필요는 없을 것이다.

토론 및 과제

※ 다음 기사를 읽고 토론 및 과제를 수행하시오.

5G 핵심은 B2B, 유스케이스 발굴로 확산 촉진할 것

– 이철욱 노키아코리아 엔터프라이즈 총괄 인터뷰

"5G의 진정한 효용은 B2B 시장에서 나온다. 본격적인 시장은 2021년 이후 열릴 것으로 예측된다. 그전까지는 다양한 유스케이스를 발굴해 기술의 신뢰도를 높이는 일이 중요하다." 이철욱 노키아 코리아 엔터프라이즈 총괄(전무)은 5G의 진정한 가치가 B2B 시장에서 발현될 것이라고 강조했다. 현재 B2C 중심의 5G는 단순히 'LTE 대비 빠른 속도'밖에 내세우지 못하지만, 각종 산업에 적용될 경우 무궁무진 발전을 촉진할 것이란 설명이다. 5G B2B 시장이 열리기 위해서는 기술의 성숙과 인식의 전환이 함께 이뤄져야 한다고 전제했다. 전 세계적으로 스마트팩토리·클라우드화 등 5G B2B에 대한 관심은 높지만, 아직 신뢰도를 담보할 정도의 기술적 진화가 이뤄지지 않았다는 뜻이다. 이철욱 전무는 특히 국내의 경우 5G에 기반한 B2B 전환에 보수적이라고 말했다. 이런 인식을 개선하기 위해 노키아는 국내 이동통신 3사 및 각종 솔루션 기업과 유스케이스 발굴에 매진, 국내 5G B2B 시장의 확산을 촉진한다는 계획이다.

다음은 이철욱 노키아 전무와의 인터뷰.

Q. 5G 상용화 이후 엔터프라이즈 시장에 대한 관심도 높아지고 있는데, 국내 상황은 어떤가?

A. 최근 은행권과 공공 부문 등을 중심으로 엔터프라이즈에 대한 수요가 많아지고 있다. 5G뿐만 아니라 자체 LTE나 공장자동화, 클라우드화 등으로 관심이 집중되고 있다. 엔터프라이즈는 크게 이동통신 사업자를 통해서 진행하는 방식과 직접 고객사에 제공하는 방식으로 나뉘는데, 국내에서는 이통사와 협업하는 비즈니스가 대부분이다.

Q 엔터프라이즈가 이통사와 함께 하는 방식과 벤더사가 단독으로 하는 방식이 있다고 했는데, 이통사와 벤더사는 경쟁 관계로 볼 수 있나?

A 이통사와는 파트너 관계로 봐야 한다. 이전에 노키아를 이끌던 CEO가 동일한 질문에 대해 확실한 의견을 개진한 바 있다. 벤더사는 이통사와 경쟁하려는 것이 아니고, 이통사가 수익 등을 이유로 진출하지 않는 시장에 진출해 전체적인 시장 규모를 키우는 역할을 한다. 가령 이통사가 네트워크 구축 등 투자 비용 탓에 진출하지 못하는 광산 등에 벤더사는 단독망을 통해 진출하고, 이런 시장이 늘다 보면 전체적인 시장 규모가 커질 수 있다는 뜻이다.

Q. 5G가 상용화되면서 B2B 시장에도 변화가 있나?

A. SI나 컨설팅의 가치가 인정받는 시대가 가까워지고 있다. 과거에는 통신만 제공하다 보니 이통사의 역량이 중요했지만, 지금은 고객사의 니즈에 맞춘 솔루션을 제공하는 과정에서 장비사의 역할도 중요해졌다. 실제로 예전에는 총구축비를 낮추는 것이 중요했지만, 지금은 맞춤형 솔루션을 통해 실질적인 매출 상승과 비용절감을 꾀하는 것이 중요하다는 시각이 늘어나고 있다.

Q. B2B에 적용하기 위한 5G는 어느 수준인가?

A. 네트워크 기술 진화 추세를 보면 성장하고 정체되고 다시 성장하는 모습이 반복된다. 사람들이 기대하는 5G가 구현되기 위해서는 마지막 단계까지 기술이 발전해야 한다. 그전까지는 LTE에 비해 약간 빠른 서비스라고 생각할 수 있다. 지금은 5G의 첫 단계에 불과하다. 올 하반기부터 초저지연 서비스가 개발되고 현장에 적용되면 2021년 이후에야 5G 다운 서비스가 제공될 것으로 예측된다. 지금은 다양한 유스케이스 발굴을 통해 5G가 B2B 시장에 도입된 이후의 모습을 보여주는 데 주력하고 있다.

Q. 국내에서도 5G 기반 스마트팩토리 등 다양한 솔루션이 고민되고 있지만, 실질적인 성과로 이어지고 있는 것 같지는 않다. 이유가 무엇이라고 생각하나?

A. 안타깝게도 국내 B2B 시장은 보수적이다. 국내 B2C 시장이 글로벌 1등 수준이라는 점과 대비된다. 실제로 솔루션 업체를 통해 현장의 얘기 들으면 기업들이 신기술에 대해 저항감을 갖고 있다고 생각한다. 이를 위해서는 저항감을 뛰어넘을 정도로 기술력이 발전해야 하는데, 아직 그 수준에는 이르지 못했다고 생각한다.

Q. 5G B2B 시장이 빠르게 활성화되기 위해 개선돼야 할 부분이 있다면 무엇인가?

A. 5G는 무선이 유선을 대체할 수 있다. 산업 분야에서 무선이 유선을 대체하기 위해서는 신뢰도가 보장돼야 한다. 가령 B2C에서는 네트워크 접속이 잠깐 끊겨도 큰 문제가 되지 않지만, B2B에서는 막대한 피해로 이어질 수 있다. 99.99%의 신뢰도를 보장하기 위해서는 기술적 진화가 필요하다. 고객사 입장에서는 IT(정보기술)와 OT(운영기술)를 융합한 사고가 전제돼야 한다. 전통적인 공장 자동화는 기업의 IT 담당자가 맡는 것이 보통이다. 하지만 5G가 되면 OT가 중요해진다. 기업의 IT 담당자들이 OT에 대해 더욱 유연한 사고를 갖고 중요하게 바라볼 필요가 있다.

토론

01 5G가 LTE보다 나은 점은 무엇이며, 이를 기업에서 어떻게 활용할 수 있는지 토론하시오.

과제

01 OSI 7계층을 도식화하고 각 계층의 특징을 기술하시오.

02 패킷교환망에 대해 설명하시오.

03 5G, B2B, SI, 스마트팩토리, 유스케이스 등의 용어에 대해 정리하시오.

요약

01 정보통신은 유선·무선·광선 및 기타 전자적 방식에 의하여 문자·부호·영상·음향 등의 정보를 저장 및 처리하는 장치와 그에 부수되는 입출력장치 또는 기타 기기를 접속하여 정보를 송수신 처리하는 전기통신을 의미한다.

02 통신의 형태를 역사적으로 구분해보면 제1세대 통신은 전기통신, 제2세대 통신은 전화, 제3세대 통신은 컴퓨터 통신 또는 데이터통신이다. 현재는 모바일 통신이 제4세대 통신으로 자리매김하고 있다.

03 데이터통신은 멀리 떨어져 있는 송신자 컴퓨터와 수신자 컴퓨터 또는 입출력장치를 통신회선으로 연결하여 데이터를 처리하고 전송하는 것을 말한다.

04 데이터전송장치는 단말장치, 신호변환장치, 통신회선, 통신제어장치 등으로 구성된다.

05 데이터전송은 유형별로 전송 방향에 따른 분류와 회선 접속 방식에 따른 분류로 나눌 수 있다.

06 데이터전송 방식은 직렬 전송 방식과 병렬 전송 방식으로 구분할 수 있다.

07 다중화란 여러 정보의 흐름을 하나의 큰 전송선으로 공유하여 전송함으로써 전송 효율을 높이는 것을 말한다.

08 다중화에는 주파수 분할 다중화, 시분할 다중화, 코드 분할 다중화가 있다.

09 데이터통신망은 통신망에 접속된 컴퓨터 간 데이터를 송수신할 때 경로를 설정하는지에 따라 교환통신망과 방송통신망으로 나뉜다.

10 교환통신망에는 교환기 내부에 메모리를 두지 않고 데이터를 전송하는 회선교환망, 교환기 내부에 메모리를 두어 데이터를 저장했다가 전송하는 메시지교환망, 회선교환망과 메시지교환망을 결합한 형태의 패킷교환망이 있다.

11 통신 프로토콜이란 컴퓨터 통신규약으로, 통신시스템이 데이터를 교환하기 위해 사용하는 통신 규칙이다.

12 전송제어절차는 '회선접속 단계 → 데이터링크 확립 단계 → 정보전송 단계 → 데이터링크 종결 단계 → 회선절단 단계'로 이루어진다.

13 OSI의 7계층에는 물리 계층, 데이터링크 계층, 네트워크 계층, 트랜스포트 계층, 세션 계층, 표현 계층, 응용 계층이 있다.

14 네트워크 장비는 랜카드, 리피터, 허브, 브리지, 스위치, 라우터, 브라우터, 게이트웨이 등이 있다.

15 LAN은 비교적 가까운 거리에 위치한 소수의 장치들을 서로 연결한 네트워크를 의미한다.

16 LAN은 통신회선을 이용하여 공간적으로 어떻게 구성하느냐에 따라 버스형, 트리형, 링형, 성형, 매시형으로 구분할 수 있다.

17 LAN의 전송 방식에는 크게 토큰전달 방식과 폴링 방식이 있다.

연습 문제

단답형 문제

01 (   )은 유선·무선·광선 및 기타 전자적 방식에 의하여 문자·부호·영상·음향 등의 정보를 저장 및 처리하는 장치와 그에 부수되는 입출력장치 또는 기타 기기를 접속하여 정보를 송수신 처리하는 전기통신을 의미한다.

02 (   )은 멀리 떨어져 있는 송신자 컴퓨터와 수신자 컴퓨터 또는 입출력장치를 통신회선으로 연결하여 데이터를 처리하고 전송하는 것을 말한다.

03 (   )는 서로 다른 컴퓨터 신호 방식과 통신회선 신호 방식을 상호변환하는 역할을 담당한다.

04 (   )은 한 방향으로만 통신이 가능한 전송 형태로, 수신된 데이터의 오류 발생 여부를 송신측이 알 수 없다는 것이 단점이다.

05 (   )는 송신측과 수신측 사이에 정보를 주고받는 비트 타이밍을 맞추는 절차를 말한다.

06 (   )은 각 데이터 비트 하나하나에 대응하는 통신회선이 있어서 비트블록을 한번에 전송하는 방식이다.

07 (   )란 여러 정보의 흐름을 하나의 큰 전송선으로 공유하여 전송함으로써 전송효율을 높이는 것을 말한다.

08 (   )은 통신망에 접속된 컴퓨터 간 데이터를 송수신할 때 경로를 설정하는지에 따라 교환통신망과 방송통신망으로 나뉜다.

09 (   )이란 컴퓨터 통신규약으로, 통신시스템이 데이터를 교환하기 위해 사용하는 통신 규칙이다.

10 (　　　　　　　)은 OSI의 2계층에 있으며 컴퓨터 단말 등의 시스템 또는 교환기 같은 중계 시스템 사이에 데이터전송을 원활하게 실행하여 오류검출과 그 회복 기능을 제공한다.

11 (　　　　　　　)은 OSI의 6계층으로, 응용 계층이 취급하는 정보를 데이터의 표현 형식에 따라 전송하는 역할을 하고 있다.

12 (　　　　　　　)은 비교적 가까운 거리에 위치한 소수의 장치들을 서로 연결한 네트워크를 의미한다.

13 (　　　　　　　)은 버스라고 불리는 하나의 통신회선에 여러 대의 노드를 연결한 통신 형태이다.

객관식 문제

14 정보통신은 정보처리의 개념과 어떤 개념을 합친 용어인가?

① 통신 프로토콜　② 다중화　③ 네트워크 장비
④ 데이터전송　⑤ 데이터통신

15 다음 중 제2세대 통신 시대에 있었던 일이 아닌 것은?

① 알렉산더 그레이엄 벨이 인간의 음성을 전기신호로 변환한 전화기를 개발했다.
② 하인리히 헤르츠가 전자파를 발견하였다.
③ 아르파 컴퓨터 네트워크인 아르파넷(ARPAnet)이 시작되었다.
④ 쿨리엘모 마르코니가 전자파를 이용하여 모스 부호를 무선으로 전송하는 데 성공하였다.
⑤ 토머스 에디슨이 전화기를 탄소송화기로 개량하였다.

16 다음 중 데이터전송장치가 <u>아닌</u> 것은?

① 단말장치　② 통신제어장치　③ 통신회선
④ 신호변환장치　⑤ 스마트폰

17 다음 중 신호변환장치로 알맞은 것을 고르시오.

① 모뎀　② 꼬임쌍선　③ 광섬유
④ 컴퓨터　⑤ 동축케이블

18 다음의 설명을 읽고 데이터전송 유형 중 어느 것에 대한 설명인지 고르시오.

> 송신하면서 동시에 수신도 할 수 있는 방식이다. 송신과 수신을 위해 별도의 채널을 두고 하나의 전송 매체를 두 개의 채널로 분할하여 사용하는 것이다. 대표적으로 전화기가 있다.

① 전이중 전송　② 비동기식 전송　③ 단방향 전송
④ 반이중 전송　⑤ 다지점 전송

19 컴퓨터에서 각 터미널로 연결할 때 일대일 방식으로 직접 연결하는 전송 방식으로, 데이터를 송수신할 때 전용 회선을 사용하는 전송을 무엇이라고 하는가?

① 단방향 전송　② 점대점 전송　③ 전이중 전송
④ 다지점 전송　⑤ 동기식 전송

20 데이터전송 시 동기화 방법 중 하나로, 문자 단위의 비트블록을 전송의 기본 단위로 하는 전송을 무엇이라고 하는가?

① 비동기식 전송　② 전이중 전송　③ 다지점 전송
④ 동기식 전송　⑤ 병렬 전송

21 다음 중 회선교환망의 특징이 아닌 것은?

① 통신할 때마다 매번 통신경로가 설정되어 고정된다.

② 대량 데이터를 고속으로 전송할 수 있다.

③ 교환기에서 접속을 위한 전달지연 문제가 발생한다.

④ 실시간 대화용 응용이 가능하다.

⑤ 변동이 가능한 대역폭 전송 방식이다.

22 다음 중 패킷교환망의 특징이 아닌 것은?

① 각 패킷은 일정한 크기의 데이터, 데이터 수신처, 제어 코드 등의 제어 정보를 포함한다.

② 정상적인 다른 회선으로 우회전송이 가능하다.

③ 디지털 전송을 기본으로 하며 교환기에서 오류검출 기능을 수행한다.

④ 재전송이 가능하다.

⑤ 긴 메시지는 전송이 불가능하다.

23 전송제어절차의 순서로 바르게 짝지어진 것은?

① 회선접속 → 데이터링크 종결 → 회선절단 → 데이터링크 확립 → 정보전송

② 회선접속 → 데이터링크 확립 → 데이터링크 종결 → 정보전송 → 회선절단

③ 회선접속 → 데이터링크 확립 → 정보전송 → 데이터링크 종결 → 회선절단

④ 데이터링크 확립 → 회선접속 → 정보전송 → 데이터링크 종결 → 회선절단

⑤ 데이터링크 확립 → 데이터링크 종결 → 회선접속 → 정보전송 → 회선절단

24 다음 중 OSI 7계층 중 1계층에 해당하는 것은?

① 응용 계층　　② 물리 계층　　③ 데이터링크 계층

④ 세션 계층　　⑤ 표현 계층

25 다음 중 OSI 7계층 중 7계층에 해당하는 것은?

① 표현 계층 ② 세션 계층 ③ 네트워크 계층
④ 물리 계층 ⑤ 응용 계층

26 다음 중 네트워크 계층의 기능이 아닌 것은?

① 정보의 프레임화 ② 어드레싱 ③ 경로배정 및 중계
④ 흐름 제어 ⑤ 인터네트워킹

27 다음 중 트랜스포트 계층의 기능이 아닌 것은?

① 다중화 ② 트랜스포트 연결 ③ 에러제어
④ 흐름 제어 ⑤ 세션 이상 상태 복구

28 다음 중 LAN의 특징이 아닌 것은?

① 한 노드가 메시지를 전송받으면 다음 노드가 메시지를 받을 수 있을 때까지 저장한 후 목적지로 다시 전송한다.
② 수백 Kbps에 접속된 임의의 단말 상호 간에 정보교환을 할 수 있다.
③ 사무실 · 빌딩 · 공장 등과 같이 한정된 지역에서 정보처리장치를 연결하기 위하여 최적화되고 신뢰성 있는 고속의 통신 채널을 제공하는 망이다.
④ LAN에 접속된 임의의 단말기 상호 간에 정보교환을 할 수 있다.
⑤ 빌딩이나 구내 등 지리적으로 한정된 범위(약 10km 이내의 거리)에 적용된다.

29 다음 중 LAN의 유형이 아닌 것은?

① 구형 ② 링형 ③ 버스형
④ 성형 ⑤ 트리형

30 다음 중 토큰전달 방식에 대한 설명이 아닌 것은?

① 노드가 토큰을 가지고 있을 때에만 통신망에 전송할 수 있다.

② 토큰은 통신망 전체를 돌아다니면서 해당 노드가 전송할 데이터를 가졌는지를 검사하며, 만약 없다면 다음 노드로 이동하여 다시 검사를 시작한다.

③ 일반적으로 토큰은 채널 사용권 또는 전송 권리를 의미한다.

④ 링 위를 고속으로 순회하고 있는 단 1개의 토큰을 잡는 노드가 임의의 다른 노드에 데이터를 전송할 수 있다.

⑤ 노드 사이의 접근 충돌을 막기 위해서 네트워크의 접근을 교대로 허용하는 것을 말한다.

참고문헌

[국내 문헌]

001 강민영, 「공유경제와 시민 중심의 초연결 도시, 소셜시티의 부상」, 대한지방행정공제회, 2018.

002 강병기, 「부동산전자상거래 활성화 방안 연구」, 정보화저널, 한국전산원, 2000.

003 강영문, 「유통물류와 e-비즈니스」, 두남, 2002.

004 강영철 외, 「전략경쟁분석」, Prentice Hall, 2005.

005 강은정, 「웹 기획 기초와 설계」, 한빛아카데미, 2008.

006 강종국, 「최적입지상권분석」, 크라운출판사, 2007.

007 고영국, 「e-비즈니스 전자상거래」, 정익사, 2001.

008 국과위, 「국가융합기술발전 기본계획」, 2008.

009 권구혁 외, 「경영학의 이해(역서)」, 생능출판사, 2008.

010 권구혁 외, 「경영학의 이해」, 생능출판사, 2010.

011 권순국 외, 「e-Business론」, 두남, 2002.

012 금융보안원, 「블록체인 응용기술 개발 현황 및 산업별 도입 사례」, 금융보안원, 2017.

013 김갑수, 조형진, 「컴퓨터 이해와 활용」, 한빛미디어, 2006.

014 김경환, 김종석, 「맨큐의 경제학」, 교보문고, 2008.

015 김규남, 「빅데이터 2.0시대, 주요 이슈와 정책적 시사점」, KISDI, 2014.

016 김명학, 「경영학의이해」, 세학사. 2001.

017 김도형 외, 「프로그래밍언어 2판」, 사이텍미디어, 2005.

018 김도훈, 문태훈, 김동환, 「시스템 다이나믹스」, 대영문화사, 1999.

019 김동완, 「빅데이터의 분야별 활용사례」, 경영논총, 제34호, pp 39-52, 2013.

020 김상연, 「4차 산업혁명의 핵심 동력 '소프트 파워'」, 포스리 이슈리포트, 2016.

021 김상현, 박현선, 「소셜집단특성이 소셜커머스 재구매의도에 미치는 영향과 실용적 가치의 조절효과」, 정보시스템연구, 제22권 제2호, 2013.

022 김선숙, 「인터넷 쇼핑몰 성공의 열쇠」, 21세기사, 2002.

023 김성기, 「현대관리회계」, 다산출판사, 2004.

024 김성희 외, 「정보기술과 의사결정」, 영지문화사, 1994.

025 김성희 외, 「인터넷과 전자상거래」, 무역경영사, 2000.

026 김성희, 장기진, 「E-비즈니스 원론」, 무역경영사, 2001.

027 김성희 외, 「고객중심의 비즈니스 모델링」, 청람, 2014.

028 김수홍, 「컴퓨터구조론」, 21세기사, 1999.

029 김영선, 「부동산거래활성화를 위한 전자거래시스템에 관한 연구」, 경영정보연구, 2006.

030 김용겸, 「정보시스템 관련 지식 및 기술의 신 분류구조」, 기업경영연구, 2009.

031 김용욱, 「유통정보시스템」, 한국학술정보(주), 2006.

032 김위찬, 「블루오션전략」, 교보문고, 2005.

033 김은홍, 「경영정보학 개론」, 다산출판사, 2002.

034 김인섭 외, 「우리나라 부동산정보산업의 문제점과 발전방향」, e-비즈니스연구, 2007.

035 김재경 외, 「정보화 사회와 MIS」, 무역경영사, 2004.

036 김정미 외, 「u-City로 바라보는 미래도시의 모습과 전망」, 한국전산원, 2005.

037 김정훈 외, 「u-City 구현을 위한 정책과제와 추진전략」, 한국지리정보학회지, 2007.

038 김진병 외, 「마케팅」, 한경사, 2004.

039 김철환, 김화수, 「한국적 CALS 구축 정책방향」, 국방대학원, 1993.

040 김학균, 「4차 산업혁명의 명암(ISSUE)」, 연합뉴스 동북아센터 월간 마이더스, 2016.

041 남경두, 「인터넷 창업 길라잡이」, 정보문화사, 2000.

042 남상하, 「신 경영분석」, 비즈니스 아카데미, 1991.

043 마이클포터, 「경쟁론」, 세종연구원, 2007.

044 목정환, 「핀테크가 금융안정에 미치는 영향 및 시사점: 국내 핀테크 동향 및 금융안정 리스크 평가를 중심으로」, 한국경제포럼 제11권 제3호, 2018.

045 문송천, 김유정, 「의뢰자-제공자 데이터 베이스」, 1997.

046 문양미 외, 「인터넷개론」, 연학사, 2002.

047 미래창조과학부, 「초연결 디지털 혁명의 선도국가 실현을 위한 사물인터넷 기본계획(안)」, 2014.

048 미즈타 히로시(정석찬 역), 「CALS 트렌드」, 21세기북스, 1996.

049 박상철, 고준, 「공동구매형 소셜커머스 이용자의 지속사용의도 결정요인: 제품 관여도의 조절효과를 중심으로」, Entrue Journal of Information Technology, 2013.

050 박성택 외, 「21세기 전자정보산업의 발전 패러다임과 우리의 대응」, 산업연구원, 1996.

051 박기정 외, 「그린정보화 수준평가 방법론의 개발 및 적용」, Entrue Journal of Information Technology, 2009.

052 박선우, 「빅데이터시대와 데이터융합」, 정보통신방송정책, 2018.

053 박용찬, 「e-비즈니스 파워」, SIGMAINSIGHT, 2000.

054 박종성, 주인중, 「국가 직무능력 표준 개발 사업」, 한국직업능력개발원, 2005.

055 박주석, 「빅데이터, 오픈데이터, 마이데이터의 비교 연구」, 한국빅데이터학회지, 2018.

056 박한수, 「창업과 경영의 이해」, 청람, 2014.

057 백대기, 정재권, 「부동산컨설팅업의 현황과 육성방안」, 산업과경영 제19권 1호, 2006.

058 백민정, 손승희, 「조직의 정보윤리실천이 구성원의 정보보안 인식과 행동에 미치는 영향에 관한 연구」, 경상논총, 제28권 4호, 2010.

059 변진호, 「핀테크 혁신의 현황과 전망」, 신산업경영저널 Vol. 51, 2018.

060 브리테니커 백과사전 CD IX, 브리테니커 코리아, 2009.

061 서보원, 조진이, 「XML입문」, 대림, 2002.

062 성기훈, 「IPv6 기반 사물인터넷 기술 동향」, IPv6Focus, 한국인터넷진흥원, 2014.

063 손용업, 이상호, 「사이버 시장의 경쟁원리」, SIGMAINSIGHT, 2001.

064 송준호 외, 「인적 자원관리」, 범한, 2007.

065 손현, 「빅데이터기반의 과학행정 구현을 위한 입법방안 연구」, 한국법제연구원, 2017.

066 신현우, 「창업경영론」, 대명, 2003.

067 안운석, 장형섭, 「마케팅 이론과 사례」, 대진, 2007.

068 안정국 외, 「국내 핀테크 동향 및 모바일 결제 서비스 분석: 텍스트 마이닝 기법 활용 정보화 정책」 제23권 제3호, 2016.

069 안중호, 「경영을 위한 정보시스템」, 홍문사, 1998.

070 안중호, 박철우, 「인터넷과 전자상거래 제3판」, 홍문사, 2001.

071 양경훈, 김성근, 「경영정보관리」, 문영사, 2005.

072 양대일, 이승재, 「정보 보안 개론과 실습」, 한빛아카데미, 2006.

073 오재인 외, 「인터넷 비즈니스」, 전영사, 2001.

074 유재경, 「창업을 위한 회계원리」, 혁신연구소, 2008.

075 윤석철, 「프린시피아 메네지멘타」, 경문사, 1996.

076 이건창, 「인터넷과 경영」, 무역경영사, 2006.

077 이동규 외, 「주택정책 규제 수단으로서 DTI 규제정책의 효과 분석」, 한국정책학회보, 2009.

078 이동훈 외, 「국가직업능력표준시안-e비즈니스」, 한국직업능력개발원, 2004.

079 이동훈, 「부동산정보학개론」, 형설출판사, 2011.

080 이동훈, 「전자상거래와 e-비즈니스의 이해(개정판)」, 한빛아카데미, 2010.

081 이동훈, 「e-비즈니스 원론」, 정일, 2004.

082 이동훈, 「유통관리사 2급-유통정보」, 이든북스, 2007.

083 이동훈, 「유통관리사 2급-요약집」, 이든북스, 2007.

084 이동훈, 「최신경영정보학」, 형설출판사, 2012.

085 이만형 외, 「전자상거래 보안기술」, 생능출판사, 1999.

086 이범희, 「빅데이터시대의 CRM」, 탑북스, 2019.

087 이상석, 「창업론」, 청람, 2012.

088 이영찬, 「지식경영의 동태적 가치사슬 모형 구축」, 정보시스템 연구, 2008.

089 이재규 교수(KAIST), 「강의노트 – Expert Systems」, 2010.

090 이재규 외, 「전자상거래 원론(3판)」, 법영사, 2002.

091 이필상, 「재무관리(4판)」, 전영사, 2007.

092 임세헌, 박연우, 「SCM과 유통정보화 전략」, 한올출판사, 2005.

093 임시영 외 「초연결 스마트시티 구현을 위한 공간정보 전략 연구」, 국토연구원, 2018.

094 임춘성, 김범조, 「전자상거래」, 북플러스, 1998.

095 이현정, 「4차 산업혁명과 농업의 미래: 스마트팜과 공유경제」, 세계농업, 2017.

096 장로문 외, 「공유경제 플랫폼의 재이용의도에 영향을 미치는 요인에 관한 연구」, 한국경영공학회지, 2020년.

097 정경수, 「바람직한 정보사회 구현을 위한 정보윤리관의 정립 연구」, 정보통신연구진흥원 학술기사, 1995.

098 정근채, 「u-City 서비스 모델을 활용한 미래형 유비쿼터스 도시 구축전략」, Entrue Journal of Information Technology Vol.6, No.1, 2007.

099 정보통신정책 연구원, 「정보통신산업동향」, 1997.

100 정보통신정책연구원, 「공유경제 비즈니스 모델과 새로운 경제 규범」, 2015.

101 정유진, 「웹2.0 기획론」, 한빛미디어, 2007.

102 정충식, 「전자정부론」, 서울경제경영, 2007.

103 정인근, 김운회, 「인터넷 비즈니스 원론」, 선학사, 2002.

104 정창무, 「제4차산업혁명과 도시」, Urban Affair, 2016.

105 조남기, 이경전 역, 「인터넷 사업 모형과 전략」, 학술정보, 2001.

106 조대근, 「공유경제 플랫폼 규제접근방법에 대한 연구」, 한국인터넷정보학회, 2018.

107 조선형 외, 「정보화 경영혁신」, 하이테크정보, 1996.

108 조춘만, 김정훈, 「u-City서비스, 기술, 기반시설의 연계성 확보방안」, The Journal of GIS Association of Korea Vol. 17, No. 3, 2009.

109 주대영 외, 「초연결시대 사물인터넷의 창조적 융합 활성화 방안」, 산업연구원, 2014.

110 주헌식, 「국내 인터넷 도입 30주년과 미래 인터넷 동향」, 한국인터넷정보학회, 2012.

111 지식경제부, 「지식경제부의 IT 융합 R&D 체계」, 2012.

112 지은희, 「Government 2.0, 웹 2.0 시대의 공공 서비스」, S/W 인사이트, 2007.

113 차동완 외, 「인터넷 정보기술」, 홍릉과학출판사, 2006.

114 채현길 외, 「부동산거래정보망의 선택요인과 만족도에 관한연구」, 부동산연구, 2009.

115 최선향, 신상명, 「정부3.0 원문공개시점에서 교육주체의 법적 정보마인드 제고」, 교육법학연구 Vol.26, 2014.

116 최중석, 「사업계획수립과 경영전략」, 가람사, 2009.

117 최현승 외, 「텍스트마이닝 기법을 이용한 소셜커머스와 멀티채널 유통업체 간 성공요인 비교 연구」, 한국빅데이터학회지, 2016.

118 통신개발연구원, 「정보통신산업동향」, 1997.

119 한국은행 금융결제국, 「분산원장 기술의 현황 및 주요 이슈」, 한국은행, 2016.

120 한국정보산업연합회, 「정보윤리와 디지털 사회」, 2005.

121 한국정보화진흥원, 「새로운 미래를 여는 빅데이터 시대」, p.182, 2013.

122 한정수 외 2인, 「UML 입문」, 한빛미디어, 2008.

123 황기연, 「제4차 산업혁명과 핵심이슈」, Urban Affair, 2016.

124 황세영 외, 「자가적응형 IoT 시스템 개발 동향과 자가적응형 개념을 활용한 IoT 비교분석」, 정보처리학회논문지, 2016.

125 황이석, 「CFO강의 노트」, 서울경제경영, 2007.

[해외 문헌]

001 Anthony, R.N., 「Planning and Control Systems: A framework for Analysis」, Harvard University Press, Cambridge, 1965.

002 Arvind Sathi, 「Big Data Analytics」, IBM Corporation, 2013.

003 Benkler, Y., 「Sharing Nicely: On Shareable Goods and the Emergence of Sharing as a Modality of Economic Production」, 114 Yale Law Journal, 2004.

004 C. Parker & C. Thomas, 「Management Information System」, McGraw-Hill, 1994.

005 Cho, D. & Song, I., 「A Study on the Strategy of Platform Operator for Free Mobile Data : from the Perspectives of Business Opportunity and Risk」, Journal of Internet Computing and Services, 2017.

006 D. Bandyopadhyay and J. Sen, 「Internet of things: applications and challenges in technology and standardization」, Wireless Personal Communications, 2011.

007 D. L. Hoffman & Thomas P. Novak, 「Marketing in Hypermedia Computer-Mediated Environments: Conceptual Foundations」, Journal of Marketing, 60(July), 1996.

008 Date, 「Introduction to Database Systems」, Addison-Wesley Publishing Company, 1995.

009 G. C. O'Connor, B. O'Keefe, 「Viewing the Web as a marketplace: the case of small companies」, Decision Support Systems 21, 1997.

010 Goodpaster, K., 「Business Ethics: The Field and the Course」, 1983.

011 J. D. Wells, W. L. Fuerst, J. Choobinceh, 「Managing information technology(IT) for one to one customer interaction」, Information & Management, 35, 1999.

012 J.Y. Bakos, 「A strategic Analysis of Electronic Marketplaces」, MIS Qearterly, September, 1991.

013 Joan M. Smith, 「An Introduction to CALS」, 1990.

014 Judy Strquss, Aqymond Frost, 「E-Marketing」, Prentice Hill, 2001.

015 Klein, B, 「Dynamic Economics」, Harvard University Press. Chap. 2, 1977.

016 Kotler 외, 「Marketing Management」, Prentice Hall, 2005.

017 Logistics Integration Agency, 「US Army CALS Implementation Plan」, 1995.

018 Miller, S. R., 「First principles for regulating the sharing economy」, Harv. J. on Legis., 2016.

019 Mingay, M., 「reen IT: A New Industy Shock Wave」, Gartner RAS Core Research Note G00153703, 2007.

020 NATA, 「Information Technology Training Package」, ICA99, 2002.

021 NWCET, 「Preparatory Program for Information Technology」, 1999.

022 Porter, 「Competitive Advantage」, The Free Press, 1985.

023 Porter, M.E. and Miller,V., 「How information gives you a competitive advantage」, Havard Business Review, Jul-Aug, 149-160, 1985.

024 S. T. Chou, 「Migration to the Web: a Web financial information system server」, Decision Support Systems, 23, 1998.

025 W. Smith, 「Product Differentiation and Market Segmentation as Alternative Marketing Strategies」, Journal of Marketing 21(july), 1956.

026 Ward Hanson, 「Principles of Internet Marketing」, South Western College Publishing, 1999.

027 Y. Bakos, 「The Emerging Role of Electronic Marketplaces on the Internet」, Communications of the ACM, August, 1998.

찾아보기

ㅅ

ㅇ

ㅈ

찾아보기

찾아보기